Prevezanos
Nero 10

Eingang am: 13. 10. 2012
Eigentümer: Dieter Reiter

Christoph Prevezanos

Nero 10

Brennen • Kopieren • Konvertieren

Mit 165 Abbildungen

Bibliografische Information der Deutschen Bibliothek

Die Deutsche Bibliothek verzeichnet diese Publikation in der Deutschen Nationalbibliografie; detaillierte Daten sind im Internet über http://dnb.ddb.de abrufbar.

© 2010 Franzis Verlag GmbH, 85586 Poing

Herausgeber: Ulrich Dorn
Satz: DTP-Satz A. Kugge, München
art & design: www.ideehoch2.de
Druck: Bercker, 47623 Kevelaer
Printed in Germany

ISBN 978-3-645-60089-7

Inhaltsverzeichnis

1 Das ist neu in Nero 10

Das Nero-Paket wurde in den letzten Jahren stetig ausgereifter und der Funktionsumfang mit jeder Version erweitert. Mit Nero 10 stehen Ihnen so viele Programme zur Verfügung wie nie zuvor. Sie reichen über das eigentliche Brennen von CDs, DVDs und Blu-ray-Discs weit hinaus. Nero 10 bietet Ihnen alle multimedialen Möglichkeiten für Ihre Videos, Fotos und Songs. Damit Sie den Überblick behalten, zeigt Ihnen dieser Abschnitt alle Komponenten des Pakets.

1.1 Die Programme im Nero 10-Paket

Das Nero-Paket besteht aus vielen Einzelanwendungen. Die folgende Auflistung zeigt Ihnen, welche Komponenten in Nero 10 enthalten sind und was Sie damit alles machen können.

Die Kernprogramme

Nero Burning ROM – Dies ist das Hauptprogramm. Damit können Sie jede Art von CD, DVD, Blu-ray-Disc, Audio-CD, Daten-DVD, Video-DVD etc. brennen. Alle Brennvorgänge werden hiermit durchgeführt.

Nero Express – Über dieses Symbol rufen Sie ebenfalls das Hauptbrennprogramm von Nero auf. Allerdings wird dabei die kompaktere und weniger komplizierte Oberfläche mit dem Namen *Express* angezeigt.

Nero Vision – Dies ist die Videokomponente von Nero. Sie können Filme von Ihrer Kamera überspielen, Videos schneiden sowie eigene DVDs oder Blu-ray-Discs mit Menüs erstellen. Ebenso können Sie Diashows mit Ihren Fotos gestalten.

Nero BackItUp – Mit BackItUp erstellen Sie Sicherungen der eigenen Dateien oder kompletter Festplatten. Im Notfall stellen Sie Ihre Daten mit diesem Werkzeug auch wieder her.

Nero Recode – Mit diesem Programm wandeln Sie DVDs und Filmdateien in das beliebte MP4-Format um. Ebenso lassen sich DVDs verkleinern, sodass sie auf einen herkömmlichen Rohling passen.

Nero CoverDesigner – Hiermit erstellen Sie für Ihre CDs, DVDs und Blu-ray-Discs eigene Cover und drucken sie selbst aus. Unterstützt Ihr Brenner LightScribe, gestalten Sie sogar den Rohling mit einer Grafik selbst.

Nero MediaHub – Dies ist der Multimedia-Abspieler von Nero. Er organisiert Ihre Fotos, Videos und Lieder und spielt sie in einer ansprechenden Oberfläche ab. Auch kleine Korrekturen sind möglich.

Nero StartSmart – Das ist die zentrale Startleiste von Nero. Hier wählen Sie ganz bequem aus, was Sie als Nächstes tun möchten. Automatisch wird dann die passende Anwendung von Nero gestartet.

Bild 1.1: Die Komponenten von Nero 10 im Startmenü.

Praktische kleine Werkzeuge

Nero SoundTrax – Dies ist das virtuelle Mischpult von Nero. Darin mischen Sie Ihre CDs oder Audiodateien wie ein DJ ab und erstellen so den eigenen Partymix.

Nero WaveEditor – Dieses Programm gibt Ihnen die Möglichkeit, Audiodateien zu bearbeiten, z. B. zu kürzen, zu schneiden, die Lautstärke anzupassen oder Effekte hinzuzufügen. Ebenso nehmen Sie hiermit Musik oder Sprache auf.

Nero DiscSpeed – Dieses Programm testet die Lese- und Schreibgeschwindigkeit Ihrer Laufwerke. Dadurch passt sich Nero jeweils genau an die Leistungsfähigkeit Ihrer Laufwerke an.

Nero InfoTool – Dieses Werkzeug liefert Ihnen detaillierte Informationen zu allen Laufwerken und deren Fähigkeiten. Außerdem werden Software und Treiber aufgeführt, die für fehlerfreies Brennen relevant sind.

Nero RescueAgent – Dieser kleine Agent hilft Ihnen im Notfall, gelöschte Dateien wiederherzustellen. Das ist sowohl von CDs und DVDs als auch von Wechseldatenträgern wie z. B. USB-Sticks möglich.

Sonstiges

Nero ControlCenter – Hierüber wird die Nero-Installation verwaltet. Ändern Sie die Konfiguration, aktualisieren Sie das Paket oder aktivieren Sie zusätzliche Plugins per Seriennummer.

Nero DiscCopy Gadget – Hierbei handelt es sich um ein Nero-Gadget für die Sidebar von Windows 7. Damit greifen Sie ohne Umwege direkt von Ihrem Desktop auf die Funktionen zum Kopieren von Discs zu.

 Verschiedene Nero-Versionen

Wird vom »Nero-Paket« gesprochen, ist meist die Vollversion gemeint, wie man sie im Technikmarkt als Verkaufsbox oder im Nero-Onlineshop als Download erhält. Diese Vollversion ist auch Grundlage für dieses Buch. Es gibt aber auch sogenannte Essentials- oder OEM-Versionen.

Hierbei handelt es sich um »abgespeckte« Versionen von Nero. Sie bieten Ihnen die meisten Grundfunktionen zum Brennen und Verarbeiten Ihrer Dateien – viele Sonderfunktionen fehlen allerdings, z. B. HD-Video, MP3-Encoder, MP4-AVC-Unterstützung (H.264) etc.

Diese Essentials- oder OEM-Versionen gibt es nicht im Fachhandel zu kaufen. Stattdessen liegen sie einem neuen Brennerlaufwerk oder einem neuen Computer als kostenlose Zugabe bei. Die meisten Anleitungen in diesem Buch lassen sich auch mit diesen Versionen durchführen, doch an manchen Stellen werden Sie auf die Funktionsbeschränkungen stoßen. Fehlen Ihnen Funktionen, liegt also kein Defekt vor, Sie besitzen nur keine Vollversion von Nero.

1.2 Die Nero-Oberfläche – Standard oder Express?

Nero 10 wird automatisch mit der Standardoberfläche installiert und gestartet. Dadurch stehen Ihnen sämtliche Möglichkeiten des Programms offen. Erfahrene Anwender werden vermutlich immer mit dieser Oberfläche arbeiten, weil ihnen so keine Funktion des Pakets entgeht. Für Anfänger können die vielen Optionen und Schaltflächen aber manchmal verwirrend sein. Im schlimmsten Fall wird irgendwo ein falsches Häkchen gesetzt, und schon wird unwissentlich eine fehlerhafte CD oder DVD gebrannt.

Um dieses Problem zu vermeiden, besitzt Nero zusätzlich eine kompakte Oberfläche, die die Sonderoptionen nicht anbietet. Dadurch können Sie nichts falsch machen, weil Nero alle diese Optionen unsichtbar für Sie setzt. Im Gegenzug entgehen Ihnen aber ein paar Spezialfunktionen. Diese Oberfläche nennt sich *Nero Express* und beschränkt sich auf das Wesentliche. Sie können alle Funktionen nutzen und werden Schritt für Schritt durch einen Vorgang geleitet. Es handelt sich aber weiterhin um die Vollversion von Nero, und Sie sind in keiner Weise eingeschränkt.

Auf Wunsch können Sie jederzeit zwischen der Standard- und der Express-Oberfläche wechseln. In der Standardoberfläche wählen Sie im Hauptmenü den Punkt *Hilfe/Nero Express verwenden*. Ihr aktuelles Projekt bleibt dabei erhalten, und es ändert sich nur die Oberfläche.

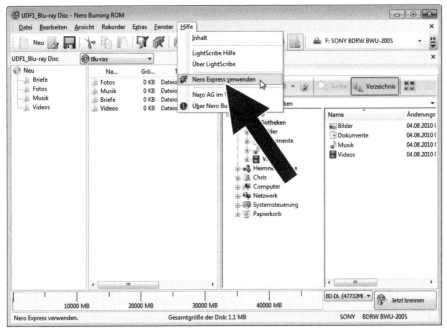

Bild 1.2: Einfach von Nero Standard zu Nero Express wechseln.

Genauso einfach wechseln Sie jederzeit zurück. Klicken Sie in Nero Express auf den Pfeil am linken Fensterrand, damit sich die erweiterten Optionen öffnen. Nun genügt ein Mausklick auf den Link *Zu Nero Burning ROM wechseln*.

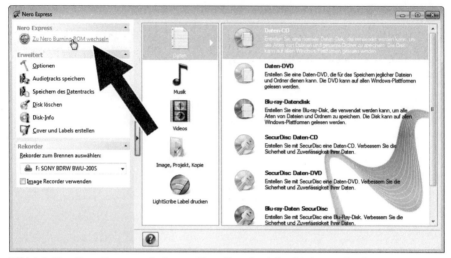

Bild 1.3: Von Nero Express wieder zur Nero-Standardoberfläche wechseln.

1.3   Die StartSmart-Oberfläche

Für den sofortigen Einstieg in Nero 10 bietet das Paket eine praktische Oberfläche
mit dem Namen *StartSmart*. Diese stellt eine Art zentrale Steuerung dar, mit der Sie
die gewünschten Aufgaben direkt auswählen können. Das dafür notwendige Programm wird dann automatisch gestartet. Sie finden das Programm im Windows-
Startmenü unter dem Namen *Nero StartSmart*.

Nachdem Sie StartSmart aufgerufen haben, gelangen Sie in ein neues Fenster mit
verschiedenen Bedienelementen. Das folgende Bild erläutert Ihnen die Bereiche
und deren Funktionen.

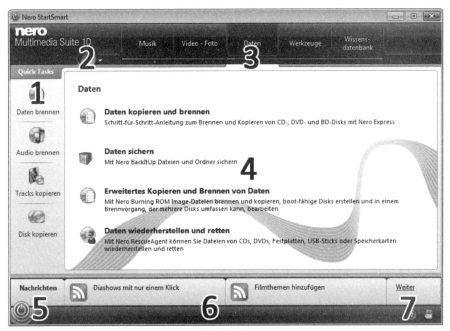

Bild 1.4: Die StartSmart-Oberfläche im Überblick.

① **Funktionsleiste** – In dieser senkrechten Leiste haben Sie direkten Zugriff auf häufig benötigte Aufgaben. Sie können z. B. das Brennen einer Daten-Disc oder Audio-CD auswählen. Dieser Vorgang lässt sich dann direkt im Arbeitsbereich durchführen, ohne dass ein anderes Programm des Nero-Pakets gestartet werden muss.

② **StartSmart-Menü** – In diesem Menü können Sie die Sprache ändern, Hilfe anzeigen lassen oder StartSmart beenden.

③ **Aufgabenleiste** – Diese waagerechte Leiste bietet Ihnen Register mit verschiedenen Aufgaben an. Sie sind jeweils thematisch sortiert und in einem Register zusammengefasst.

④ **Arbeitsbereich** – Dieser Bereich zeigt Ihnen jeweils die Inhalte bzw. Funktionen einer gewählten Aufgabe an.

⑤ **Hauptmenü** – Mit dieser Schaltfläche öffnen Sie das Hauptmenü von Nero 10. Ähnlich wie im Windows-Startmenü sind hier alle Programme mit Symbolen aufgelistet.

⑥ **Nachrichten** – Diese Leiste zeigt Ihnen aktuelle Nachrichten und Neuigkeiten direkt von der Nero-Homepage an.

⑦ **Hilfe und Updates** – Über diese beiden Symbole lässt sich die vollständige Hilfe von StartSmart öffnen. Außerdem lässt sich auf dem Nero-Server überprüfen, ob ein kostenloses Update für Ihr Paket erhältlich ist.

Wann ist Nero StartSmart sinnvoll?

Nero StartSmart macht es Ihnen wirklich sehr leicht, auf die vielen Funktionen des Nero-Pakets zuzugreifen. Dennoch ist die StartSmart-Oberfläche nicht für jeden geeignet. Steigen Sie gerade in das Thema Brennen und die Arbeit mit Nero 10 ein, nimmt Ihnen StartSmart viel Arbeit ab und macht Ihnen den Einstieg so einfach wie möglich. Allzu komplizierte Einstellungen sind nicht notwendig.

Sind Sie hingegen ein Brennprofi und kennen sich mit Nero 10 aus, möchten Sie sicherlich weitergehende Funktionen nutzen und individuelle Anpassungen vornehmen. Das ist mit StartSmart oft nicht möglich, weil die Konfigurationen ausgeblendet werden oder weil ausschließlich mit der Nero Express-Oberfläche gearbeitet wird. In diesem Fall ist es besser, die Nero-Komponenten direkt über das Startmenü aufzurufen.

2 Daten auf CDs, DVDs und Blu-ray-Discs brennen

Der Schwerpunkt von Nero 10 liegt natürlich weiterhin auf dem Brennen von Daten-Discs. Sichern Sie ganz einfach Ihre Dateien auf einen CD-, DVD- oder Blu-ray-Rohling, archivieren Sie abgeschlossene Projekte oder schicken Sie der Familie ein paar Fotos per Post zu. Fast alles lässt sich auf DVDs schreiben, und auf einem zweilagigen Rohling mit bis zu 8,5 GByte ist auch Platz für große Datenbestände. Besitzen Sie einen Blu-ray-Brenner, können Sie sogar 25 GByte auf einen einlagigen und 50 GByte auf einen zweilagigen Rohling schreiben. Das reicht selbst für größte Datenbestände locker. Für Nero 10 spielt es im Grunde auch keine Rolle, was für Daten Sie brennen wollen und welche Art von Rohling bzw. Brenner Sie dabei verwenden. Der Vorgang sieht immer gleich aus.

2.1 Bevor es losgeht – die Brennrechte überprüfen

Bevor Sie mit Nero anfangen zu brennen, sollten Sie kurz einen Blick auf die Benutzerrechte werfen. Mit dem Werkzeug BurnRights wird der Zugriff auf den Brenner für einzelne Benutzerkonten erlaubt oder verboten. Das ist besonders wichtig, wenn auf Ihrem Computer jedes Familienmitglied ein eigenes Benutzerkonto besitzt. Per Standard dürfen nämlich nur Benutzer mit Administratorrechten brennen. Wenn Sie das nicht ändern, haben andere Familienmitglieder keinen Zugriff auf das Brennerlaufwerk.

① Gehen Sie über *Start/Systemsteuerung* in das Fenster der Systemsteuerung und öffnen Sie hier das Symbol *Nero BurnRights 10* mit einem Mausklick.

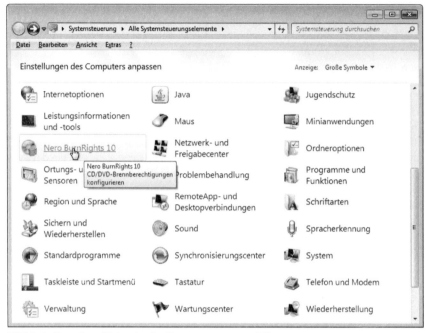

Bild 2.1: Nero BurnRights in der Systemsteuerung öffnen.

Nun öffnet sich ein neues Fenster. Hier können Sie zwischen folgenden Optionen auswählen:

- Mit dem Punkt *Alle/Jeder hat Brennrechte.* darf jedes Benutzerkonto auf diesem Computer auf den Brenner zugreifen und eigene CDs, DVDs und Blu-ray-Discs erstellen.

- Für den Punkt *Mitglieder der Gruppe Nero* müssen Sie eine Benutzergruppe *Nero* anlegen und können dann einzelnen Personen gezielt den Zugriff erlauben oder verweigern.

- Mit dem Punkt *Administratoren/Nur Administratoren haben Brennrechte.* haben lediglich Benutzerkonten mit Administratorrechten Zugriff auf den Brenner.

- Wählen Sie hingegen die Option *Niemand/Niemand hat Brennrechte.*, kann kein Benutzer auf den Brenner zugreifen.

Bild 2.2: Wer darf auf den Brenner zugreifen?

❸ Wenn es keine außergewöhnlichen Gründe gibt, sollten Sie immer die Option *Alle* auswählen. Die Zugriffsbeschränkung ergibt eigentlich nur in Unternehmen Sinn, damit niemand unbefugt Daten brennen und weitergeben kann.

❹ Bestätigen Sie Ihre Auswahl mit der Schaltfläche *OK*. Leider ist nun fast immer ein Neustart des Systems notwendig. Anschließend steht der vollständigen Nutzung von Nero nichts mehr im Weg.

2.2 Daten auf CD, DVD oder Blu-ray-Disc brennen

Das Brennen von Daten auf CD, DVD oder Blu-ray-Disc geht mit Nero 10 besonders leicht. Hierzu sind nur wenige Schritte notwendig. Diese Anleitung zeigt

Ihnen, wie Sie schnell und mit den richtigen Einstellungen zum Ziel kommen. Die Besonderheiten einiger Optionen werden anschließend erläutert.

 Nero 10 und Blu-ray-Discs
Nero 10 kann von Haus aus problemlos mit Blu-ray-Discs umgehen. Ihnen steht diese Funktion direkt uneingeschränkt zur Verfügung. Für das Brennen von Daten-Discs benötigen Sie weder ein Plug-in noch eine zusätzliche Seriennummer. Allerdings wird die Option für Blu-ray-Discs nur dann im Menü angezeigt, wenn Nero 10 auch einen entsprechenden Blu-ray-Brenner in Ihrem System findet. Andernfalls bleiben diese Funktionen unsichtbar.

① Rufen Sie das Hauptprogramm Nero Burning ROM über das Startmenü von Windows auf. Sie finden es in der Gruppe *Nero 10*.

② Jetzt öffnet sich automatisch das Fenster für eine neue Zusammenstellung. Oben links müssen Sie zunächst angeben, was für einen Rohling Sie beschreiben möchten. Wählen Sie aus dieser Liste entweder *CD* oder *DVD*. Besitzen Sie einen Blu-ray-Brenner, wird er als *Blu-ray* aufgelistet. Andernfalls erscheint diese Option nicht.

Bild 2.3: Wählen Sie den Typ des Rohlings aus.

③ Nun wird direkt darunter eine Liste mit möglichen Disc-Typen angezeigt. Für herkömmliche Daten-CDs oder -DVDs sollten Sie immer die Option *CD-ROM (ISO)* bzw. *DVD-ROM (ISO)* auswählen. Bei Blu-ray-Discs ist hingegen die Option *Blu-ray (UDF)* die richtige. Bei allen anderen Optionen handelt es sich um spezielle Disc-Typen, die an anderer Stelle vorgestellt werden.

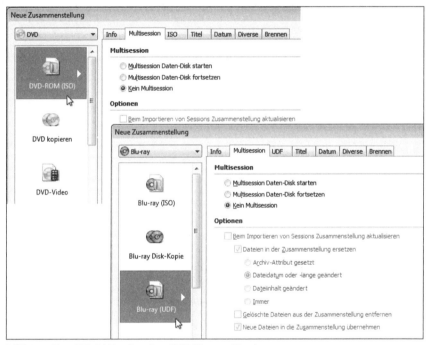

Bild 2.4: Eine ISO-DVD oder eine UDF-Blu-ray-Disc brennen.

④ Als Nächstes erscheinen auf der rechten Seite Registerkarten mit verschiedenen Optionen für den Rohling bzw. den Brennvorgang.

Das erste Register *Info* enthält lediglich allgemeine Informationen und kann ignoriert werden.

Auf der zweiten Registerkarte *Multisession* können Sie den Rohling als Multisession-Disc deklarieren. Wählen Sie hier die Option *Kein Multisession*. Das Erstellen von Multisession-Discs wird im nächsten Abschnitt gesondert erläutert.

Das Register *ISO* legt fest, mit welchem Dateisystem und mit welchen Systemspezifikationen eine CD oder DVD gebrannt werden soll. Wählen Sie als Dateisystem einfach *ISO 9660 + Joliet* aus und unter *Dateinamenlänge (ISO)* die Option *Max. von 11 = 8 + 3 Zeichen (Level 1)*. Der *Zeichensatz* sollte stets auf *ISO 9600* stehen.

Direkt darunter können Sie die Optionen *Pfadtiefe von mehr als 8 Verzeichnissen erlauben, Mehr als 255 Zeichen im Pfadnamen erlauben* sowie *Mehr als 64 Zeichen für Joliet Namen erlauben* aktivieren.

Für eine Blu-ray-Disc wählen Sie stattdessen das Register *UDF*. Nero wählt per Standard die Option *Automatische Einstellungen*. Diese sollten Sie auch beibehalten, weil die Disc so kompatibel mit allen Laufwerken gebrannt wird. Die manuellen Einstellungen sind nur für spezielle Discs oder Laufwerke sinnvoll.

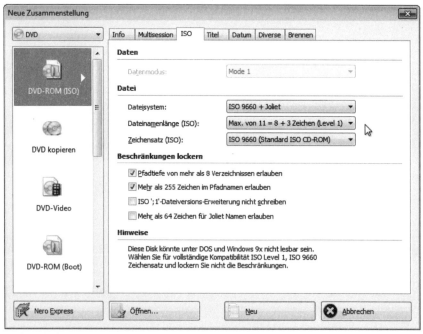

Bild 2.5: Disc-Spezifikationen im Register *ISO* festlegen.

Im Register *Titel* geben Sie Ihrer CD, DVD oder Blu-ray-Disc schließlich noch einen Namen.

In den Registern *Datum* und *Diverse* müssen in der Regel keine Änderungen vorgenommen werden, und das Register *Brennen* wird erst zu einem späteren Zeitpunkt interessant.

⑤ Abschließend genügt ein Mausklick auf die Schaltfläche *Neu*, und Nero öffnet das Arbeitsfenster für diese Zusammenstellung.

⑥ In diesem Arbeitsfenster stellen Sie nun Ihre Dateien für die Disc zusammen. Das Fenster funktioniert ganz ähnlich wie der Windows Explorer.

Auf der linken Seite sehen Sie unter *ISO1_DVD* das Fenster für die zu erstellende Disc. Bei CDs und Blu-ray-Discs ändert sich der Name entsprechend. Die erste Spalte zeigt die oberste Verzeichnisebene an, die zweite Spalte zeigt die jeweils enthaltenen Dateien und Unterordner an.

Auf der rechten Seite finden Sie unter *Browser* Ihre lokale Festplatte. In diesem Fenster bewegen Sie sich wie im Windows Explorer, öffnen beliebige Verzeichnisse und wählen die gewünschten Dateien aus.

Um nun dieser CD, DVD oder Blu-ray-Disc Dateien hinzuzufügen, müssen Sie sie lediglich im rechten Fenster mit der Maus anklicken und mit gedrückt gehaltener Maustaste ins linke Fenster ziehen.

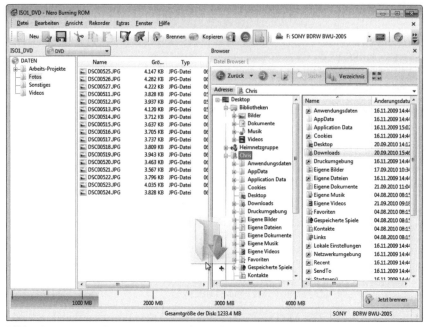

Bild 2.6: Das Hauptfenster – Dateien hinzufügen.

⑦ Sie können die bereits der Disc hinzugefügten Dateien jederzeit verändern. Schieben Sie sie im linken Fenster in ein anderes Verzeichnis, benennen Sie Verzeichnisse um oder löschen Sie Elemente mit der Taste ⎡Entf⎤. Selbstverständlich betrifft das nicht Ihre Originaldateien auf der Festplatte.

⑧ Sobald alle Dateien auf der CD, DVD oder Blu-ray-Disc untergebracht sind, klicken Sie am oberen Fensterrand auf die Schaltfläche *Brennen*.

Bild 2.7: Das Brennfenster öffnen.

⑨ Dadurch öffnet sich das Fenster *Zusammenstellung brennen* und führt Sie in das Register *Brennen*.

Die Option *Maximale Geschwindigkeit ermitteln* überprüft, wie schnell Ihr Laufwerk brennen kann. Sie muss nicht aktiviert werden, weil moderne Brenner das selbst übermitteln.

Mit *Simulation* soll Nero überprüfen, ob fehlerfreies Brennen möglich ist, tut dies aber nicht wirklich. Schalten Sie die Option ab.

Achten Sie darauf, dass die Option *Brennen* immer mit einem Häkchen aktiviert ist, sonst führt Nero nur einen Testlauf durch.

Bei herkömmlichen CDs, DVDs und Blu-ray-Discs sollten Sie immer die Option *Disk finalisieren* einschalten, damit sie dem Standard entsprechen und überall gelesen werden können.

Ganz wichtig ist die Option *Geschriebene Daten überprüfen*. Obwohl das Brennen heute nicht mehr so fehleranfällig ist wie früher, kann es immer mal wieder zu Problemen kommen. Mit dieser Option gleicht Nero jede gebrannte Disc mit den Originaldateien auf der Festplatte ab. Das kostet nur ein paar Minuten mehr Zeit und sichert Ihnen fehlerfreie Ergebnisse.

Nero wählt zum Schreiben immer die schnellstmögliche Geschwindigkeit. Bei *Schreibgeschwindigkeit* können Sie ein anderes Tempo auswählen, z. B. wenn Ihr CD-Player empfindlich auf Rohlinge reagiert.

Die Option *Mehrere Rekorder verwenden* ist interessant, wenn Sie mehrere Brennerlaufwerke besitzen und eine Disc mehrfach brennen möchten.

⑩ Klicken Sie unten rechts auf die Schaltfläche *Brennen*, und schon beginnt Nero seine Arbeit. Abhängig von der Schreibgeschwindigkeit Ihres Brenners und der Menge der ausgewählten Dateien kann das ein wenig Zeit in Anspruch nehmen.

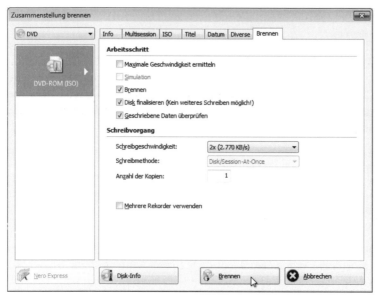

Bild 2.8: Brennoptionen festlegen und Vorgang starten.

 Datenüberprüfung nachträglich einschalten

Die Überprüfung der gebrannten Daten ist eine wirklich sinnvolle Funktion und sollte immer eingeschaltet sein. Falls Sie einmal vergessen haben, die Option im Menü zu aktivieren, lässt sich das auch noch nachträglich durchführen. Im Brennfenster, das Ihnen den Status des aktuellen Schreibvorgangs anzeigt, befindet sich unten links die Option *Geschriebene Daten überprüfen*. Aktivieren Sie diese mit einem Haken. Nun wird Nero die Daten wie gewohnt überprüfen, nachdem sie geschrieben wurden.

2.3   Multisession – Rohlinge nach und nach füllen

Mit Nero brennen Sie auch Multisession-Discs. Diese stellen eine besondere Form von CDs, DVDs und Blu-ray-Discs dar, weil die Daten hier nicht in einer Sitzung gebrannt werden, sondern in mehreren. Dadurch sparen Sie Rohlinge, weil Sie eine angefangene Disc nach und nach mit weiteren Daten füllen. Sie können z. B. heute ein paar Fotos archivieren, und nächste Woche legen Sie den Rohling wieder ein, um Ihre neuesten Aufnahmen hinzuzufügen. Das wiederholen Sie, bis die Disc voll ist.

- Multisession-Discs gibt es schon seit vielen Jahren. Trotzdem ist die Kompatibilität zwischen Brennprogrammen und Laufwerken leider nicht immer gewährleistet. Ältere Laufwerke oder weniger ausgereifte Brennprogramme lesen die Discs möglicherweise nicht.

- Die meisten DVD- oder CD-Player verstehen Multisession-Discs nicht und verweigern die Wiedergabe. Manchmal wird auch nur die erste Sitzung erkannt. Besonders bei Blu-ray-Discs sollten Sie vorsichtig sein, da der Standard hier offiziell gar kein Multisession vorsieht.

- Für den reinen Computereinsatz sind Multisession-Discs hingegen meist problemlos und stellen ein nützliches Hilfsmittel im Alltag dar. Der einzige Nachteil besteht darin, dass jede zusätzliche Session ein paar Verwaltungsdaten benötigt, sodass auf der Disc effektiv weniger Platz zur Verfügung steht.

Eine neue Multisession-Disc beginnen

Möchten Sie eine neue Multisession-Disc beginnen, erfordert das ein paar spezielle Einstellungen in Nero. Zum Glück brauchen Sie dazu nur wenige Mausklicks.

1. Öffnen Sie Nero Burning ROM aus dem Startmenü. Wählen Sie im Hauptfenster oben links wieder aus, ob Sie eine CD, eine DVD oder eine Blu-ray-Disc brennen möchten.

2. Direkt darunter erscheint wie immer die Liste mit den Disc-Typen. Hier müssen Sie *DVD-ROM (ISO)* oder *CD-ROM (ISO)* auswählen. Für Blu-ray-Discs wählen Sie die Option *Blu-ray (UDF)*.

3. Wichtig ist nun das Register *Multisession* auf der rechten Seite. Es erscheint nur bei Daten-Discs im ISO- oder UDF-Format, denn andere Disc-Typen, wie

Video-DVDs, Audio-CDs oder Blu-ray-Video-Discs, können nicht als Multi-session gebrannt werden.

Wählen Sie hier die Option *Multisession Daten-Disk starten* aus. Die Einstellungen in den anderen Registern nehmen Sie wie bei einer herkömmlichen Daten-Disc vor.

Bild 2.9: Eine neue Multisession-Disc starten.

④ Gehen Sie über die Schaltfläche *Neu* in das Arbeitsfenster mit dem Dateibrowser. Hier fügen Sie Ihre Dateien in die Zusammenstellung ein. Das unterscheidet sich überhaupt nicht von anderen Daten-Discs. Zuletzt klicken Sie auf die Schaltfläche *Brennen*, um das Brennfenster zu öffnen.

⑤ Auffällig ist hier, dass die Option *Disk finalisieren* jetzt grau ist. Damit es wirklich eine Multisession-Disc wird, darf dieser Punkt nicht aktivierbar sein. Starten Sie den Brennvorgang mit einem Klick auf die Schaltfläche *Brennen*.

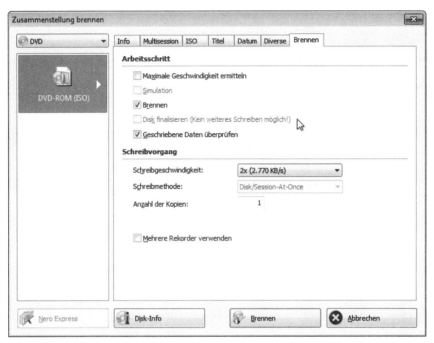

Bild 2.10: Den Brennvorgang starten.

6 Der Rest des Vorgangs läuft wie gewohnt ab. Sobald Nero seine Arbeit beendet hat, nehmen Sie die Disc aus dem Laufwerk und schließen das Programm.

Eine vorhandene Multisession-Disc fortsetzen

Haben Sie zu einem früheren Zeitpunkt eine Multisession-Disc begonnen, können Sie diese jederzeit fortführen und weitere Dateien in einer neuen Sitzung hinzufügen. Sie können einer Multisession-Disc nicht nur einmal, sondern mehrmals weitere Daten hinzufügen. Die Vorgehensweise ist dabei immer die gleiche.

1 Legen Sie die Disc mit der ersten Session in den Brenner und starten Sie Nero Burning ROM.

2 Geben Sie oben links an, ob Sie eine CD, DVD oder Blu-ray-Disc brennen möchten, und wählen Sie als Disc-Typ *DVD-ROM (ISO)*, *CD-ROM (ISO)* oder *Blu-ray (UDF)*.

③ Ganz wichtig ist nun, dass Sie im Register *Multisession* die Option *Multisession Daten-Disk fortsetzen* auswählen. Nur dann kann Nero die bereits angefangene Disc fortführen.

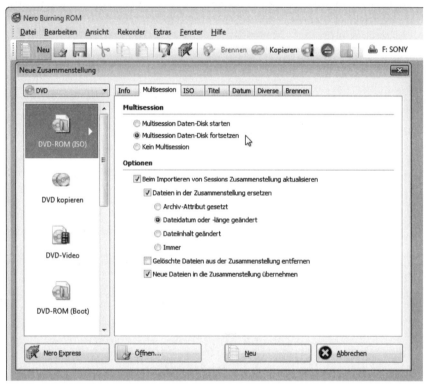

Bild 2.11: Die vorhandene Disc fortführen.

④ Im unteren Abschnitt des Registers aktivieren Sie das Kontrollkästchen *Beim Importieren von Sessions Zusammenstellung aktualisieren*. Dadurch weisen Sie Nero an, die neuen Dateien nahtlos in die vorhandene Session zu integrieren. Dadurch ergeben sich direkt darunter weitere Optionen. In den meisten Fällen können Sie diese auf den Standardwerten belassen.

⑤ Mit *Dateien in der Zusammenstellung ersetzen* wird Nero vorhandene Dateien ersetzen, wenn Sie eine neuere Version derselben Datei hinzufügen. Dabei gibt es verschiedene Merkmale dafür, dass eine Datei geändert wurde.

Viele Anwendungen setzen beim Speichern ein Attribut, das besagt, dass die Datei verändert wurde. Wählen Sie *Archiv-Attribut gesetzt* aus, wird nach diesem Attribut gesucht.

Bei der Option *Dateidatum oder -länge geändert* entscheidet das Datum, wann eine Datei erstellt oder geändert wurde und welche Dateiversion behalten bzw. überschrieben wird. Dies ist die Standardeinstellung.

Wählen Sie *Dateiinhalt geändert* aus, wird jede Datei Byte für Byte überprüft. Falls die neu zu schreibende Datei anders ist, ersetzt sie automatisch die bestehende. Diese Auswahl ist eher unsicher und weniger zu empfehlen.

Die Option *Immer* sorgt dafür, dass in der neuen Session hinzugefügte Dateien immer die auf der Disc befindlichen überschreiben.

⑥ Falls die erste Session auf demselben Computer gebrannt wurde, kann Nero die Daten auf der Disc mit der Festplatte vergleichen. Wurden einige Dateien inzwischen von der Festplatte gelöscht, kann Nero sie mit der Option *Gelöschte Dateien aus der Zusammenstellung entfernen* auch von der Disc löschen. Deaktivieren Sie diese Option besser.

⑦ Den Punkt *Neue Dateien in die Zusammenstellung übernehmen* müssen Sie selbstverständlich aktivieren, sonst wird Nero keine neue Session hinzufügen.

⑧ Mit einem Mausklick auf die Schaltfläche *Neu* liest Nero die Disc im Laufwerk ein und importiert die Session in den neuen Brennvorgang. Falls sich auf der Disc bereits mehrere Sessions befinden, müssen Sie angeben, an welcher Sie anknüpfen möchten. Natürlich wählen Sie hier die letzte und somit jüngste Session.

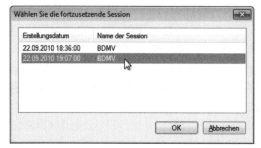

Bild 2.12: Eine vorhandene Session fortsetzen.

⑨ Jetzt gelangen Sie in das übliche Arbeitsfenster von Nero. Die Besonderheit liegt darin, dass im linken Fenster bereits die auf der Disc vorhandenen Dateien und Verzeichnisse angezeigt werden – sie werden grau dargestellt. Nun fügen Sie wie gewohnt weitere Daten aus dem rechten Fenster hinzu – sie werden normal dargestellt.

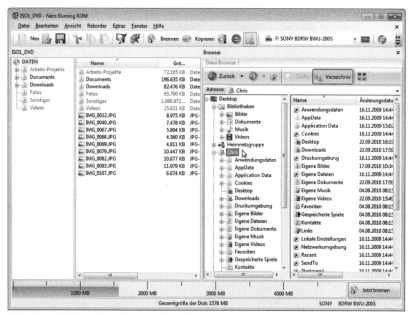

Bild 2.13: Weitere Dateien der Disc hinzufügen.

⑩ Sobald alle Dateien hinzugefügt wurden, klicken Sie auf die Schaltfläche *Brennen* am oberen Rand. Neben den üblichen Brennoptionen müssen Sie hier angeben, ob die Disc in diesem Durchgang finalisiert werden soll oder nicht.

Finalisieren Sie eine Disc, wenn sie vollständig ist und keine Dateien mehr hinzugefügt werden sollen. Die Disc ist dann fertig zur sicheren Archivierung.

Möchten Sie der Disc später weitere Dateien hinzufügen, dürfen Sie diese Option nicht aktivieren.

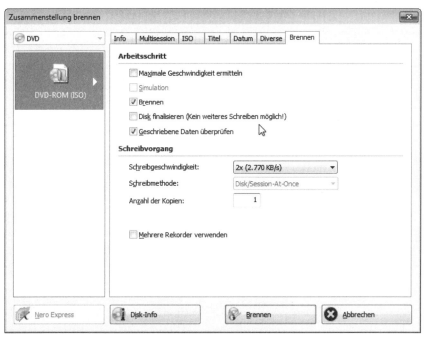

Bild 2.14: Soll die Disc diesmal finalisiert werden?

⑪ Mit der Schaltfläche *Brennen* beginnt Nero, die neuen Dateien zusätzlich auf die Disc zu schreiben. Sobald der Vorgang abgeschlossen ist, erscheint die übliche Meldung über das erfolgreiche Brennen.

SecurDisc, DiscSpan und andere Disc-Typen

Im Fenster *Neue Zusammenstellung* bietet Nero neben den Standard-Discs auch ein paar sehr spezielle Disc-Typen an. So soll z. B. die *SecurDisc* für besonders hohe Datensicherheit geeignet sein. Sie schreibt die Daten in einem ganz speziellen Verfahren auf die Disc, sodass sie selbst bei Kratzern oder leichten Beschädigungen noch gelesen werden kann. Ähnlich interessant hört sich *Nero DiscSpan* an, mit dem sich große Datenbestände auf mehrere Discs verteilen lassen.

So nett das auch klingen mag, der Nutzen bei beiden Formaten ist doch eher gering. So gibt es z. B. keinen wirklich wirksamen Schutz vor Disc-Beschädigungen, und das Aufteilen von Datenbeständen auf zehn CDs ist auch nicht wirklich sinnvoll. Die meisten Anwender nehmen gleich eine Blu-ray-Disc oder eine externe Festplatte. Dazu kommt, dass es sich um reine Nero-Formate handelt, die auf anderen Computern möglicherweise nicht richtig gelesen werden.

2.4   ISO und Joliet – die besten Einstellungen zum Brennen

Beim Brennen von Daten-CDs und -DVDs gibt es immer wieder Verwirrungen um das enthaltene Dateisystem. Das liegt einfach daran, dass die Grundspezifikation (ISO) bereits recht alt ist und den Möglichkeiten aktueller Betriebssysteme nicht gerecht wird. Um das Problem zu lösen, wird auf jede CD und DVD unsichtbar ein zweites Dateisystem geschrieben (Joliet), das erweiterte Funktionen ermöglicht.

- Damit eine CD oder DVD grundsätzlich dem Standard entspricht, muss das ISO-System geschrieben werden. Ältere Computer erkennen das ISO-System und arbeiten mit den eingeschränkten Möglichkeiten.

- Moderne Computer greifen nur noch auf das Joliet-Dateisystem zu. Dadurch stehen z. B. lange Dateinamen und Leerzeichen zur Verfügung. Obwohl sie das ISO-System weitestgehend ignorieren, muss es vorhanden sein, um den CD-/DVD-Standard zu erfüllen.

Vorsicht bei Video-DVDs und Blu-ray-Discs

Beachten Sie hierbei, dass sich diese Angaben nur auf Daten-CDs und -DVDs beziehen. Bei anderen Disc-Typen gelten zum Teil auch völlig andere Spezifikationen.

Für Video-DVDs gelten sehr strenge Regeln, die keinerlei Ausnahmen zulassen. Nur so können sie von allen DVD-Playern abgespielt werden.

Obwohl Nero auch bei Blu-ray-Discs das ISO-System anbietet, sollten Sie es nicht verwenden. Blu-ray-Discs arbeiten ausschließlich mit dem Dateisystem UDF, das viel moderner und leistungsfähiger ist. Wie Sie UDF-Discs erstellen, wird im nächsten Abschnitt behandelt.

Im alltäglichen Einsatz sollten Sie sich beim Brennen von Daten-CDs und -DVDs immer an folgende Regeln halten:

- Wählen Sie als *Dateisystem* stets die Option *ISO 9660 + Joliet*. Dann werden das alte und das neue Dateisystem geschrieben.

- Die Angabe der *Dateinamenlänge* bezieht sich nur auf das ISO-System, nicht auf Joliet. Wählen Sie hier immer *Max. von 11 = 8 + 3 Zeichen*. Dann wird der Standard eingehalten.

- Als *Zeichensatz* wählen Sie stets *ISO 9660*. Diese Begrenzung bezieht sich ebenfalls nur auf das ISO-System und nicht auf Joliet.

Bild 2.15: Die strengen Regeln des ISO-Systems einhalten.

⦿ Zusätzlich erlaubt Nero es, die Regeln des ISO-Dateisystems ein wenig zu lockern und die CD oder DVD mit erweiterten Funktionen auszustatten. In der Regel sollten Sie diese Lockerungen nicht wahrnehmen, denn die CD bzw. DVD entspricht dann nicht mehr dem Standard. Neue Computer mit Windows 7 werden die Disc trotzdem verarbeiten. Auf älteren Computern oder mit anderen Betriebssystemen kann es aber zu Problemen kommen.

Benötigen Sie sehr viele Verzeichnisebenen auf der CD oder DVD, aktivieren Sie die Option *Pfadtiefe von mehr als 8 Verzeichnissen erlauben*. Das ist nur notwendig, wenn Sie sehr viele Unterverzeichnisse ineinander verschachtelt haben.

Insgesamt darf der Name einer Datei inklusive aller Pfadangaben nicht mehr als 255 Zeichen haben, z. B. *D:\Fotos\Urlaub\Sonnenuntergang.jpg*. Sollte das aufgrund sehr langer Namen doch mal nötig sein, aktivieren Sie die Option *Mehr als 255 Zeichen im Pfadnamen erlauben*.

Nero kann das ISO-Dateisystem auch ganz weglassen und die CD oder DVD nur noch im Joliet-Format schreiben. Das sollten Sie möglichst niemals tun, denn viele Laufwerke können die Disc dann nicht mehr lesen.

Dateinamen dürfen im Joliet-System ohne Pfadangabe maximal 64 Zeichen lang sein. Mit der Option *Mehr als 64 Zeichen für Joliet Namen erlauben* dürfen Ihre Dateinamen auch länger sein. Hier ist aber äußerste Vorsicht geboten, denn selbst moderne Windows-Betriebssysteme haben damit manchmal Probleme.

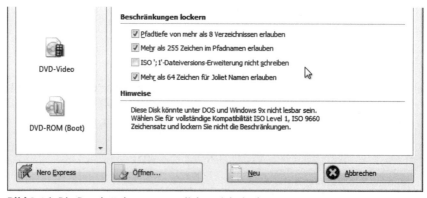

Bild 2.16: Die Beschränkungen möglichst nicht lockern.

Wie streng muss man die Regeln einhalten?
Es sollte nicht vergessen werden, dass der ISO-Standard sehr alt ist und die Möglichkeiten neuer Betriebssysteme nicht berücksichtigt. Aus diesem Grund ist es meist unproblematisch, wenn man unter Windows 7 eine CD oder DVD mit Lockerungen brennt und diese auch nur unter Windows 7 oder Vista verwendet. Dabei wird ohnehin lediglich das Joliet-System genutzt.

Sobald aber andere Betriebssysteme, z. B. Windows ME oder XP, ein CD- oder DVD-Player, MP3-Player etc. genutzt werden sollen, gilt diese Großzügigkeit oft nicht mehr. Anders als Windows 7 sind diese Systeme oder Geräte technisch nicht in der Lage, eine CD oder DVD abseits der Norm zu lesen. In der Regel wird die Disc erst gar nicht erkannt oder als fehlerhaft abgelehnt.

2.5 Das UDF-Dateisystem für CDs, DVDs und Blu-ray-Discs

Der recht alte ISO-Standard für CDs und DVDs ist leider sehr eingeschränkt und wird den Möglichkeiten neuerer Systeme nicht gerecht. Deshalb wird auf fast allen Discs zusätzlich das Dateisystem Joliet geschrieben, das z. B. lange Dateinamen und Leerzeichen erlaubt. Allerdings handelt es sich dabei um ein reines Windows-Dateisystem, das andere Geräte nicht lesen können. Außerdem entsprechen diese CDs und DVDs streng genommen keinem Standard.

Um das Problem zu lösen, wurde der neue Standard *UDF* (Universal Disk Format) geschaffen. Er soll das ISO-System ablösen, wird modernen Systemen gerecht und ist mit allen modernen Computern und Geräten kompatibel.

 Video-DVDs werden immer mit dem UDF-Standard erstellt. Dieser ist Teil der DVD-Spezifikation, sodass eine Video-DVD ohne UDF von keinem Player akzeptiert würde. Das ISO-System ist oft zusätzlich enthalten, aber nicht verpflichtend.

 Die Blu-ray-Disc basiert ausschließlich auf dem UDF-Standard, denn nur durch ihn ist es möglich, dass die Disc so viele Daten, Funktionen und Extras speichern kann. Weder das ISO- noch das Joliet-System sind hier vorgesehen. Obwohl Nero beides anbietet, können Sie das völlig ignorieren.

Bei herkömmlichen Daten-CDs und -DVDs kann es problematisch sein, sie als reine UDF-Discs zu brennen. Ältere Laufwerke und Betriebssysteme beherrschen UDF möglicherweise nicht und erkennen die Disc nicht. Um die Kompatibilität zu erhalten, kann wieder ISO als Basis geschrieben werden und UDF als Zusatz. Das ist ganz ähnlich wie bei ISO und Joliet. Der Vorteil ist aber, dass UDF geräteunabhängig ist und nicht nur unter Windows funktioniert.

Welches Dateisystem soll es nun sein?

Das beste und modernste Dateisystem ist ganz klar UDF. Arbeiten Sie ausschließlich mit modernen Computern und Betriebssystemen, brennen Sie alle Ihre Discs im UDF-Format – CDs, DVDs und Blu-ray-Discs sowieso. Bei reinen Daten-CDs und -DVDs können Sie zur Sicherheit das ISO-System zusätzlich brennen – natürlich nicht bei Blu-ray-Discs. Dann kann gar nichts schiefgehen, und selbst ältere Geräte können die Discs lesen. Joliet benötigen Sie eigentlich gar nicht mehr, und außer Windows interessiert sich auch kein System dafür. Moderne Geräte wie die Xbox 360, die Playstation 3, DVD-Player und alle Blu-ray-Player lesen sowieso nur noch das UDF-Format und ignorieren ISO und Joliet vollkommen.

① Im Fenster *Neue Zusammenstellung* wählen Sie zunächst, ob Sie eine *CD*, *DVD* oder *Blu-ray* brennen möchten. Direkt darunter wählen Sie dann die Disc-Option – *DVD-ROM (UDF/ISO)*, *CD-ROM (UDF/ISO)* oder *Blu-ray-Disk (UDF)*.

Auf diese Weise erstellen Sie UDF-Discs mit dem ISO-Standard zur Absicherung der Kompatibilität. Sie können natürlich auch mit den Optionen *DVD-ROM (UDF)* und *CD-ROM (UDF)* reine UDF-Discs brennen.

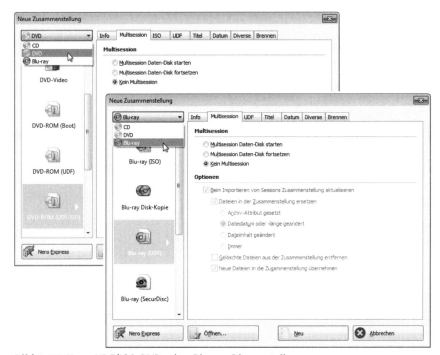

Bild 2.17: Neue UDF/ISO-DVD oder -Blu-ray-Disc erstellen.

Im Register *Multisession* sollten Sie die Option *Kein Multisession* auswählen. Dann entspricht die Disc dem Standard. Bei Bedarf sind natürlich Multisession-Discs möglich, allerdings haben dann wieder einige Geräte eventuell Schwierigkeiten damit.

Im Register *ISO* sollten Sie sich ganz streng an die Regeln dieses Standards halten, damit die Disc für ältere Geräte kompatibel bleibt. Welche Optionen Sie hierfür setzen müssen, wurde im vorherigen Abschnitt erläutert. Bei Blu-ray-Discs entfällt dieses Register natürlich.

Das Register *UDF* macht es Ihnen insofern leicht, als Sie hier einfach die Option *Automatische Einstellungen* auswählen.

Die manuelle Einstellung sollten Sie nur wählen, wenn Sie sich sehr gut mit dem UDF-Standard auskennen und eine sehr spezielle Kompatibilität damit erzielen möchten.

Die Option *Xbox-Kompatibilitätsmodus aktivieren* müssen Sie nur auswählen, wenn Sie eine Xbox besitzen und diese normale UDF-DVDs nicht liest. Bei der Xbox 360 sind diese Probleme aber beseitigt.

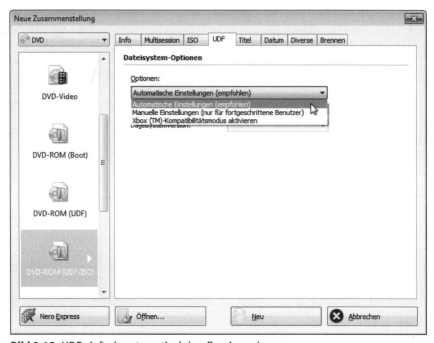

Bild 2.18: UDF einfach automatisch konfigurieren lassen.

⑤ Alle anderen Einstellungen unterscheiden sich überhaupt nicht von herkömmlichen CDs, DVDs oder Blu-ray-Discs. Mit der Schaltfläche *Neu* gelangen Sie in das Bearbeitungsfenster von Nero und fügen Ihre Dateien der Zusammenstellung hinzu.

⑥ Zuletzt klicken Sie wie gewohnt auf die Schaltfläche *Brennen* und schreiben Ihre Daten auf die Disc. Alles läuft wie gewohnt ab, nur dass Nero diesmal die Dateisysteme UDF plus ISO auf die Disc schreibt bzw. nur UDF bei Blu-ray-Discs, wenn Sie das ausgewählt haben.

2.6 Legen Sie die UDF-Einstellungen selbst fest

Nero 10 macht Ihnen das Brennen von UDF-Discs besonders leicht, weil es mit der Option *Automatische Einstellungen* immer den richtigen Standard wählt. Möchten Sie die UDF-Version manuell festlegen, ist das natürlich auch möglich. Hierzu wählen Sie im Register *UDF* die Option *Manuelle Einstellungen (nur für fortge-schrittene Benutzer)*. Dadurch werden zwei weitere Auswahllisten aktiviert.

- **UDF Partitions-Typ** – Hier müssen Sie immer *Physikalische Partition* auswählen. Die anderen Optionen sind für herkömmliche Discs nicht gedacht.

- **Dateisystemversion** – Dies ist die wichtigste Option. Damit geben Sie an, welche UDF-Version auf die Disc gebrannt werden soll. Die folgende Tabelle zeigt Ihnen genau, welche Einstellung Sie für welche Disc wählen müssen.

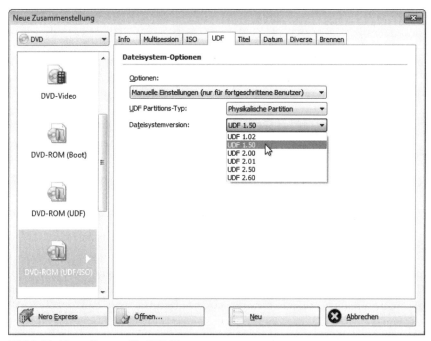

Bild 2.19: Einstellungen für UDF-Discs anpassen.

UDF-Version	Beschreibung
1.00	Ein veralteter Standard nur für CDs, wird von Nero nicht mehr angeboten.
1.01	Eine Erweiterung für DVDs, veraltet, wird von Nero nicht mehr angeboten.
1.02	Der Standard für alle Video-DVDs. Sie müssen UDF 1.02 wählen, wenn Sie Video-DVDs brennen wollen. Ein höherer Standard ist nicht erlaubt. Bei einmal beschreibbaren Daten-CDs und -DVDs erzielen Sie mit dieser UDF-Version die maximale Kompatibilität.
1.50	Diese Version ist für wiederbeschreibbare Discs wie DVD±RW, CD-RW und DVD-RAM vorgesehen.
2.00	Dies ist der Standard für editierbare Video-DVDs, häufig auch DVD-VR genannt. Er kommt vor allem in DVD-Rekordern zum Einsatz.
2.01	Dies ist lediglich eine Fehlerkorrektur zur Version 2.00 und sollte stattdessen ausgewählt werden.
2.50	Diese UDF-Version ist für wiederbeschreibbare Blu-ray-Discs (BD-RE) vorgesehen. Wählen Sie diese UDF-Version manuell aus, wenn Ihr BD-Player selbst gebrannte Discs mit der automatischen Einstellung nicht lesen kann.
2.60	Mit dieser UDF-Version brennen Sie einmal beschreibbare Blu-ray-Discs (BD-R) und Video-Blu-ray-Discs. Wählen Sie diese UDF-Version manuell aus, wenn Ihr BD-Player die Disc mit der automatischen Einstellung nicht lesen kann.

Bei der Auswahl einer UDF-Version müssen Sie immer darauf achten, dass diese exakt zum verwendeten Datenträger passt. Es ist sinnlos, einen höheren UDF-Standard zu wählen, wenn dieser für das Medium nicht vorgesehen ist. Dadurch ergibt sich keine bessere Kompatibilität, sondern eine unbrauchbare Disc.

Brennen Sie z. B. eine Video-DVD mit der Version UDF 2.50, würde sie technisch gesehen einer Blu-ray-Disc entsprechen, aber DVD-Inhalte bieten. Dieses Durcheinander kann natürlich kein Player wiedergeben. Umgekehrt wird eine Blu-ray-

Disc mit UDF 1.50 ebenfalls nicht richtig erkannt und kann nicht wiedergegeben werden.

2.7 CDs, DVDs oder Blu-ray-Discs direkt kopieren

Manchmal möchte man keine neue oder eigene Disc erstellen, sondern einfach nur eine bestehende kopieren. Das kann eine Sicherungskopie Ihrer Daten sein, eine Kopie der besten Urlaubsfotos für Freunde oder Ähnliches. Mit Nero erstellen Sie ganz unkompliziert eine Eins-zu-eins-Kopie einer beliebigen CD, DVD oder Blu-ray-Disc. Dabei spielt es keine Rolle, um was für eine Disc es sich handelt oder was für Daten auf der Original-Disc gespeichert sind. Nero erstellt immer eine exakte Kopie und übernimmt dabei automatisch sämtliche Eigenschaften der Original-Disc.

 Quelle und Ziel müssen identisch sein
Beachten Sie, dass bei einer Direktkopie der Disc-Typ der Quell-Disc und der Ziel-Disc identisch sein müssen. Sie können also nur eine CD auf einen CD-Rohling kopieren, eine DVD auf einen DVD-Rohling und eine Blu-ray-Disc auf einen Blu-ray-Rohling. Ein Umkopieren auf eine andere Art von Datenträger ist nicht möglich.

① Rufen Sie Nero Burning ROM aus dem Startmenü von Windows auf. Im Fenster *Neue Zusammenstellung* geben Sie oben links an, ob es sich um eine *CD*, *DVD* oder *Blu-ray* handelt.

② Direkt darunter wählen Sie nun die Option *CD kopieren*, *DVD kopieren* oder *Blu-ray Disk-Kopie*.

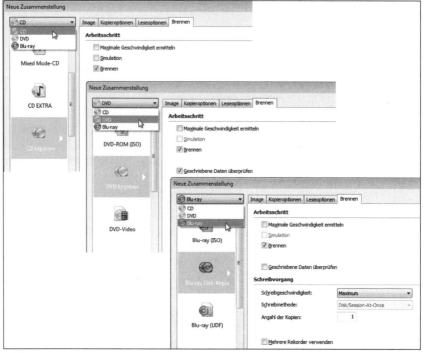

Bild 2.20: Eine CD, DVD oder Blu-ray-Disc eins zu eins kopieren.

③ Im rechten Teil des Fensters erscheinen nun verschiedene Optionen für diesen Brennvorgang.

Image – Nero erstellt während des Brennens eine temporäre Kopie auf der Festplatte und löscht diese am Ende wieder. Die automatischen Einstellungen hierfür sind völlig okay und müssen nicht geändert werden.

Kopieroptionen – Besitzt Ihr Computer zwei Laufwerke, können Sie in das eine die Original-CD/-DVD oder -Blu-ray-Disc einlegen und in das andere einen leeren Rohling. Nero wird dann mit der Option *Direktkopie* die Daten ohne Zwischenspeicherung vom einen aufs andere Laufwerk kopieren. Das geht besonders schnell, kann aber zu Fehlern führen. Setzen Sie zur Sicherheit die Lesegeschwindigkeit ein wenig herunter. Haben Sie nur ein Laufwerk in Ihrem Computer eingebaut, ist diese Option nicht verfügbar.

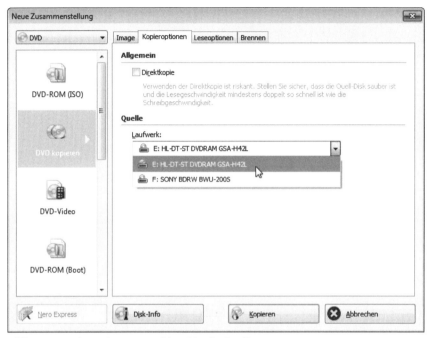

Bild 2.21: Kopieroptionen – wählen Sie die Quelle aus.

Leseoptionen – Nero kann jeden Disc-Typ mit angepassten Einstellungen auslesen, sodass die Kopie besonders sauber und fehlerfrei wird. Wählen Sie hier das passende Profil aus, z. B. *Daten-DVD, DVD-Video, Audio-CD, Daten-BD, BD-Video* etc. Die Fehlerkorrektur direkt darunter sollten Sie mit den Standardwerten eingeschaltet lassen.

Brennen – Aktivieren Sie hier das Kontrollkästchen *Brennen*, damit Nero nicht nur einen Testlauf durchführt. Lassen Sie auf Wunsch die geschriebenen Daten überprüfen. Oft ist es sinnvoll, die Schreibgeschwindigkeit ein wenig herabzusetzen, z. B. wenn der CD- oder DVD-Player Probleme mit selbst gebrannten oder zu schnell gebrannten Discs hat. Vor allem bei der noch recht neuen Blu-ray-Disc vermeiden Sie damit Leseprobleme in den Abspielgeräten.

Bild 2.22: Wählen Sie das passende Profil aus.

Bild 2.23: Legen Sie die Brennoptionen fest.

④ Mit einem Klick auf die Schaltfläche *Kopieren* geht es los. Nero liest die Original-CD, -DVD oder -Blu-ray-Disc aus und wird Sie anschließend auffordern, einen leeren Rohling in das Laufwerk einzulegen. Dann werden die zwischengespeicherten Daten zurückgeschrieben. Besitzen Sie zwei Laufwerke und haben die Option *Direktkopie* ausgewählt, entfällt dieser Schritt natürlich. Dann schreibt Nero die Kopie sofort auf den leeren Rohling.

Bild 2.24: Legen Sie einen leeren Rohling in das Laufwerk ein.

Bitte beachten Sie das Urheberrecht
Mit der Funktion zur Direktkopie ist es sehr einfach, beliebige CDs, DVDs und Blu-ray-Discs zu kopieren. Bitte beachten Sie dabei immer das Urheberrecht und kopieren Sie nicht unrechtmäßig Musik-CDs, Film-DVDs oder Video-Blu-rays. Den Künstlern entgeht damit ihre wichtigste Einnahmequelle.
Nero selbst achtet ebenfalls auf das Urheberrecht. Befindet sich auf der Disc ein Kopierschutz oder ist das Kopieren durch eine versteckte Anweisung untersagt, verweigert Nero den Dienst.
Beachten Sie auch, dass viele DVDs und Blu-ray-Discs verschlüsselt sind. Dieser Schutz steckt unsichtbar in der Disc und kann nicht mitkopiert werden. Die Disc lässt sich zwar scheinbar kopieren, doch der Inhalt der Kopie ist unvollständig und lässt sich nicht abspielen.

2.8 Wiederbeschreibbare Medien löschen und wiederverwenden

Die herkömmlichen Rohlinge für CDs, DVDs und Blu-ray-Discs sind nur einmal beschreibbar. Es gibt aber jeweils auch wiederbeschreibbare Versionen – diese lassen sich löschen und beliebig oft neu brennen. Wiederbeschreibbare Rohlinge sind besonders praktisch, wenn die Daten nicht dauerhaft archiviert werden sollen, z. B. für Backups, zum Transportieren und Tauschen etc. Außerdem sparen Sie damit einiges an Geld, weil Sie nicht ständig neue Rohlinge kaufen müssen, und schonen zugleich die Umwelt ein wenig.

- Wiederbeschreibbare CD-Rohlinge hören auf den Namen **CD-RW**.

- Bei DVDs gibt es Rohlinge im Format **DVD+RW** und **DVD-RW**.

- Die wiederbeschreibbare Version der Blu-ray-Disc heißt **BD-RE**.

1. Das Löschen dieser Medien ist mit Nero ganz einfach. Starten Sie das Hauptprogramm Nero Burning ROM. Sobald sich das Fenster *Neue Zusammenstellung* öffnet, schließen Sie es einfach mit der Schaltfläche *Abbrechen*.

2. Nun wählen Sie aus dem Hauptmenü den Punkt *Rekorder/Wiederbeschreibbare Disk löschen*.

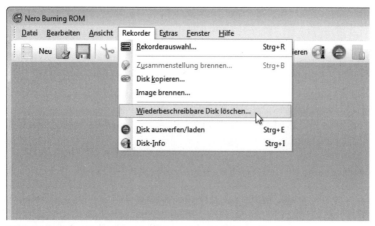

Bild 2.25: Eine wiederbeschreibbare Disc mit Nero löschen.

❸ Dadurch öffnet sich ein Fenster mit verschiedenen Konfigurationsmöglichkeiten.

Unter *Rekorder auswählen* geben Sie natürlich das Brennerlaufwerk an, in dem die Disc liegt.

Wählen Sie bei *Zu verwendende Löschmethode wählen* die Option *RW-Disk schnell löschen* aus, wird nur das Inhaltsverzeichnis der Disc gelöscht. Der Brenner erkennt die Disc als leer und kann sie sofort neu beschreiben. Seien Sie aber vorsichtig, wenn Sie die Disc weitergeben, die Daten lassen sich rekonstruieren. Mit der Option *RW-Disk vollständig löschen* werden die Daten spurlos gelöscht. Allerdings dauert das sehr lange und ist nur notwendig, wenn die Disc nicht mit neuen Daten überschrieben werden soll.

Als *Löschgeschwindigkeit* wählen Sie ruhig immer *Maximum*, dann dauert der Vorgang nicht so lange.

Bild 2.26: CD-RW, DVD-RW oder BD-RE löschen.

❹ Mit Klick auf die Schaltfläche *Löschen* starten Sie den Vorgang. Das schnelle Löschen dauert ca. eine Minute, beim vollständigen Löschen sollten Sie abhängig vom Disc-Typ (CD-RW, DVD-RW, BD-RE) ca. 30 bis 40 Minuten einplanen.

2.9   Spezielle Formate – Mixed-Mode-CD und CD-Extra

Sie haben sicher auch schon einmal eine Audio-CD gesehen, die sich auf jedem CD-Player abspielen lässt, auf dem Computer aber zusätzliche Inhalte wie Musikvideos, Bildschirmschoner etc. bereitstellt. Hierbei handelt es sich um Mixed-Mode-CDs bzw. CD-Extras. Beide stellen eine Art Hybriddatenträger dar, der für jedes Gerät andere Inhalte anbietet.

- **Mixed Mode-CD** – Die Musik- und Computerdaten werden in einem Durchgang gebrannt. Durch eine spezielle Deklaration auf der CD weiß jedes Gerät, wo die jeweils gültigen Daten zu finden sind. Manche CD-Spieler und ältere Laufwerke haben mit diesen CDs leider Probleme.

- **CD EXTRA** – Hier werden die Computer- und Musikdaten in zwei Durchgängen gebrannt, ähnlich einer Multisession-CD. Das hat den Vorteil, dass jeder CD-Player sie abspielt, denn ältere Geräte übersehen die zweite Session mit den Computerdaten einfach.

Die CD-Extra entspricht einem neueren Standard und stellt durch die erhöhte Kompatibilität immer die bessere Wahl gegenüber der Mixed-Mode-CD dar. Übrigens werden Kauf-CDs oft mit »CD Enhanced« gekennzeichnet, gemeint ist aber CD-Extra.

1. Um selbst eine CD-Extra zu erstellen, starten Sie Nero Burning ROM und wählen im Fenster *Neue Zusammenstellung* zunächst als Disc-Typ *CD* aus und anschließend die Aufgabe *CD EXTRA*.

   In den Registern *CD EXTRA* und *ISO* sollten Sie nichts verändern, da Nero hier automatisch die richtigen Einstellungen vornimmt.

   Unter *Titel* und *Audio CD* nehmen Sie die üblichen Einstellungen für Musik-CDs vor, z. B. CD-Text aktivieren, Tracks normalisieren etc.

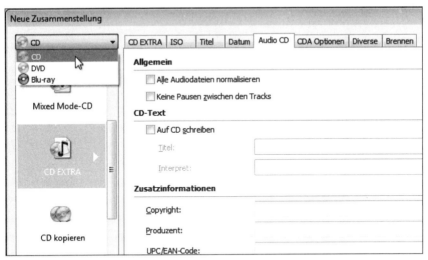

Bild 2.27: Eine neue CD-Extra starten.

② Mit der Schaltfläche *Neu* gelangen Sie in das Bearbeitungsfenster von Nero. Das sieht im Grunde genauso aus wie immer, allerdings finden Sie auf der linken Seite zwei zusätzliche große Schaltflächen.

Klicken Sie auf die Schaltfläche *Audio*, um die Musikstücke der CD hinzuzufügen.

Mit der Schaltfläche *Daten* öffnen Sie den Datenbereich der CD, in dem Sie beliebige Dateien hinzufügen.

③ Das Einfügen von Musikdateien funktioniert genau wie bei einer herkömmlichen Audio-CD. Ziehen Sie Ihre Dateien einfach vom rechten Fenster in das linke. Sie dürfen dabei MP3-Dateien verwenden oder auch AAC, WAV, WMA etc.

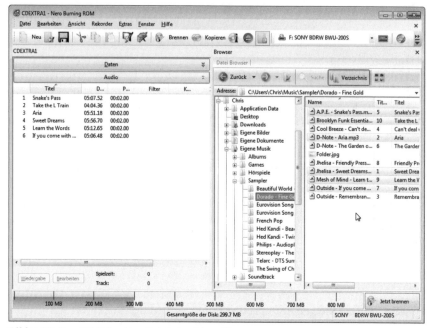

Bild 2.28: Der CD-Extra Musikdateien hinzufügen.

④ Beim Einfügen von Daten sind Sie ebenfalls sehr frei in der Gestaltung. Nero generiert automatisch die Ordner *CDPLUS* und *PICTURES*, weil diese für die Kompatibilität Pflicht sind. Darüber hinaus dürfen Sie hier beliebige Ordner erstellen und die gewünschten Dateien darin ablegen.

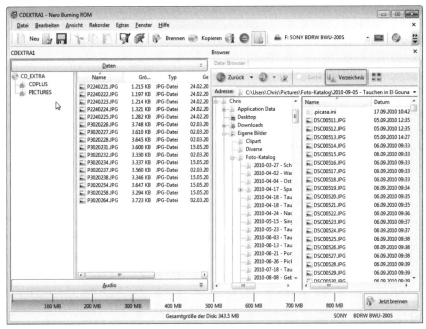

Bild 2.29: Der CD-Extra andere Dateien hinzufügen.

⑤ Sind alle Musikstücke und Dateien eingefügt, klicken Sie wie immer auf die Schaltfläche *Brennen*. Dadurch öffnet sich das Brennfenster, in dem Sie mit *Brennen* noch einmal den Vorgang bestätigen müssen.

Nun erstellt Nero Ihre CD-Extra und brennt dabei zwei unterschiedliche Sessions – eine für die Musik und eine für die Daten. Das geschieht ganz automatisch, sodass Sie nichts weiter tun müssen.

2.10 Erstellen Sie Cover für Ihre Disc-Hüllen

Nero 10 gibt Ihnen auch die Möglichkeit, für jede CD, DVD oder Blu-ray-Disc ein Cover zu erstellen. Dieses drucken Sie nach dem Brennen direkt aus und stecken es perfekt passend in die Hülle. Dabei unterstützt der CoverDesigner sowohl Standardhüllen für CDs wie auch die großen Amaray-Cases für DVDs und Blu-ray-Discs.

➊ Sie finden das Programm im Startmenü unter *Nero CoverDesigner*. Nach dem Start wählen Sie am linken Rand aus, was für ein Cover Sie erstellen möchten bzw. um welche Art Hülle es sich handelt.

Dadurch werden Ihnen in der Mitte fertige Vorlagen angeboten. Über die Schaltfläche *OK* gelangen Sie in das Bearbeitungsfenster.

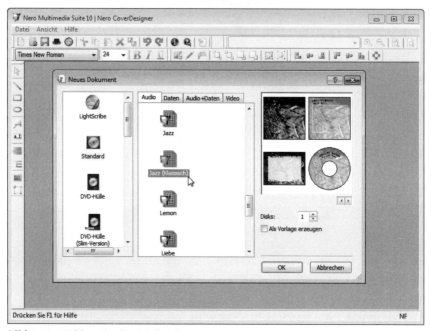

Bild 2.30: Wählen Sie die Art des Covers aus.

➋ Das Bearbeitungsfenster sieht im Grunde aus wie ein einfaches Bildbearbeitungsprogramm. Hier fügen Sie Bilder ein, schreiben Texte, erstellen Titellisten etc. Die Handhabung ist wirklich sehr übersichtlich gehalten. Lassen Sie Ihrer Kreativität freien Lauf und erstellen Sie für die Hülle oder die Disc ein individuelles Design.

Am unteren Rand wählen Sie aus, ob Sie das Cover für das Booklet, die Rückseite, das Inlay oder ein Bild für die Disc selbst erstellen.

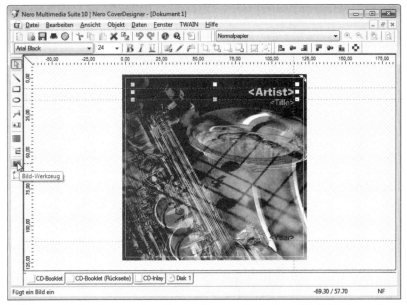

Bild 2.31: Für das Cover stehen Ihnen alle gestalterischen Möglichkeiten offen.

③ Brennen Sie gerade eine Audio-CD, können Sie den CoverDesigner ganz bequem aus dem Brennfenster von Nero heraus aufrufen. Sie finden die Schaltfläche oben in der Symbolleiste. Das Schöne ist, dass der CoverDesigner dabei automatisch die CD-Informationen übernimmt. Dann müssen Sie auf dem CD-Cover nur ein Textfeld mit dem Tracklisten-Werkzeug erstellen, und das Programm fügt die Songtitel und Interpreten automatisch ein.

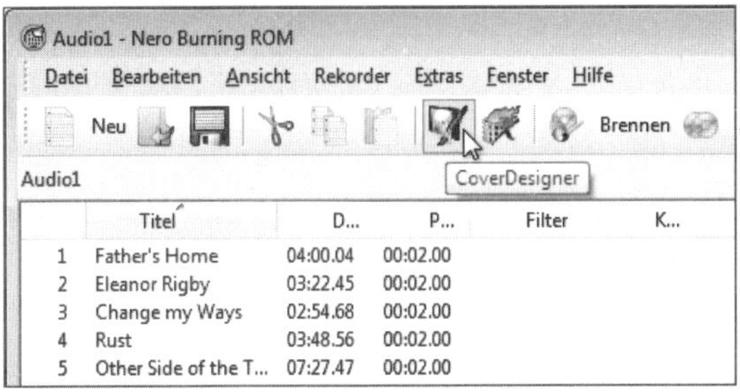

Bild 2.32: CD brennen, Cover erstellen und die Titel direkt importieren.

④ Achten Sie immer darauf, dass Sie oben rechts das richtige Papierformat für das jeweilige Cover auswählen – für das Booklet ein quadratisches und für die Disc ein rundes.

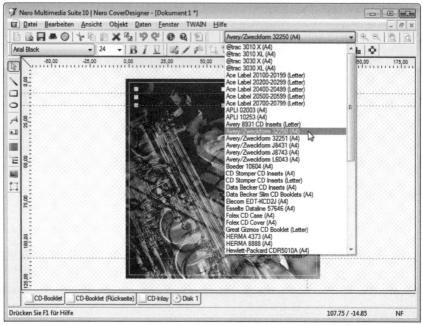

Bild 2.33: Das Papierformat für das Cover auswählen.

⑤ Bevor Sie Ihr CD-, DVD- oder Blu-ray-Cover ausdrucken, sollten Sie auf jeden Fall die Option *Datei/Papierprofile* aufrufen. Damit legen Sie fest, ob das Cover auf ein normales Blatt Papier gedruckt werden soll oder auf ein spezielles Coverpapier, das Sie im Laden gekauft haben. So passt Ihr Ausdruck dann perfekt in die perforierten Felder des Papiers.

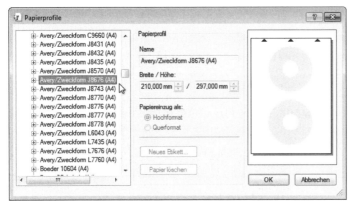

Bild 2.34: Wählen Sie das Papier für das Cover aus.

2.11 LightScribe und LabelFlash – Bilder auf den Rohling brennen

Ein wirkliches Highlight des CoverDesigners sind die LightScribe- und LabelFlash-Funktionen. Damit brennen Sie Ihre Cover, einen Text oder Bilder direkt auf spezielle CD- und DVD-Rohlinge. Das ist nicht nur praktisch, sondern sieht auch sehr beeindruckend aus. Grundsätzlich sind sich LightScribe und LabelFlash sehr ähnlich bzw. miteinander verwandt, sodass die meisten entsprechenden Brenner beide Formate unterstützen.

Bild 2.35: CDs und DVDs mit LightScribe-Bildern. (Foto: Philips Deutschland)

LightScribe und LabelFlash setzen allerdings ein paar technische Gegebenheiten voraus.

○ Sie benötigen einen CD-/DVD-Brenner, der explizit LightScribe bzw. LabelFlash unterstützt.

○ Das Beschreiben ist nur mit speziellen Rohlingen möglich. Es gibt sie in vielen Variationen im Fachgeschäft. Leider sind sie um einiges teurer als herkömmliche Rohlinge.

○ Natürlich benötigen Sie noch eine LightScribe- bzw. LabelFlash-Software, aber dafür haben Sie schließlich Nero.

 Nero bietet kein LightScribe an?
Obwohl Nero von sich aus vollständig mit LightScribe umgehen kann, muss auf Ihrem Computer eine Steuersoftware installiert sein. Auf der Original-Nero-CD ist sie in der Regel enthalten. Haben Sie Nero im Onlineshop gekauft, muss sie gesondert heruntergeladen und installiert werden. Sie finden die Steuersoftware kostenlos auf der Nero-Homepage unter: *http://dll.nero.com/LS_HSI.EXE.*

Alternativ erhalten Sie die Software auch kostenlos auf der offiziellen LightScribe-Homepage im Download-Bereich. Sie heißt dort *LightScribe System Software (LSS)*. Die Adresse lautet: *http://www.lightscribe.com/downloadSection/.*

---

① Das Erstellen eines LightScribe- und LabelFlash-Covers läuft im Grunde nicht anders ab als bei einem normalen Papiercover.

Beim Erstellen eines neuen Covers müssen Sie nur die Option *LightScribe* auswählen. Entweder beginnen Sie mit der Option *Leeres Dokument* eine neue Disc oder wählen eine der Vorlagen aus. Anschließend gelangen Sie wieder in das Bearbeitungsfenster.

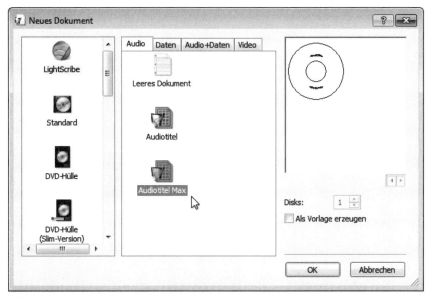

Bild 2.36: Eine neue LightScribe-Disc beginnen.

② Im Bearbeitungsfenster erstellen Sie wie gewohnt ein Cover für die Disc. Sie dürfen problemlos Texte und Bilder einfügen und innerhalb der zulässigen Flächen positionieren.

Beachten Sie aber, dass LightScribe und LabelFlash nur in Schwarz-Weiß funktionieren und dass der Druck bzw. die Gravur eher grob ist. Zu feine Elemente sehen eventuell nicht so gut aus.

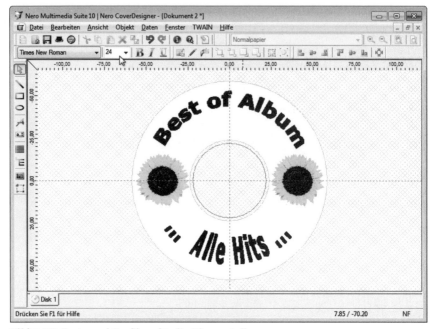

Bild 2.37: Texte und Grafiken für die Disc erstellen.

③ Sobald das Cover bzw. das CD-Bild fertig ist, kann es direkt auf den Rohling geschrieben werden. Legen Sie zuerst einen speziellen LightScribe-Rohling in Ihr Laufwerk ein, da Nero ohne Rohling die weiteren Schritte nicht erlaubt. Beachten Sie, dass er diesmal andersherum eingelegt werden muss!

Anschließend wählen Sie die Option *Datei/LightScribe-Label drucken* oder *Datei/ LabelFlash-Label drucken.*

④ Jetzt öffnet sich ein neues Fenster mit verschiedenen Optionen.

⑤ Abhängig von den Fähigkeiten Ihres Brenners, können Sie hier den Kontrast bzw. die Intensität der Gravur einstellen.

⑥ Lassen Sie sich zur Sicherheit immer mit der Schaltfläche *Vorschau* anzeigen, wie die Disc mit der Gravur aussehen wird.

Mit Klick auf die Schaltfläche *Drucken* wird das Label schließlich auf den Rohling geschrieben. Beachten Sie hierbei, dass das Schreiben mit LightScribe und

LabelFlash recht viel Zeit in Anspruch nimmt. Ein Cover kann durchaus mehr als eine halbe Stunde dauern.

Bild 2.38:
Das LightScribe-Cover mit einem geeigneten Brenner schreiben lassen.

3 Musik: Audio-CDs und MP3-Dateien

Nero 10 bringt alles mit, was Sie zum Brennen und Verwalten von Musik benötigen. Erstellen Sie aus Musikdateien herkömmliche Audio-CDs, die sich in jedem CD-Player abspielen lassen. Auf Wunsch lässt sich aus mehreren Audio-CDs eine ganz neue Mischung erstellen. Auch das direkte Kopieren vorhandener Musik-CDs stellt natürlich kein Problem dar. Dazu bietet Ihnen Nero 10 alles, was Sie für die digitale Verwaltung von Musik benötigen.

Mit wenigen Mausklicks sind Ihre Lieblings-CDs auf die Festplatte kopiert und dabei auch gleich in ein handliches Format wie MP3 oder AAC konvertiert. Damit befüllen Sie dann direkt Ihren Walkman oder iPod. Bei Bedarf lassen sich auch bereits vorhandene Dateien umkonvertieren oder verkleinern. Dieses Kapitel zeigt Ihnen genau, wie das alles geht.

3.1 Eine Audio-CD aus Musikdateien brennen

Lieder und Alben werden zunehmend online als Dateien gekauft. Im Laufe der Zeit haben Sie sich sicherlich auch eine Musiksammlung auf der Festplatte angelegt. Typische Dateiformate sind MP3, AAC, WMA etc. Mit Nero lässt sich daraus ganz einfach eine Musik-CD brennen. Diese entspricht dann dem Standard für Audio-CDs, sodass jeder herkömmliche CD-Player sie abspielt.

① Starten Sie Nero Burning ROM aus dem Windows-Menü und wählen Sie oben links die Option *CD*.

Dadurch erhalten Sie direkt darunter eine Liste mit verschiedenen Disc-Typen. Wählen Sie die Option *Audio-CD* mit einem Klick aus.

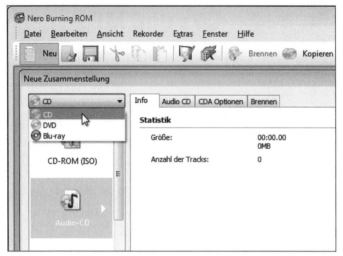

Bild 3.1: Eine neue Audio-CD erstellen.

❷ Im rechten Teil des Fensters gehen Sie in das Register *Audio CD*. Dort werden Ihnen nun verschiedene Optionen für diese CD angeboten.

Alle Audiodateien normalisieren – Die meisten Musikdateien besitzen unterschiedliche Lautstärken. Mit dieser Option werden sie alle angepasst, sodass die CD mit gleichmäßiger Lautstärke abgespielt wird.

Keine Pausen zwischen den Tracks – Zwischen den Stücken machen CD-Player immer zwei Sekunden Pause. Liveaufnahmen oder Partymischungen gehen aber meist ineinander über. Aktivieren Sie diese Option, damit keine Pausen eingefügt werden und die CD lückenlos abgespielt wird.

CD-Text – Aktivieren Sie die Option *Auf CD schreiben*. Nun geben Sie der CD einen Namen und hinterlegen den Interpreten. Viele CD-Player zeigen diese Angaben im Display an.

Zusatzinformationen – Hierbei handelt es sich um optionale Angaben. Plattenfirmen nutzen das meist bei Original-CDs. Für den Privatbereich ergibt es wenig Sinn.

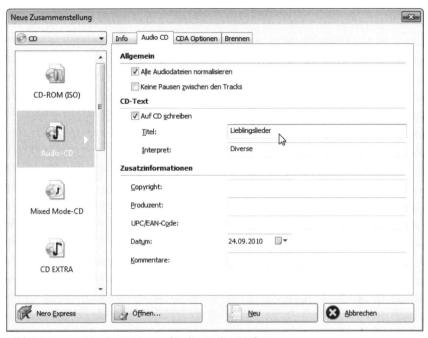

Bild 3.2: Legen Sie die Optionen für die Audio-CD fest.

❸ Mit einem Mausklick auf die Schaltfläche *Neu* bestätigen Sie die Angaben und gelangen in das Arbeitsfenster von Nero. Hier stellen Sie nun Ihre eigene CD zusammen.

❹ Wie gewohnt, sehen Sie links die zu brennende CD und rechts Ihre Festplatte. Bewegen Sie sich bequem durch Ihre Musiksammlung und wählen Sie die gewünschten Stücke aus. Um ein Stück in die CD einzufügen, müssen Sie es lediglich mit der Maus in das linke Fenster ziehen.

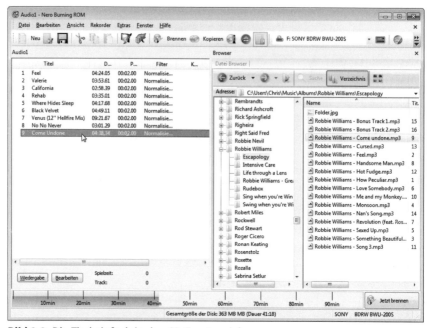

Bild 3.3: Die Titel einfach in das CD-Fenster ziehen.

⑤ Nero zeigt Ihnen detaillierte Informationen zu jedem Stück an, z. B. den Titel, die Dauer, eventuelle Pausen etc. Die Reihenfolge der Stücke können Sie beliebig ändern. Klicken Sie einfach ein Stück in der Liste mit der linken Maustaste an und ziehen Sie es mit gedrückt gehaltener Maustaste an die gewünschte Stelle.

⑥ Haben Sie ganz am Anfang bei den CD-Optionen die Funktion *CD-Text* aktiviert, besteht nun die Möglichkeit, für jeden einzelnen Titel Zusatzinformationen einzugeben.

Hierzu genügt ein Doppelklick auf einen der Titel im linken Fenster. Es öffnet sich ein neues Fenster mit den Trackeigenschaften. Geben Sie hier Titel und Interpreten ein. Falls Ihre Musikdateien bereits mit Titelinformationen ausgestattet sind, übernimmt Nero diese Angaben automatisch.

Audio-Track Eigenschaften

| Trackeigenschaften | Indizes, Grenzen, Trennen | Filter |

Quellinformationen

Datei: Belinda Carlisle - California.mp3

Frequenz: 44.100 Hz

Kanäle: 2

Auflösung: 16 Bits

Eigenschaften

Titel (CD-Text):   California

Interpret (CD-Text):   Belinda Carlisle

Pause: 2   Sekunden

International Standard Recording Code (ISRC):

Kopierschutz:

Kreuzblende mit vorherigem Track: 0   Sekunden

OK   Abbrechen   Übernehmen

Bild 3.4: Den CD-Text für jeden Titel eingeben oder bearbeiten.

⑦ Damit Sie nicht den Überblick verlieren, zeigt Ihnen Nero ganz unten in der Statusleiste jeweils die Größe und die Länge der Zusammenstellung an. Dann wissen Sie immer, für wie viele Stücke Sie noch Platz haben.

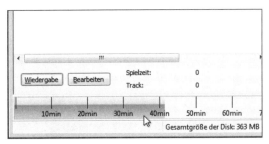

Bild 3.5: Die Größe und Dauer Ihrer Audio-CD.

⑧ Sobald die CD komplett ist, klicken Sie oben auf die Schaltfläche *Brennen*. Dadurch öffnet sich das Register *Brennen* und bietet Ihnen ein paar Optionen an.

Die Optionen *Maximale Geschwindigkeit ermitteln* und *Simulation* sollten Sie abschalten, indem Sie den Haken jeweils entfernen.

Die Option *Brennen* muss aktiviert sein, sonst führt Nero nur einen Testlauf durch.

Bei Audio-CDs ist Multisession nicht erlaubt. Aktivieren Sie deshalb die Option *Disk finalisieren*, damit die CD kompatibel zu allen Playern ist.

Zur Sicherheit können Sie die geschriebenen Daten überprüfen lassen. Dann wissen Sie, dass die Disc fehlerfrei gebrannt wurde.

Falls Ihr CD-Player empfindlich auf zu schnell geschriebene CDs reagiert, setzen Sie die *Schreibgeschwindigkeit* herunter, z. B. auf *4x*.

Als Schreibmethode muss für Audio-CDs *Disk-at-Once* ausgewählt werden, sonst entsprechen sie nicht dem Standard.

Der *Schutz vor Pufferleerlauf* sollte immer eingeschaltet sein. Abhängig vom CD-Brenner kann die Option auch *Safe-Burn*, *Power-Burn* oder ähnlich heißen.

Bild 3.6: Legen Sie die Brennoptionen fest.

⑨ Abschließend klicken Sie auf die Schaltfläche *Brennen*, und schon nimmt Nero seine Arbeit auf. Nachdem der Vorgang abgeschlossen ist, entnehmen Sie die CD. Jeder herkömmliche CD-Player spielt sie ab.

Gekaufte Musik in Nero nutzen
Nero beherrscht fast jedes gängige Audioformat, sodass auch Dateien aus Onlinemusikshops kein Problem darstellen. Allerdings arbeiten einige Onlineshops mit einem Digital Rights Management (DRM). Sie sind also eingeschränkt, was Sie mit dieser Musik tun dürfen und was nicht.
Nero kann problemlos mit der Rechteverwaltung von WMA-Dateien umgehen, wie man sie z. B. bei Musicload findet. Das DRM ist vollständig in Windows integriert, und Nero kann darauf zugreifen.
Bei vielen anderen Musikshops sieht das häufig ganz anders aus. Deren Rechtemanagement funktioniert oft nur innerhalb der eigenen Software, und keine andere Anwendung darf darauf zugreifen, z. B. beim iTunes-Shop. Dann sind Sie leider gezwungen, diese Musik mit der Software des Onlineshops zu brennen.
Viele Onlineshops bieten auch Musik ohne Rechtemanagement an, z. B. im reinen MP3-Format. Diese Stücke dürfen Sie innerhalb der Lizenz völlig barrierefrei in Nero verarbeiten. Sie werden bei der Bearbeitung keinen Unterschied zu eigenen MP3-Dateien feststellen.

3.2 Lieder von mehreren Audio-CDs neu zusammenstellen

Beim Zusammenstellen einer neuen Audio-CD sind Sie nicht auf Musikdateien auf Ihrem Computer beschränkt. Sie können auch aus mehreren bereits vorhandenen Audio-CDs eine neue Mischung zusammenstellen. Nero kopiert sich dabei einfach die von Ihnen gewünschten Stücke heraus und mischt sie in der von Ihnen vorgegebenen Reihenfolge zu Ihrer Lieblings-CD zusammen.

① Der Vorgang unterscheidet sich zunächst überhaupt nicht vom Zusammenstellen einer CD aus Dateien. Starten Sie Nero, wählen Sie *Audio-CD* als Disc-Typ aus und gehen Sie in das Arbeitsfenster, in dem Sie neue Stücke hinzufügen können.

2 Legen Sie nun die Original-CD mit den gewünschten Liedern in das Laufwerk ein. Im rechten Fensterbereich von Nero wählen Sie nicht Ihre Festplatte aus, sondern das CD-/DVD-Laufwerk mit der Original-CD.

Nero wird die Lieder als *Track 1, Track 2* etc. auflisten. Ist die CD mit CD-Text ausgestattet, zeigt Nero die Titel der Stücke an.

3 Klicken Sie nun auf den gewünschten Titel der CD. Ziehen Sie den Titel mit gedrückt gehaltener Maustaste in das linke Fenster. Er wird jetzt analysiert und kopiert.

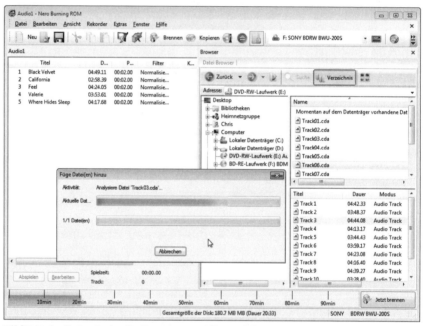

Bild 3.7: Audiotracks in die Zusammenstellung ziehen.

4 Befinden sich auf der CD keine Informationen zum Titel oder Interpreten, wird Nero die fehlenden Informationen im Internet bei der Gracenote-Datenbank abrufen. Dabei erscheint kurz das Symbol von Gracenote auf dem Desktop.

Bild 3.8: Das Gracenote-Symbol.

Schon nach wenigen Momenten zeigt Nero Ihnen die gefundenen Informationen an. Falls mehrere CDs gefunden wurden, bietet Nero Ihnen eine Liste an, aus der Sie die richtige CD auswählen können.

Wurden hingegen keine Informationen zu dieser CD in der Datenbank gefunden, sollten Sie die Titel manuell eingeben. Hier genügt ein Doppelklick auf den jeweiligen Titel.

⑤ Jetzt fügt Nero das Stück in Ihre Zusammenstellung ein. Dabei wird es vollständig auf die Festplatte kopiert und zwischengespeichert. Das ist aber nur temporär und kostet keinen dauerhaften Platz, weil diese Daten nach dem Brennen wieder gelöscht werden.

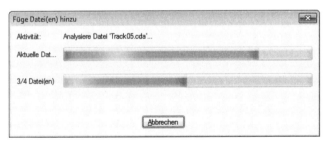

Bild 3.9: Der Titel wird temporär auf dem PC gespeichert.

⑥ Auf die gleiche Weise fügen Sie nun weitere Titel in Ihre neue CD ein. Weil Nero die Lieder vorübergehend auf die Festplatte kopiert hat, können Sie auch problemlos die Audio-CD aus dem Laufwerk nehmen und eine andere einlegen. Die bisher ausgewählten Stücke bleiben erhalten.

Den Vorgang wiederholen Sie so lange, bis Ihre CD voll ist. Dann klicken Sie auf die Schaltfläche *Brennen* und lassen die CD wie gewohnt beschreiben.

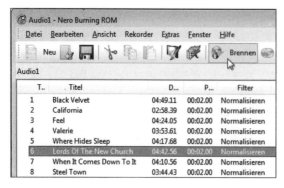

Bild 3.10: Die fertige Mischung kann gebrannt werden.

3.3   Musikstücke ganz einfach verbessern oder aufpeppen

Nero bietet Ihnen die Möglichkeit, die Lieder einer zu erstellenden Audio-CD zu bearbeiten. Dazu steht Ihnen eine ganze Reihe von Filtern und Effekten zur Verfügung, die den Klang verbessern oder aufpeppen. Das ist besonders praktisch, wenn die Dateien nicht von einer hochwertigen CD stammen, sondern z. B. von einer Schallplatte oder einem Tonband aufgenommen wurden. Meist ist der Klang vergleichsweise schlecht und kann noch optimiert werden.

① Um in die Effektbearbeitung zu gelangen, müssen Sie beim Erstellen einer Audio-CD lediglich im linken Fenster doppelt auf das gewünschte Stück klicken. Dadurch öffnet sich das Bearbeitungsfenster mit verschiedenen Registern.

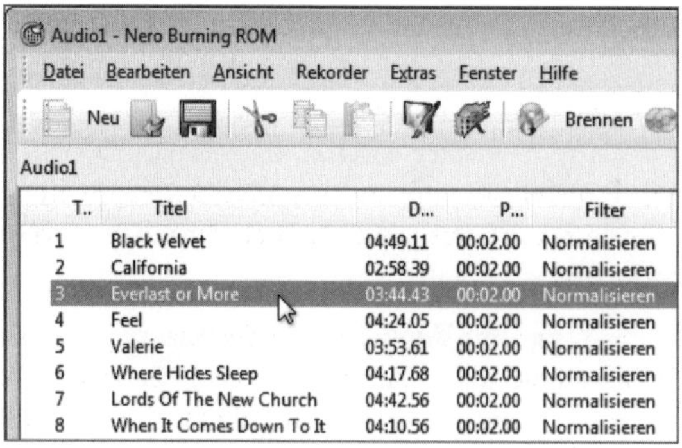

Bild 3.11: Das zu bearbeitende Stück doppelt anklicken.

❷ Das Register *Trackeigenschaften* behandelt vor allem die Angaben zum CD-Text. Ganz unten findet sich aber auch die Option *Kreuzblende mit vorherigem Track*.

Aktivieren Sie diese Option, werden die Stücke ineinander überblendet. Während der vorherige Song langsam ausklingt, wird der neue bereits mit ansteigender Lautstärke eingeblendet.

Die Länge der Überblendung kann in Sekunden exakt angeben werden.

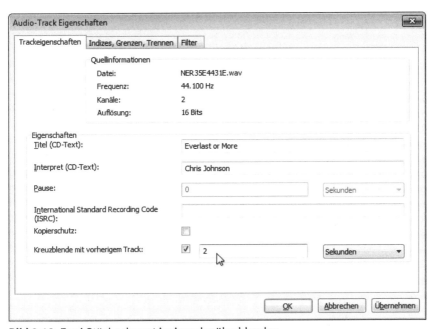

Bild 3.12: Zwei Stücke dezent ineinander überblenden.

❸ Das Register *Indizes, Grenzen, Trennen* ist vor allem zum direkten Bearbeiten des Stücks und zum Setzen von Indexmarken gedacht. Bei herkömmlichen Musik-CDs werden Sie es kaum benötigen.

❹ Wechseln Sie in das Register *Filter*, um in die Funktionen der Klangoptimierung zu gelangen. Am linken Rand werden die Filter aufgelistet. Setzen Sie ein Häkchen in den Kasten vor dem jeweiligen Filter, um diesen zu aktivieren. Dadurch erscheinen rechts mögliche Einstellungen zu diesem Filter.

Normalisieren – Wenn Ihre Stücke aus unterschiedlichen Quellen stammen, wird hiermit die Lautstärke angepasst. Dann klingen alle Stücke gleich laut. Die Standardeinstellung ist für die meisten CDs zu empfehlen. Nur wenn die Unterschiede erheblich sind, sollten Sie den Prozentsatz etwas anheben.

Entknacksen – Hiermit wird das Knacken und Klicken in Aufnahmen von Schallplatten entfernt. Sollte die Standardeinstellung bei sehr schlechten Aufnahmen nicht ausreichen, erhöhen Sie den Prozentsatz ein wenig. Vorsicht, zu starkes Entknacksen kann den Klang beeinträchtigen.

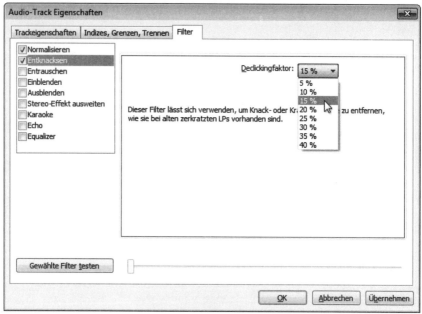

Bild 3.13: Schallplattenaufnahmen einfach entknacksen.

Entrauschen – Dieser Filter entfernt das Rauschen in Aufnahmen von Tonbändern und Kassetten. Mit dem oberen Regler geben Sie die Stärke des Rauschens an und mit dem unteren, wie stark es entfernt werden soll. Seien Sie hiermit vorsichtig, weil die Aufnahmen bei zu starker Rauschentfernung dumpf und flau klingen können.

Einblenden – Mit diesem Filter blenden Sie ein Musikstück allmählich ein. Es beginnt ganz leise und erreicht nach einer bestimmten Zeitspanne seine normale Lautstärke. Wie lange dieses Einblenden dauern soll, geben Sie in Sekunden an.

Ausblenden – Auf dieselbe Weise wird hiermit ein Musikstück wieder ausgeblendet. Geben Sie in Sekunden an, wie lange der Vorgang dauern soll, bis das Lied ganz ausgeblendet ist.

Stereo-Effekt ausweiten – Mit diesem Regler verleihen Sie Ihren Aufnahmen mehr Weite. Vor allem ältere Aufnahmen, die oft ein wenig flach klingen, lassen sich so mit einer breiteren Stereokulisse versehen.

Karaoke – Mit diesem Filter machen Sie aus Ihren Liedern richtige Karaoke-Stücke. Über die Regler stellen Sie das Verhältnis zwischen Musik und Gesang ein. Die Möglichkeiten sind hier leider begrenzt, aber abhängig vom Lied lassen sich durchaus überraschend gute Ergebnisse erzielen.

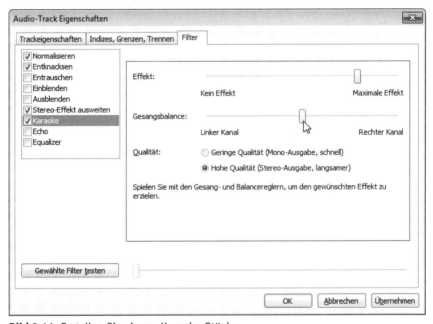

Bild 3.14: Erstellen Sie eigene Karaoke-Stücke.

Echo – Hiermit fügen Sie Ihrem Lied einen Echoeffekt hinzu. Das kann bei Partymischungen oder Sprachaufnahmen nützlich sein, ansonsten verfälscht es die Musik nur unangenehm.

Equalizer – Mit diesem Effekt steht Ihnen ein vollwertiges Mischpult zur Verfügung. Sie können die Frequenzen einzeln regeln und so die Musik mit einem knackigen Bass oder klaren Höhen versehen. Über die Profile stehen Ihnen bereits voreingestellte Korrekturen zur Verfügung. Sie können auch selbst welche erstellen.

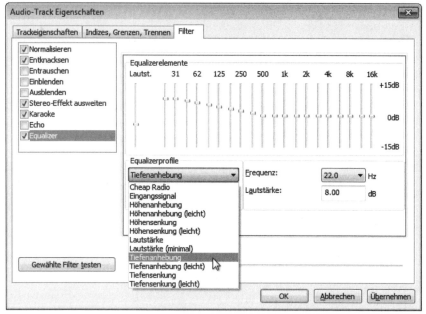

Bild 3.15: Mehr Bass für den Partymix.

⑤ Mit der Schaltfläche *Gewählte Filter testen* probieren Sie Ihre Einstellungen für einen Filter sofort aus. Das aktuelle Lied wird dann mit dem Filter bzw. Effekt abgespielt.

⑥ Sind alle Einstellungen vorgenommen, kehren Sie mit der Schaltfläche *OK* zurück in das Arbeitsfenster mit Ihrer Audio-CD.

Bild 3.16: Die Filter direkt ausprobieren.

3.4 Audio-CDs ganz einfach eins zu eins kopieren

Mit Nero lassen sich auch ganz einfach Direktkopien von vorhandenen Audio-CDs erstellen. Diese Eins-zu-eins-Kopien unterscheiden sich nicht vom Original und sind vollkommen identisch. Das ist ganz praktisch, um z. B. die CD-Kopie im Auto zu hören und das wertvolle Original zu Hause aufzubewahren. So können die Hitze des Sommers oder die Kälte des Winters die CD nicht beschädigen.

Nero macht Ihnen das Erstellen einer Eins-zu-eins-Kopie sehr leicht. Natürlich dürfen Sie solche Kopien nur im Rahmen des Urheberrechts anfertigen. Informieren Sie sich im Zweifelsfall über Möglichkeiten Ihrer Lizenz.

1. Legen Sie die zu kopierende Audio-CD in das Laufwerk Ihres Computers ein. Anschließend rufen Sie Nero Burning ROM auf und wählen im Startfenster *CD* als Medium aus.

2. In der Liste der Disc-Typen wählen Sie jetzt den Punkt *CD kopieren* mit einem Klick.

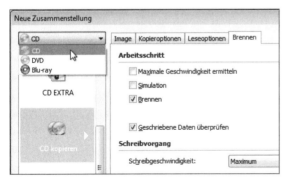

Bild 3.17: Eine Audio-CD direkt kopieren.

❸ Rechts erscheinen nun Registerkarten mit verschiedenen Einstellungen. Die meisten davon können Sie einfach übernehmen und dann direkt auf die Schaltfläche *Kopieren* am unteren Rand klicken. Möchten Sie hingegen die Einstellungen optimieren, haben Sie folgende Möglichkeiten:

Image – Nero erstellt beim Brennen automatisch eine temporäre Kopie der Original-CD auf der Festplatte. Das erleichtert die programminterne Verwaltung. Die Standardeinstellung ist sehr gut, und es gibt keinen Grund, sie zu ändern.

Kopieroptionen – Besitzt Ihr Computer mehrere Laufwerke, veranlassen Sie Nero mit der Option *Direktkopie*, sofort vom einen Laufwerk auf das andere zu schreiben. Das geht besonders schnell, kann aber bei Problemen leicht zu einer unbrauchbaren Kopie führen. Deaktivieren Sie diese Option, wird die CD erst auf der Festplatte zwischengespeichert. Das geschieht ebenfalls, wenn Sie nur ein Laufwerk haben. Direkt darunter geben Sie an, welches Ihrer Laufwerke dabei die Quelle mit der Original-CD enthält und welches den Rohling beschreibt.

Bild 3.18: Direktkopie oder zwischenspeichern?

Leseoptionen – Hier machen Sie spezielle Angaben dazu, wie die Daten optimal von der CD ausgelesen werden sollen. Am einfachsten ist es jedoch, wenn Sie das Profil *Audio CD* auswählen. Dann passt Nero die Einstellungen selbsttätig an.

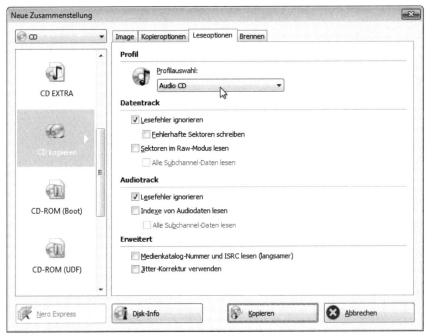

Bild 3.19: Einfach und sicher auslesen mit dem Audioprofil.

Brennen – Auf jeden Fall müssen Sie die Option *Brennen* aktivieren, sonst führt Nero nur einen Testlauf durch. Per Standard wählt Nero die höchstmögliche Schreibgeschwindigkeit. Falls Ihr CD-Player empfindlich auf selbst gebrannte Discs reagiert, setzen Sie die Geschwindigkeit herunter. Als Schreibmethode sollte bei Audio-CDs immer *Disk-at-Once* ausgewählt sein. Handelt es sich um eine CD mit zusätzlichen Inhalten, kann auch eine andere Methode notwendig sein. Nero schlägt automatisch die richtige vor. Übernehmen Sie den Vorschlag einfach.

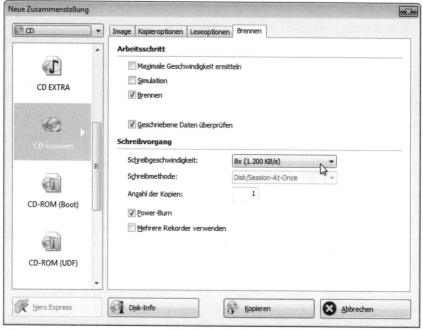

Bild 3.20: Die Brennoptionen auswählen – dann kann es losgehen.

➍ Sobald Sie die Schaltfläche *Kopieren* anklicken, beginnt Nero damit, die Original-CD auszulesen. Nach dem Auslesen werden Sie aufgefordert, die Original-CD aus dem Laufwerk zu nehmen und einen leeren Rohling einzulegen. Dann schreibt Nero die zwischengespeicherten Daten zurück auf den Rohling.

Besitzen Sie in Ihrem Computer zwei Laufwerke und haben die Option *Direktkopie* aktiviert, entfällt dieser Schritt. Nero liest die Daten dann von der Original-CD und schreibt sie sofort auf den Rohling im zweiten Laufwerk.

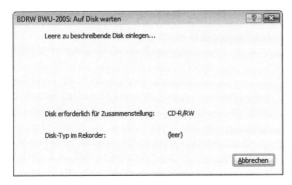

Bild 3.21: Nach dem Auslesen einen Rohling einlegen.

3.5 So brennen Sie MP3-CDs

Viele moderne CD-Player und Autoradios unterstützen das Abspielen von MP3-CDs. Anstelle der herkömmlichen Audio-CD mit 74 Minuten Laufzeit können Sie also eine CD mit vielen MP3-Dateien und einigen Stunden Laufzeit abspielen. Obwohl der Begriff »MP3-CD« sehr häufig verwendet wird, steckt dahinter kein bestimmter Disc-Typ oder gar Standard.

Aus technischer Sicht gibt es gar keine MP3-CDs. Es handelt sich vielmehr um ganz normale Daten-CDs, auf denen eben MP3-Dateien gespeichert sind. Die Besonderheit liegt also nicht in den CDs, sondern in den speziellen CD-Playern, die Daten-CDs lesen können.

Aus diesem Grund gibt es hier keinen offiziellen Standard, und jeder Player stellt andere Anforderungen an die CDs. Am besten ist es, wenn die MP3-CDs den ganz einfachen ISO-Spezifikationen entsprechen. Sie müssen also auf Multisession, Unterverzeichnisse und beliebig lange Dateinamen verzichten. Dann werden die CDs von den meisten Playern gelesen.

① Starten Sie Nero Burning ROM und geben Sie oben links als Format *CD* an. Direkt darunter wählen Sie als Disc-Typ *CD-ROM (ISO)*.

Bild 3.22: Starten Sie eine ISO-CD.

 Hinweis

In dieser Anleitung werden die Brennspezifikationen besonders einfach gehalten, damit die CD mit hoher Wahrscheinlichkeit auf jedem Player läuft. Falls Ihr Gerät auch CDs mit mehr Inhalten versteht, z. B. Unterverzeichnisse, Playlists, lange Dateinamen etc., ist das natürlich überaus praktisch, und dann können Sie weniger streng vorgehen. Ob und welche Sonderfunktionen Ihr Gerät verarbeitet, verrät im Zweifelsfall nur die Bedienungsanleitung.

Im Register *Multisession* müssen Sie die Option *Kein Multisession* auswählen. Mit mehrfach gebrannten CDs kann kaum ein Player umgehen.

Im Register *ISO* wählen Sie unter *Datenmodus* die Option *Mode 1*. Als Dateisystem sollte *Nur ISO 9660* eingestellt sein. Viele Player kommen auch mit *ISO 9600 + Joliet* klar, aber das müssen Sie im Einzelfall ausprobieren.

Ähnlich sieht es mit der *Dateinamenlänge* aus. Mit der Option *Max. von 11 = 8 + 3* sind Sie auf der sicheren Seite. Viele Geräte verstehen aber auch *Max. von 31 Zeichen*.

Der *Zeichensatz* sollte auf jeden Fall *ISO 9660* lauten. Sehr selten funktioniert auch die Einstellung *DOS*.

Unter *Beschränkungen lockern* müssen Sie alles abschalten, indem Sie die Häkchen entfernen. Das sind Windows-Spezialitäten, die kein Player versteht.

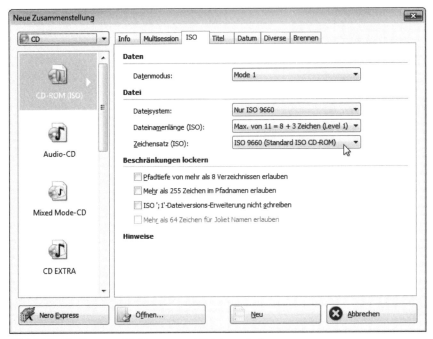

Bild 3.23: Die Grenzen für Namen und Zeichen sind eng.

④ Geben Sie auf Wunsch im Register *Titel* einen Namen für diese CD an. Sobald Sie auf die Schaltfläche *Neu* klicken, gelangen Sie wie üblich in das Arbeitsfenster.

⑤ Nun fügen Sie wie gewohnt Ihre MP3-Dateien in die CD-Zusammenstellung ein, indem Sie sie mit der Maus vom rechten ins linke Fenster ziehen.

Ganz zu Anfang wurden die Konventionen der Dateinamen für die Kompatibilität mit dem CD-Player eingeschränkt. Deshalb sehen Sie im linken Fenster nur noch verkürzte Dateinamen, die etwas kryptisch erscheinen mögen. Das ist ungewohnt, aber völlig in Ordnung und sichert die Abspielbarkeit.

Falls Ihr CD-Player mit Unterverzeichnissen umgehen kann, dürfen Sie im linken Fenster welche erstellen und damit die Dateien sortieren. Klicken Sie hierfür mit der rechten Maustaste innerhalb des linken Fensters und wählen Sie den Punkt *Ordner erstellen.*

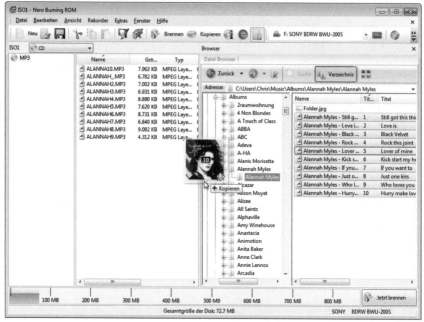

Bild 3.24: Die Dateinamen werden verkürzt angezeigt.

⑥ Zum Schluss klicken Sie auf die Schaltfläche *Brennen*, um in das Brennfenster zu gelangen. Stellen Sie sicher, dass die Option *Disk finalisieren* aktiviert ist.

Zur Sicherheit sollten Sie die Brenngeschwindigkeit auf den kleinsten verfügbaren Wert einstellen. Viele CD-Player haben Schwierigkeiten mit zu schnell gebrannten MP3-Discs. Mit *Brennen* beginnen Sie den Schreibvorgang.

3.6   So kopieren Sie Audio-CDs auf die Festplatte

Mit Nero lässt sich ganz einfach eine digitale Musiksammlung erstellen. Das Programm besitzt eine sehr gute Funktion, um Audio-CDs auszulesen und auf die Festplatte zu kopieren. Diesen Vorgang nennt man »Rippen« (to rip = herunterziehen). Anschließend können Sie die Dateien ganz bequem verwalten, archivieren oder auf Ihren mobilen Player kopieren. Nero kopiert problemlos jede beliebige Audio-CD, trotzdem gilt natürlich auch hier, dass Sie sich immer an das geltende Urheberrecht halten müssen.

➊ Legen Sie die gewünschte Audio-CD in das Laufwerk Ihres Computers. Jetzt starten Sie wie gewohnt Nero Burning ROM. Wenn sich das Fenster *Neue Zusammenstellung* öffnet, schließen Sie es mit der Schaltfläche *Abbrechen*.

➋ Stattdessen wählen Sie im Hauptmenü den Punkt *Extras/Speichern von Audiotracks* aus.

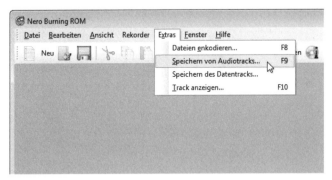

Bild 3.25: Die Funktion zum Auslesen von Musik aufrufen.

➌ Nun gelangen Sie in ein neues Fenster zum Kopieren von CDs. Gehen Sie zunächst in das Register *Quelle*, um die notwendigen Angaben zum Auslesen der CD festzulegen.

Ist Ihr Computer mit mehreren Laufwerken ausgestattet, wählen Sie oben unter *Quelllaufwerk* das CD-/DVD-Laufwerk aus, in dem die Audio-CD liegt.

Anschließend liest Nero die CD ein und listet die enthaltenen Titel auf. Die Informationen werden automatisch der Gracenote-Datenbank im Internet entnommen. Sollten die Angaben nicht stimmen, können Sie sie mit der Schaltfläche *Bearbeiten* korrigieren.

Mit dem Steuerungsfeld im unteren Bereich lassen sich einzelne Titel auch anhören, um sie gezielt auszuwählen.

Nero wählt per Standard immer alle Titel zum Kopieren aus. Möchten Sie einzelne Titel nicht kopieren, entfernen Sie einfach das Häkchen aus dem Feld vor dem jeweiligen Titel.

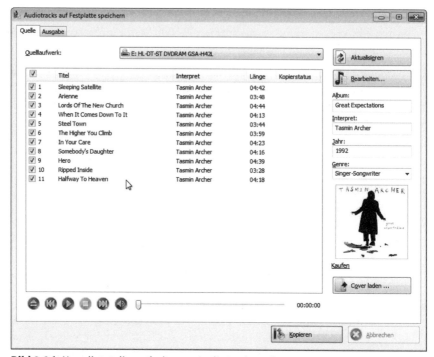

Bild 3.26: Nero listet die enthaltenen Audiotracks auf.

 CDs und Dateien automatisch benennen
Besitzt die eingelegte CD Informationen per CD-Text, listet Nero automatisch Interpreten und Titel auf. Diese Informationen werden auch zum Benennen der Dateien verwendet. Ist die CD unbekannt, fragt Nero im Internet bei der Gracenote-Datenbank nach. Das funktioniert genau wie zuvor beim Auslesen einzelner Titel.
Bei einer erfolglosen Suche werden die Dateien schlicht *Track 1*, *Track 2* etc. genannt. In diesem Fall können Sie die Titel manuell benennen. Klicken Sie auf die Schaltfläche *Bearbeiten*, um ein Eingabefeld zu öffnen.

④ Wenn alle Angaben zur eingelegten CD korrekt sind, wechseln Sie in das Register *Ausgabe*. Hier legen Sie fest, was mit den Musikstücken geschehen soll. Dazu stehen Ihnen verschiedene Möglichkeiten zur Verfügung.

Ausgabeverzeichnis – Hiermit geben Sie an, wo die Dateien gespeichert werden sollen. Klicken Sie auf die Schaltfläche *Durchsuchen*, um das gewünschte Verzeichnis auf Ihrer Festplatte auszuwählen.

Modus zur Erstellung der Dateinamen – Per Standard benennt Nero die Dateien in der Form *Tracknummer – Titel – Interpret* plus Endung, z. B. *03 – Vogue – Madonna.mp3*. Auf Wunsch hält diese Liste weitere Optionen für die Benennung bereit. Wählen Sie einfach die gewünschte Kombination.

Playlist – Nero kann für Musikdateien automatisch eine Playlist erstellen, die Sie anschließend mit einem Abspielprogramm verwenden können. Aktivieren Sie die Funktion durch ein Häkchen und wählen Sie das Format der Playlist aus, *M3U* oder *PLS*.

Format – Geben Sie an, in welchem Audioformat die Stücke auf die Festplatte geschrieben werden sollen. Hier stehen *Nero AAC Audio* (MP4/AAC), *MP3 Audio, Wave Audio* sowie ein paar andere Formate zur Auswahl.

Qualität – Über diese Liste geben Sie an, mit welcher Bitrate und somit Qualität die Dateien encodiert werden sollen. Mit einer Bitrate von 96 kbps werden die Dateien besonders klein, klingen aber nicht so gut. Mit 128 kbps klingen die Dateien ordentlich, ab 192 kbps sind sie von der Original-CD kaum mehr zu unterscheiden. Perfekte Qualität für das Musikarchiv erzielen Sie mit 256 kbps. Wave-Dateien werden roh auf die Festplatte geschrieben, sodass Sie hier keine Qualitätsstufe auswählen können.

Mehr Optionen beim Encodieren von Dateien
Auf diese Weise lassen sich CDs schnell und einfach auf die Festplatte kopieren und encodieren. Möchten Sie beim Erstellen der Musikdateien mehr Funktionen und Optionen nutzen, ist das ebenfalls möglich. In diesem Fall kopieren Sie die CD zunächst im rohen Wave-Format auf die Festplatte. Anschließend nutzen Sie die Konvertierungsfunktion von Nero. Sie bietet mehr Möglichkeiten und erlaubt sehr gezieltes Encodieren der Dateien. Wie das funktioniert, erklärt Ihnen der nächste Abschnitt.

iPod – Lassen Sie die Musik im Format *Nero AAC Audio* (MP4/AAC) encodieren, stellen Sie mit dieser Option die Kompatibilität mit dem Apple iPod sicher. Nero wird die Dateien so erstellen, dass sie ganz sicher mit allen iPods abgespielt werden können.

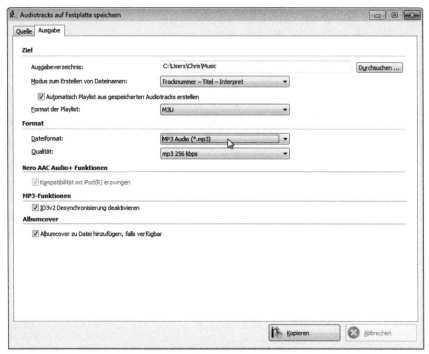

Bild 3.27: Die Optionen zum Encodieren der Dateien.

⑤ Haben Sie alle notwendigen Einstellungen getroffen, kann es mit dem Auslesen losgehen. Hierzu müssen Sie nur noch auf die Schaltfläche *Kopieren* klicken.

Nero wechselt nun wieder in die Liste der Titel. Anschließend beginnt das Kopieren und Encodieren der Lieder. Dabei sehen Sie neben jedem Titel einen Statusbalken, der den Fortschritt angibt.

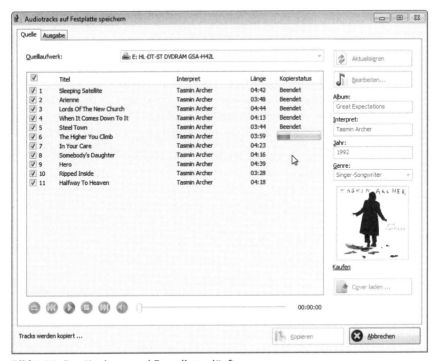

Bild 3.28: Das Kopieren und Encodieren läuft.

Nachdem der Vorgang abgeschlossen ist, wird wieder die normale Titelliste angezeigt.

Möchten Sie eine weitere CD kopieren, legen Sie diese ins Laufwerk ein und klicken auf die Schaltfläche *Aktualisieren*. Nun geht der Vorgang von Neuem los.

Soll keine weitere CD kopiert werden, schließen Sie das Fenster einfach über das *X* oben rechts in der Titelleiste.

3.7 Bestehende Musikdateien in das Wunschformat umwandeln

Als Musikfreund haben Sie sicherlich bereits eine ordentliche Sammlung an Audiodateien auf der Festplatte. Möchten Sie diese unterwegs auf Ihrem Walkman, iPod oder Ihrer Playstation Portable hören, stellt sich oft das Problem, dass viele Player nur ganz bestimmte Formate verstehen. Eventuell müssen die Titel also konvertiert werden. Zum Glück kann Nero das für Sie tun.

Dazu kommt, dass Sie die Lieder in Ihrem Musikarchiv sicherlich in sehr guter Qualität abgelegt haben. Kopieren Sie diese Dateien direkt auf den mobilen Player, verbrauchen sie sehr viel Platz. Auch dieses Problem lösen Sie mit Nero, indem Sie einfach kleinere Kopien erstellen lassen. Dann passt viel mehr auf den Player, und den geringen klanglichen Unterschied bemerken Sie auf einem mobilen Player kaum.

Haben Sie zuvor eine Audio-CD im Wave-Format auf die Festplatte kopiert, können Sie diese Dateien nun ebenfalls encodieren. Dabei stehen Ihnen deutlich mehr Möglichkeiten zur Verfügung als beim direkten Auslesen der CD.

① Starten Sie das Programm Nero Burning ROM aus dem Windows-Menü. Das Fenster für eine neue Zusammenstellung schließen Sie mit der Schaltfläche *Abbrechen*. Stattdessen wählen Sie im Menü die Option *Extras/Dateien enkodieren* aus.

Bild 3.29: Den Datei-Encoder über das Menü aufrufen.

② Jetzt öffnet sich das Fenster für die Konvertierung. Als Erstes müssen Sie natürlich die Dateien angeben, die Sie umwandeln möchten. Hierfür klicken Sie auf die Schaltfläche *Hinzufügen*. Es öffnet sich ein Explorer-Fenster, in dem Sie in das Verzeichnis mit den Liedern gehen.

Wählen Sie einzelne Stücke mit einem Klick aus. Möchten Sie mehrere Stücke markieren, halten Sie die Taste $\boxed{\text{Strg}}$ fest und klicken dann die Dateien der Reihe nach an. Mit *Öffnen* werden die Dateien in die Liste der zu encodierenden Stücke aufgenommen.

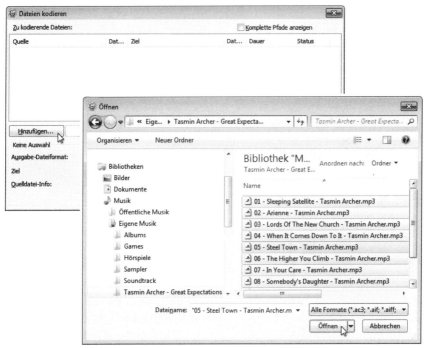

Bild 3.30: Die gewünschten Dateien auswählen und einfügen.

③ Jetzt steht Ihnen für die Konvertierung eine ganze Reihe von Optionen zur Verfügung. Die folgende Abbildung zeigt Ihnen, worauf Sie im Konvertierungsfenster achten müssen und welche Einstellungen Sie vornehmen sollten.

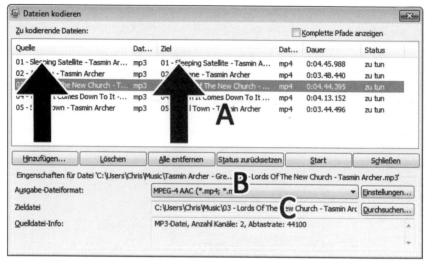

Bild 3.31: Die Optionen zum Encodieren der Dateien.

A – Diese Liste zeigt die gewählten Dateien an. Links unter *Quelle* wird das Originalformat angezeigt, rechts unter *Ziel* sehen Sie das Format, in das die Dateien konvertiert werden.

B – Hier wählen Sie das Format aus, in das Sie die Stücke konvertieren möchten. Wählen Sie z. B. *Lame MP3* oder *MPEG-4 AAC* aus. Über die Schaltfläche *Einstellungen* geben Sie an, wie die Dateien encodiert werden sollen. Einzelheiten hierzu finden Sie im Anschluss an diese Anleitung.

C – Geben Sie an, wo die Dateien gespeichert werden sollen. Klicken Sie auf die Schaltfläche *Durchsuchen*, um das gewünschte Verzeichnis auf Ihrer Festplatte anzusteuern. Achten Sie unbedingt darauf, keinesfalls Ihre Originaldateien zu überschreiben!

④ Haben Sie die gewünschten Lieder ausgewählt, ein Audioformat angegeben und das Verzeichnis zum Speichern festgelegt, kann es mit dem Konvertieren losgehen. Hierzu müssen Sie nur noch auf die Schaltfläche *Start* klicken.

Nero kopiert und encodiert nun die Lieder. Dabei sehen Sie ein Statusfenster, das den Fortschritt des Vorgangs zeigt.

Sobald alle Dateien konvertiert wurden, verlassen Sie dieses Fenster über die Schaltfläche *Schließen*. Möchten Sie noch weitere Dateien encodieren, wiederholen Sie den Vorgang einfach.

Fortschritt	
Aktivität:	03 - Lords Of The New Church - Tasmin Archer.mp3 -> 03 - Lords Of The New Church
Aktueller Track:	
Gesamt:	
Aktuelle Geschwindigkeit:	2 MB/Sek. (20.4 x)

Bild 3.32: Nero konvertiert die Dateien.

3.8 MP3, MP4/AAC und Wave – die besten Einstellungen für Ihre Musik

Beim Konvertieren von Audiodateien haben Sie die Wahl zwischen verschiedenen Formaten, in denen die Lieder gespeichert werden sollen. Dabei gibt es eine ganze Reihe von Einstellungen, die sich meist nicht intuitiv bedienen lassen. Besonders weil die Komprimierung in MP3 und MP4/AAC die Klangqualität beeinflusst, ist es sehr wichtig, hier die richtigen Einstellungen zu wählen. So erhalten Sie die optimale Mischung aus Dateigröße und Qualität. Dieser Abschnitt zeigt Ihnen die richtigen Einstellungen für die Formate Wave, MP3 und MP4/AAC.

 Weitere Audioformate in Nero 10
Nero 10 bietet neben Wave, MP3 und MP4/AAC noch eine ganze Reihe weiterer Audioformate bei der Konvertierung an. Diese sind technisch gesehen sicherlich auch sehr gut, aber letztendlich doch eher exotisch. So bieten z. B. AIFF, FLAC und Ogg Vorbis eine sehr gute Klangqualität, aber kaum ein Player kann damit umgehen. Und das Windows-Media-Audioformat führt sowieso ein Nischendasein und ist nicht besonders empfehlenswert. Aus diesem Grund werden hier nur die besonders guten und beliebten Formate Wave, MP3 und MP4/AAC im Detail beschrieben.

Das Wave-Format

Möchten Sie Musikstücke bearbeiten, sollten Sie die Dateien als Wave abspeichern. Dies ist ein unkomprimiertes und verlustloses Format. Damit kann z. B. der WaveEditor von Nero problemlos umgehen. Nach der Bearbeitung lassen sich die Dateien dann ganz einfach in MP3 oder MP4/AAC konvertieren.

Standard-Audio-CDs besitzen immer folgende Einstellungen:

- Frequenz – 44.100 Hz, Bits – 16, Kanäle – Stereo

Wählen auch Sie diese Werte für Ihre Wave-Dateien. Dann entsprechen sie dem Format von Audio-CDs und können direkt weiterverarbeitet oder konvertiert werden. Natürlich können Sie geringere Werte auswählen, aber das würde die Klangqualität verschlechtern.

Höhere Werte bringen hingegen keinen Vorteil und finden bei Audio-CDs keine Anwendung. Sehr spezielle Audiophil- oder Master-CDs sind manchmal mit höheren Spezifikationen aufgenommen. Dann handelt es sich aber nicht um Standard-CDs.

Bild 3.33: Wave-Einstellungen für Audio-CDs.

Das MP3-Format

Wählen Sie unter *Format* die Option *mp3/mp3PRO*. Eventuell erscheinen in der Liste noch andere MP3-Encoder, weil Nero auch auf andere im System installierte Komponenten zugreifen kann. Mit dieser Option verwenden Sie den Nero-Encoder.

1 Als Erstes sollten Sie das Kontrollkästchen *Mp3PRO aktivieren* abschalten. Diese Erweiterung ist ein Exot, nur wenige Player können damit umgehen, und die Dateien entsprechen nicht dem MP3-Standard.

2 Wählen Sie die Option *Konstante Bitrate*, wird das gesamte Stück in gleichbleibender Qualität und mit konstanter Datenrate erzeugt. Dies ist bei den meisten MP3-Dateien der Standard.

Wählen Sie hingegen *Variable Bitrate* aus, wird die Datenrate in ruhigen Passagen verringert und in effektvollen Passagen erhöht. Das spart Daten und somit Platz. Jeder Player kann damit umgehen, aber sehr verbreitet ist diese Methode nicht.

3 Unter *Enkodierqualität* können Sie zwischen *Schnell* (nicht so gute Qualität), *Mittel* (gute Qualität) und *Höchste* (sehr gute Qualität) auswählen. Dadurch analysiert der Encoder die Dateien mehr oder weniger genau, was besseren oder schlechteren Klang erzeugt, aber auch die Verarbeitungszeit ein wenig beeinflusst.

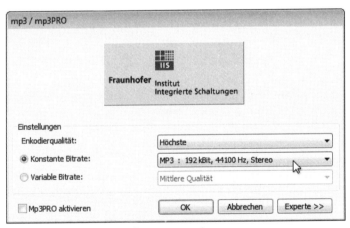

Bild 3.34: Die MP3-Einstellungen vornehmen.

④ Haben Sie sich für eine konstante Bitrate entschieden, müssen Sie nun einen Wert für diese Bitrate angeben.

128 kBit, 44100 Hz, Stereo – Diese Einstellung ist für den Walkman, den MP3-Player oder das Handy mit Musik-Player in Ordnung. Die Dateien klingen gut, und unterwegs nimmt man kleine klangliche Einbußen nicht wahr. Dafür sind die Dateien klein, und es passt viel auf den Player.

160/192 kBit, 44100 Hz, Stereo – Haben Sie einen sehr hochwertigen Walkman oder sind mit dem Klang bei 128 kBit nicht zufrieden, wählen Sie 160 oder 192 kBit. Auch fürs hochwertige Autoradio oder die Hi-Fi-Anlage ist diese Einstellung richtig.

256 kBit, 44100 Hz, Stereo – Mit dieser Einstellung gehen Sie keine Kompromisse ein. Sie werden keinen Unterschied zur Original-CD feststellen. Das ist ideal für das dauerhafte Musikarchiv oder die sehr hochwertige Hi-Fi-Anlage im Wohnzimmer. Auf mobilen Playern bewirkt die Einstellung hingegen eher Platzverschwendung, da die Dateien recht groß werden. Noch höhere Bitraten bringen erfahrungsgemäß keinen besseren Klang.

⑤ Haben Sie sich für eine variable Bitrate entschieden, bietet Ihnen die Liste lediglich verschiedene Qualitätsstufen von *Geringste Qualität* bis *Höchste Qualität* an. Diese entsprechen ungefähr einer Abstufung von 96 bis 320 kBit. Genauer lässt sich das leider nicht festlegen.

⑥ Die Schaltfläche *Experte* erlaubt Ihnen zusätzliche Einstellungen. Allerdings sind diese eher unwichtig und können auf den Standardwerten belassen werden.

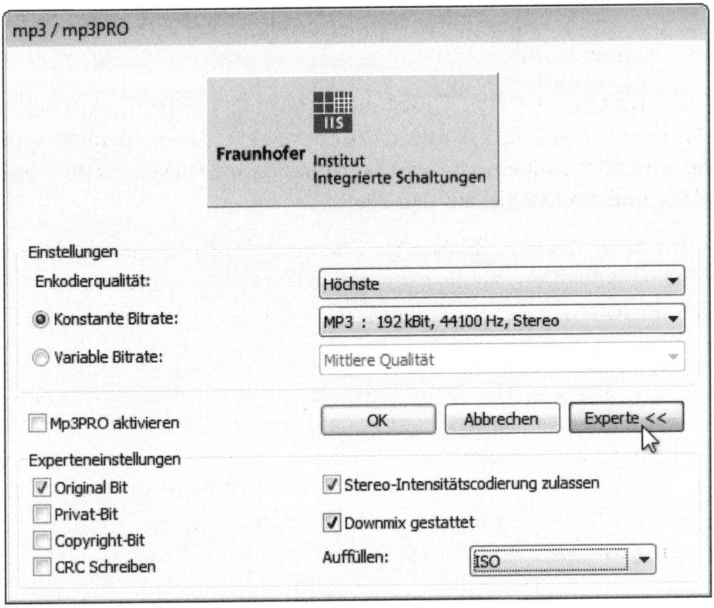

Bild 3.35: Variable Bitrate und Experteneinstellungen.

Das MP4-/AAC-Format

Möchten Sie Dateien im Format MP4 bzw. AAC erstellen, müssen Sie die Option *MPEG-4 AAC* auswählen. Damit erhalten Sie Standarddateien, die jeder MP4-/ AAC-Player wiedergeben kann, z. B. der Apple iPod oder die PSP. Dabei ist die Konfiguration für die Dateien besonders einfach, da Sie nur wenige Optionen einstellen müssen. Die meisten Konfigurationsmöglichkeiten passt Nero automatisch für Sie an.

➊ Als Erstes müssen Sie unter *Mode* die Art der Bitratensteuerung auswählen.

Variable Bitrate – Hiermit wird die Bitrate dynamisch an die Inhalte angepasst. In ruhigen Passagen werden weniger Daten benötigt, in effektvollen hingegen mehr.

Durchschnittliche Bitrate – Diese Einstellung ist der variablen Bitrate sehr ähnlich, orientiert sich aber an einem von Ihnen vorgegebenen Durchschnittswert. Es wird also niemals mit einer besonders hohen oder besonders niedrigen Bitrate gearbeitet.

Konstante Bitrate – Mit dieser Einstellung ist die Bitrate für das gesamte Stück festgelegt und verändert sich nicht.

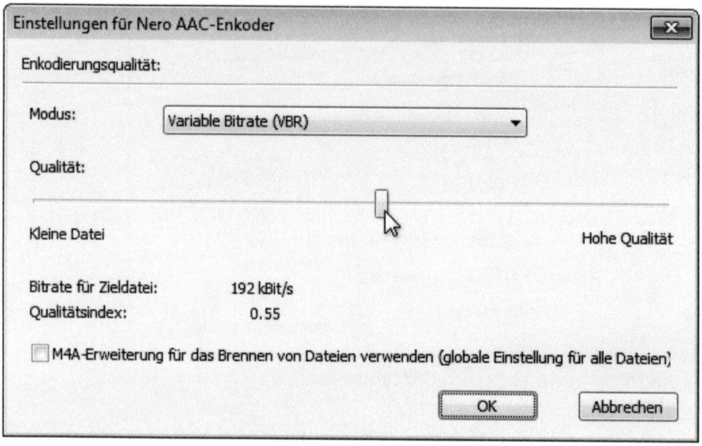

Bild 3.36: Die Bitrate für AAC-Dateien einstellen.

② Direkt darunter geben Sie mithilfe des Schiebereglers *Qualität* die gewünschte Bitrate an.

128 kBit/s – Diese Einstellung ist für die meisten mobilen Player geeignet. Sie erhalten einen guten Klang, und die Dateien sind schön klein.

160 bis 192 kBit/s – Damit erhalten Sie eine bessere Qualität, z. B. für hochwertige Musik-Player oder die Hi-Fi-Anlage. Die Dateien werden etwas größer.

256 kBit/s oder höher – Die Dateien sind von der Original-CD nicht zu unterscheiden. Für das digitale Musikarchiv oder die hochwertige Hi-Fi-Anlage ist diese Einstellung richtig. Die Dateien werden aber vergleichsweise groß.

❸ Ganz unten können Sie durch ein Häkchen angeben, dass die Dateien mit der Endung *.m4a* versehen werden sollen. Das ist in der Regel nicht notwendig, weil die Standardendung für dieses Format *.mp4* lautet. Haben Sie allerdings auch viele Videodateien im Format MP4 auf der Festplatte, kann es zu Verwechslungen kommen. M4A steht deshalb für MP4-Audio.

4 Video-DVDs, HD-Filme und Fotos brennen

Mit Nero 10 sind Sie bestens für die eigene Film- und DVD-Sammlung gerüstet. Das Zusatzprogramm Nero Vision bringt von Haus aus alles mit, um die eigenen Filme mühelos zu bearbeiten und daraus richtige DVDs zu erstellen. Auch Filme im hochaufgelösten HDTV lassen sich auf Blu-ray-Disc brennen und auf einem entsprechenden Player abspielen. So erleben Sie Ihre Filme in der bestmöglichen Qualität.

Sogar aus der eigenen Fotosammlung lassen sich animierte Präsentationen erstellen, die sich auf jedem DVD- oder Blu-ray-Player abspielen lassen. Nero bietet für alle diese Aufgaben die passende Lösung. Dabei stehen Ihnen verschiedene Werkzeuge zur Menü- und Kapitelerstellung zur Verfügung, sodass Ihre DVDs und Blu-ray-Disc richtig professionell wirken.

4.1 Eigene Videodateien sofort als DVD brennen

Haben Sie auf Ihrem Computer fertige Filmdateien gespeichert, lassen sich diese mit Nero Vision ganz einfach brennen. Es spielt dabei keine Rolle, um welche Art von Film oder Video es sich handelt. Das können Aufnahmen von Ihrer eigenen Videokamera sein, kopierte Videos von einem Freund oder beliebige andere Videodateien. Nero Vision kann mit fast jedem Videoformat umgehen und wandelt die Dateien bei Bedarf in die passende TV-Norm um. Anschließend erstellt Nero Vision daraus Standard-DVDs, die sich in jedem herkömmlichen DVD-Player abspielen lassen.

Ohne Umwege direkt zur DVD
Diese Anleitung zeigt Ihnen, wie Sie ganz schnell vorhandene Videodateien
zum Abspielen auf DVD brennen. Dabei wird bewusst auf das Erstellen von
Menüs oder Kapiteln und andere Sonderfunktionen verzichtet. Das Ziel ist,
die Dateien möglichst schnell im DVD-Player abspielen zu können. Die
zusätzlichen Funktionen werden in einem späteren Abschnitt erläutert.

❶ Öffnen Sie Nero Vision über das Windows-Startmenü. Im Hauptbildschirm
bietet Ihnen das Programm viele verschiedene Disc-Typen an. Wählen Sie den
Punkt *DVD erstellen/DVD-Video* aus.

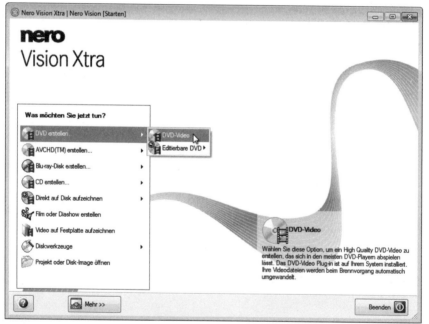

Bild 4.1: Starten Sie eine neue Video-DVD.

❷ Dadurch gelangen Sie in das Arbeitsfenster von Nero Vision. Hier fügen Sie Ihre
Filmdateien in die DVD ein. Klicken Sie dazu auf die Schaltfläche *Importieren*
oben rechts. Dadurch öffnet sich ein Menü. Wählen Sie die Option *Dateien
importieren*.

③ Es öffnet sich ein Explorer-Fenster, mit dem Sie sich wie gewohnt auf Ihrer Festplatte bewegen können. Wechseln Sie in das Verzeichnis mit Ihren Filmdateien, markieren Sie sie und klicken Sie anschließend auf die Schaltfläche *Öffnen*.

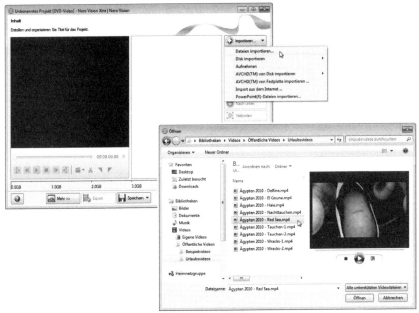

Bild 4.2: Die gewünschten Dateien auswählen und importieren.

④ Die eingefügten Dateien werden Ihnen nun im Hauptfenster angezeigt. Die Liste rechts zeigt die Filme in derselben Reihenfolge an, in der sie später auf der DVD abgespielt werden. Möchten Sie das ändern, verschieben Sie die Dateien mit den Schaltflächen *Nach oben* und *Nach unten* in der Liste.

Sind alle Dateien eingefügt, geht es mit der Schaltfläche *Weiter* zum nächsten Fenster.

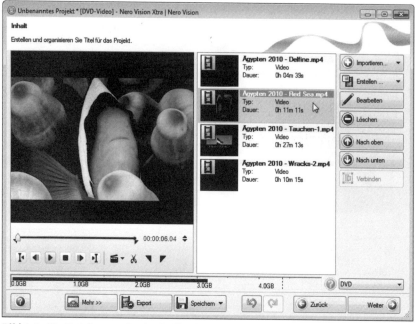

Bild 4.3: Die Dateien werden im Bedienfeld aufgelistet.

⑤ Nero Vision bietet Ihnen jetzt an, für Ihre DVD ein Menü zu gestalten und Sonderfunktionen hinzuzufügen. In dieser Anleitung soll eine reine Film-DVD erstellt werden, mit der sich die eigenen Dateien möglichst schnell auf dem DVD-Player abspielen lassen. Aus diesem Grund wählen Sie oben rechts die Option *Kein Menü erstellen*. Mit der Schaltfläche *Weiter* gelangen Sie zum nächsten Schritt.

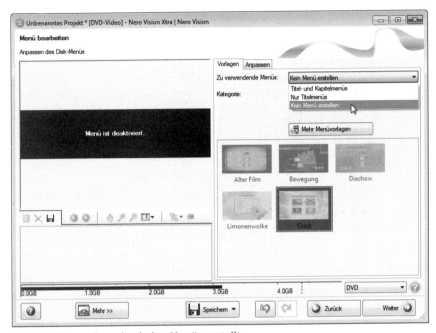

Bild 4.4: Diesmal werden keine Menüs erstellt.

In diesem Fenster zeigt Ihnen Nero Vision Ihre DVD in einer Vorschau an. Mit dem Bedienfeld unten rechts schauen Sie sich die DVD wie mit einem herkömmlichen Player an. Ist alles in Ordnung, geht es mit der Schaltfläche *Weiter* zum nächsten Schritt.

Jetzt gelangen Sie in das Fenster mit den Brennoptionen.

Wählen Sie rechts bei der Option *Brenne auf* Ihren DVD-Brenner als Ziel.

Über die Option *In Festplatten Ordner schreiben* wird die DVD nicht gebrannt, es wird lediglich ein VOB-Abbild auf die Festplatte geschrieben.

Über die Option *Bezeichnung* geben Sie Ihrer DVD einen Namen.

Bild 4.5: Brenner, Namen und andere Angaben festlegen.

⑧ Mit der Option *Aufnahmeeinstellungen* nehmen Sie ein paar Einstellungen für den Brennvorgang vor.

Als *Geschwindigkeit* wählt Nero automatisch die maximal mögliche. Hat Ihr Player mit selbst gebrannten DVDs Probleme, setzen Sie die Geschwindigkeit herunter.

Achten Sie darauf, dass die Option *Brennen* aktiviert ist, sonst führt Nero Vision lediglich einen Testlauf durch, ohne die DVD tatsächlich zu brennen.

Book-Type-Einstellung bestimmt die Art der zu erstellenden Disc und ihrer Strukturen. Hier sollte immer der Wert *Automatisch* eingestellt sein.

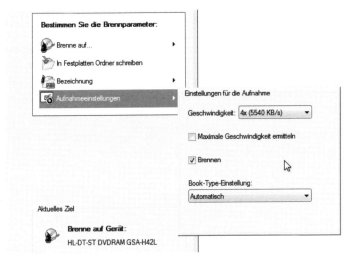

Bild 4.6: Die Brennoptionen ein wenig anpassen.

Jetzt müssen Sie nur noch die Schaltfläche *Brennen* anklicken. Als Erstes wird Nero Vision Ihre Filmdateien in das richtige Format für eine Video-DVD konvertieren. Abhängig von der Länge der Filme kann das ein wenig Zeit in Anspruch nehmen.

Danach beginnt der tatsächliche Brennvorgang. Sobald er abgeschlossen ist, nehmen Sie die fertige DVD aus dem Laufwerk. Jeder DVD-Player spielt sie ab.

Bild 4.7: Jetzt kann die DVD gebrannt werden.

4.2   Aus fertigen DVD-Dateien (VOBs) eine Disc brennen

Beschäftigen Sie sich mit dem Brennen von Video-DVDs, treffen Sie immer wieder auf sogenannte VOB-Dateien. Dabei handelt es sich um das ganz spezielle Dateiformat für Video-DVDs, in dem alle Inhalte gespeichert sind. VOB-Dateien stellen eine Art Container dar, in dem alle Filme, Menüs, Kapitel und sonstige Inhalte der DVD verpackt sind.

Diese VOB-Container müssen sehr strengen Regeln folgen, damit sie auf jedem DVD-Player abgespielt werden können. VOB-Dateien sind im Grunde fertige DVDs, die nur noch auf einen Rohling gebrannt werden müssen.

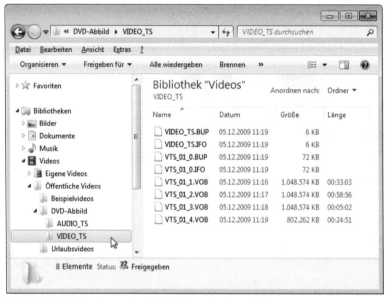

Bild 4.8: VOB-Dateien – das Abbild einer fertigen DVD.

Es gibt sehr viele Situationen, in denen Sie keine fertige DVD brennen, sondern nur VOB-Dateien erhalten. Beispiele sind:

- Sie haben in einem Videoschnittprogramm einen Film erstellt und in das DVD-Format konvertieren lassen. Das Schnittprogramm kann aber nicht selbst brennen, oder aber Sie möchten das lieber mit Nero tun.

● Vielleicht haben Sie mit Nero Vision eine DVD erstellt, und jetzt sind Ihnen die Rohlinge ausgegangen. Schreiben Sie einfach die VOB-Dateien auf die Festplatte und brennen Sie die DVD später.

● Im Internet gibt es viele Filmportale, die freie Filme zum Herunterladen anbieten, z. B. Kurzfilme oder Hobbyproduktionen. Ganz oft handelt es sich dabei um ein Abbild einer DVD. Dies müssen Sie nur noch brennen.

Sicherlich begegnen Ihnen noch weitere Situationen, in denen Sie fertige VOB-Dateien erhalten. Das Brennen eines solchen DVD-Abbilds ist mit Nero zum Glück ganz einfach.

① Öffnen Sie Nero Burning ROM aus dem Startmenü von Windows. Im Fenster *Neue Zusammenstellung* wählen Sie zunächst als Disc-Typ die Option *DVD* aus und anschließend darunter den Punkt *DVD-Video*.

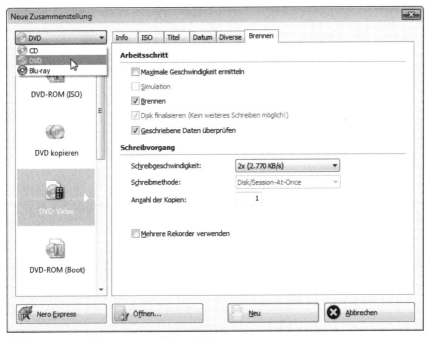

Bild 4.9: Starten Sie eine neue Video-DVD.

2️⃣ Gehen Sie jetzt in das Register *ISO*. Damit es auf jeden Fall eine Standard-DVD wird, die jeder Player abspielt, müssen Sie folgende Einstellungen wählen:

Das *Dateisystem* ist mit *Nur ISO 9660* vorgegeben und kann nicht geändert werden.

Für die *Dateinamenlänge* wählen Sie *Max. von 11 = 8 + 3 Zeichen (Level 1)*.

Der *Zeichensatz* muss auf *ISO 9660 (Standard ISO CD-ROM)* stehen.

Da die Regeln bei Video-DVDs sehr streng sind, müssen Sie im Abschnitt *Beschränkungen lockern* alle Optionen abschalten, indem Sie sämtliche Häkchen entfernen.

Bild 4.10: Achten Sie genau auf die ISO-Einstellungen.

3️⃣ Im Register *Titel* geben Sie Ihrer DVD einen Namen. Er kann maximal 15 Zeichen lang sein und darf weder Leer- noch Sonderzeichen enthalten.

④ Mit der Schaltfläche *Neu* starten Sie Ihre neue DVD und gelangen in das Bearbeitungsfenster von Nero. Wie gewohnt, sehen Sie rechts die Verzeichnisse Ihrer Festplatte und links die Struktur für die zu schreibende DVD.

Die Besonderheit besteht darin, dass die zwingend erforderlichen Oberverzeichnisse einer Video-DVD bereits angelegt wurden.

⑤ Im rechten Fenster wählen Sie nun auf Ihrer Festplatte das Verzeichnis mit den DVD-Dateien. Diese müssen der neuen DVD hinzugefügt werden.

Der Ordner *AUDIO_TS* ist für spezielle Audiofunktionen gedacht. Er kommt praktisch nie zur Anwendung und hat nichts mit den Tonspuren des Films zu tun. Trotzdem muss er auf der DVD vorhanden sein.

In den Ordner *VIDEO_TS* müssen Sie sämtliche VOB-Dateien mit dem Film und andere Steuerelemente der DVD kopieren. Am besten ziehen Sie den gesamten Inhalt des Verzeichnisses *VIDEO_TS* auf der Festplatte in den gleichnamigen Ordner auf der DVD.

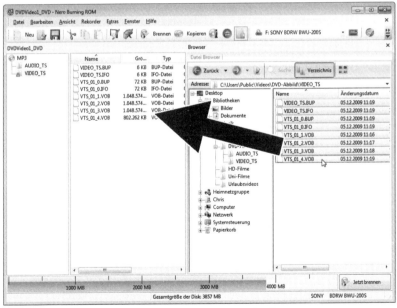

Bild 4.11: Alle Dateien gehören in den Ordner *VIDEO_TS*.

Fügen Sie keine anderen Inhalte hinzu
Beim Brennen eines DVD-Abbilds, also der VOB-Dateien, dürfen Sie keinerlei andere Inhalte mehr hinzufügen. Kopieren Sie keine Dateien in das Oberverzeichnis der DVD oder in die Unterverzeichnisse. Auch Filmdateien oder Fotos sind jetzt nicht mehr erlaubt und können an dieser Stelle nicht mehr konvertiert werden. Hierzu müssen die VOB-Dateien erst neu generiert werden.

6 Sobald alle notwendigen Dateien in das Verzeichnis *VIDEO_TS* geschoben sind, klicken Sie in der Symbolleiste auf die Schaltfläche *Brennen*. Es öffnet sich automatisch das Brennfenster.

Achten Sie darauf, dass die Option *Brennen* mit einem Häkchen aktiviert ist, sonst führt Nero nur einen Testlauf durch.

Video-DVDs müssen immer finalisiert werden. Setzen Sie deshalb unbedingt einen Haken in das Kästchen vor dieser Option.

Wählen Sie die gewünschte Schreibgeschwindigkeit. Viele DVD-Player können besser mit den Scheiben umgehen, wenn sie etwas langsamer geschrieben wurden, z. B. mit 2-facher oder 4-facher Geschwindigkeit.

7 Zuletzt klicken Sie auf die Schaltfläche *Brennen*. Nero brennt die VOB-Dateien nun auf einen leeren Rohling, sodass eine fertige und voll funktionsfähige Video-DVD entsteht.

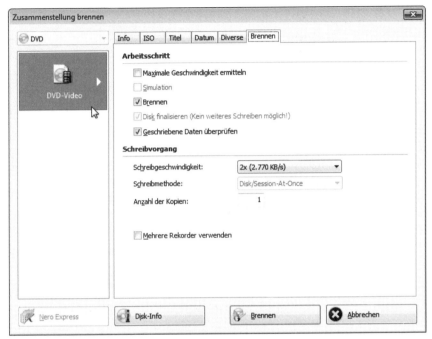

Bild 4.12: Die fertige DVD kann gebrannt werden.

 Die richtigen Rohlinge für Video-DVDs

Die Auswahl an DVD-Rohlingen ist zwar sehr groß, doch die meisten können nur von Computerlaufwerken gelesen werden. Herkömmliche DVD-Player sind viel wählerischer und akzeptieren nur wenige Rohlingtypen als gültigen DVD-Standard.

DVD-R/DVD+R – Dies sind Standardrohlinge mit 4,35 GByte Speicherplatz. Sie sind genau richtig für den DVD-Player.

DVD-RW/DVD+RW – Diese Rewritable-Rohlinge sind wiederbeschreibbar. Damit können nur sehr wenige DVD-Player umgehen.

DVD-R DL/DVD+R DL – Dual Layer- bzw. Double Layer-Rohlinge besitzen zwei Schichten, sodass 8,5 GByte Daten gespeichert werden können. Manche DVD-Player spielen diese Rohlinge ab, aber das ist eher selten.

DVD-RW DL/DVD+RW DL – Dies sind Dual Layer- bzw. Double Layer-Rohlinge, die auch noch wiederbeschreibbar sind. Das überfordert meist auch ganz neue DVD-Player.

4.3   HDTV – eigene Blu-ray-Discs erstellen

Nero 10 steht voll im Zeichen hochauflösender Inhalte und HDTV. Deshalb kann Nero selbstverständlich auch mit den dazugehörigen HD-Medien umgehen. Besitzen Sie in Ihrem Computer oder Notebook ein Blu-ray-Brennerlaufwerk, lassen sich mit Nero Vision eigene Blu-ray-Discs erstellen und anschließend brennen. Das ist ideal, wenn Sie einen HD-Camcorder besitzen oder wenn Ihre Fotokamera Videos in HD aufnehmen kann. Diese Blu-ray-Video-Discs lassen sich in jedem herkömmlichen Blu-ray-Player oder der Playstation 3 abspielen. So genießen Sie Ihre Filme in der derzeit besten HDTV-Qualität.

Bild 4.13: Nero und Blu-ray – ideal für den HD-Camcorder. (Foto: Sony Deutschland)

① Rufen Sie Nero Vision aus dem Startmenü auf. Im Hauptfenster sehen Sie wie gewohnt die Liste mit den Aufgaben. Wählen Sie hier den Punkt *Blu-ray-Disk erstellen/Blu-ray-Video* aus.

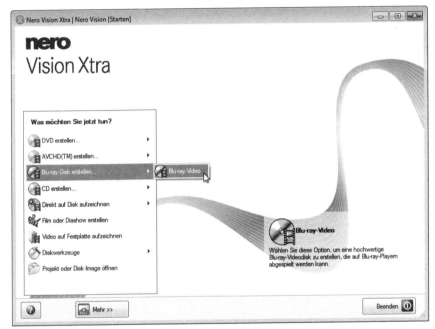

Bild 4.14: Eine neue Blu-ray-Disc beginnen.

② Das Zusammenstellen einer Blu-ray-Disc funktioniert in Nero Vision genau wie bei einer herkömmlichen Video-DVD, nur dass alle Inhalte in HDTV verarbeitet werden. Oben rechts klicken Sie auf die Schaltfläche *Importieren* und dann auf den Punkt *Dateien importieren*. Über ein Explorer-Fenster wählen Sie die gewünschten HDTV-Dateien aus und fügen sie in das Projekt ein.

Nero akzeptiert fast alle gängigen HD-Formate und Container, wie z. B. MPEG-4, AVC/H.264, WMV-HD, DivX-HD, MP4, M2TS, AVI etc.

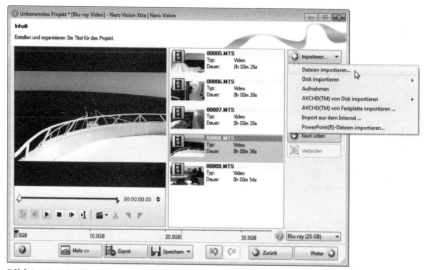

Bild 4.15: HD-Filme in die Disc einfügen.

③ Wichtig ist hierbei auch, dass Sie unten rechts den verwendeten Disc-Typ richtig auswählen, also 25 oder 50 GByte. Das entscheidet letztendlich, wie viel Filmmaterial Sie zusammenstellen können und wie stark dieses komprimiert werden muss.

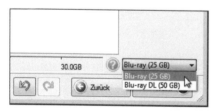

Bild 4.16: Wählen Sie die Größe der Disc aus.

④ Natürlich bietet Nero auch die Möglichkeit, Ihre Blu-ray-Disc mit Menüs und einer Kapitelauswahl auszustatten. In dieser Anleitung soll zunächst eine ganz einfache Disc ohne Menüs und Extras erstellt werden. Deshalb wählen Sie im entsprechenden Fenster die Option *Kein Menü erstellen* aus.

⑤ Das nächste Fenster bietet Ihnen eine Vorschau auf die fertige Disc. Mit dem Bedienfeld unten rechts starten Sie die Wiedergabe und springen zu den anderen Titeln. Entspricht alles Ihren Wünschen, gehen Sie mit *Weiter* zum nächsten Fenster.

❻ Nachdem Sie alle Schritte zur Erstellung der Disc durchlaufen haben, gelangen Sie wie immer in das Brennfenster. Im linken Bereich werden Ihnen die Details für die Videoencodierung aufgelistet. Nero wählt hier automatisch passende Einstellungen.

Achten Sie darauf, dass rechts bei *Brenne auf* Ihr Blu-ray-Brenner zum Schreiben ausgewählt ist.

Mit der Option *In Festplatten Ordner schreiben* wird keine Disc gebrannt, zunächst wird erst einmal ein Abbild auf der Festplatte erstellt.

Unter *Bezeichnung* geben Sie der Disc einen Namen. Nero verwendet automatisch *BD-MV* für *Blu-ray-Disk Movie*.

Unter *Aufnahmeeinstellungen* können Sie die Brenngeschwindigkeit ein wenig herunterregeln, falls Ihr Player nicht so gut mit selbst gebrannten Disc zurechtkommt.

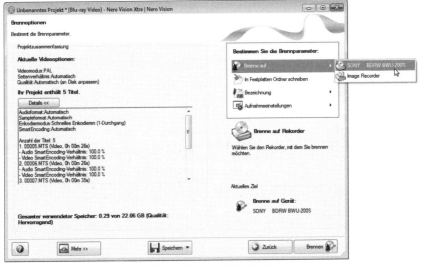

Bild 4.17: Die Brennoptionen für die Blu-ray-Disc festlegen.

⑦ Zuletzt müssen Sie nur noch die Schaltfläche *Brennen* anklicken. Falls Ihre Filmdateien nicht dem Blu-ray-Disc-Standard entsprechen, werden sie nun in das
passende Format konvertiert. Das kann unter Umständen einige Zeit in
Anspruch nehmen. Sie sehen mit einen Statusbalken mit dem Fortschritt.
Anschließend wird die fertige Blu-ray-Disc auf den Rohling im Laufwerk
gebrannt. Ist sie fertig, lässt sie sich mit jedem herkömmlichen Blu-ray-Player
wiedergeben.

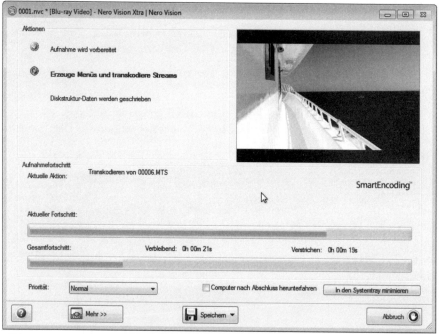

Bild 4.18: Die Blu-ray-Disc wird encodiert und geschrieben.

4.4   Tolle Menüs für Ihre DVDs und Blu-ray-Discs erstellen

In den bisherigen Anleitungen wurden Ihre Filmdateien möglichst schnell und
unkompliziert auf DVDs und Blu-ray-Discs gebrannt. Jeder herkömmliche Player
kann diese Discs problemlos abspielen. Allerdings besitzen sie bisher keinerlei Menüs
oder sonstige Extras – stattdessen wird der Film sofort beim Einlegen abgespielt.

Das muss natürlich nicht sein, denn Nero Vision bietet Ihnen sehr umfangreiche Funktionen, mit denen Sie Ihre Discs gestalten können. Statten Sie also Ihre Video-DVDs und Film-Blu-ray-Discs mit tollen Menüs aus, dann wirken sie noch beeindruckender und richtig professionell.

① Starten Sie wie gewohnt das Programm Nero Vision und wählen Sie im Startbildschirm, welche Art von Disc Sie erstellen möchten, also entweder *DVD erstellen/DVD-Video* oder *Blu-ray-Disk erstellen/Blu-ray-Video*.

Es spielt dabei keine Rolle, ob Sie eine neue Video-DVD oder eine Video-Blu-ray-Disc erstellen. Die Gestaltungsmöglichkeiten der Menüs stehen Ihnen bei beiden Disc-Typen vollständig zur Verfügung und unterscheiden sich auch nicht. In diesem Beispiel wird eine DVD erstellt.

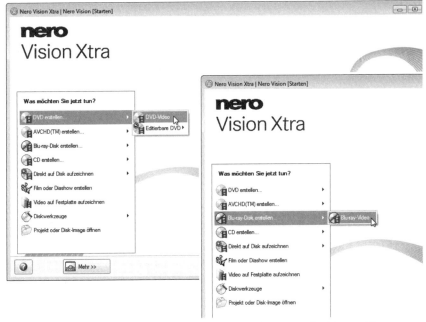

Bild 4.19: Starten Sie mit Nero Vision eine neue Video-DVD oder Blu-ray-Disc.

② Als Nächstes fügen Sie wie gewohnt Ihre gewünschten Filmdateien hinzu. Klicken Sie hierfür auf die Schaltfläche *Importieren* und wählen Sie den Punkt

Dateien importieren aus. Über das Explorer-Fenster fügen Sie nun Ihre Videodateien, Kameraaufnahmen, HDTV-Dateien sowie jeden anderen gewünschten
Inhalt hinzu.

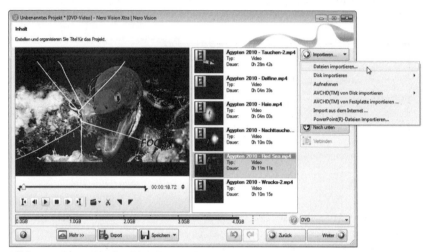

Bild 4.20: Fügen Sie Ihre Filmdateien in die Disc ein.

 Filme mit Kapiteln ausstatten

Besitzen Ihre Filmdateien bereits Kapitelmarken, wird Nero Vision diese
automatisch übernehmen. Ist das nicht der Fall, können Sie über das Symbol
Kapitel (die Filmklappe unter dem Vorschaufenster) neue Kapitel erzeugen.
Am einfachsten geht das mit der Option *Kapitel automatisch erkennen*. Dann
wird Nero Vision automatisch die Szenenwechsel erkennen und an diesen
Stellen Kapitelmarken setzen. Alternativ können Sie den Film auch im Vor-
schau-Player abspielen und an den gewünschten Stellen mit der Option
Kapitel hinzufügen manuell Marken setzen.

③ Sobald alle gewünschten Filme in die DVD oder Blu-ray-Disc eingefügt wurden, geht es mit der Schaltfläche *Weiter* zum nächsten Schritt. In diesem neuen Fenster geben Sie oben rechts an, ob Sie nur für die Titel bzw. Filme ein Menü erstellen möchten oder auch für die einzelnen Kapitel jedes Films. Wählen Sie mit der Maus entweder die Option *Nur Titelmenüs* oder *Titel- und Kapitelmenüs*.

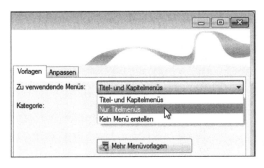

Bild 4.21: Geben Sie an, welche Art von Menü erstellt werden soll.

④ Durch Ihre Auswahl wird das Fenster nun zu einer Arbeitsumgebung für das Menü. Mit den Optionen und Schaltflächen erstellen Sie das Menü für Ihre Disc. Sehr praktisch ist dabei, dass Nero bereits fertige Menüvorlagen anbietet.

Wählen Sie einfach aus der Liste eine passende Kategorie und anschließend die gewünschte Vorlage.

Mit einem Klick auf eine der Vorlagen sehen Sie links sofort eine Vorschau des Menüs.

Wenn Ihnen eine Vorlage gefällt, ist das DVD-Menü im Grunde schon fertig, und mit der Schaltfläche *Weiter* geht es direkt zum nächsten Schritt.

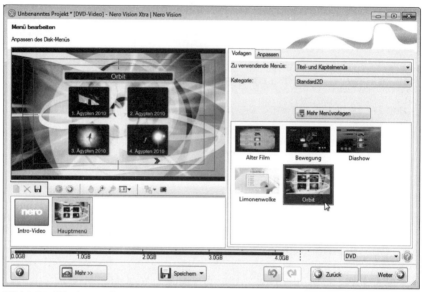

Bild 4.22: Mit den Vorlagen erhalten Sie sofort ein fertiges Menü.

⑤ Möchten Sie das Aussehen der Menüs individuell anpassen, wählen Sie oben rechts das Register *Anpassen*. Unmittelbar darunter werden Ihnen verschiedene Gruppen für die Bearbeitung angezeigt. Klicken Sie einmal auf den blauen Balken mit dem Gruppennamen, um die darin verfügbaren Einstellungen zu öffnen.

Möchten Sie besonders viele Optionen festlegen und die Menüs bis ins kleinste Detail selbst gestalten, setzen Sie ein Häkchen vor die Option *Erweiterte Bearbeitung*. Vorsicht, das kann für das aktuelle Projekt nicht mehr rückgängig gemacht werden.

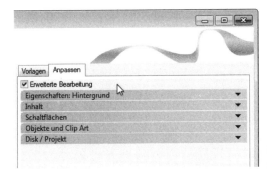

Bild 4.23: Im erweiterten Modus das Menü individuell bearbeiten.

Den Überblick behalten

Nero Vision bietet so viele Möglichkeiten zur Anpassung, dass sehr schnell der Überblick verloren gehen kann. Behalten Sie deshalb immer links die Objektleiste und den Bildschirm im Auge. Sie zeigen nicht nur eine Vorschau Ihres Menüs an, sondern bestimmen auch, welches Objekt gerade bearbeitet wird. Sie müssen hier also vor jedem Schritt auswählen, ob das Hauptmenü, das Kapitelmenü oder eine bestimmte Unterseite bearbeitet werden soll. Die Änderungen in den Optionen und Registern im rechten Teil des Fensters beziehen sich dann nur auf das ausgewählte Element. Besonders wichtig ist dabei oft die Gruppe *Eigenschaften*, die sehr grundlegende Einstellungen des gewählten Objekts erlaubt.

⑥ Um z. B. den Hintergrund Ihres Menüs anzupassen, klicken Sie ihn links in der Objektleiste einmal an. Im *Eigenschaften*-Fenster rechts wird jetzt *Hintergrund* angezeigt. Zunächst ist der Hintergrund der Vorlage voreingestellt. Mit der Auswahlliste wählen Sie zwischen drei weiteren Optionen.

Farbe – Soll der Hintergrund aus einer einzelnen Farbe bestehen, legen Sie diese mit einem Standardfarbwähler individuell fest.

Bilddatei – Hiermit stellen Sie ein eigenes Foto als Hintergrund ein. Es kann fast jedes beliebige Bildformat verwendet werden.

Videodatei – Sie haben auch die Möglichkeit, eine Videodatei zu laden, die dann im Hintergrund abgespielt wird.

Über *Hintergrund-Audio* unterlegen Sie Ihr Menü mit einer Hintergrundmusik. Wählen Sie eine Audiodatei aus, die dann in einer Endlosschleife abgespielt wird.

Die Funktion *Interaktion* gibt Ihnen die Möglichkeit, ein Menüelement beim Markieren mit einer anderen Farbe zu versehen.

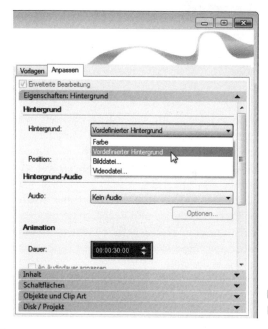

Bild 4.24:
Den Hintergrund anpassen.

⑦ Die Schaltflächen Ihres Menüs passen Sie natürlich in der Gruppe *Schaltflächen* an. Wählen Sie zunächst auf der Objektleiste das Haupt- oder Kapitelmenü.

Markieren Sie in dem Menü einen Film oder ein Kapitel. Nun genügt ein Klick auf die angebotenen Beispielformen, und schon wird der Film oder das Kapitel mit dieser Form angezeigt.

Die Schaltflächen zeigen automatisch das erste Bild der Videodatei oder des Kapitels an, es kann aber auch eine animierte Videovorschau abgespielt werden.

Hierzu müssen Sie zunächst die gewünschte Schaltfläche links im Vorschaufenster markieren. Dann wählen Sie rechts die Gruppe *Eigenschaften*. Hier finden Sie in der Liste den Eintrag *Darstellung*, bei dem Sie zwischen *Titel anzeigen* (Video-animation) und *Bild anzeigen* (Einzelbild des Videos) wählen können.

Unter *Eigenschaften* finden Sie noch weitere Anpassungsmöglichkeiten für die Schaltfläche, wie z. B. Textformatierung, Schatten, Opazität etc.

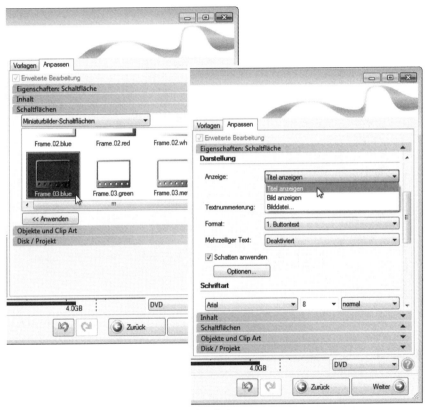

Bild 4.25: Schaltflächen anpassen und animieren.

⑧ In der Gruppe *Objekte und Clip Art* finden Sie Symbole und Zeichnungen, die Sie ebenfalls in Ihr Menü integrieren können.

Schmücken Sie die Menüs mit zusätzlichen Texten und Sprüchen. Durch die Symbole und Grafiken wird das Ganze optisch etwas aufgepeppt.

Mit den Sprechblasen ergänzen Sie z. B. ein für den Hintergrund gewähltes Foto um amüsante Kommentare.

Das Aussehen eines Objekts passen Sie an, indem Sie es links in der Vorschau markieren und dann die Gruppe *Eigenschaften* öffnen.

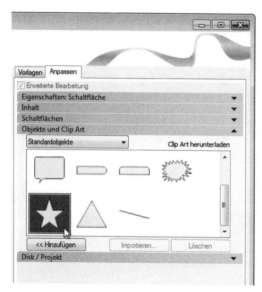

Bild 4.26: Symbole oder Schmucktext einfügen.

Die Gruppe *Disk/Projekt* gibt Ihnen die Möglichkeit, einzustellen, was beim Einlegen der Disc oder am Ende eines Films geschehen soll.

Erstes Wiedergabeelement – Hiermit legen Sie fest, was geschehen soll, sobald die Disc in den Player eingelegt wird. Per Standard wird das Hauptmenü geöffnet. Sie können aber auch einen der Filme auswählen. Dieser wird dann als Intro-Video abgespielt.

Titelmenü – Geben Sie an, was geschehen soll, wenn die Taste *Titel* auf der Fernbedienung des Players gedrückt wird.

Abschlussaktion – Wie soll es weitergehen, wenn ein Titel oder die gesamte Disc am Ende angekommen ist? Per Standard wird wieder das Hauptmenü geöffnet, aber Sie können den Player auch zum nächsten Titel springen lassen oder eine

Endlosschleife aktivieren. Haben Sie ein Intro-Video aktiviert, sollten Sie hier unbedingt *Menü* auswählen, sonst wird es niemals automatisch geöffnet.

Projekt prüfen – Hinter dieser Schaltfläche steckt eine überaus sinnvolle Prüffunktion für Ihre DVD. Damit sucht Nero nach versteckten Schaltflächen, falsch verknüpften Links, unlogischen Strukturen und Ähnlichem.

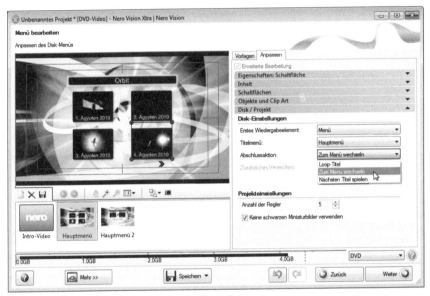

Bild 4.27: Das Startverhalten der Disc einstellen.

Nehmen Sie sich Zeit
Nero Vision bietet eine solche Fülle von Einstellungen, Funktionen und grafischen Elementen, dass die ganze Menüerstellung zunächst sehr kompliziert wirkt. Nehmen Sie sich etwas Zeit und spielen Sie mit allen Parametern ein wenig herum. Sie können nichts falsch machen und lernen so die Vielfalt kennen. Auf jeden Fall sollten Sie Ihr Projekt gelegentlich mit der Schaltfläche *Speichern* sichern. Dann können Sie später an dieser Stelle weiterarbeiten oder Fehler korrigieren, die Ihnen erst später auffallen.

⑩ Haben Sie Ihre Menüs komplett gestaltet und möchten endlich die DVD oder Blu-ray-Disc erstellen, geht es mit der Schaltfläche *Weiter* zum nächsten Schritt.

Hier wird Ihr Menü als Vorschau angezeigt. Mit den Bedienelementen rechts steuern Sie das Menü, probieren alle Funktionen aus und schauen die gespeicherten Filme an.

Entspricht das Menü genau Ihren Vorstellungen, gehen Sie mit der Schaltfläche *Weiter* zum letzten Fenster.

Möchten Sie doch noch etwas ändern, landen Sie mit der Schaltfläche *Zurück* wieder im Bearbeitungsfenster.

Bild 4.28: Das fertige Menü ansehen und überprüfen.

⑪ Zum Schluss müssen Sie noch die üblichen Einstellungen für den Brennvorgang vornehmen. Dieser Schritt unterscheidet sich nicht von anderen Brennvorgängen.

Möchten Sie Ihre Disc direkt auf einen Rohling schreiben, wählen Sie bei *Brenne auf* Ihren DVD- oder Blu-ray-Brenner als Zielmedium.

Mit der Option *In Festplatten Ordner schreiben* erstellen Sie zunächst ein Abbild der DVD oder Blu-ray-Disc und lassen dieses später brennen.

Über die Option *Bezeichnung* geben Sie Ihrer Disc einen Namen.

Passen Sie die Konfiguration unter *Aufnahmeeinstellungen* gegebenenfalls an, z. B. wenn Sie eine geringere Brenngeschwindigkeit auswählen möchten.

⑫ Sind alle Einstellungen vorgenommen, müssen Sie nur noch auf die Schaltfläche *Brennen* klicken. Jetzt werden Ihre Filme in das DVD- oder Blu-ray-Disc-Format konvertiert, die Menüs werden erstellt und schließlich auf den Rohling geschrieben. Abhängig von der Verarbeitungsgeschwindigkeit Ihres Computers und der Datenmenge, kann das ein wenig Zeit in Anspruch nehmen.

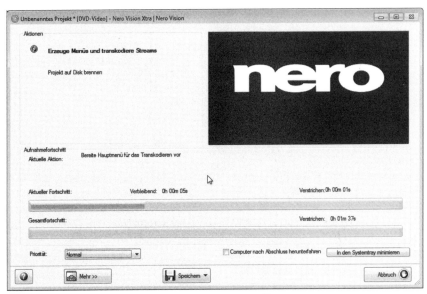

Bild 4.29: Die Disc wird mit Filmen und Menüs erstellt.

Die Bildeinstellungen für Filme anpassen
Bevor eine Video-DVD oder ein Blu-ray-Video auf den Rohling geschrieben wird, müssen die enthaltenen Filme umgewandelt werden. Nur so entsprechen sie dem Standard für alle Player. Nero nimmt diese Umwandlung vollautomatisch vor, und in den meisten Fällen sind diese Einstellungen in Ordnung. Sie haben aber auch die Möglichkeit, diese Umwandlung manuell anzupassen.
Klicken Sie hierzu im unteren Bereich des Bearbeitungsfensters auf die Schaltfläche *Mehr* und dann auf das Symbol *Aufnahmeformat-Optionen*. Im Register *DVD-Video* bzw. *Blu-ray-Video* stehen Ihnen nun alle Optionen für die MPEG-2- und MPEG-4-Codierung zur Verfügung. Sie können das Seitenverhältnis einstellen, die Auflösung in Pixeln, die Bewegungserkennung, die Bitrate, das Audioformat und vieles mehr.
Diese vielen Optionen erlauben Ihnen, die Videos genau nach Ihren Wünschen zu codieren. Allerdings sollten Sie diese Parameter nur verändern, wenn Sie sich sehr gut mit dem Thema Videokonvertierung und -encodierung auskennen. Falsche Einstellungen führen zu defekten oder inkompatiblen Discs.

4.5   Erstellen Sie eine Diashow aus Ihren Fotos

Häufig werden Fotos am Bildschirm einfach hintereinander durchgeklickt. Das ist oft langweilig und wird Ihren Aufnahmen nicht gerecht. Mit Nero Vision können Sie aus Ihren Fotos eine animierte Diashow erstellen. Dabei werden Ihre Fotos elegant der Reihe nach angezeigt und ineinander übergeblendet. Hierfür stehen Ihnen viele verschiedene Filter, Effekte und Überblendungen zur Verfügung. Selbst das Einfügen von Hintergrundmusik ist möglich. Auf diese Weise präsentieren Sie Ihre Fotos eindrucksvoll und professionell.

Dabei haben Sie die Möglichkeit, Ihre Fotos auf einer DVD in Standardauflösung zu präsentieren oder auf einer Blu-ray-Disc in Full-HD. Das Erstellen und Bearbeiten der Diashow läuft bei beiden Formaten identisch ab – Sie müssen nur zu Beginn das gewünschte Format angeben.

1. Starten Sie Nero Vision und wählen Sie die Option *Film oder Diashow erstellen* aus. Dadurch öffnet sich automatisch ein neues Fenster und fragt nach den Grundeinstellungen sowie dem gewünschten Disc-Format.

Unter *Filmtitel* geben Sie den Titel für den Film bzw. die Disc an.

Unter *Videoformat* wählen Sie *PAL* für Deutschland aus.

Bei der *Auflösung* sind nur zwei Optionen interessant. Für eine DVD wählen Sie den Punkt *TV-Breitbild*, und für eine Blu-ray-Disc wählen Sie *HDTV FULL HD*.

Beim Punkt *Audio* werden Sie in der Regel *Stereo* auswählen, es sei denn, Sie möchten eine spezielle 5.1-Surround-Mischung erstellen.

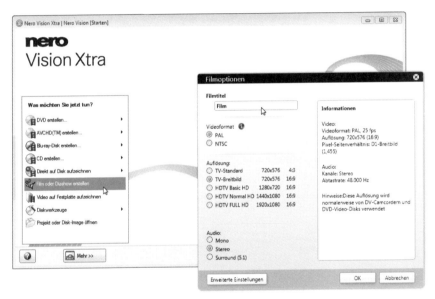

Bild 4.30: Wählen Sie den Disc-Typ für die Diashow aus.

Als Nächstes gelangen Sie in das Bearbeitungsfenster. Links befindet sich ein Vorschaufenster, rechts sind alle Bedienelemente für Fotos und Effekte zu finden, und im unteren Bereich sehen Sie die Zeitleisten für die Diashow. Klicken Sie oben rechts auf die Schaltfläche *Importieren* und wählen Sie den Punkt *Datei importieren* aus.

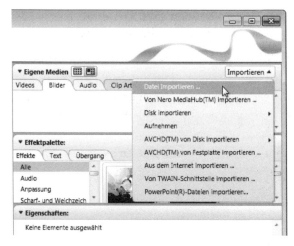

Bild 4.31: Importieren Sie Fotos in die Diashow.

③ Dadurch öffnet sich ein Explorer-Fenster, in dem Sie Ihre Fotos auswählen. Über die Schaltfläche *Öffnen* werden sie geladen. Den Vorgang wiederholen Sie so oft, bis alle gewünschten Fotos in Nero Vision importiert sind.

Das Bedienfeld oben rechts zeigt alle importierten Fotos in einer Liste an. So behalten Sie immer den Überblick darüber, welche Fotos in das aktuelle Projekt eingelesen wurden.

Bild 4.32: Das Bedienfeld zeigt alle Fotos an.

❹ Jetzt geht es mit der Gestaltung der Diashow auch schon los. Ziehen Sie die Fotos mit der Maus aus der Liste auf die Zeitleiste im unteren Bereich.

Sie können jedes Foto auch mehrmals verwenden, indem Sie es mehrfach auf die Zeitleiste ziehen.

Die Reihenfolge der Fotos variieren Sie jederzeit, indem Sie ein Foto mit der Maus anklicken, die Taste [Strg] festhalten und das Foto mit gedrückt gehaltener Maustaste an die gewünschte Stelle ziehen.

Möchten Sie ein Foto doch nicht verwenden, markieren Sie es mit der Maus in der Zeitleiste und drücken anschließend die Taste [Entf].

Bild 4.33: Die Diashow nimmt langsam Form an.

⑤ Sobald alle Fotos eingebaut sind, können Sie Ihre Diashow mit Effekten und Überblendungen ausstatten. Gehen Sie hierfür in die *Effektpalette* und wählen Sie das Register *Übergang*. Direkt darunter werden Ihnen die vielen Effekte in Gruppen sortiert angezeigt, z. B. *Wischen, Drehen, Kreuzblende* etc.

Um einen Übergang einzufügen, müssen Sie ihn lediglich vom Bedienfeld auf die Videospur ziehen, und zwar zwischen die beiden gewünschten Fotos. Dort wird nun ein Symbol für den gewählten Übergang angezeigt.

Bild 4.34: Ziehen Sie die Effekte auf die Zeitleiste.

⑥ Per Standard wird jedem Foto eine Anzeigedauer von vier Sekunden zugewiesen. Auf Wunsch können Sie das aber ganz einfach ändern. Klicken Sie hierzu mit der rechten Maustaste auf das gewünschte Foto und wählen Sie die Option *Dauer einstellen* aus. Dadurch öffnet sich ein *Eigenschaften*-Fenster. Geben Sie die gewünschte Länge in Sekunden an und bestätigen Sie die Änderung mit der Schaltfläche *OK*.

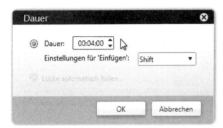

Bild 4.35: Passen Sie die Anzeigedauer an.

 Bearbeiten Sie die Übergänge
Viele Übergänge bieten eine detaillierte Anpassung an, z. B. können Sie die Anzeigelänge, die Richtung der Bewegung sowie die Größe der Blende etc. variieren. Um einen Effekt zu verändern, klicken Sie den gewünschten in der Zeitleiste an und ziehen den roten Marker auf das Effektsymbol. Jetzt können Sie rechts im Bedienfeld unter *Eigenschaften* den Effekt bearbeiten.

7 Damit bei Ihrer Diashow auch die richtige Stimmung aufkommt, können Sie eine Hintergrundmusik einfügen. Wählen Sie hierfür im Bedienfeld den Bereich *Eigene Medien* und dann das Register *Audio* aus.

Klicken Sie auf die Schaltfläche *Importieren* und wählen Sie den Punkt *Datei importieren*. Genau wie zuvor bei den Fotos öffnet sich ein Explorer-Fenster, in dem Sie nun eine Musikdatei auswählen, z. B. im Format MP3, WAV etc.

Die Musikdatei wird nun im Bedienfeld angezeigt. Ziehen Sie die Musikdatei vom Medienfenster auf die Audiospur.

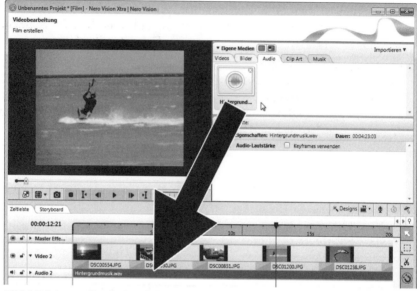

Bild 4.36: Legen Sie die Musikdatei auf die Audiospur.

⑧ Nero Vision bietet noch viele weitere Funktionen, um Ihre Diashow individuell anpassen, es lassen sich jedoch längst nicht alle Möglichkeiten in dieser kurzen Anleitung erläutern. Schauen Sie sich einfach die Menüs an, probieren Sie alle Register im Bedienfeld aus und spielen Sie auch mit den Tasten über und rechts neben der Zeitleiste herum. Sehr schnell werden Sie weitere tolle Möglichkeiten entdecken.

Die Diashow jederzeit überprüfen
Mit dem Monitor oben links steht Ihnen jederzeit eine Vorschau Ihrer Diashow zur Verfügung. Steuern Sie die Diashow mit den Play- und Stopptasten wie bei einem herkömmlichen Videorekorder. Überprüfen Sie die Übergänge und hören Sie sich die Hintergrundmusik an. So wissen Sie immer, wie Ihre Diashow derzeit aussieht, und können sie gegebenenfalls weiter anpassen.

⑨ Haben Sie alle Anpassungen vorgenommen, geht es mit der Schaltfläche *Weiter* zum nächsten Schritt. Falls Sie Ihre Diashow bisher noch nicht gespeichert haben, werden Sie jetzt dazu aufgefordert. Das Angebot sollten Sie annehmen.

Anschließend gelangen Sie in ein Übersichtsfenster, das dem Startbildschirm sehr ähnlich ist. Hier wählen Sie aus, was Sie mit der Diashow tun möchten. Die Option *DVD mit editiertem Film erstellen* erzeugt eine Video-DVD, die Option *Blu-ray-Disk mit bearbeitetem Film erstellen* erzeugt ein Blu-ray-Video, und mit *Film exportieren* lässt sich die Diashow in eine Filmdatei schreiben.

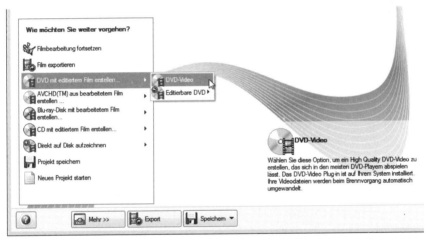

Bild 4.37: Eine Video-DVD oder Blu-ray-Video-Disc mit der Diashow erstellen.

⑩ Haben Sie angegeben, dass Sie mit der Diashow eine Disc erstellen möchten, gelangen Sie nun in die DVD- bzw. Blu-ray-Disc-Bearbeitung. Es handelt sich um die gleichen Fenster wie beim Erstellen einer herkömmlichen Video-Disc. Sie können hier also ein Menü für Ihre Disc erstellen, eine Vorschau betrachten und einiges mehr.

⑪ Zuletzt gelangen Sie in das Brennfenster, um Ihre Diashow auf einen DVD- oder Blu-ray-Rohling zu schreiben. Auch dieser Vorgang unterscheidet sich nicht vom Erstellen herkömmlicher Video-DVDs oder Blu-ray-Discs.

Videoschnitt mit Nero Vision

Mit Nero Vision können Sie nicht nur eigene DVDs, Blu-ray-Discs und Fotoshows erstellen, sondern auch einen vollständigen Videoschnitt durchführen. Das ist besonders praktisch, wenn Sie Hobbyfilmer sind und das mit Ihrem Camcorder aufgezeichnete Material bearbeiten wollen. Hierfür müssen Sie im Hauptmenü von Nero Vision lediglich den Punkt *Film erstellen* auswählen.

Nero Vision bietet beim Videoschnitt genauso viele Funktionen wie so manches professionelle Programm. Für detailliertere Ausführungen reicht der Umfang dieses Buchs nicht aus, da der Schwerpunkt in diesem Buch auf der Disc- und Dateierstellung liegt. Interessieren Sie sich für den Videoschnitt mit Nero Vision, sollten Sie einfach mal mit dem Programm experimentieren. Kennen Sie sich mit Nero und Nero Vision ein wenig aus, werden Sie auch den Videoschnitt recht intuitiv in den Griff bekommen.

Bild 4.38: Praktisch: Vollständiger Videoschnitt mit dem neuen Nero Vison, dessen Funktionsvielfalt manch professionellem Schnittprogramm in nichts nachsteht.

5 Optimale Backups für Ihre Daten

Auf Ihrem PC oder Notebook sammeln sich im Laufe der Zeit sicherlich sehr viele Daten an – Fotos, Videos, Musik, Briefe, Adressbücher, PDFs und vieles mehr. Sie stellen Erinnerungen, Arbeitsgrundlage, Hobby und vieles andere dar. Deshalb sollten diese wertvollen Daten natürlich immer gut geschützt sein. Auf dem Computer sind sie das leider nicht. Die Daten können durch beschädigte Festplatten verloren gehen, durch ein Virus zerstört oder durch einen Bedienungsfehler gelöscht werden.

Nero bietet mit BackItUp ein sehr gutes Werkzeug zur Sicherung Ihrer Daten. Nehmen Sie sich gelegentlich die Zeit dafür, denn es kann jeden ohne Vorwarnung treffen. Dann bedeutet ein möglicher Defekt nicht gleich den Verlust sämtlicher Daten.

5.1 Die eigenen Daten ganz schnell sichern

Das Wichtigste auf Ihrem Computer sind Ihre Daten. Sie sind unwiederbringlich und dürfen auf keinen Fall verloren gehen. Alles andere ist zweitrangig, denn das Windows-System und die Programme können Sie im Notfall neu installieren. Das ist dann zwar mit Arbeit verbunden und etwas ärgerlich, aber nicht wirklich dramatisch.

1. Sie finden das Datensicherungsprogramm im Windows-Startmenü unter dem Namen *Nero BackItUp*.

2. Nach einem Klick auf den Eintrag gelangen Sie in das Hauptfenster des Programms. Am oberen Rand werden Ihnen verschiedene Aufgaben angeboten. Für eine neue Sicherung klicken Sie auf die Schaltfläche *Sicherung* und wählen den Punkt *Dateisicherung* aus.

Bild 5.1: Beginnen Sie eine neue Datensicherung.

❸ Das Fenster wechselt jetzt zu einer Explorer-ähnlichen Ansicht mit Ihren Laufwerken. Klicken Sie auf Ihre lokale Festplatte *Lokaler Datenträger (C:)*. Im rechten Teil des Fensters sehen Sie die Oberverzeichnisse der Platte.

Unter Windows 7 und Vista sind alle Benutzerkonten, eigene Dateien und persönliche Einstellungen im Verzeichnis *Benutzer* gespeichert. Wählen Sie dieses Verzeichnis aus, indem Sie ein Häkchen in den Kasten davor setzen.

Arbeiten Sie mit Windows XP, heißt das Oberverzeichnis für sämtliche Benutzer *Dokumente und Einstellungen*. Setzen Sie hier ebenfalls ein Häkchen in den Kasten vor dem Namen.

Mit der Schaltfläche *Weiter* (grüner Pfeil unten rechts) gelangen Sie zum nächsten Schritt.

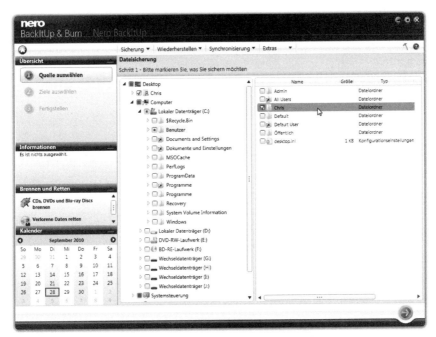

Bild 5.2: Das Benutzerverzeichnis müssen Sie unbedingt sichern.

Zusätzliche Daten nicht vergessen
In den Verzeichnissen *Benutzer* bzw. *Dokumente und Einstellungen* speichert Windows sämtliche Benutzerdaten. Darin enthalten sind Ordner wie *Dokumente, Musik, Videos, Bilder* etc. – Ihnen entgeht also nichts. Haben Sie sich aber für eine eigene Datenstruktur entschieden, müssen Sie diese ebenfalls markieren. Das kann z. B. ein Verzeichnis *C:\Musik* sein oder die Videosammlung auf einer zweiten Festplatte in *D:\Videos*. Vergessen Sie diese Daten keinesfalls. Handelt es sich um sehr große Sammlungen, können Sie sie auch in einem zweiten Durchgang gesondert sichern. Das ist oft übersichtlicher.

❹ In diesem Fenster müssen Sie angeben, wo Nero Ihre Datensicherung speichern soll. Unter *Zielauswahl* klicken Sie auf das gewünschte Sicherungsmedium.

Festplatten – Wählen Sie eine zweite Festplatte in Ihrem Computer oder eine extern per USB angeschlossene Backup-Festplatte aus.

Optische Disk – Hiermit wählen Sie Ihren DVD- oder Blu-ray-Brenner aus. Bei sehr großen Datensammlungen sind Blu-ray-Discs mit bis zu 50 GByte besonders gut geeignet.

Externe Geräte – Wählen Sie einen USB-Stick oder ein anderes externes USB-Gerät aus.

Netzwerk – Diese Option erlaubt das Sichern auf einem anderen Computer im Netzwerk. Das dauert allerdings recht lange und ist für den Privatgebrauch nicht zu empfehlen.

Online-Datenspeicher – Datensicherungen lassen sich sogar im Internet anlegen. Allerdings dauert das wirklich lang und kann bei großen Datensammlungen zur Geduldsprobe werden.

Pfad – Geben Sie in diesem Feld an, in welchem (Unter-)Verzeichnis die Daten auf dem jeweiligen Medium gesichert werden sollen. Das ist sehr sinnvoll, damit Ihre Daten nicht willkürlich im Oberverzeichnis liegen.

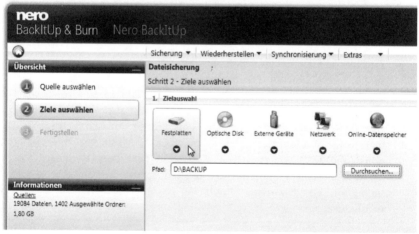

Bild 5.3: Wählen Sie das Sicherungsmedium und das Verzeichnis aus.

⑤ Klicken Sie auf die Schaltfläche *Weiter*, um in das nächste Fenster zu gelangen. Hier müssen Sie ein paar grundlegende Einstellungen für diese Sicherung vornehmen.

Als *Sicherungsart* müssen Sie *Vollständige Sicherung* auswählen. Zumindest die erste Sicherung muss vollständig durchgeführt werden. In Zukunft geben Sie hier an, dass nur seit der letzten Sicherung neu gespeicherte Dateien gesichert werden sollen. Wie das genau funktioniert, erklärt ein späterer Abschnitt.

Geben Sie Ihrer Sicherung einen Namen. Zum einen werden so die Archivdateien benannt, und zum anderen hilft der Name bei mehreren Computern und Sicherungen, die Übersicht zu behalten.

Die Einstellungen im unteren Bereich, z. B. *Komprimierung, Passwort, Verschlüsselung* etc., benötigen Sie für die private Datensicherung in der Regel nicht. Sie können die Einstellungen so belassen.

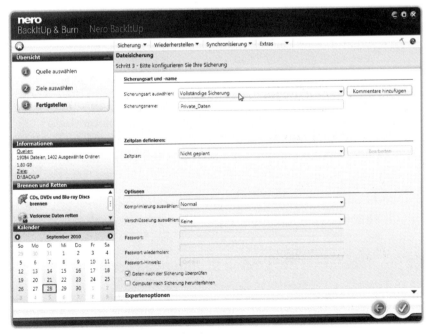

Bild 5.4: Sicherungstyp und Name festlegen.

⑥ Jetzt müssen Sie nur noch unten rechts auf die Schaltfläche *Start* klicken (grüner Haken). Nero beginnt seine Arbeit und sichert Ihre Daten. Abhängig von der Datenmenge nimmt der ganze Vorgang etwas Zeit in Anspruch.

Sichern Sie auf eine zweite Festplatte oder ein anderes externes Laufwerk, geht die Sicherung schneller. Brennen Sie die Datensicherung hingegen auf DVDs oder Blu-ray-Discs, werden Sie möglicherweise aufgefordert, weitere Rohlinge einzulegen, sobald der aktuelle voll ist.

Bild 5.5: Alles bestens – die Datensicherung läuft.

 Lesefehler und verweigerter Zugriff
Beim Sichern der eigenen Daten kann es vorkommen, dass Ihnen BackItUp ein paar Fehlermeldungen ausgibt. Das ist aber nicht weiter tragisch, und die Sicherung läuft auch ganz normal weiter. Da Sie während der Sicherung als Benutzer angemeldet sind, muss das System auf Ihre Benutzerdaten zugreifen. Außerdem werden ein paar temporäre Dateien angelegt. BackItUp bemerkt das und wertet es als Fehler. Machen Sie sich also keine Sorgen. Die Sicherung funktioniert dennoch, und die temporären Dateien benötigen Sie sowieso nicht.

5.2   Problemen bei großen Sicherungen vorbeugen

Mit jeder Sicherung erstellt BackItUp zwei Arten von Dateien. In den NBA-Dateien (A = Archiv) sind Ihre Daten enthalten. Zusätzlich benötigt Nero noch eine NBI-Datei (I = Information), in der alle Zusatzinformationen zu dieser Sicherung gespeichert sind. Diese NBI-Dateien sind besonders wichtig, wenn aus einer großen

Sicherung einzelne Dateien wiederhergestellt werden sollen. Normalerweise schreibt Nero diese NBI-Datei zusammen mit den Archiven auf das Sicherungsmedium. Leider ist Nero hier inkonsequent, wenn es sich um bestimmte Wechseldatenträger handelt.

● Sichern Sie auf CDs, DVDs oder Blu-ray-Discs, schreibt Nero die NBI-Datei mit auf den Datenträger.

● Sichern Sie auf Festplatten, USB-Sticks oder andere Wechseldatenträger, schreibt Nero die NBI-Datei in ein Unterverzeichnis innerhalb Ihres Benutzerkontos.

● **Windows 7:** *C:\Benutzer\NAME\AppData\Roaming\Nero\Nero 10/Nero BackItUp\ Files*

● **Windows XP:** *C:\Dokumente und Einstellungen\NAME\Anwendungsdaten\Nero\ Nero 10/Nero BackItUp\Files*

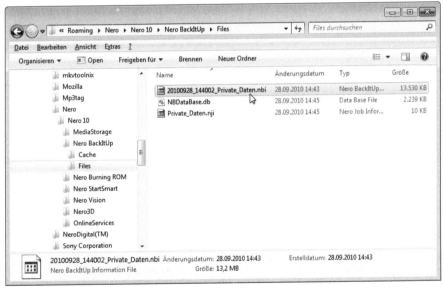

Bild 5.6: Die NBI-Dateien im Nero-Verzeichnis.

Müssen Sie die Datensicherungen auf einem anderen Computer wiederherstellen oder wurde Ihre Festplatte komplett gelöscht, findet Nero diese NBI-Dateien nicht mehr. Kleine Archive kann Nero auch so analysieren, aber bei sehr großen Archiven mit vielen NBA-Dateien führt die fehlende NBI-Datei meist zu Problemen.

- Sichern Sie auf eine externe Festplatte oder andere Wechselmedien, kopieren Sie die NBI-Datei einfach von Ihrem Benutzerverzeichnis mit auf das Sicherungsmedium.

- Alternativ sichern Sie das Verzeichnis *Benutzer* (Windows 7/Vista) bzw. *Dokumente und Einstellungen* (Windows XP) ohne die vielen eigenen Daten auf einen DVD- oder Blu-ray-Rohling. Dann sind auch alle NBI-Dateien in Sicherheit und können im Notfall vor der anderen Sicherungen zuerst wiederhergestellt werden.

5.3   Zeit und Platz sparen – nur veränderte Dateien neu sichern

Bei sehr großen Datensammlungen werden Sie sicherlich nicht jeden Tag sämtliche Dateien verändern. Besonders Musik-, Foto- und Videoarchive werden selten bearbeitet und bleiben über längere Zeiten gleich. Deshalb ergibt es auch keinen Sinn, diese großen Sammlungen jedes Mal komplett neu zu sichern. BackItUp kann sogenannte *inkrementelle Sicherungen* erstellen. Das bedeutet, dass nur neue und seit der letzten Sicherung veränderte Dateien berücksichtigt werden. Das spart viel Zeit und Platz.

1. Öffnen Sie Nero BackItUp über das Startmenü. Zunächst müssen Sie eine ganz normale Sicherung Ihrer Daten erstellen. Wählen Sie dafür wie bereits zuvor den Punkt *Sicherung/Dateisicherung* aus.

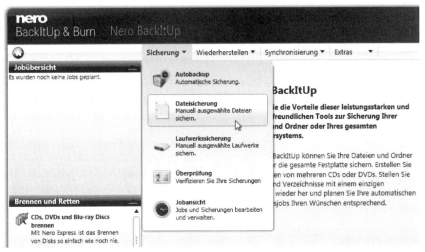

Bild 5.7: Starten Sie eine neue Datensicherung.

② Wählen Sie in dem Explorer-ähnlichen Fenster alle Verzeichnisse aus, die Sie in diese Sicherung mit einschließen möchten. Dieser Vorgang unterscheidet sich nicht von der normalen Sicherung.

③ Im nächsten Fenster wählen Sie das Ziel für die Sicherung aus, z. B. eine Festplatte oder ein externes Gerät, und geben per Pfad ein Verzeichnis für das Backup an. Gehen Sie mit *Weiter* zum nächsten Schritt.

④ Nun gelangen Sie in das Fenster mit den Einstellungen für diese Datensicherung. Hier müssen Sie nun ein paar besondere Optionen wählen, damit Sie Ihre bestehenden Sicherungen in Zukunft fortführen können.

Wählen Sie unter *Sicherungsart* die Option *Inkrementelle Sicherung*.

Geben Sie direkt darunter einen Namen für diese Sicherung an. Seien Sie sehr eindeutig in der Beschreibung, damit Sie später nicht durcheinanderkommen.

Direkt darunter geben Sie an, wie oft Nero die Sicherung auf veränderte Dateien untersuchen soll. Ihnen stehen hier verschiedene Optionen wie z. B. *Täglich*, *Wöchentlich*, *Monatlich* etc. zur Verfügung. Wählen Sie je nach Ihren Bedürfnissen einen passenden Rhythmus aus.

Die unteren Optionen zu Komprimierung, Passwort und Verschlüsselung sind hierbei unwichtig und müssen nicht verändert werden.

Bild 5.8: Eine inkrementelle Sicherung starten.

5 Mit der Schaltfläche *Start* beginnen Sie nun den Sicherungsvorgang. Die erste Sicherung unterscheidet sich nicht von einer vollständigen Sicherung. Nero muss immer einmal die gesamten Dateien sichern und erfassen, damit in Zukunft geänderte Dateien erkannt und erneut gesichert werden können.

6 Die Besonderheit besteht nun darin, dass Nero aus Ihrer inkrementellen Sicherung automatisch einen regelmäßigen Job gemacht hat. Klicken Sie auf der Startseite von BackItUp auf die Schaltfläche *Sicherung* und wählen Sie den Punkt *Jobübersicht* aus. Der Name der Sicherung wird hier aufgelistet.

Bild 5.9: Die inkrementelle Sicherung erscheint in der Jobliste.

⑦ Nero wird jetzt automatisch im von Ihnen angegebenen Intervall eine weitere Sicherung durchführen, z. B täglich, wöchentlich oder monatlich. Ist das ursprüngliche Sicherungsmedium nicht vorhanden, werden Sie aufgefordert, es verfügbar zu machen. Schließen Sie also die externe Festplatte an oder legen Sie einen Rohling in das Laufwerk ein. Nun sichert Nero die geänderten Dateien.

⑧ Klicken Sie mit der rechten Maustaste auf die inkrementelle Sicherung, lässt sie sich auch bearbeiten. Wählen Sie in dem Menü aus, ob Sie diese Sicherung ändern oder löschen möchten oder ob die Sicherung unabhängig vom automatischen Intervall jetzt sofort durchgeführt werden soll.

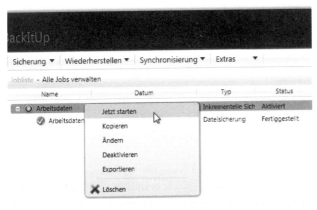

Bild 5.10: Die automatische Aufgabe bearbeiten.

5.4 So sichern Sie die ganze Festplatte

Ist die Festplatte defekt, müssen Sie Windows und die Programme komplett neu installieren. Das ist mit sehr viel Arbeit verbunden und nimmt schon mal ein paar Stunden oder gar Tage in Anspruch. Deshalb ist es sinnvoll, zumindest einmal von Ihrem kompletten Computer eine Festplattensicherung zu erstellen. Im Notfall stellen Sie damit das gesamte System wieder her.

① Starten Sie Nero BackItUp. Im Hauptmenü klicken Sie auf die Schaltfläche *Sicherung* und wählen die Aufgabe *Laufwerkssicherung* mit einem Mausklick aus.

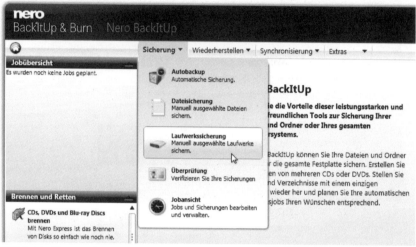

Bild 5.11: Eine Laufwerksicherung starten.

② Sie gelangen in ein neues Fenster. Dieses listet alle in Ihrem Computer installierten Festplatten auf. Markieren Sie die zu sichernde Festplatte mit einem Haken.

Setzen Sie den Haken ganz links vor das Festplattensymbol, wird diese Platte mit allen darauf enthaltenen Partitionen gesichert.

Setzen Sie den Haken hingegen in das Kästchen vor einer Partition, wird nur diese gesichert.

Bild 5.12: Wählen Sie die zu sichernde Festplatte aus.

❸ Mit der Schaltfläche *Weiter* gelangen Sie zum nächsten Schritt. Hier müssen Sie wie gewohnt ein Ziel für die Datensicherung angeben, also einen Datenträger und einen Pfad.

❹ Im folgenden Fenster wählen Sie unter *Sicherungsart* die Option *Vollständige Sicherung* aus. Geben Sie unter *Sicherungsname* eine gute Beschreibung für die Laufwerksicherung an. Alle anderen Optionen sind hierfür nicht wichtig.

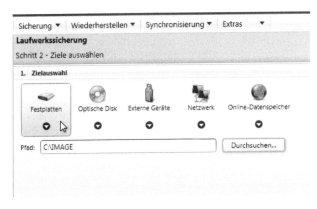

Bild 5.13:
Den Ort für die
Laufwerksicherung
angeben.

❺ Mit der Schaltfläche *Start* beginnen Sie die Sicherung des Laufwerks. Beachten Sie, dass der Vorgang bei einer ganzen Festplatte ziemlich lange dauern kann, besonders wenn es sich um sehr große Festplatten mit 500 GByte oder gar 1 TByte handelt.

Was Sie hierbei beachten sollten!

Eine vollständige Sicherung der Festplatte ist nur auf sehr großen Medien sinnvoll, z. B. auf einer externen Festplatte oder einem Blu-ray-Rohling. Da hier leicht 100, 500 oder mehr GByte zusammenkommen, würden Sie sonst ein paar Dutzend DVD-Rohlinge verbrauchen.

Beachten Sie auch, dass es für Nero schwer ist, eine Festplatte zu sichern, von der Windows gestartet wurde und auf der Sie gerade arbeiten. Im Idealfall haben Sie zwei Festplatten im Computer eingebaut und starten das System von der zweiten. Dann kann die erste problemlos gesichert werden. Alternativ können Sie BackItUp auch von einer speziellen Nero-Start-CD booten.

5.5   Im Notfall – Backups zurück auf den Computer spielen

Natürlich hoffen wir alle, dass unsere Festplatten stets fehlerfrei funktionieren und der Notfall niemals eintritt. Selbst wenn das so ist, können immer mal Daten verloren gehen, z. B. durch zu schnelles Löschen, einen Virus oder andere Unfälle. Zum Glück waren Sie clever und haben Ihre wertvollen Daten gesichert. Mit Nero BackItUp stellen Sie sie ganz einfach wieder her.

Hierbei müssen drei verschiedene Fälle unterschieden werden:

- **Fall 1:** Im einfachsten Fall funktioniert Ihr Computer noch, und Windows sowie alle Programme sind vorhanden. Ihnen sind nur ein paar Daten abhandengekommen. Die Wiederherstellung ist ganz einfach.

- **Fall 2:** Ihr Computer oder die Festplatte war defekt, aber Sie haben inzwischen einen neuen bzw. eine neue. Das System läuft wie gewohnt, alle Programme wurden neu installiert, es fehlen nur sämtliche Daten.

- **Fall 3:** Der Computer bzw. die Festplatte war defekt. Nun haben Sie einen neuen Computer oder eine neue Festplatte. Aber die neue Festplatte ist noch leer, oder es ist auf dem neuen Computer ein Minimalsystem installiert. Sie möchten also das gesamte System wiederherstellen.

Ist bei Ihnen Fall 1 oder Fall 2 eingetreten, zeigt Ihnen die folgende Anleitung, wie Sie die Daten wiederherstellen.

Ist bei Ihnen leider Fall 3 eingetreten, wird es etwas komplizierter. Haben Sie kein vollständiges Backup der Festplatte gemacht – also keine Laufwerksicherung –, müssen Sie das System per Hand neu installieren. Anschließend stellen Sie die Daten wieder her. Das würde dann Fall 2 entsprechen. Besitzen Sie hingegen ein vollständiges Backup der Festplatte, müssen Sie das System über die Nero-Start-Disc wiederherstellen. Wie das funktioniert, verrät Ihnen die Anleitung im nächsten Abschnitt.

❶ Rufen Sie Nero BackItUp über das Startmenü auf. Am oberen Rand klicken Sie auf die Schaltfläche *Wiederherstellen* und wählen den Punkt *Dateien wiederherstellen* aus.

Bild 5.14: Die Wiederherstellung öffnen.

❷ Sie gelangen nun in eine Liste mit Sicherungen. Haben Sie Ihre Datensicherungen mit demselben Computer durchgeführt, werden sie ebenfalls in der Liste aufgeführt. Klicken Sie die gewünschte Sicherung einmal an, und schon listet Nero im rechten Fenster den Inhalt auf.

Bild 5.15:
Die vorherigen Sicherungen direkt auswählen.

③ Wurden Ihre Sicherungen nicht auf diesem Computer erstellt, z. B. weil Sie einen neuen haben oder das System neu installieren mussten, geben Sie BackItUp manuell an, wo die Daten liegen.

Klicken Sie links über der Liste der Sicherungen auf die Schaltfläche *Durchsuchen*.

Es öffnet sich ein Explorer-Fenster, mit dem Sie in das Verzeichnis oder auf den externen Datenträger mit Ihrer Sicherung gehen.

Wählen Sie die erste Archivdatei des Sets. Sie trägt den Namen *Datum_Name.nba*. Die anderen Dateien mit den Nummern sind die dazugehörigen Archive und werden von BackItUp automatisch dazugeladen. Bei großen Archiven sollten Sie direkt die NBI-Datei wählen.

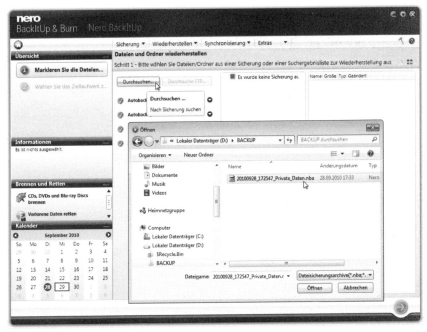

Bild 5.16: Eine Sicherung von externen Medien öffnen.

❹ In beiden Fällen wird das Archiv in BackItUp geöffnet. Im rechten Bereich sehen Sie den Inhalt des Archivs. Dabei wird Ihnen die gleiche Struktur für die Dateien angezeigt wie seinerzeit bei der Sicherung.

Möchten Sie sämtliche Dateien in dem Archiv wiederherstellen, muss der komplette Verzeichnisbaum inklusive des Namens der Sicherung mit einem Häkchen markiert werden. Das ist standardmäßig der Fall.

Möchten Sie nur einzelne Dateien wiederherstellen, entfernen Sie den Haken. Jetzt sind keine Dateien mehr ausgewählt. Nun bewegen Sie sich in diesem Fenster durch die Ordner bis zu den gewünschten Dateien. Das funktioniert genau wie im Windows Explorer. Setzen Sie vor jede Datei, die Sie wiederherstellen möchten, einen Haken.

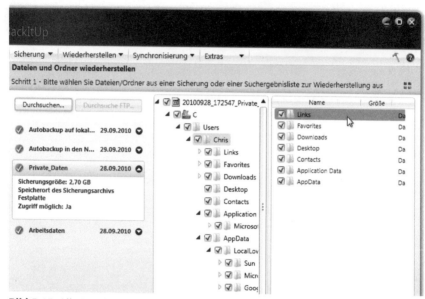

Bild 5.17: Alle Dateien des Archivs werden aufgelistet.

⑤ Mit der Schaltfläche *Weiter* gelangen Sie zum nächsten Fenster. Hier müssen Sie angeben, wohin die wiederherzustellenden Dateien geschrieben werden sollen und was bei Problemen zu tun ist.

Per Standard ist die Option *Unter dem ursprünglichen Pfad wiederherstellen* ausgewählt. Damit schreibt BackItUp die Dateien zurück in das Originalverzeichnis.

Sie können aber auch ein beliebiges anderes Verzeichnis wählen. Aktivieren Sie hierzu die Option *Unter benutzerdefiniertem Pfad wiederherstellen*. Dann wählen Sie im nächsten Feld *Wiederherstellungspfad* das gewünschte Verzeichnis aus.

Darunter geben Sie an, was mit bereits vorhandenen Dateien geschehen soll. Sie können die lokalen Dateien überschreiben lassen, nur ältere ersetzen etc. Im Zweifelsfall wählen Sie die Option *Bei jeder Datei nachfragen* und entscheiden das dann von Fall zu Fall.

Sicherung ▼ | Wiederherstellen ▼ | Synchronisierung ▼ | Extras   ▼

Dateien und Ordner wiederherstellen

Schritt 2 - Bitte wählen Sie die Optionen für die Wiederherstellung

Wiederherstellungspfad:

○ Unter dem ursprünglichen Pfad wiederherstellen

    ☑ Benutzerspezifische Ordner auf aktuellen Benutzer übertragen

◉ Unter benutzerdefiniertem Pfad wiederherstellen

    ☑ Ursprüngliche Verzeichnisstruktur beibehalten

    Wiederherstellungspfad:

    | C:\Users\Chris\Documents | | Durchsuchen |

Lösung bei Konflikten

◉ Lokale Dateien immer ersetzen

○ Nur ältere Dateien ersetzen

○ Wiederhergestellte Dateien umbenennen

○ Bereits existierende Dateien nicht wiederherstellen

○ Bei jeder Datei nachfragen

☑ Überschriebene/ersetzte Dateien in den Microsoft(R) Windows(R) Papierkorb verschieben

☐ Nach Wiederherstellung verifizieren

Bild 5.18: Wo und wie soll wiederhergestellt werden?

6 Zuletzt klicken Sie unten rechts auf die Schaltfläche *Start* (grüner Haken) und starten damit die Wiederherstellung. Nero BackItUp extrahiert nun die Dateien aus dem Archiv und schreibt sie zurück auf die Festplatte. Abhängig von der Datenmenge nimmt das einige Zeit in Anspruch.

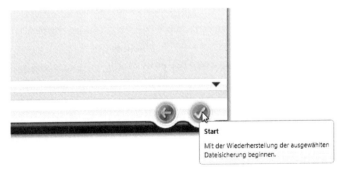

Start

Mit der Wiederherstellung der ausgewählten Dateisicherung beginnen.

Bild 5.19: Die Wiederherstellung wird gestartet.

5.6   Die Nero-Start-Disc – Sichern und Wiederherstellen ohne Windows

Nero BackItUp bietet Ihnen die Möglichkeit, eine Start-Disc zu erstellen. Mit dieser Disc können Sie Ihren Computer starten, selbst wenn auf der Festplatte kein Windows installiert oder dieses fehlerhaft ist. Das Wichtigste dabei ist, dass auf dieser Disc eine vollständige Version von BackItUp enthalten ist, die direkt von der Disc gestartet werden kann.

● Mit dieser Disc können Sie eine vollständige Sicherung Ihrer Festplatte durchführen. Dabei wird Windows nicht gestartet, und die üblichen Probleme beim Sichern eines aktiven Systems treten nicht auf.

● Müssen Sie Ihren Computer vollständig wiederherstellen, können Sie ihn ebenfalls ganz einfach von dieser Disc starten. Dabei wird das vorhandene Festplatten-Backup automatisch erkannt und auf Wunsch vollständig wiederhergestellt.

Die Nero-Start-Disc erstellen

Bevor Sie diese überaus sinnvolle Funktion nutzen können, müssen Sie eine Nero-Start-Disc erstellen. Das Programm spricht dabei von der »Nero BackItUp ImageTool-Disk«. Weil das ziemlich kompliziert klingt, wird sie hier einfach Start-Disc genannt. Die notwendigen Daten sind vergleichsweise klein, deshalb können Sie hierzu eine CD oder auch eine DVD verwenden. Die fertige Disc ist in beiden Fällen identisch.

① Legen Sie einen leeren CD- oder DVD-Rohling in Ihr Brennerlaufwerk. Sie können auch problemlos einen wiederbeschreibbaren Rohling verwenden – allerdings werden dann alle darauf gespeicherten Daten gelöscht.

② Anschließend starten Sie Nero BackItUp. Im Hauptmenü klicken Sie oben auf die Schaltfläche *Extras* und wählen den Punkt *Nero BackItUp ImageTool-Disk erstellen* aus.

Bild 5.20: Das Werkzeug für die Nero-Start-Disc öffnen.

③ Sie gelangen nun in ein neues Fenster für die Start-Disc. Hier müssen Sie zwei wichtige Einstellungen vornehmen:

Unter dem Punkt *Laufwerk auswählen* müssen Sie angeben, auf welchem Brenner die Start-Disc erstellt werden soll. Klicken Sie auf die Schaltfläche und wählen Sie den gewünschten Brenner aus.

Direkt darunter geben Sie an, ob es sich um einen CD- oder DVD-Rohling handelt. Beide bieten genügend Speicherplatz und unterscheiden sich nicht. Nero muss das aber für den Brennvorgang wissen. Blu-ray-Rohlinge können nicht verwendet werden.

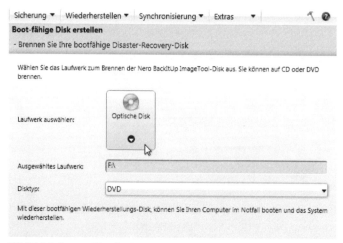

Bild 5.21: Legen Sie die Brennoptionen fest.

④ Zuletzt klicken Sie unten rechts auf die Schaltfläche *Start*. Nero wird nun die Start-Disc erstellen. Das dauert wenige Minuten.

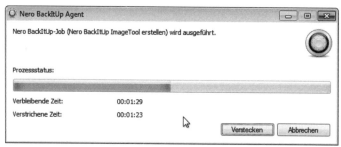

Bild 5.22: Die Nero-Start-CD wird geschrieben.

Den Computer von der Disc starten

Mit der Nero Start-Disc lässt sich Ihr Computer ganz unabhängig von Windows starten. Das geht zum Glück sehr leicht, weil die meisten Computer und Notebooks hierfür bereits eingerichtet sind.

1 Legen Sie die Nero-Start-Disc in Ihr Laufwerk ein und starten Sie den Computer neu.

2 Sobald ein bootfähiger Datenträger gefunden wird, erscheint meist die Meldung *Drücken Sie eine Taste, um von CD zu starten.*

Bild 5.23: Starten Sie den PC von der Disc.

3 Drücken Sie nun irgendeine Taste, z. B. die ⌊Leertaste⌋ oder ⌊Enter⌋. Der Computer greift jetzt auf die Nero-Disc zu und präsentiert eine Art Bootmenü.

4 Dieses Bootmenü bittet Sie noch einmal um Bestätigung, ob Sie nun Nero BackItUp von der Disc laden möchten. Drücken Sie erneut ⌊Enter⌋. Jetzt wird der Computer von der Nero-Start-Disc gestartet.

Bild 5.24: Drücken Sie im Bootmenü die Taste ⌊Enter⌋.

Sollte Ihr Computer nicht für das automatische Starten von CDs und DVDs vorbereitet sein, müssen Sie es manuell aktivieren. Leider funktioniert es bei jedem Computer ein wenig anders, sodass Ihnen dabei nur das Gerätehandbuch eine konkrete Anleitung bieten kann. Der Vorgang läuft aber meist sehr ähnlich ab, z. B. wie folgt:

① Sobald die üblichen Startmeldungen auf dem Bildschirm erscheinen, müssen Sie die Taste ⎣Entf⎦ drücken, um in das Setup des BIOS zu gelangen.

② Im Hauptmenü gibt es eine Funktion mit dem Namen *Boot* oder *Start*. Wählen Sie diese Funktion mit den Pfeiltasten der Tastatur aus und bestätigen Sie sie mit ⎣Enter⎦.

③ Hier wählen Sie in einer Liste das gewünschte Startlaufwerk aus, also Ihr CD-/DVD-Laufwerk.

④ Über den Punkt *Sichern & Verlassen* bzw. *Save & Exit* speichern Sie die Änderung und starten den Computer neu.

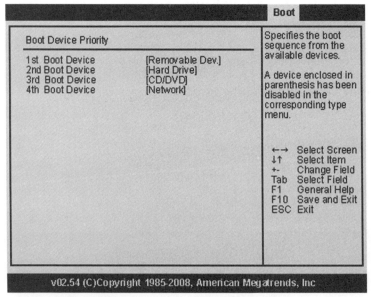

Bild 5.25: Das CD-/DVD-Laufwerk zum Booten einstellen.

Ganz einfach mit der Nero-Start-CD arbeiten

Ihr Computer wird nun von der Nero-Start-Disc gestartet. Schon nach ein paar Momenten sehen Sie den Willkommensbildschirm von Nero BackItUp. Der Start dauert einen Moment, dabei sehen Sie diverse Statusanzeigen in der unteren Zeile.

1 Als Erstes müssen Sie in einem Fenster die Sprache auswählen. Klicken Sie auf *Deutsch* und bestätigen Sie das mit *OK*.

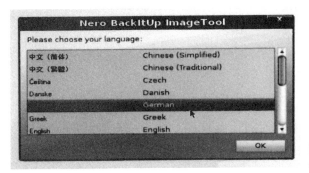

Bild 5.26: Wählen Sie die Sprache aus.

2 Anschließend müssen Sie den Lizenzbedingungen zustimmen. Setzen Sie hierzu einen Haken in das Kästchen und klicken Sie auf *Weiter*.

Bild 5.27: Nehmen Sie die Lizenzvereinbarung an.

③ Jetzt gelangen Sie in das Hauptfenster von Nero BackItUp. Die Umgebung wirkt am Anfang etwas neu und fremd, aber lassen Sie sich davon nicht irritieren. Es handelt sich fast um dasselbe Programm wie unter Windows. Ihnen stehen auch die gewohnten Funktionen zur Verfügung.

Die Bedienung erfolgt wie gewohnt über Menüs und Schaltflächen. Sie können dabei ganz normal die Maus verwenden. Alle Funktionen sind am linken Rand aufgeführt.

Über *Sicherung* führen Sie ein vollständiges Backup Ihrer Festplatte durch (Laufwerksicherung).

Mit der Schaltfläche *Wiederherstellen* spielen Sie ein vorher erstelltes Backup zurück auf die Festplatte.

Die Aufgaben funktionieren genau wie unter Windows. Sie können sich also problemlos an den bisherigen Beschreibungen orientieren.

Dabei stehen Ihnen natürlich wie üblich Ihre CDs, DVDs und Blu-ray-Discs zur Verfügung. Sie können auf die internen Festplatten Ihres Computers zugreifen oder Wechseldatenträger wie z. B. externe Festplatten verwenden.

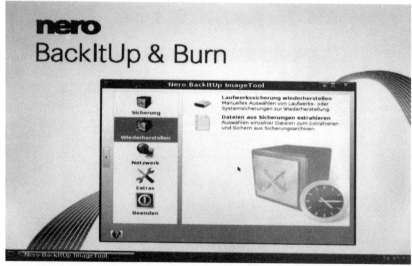

Bild 5.28: Nero BackItUp funktioniert von der Start-Disc fast wie unter Windows.

6 Recode: DVDs und Filme umwandeln

Nero 10 ist ein wirkliches Multimedia-Paket. Das wird spätestens am Programm Recode deutlich. Nero Recode ist ein richtig tolles Werkzeug für alle Ihre Filme und DVDs und bietet Ihnen die Freiheit, damit tatsächlich alles zu verwirklichen, was Sie gerade möchten. Sie können damit DVDs neu zusammenstellen, Filme von DVDs auf die Festplatte kopieren oder eine vollständige Filmbibliothek auf der Festplatte anlegen. Auch das Konvertieren für Playstation oder iPod stellt überhaupt kein Problem dar.

Nero Digital, MPEG-4-AVC und AVCHD

In den Menüs und Hilfetexten von Nero 10 wird immer wieder von *Nero Digital* gesprochen. Das darf Sie aber nicht verwirren. Nero Digital ist MPEG-4-AVC und entspricht vollständig dem Standard. Nero vergibt nur gern eigene Namen.

6.1 Eine DVD mit allen Menüs und Extras kopieren

Die meisten DVDs sind mit aufwendigen Einleitungsvideos, Menüs und einer Kapitelauswahl ausgestattet. Zusätzlich finden sich oft Extras und Bonusmaterial darauf. Möchten Sie solch eine DVD kopieren, reicht der Platz auf herkömmlichen Rohlingen nicht aus. Für die meisten Filme werden DVD-9-Discs mit 8,5 GByte Speicher verwendet, aber Standardrohlinge besitzen nur 4,5 GByte Speicherplatz. Mit Nero encodieren Sie solch eine DVD ganz einfach neu, sodass alles auf einen normalen Rohling passt.

 Rufen Sie Nero Recode aus dem Startmenü auf. Im Hauptfenster werden Ihnen verschiedene Aufgaben angeboten. Wählen Sie hier die Option *Gesamte DVD zu DVD rekodieren* aus.

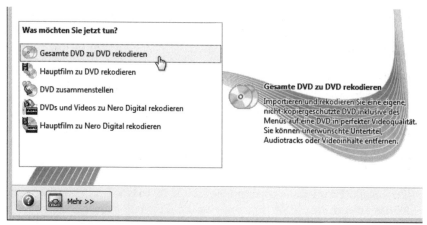

Bild 6.1: DVD zu DVD rekodieren.

❷ Nun gelangen Sie in das Bearbeitungsfenster von Nero Recode. Als Erstes müssen Sie die Original-DVD in das Programm importieren. Klicken Sie hierfür auf die Schaltfläche *DVD importieren* und wählen Sie entweder das Laufwerk mit der Disc oder den Ordner mit den DVD-Dateien aus.

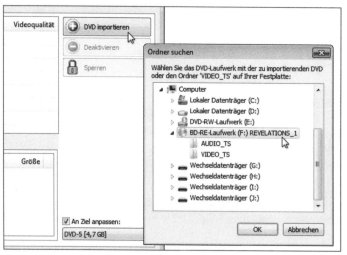

Bild 6.2: Das Laufwerk mit der DVD auswählen.

❸ Jetzt wird Nero Recode die Video-DVD bzw. die DVD-Dateien zunächst analysieren und schließlich im Bearbeitungsfenster öffnen. Die Analyse nimmt abhängig von der Menge der Inhalte einen Moment Zeit in Anspruch.

❹ Im Bearbeitungsfenster werden nun die Inhalte der DVD, nach Typ sortiert, aufgelistet. In der Regel sind das die Gruppen *Menüs, Hauptfilm* und *Extras*.

Damit alle Inhalte auf einen herkömmlichen Rohling passen, müssen sie verkleinert werden. Recode wird die MPEG-2-Inhalte also neu komprimieren.

Für die Menüs und Extras wird eine stärkere Komprimierung ausgewählt, weil hier die Bildqualität meist nicht so wichtig ist.

Der Hauptfilm wird hingegen möglichst wenig komprimiert, damit die beste Bildqualität erhalten bleibt.

Hinter den Gruppen sehen Sie, jeweils in Prozent angegeben, wie stark der jeweilige Inhalt komprimiert wird. In der Regel werden hier automatisch die besten Werte eingestellt, aber Sie können das auch manuell korrigieren.

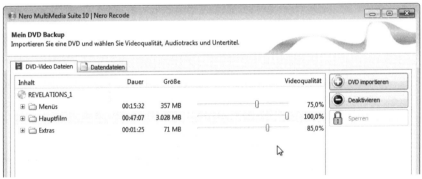

Bild 6.3: Die Inhalte werden neu komprimiert.

❺ Achten Sie immer darauf, dass unten rechts die Option *An Ziel anpassen* aktiviert und die Größe des Zielrohlings richtig gewählt ist. Dann passt Recode die Werte selbstständig so an, dass alles auf Ihren Rohling passt.

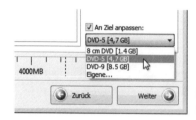

Bild 6.4: Recode passt den
Inhalt an den Rohling an.

⑥ Sie haben auch die Möglichkeit, unerwünschte Inhalte von der DVD zu entfernen. Das können z. B. Tonspuren in einer Fremdsprache sein, Audiokommentare und Ähnliches. Das spart Platz und ermöglicht eine bessere Qualität für den Hauptfilm. Beachten Sie aber, dass Recode nicht die Menüs verändern kann. Entfernte Inhalte sind dort also weiterhin aufgeführt, lassen sich aber nicht mehr anwählen.

⑦ Sobald alle Einstellungen vorgenommen sind, geht es mit *Weiter* zum nächsten Schritt. Hier müssen Sie ein paar Einstellungen für den Kopiervorgang vornehmen.

Wählen Sie unter *Ziel* aus, wohin die Kopie geschrieben werden soll. In der Regel ist das Ihr DVD-Brenner, aber Sie können auch ein Abbild der DVD auf die Festplatte schreiben – das sind sogenannte VOB-Dateien – und es erst später brennen.

Die Option *Burn-at-once* sollten Sie abschalten. Dann erstellt Recode zunächst die vollständige DVD auf der Festplatte und beginnt anschließend mit dem Brennen. Gleichzeitiges Recodieren und Brennen würde schnell zu Fehlern führen.

Aktivieren Sie in jedem Fall die Kontrollkästchen *Erweiterte Analyse* und *High-Quality-Modus*. Dadurch dauert das Recodieren ein wenig länger, aber die Bildqualität wird deutlich besser.

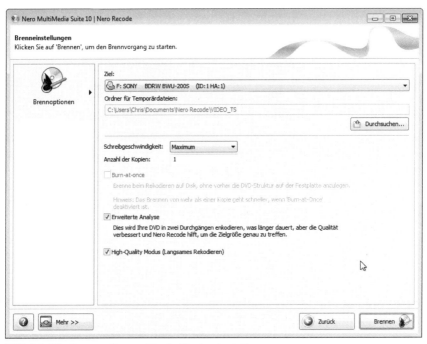

Bild 6.5: Die Brennoptionen für die Kopie einstellen.

Jetzt müssen Sie nur noch die Schaltfläche *Brennen* anklicken, und Recode wird seine Arbeit aufnehmen. Anschließend erhalten Sie eine Standard-DVD, die sich in jedem herkömmlichen Player abspielen lässt.

Bitte beachten Sie die Urheberrechte
Mit Nero Recode können Sie praktisch alle Filminhalte beliebig kopieren und archivieren. Dies ist primär für eigene und selbst erstellte DVDs gedacht. Bei anderen DVDs müssen Sie selbstverständlich immer die Urheberrechte beachten. Fragen Sie im Zweifelsfall beim Urheber nach, ob private Kopien erlaubt sind. In den gezeigten Beispielen werden ausschließlich DVDs und Filme verwendet, bei denen private Kopien ausdrücklich erlaubt sind. Video-DVDs mit speziellem Kopierschutz lassen sich mit Nero Recode nicht verarbeiten.

6.2   Ohne überflüssigen Ballast – den Hauptfilm einer DVD entnehmen

Die meisten DVDs sind mit aufwendigen Menüs, einer Kapitelauswahl und Bonusmaterial ausgestattet. Bei selbst erstellten DVDs möchte man diese Extras nicht immer mitkopieren. Nero Recode bietet Ihnen die Möglichkeit, sämtliche Extras einer DVD zu entfernen und nur den Hauptfilm zu kopieren.

Das spart eine Menge Platz auf dem Zielrohling und erhöht somit die Bildqualität. Zusätzlich wird die DVD viel übersichtlicher, weil Sie sich nicht mehr durch die vielen Extras und Menüs hangeln müssen. Beim Abspielen startet sofort der Hauptfilm.

❶ Rufen Sie Nero Recode aus dem Windows-Startmenü auf. Im Hauptfenster wählen Sie die Aufgabe *Hauptfilm zu DVD rekodieren*.

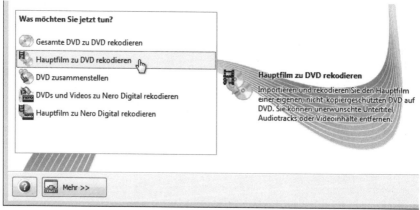

Bild 6.6: Nur den Hauptfilm entnehmen.

❷ Jetzt gelangen Sie wieder in das Bearbeitungsfenster von Recode. Klicken Sie auf die Schaltfläche *DVD importieren*, um entweder eine DVD-Disc in Ihrem Laufwerk oder ein auf der Festplatte gespeichertes Abbild einer DVD auswählen.

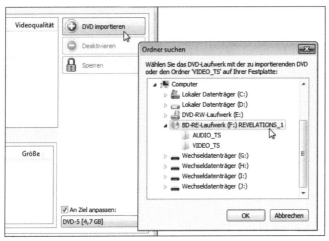

Bild 6.7: Importieren Sie die Original-DVD.

Recode wird nun die DVD analysieren und automatisch den Hauptfilm extrahieren. Alle anderen Inhalte werden erst gar nicht importiert und erscheinen nicht im Bearbeitungsfenster.

❸ Klicken Sie jetzt auf den Hauptfilm in der Liste. Dadurch werden Ihnen in den Registern *Audio* und *Untertitel* die zusätzlichen Tonspuren und Texte angezeigt. Häufig werden Audiospuren und Untertitel anderer Sprachen aber nicht benötigt. Löschen Sie sie, indem Sie den Haken davor entfernen.

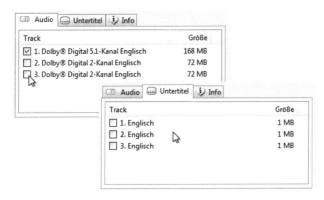

Bild 6.8: Entfernen Sie unerwünschte Tonspuren und Untertitel.

4 Achten Sie unbedingt darauf, dass unten rechts wieder die Option *An Ziel anpassen* aktiviert ist und als Ziel die richtige Rohlinggröße ausgewählt wurde. Dann stellt Recode die Komprimierung automatisch passend ein.

5 Mit der Schaltfläche *Weiter* gelangen Sie zum Brennfenster. Wie in Nero Recode üblich, haben Sie als Ziel für die Kopie die Wahl zwischen Ihrem DVD-Brenner und einem Verzeichnis auf der Festplatte.

Schalten Sie *Burn-at-once* ab. Aktivieren Sie in jedem Fall die Optionen *Erweiterte Analyse* und *High-Quality-Modus,* damit der Film besonders genau analysiert und optimal recodiert wird.

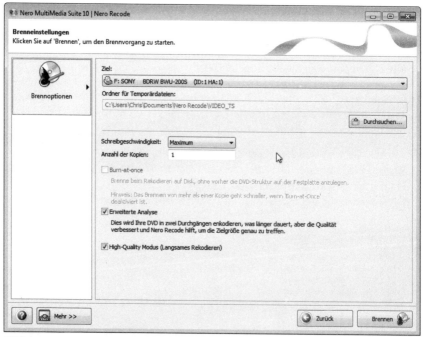

Bild 6.9: Die Brennoptionen für den Film festlegen.

6 Mit der Schaltfläche *Brennen* wird Nero nun den Film neu recodieren, sodass er auf den Rohling passt. Anschließend wird er direkt gebrannt. Die fertige DVD lässt sich sofort verwenden.

Eine DVD neu zusammenstellen
Nero Recode bietet über das Symbol *DVD zusammenstellen* auch die Möglichkeit, von mehreren DVDs Teile zu entnehmen und damit eine ganz neue DVD zusammenzustellen. Wählen Sie diese Option aus, läuft alles wie in dieser Anleitung beschrieben ab. Der Unterschied besteht nur darin, dass Sie die Inhalte von mehreren DVDs oder Festplattenordnern nacheinander importieren können. Auch das Wechseln der DVD ist kein Problem.

6.3   DVDs, Filme und HDTV in Nero Digital konvertieren

Mit Nero Recode haben Sie die Möglichkeit, sämtliche Filme und DVDs in das moderne Videoformat Nero Digital (MPEG-4-AVC) zu konvertieren. Immerhin geht der Trend ganz klar zur vollständig digitalen Filmsammlung. Haben Sie Ihren Computer an den Fernseher angeschlossen, spielen Sie alle Filme aus Ihrer Sammlung ganz ohne umständlichen Disc-Wechsel ab. Besitzen Sie eine Playstation 3 oder Xbox 360, kopieren Sie Ihre Filmdateien einfach auf diese Geräte und genießen Ihre Videos ohne Computer. Auch viele tragbare Geräte wie Apple iPod oder Sony PSP verarbeiten solche Filmdateien problemlos und bieten damit völlig ortsunabhängigen Videospaß.

Start – DVDs und Filmdateien importieren

Als Erstes müssen Sie Ihre DVDs oder Filmdateien in Nero Recode importieren. Es spielt dabei keine Rolle, welche Art von Quelle Sie umwandeln wollen. Sie dürfen auch beide Arten miteinander mischen und für jeden Film die Einstellungen getrennt vornehmen.

1 Rufen Sie Nero Recode aus dem Startmenü von Windows auf. Im Hauptfenster wählen Sie die Option *DVDs und Videos zu Nero Digital rekodieren.*

2 Die Option *Hauptfilm zu Nero Digital rekodieren* bietet absolut identische Funktionen, allerdings wird dann nur der Hauptfilm einer DVD recodiert, und es können keine auf der Festplatte gespeicherten Videodateien importiert werden. Das ergibt vor allem dann keinen Sinn, wenn Sie mehrere Inhalte in einem Rutsch recodieren möchten.

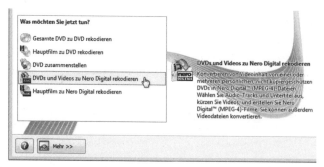

Bild 6.10:
Recodieren Sie
Filme einfach in
Nero Digital.

③ Im Bearbeitungsfenster klicken Sie auf die Schaltfläche *Dateien importieren*. Dadurch öffnet sich ein Importfenster. Wählen Sie hier die DVD-Disc im Laufwerk aus, ein Abbild einer DVD auf der Festplatte oder beliebige Filmdateien auf Ihrer Festplatte.

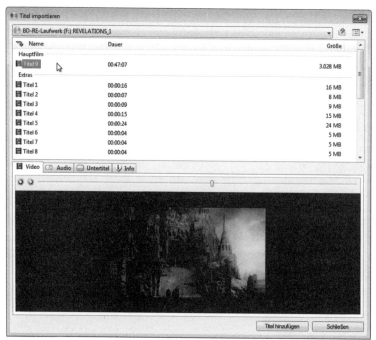

Bild 6.11: Den Hauptfilm oder Dateien importieren.

Das Zielformat festlegen

Zurück im Bearbeitungsfenster, werden Ihnen alle importierten DVDs und Filmdateien in einer Liste angezeigt. Nun legen Sie die Einstellungen für jeden Film einzeln fest. Hierzu muss nur der jeweilige Film mit einem Klick ausgewählt werden, und schon lassen sich die Einstellungen im unteren Bereich vornehmen.

❶ Meist vergibt Nero hier eher kryptische Namen. Klicken Sie auf einen Titel und drücken Sie die Taste [F2], um dem Film einen vernünftigen Namen zu geben. Das ist wichtig, weil hinterher so auch die fertige Filmdatei benannt wird.

❷ Als Nächstes sollten Sie das Zielformat für die Dateien angeben. Wählen Sie hierfür auf der rechten Seite die Kategorie *Nero Digital* und anschließend das Profil *Nero Digital AVC*. Das sind die allgemeinen Voreinstellungen für verschiedene Filme und Geräte. Sie können aber auch eines der anderen Profile auswählen.

Möchten Sie Dateien speziell für die Playstation konvertieren, wählen Sie zunächst die Kategorie *Sony* und anschließend *PSP* oder *PS3* aus.

Sollen die Dateien auf iPod oder iPhone abgespielt werden, wählen Sie die Kategorie *Apple iPod* und dann das Profil *iPod/iPhone*.

Bild 6.12: Das Profil *Nero Digital AVC* ist meist die beste Wahl.

❸ Direkt darunter legen Sie die Qualität der Verarbeitung fest.

Wählen Sie *Hohe Qualität*, analysiert Nero den Film besonders genau, aber die Verarbeitungszeit erhöht sich, weil pro Film zwei Durchgänge ausgeführt werden.

Wählen Sie die Option *Schnell,* entfällt dieser zusätzliche Durchgang. Das geht deutlich schneller, und Sie erhalten eine gute, aber nicht optimale Qualität.

Achten Sie darauf, dass im unteren Bereich das Kontrollkästchen *An Ziel anpassen* diesmal deaktiviert ist. Immerhin sind die Dateien für die Festplatte gedacht und müssen an keine DVD-Größe angepasst werden.

❹ Besonders wichtig ist jetzt die Bitrate. Diese stellen Sie mit dem Schieberegler neben jedem Film individuell ein. Je höher sie ist, desto mehr Daten stehen für den Film zur Verfügung, und umso besser ist die Bildqualität. Im Gegenzug verschlechtert eine geringe Bitrate die Bildqualität, aber die Dateien werden kleiner.

Wählen Sie für DVDs eine Bitrate von 1,0 bis 3,0 Mbps.

Für HD-Material sollte die Bitrate zwischen 3,5 und 10 Mbps liegen.

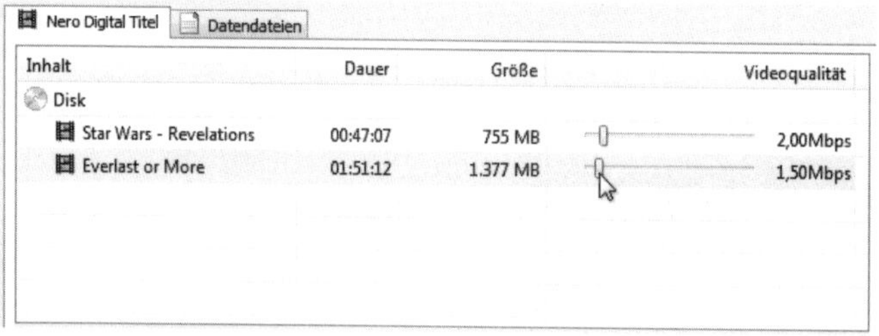

Bild 6.13: Die Bitrate für jeden Film festlegen.

Die Einstellungen für das Bild vornehmen

Jetzt kommt das Wichtigste, nämlich die Konfiguration des Bilds. Hierbei können Sie für jeden Film eine eigene Einstellung verwenden, was bei sehr unterschiedlichen Quellen auch unbedingt notwendig ist. So benötigt z. B. ein DVD-Film völlig andere Einstellungen als ein Film in Full-HD.

❶ Markieren Sie in der oberen Liste den gewünschten Film und wechseln Sie im unteren Bereich in das Register *Video.* Klicken Sie hier auf die Schaltfläche *Einstellungen.* Es öffnet sich ein neues Fenster mit diversen Registern.

❷ **Deinterlace** – Falls die DVD oder der Film mit Zeilensprung aufgenommen wurde, wird dieser entfernt, um eine bessere Bildqualität zu erzielen. Belassen Sie die Einstellung auf *Automatisch.*

③ **Bildfrequenz** – Lassen Sie die Option auf *Automatisch* stehen, damit Recode die Bildrate des Originalfilms übernimmt. Aktivieren Sie zusätzlich *Motion-Adaptive* für eine bessere Bewegungsanalyse. Das bringt vor allem bei schnellen Bewegungen optische Vorteile, z. B. bei Actionfilmen.

④ **Bildränder** – Viele Filme haben rundherum schwarze Streifen. Mit der Option *Automatisch* schneidet Recode sie weg.

Beachten Sie vor allem bei DVDs, dass diese dann nicht mehr dem PAL-Standard entsprechen, weil sich eine andere Höhe und Breite ergibt. Möchten Sie das volle Bild der DVD erhalten, wählen Sie die Option *Deaktivieren*.

Sind am Rand hingegen störende Objekte, z. B. Logos oder Einblendungen, lassen sich diese mit der Option *Benutzerschnitt* manuell wegschneiden.

Besonders bei HDTV-Inhalten mit 1.280 x 720 (720p) oder 1.920 x 1.080 (1080p) Punkten sollten Sie vom Bildbeschnitt absehen. Viele Player mögen es nicht, wenn HD-Inhalte nicht dem Standard entsprechen.

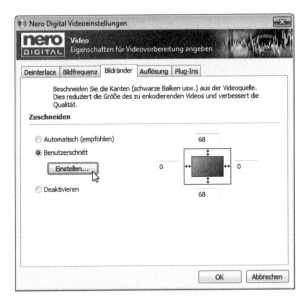

Bild 6.14: Das Original beibehalten oder beschneiden?

⑤ **Auflösung** – Hier geben Sie die Größe des fertigen Films in Pixeln an. Per Standard übernimmt Recode die Auflösung der Original-DVD bzw. -Datei.

Haben Sie Recode angewiesen, die schwarzen Streifen wegzuschneiden, wird die neue Auflösung des Films angezeigt.

Wenn Sie bei DVDs den Beschnitt deaktiviert haben, wird hier die PAL-Auflösung (720 x 576) bzw. NTSC-Auflösung (720 x 480) angezeigt.

Bei Filmdateien wird ebenfalls die Originalgröße abzüglich eines möglichen Beschnitts angezeigt.

Sie können die Auflösung auch manuell verändern, z. B. wenn Sie einen Film verkleinern oder vergrößern möchten. Das ist notwendig, damit er z. B. auf einem mobilen Player wie dem iPod oder der Playstation Portable abgespielt werden kann.

Bei Videodateien, die überhaupt keinem TV-Standard entsprechen, können Sie auch die Option *Quadratische Pixel/Letterboxing* aktivieren. Dann erhält der Film oben und unten schwarze Streifen, sodass er exakt dem TV-Standard entspricht. Verwenden Sie diese Option aber nicht bei DVDs oder Filmen im 16:9-Format (anamorphe Speicherung).

Bild 6.15: Die Auflösung des Films anpassen.

6 Plug-Ins – In diesem Register lassen sich zusätzliche Filter aktivieren, z. B. zum Entrauschen alter Filme oder um die Farben aufzubessern. Das klingt gut, aber in der Praxis werden Sie das niemals benötigen.

Den richtigen Ton konfigurieren

Jetzt müssen Sie sich noch um den Ton in Ihren Filmdateien kümmern. Recode kann fast alle Audioformate von Filmen importieren und in das richtige Format für MPEG-4-AVC bringen. Hier ist AAC (Advanced Audio Codec) als Standard vorgeschrieben. Damit entspricht der Film dem Standard und kann mit allen kompatiblen Playern abgespielt werden.

1 Gehen Sie unten in das Register *Audio #1*, um die richtige Tonspur für den Film anzugeben.

Haben Sie eine DVD importiert, besitzt diese meist mehrere Audiospuren. Wählen Sie aus der Liste die gewünschte Audiospur aus. In den meisten Fällen wird das sicherlich die deutsche Dolby-Digital-Spur sein.

Im Register *Audio #2* können Sie eine zweite Tonspur speichern, z. B. das englische Original. Hier ist aber Vorsicht geboten, denn nicht alle Player können damit umgehen.

Bild 6.16: Die Tonspur für den Film auswählen.

2 Direkt darunter wählen Sie das Zielformat für den Ton. Der offizielle Standard für alle MP4-Filme ist *AAC* (Advanced Audio Codec) und wird immer automatisch ausgewählt.

Recode kann auch die Original-Dolby-Digital-Spur übernehmen und unverändert in den Film kopieren. Obwohl Dolby-Digital inzwischen ebenfalls zum MPEG-4-Standard gehört, können viele Player damit nicht umgehen.

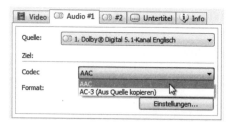

Bild 6.17: *AAC* ist das richtige Tonformat für MPEG-4-Videos.

③ Klicken Sie jetzt im Register *Audio* auf die Schaltfläche *Einstellungen*. Hier geben Sie an, wie der Ton gespeichert werden soll. Mit der Option *Automatisch* legt Recode das selbst fest, mit *Benutzerdefiniert* wählen Sie Ihre eigenen Einstellungen aus.

Nero macht aus Filmen im Dolby-Digital-Format automatisch eine AAC-Spur mit 5.1. Leider kann damit so gut wie kein Player umgehen, deshalb sollten Sie besser die Option *Stereo* bei *Kanäle* auswählen.

Wählen Sie unter *Mode* immer *Geringe Komplexität*, um Standard-AAC-Ton zu erhalten.

Die Abtastrate für alle DVDs liegt bei *48.000 Hz* und sollte daher nicht geändert werden. Auch für Filmdateien ist dieser Wert gut geeignet.

Als *Bitrate* wählen Sie für Stereo *128* oder *192 kbit/s*. Bei 5.1-Ton bietet sich eine Bitrate von *192* bis *320 kbit/s* an.

Fast alle DVDs sind viel zu leise aufgenommen. Deshalb lässt sich im unteren Bereich die Lautstärke erhöhen.

Mit *OK* bestätigen Sie die Einstellungen und gelangen in das Bearbeitungsfenster zurück.

Bild 6.18:
Die Audiocodierung genau einstellen.

 Untertitel einfügen
Viele DVDs besitzen Untertitel, z. B. für den Originalton oder für zusätzliche Kommentare. Im Register *Untertitel* bietet Ihnen Nero Recode die Möglichkeit, die Untertitel mit in die MPEG-4-Datei zu kopieren. Das klingt zwar gut, sollte aber mit großer Vorsicht verwendet werden. Das ist eine Nero-Spezialität, mit der kaum ein Software- oder Hardware-Player umgehen kann. Im besten Fall werden die Untertitel ignoriert, im schlimmsten Fall wird die Datei als ungültig erkannt. Die Verwendung ist also wenig sinnvoll.

Endspurt – den Film recodieren lassen

Endlich sind alle wichtigen Einstellungen für Ihren Film vorgenommen. Jetzt geht es fast mit der Recodierung los. Vorher müssen Sie aber noch ein paar Grundeinstellungen für die Verarbeitung des Films vornehmen. Beachten Sie hierbei, dass Sie alle folgenden Einstellungen für jeden Film in Ihrer Liste einzeln durchführen müssen. Das mag etwas aufwendig erscheinen, dafür können Sie aber jeden Film mit individuellen Einstellungen encodieren lassen.

❶ Markieren Sie den gewünschten Film in der Liste und gehen Sie noch einmal in das Register *Video*. Diesmal klicken Sie auf die Schaltfläche *Encodierer*. Die meisten Einstellungen sind völlig in Ordnung und müssen nicht geändert werden. Verändern Sie hier nur etwas, wenn Sie sich sehr gut auskennen, sonst entstehen fehlerhafte Dateien.

Wählen Sie links die Option *Allgemeine Einstellungen*. Jetzt sehen Sie einen Schieberegler für die Qualität der Recodierung. Per Standard ist ein guter Mittelwert eingestellt.

Möchten Sie Filme mit optimaler Qualität erstellen, ziehen Sie den Regler ganz nach rechts. Achtung, das Erzeugen des Films dauert nun deutlich länger.

Möchten Sie den Film möglichst schnell fertigstellen und legen keinen großen Wert auf optimale Qualität, ziehen Sie den Regler nach links.

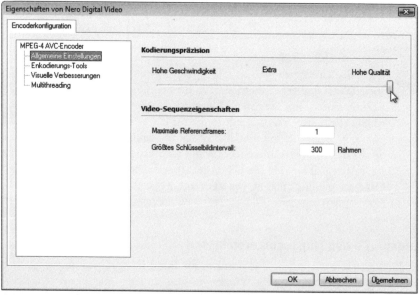

Bild 6.19: Schnelle Ergebnisse oder beste Qualität?

❷ Nun wählen Sie links die Option *Enkodierungs-Tools*. Wichtig ist hier die Funktion *Deblocking*. Digitale Videos neigen manchmal dazu, unschöne Klötzchen im Bild zu zeigen – vor allem wenn die Bitrate sehr gering gewählt wurde. Auch schlechtes Ausgangsmaterial führt ganz oft zu diesen Fehlern.

Per Standard wählt Recode die Einstellung »minus zwei« (-2). Diese ist für sehr gutes Ausgangsmaterial geeignet. Das Bild ist scharf und zeigt alle Details.

Ist der Film schon etwas älter, unscharf oder rauscht recht stark, sollten Sie den Wert »minus eins« (-1) wählen. Recode korrigiert das Bild, sodass keine Bildfehler entstehen. Allerdings kann es etwas weicher wirken.

Bei sehr schlechtem Ausgangsmaterial, z. B. wenn die Originalfilmdatei bereits viele Klötzchen enthält, wählen Sie den Wert »null« (0) oder sogar »plus eins« (+1). Dann entfernt Recode die ganzen Bildfehler, und die Qualität steigt. Im Gegenzug wird das Bild aber deutlich weicher. Die Schärfe sinkt, und feine Details sind nicht mehr so deutlich zu erkennen.

Im Abschnitt *Visuelle Verbesserungen* können Sie zwei sogenannte *Psychovisuelle Verbesserungen* aktivieren. Dadurch konzentriert sich Nero Recode vor allem auf optimale Qualität in der Bildmitte und komprimiert an den Rändern etwas stärker. Das entspricht der Sehgewohnheit der meisten Menschen. Ob Sie das einstellen sollten, ist reine Geschmackssache. Für eine optimale Qualität im gesamten Bild sollten Sie es besser abschalten.

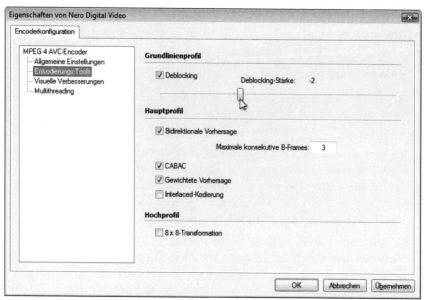

Bild 6.20: Deblocking gegen Bildfehler und Klötzchen.

③ Zurück im Hauptfenster, müssen Sie jetzt die Schaltfläche *Weiter* anklicken, um zum letzten Schritt zu gelangen.

Geben Sie das Ziel für die neuen Filmdateien an. Natürlich wählen Sie hier Ihre Festplatte aus. Darunter geben Sie noch ein Speicherverzeichnis an.

Mit der Schaltfläche *Brennen* beginnt die Recodierung.

Dieser Vorgang nimmt nun ziemlich viel Zeit in Anspruch. Das hängt sowohl von der Rechengeschwindigkeit Ihres Computers als auch von der Länge des Films ab. Für einen kompletten Spielfilm in höchster Qualität sind ein paar Stunden leider keine Seltenheit.

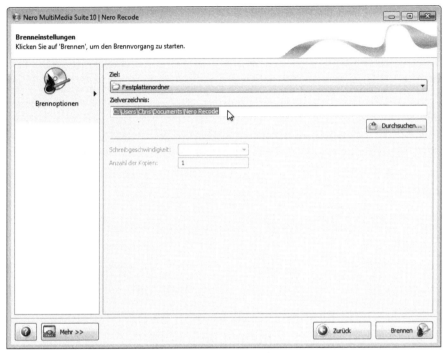

Bild 6.21: Den Speicherort für den fertigen Film angeben.

6.4 Die richtige Bitrate für Ihre Filme

Beim Recodieren bestimmt vor allem die gewählte Bitrate die Bildqualität. Damit
Sie immer genau wissen, welche Bitrate zu Ihrem Film passt, zeigt die folgende
Tabelle die wichtigsten Werte an.

Quelle	Auflösung	Bitrate (min)	Bitrate (max)
DVD (PAL)	720 x 576	1,0 Mbps	3,0 Mbps
HD-ready (720p)	1.280 x 720	3,5 Mbps	8,0 Mbps
Full-HD (1080p)	1.920 x 1.080	5,0 Mbps	10,0 Mbps
Blu-ray (1080p)	1.920 x 1.080	5,0 Mbps	15,0 Mbps

Hierbei entscheiden natürlich auch der persönliche Geschmack und der Anspruch an die Bildqualität. Trotzdem sollten Sie die minimalen Bitraten nicht unterschreiten. Sie sind jeweils schon sehr niedrig gewählt, und die Bildqualität leidet bereits deutlich. Im Gegenzug ergibt eine höhere Bitrate als die maximal angegebene aber auch keinen Sinn, weil die Bildqualität sich dadurch nicht weiter verbessert.

Recodieren Sie Dateien z. B. aus dem Internet oder aus einem selbst erstellten Film, sollten Sie sie entsprechend ihrer Bildauflösung einer der vier Gruppen zuordnen. Bei sehr ungewöhnlichen Auflösungen wählen Sie die nächsthöhere Gruppe oder legen einfach eine eigene Bitrate fest, die irgendwo dazwischenliegt.

Ganz ähnlich sieht es mit den Bitraten für die Tonspuren aus. Folgende Werte sollten Sie zur Orientierung verwenden:

Kanäle	Bitrate (min)	Bitrate (max)
1 - Mono	64 kbit/s	128 kbit/s
2 - Stereo	96 kbit/s	192 kbit/s
5.1 - Surround	192 kbit/s	320 kbit/s

Hierbei stellen die Minimalwerte jeweils eine noch akzeptable Tonqualität dar, die Maximalwerte die optimale Qualität. Es wird von einer Codierung in AAC-LC (*Geringe Komplexität*) mit einer Abtastrate von 48.000 Hz ausgegangen.

MPEG-4-AVC und AAC sind variabel
Bei den Bitraten für Bild und Ton handelt es sich jeweils um Durchschnittswerte. Nero Recode passt die Datenrate für jede Szene neu an. Ist sehr viel Action im Bild, steigt die Datenrate schon mal auf 30 Mbps an, dafür geht sie bei ruhigen Bildern auf unter 1 Mbps herunter. Beim Ton passt Recode sie genauso an. Das spart sehr viel Platz, und jede Szene erhält genau so viele Daten, wie für eine optimale Bildqualität notwendig sind.

S Stichwortverzeichnis

Moderne Schmuckstücke mit Extravaganz und dem brillanten Etwas: Das ist das Markenzeichen der **Goldschmiedin Carolin Malirsch Trucker.** Mit diesem brillanten Etwas hebt sie die Persönlichkeit derer stilvoll hervor, die ihren Schmuck tragen.

Ihr Credo: „Schmuck soll an einem Menschen ganz selbstverständlich wirken, das darf nicht aufgesetzt sein." Egal ob in Gold, Silber oder Platin - mit den farbenreichen und edlen Kreationen aus der Werkstatt von Carolin Malirsch Trucker liegen Sie modisch brillant am Herzschlag der Zeit.

Mit künstlerischem Auge durchstreift sie fremdeste Kulturen – immer auf der Suche nach Materialien, Farben, stilistischen Kompositionen. In ihrer Goldschmiede in Mondsee verwandelt sie das Mitgenommene zu Kollektionen, die verzaubern.

Der direkte Weg zu Ihrem funkelnden Schmuckerlebnis:
A-5310 Mondsee, Rainerstrasse 1, Tel: +43 6232 36595
www.goldschmiede-malirsch.at ; info@goldschmiede-malirsch.at

Der mc auf einen Blick.

Der management club ist mit österreichweit rund 3.000 Mitgliedern die Schnittstelle zwischen Wirtschaft und Politik. Wir verstehen uns als offene Plattform für politisch interessierte Führungskräfte. Wir wollen Österreich als attraktiven Wirtschaftsstandort und als lebenswertes Land mitgestalten. Wir möchten Sie einladen, sich aktiv einzubringen und mitzudiskutieren!

mc als **Schnittstelle** – zwischen Wirtschaft und Politik.
mc als **Vernetzer** – zwischen Menschen aus dem Management mit Menschen aus der Politik und Forschung.
mc als **Sprungbrett für jedes Mitglied** – Gespräche mit Top-Führungskräften und spannende Insider-Einblicke.

www.managementclub.at

Think Tank

Markt- und Meinungsforschung
Kundenbefragungen
Agentur für Testkäufe
Angewandte Tourismusforschung
Recherchen, Expertisen, Dossiers
Marktkommunikation # Trend-Scouting

Verkehr: Fahrgastbefragungen,
Frequenzanalysen, Mysteryshopping

A-5082 Grödig/Salzburg
Web: www.marktforschung.co.at
www.mysteryshopping.co.at
E-Mail: office@marktforschung.co.at

Über Politische Kultur in Österreich

Alfred Kyrer, Michael Alexander Populorum (Hrsg.)

Über Politische Kultur in Österreich oder:
Die Eier legende Wollmilchsau

Interregio Verlag Salzburg - Bergheim 2015

Umschlaggestaltung „Die Eier legende Wollmilchsau":

Rudi Harringer, Lienz
Hannes Auer, Salzburg

ISBN 978-3-85198-002-8

1. Auflage 2015

Bestellungen:
Interregio Verlag
Bräumühlweg 35
A-5101 Salzburg-Bergheim
e-mail: Alfred.Kyrer@gmail.com

Druck und Bindung: Offset 5020, www.offset5020.at

Vorwort

Die „Eier legende Wollmilchsau" – ein politisches Fabeltier

...

Das Fabeltier, das immer wieder in politischen Debatten auftaucht, wird von folgenden Illusionen genährt:

Illusion 1: Die wirtschaftlichen Ressourcen, über die Politiker laufend Entscheidungen treffen, sind unbeschränkt verfügbar, also nicht knapp.

Illusion 2: Da die wirtschaftlichen Ressourcen nicht knapp sind, ist auch kein Denken in Alternativen notwendig.

Illusion 3: Menschen können in der Politik tätig sein, ohne das politische Handwerk von Grund auf gelernt zu haben.

Illusion 4: Die Wirtschaft ist für die Politik eine Melkkuh.

Illusion 5: Die für die Wirtschaft wichtigen gesamtwirtschaftlichen Rahmenbedingungen (Neue Verfassung, Neuer Finanzausgleich, etc) brauchen nicht geändert zu werden.

Illusion 6: Mit den politischen Entscheidungen sind keine Nebenwirkungen verbunden.

Illusion 7: Sollten dennoch negative Nebenwirkungen auftreten, so werden diese von den Bürgern sowieso nur teilweise oder überhaupt nicht wahrgenommen.

Politik entwickelt sich in Österreich – über weite Strecken – immer mehr zu einer *permanenten PR-Kampagne*. Dass die *politische Kultur* unter diesem Trend leidet, liegt auf der Hand. Die Grenzen zwischen *realer Welt und virtueller politischer Cyberwelt* verschwimmen immer mehr...

Dazu tragen die PR-Agenturen der Parteien in nicht geringem Maße bei. Sie versuchen ständig, die Parteien einem „face lifting" zu unter-

ziehen, unangenehme Ereignisse umzudeuten und Entwicklungen schönzureden.

Wirtschaftspolitik ist im Kern eine *Technik der Konfliktlösung*, da mit jeder Entscheidung knappe wirtschaftliche Ressourcen in Anspruch genommen und umverteilt werden. Da aber die zur Verfügung stehenden Ressourcen immer knapper werden, wächst zugleich der Druck auf die Politik und erfordert eine *sorgfältige Projektauswahl und Projektüberprüfung*.

Statt der erhöhten Komplexität mit *verbesserten Analysemethoden und innovativen Lösungsansätzen* zu begegnen, hat man in der Politik schon vor Jahren „das Handtuch geworfen" und flüchtet in einen *Pragmatismus*, der sich durch punktuelle, kurzfristige und kurzsichtige Maßnahmen auszeichnet. Es wird nicht mehr *agiert*, sondern nur mehr *reagiert*, wenn akuter Handlungsbedarf in einem bestimmten Problembereich besteht, etwa wenn der *Druck in den Medien* zu groß wird.

Und, was noch schlimmer ist: Die österreichische Wirtschaftspolitik entpuppt sich – bei näherer Analyse – als eine Summe von *Insellösungen*. Die zwischen den einzelnen regionalen Politikfeldern bestehenden *gegenseitigen Abhängigkeiten* werden ignoriert bzw. vernachlässigt.

Zum Aufbau des Buches: Jedes „Baustellenkapitel" beinhaltet eine Beschreibung der Ausgangslage, schildert eventuell getätigte bisherige Bauarbeiten und formuliert darauf aufbauend Empfehlungen für die Politik in Form einer abzuarbeitenden „To do-Liste". Jeder Baustelle ist ein dazu passender Cartoon mit politischen Werkzeugen (z.B. Gießkanne, Rasenmäher, Lautsprecher, Feuerlöscher, etc.) vorangestellt, der sofort die Kernaussage der jeweiligen Baustelle andeutet und auf die Inhalte neugierig machen soll.

Welche Inhalte tatsächlich umgesetzt werden, soll erstmals 2015 überprüft und einer interessierten Öffentlichkeit kommuniziert werden. Dieses Buch ist die Basis für das *Projekt Policy Watch 2015*.

4

Wir erleben derzeit einen *Boom an Büchern satirischen Inhalts,* die Printmedien sind voll mit *Cartoons* und das *Kabarett* blüht wieder auf. Sogar ein *Cartoon-Museum,* in Krems, konnte sich etablieren. Dies alles ist kein Zufall. Es signalisiert den *wachsenden Frust der Basis* über die schlechte Politik, die in Österreich derzeit gemacht wird.

Mit dem vorliegenden Buch wird versucht, dem *ernsten Thema* eine *humorvolle Seite* abzugewinnen. Als „gelernte Österreicher" glauben wir, dass man mit *Humor* mehr bewirken kann als mit Panikmache und unangemessener Erregtheit. Mit Humor kann man Gedanken verdichten, sie auf den wesentlichen Punkt bringen. Humor schafft Distanz zu politischen Wiederholungszwängen und erweitert damit die innere und äußere Handlungsfreiheit.

Dieses Buch erscheint in einer wirtschaftlich und politisch turbulenten Zeit. Konnte sich unser Land in den 1990er Jahren auf Best Practice Beispiele (Benchmarks) aus anderen OECD-Ländern stützen, so hat sich die politische und wirtschaftliche Lage im Ausland so verschlechtert, dass wir nun gezwungen sind, unsere Volkswirtschaft aus eigenen Kräften selbst neu zu gestalten.

An dieser Stelle soll allen gedankt werden, die zur Entstehung dieses Buches wesentlich beigetragen haben. Unser Dank gilt in erster Linie den Autoren, die nicht nur hervorragende Beiträge geliefert haben, sondern auch viel Geduld bewiesen haben, da sich die Publikation um geraume Zeit verzögert hat. Doch stellt sich nun heraus, dass wir im Spätherbst 2014 den *richtigen Zeitpunkt* erwischt haben, zumal sich ein Zeitfenster für die Politik aufgetan hat, mit der Chance, endlich längst anstehende Reformen in Angriff zu nehmen.

Darüberhinaus möchten wir uns bei einer Reihe von Personen bedanken, die an unserem Buch mitgewirkt haben. Zunächst sei Franz Promock gedankt, der in einer kritischen Phase unser Projekt kurzzeitig betreut hat.

5

Ferner haben eine Reihe von Personen am Projekt „*Eier legende Wollmilchsau*" mitgewirkt. Rudi Harringer, freischaffender Maler aus Lienz, hat in Form eines Gemäldes unsere „Sau" entworfen, Hannes Auer hat das Cover des Buches graphisch gestaltet. Nicole Lettner, Alex und Daniela Moser haben bei der Gestaltung der Abbildungen mitgewirkt. Professor Florian Köhnlein hat die Karikaturen gezeichnet, die jede Baustelle einleiten. Den Genannten sei an dieser Stelle herzlich gedankt.

Last but not least geht unser Dank an Gerald und Christian Watzal von Offset 5020, die uns bei der Herausgabe des Buches maßgeblich unterstützt haben.

Wir widmen dieses Buch all jenen Österreicherinnen und Österreichern, die darunter leiden, dass seit vielen Jahren notwendige Reformen angekündigt, aber nicht umgesetzt wurden. Wir hoffen, dass dieses Buch einen Anstoß zur *politischen Erneuerung Österreichs* gibt.

Salzburg, am Nationalfeiertag, dem 26. Oktober 2014

Inhaltsverzeichnis

Vorwort

7

8

12 politische Baustellen
in Österreich

13 Cartoons und ein Essay über
den Beruf des Politikers

sowie

über 100 Empfehlungen für
lernfähige und
handlungswillige Politiker

Der Handbohrer

Politik als Beruf in Österreich oder: Wie hart dürfen die Bretter von Max Weber für österreichische Politiker denn sein?

Manfried Welan, Wien

A. Ausgangslage 2014

Die Welt als Ganzes ist unvorhersagbar und instabil geworden. Die komplizierte Ungewissheit erzeugt das Bedürfnis nach Einfachheit. "Sicherheit ist nirgends!" heißt es im "Paracelsus" von Arthur Schnitzler. Aber wir suchen sie noch immer überall. Auch in der Politik.

Negativszenarien prägen die öffentliche Diskussion. Die Politisierungen des Privaten und die Privatisierung der Politik dominieren. Information durch Rudeljournalismus erzeugt eine Politik der Gefühle. Mitten in der politischen Spektakel- und Konfettiarena erschallt der Ruf nach „political correctness". Die Emotionalisierung der Debatten lassen an der Möglichkeit rationalen Diskurses in der Öffentlichkeit zweifeln und verzweifeln. Dabei wären sachbezogene, realitätsnahe und vernünftige Diskussionen notwendig. Diskussionen finden zu oft a la Pawlow statt. Vorurteile reagieren auf Vorurteile. Monologe folgen Monologe. Es fehlt an einer demokratischen Streit- und Diskussionskultur.

Von einer verunsicherten und unwissenden Bevölkerung und der ritualisierten Alltagspolitik der Parteien und Verbände darf man nicht Großes erwarten. Das gilt auch für die noch kurzfristiger arbeitenden Massenmedien. Die Wissenschaft wieder agiert zu oft im eigenen Sperrkreis und widmet sich zuwenig praktischen politischen Fragen. Sie muss sich erst als Teil der demokratischen Republik entwickeln und Fragen stellen und Antworten geben. Die Verfassungsorgane arbeiten die Staatsroutinearbeit ab und führen selten große Diskussionen und Debatten über lang angestaute Strukturprobleme.

13

Die Bürokratie ist zwar die größte intellektuelle Reserve, aber der öffentliche Dienst ist zu sehr mit seinen eigenen Interessen beschäftigt, um mehr als die absolut notwendige Expertise für die Staatsführung zu leisten. Der öffentliche Dienst hat noch nicht die Öffentlichkeit entdeckt und umgekehrt. Die intellektuelle Reservearmee muss öffentliche Diskussionen in Bewegung setzen und halten.

Zur Frage unserer Zukunft gehört auch die Frage nach dem Staat der Zukunft, doch diese Diskussion findet nicht statt. Diskussionen über eine grundlegende Staatsreform beginnen meist mit massiver Staatskritik und brechen spätestens nach 18 Monaten – wie beim Reformkonvent – urplötzlich ab. Und man wendet sich dem nächsten politischen Thema zu, um es nach geraumer Zeit, ebenso abzubrechen.

Strukturreformen werden nicht organisatorisch, systematisch und konsequent verhandelt und beraten. Staats-, Verwaltungs- und Politikverdrossenheit haben in Österreich nicht nur Tradition, sie bewirken manchmal schon eine *Zukunftsdeformation*.

Der Staat ist durch seinen Umfang unübersichtlich geworden und durch die gesellschaftliche Vielfalt fast unregierbar geworden. Aber er ist - trotz allem - praktisch unersetzbar und in vieler Hinsicht unverzichtbar.

Was den Problemstau betrifft, so hat man oft den Eindruck: Alles steht! Was die diskutierten Veränderungen betrifft, so hat man oft den Eindruck: Alles fließt - und zwar beschleunigter denn je! Generell überwiegt aber der Eindruck der Unbeweglichkeit. Seit Beginn des Jahres 2012 wird alle verfügbare politische Energie für *Nebenschauplätze* verwendet: Parteienfinanzierung, Aufdeckung von Betrug und Korruption bei politischen Entscheidungen in den letzten zehn Jahren.

B. Max Weber über den Beruf des Politikers

Die erste Fassung der berühmten Rede von Max Weber über Merkmale und Eigenschaften von Politikern entstand 1919 in Wien. Sie wurde von einem Stenografen anläßlich eines Vortrages von Max Weber an der Universität Wien aufgezeichnet.

In seiner oft zitierten, aber – im Original – wenig gelesenen Abhandlung „Politik als Beruf" heißt es:[1] „Die Politik bedeutet ein starkes langsames Bohren von harten Brettern mit Leidenschaft und Augenmaß zugleich.".

Max Weber nennt dort einen ganz trivialen, allzu menschlichen Feind, den der Politiker täglich und stündlich zu überwinden habe: *erstens*, die *Eitelkeit*, worauf schon Bismarck aufmerksam gemacht tat und *zweitens* das Streben nach *Macht*. Diese ist zwar notwendig, um bestimmte politische Ziele durchzusetzen, die Sünde aber beginnt da, wo dieses Machtstreben nur dazu dient *persönliche private Interessen* zu verfolgen.

Derzeit besteht im Zuge der Verbreitung der Demokratie und der Politisierung derzeit weltweit eine immer grössere Bereitschaft, Politik als Beruf zu wählen. Er bedeutet für viele weltweit nicht nur einen ökonomischen, sondern auch einen sozialen Aufstieg, der sich oft der gesamten Familie oder dem ganzen Clan vermittelt.

Im Verhältnis zu der relativ einfachen Anleitung Max Webers sind die seither geschriebenen Monographien über den Beruf des Politikers zum Teil schwer lesbar. Heute würde Max Weber wahrscheinlich die globale Mittelmäßigkeit und mangelnde Ethik von vielen Politikern kritisieren. Ob er sich mit den Begriffen „Wutbürger" oder „Mutbürger" auseinandersetzen würde, ist zu bezweifeln... Aber alles in allem: Max Webers Anleitungen, wie richtige Politiker beschaffen sein sollten, bleiben unübertroffen.

---

[1] Max Weber, Politik als Beruf, Reclam 8833, Stuttgart, 1992, S. 82

15

Es gibt zwei Arten, aus der Politik seinen Beruf zu machen. Entweder: man lebt „für" die Politik – oder aber: „von" der Politik. Der Gegensatz ist keineswegs ein exklusiver. In aller Regel vielmehr tut man, mindestens ideell, meist aber auch materiell, beides: wer „für" die Politik lebt, macht im innerlichen Sinne „sein Leben daraus". Er genießt entweder den nackten Besitz der Macht, die er ausübt, oder er speist sein inneres Gleichgewicht und Selbstgefühl au dem Bewusstsein, durch Dienst an einer „Sache" seinem Leben einen Sinn zu verleihen.[2]

C. Und wie funktioniert Politik heute?

Die englischen Ausdrücke *polity* für Institutionen, *politics* für Verhandeln und *policy* für Ziele und Aufgaben werden sehr häufig verwendet, um Politik zu definieren. Ein Politologe fasste sie geschickt in einem Wortspiel zusammen: Politik ist die Verwirklichung von *Policy mit Hilfe von Politics auf der Grundlage von Polity*. Das ist zwar nicht sehr anschaulich, aber bringt die Sache auf den Punkt!

Politik bedeutet jedoch mehr. Sie ist ein Prozess ohne Anfang und Ende, ein vielstimmiges unendliches Gespräch über das „Richtige" und gleichzeitig ein Kampf um die Macht. Politik besteht nicht in der Schaffung völlig neuer Institutionen, sondern im sorgfältigen „sich kümmern" um die bestehenden institutionellen Vorkehrungen eines Gemeinwesens. Es beruht auf einer profunden Kenntnis der Besonderheiten desselben und erstreckt sich auf die Förderung und Weiterentwicklung seines eigenständigen Charakters.

In vielen Ländern kommt die Politik nicht vom Fleck, ist stark im Ankündigen von Reformen, aber schwach im Umsetzen derselben. Politik leidet darunter, dass die Politiker so sehr mit sich selbst, der Bedienung der Medien der Domestizierung der Wähler beschäftigt sind (Versprechungen abgeben, Hände schütteln, Beschwichtigungen aussprechen, Vorbereitungen für den nächsten Wahltermin treffen etc.), dass sie keine Zeit finden für eine Neuausrichtung der Politik

---

[2] MaxWeber, a.a.O. Seite 16

auf die anstehenden Probleme. Zum *Zeitdilemma* kommt das *Informationsdilemma*. Politische Information in den Medien ist meist eine Aneinanderreihung von Fällen und Unterhaltungen.

Politik besteht über weite Strecken nur mehr als „*Instantdemocracy*", in kurzfristig konzipierten punktuellen Eingriffen, so genannten „Schnellschüssen", wenn der „politische Hut" brennt. Sie degeneriert immer mehr zu dem, was Politologen „optische Politik" nennen: Man tut so als würde man ein Land regieren. Die Politik des „Als Ob" in Ankündigungen erinnert an das *Märchen von des Kaisers neuen Kleidern*. Sie wird immer mehr zu einer „personality show". Nach amerikanischem Muster wird vor allem darauf Wert gelegt, *wer* etwas gesagt hat und nicht, *was* eigentlich gesagt wurde. Politische Programme entstehen nicht mehr im Dialog mit der politischen Basis, sondern werden von Marktforschungsinstituten und PR-Agenturen entwickelt.

Und so ist es auch nicht überraschend, dass in allen Ländern Interessengruppen und internationale Großkonzerne als „*Nebenregierungen*" global das Feld beherrschen und die Politik von dieser abhängig machen.

Zum Wesen des Politischen gehört aber gerade, dass keine „Nebenregierungen" geduldet werden und Handlungsspielräume für Bürger, Haushalte, Unternehmen, Interessengruppen, Vereine etc. bestehen. Kurz gesagt: Ohne grundlegende, klare Spielregeln – die sogenannten „Rahmenbedingungen" - gibt es keine stabile Kooperation einer Politik auf Dauer.

Politische Entscheidungen werden in Zeiten wie diesen oft viel zu spät und nur unter ganz bestimmten Bedingungen getroffen, nämlich
• wenn Entscheidungen durch Gutachten von Experten „abgesegnet" werden. („Expertokratie");
• wenn die Printmedien und das Fernsehen diese Entscheidungen mittragen. („Mediokratie");
• wenn die geplanten Maßnahmen beim Volk „ankommen". („Populismus").

Notwendige Reformen, die einen gewissen Schwierigkeitsgrad aufweisen, werden hingegen – vor allem auch aus Angst vor Versagen – auf die „lange Bank" geschoben.

D. Bausteine für eine Neue politische Kultur

1. Diskussions- und Gesprächskultur:
Hier geht es um die Qualität der Kommunikation und den Dialog zwischen den politischen Gruppierungen und wie man mit Konflikten umgeht, und wie im Fernsehen und im Parlament diskutiert wird. Von der Diskussion „à la Pawlow" zur Diskussion „à la Descartes".

Viele haben verlernt, dem anderen einfach zuzuhören! Dazu gehört ferner die Berücksichtigung einer „dissenting opinion". Das ist die Bereitschaft, die Meinung von „Abweichlern" in den eigenen politischen Reihen oder beim politischen Gegner zu respektieren und in den eigenen Programmen einzubauen.

2. Zielkultur und Problembewusstsein:
Hier ist wesentlich, ob die regional, national oder supranational zu verfolgenden Ziele und Probleme rechtzeitig erkannt und benannt werden („Agenda Setting"), ob vorausschauende Perspektiven („Visionen") existieren oder ob nur gehandelt wird, wenn der wirtschaftliche und gesellschaftliche Druck – von außen – stärker wird.

3. Wissenskultur:
Dazu gehört die permanente Überwachung des international verfügbaren Wissensstandes („state of the art"), ansonsten erfinden wir das Rad laufend neu. Wir brauchen dringend ein Wissensmanagement mit abrufbarem „Know-how" und nicht „Know-whom"! Anzustreben wäre auch ein Gleichgewicht zwischen Wissen und Macht auf den verschiedenen Ebenen. Derzeit dominiert noch die Machtausübung.

4. Steuerungskultur:
Wichtig ist in diesem Zusammenhang das Prinzip der anreizkompatiblen Selbststeuerung. Es handelt sich dabei um eine Art von verbessertem Verursacherprinzip und beruht auf zwei Überlegungen:

Erstens kann von niemandem erwartet werden, dass er dauernd gegen seine eigenen Interessen handelt und *zweitens* kann eine Durchsetzung politischer Maßnahmen nur noch mit und nicht gegen die Mitspieler durchgesetzt werden. Nur im letzten Fall sind nämlich die Mitspieler bereit, ihr Wissen und ihre Fähigkeiten in den Dienst der gemeinsamen Sache zu stellen.

5. Öffentlichkeitsarbeit:
Hier sollten die wichtigen nationalen Probleme der Bevölkerung bewusst gemacht werden und die Öffentlichkeit systematisch und laufend darüber informiert werden, was „hinter den politischen Kulissen" läuft. Auch sollte berücksichtigt werden, dass die kurzfristig wirksamen Maßnahmen oft gut vermittelbar sind, *für die langfristig wirksamen Maßnahmen* hingegen nur selten Interesse besteht. Das gilt sowohl für die Politik, die Medien, als auch für die Bevölkerung.

Die mit bestimmten Projekten verbundenen, langfristigen Nachteile werden oft verdrängt bzw. fallen „durch den Rost" und tauchen vielfach erst zu einem späteren Zeitpunkt – etwa, wenn es um die Frage der Finanzierung von Folgeschäden geht – plötzlich wieder auf. Beispiel: Eine Mülldeponie wird plötzlich „schlagend" und niemand weiß, wie man vorgehen soll.

Die Politik braucht nach *Horst Siebert* konsistente politische Optionen, die einerseits die bestehenden Zwänge (z. B. Folgekosten, Opportunitätskosten für kommende Generationen etc.) und andererseits langfristige Aspekte berücksichtigen. Die Massenmedien und die Politik bevorzugen nach Horst Siebert eine *„Ökonomie mit Pril"*. Die komplexe wirtschaftliche Wirklichkeit hätte man gerne in unserer Mediengesellschaft auf einfachste Bilder verkürzt.

6. Entscheidungs- und Koordinationskultur:
Wie politische Entscheidungen vorbereitet werden, wer daran mitwirkt bzw. wie lange es dauert, bis brauchbare Entscheidungsgrundlagen (in Form von „Alternativen" oder „Optionen") vorliegen. Wesentlich ist hier, ob es Masterpläne gibt, mit deren Hilfe die einzelnen Politikfelder aufeinander abgestimmt und koordiniert werden. Hier können *„think tanks"* gute Arbeit leisten.

7. Umsetzungskultur:
Ob und wie Entscheidungen in einem angemessenen Zeitraum implementiert werden. Wieviele und welche Projekte angekündigt werden und wieviel Prozent davon auch verwirklicht werden, d. h. also, ob und inwieweit bloß *Ankündigungspolitik* betrieben wird und wie rasch es gelingt, überholte, erstarrte Strukturen zu erneuern.

8. Kooperationen und Allianzen:
Ob und inwieweit die dominanten gesellschaftlichen Gruppierungen bereit sind, zu kooperieren. Kooperation ist in diesem Zusammenhang als *institutionalisierte Kooperation* zu verstehen, die über hochkomplexe Regelsysteme ermöglicht und stabilisiert wird. Sie findet durch Beachtung, Unterstützung und Weiterentwicklung der Spielregeln statt, die die Zusammenarbeit *zum gegenseitigen Vorteil* nachhaltig fördern.

E. Politik als Beruf in Österreich

Die Demokratie von Gestern hat die Politiker von Heute hervorgebracht. Sie sind diejenigen, die mehr oder weniger für und von der Politik leben. Diese ist schon längst ein Beruf geworden. Die globale Entwicklung zu Millionen von Berufspolitikern, die oft in ihren Ländern zu einer politischen Klasse geworden sind, konnte nicht einmal Max Weber voraussehen.

Politik ist ein *freier* Beruf. Politiker müssen weder Aufnahme – noch Meisterprüfungen ablegen. Von ihnen wird weder eine *Ausbildung* noch eine *Weiterbildung* verlangt. Jeder *nicht vorbestrafte Mensch* hat nach Erreichung eines bestimmten Alters die Möglichkeit, ein Amt in einer Regierung, in einem politischen Vertretungskörper anzunehmen.

Fast kein anderer Beruf hat diese *Offenheit des Zuganges* und die Freiheit von Befähigungs-, Schulungs- und Weiterbildungsnachweisen. Die Freiheit besteht vielfach auch im Zeitraum, in dem man als Politiker tätig ist. Obwohl Demokratie nicht Tätigkeit auf Lebenszeit sein sollte, gibt es doch in Österreich sehr viele *Berufspolitiker,* die

ihre Ämter fast ein Leben lang ausüben. Und die Zahl derer, die überhaupt keinen zivilen Beruf erlernt haben, sondern direkt von der Hochschule in die Politik gegangen sind, ist gar nicht so gering.

Und warum geht jemand in Österreich in die Politik? Die Motive sind vielfältig. Aus Eignung und Neigung wie bei der Wissenschaft? Viele junge Leute wollen einen Beitrag zum Gemeinwohl leisten. Sie wollen dem Gemeinwesen dienen. Meist waren sie schon in jungen Jahren in diesem Sinne tätig, so im schulischen, karitativen, kirchlichen, kulturellen, universitären Bereich, im gemeindlichen Bereich, in Nachwuchsorganisationen von Verbänden und Parteien. Dort lernt man mit Satzungen und Geschäftsordnungen umzugehen, Aufgaben zu übernehmen, Vorsitz zu führen, zu veranlassen. Man war also schon längst politisch tätig, bevor man Politiker wurde. Aber nicht immer werden aus politischen Amateuren professionelle Politiker.

Aber fast alle Profis waren einmal Amateure. Viele Menschen aus bescheidenen Verhältnissen kamen und kommen noch immer aufgrund eines jahrzehntelangen Engagements durch die Partei in besonderen Funktionen. Eine politische Karriere verlangt in Österreich zähes Empordienen, bis man zur ersten „besseren" Position kommt. Man muss in Sektions-, Bezirks-, Orts-, Landesgremien auffallen, den Weg über Funktionen als Personalvertreter, Betriebsrat, Kammerrat, Gemeinderat gehen, um endlich in einen Landtag, in den Bundesrat oder gar in den Nationalrat oder in das Europäische Parlament gewählt zu werden.

F. Persönliche Erfahrungen in der Politik

Was Politik in der Praxis bedeutet, lernte ich in Wien in den Jahren 1982 bis 1991 kennen. Es erstaunte mich, dass es sich tatsächlich genauso abspielte, wie ich es mir als Theoretiker vorgestellt hatte. *Der teilnehmende Beobachter wurde* zum *beobachtenden Teilnehmer.*

Ich empfand mich gleichsam wie ein Dschungelbiologe im Dschungel. Die ungeheure Dominanz der Verwaltung, die Hegemonie der SPÖ, der Bürgermeister als demoautoritärer Monarch, das war in der

Praxis faszinierend, aber auch mühsam als Erfahrung für die ÖVP, die in Opposition war und die ich zu vertreten hatte.

Als Wiener Gemeinderat und Landtagsabgeordneter wurde ich Mitglied zweier Parlamente. Die politische Trennungslinie verlief natürlich nicht zwischen den Vertretungskörpern und der Regierung, sondern innerhalb der Volksvertretung zwischen Regierungspartei und Opposition. Die Sitzordnung im Saal galt offenbar auch im Buffet, denn man saß, aß und trank getrennt "nach Fraktionen".

Wir wurden intern mit Kollege bzw. Kollegin angeschrieben, die Sozialisten mit Genosse bzw. Genossin und die Freiheitlichen mit Kamerad bzw. Kameradin. Die politische Woche war insofern fixiert, als die ÖVP jeden Montag vormittags im Café Landtmann ihr Pressegespräch führte. Unsere Pressesprecherin, Barbara Stieglmayr, fragte mich vorher jeweils "Hob'n S'wos, Herr Professor?" Bald hatte ich fast immer "wos", aber es war nicht immer das, was sie wollte. Der Bürgermeister hielt sein Pressefoyer immer am Dienstag ab. Von Ausnahmen abgesehen, ging das so jahraus jahrein.

Der Ritualisierung der offiziellen Politik steht die Realisierung der inoffiziellen Politik gegenüber. Das „Politische" spielt sich ja nicht im Gemeinderat und schon gar nicht im Landtag ab. Dort geschieht die "Legitimation durch Verfahren" (Niklas Luhmann). *Jörg Mauthe* sah den Gemeinderat als Schauplatz eines leeren Rituals. Er führe ein einstudiertes Stück nur vor und für sich selbst auf und zwar immer wieder *dasselbe* Stück. Die Arbeit in den Ausschüssen war politisch wichtiger als jene im Gemeinderat oder im Landtag. Sie ging mit dem amtsführenden Stadtrat und seinen Beamten vor sich, aber ohne Öffentlichkeit. Also "Legitimation durch Ritual".

Die reale Politik findet nicht in der Öffentlichkeit statt und sie wird auch nicht im Stadtparlament, sondern in privaten Gesprächen und zufälligen Treffen gemacht. Politik spielt sich vielfach geradezu privat ab, in und zwischen den Parteien, in den Verwaltungen, in der Wirtschaft, zwischen ihnen und den Medien.

Manchmal kam ich mir vor wie Jonathan Swifts Gulliver in Liliput. Der Kampf um kleine und kleinste Funktionen und Posten ging mir schon in jungen Jahren in der Wiedner Volkspartei auf die Nerven. Aber gerade in der Mikropolitik geht es "um die Wurst", um die Realität, um das, was die Beteiligten konkret angeht und betrifft. Auf den höheren Ebenen ist Macht oft nur ein Schein von Macht und lässt sich nicht lokalisieren. Die Politik des Als-ob ist oft die einzige noch mögliche. Das oft zitierte *Märchen von des Kaisers neuen Kleidern* ist aktueller denn je, jedoch es fehlen zumeist die Bürger, die sagen, dass er gar nichts anhat. Aber es kommt ja allzu oft in der Mediendemokratie nur auf den Schein an, durch den sich die Massen blenden und in der Folge auch beeinflussen lassen.

Wien besteht mehr denn je aus vielen Gesellschaftsschichten, die in ihrer Vielfalt noch nicht untersucht wurden. Sie haben jeweils ihre eigene Sprache, daher ihre eigene Welt und leben relativ isoliert nebeneinander. Das gilt heute auch für die Immigranten aus über 100 Staaten.

Als Politiker kam ich viel herum und lernte mich in mehreren Gesellschaftsschichten zuhause zu fühlen. Das war das Schönste in jenen Jahren, in denen ich mich dem Beruf des Politikers verschrieben hatte.

Zwei Dinge konnte ich dabei feststellen. *Erstens*, In Österreich gibt es in Österreich zu viele politische Funktionen und damit zu viele Funktionäre. Die Folge davon sind Ämterkumulierungen und geringerer Wettbewerb. Und *zweitens*: Österreich hat eine gute *private* Diskussionskultur, aber sicherlich keine gute *öffentliche* Streitkultur. Im Privaten wird allerdings meist nicht das Große und Ganze besprochen, sondern das Kleine und Einzelne, das Persönliche. Es geht oft nicht darum, *was* man für das Wohl der Gemeinschaft ausrichten kann, sondern darum, *wie* man sich's richten kann und durch *wen*. Und im Übrigen beobachten viele politische Funktionäre einfach das politische Tagesgeschehen und Handeln nach dem Nestroy-Sager: „Solang' nix passiert, g'schiecht nix".

Unter dem Mangel der öffentlichen Diskussionskultur leidet vor allem der *Parlamentarismus*. Obwohl Wien die österreichische Stadt mit den meisten Parlamenten und Parlamentariern ist, merkt man das in der Öffentlichkeit kaum. In den Medien kommen in der Regel vor allem die Mitglieder der jeweiligen Bundesregierung zu Wort bzw. ins Bild.

Jörg Mauthe hatte ein klares Bild von den Politikern gezeichnet. Er sah sie als "dienende Brüder". Das Schöne und das Gute waren für ihn "die beiden fundamentalen Maßstäbe allen menschlichen Tuns und Denkens" - auch in der Politik.

Davon ist auch das Manifest geprägt, das er zusammen mit *Günther Nenning* im Mai 1984 publizierte. Das "Schönheitsmanifest" mit dem Titel "Ein Zeitalter geht zu Ende" beginnt mit der Feststellung:

"Das schöne Land Österreich wird immer hässlicher. Die Betonierwut der Technokraten; die Gefühllosigkeit der Politiker; die Brutalität zügelloser Produktion; die ebenso große Lüge vom Konsumglück; eine allen politischen Lagern gemeinsame Verachtung von Geist, Vernunft und menschlichem Gefühl haben es dazu gebracht: Unsere Städte sind hässlich und unwirtlich geworden; unsere in Jahrhunderten gewachsenen Kulturlandschaften werden zerschnitten, verwüstet, zerstört; unwiederbringliche Naturschätze werden verbetoniert, verstümmelt, dem kommerziellen Ausverkauf preisgegeben; alle jene Tugenden sterben aus, ohne die eine Gesellschaft nicht gedeihen kann. Verroht und verwahrlost sind Sitte, Sprache und Gefühl für nachbarschaftliche Solidarität. Die pausenlose Verschandelung unserer Welt ist ein Skandal."[3]

Wieder aufgegriffen hat dieses Thema Tarek Leitner vom ORF, was besonders zu begrüssen ist.

Literaturhinweise

Günther R. Burkert-Dottolo / Bernhard Moser (Hg.), Professionsnormen für Politiker, Wien 1998

---

[3] Jörg Mauthe, Günther Nenning, Schönheits-Manifest, Wien 1984

Mauthe, Jörg, Günther Nenning, Schönheits-Manifest, Wien 1984

Noll, Alfred J., Österreich auf dem Weg zur Demokratie. Aufmerksame Beobachtungen aus einem halben Jahrhundert.- Manfried Welan zum 75. Geburtstag, Wien 2012

Oakeshott, Michael, Rationalismus in der Politik, Neuwied und Berlin 1966

Schmidt, Helmut, Freiheit verantworten, Düsseldorf/Wien 1983

Thaler, Walter, Pfade zur Macht, Wie man in Österreich Spitzenpolitiker wird, Wien 2012

Weber, Max, Politik als Beruf, Stuttgart, 1992

Weber, Max, Wissenschaft als Beruf, 7.Auflage, Berlin 1984

Welan Manfried, Ein Diener der Republik, Wien 2012

Welan, Manfried, Wissenschaft und Politik als Berufe, in: Schnedl, Gerhard et al (Hg), Funktionen des Rechts in der pluralistischen Wissensgesellschaft.- Festschrift für Christian Brünner zum 65. Geburtstag, Wien – Graz – Köln 2006

Rietzschel, Thomas, Die durchlöcherte Demokratie. Wien 2013

Baustelle 1:
Staatsreform

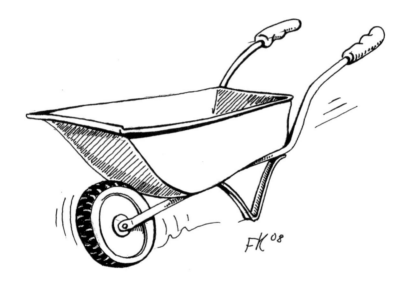

Die Scheibtruhe

Staatsreform oder: Wege aus dem Kompetenzchaos

Johannes Schnizer, Wien

1. Vorbemerkung[4]:

Der österreichische Bundesstaat ist historisch gewachsen. Während die Monarchie seit Karl VI., den Reformen Maria Theresias und durch die Verfassungsentwicklung des 19. Jahrhunderts zu einem Zentralstaat wurde, wurde die Republik Österreich 1920 als Bundesstaat begründet. Gleichwohl griff der neu entstandene Staat, auch wenn durch Staatsgründungsakte der Länder mitbegründet, auf die zentralstaatlichen Strukturen der Monarchie zurück. Den Charakter eines Bundesstaates erhielt diese Republik durch die Kelsen´sche Verfassung, wobei diese Österreich erst aufgrund einiger, von Kelsen neu geschaffener rechtlicher Instrumente auf dem Boden der vorhandenen Strukturen zum Bundesstaat machten: Dazu zählen einerseits die mittelbare Bundesverwaltung, andererseits die Einordnung der vorhandenen Gesetzgebungs- und Vollziehungszuständigkeiten einschließlich des Behördenapparates in die gegenwärtige Struktur der Bundesverfassung.

Diese staatsrechtliche Leistung der ersten Republik hat sich im Wesentlichen auch in der zweiten bewährt, doch treten zunehmend Mängel auf; zu diesen zählen insbesondere:

---

[4] Diese Arbeit entstand 1998 als Beitrag für die Positionierung der Sozialdemokratischen Partei Österreichs zur Bundesstaatsreform unter dem Parteivorsitzenden Bundeskanzler Mag. Viktor Klima und Klubobmann Dr. Peter Kostelka. Dieses Papier wurde von ÖVP-Clubobmann Andreas Kohl auf allen Seiten mit Wellenlinien und dem Zusatz versehen: „Nicht mit der ÖVP akkordiert"! Man sieht an diesem Beispiel, dass gewisse Reformvorschläge einfach in Österreich nicht „altern" können, weil sie nicht umgesetzt werden. Wesentliche Elemente gingen später in Positionen ein, die sozialdemokratische und mit der Sozialdemokratie zusammenarbeitende Mitglieder des Österreich-Konvents zu Kompetenzfragen, insbesondere im Ausschuss 5 des Österreich-Konvents, vertraten.

- Die Kompetenzaufteilung auf Bund, Länder und Gemeinden ist so zersplittert, daß sich Mehrgeleisigkeiten nicht vermeiden lassen; vielfach läßt sich nicht mehr klären, in wessen Aufgabenbereich die Bewältigung neuer Herausforderungen der Gesellschaft fällt;

- der Behördenapparat ist so kompliziert aufgebaut, daß er schwerfällig und es nicht mehr erkennbar ist, welche politische Instanz für das Funktionieren welcher Verwaltungszweige zuständig ist;

- die effektive Umsetzung der Anforderungen der Gesellschaft an einen modernen Staat droht an den überkommenen staatsrechtlichen Strukturen zu scheitern;

- die Verantwortung für die Finanzierung staatlicher Aufgaben geht weitgehend an den von der Verfassung den einzelnen politischen Entscheidungsebenen zugeordneten Aufgaben vorbei, wobei diese wiederum von der durch die Öffentlichkeit wahrgenommenen politischen Verantwortungsstruktur abweicht.

Eine Bundesstaatsreform wäre ein erster Schritt zur Behebung dieser Mängel, insbesondere durch die Abschaffung der "mittelbaren Bundesverwaltung". Da aber - wie im Folgenden dargelegt wird - die Regierungsvorlage auf der bisherigen Struktur der Kompetenzverteilung aufbaut, kann keine grundlegende Änderung erfolgen. Einerseits ist auf diesem Weg eine Beseitigung der Zersplitterung der Gesetzgebungskompetenzen nicht möglich, andererseits bleibt der komplizierte und unübersichtliche Behördenaufbau unterhalb der Ebene der Landesregierung bestehen. Tatsächlich existiert jegliche Mischform und Teilung von Verantwortlichkeit: Bundesbehörden vollziehen in Unterordnung von Landesbehörden Bundesaufgaben ebenso wie Landesbehörden in Unterordnung von Bundesbehörden Landesaufgaben, dieser Zustand wird vielfach noch durch geteilte innerdienstliche- und fachdienstliche Zuständigkeit verschärft.

Letztlich wird dadurch einer der wichtigsten Grundsätze für einen effizienten Mitteleinsatz verletzt, daß nämlich die Kosten- und Fi-

nanzierungsverantwortung der Aufgabenverantwortung folgt. Die Finanzverfassung spiegelt mit ihren komplizierten Mittelaufbringungs- und Verteilungsregeln diesen zersplitterten Staatsaufbau wider. Dabei widerspricht der hohe Zentralisierungsgrad den Prinzipien der Bundesstaatlichkeit.

Die Anforderungen aber, die die heutige Gesellschaft an den Staat richtet, können in einer solchen staatsrechtlichen Struktur nicht erfüllt werden. Nicht zufällig sind daher innerhalb Europas klassisch zentralisierte Staaten wie Frankreich, Spanien und Italien den Weg der Dezentralisierung gegangen. Das Zusammenwachsen Europas fügt eine weitere Arbeitsteilung zwischen Rechtsetzung und Harmonisierung auf europäischer Ebene und Ausführung und Differenzierung auf nationalstaatlicher Ebene hinzu, sodaß bundesstaatliche Mechanismen gleichsam nach oben hin verlängert werden. Die Aufnahme des Subsidiaritätsprinzips durch den Vertrag von Maastricht ist nur ein äußeres Zeichen für die Leistungsfähigkeit dieses Prinzips für den Aufbau von Rechtsstrukturen.

Die konsequente Verwirklichung dieses Prinzips bedingt, daß die föderalistische Reform nicht bei den Ländern endet, sondern konsequent bis zu den Gemeinden als kleinste staatliche Einheiten durchgeführt wird. Auf diese Weise kann die Verwaltung bürgernah gestaltet werden, denn mit tief gestaffelten hierarchischen Apparaten lassen sich staatliche Aufgaben nicht mehr so erfüllen, daß der Bürger damit zufrieden ist. Die Verlagerung der Zuständigkeit für die Entscheidung- und Vollziehungsverantwortung in die dem Bürger unter Berücksichtigung ihrer Leistungsfähigkeit jeweils nächste Einheit ermöglicht eine effiziente demokratische Mitgestaltung und Kontrolle, die ein Gegengewicht zu den Versteinerungstendenzen der Bürokratie bildet.

Die Differenzierung in dezentrale staatliche Entscheidungsebenen bedingt ein kooperatives Zusammenwirken von Bund, Ländern und Gemeinden in ihren eigenen Angelegenheiten und in der Mitwirkung an der Willensbildung auf europäischer Ebene. Es würde dem Prinzip der Subsidiarität widersprechen, könnte hier eine Ebene ohne Berücksichtigung der Interessen der anderen einseitig vorgehen. Das

Gebot der Solidarität zwischen den Menschen spiegelt sich auch in den staatlichen Strukturen wider und zwar in der Form, daß alle staatlichen Einheiten miteinander versuchen, den Menschen bestmögliche und gleichwertige Lebensverhältnisse zu bieten.

Im Folgenden wird daher eine Bundesstaatsreform vorgeschlagen, die eine grundlegende Strukturreform bringt und den Bundesstaat gleichzeitig so elastisch gestaltet, daß den Herausforderungen der Zukunft dynamisch begegnet werden kann.

Diese Bundesstaatsreform soll es zum einen der Gesetzgebung ermöglichen, in flexibler und effizienter Weise auf regionale Bedürfnisse der Menschen in unserem Land zu reagieren. Zum anderen ist es Ziel dieser Reform, dem einzelnen Bürger durch einen für ihn transparenten und nachvollziehbaren Vollzug von auf ihn abgestimmten Normen erkennbar zu machen, daß staatliche Regelungen für ihn und nicht an ihm vorbei erlassen werden.

Sie soll folgende Prinzipien verwirklichen:

• Solidarisches und kooperatives Zusammenwirken von Bund, Ländern und Gemeinden

• Verteilung der Aufgabenbereiche nach dem Subsidiaritätsprinzip

• Schaffung aufgabenorientierter Kompetenzbereiche

• Gesetzgebung des Bundes nur insoweit, als eine bundeseinheitliche Regelung erforderlich ist

• Gerechte Aufteilung der Finanzmittel

• Kostenverantwortung folgt Aufgabenverantwortung

• Klarer Aufbau der Vollzugsstruktur mit eindeutiger Verantwortlichkeit

II. Gesetzgebung

Die gegenwärtige Kompetenzverteilung ordnet bestehende Gesetzesmaterien, deren Umfang sich am Versteinerungszeitpunkt - meist 1925 - orientiert, nach Gesetzgebung und Vollziehung jeweils Bund und Ländern zu. So enthalten die Kompetenzartikel 177 (!) Einzeltatbestände, denen die einzelnen Angelegenheiten zuzuordnen sind und für die dem Bund bzw. den Ländern Gesetzgebungs- und/oder Vollziehungszuständigkeiten zugeordnet werden. Alle nicht genannten Angelegenheiten fallen in Gesetzgebung und Vollziehung in die Zuständigkeit der Länder. Soweit durch die wirtschaftliche Entwicklung und gesellschaftliche Veränderung neue Aufgaben an den Staat herangetragen werden - beispielhaft sei hier der Umweltschutz genannt - sind diese den bestehenden Tatbeständen zuzuordnen, wodurch es per se zu ihrer Zersplitterung kommt.

Im Wesentlichen bestehen derzeit folgende vier Kompetenztypen:

• Gesetzgebung und Vollziehung Bund

• Gesetzgebung Bund, Vollziehung Land

• Grundsatzgesetzgebung Bund, Ausführungsgesetzgebung und Vollziehung Land

• Gesetzgebung und Vollziehung Land

Diese Technik der Kompetenzverteilung geht von der Vorstellung aus, daß sich jede Gesetzesmaterie "fein säuberlich" zwischen Bund und Ländern scheiden ließe. Angesichts der Komplexität heutiger Lebensverhältnisse ist eine solche Trennung der Kompetenzen nicht mehr möglich, es existiert fast kein Lebenssachverhalt, der nicht unter verschiedenen Gesichtspunkten zu regeln wäre. Für den Bundesstaat von besonderer Bedeutung ist, daß es hierbei stets Aspekte

gibt, die besser bundesweit einheitlich, und andere, die besser länderweise verschieden geregelt werden.

Es bietet sich daher für den Großteil der bisherigen Gesetzgebungskompetenzen des Bundes die Schaffung eines neuen Kompetenztypus an, und zwar in Gestalt einer "subsidiären Kompetenz" des Bundes in folgender Form:

Die ausschließliche Gesetzgebungszuständigkeit des Bundes wird auf das unbedingt erforderliche Minimum beschränkt, wie etwa Militär oder Bundesfinanzen, Geld-, Kredit-, Börse- und Bankwesen. In allen übrigen Bereichen beschränkt sich der Bund auf jene Regelungen, deren bundesweite Regelung unerläßlich ist. Im Übrigen sind die Länder frei, die betreffende Angelegenheit zu regeln, sie dürfen lediglich einer bundesweiten Regelung nicht widersprechen; wenn möglich, hat sich der Bund auf die Regierung der Grundsätze zu beschränken.

Im ausschließlichen Gesetzgebungsbereich der Länder, der so gut wie alle bisherigen Gesetzgebungskompetenzen der Länder umfaßt, angereichert um jene, die nicht in die Subsidiärkompetenz des Bundes fallen, sind die Länder alleine befugt, gesetzgeberisch tätig zu werden; dem Bund ist es verwehrt, hier einzugreifen.

Davon ausgehend zeigt eine Analyse der 177 Einzeltatbestände des Bundes, daß sich die Gesetzgebungszuständigkeiten auf 17 Großtatbestände reduzieren lassen, die nicht auf die einzelnen Gesetzesmaterien abstellen, sondern auf Aufgabenbereiche.

Diese Aufgaben könnten folgende sein:

1. Bundesverfassung
2. Äußere Angelegenheiten
3. Angelegenheiten der Staatsgrenze und der Grenzüberschreitung
4. Rechtsstellung der Bundesbürger und der Fremden
5. Bundesfinanzen
6. Geldwirtschaft und Kapitalverkehr, Standardisierung (Maße, Gewichte, Normen usw.)

7. Justizwesen
8. Sicherheitswesen
9. Angelegenheiten der Wirtschaft
10. Angelegenheiten des Verkehrs
11. Schutz vor Beeinträchtigungen der Umwelt
12. Angelegenheiten der Arbeitswelt
13. Soziale Sicherheit
14. Angelegenheiten der Gesundheit
15. Angelegenheiten der Wissenschaft und Forschung
16. Bundesbehörden einschließlich Dienstrecht
17. Militärische Angelegenheiten

Die bestehenden Kompetenztatbestände lassen sich jeweils einem dieser Aufgabenbereiche zuordnen[5]. Beispielsweise wäre Allgemeine Sicherheitspolizei, Waffen-, Munitions-, Schieß- und Sprengmittelwesen, Vereins- und Versammlungsangelegenheiten, Organisation der Bundespolizei und Bundesgendarmerie dem Aufgabenbereich "Sicherheitswesen" zuzuordnen. Die Anknüpfung an Aufgabenbereiche bringt es mit sich, daß einzelne, bisher in einem Gesetz geregelte Angelegenheiten verschiedenen Aufgabenbereichen zugeordnet werden; gerade dies ermöglicht aber eine organische Weiterentwicklung und zukünftige aufgabenorientierte Gesetzgebung. Beispielsweise läßt sich der Denkmalschutz unter keine der hier aufgezählten Aufgabentatbestände einordnen und fällt daher künftig in die Zuständigkeit der Länder. Wohl hätte aber der Bund die Verbringung beweglichen Kulturguts ins Ausland zu regeln, weil es sich hierbei um eine Angelegenheit der Grenzüberschreitung handelt.

Von diesen 17 Aufgabenbereichen ist lediglich in sieben eine ausschließliche Bundeszuständigkeit erforderlich, und zwar in folgenden:

1. Bundesverfassung
2. Äußere Angelegenheiten (ausgenommen die Staatsvertragskompetenz der Länder)
3. Angelegenheiten der Staatsgrenze und der Grenzüberschreitung

---

[5] Eine mögliche Zuordnung findet sich im Anhang

35

4. Bundesfinanzen
5. Geldwirtschaft und Kapitalverkehr, Standardisierung
6. Bundesbehörden
7. Militärische Angelegenheiten

In allen übrigen Aufgabenbereichen gibt es Regelungen, die notwendigerweise bundesweit getroffen werden müssen, überwiegend aber auch länderweise verschieden sein können. In allen diesen Angelegenheiten ist der Bund befugt, Regelungen zu erlassen, soweit eine bundesweit einheitliche Regelung unerläßlich oder erforderlich ist, um gleiche Lebensverhältnisse im Bundesgebiet zu garantieren.

Die Beantwortung dieser Frage erfordert letztlich eine politische Bewertung, die nur im Einzelfall getroffen werden kann; es liegt nahe, hierfür Kooperationsverfahren zwischen Bund, Ländern und Gemeinden, wenn letztere betroffen sind, vorzusehen.

Soweit es lediglich erforderlich ist, bundesweite Grundsätze zu erlassen, hat sich der Bund auf diese zu beschränken. Auch im Falle einer bindenden bundesweiten Regelung kann der Bund ausdrücklich zu abweichenden landesgesetzlichen Regelungen ermächtigen. Die Landesgesetzgeber könnten in sämtlichen Aufgabenbereichen ergänzende Regelungen erlassen, sie dürfen nur nicht einer bundesweiten Regelung widersprechen.

Dies erfordert die Aufnahme eines verfassungsrechtlichen "Harmoniegebotes", das besagt, daß in diesen Angelegenheiten gesetzliche Vorschriften der Länder nicht bundesgesetzlichen Vorschriften widersprechen dürfen und im Falle eines solchen Konfliktes die bundesgesetzlichen Vorschriften vorgehen. Eine solche Vorrangregel ist bisher der österreichischen Verfassung fremd, doch existiert sie in sämtlichen anderen Bundesstaaten, von Deutschland über Belgien bis zu den USA. Die Schweizer Bundesstaatsdoktorin leitet sie geradezu aus dem Wesen des Bundesstaates ab, was jedenfalls dann gerechtfertigt ist, wenn - wie hier vorgeschlagen - die Kompetenz des Bundes auf bundesweit erforderliche Regelungen beschränkt wird.

Soweit eine Angelegenheit keinem Aufgabenbereich zuordenbar ist, in der der Bund bundesweite Regelungen treffen darf, verbleibt es bei der ausschließlichen Gesetzgebungszuständigkeit der Länder. Diese umfaßt - wie in der Folge noch gezeigt wird - zunächst so gut wie alle Gesetzgebungsmaterien, die den Ländern jetzt aufgrund des Artikel 15 B - VG zukommen. Andere Materien werden von der Bundeskompetenz in die Länderkompetenz übertragen, wie der vorhin erwähnte Denkmalschutz, weil er unter keine Aufgabe des Bundes subsumierbar ist. Vor allem kommt es aber zu einer bedeutenden Ausweitung der Gesetzgebungskompetenzen der Länder, weil sie in allen Aufgabenbereichen, die nicht in die ausschließliche Bundeskompetenz fallen, gesetzgebend tätig werden können. Lediglich soweit der Bund in diesen Bereichen eine unerläßliche bundesweite Regelung trifft, darf dieser Regelung von den Ländern nicht widersprochen werden. Dies träfe beispielsweise auf den Tierschutz zu, dessen bundesweite Regelung unter dem Gesichtspunkt des Schutzes vor Beeinträchtigungen der Umwelt und der Gesundheit unbedingt erforderlich wäre.

Eine Konkretisierung des Umfanges der jeweiligen Gesetzgebungskompetenzen ergibt sich aus der Technik der Überleitung: In den Erläuterungen wird angeführt, welche bisherigen Tatbestände den neuen Aufgabenbereichen zuzuordnen sind und unter welchen Gesichtspunkten diese Zuordnung jeweils getroffen wird. Der Übergang von materienorientierter Kompetenzverteilung zur Anknüpfung an Aufgabenbereiche hat zur Folge, daß mitunter bisher in einem Gesetz geregelte Materien in Zukunft verschiedenen Aufgabenbereichen zuzuordnen sind, wobei für jeden Teil wiederum zu beurteilen ist, inwieweit er eine bundesweit erforderliche Regelung enthält. Aus der Angabe der Kriterien, unter denen diese Zuordnung erfolgt, ergibt sich der Zweck des jeweiligen Aufgabenbereiches, an dem sich die Interpretationen zu orientieren hat.

Für den Übergang zu dieser neuen Kompetenzverteilung ist es erforderlich, daß die bestehenden bundesgesetzlichen Regelungen unter dem Gesichtspunkt durchforstet werden, inwieweit es sich um unbedingt bundesweit einheitlich erforderliche Regelungen handelt. In Einzelfällen wird sich dies ohne weiteres beurteilen lassen, im Be-

reich des Justizwesens etwa liegt es auf der Hand, daß das bisherige Zivil- und Strafrecht weiterhin bundesweit zu regeln ist, während der gesamte Grundverkehr und Teile des Mietrechts länderweise unterschiedlich geregelt werden könnten. In anderen Fällen ist eine politische Bewertung erforderlich, die in kooperativer Weise zwischen Bund, Ländern und Gemeinden vorgenommen werden muß.

Im Anhang findet sich ein Beispiel, wie ausgehend davon die einzelnen Gesetzgebungskompetenzen zugeordnet werden könnte.

III. Vollziehung

Grundsätzlich sollen nur jene Angelegenheiten von Bundesbehörden besorgt werden, die in die ausschließliche Zuständigkeit des Bundes fallen. Für diese bestehen bereits großteils eigene Bundesbehörden. Soweit dies nicht zweckmäßig ist, könnte der Bund ermächtigt werden, sich mit Zustimmung der Länder und gegen einen entsprechenden Kostenersatz der Behörden der Länder zu bedienen.

Im Übrigen steht die Vollziehung grundsätzlich den Ländern zu. Soweit in diesen Angelegenheiten derzeit territorial organisierte Bundesbehörden bestehen, wie etwa die Bergbehörden, sind diese in die Zuständigkeit der Länder zu verlagern. Der Bund hat das Recht, sich über den Vollzug der Gesetze zu informieren. Ein Instanzenzug zu den Zentralstellen existiert grundsätzlich nicht.

Ein spezielles Problem bildet die kreuzweise Verbindung von Landes- und Bundesbehörden in ihren hierarchischen Ebenen, sodaß Bundesbehörden in Unterordnung von Landesbehörden und umgekehrt tätig werden, wobei dies vielfach noch mit einer Spaltung in eine innerdienstliche und fachdienstliche Zuständigkeit einhergeht, die je nach dem beim Bund oder beim Land liegt. Eine klare Aufgabenzuweisung und damit verbundene eindeutige Kostenverantwortung ist auf diese Weise nicht möglich. Zwar wird mit der Abschaffung der mittelbaren Bundesverwaltung dieses Problem in der mittleren Ebene - der der Landesregierung - weitgehend gelöst, nicht aber

auf Ebene der weit kostenintensiveren ersten Instanz und der Wahrnehmung exekutiver Aufgaben außerhalb der Sicherheitsexekutive.

Diese kreuzweise Verflechtung gilt auch umgekehrt, zahlreiche Landesgesetze sind letzten Endes von Bundesbehörden zu vollziehen, obwohl bei Landesgesetzen die Notwendigkeit einer bundeseinheitlichen Vollziehung per se ausgeschlossen ist; eine klare Kostenzuordnung ist damit natürlich ebenfalls nicht möglich. Eine erste Durchsicht zeigt, daß in 543 (!)[6] landesgesetzlichen Vorschriften die Vollziehung durch Bundesorgane angeordnet wird, vornehmlich solche der Bundespolizei bzw. der Bundessicherheitswache und der Bundesgendarmerie.[7] Hierbei handelt es sich um Aufgaben in so gut wie allen Bereichen der Vollziehung der Länder, von Jagd- und Fischereirecht über den Schutz von Kulturpflanzen bis hin zur Verordnung betreffend allgemeine Abwehrmaßnahmen zur Bekämpfung des Kartoffelkäfers.

Dies hat seine Ursache in der politisch motivierten Verfassungsnovelle 1929 und dem damals bestehenden Mißtrauen zwischen Bund und Ländern, führt aber aus den im folgenden dargelegten Gründen dazu, daß für etwa ein Drittel der Bevölkerung weite Bereiche der Verwaltung von Bundesbehörden wahrgenommen werden, die für die restlichen zwei Drittel in die Zuständigkeit von Landesbehörden fallen; darüber hinaus sind so gut wie alle exekutiven Aufgaben im engeren Sinn österreichweit von Organen des Bundes wahrzunehmen, auch wenn eine bundesweit einheitliche Vollziehung in keiner Weise erforderlich ist.

Zahlreiche Verwaltungsangelegenheiten, die grundsätzlich von den Bezirkshauptmannschaften, also Landesbehörden zu vollziehen sind, sind nämlich im Bereich von Bundespolizeidirektionen von diesen, also von Bundesbehörden zu vollziehen. Dies führt dazu, daß für

---

[6] Stand 1998!

[7] Diese wurden mittlerweile zu einem einheitlichen Wachkörper "Bundespolizei" zusammengelegt. Interne Unterschiede, etwa Besonderheiten beim Dienstplan und daraus resultierend Unterschiede in der Abgeltung von Überstunden, bestehen noch immer.

etwa ein Drittel der österreichischen Bevölkerung - Bundespolizeibehörden bestehen in allen Ballungsräumen - Bundesbehörden zuständig sind, obwohl diese Verwaltungsangelegenheit ebenso gut -
wie dort, wo keine Bundespolizeidirektion errichtet ist - von den
Landesbehörden verrichtet werden könnten. Da es sich bei den
betreffenden Gemeinden fast ausnahmslos um Städte mit eigenem
Statut handelt, bei denen die Aufgaben des Bezirkshauptmannes vom
Bürgermeister wahrgenommen werden, könnten diese Agenden den
Städten übertragen werden und die Bundespolizeidirektionen damit
um diese Aufgaben entlastet werden, sodaß sie sich auf die Sicherheitspolizei im engeren Sinne konzentrieren könnten. Im Gegenzug
dazu wären die Dienststellen der Bundesgendarmerie in selbständige
sicherheitspolizeiliche Dienststellen umzuwandeln.[8] Selbstverständlich bedingt dies die Übertragung entsprechender Finanzmittel an die
Länder bzw. Gemeinden (sh. IV).

Damit in Zusammenhang steht, daß durch das weitgehende Verbot
eigener Wachkörper die Wahrnehmung exekutiver Aufgaben im
engeren Sinn, auch soweit sie nicht zur Sicherheitsexekutive gehören
und es sich um Landesvollziehung handelt, ebenfalls durch Bundesorgane erfolgt, und zwar Bundesgendarmerie und Bundessicherheitswache. Hand in Hand damit hätte daher eine neue Verteilung
der Aufgaben der Wachkörper zu erfolgen.

Die exekutiven Aufgaben der Bundesgendarmerie und der Bundessicherheitswache wären neben der allgemeinen Sicherheitspolizei auf
jene Agenden zu beschränken, bei denen eine bundesweit organisierte Exekutive erforderlich ist, wie etwa die Straßenpolizei hinsichtlich
des fließenden Verkehrs. In diesen Angelegenheiten stünde dafür
nicht nur die innerdienstliche, sondern auch die fachdienstliche Auf-
sicht dem Bund zu, sodaß die gespaltenen Verantwortlichkeiten weg-
fielen.

---

[8] Die Zusammenlegung von Bundessicherheitswache und Bundesgendarmerie und die Reform der Polizeibehörden ist einen anderen Weg gegangen,
die am grundlegenden Strukturproblem – Aufteilung der Vollziehung auf
Bundespolizeibehörden einerseits und Bezirkshauptmannschaften der Länder andererseits – hat sich nichts geändert.

Im Übrigen sollte für die Wahrnehmung exekutiver Befugnisse eine Wahlmöglichkeit bestehen: Die Beschränkungen für die Errichtung von Gemeindewachkörpern hätten zu entfallen, darüber hinaus sind die Voraussetzungen dafür zu schaffen, daß Gemeindewachkörper auch bezirksweise von Gemeindeverbänden unterhalten werden können. Die Länder und Gemeinden hätten dann die Wahl, exekutive Befugnisse mit Ausnahme der Sicherheitsexekutive gegen Kostenersatz auf einen bestehenden Wachkörper des Bundes zu übertragen oder hierfür einen eigenen Wachkörper einzurichten.

Insgesamt ergibt sich aus diesen Maßnahmen eine radikale Vereinfachung der Behördenstrukturen und Abschlankung des Bundes; darüber hinaus werden einheitliche Verantwortlichkeiten für die Vollziehung geschaffen, der die Kostenverantwortlichkeit folgen kann (siehe IV). Für den Übergangszeitraum bedeutet dies, daß weitreichende Maßnahmen zur neuen Organisation der Bundes- und Landesbehörden erforderlich sind, wobei für die betroffenen Bediensteten sozial verträgliche Lösungen getroffen werden müssen.

In institutioneller Hinsicht bedeutet dies, daß sich der Bundesverfassungsgesetzgeber in der Regelung der Struktur der Länder nur mehr auf wenige Grundsätze beschränken kann: Elementare Grundsätze des Wahlrechts, Landesregierung als oberstes Vollzugsorgan des Landes, Grundsatz der Territorialverwaltung im Wege von Bezirkshauptmannschaften.

Für die allgemeine Verwaltung ergäbe sich damit eine klare, bürgernahe Struktur:

Nur eine Verwaltungsinstanz, und zwar grundsätzlich die Bezirkshauptmannschaft (bzw. die Stadt mit eigenem Statut), bei der sämtliche Verwaltungsverfahren konzentriert werden. Im Instanzenzug übergeordnet entscheidet ein Landesverwaltungsgericht, danach Berufungsmöglichkeit an den Verwaltungsgerichtshof. Alle Voraussetzungen für eine rasche Enderledigung wären damit gegeben.

Die verfassungsrechtlichen Strukturen der Gemeinde sind in der Bundesverfassung grundsätzlich neu zu ordnen. Damit der Föderalismus nicht auf der Ebene des Landes sein Ende hat, sind möglichst weitgehende Kompetenzen der Gemeinde zu übertragen und ihnen entsprechende Verordnungsrechte einzuräumen. In weiterer Folge ist die Einrichtung der Gemeindeverbände weiter auszubauen, damit ihnen die Gemeinden verstärkt Aufgaben übertragen können, wenn dies ihrer effizienten Erfüllung dient. Damit hierbei das im Wesen der Selbstverwaltung liegende demokratische Prinzip nicht durchbrochen wird, setzt dies allerdings voraus, daß in der Verfassung der Grundsatz verankert wird, daß das oberste Organ eines Gemeindeverbandes die politische Zusammensetzung der Organe der Gemeinde widerspiegeln muß. Unter dem Gesichtspunkt der Verstärkung der Aufgaben der Gemeindeverbände ist weiters zu prüfen, inwieweit bisher von den Bezirkshauptmannschaften wahrgenommene Aufgaben den Gemeinden übertragen werden können.

IV. Finanzverfassung

Die weitgehende Übertragung von Gesetzgebungs- und Vollziehungszuständigkeiten auf die Länder und Gemeinden bedingt, daß entsprechende Finanzmittel vom Bund auf die Länder und Gemeinden übertragen werden. Dabei ermöglicht die radikale Vereinfachung der Struktur des Bundesstaates eine ebenso radikale Vereinfachung der Finanzverfassung, und zwar dahingehend, daß das Prinzip der Einheit von Aufgaben-, Kosten- und Finanzierungsverantwortung verwirklicht werden kann, wodurch sich erhebliche Kosteneinsparungen ergeben.

Ein Ansatz wäre der, daß verfassungsrechtlich dem Bund, den Ländern und Gemeinden bestimmte Besteuerungsgegenstände zugewiesen werden. Das solidarische Zusammenwirken im Bundesstaat erfordert daneben zur Sicherung bundesweit gleichwertiger Lebensverhältnisse einen vertikalen und horizontalen Lastenausgleich, damit Unterschiede in der Finanzkraft ausgeglichen werden und jede Gebietskörperschaft in die Lage versetzt wird, ihre Aufgaben zu erfüllen.

Durch eine solche Reform würde für den Bürger deutlich, welche Gebietskörperschaft welche Aufgaben zu besorgen hat und welche Steuerleistung er hierfür der betreffenden Gebietskörperschaft zur Verfügung stellt.

Insgesamt würde ein Bundesstaat verwirklicht werden, der dem Prinzip der Subsidiarität folgt, einen klaren, für den Bürger durchschaubaren Aufbau hat und in dem politische Verantwortung eindeutig zugeordnet werden kann. Alle Voraussetzungen für eine bürgernahe und effiziente Verwaltung wären damit geschaffen. Letztlich ermöglichte dies auch die bessere Identifikation der Bürger mit den einzelnen staatlichen Ebenen und deren Politik.

Diskussionsvorschlag für die Verteilung der Gesetzgebungskompetenzen[9]

Artikel k1. (1) Ausschließliche Bundessache ist die Gesetzgebung in folgenden Angelegenheiten:
1. Bundesverfassung
2. auswärtige Angelegenheiten und äußere Sicherheit
3. Staatsgrenze, Grenzüberschreitung, Personen- und Aufenthaltsrecht
4. Innere Sicherheit
5. Justiz
6. Arbeit und Wirtschaft
7. soziale Sicherheit
8. Umweltschutz, Nutzung natürlicher Ressourcen und Genehmigung von Anlagen

---

[9] Ausgehend vom hier wiedergegebenen Vorschlag für eine tiefgreifende Reform des Bundesstaates entwickelte der Autor eine Punktation für ein „Drei-Säulen-Modell" der Kompetenzverteilung, die von ihm 2004 im Ausschuss 5 des Österreich-Konvents eingebracht wurde. Die schriftlichen Stellungnahmen dazu und zur Diskussion dort siehe www.konvent.gv.at. Aufbauend darauf erarbeitete der Autor diesen Diskussionsvorschlag für eine Änderung des Bundes-Verfassungsgesetzes, eingebracht im Ausschuss 5 des Österreich-Konvents, 18. Sitzung, 22.10.2004.

9. Energie
10. Verkehr und Bundesstraßen
11. Medien und Telekommunikation
12. Wissenschaft und Kultus
13. Geldwirtschaft und Finanzdienstleistungen
14. Bundesfinanzen und Monopole
15. Verwaltungs- und Verwaltungsgerichtsverfahren, allgemeiner Teil des Abgaben-[10] und Verwaltungsstrafrechts
16. Organisation der Vollziehung des Bundes

(2) Der Bund kann die Länder ermächtigen, zu genau zu bezeichnenden einzelnen Bestimmungen nähere oder abweichende Bestimmungen zu erlassen.

(3) In den Angelegenheiten der Z 15 dürfen abweichende Regelungen in den die einzelnen Gebiete der Verwaltung regelnden Bundes- und Landesgesetzen dann getroffen werden, wenn sie zur Regelung des Gegenstandes erforderlich sind.

Artikel k2. Ausschließliche Landessache ist die Gesetzgebung in folgenden Angelegenheiten:
1. Landesverfassung
2. Gemeinden
3. Natur-, Boden- und Landschaftsschutz
4. Jagd und Fischerei
5. Raumordnung, bauliche Gestaltung und Straßen
6. Feuerschutz und Katastrophenhilfe
7. örtliche Sicherheit
8. Landesfinanzen
9. Organisation der Vollziehung des Landes

Artikel k3. (1) Sache von Bund und Ländern ist die Gesetzgebung in folgenden Angelegenheiten:
1. Öffentliche Aufträge
2. Dienstrecht
3. Elektronischer Rechtsverkehr

---

[10] Übergangsbestimmung: „Bis zur Erlassung eines Bundesgesetzes auf dem Gebiet des Abgabenverfahrens und des allgemeinen Teils eines Abgabenstrafrechts gelten die auf diesem Gebiet erlassenen Landesgesetze."

4. Statistik

(2) In diesen Angelegenheiten können Bund und Länder jeweils Gesetze für ihren Bereich erlassen, wenn es kein für Bund und Länder geltendes Gesetz gem. Abs. 3 gibt. Sie treten außer Kraft, wenn ein Gesetz gem. Abs. 3 erlassen wird.

(3) Der Bund kann in diesen Angelegenheiten mit Zustimmung der Länder für Bund und Länder geltende Gesetze erlassen. Die Vorbereitung solcher Gesetze hat gemeinsam mit den Ländern zu erfolgen.

Artikel k4. (1) Gemeinschaftliche Sache von Bund und Ländern sind alle übrigen Angelegenheiten. Dazu zählen insbesondere

1. Gesundheit
2. Kinder und Jugend
3. Fürsorge und Pflege
4. Wohnungen
5. Landwirtschaft
6. Tourismus
7. Sport
8. Kultur

(2) In diesen Angelegenheiten kommt die Gesetzgebung den Ländern zu. Der Bund kann soweit Gesetze erlassen, als der Bundesrat feststellt, dass eine bundesweite Regelung als erforderlich erachtet wird. Ein solcher Beschluß ist nicht erforderlich, soweit dem Bund aufgrund der bis .... geltenden Kompetenzverteilung die Gesetzgebung zugekommen ist.[11]

(3) Für einen Beschluß des Bundesrates gem. Abs. 2 ist eine Mehrheit der Bundesräte und eine Mehrheit von Bundesländern erforderlich, in denen eine Mehrheit der Bevölkerung wohnt. Die Zustimmung eines Bundeslandes ist gegeben, wenn die Mehrheit der Bundesräte dieses Bundeslandes zustimmt.

---

[11] Gehört systematisch ins Übergangsrecht.

Gegenüberstellung[12]

Artikel k1: Ausschließliche Bundeskompetenzen

Kompetenz neu	Tatbestände B-VG	Fundstelle
1. Bundesverfassung	Bundesverfassung, insbesondere Wahlen zum Nationalrat, Volksabstimmungen auf Grund der Bundesverfassung;	Art. 10 Abs. 1 Z 1
	Verfassungsgerichtsbarkeit;	Art. 10 Abs. 1 Z 1
	Wahlen zum Europäischen Parlament;	Art. 10 Abs. 1 Z 18
	Nähere Regelungen über Bundessymbole	Art. 8a Abs. 3
	Beschränkung für Funktionäre (Unvereinbarkeiten);	Art. 19 Abs. 2
	Wahlverfahren zum NR;	Art. 26 Abs. 1
	Verfahren für Volksabstimmungen und Volksbegehren;	Art. 46 Abs. 1
	Stellvertretung des Präsidenten des Rechnungshofes im NR durch das GOGNR;	Art. 124 Abs. 1
	Bestimmungen über den RH;	Art. 128
	Voraussetzungen für die Anfechtung von Volksbegehren, Volksbefragungen und Volks-	Art. 141 Abs. 3

---

[12] Diese Gegenüberstellung ordnet die bestehenden Einzelkompetenzen des Bundes-Verfassungsgesetzes den vorgeschlagenen Kompetenzfeldern zu.

	abstimmungen vor dem VfGH;	
	Regelung der Anfechtung von Verletzungen des Völkerrechts vor dem VfGH;	Art. 145
	Bestimmungen über den VfGH;	Art. 148
	Bestimmungen über die VA;	Art. 148j
2. Auswärtige Angelegenheiten und äußere Sicherheit	äußere Angelegenheiten mit Einschluss der politischen und wirtschaftlichen Vertretung gegenüber dem Ausland, insbesondere Abschluss von Staatsverträgen, unbeschadet der Zuständigkeit der Länder nach Artikel 16 Abs. 1;	Art. 10 Abs. 1 Z 2
	militärische Angelegenheiten;	Art. 10 Abs. 1 Z 15
Fortsetzung **Auswärtige Angelegenheiten und äußere Sicherheit**	Kriegsschadenangelegenheiten und Fürsorge für Kriegsteilnehmer und deren Hinterbliebene;	Art. 10 Abs. 1 Z 15
	Fürsorge für Kriegsgräber;	Art. 10 Abs. 1 Z 15
	aus Anlass eines Krieges oder im Gefolge eines solchen zur Sicherung der einheitlichen Führung der Wirtschaft notwendig erscheinende Maßnahmen, insbesondere auch hinsichtlich der Versorgung der Bevölkerung mit Bedarfsgegenständen;	Art. 10 Abs. 1 Z 15

47

	Mitwirkung der Länder bei der Verpflegung des Heeres;	Art. 81
3. Staatsgrenze, Grenzüberschreitung Personen- und Aufenthaltsrecht	Grenzvermarkung;	Art. 10 Abs. 1 Z 2
	Waren- und Viehverkehr mit dem Ausland;	Art. 10 Abs. 1 Z 2
	Zollwesen;	Art. 10 Abs. 1 Z 2
	Regelung und Überwachung des Eintrittes in das Bundesgebiet und des Austrittes aus ihm;	Art. 10 Abs. 1 Z 3
	Ein- und Auswanderungswesen;	Art. 10 Abs. 1 Z 3
	Paßwesen;	Art. 10 Abs. 1 Z 3
	Abschiebung, Abschaffung, Ausweisung und Auslieferung sowie Durchlieferung;	Art. 10 Abs. 1 Z 3
	Personenstandsangelegenheiten einschließlich des Matrikenwesens und der Namensänderung;	Art. 10 Abs. 1 Z 7
	Fremdenpolizei und Meldewesen;	Art. 10 Abs. 1 Z 7
	Staatsbürgerschaft;	Art. 11 Abs. 1 Z 1
	Datenschutz	Art. 1 DSchG
4. Innere Sicherheit	Aufrechterhaltung der öffentlichen Ruhe, Ordnung und Sicherheit einschließlich der	Art. 10 Abs. 1 Z 7

48

	ersten allgemeinen Hilfeleistung, jedoch mit Ausnahme der örtlichen Sicherheitspolizei;	
	Vereins- und Versammlungsrecht;	Art. 10 Abs. 1 Z 7
	Waffen-, Munitions- und Sprengmittelwesen, Schießwesen;	Art. 10 Abs. 1 Z 7
	Regelung der Bewaffnung der Wachkörper und des Rechtes zum Waffengebrauch;	Art. 10 Abs. 1 Z 14
5. Justiz **Fortsetzung** **Justiz**	Zivilrechtswesen einschließlich des wirtschaftlichen Assoziationswesens, jedoch mit Ausschluss von Regelungen, die den Grundstücksverkehr für Ausländer und den Verkehr mit bebauten oder zur Bebauung bestimmten Grundstücken verwaltungsbehördlichen Beschränkungen unterwerfen, einschließlich des Rechtserwerbes von Todes wegen durch Personen, die nicht zum Kreis der gesetzlichen Erben gehören;	Art. 10 Abs. 1 Z 6
	Privatstiftungswesen;	Art. 10 Abs. 1 Z 6
	Strafrechtswesen mit Ausschluss des Verwaltungsstrafrechtes und des Verwaltungsstrafverfahrens in Angelegenheiten, die in den selbständi-	Art. 10 Abs. 1 Z 6

gen Wirkungsbereich der Länder fallen;	
Justizpflege;	Art. 10 Abs. 1 Z 6
Einrichtungen zum Schutz der Gesellschaft gegen verbrecherische oder sonstige gefährliche Personen;	Art. 10 Abs. 1 Z 6
Urheberrecht;	Art. 10 Abs. 1 Z 6
Enteignung, soweit sie nicht Angelegenheiten betrifft, die in den selbständigen Wirkungsbereich der Länder fallen;	Art. 10 Abs. 1 Z 6
Vertragsversicherungswesen	Art. 10 Abs. 1 Z 11
Stiftungs- und Fondswesen, soweit es sich um Stiftungen und Fonds handelt, die nach ihren Zwecken über den Interessenbereich eines Landes hinausgehen und nicht schon bisher von den Ländern autonom verwaltet wurden;	Art. 10 Abs. 1 Z 13
Angelegenheiten der Notare, der Rechtsanwälte und verwandter Berufe;	Art. 10 Abs. 1 Z 6
bäuerliches Anerbenrecht;	Art. 10 Abs. 2
Kompetenz für AHG und OrgHG;	Art. 23 Abs. 4 u 5
Verfassung und Zuständigkeit	Art. 83 Abs. 1

	der Gerichte;	
6. Arbeit und Wirtschaft	Angelegenheiten des Gewerbes und der Industrie;	Art. 10 Abs. 1 Z 8
	öffentliche Agentien und Privatgeschäftsvermittlungen;	Art. 10 Abs. 1 Z 8
	Bekämpfung des unlauteren Wettbewerbes;	Art. 10 Abs. 1 Z 8
	Patentwesen sowie Schutz von Mustern, Marken und anderen Warenbezeichnungen;	Art. 10 Abs. 1 Z 8
	Angelegenheiten der Patentanwälte;	Art. 10 Abs. 1 Z 8
	Ingenieur- und Ziviltechnikerwesen;	Art. 10 Abs. 1 Z 8
	Kammern für Handel, Gewerbe und Industrie;	Art. 10 Abs. 1 Z 8
	Einrichtung beruflicher Vertretungen, soweit sie sich auf das ganze Bundesgebiet erstrecken, mit Ausnahme solcher auf land- und forstwirtschaftlichem Gebiet;	Art. 10 Abs. 1 Z 8
	Vermessungswesen;	Art. 10 Abs. 1 Z 10
	Arbeitsrecht, soweit es nicht unter Artikel 12 fällt;	Art. 10 Abs. 1 Z 11
	Kammern für Arbeiter und Angestellte, mit Ausnahme solcher auf land- und forstwirtschaftlichem Gebiet;	Art. 10 Abs. 1 Z 11

Fortsetzung **Arbeit und Wirt-** **schaft**	Regelung des geschäftlichen Verkehrs mit Saat- und Pflanzgut, Futter-, Dünge- und Pflanzenschutzmitteln sowie mit Pflanzenschutzgeräten, einschließlich der Zulassung und bei Saat- und Pflanzgut auch der Anerkennung;	Art. 10 Abs. 1 Z 12
	Maß- und Gewichts-, Normen- und Punzierungswesen;	Art. 10 Abs. 1 Z 5
	Postwesen	Art. Abs. 1 Z 9
	berufliche Vertretungen, soweit sie nicht unter Artikel 10 fallen, jedoch mit Ausnahme jener auf land- und forstwirtschaftlichem Gebiet sowie auf dem Gebiet des Berg- und Schiführerwesens und des in den selbständigen Wirkungsbereich der Länder fallenden Sportunterrichtswesens;	Art. 11 Abs. 1 Z 2
	Berufliche Vertretungen auf land- und forstwirtschaftlichem Gebiet sowie auf dem Gebiet des Berg- und Schiführerwesens und des in den selbständigen Wirkungsbereich der Länder fallen Sportunterrichtswesens	Art. 11 Abs. 1 Z 2
	Arbeiterrecht sowie Arbeiter- und Angestelltenschutz, soweit es sich um land- und forstwirtschaftliche Arbeiter	Art. 12 Abs. 1 Z 6

	und Angestellte handelt;	
	Tanzschulen;	Art. 15
	Berg- und Schiführerwesen;	Art. 15
	Angelegenheiten des Theater- und Kinowesens	Art. 15 Abs. 3
	Angelegenheiten des Arbeit-nehmerschutzes der Bediensteten der Länder, der Gemeinden und der Gemeindeverbände und der Personalvertretung der Bediensteten der Länder, soweit die Bediensteten nicht in Betrieben tätig sind	Art. 21 Abs. 2
	Arbeitnehmerschutz und Personalvertretungsrecht der Bediensteten der Länder, soweit diese in Betrieben tätig sind;	Art. 21 Abs. 2
7. Soziale Sicherheit	Sozialversicherungswesen;	Art. 10 Abs. 1 Z 11
	Bevölkerungspolitik, soweit sie die Gewährung von Kinderbeihilfen und die Schaffung eines Lastenausgleiches im Interesse der Familie zum Gegenstand hat;	Art. 10 Abs. 1 Z 17
	Armenwesen;	Art. 12 Abs. 1 Z 1
	Bevölkerungspolitik, soweit sie nicht unter Artikel 10 fällt;	Art. 12 Abs. 1 Z 1
8. Umweltschutz,	Umweltverträglichkeitsprü-	Art. 10 Abs. 1

Nutzung natürlicher Ressourcen und Genehmigung von Anlagen	fung für Vorhaben in diesen Angelegenheiten, bei denen mit erheblichen Auswirkungen auf die Umwelt zu rechnen ist und für welche die Verwaltungsvorschriften eine Trassenfestlegung durch Verordnung vorsehen;	Z 9
	Bergwesen;	Art. 10 Abs. 1 Z 10
	Forstwesen einschließlich des Triftwesens;	Art. 10 Abs. 1 Z 10
	Wasserrecht;	Art. 10 Abs. 1 Z 10
	Regulierung und Instandhaltung der Gewässer zum Zwecke der unschädlichen Ableitung der Hochfluten oder zum Zwecke der Schifffahrt und Flößerei;	Art. 10 Abs. 1 Z 10
	Wildbachverbauung;	Art. 10 Abs. 1 Z 10
	Dampfkessel- und Kraftmaschinenwesen	Art. 10 Abs. 1 Z 10
	Maßnahmen zur Abwehr von gefährlichen Belastungen der Umwelt, die durch Überschreitung von Immissionsgrenzwerten entstehen;	Art. 10 Abs. 1 Z 12
	Luftreinhaltung	Art. 10 Abs. 1 Z 12
	Heizungsanlagen	Art. 10 Abs. 1 Z 12

54

Fortsetzung **Umweltschutz**	Abfallwirtschaft hinsichtlich gefährlicher Abfälle,	Art. 10 Abs. 1 Z 12
	Abfallwirtschaft hinsichtlich nicht-gefährlicher Abfälle soweit ein Bedürfnis nach Erlassung einheitlicher Vorschriften vorhanden ist;	Art. 10 Abs. 1 Z 12
	Genehmigung von Vorhaben, bei denen mit erheblichen Auswirkungen auf die Umwelt zu rechnen ist;	Art. 11 Abs. 1 Z 7
	Umweltverträglichkeitsprüfung für Vorhaben, bei denen mit erheblichen Auswirkungen auf die Umwelt zu rechnen ist;	Art. 11 Abs. 1 Z 7
	Tierschutz mit Ausnahme der Ausübung der Jagd- oder der Fischerei	Art. 11 Abs. 1 Z 8
	Festlegung einheitlicher Emissionsgrenzwerte für Luftschadstoffe;	Art. 11 Abs. 5
	Abfallwirtschaft hinsichtlich nicht gefährlicher Abfälle, soweit nicht der Bund von seiner Kompetenz gemäß Art. 10 Abs. 1 Z 12 B-VG Gebrauch gemacht hat;	Art. 10 Abs. 1 Z 12
9. Energie	Normalisierung und Typisierung elektrischer Anlagen und Einrichtungen, Sicherheitsmaßnahmen auf diesem Gebiete;	Art. 10 Abs. 1 Z 10

	Starkstromwegerecht, soweit sich die Leitungsanlage auf zwei oder mehrere Länder erstreckt;	Art. 10 Abs. 1 Z 10
	Elektrizitätswesen, soweit es nicht unter Artikel 10 fällt;	Art. 12 Abs. 1 Z 5
	Gasleitungsrecht	
10. Verkehr und Bundesstraßen	Verkehrswesen bezüglich der Eisenbahnen und der Luftfahrt sowie der Schifffahrt, soweit diese nicht unter Artikel 11 fällt;	Art. 10 Abs. 1 Z 9
	Kraftfahrwesen;	Art. 10 Abs. 1 Z 9
	Angelegenheiten der wegen ihrer Bedeutung für den Durchzugsverkehr durch Bundesgesetz als Bundesstraßen erklärten Straßenzüge außer der Straßenpolizei;	Art. 10 Abs. 1 Z 9
	Strom- und Schifffahrtspolizei, soweit sie nicht unter Artikel 11 fällt;	Art. 10 Abs. 1 Z 9
	Bau und Instandhaltung von Wasserstraßen;	Art. 10 Abs. 1 Z 10
	Straßenpolizei;	Art. 11 Abs. 1 Z 4
	Binnenschifffahrt hinsichtlich der Schifffahrtskonzessionen, Schifffahrtsanlagen und Zwangsrechte an solchen Anlagen, soweit sie sich nicht	Art. 11 Abs. 1 Z 6

	auf die Donau, den Bodensee, den Neusiedlersee und auf Grenzstrecken sonstiger Grenzgewässer bezieht;	
	Strom- und Schifffahrtspolizei auf Binnengewässern mit Ausnahme der Donau, des Bodensees, des Neusiedlersees und der Grenzstrecken sonstiger Grenzgewässer;	Art. 11 Abs. 1 Z 6
11. Medien und Telekommunikation	Pressewesen;	Art. 10 Abs. 1 Z 6
	Fernmeldewesen;	Art. 10 Abs. 1 Z 9
	Nähere Bestimmungen über den Rundfunk und seine Organisation	Art. I Abs. 2 BVG über die Sicherung der Unabhängigkeit des Rundfunks
12. Wissenschaft und Kultus	Angelegenheiten der künstlerischen und wissenschaftlichen Sammlungen und Einrichtungen des Bundes;	Art. 10 Abs. 1 Z 13
	wissenschaftlicher und fachtechnischer Archiv- und Bibliotheksdienst;	Art. 10 Abs. 1 Z 13
	Angelegenheiten des Kultus; Denkmalschutz;	Art. 10 Abs. 1 Z 13
	Hochschulen und Kunstakademien Angelegenheiten des Kultus;	Art. 14 Abs. 1
13. Geldwirtschaft und Finanz-	Geld-, Kredit-, Börse- und Bankwesen;	Art. 10 Abs. 1 Z 5

dienstleistungen		
14. Bundesfinanzen und Monopole	Bundesfinanzen, insbesondere öffentliche Abgaben, die ausschließlich oder teilweise für den Bund einzuheben sind; (Kompetenz-Kompetenz der einfachen Bundesgesetzgebung)	Art. 10 Abs. 1 Z 4 i.V.m. §§ 3 und 7 F-VG
	Monopolwesen;	Art. 10 Abs. 1 Z 4
15. Verwaltungs- und Verwaltungsgerichtsverfahren, allgemeiner Teil des Abgaben- und Verwaltungsstrafrechts	Verwaltungsverfahren, die allgemeinen Bestimmungen des Verwaltungsstrafrechtes, das Verwaltungsstrafverfahren und die Verwaltungsvollstreckung auch in den Angelegenheiten, in denen die Gesetzgebung den Ländern zusteht, insbesondere auch in den Angelegenheiten des Abgabenwesens;	Art. 11 Abs. 2
	Bürgerbeteiligungsverfahren für bundesgesetzlich zu bestimmende Vorhaben, die Beteiligung an den einem Bürgerbeteiligungsverfahren nachfolgenden Verwaltungsverfahren und die Berücksichtigung der Ergebnisse des Bürgerbeteiligungsverfahrens bei der Erteilung der für die betroffenen Vorhaben erforderlichen Genehmigungen;	Art. 11 Abs. 6

16. Organisation der Vollziehung des Bundes	Verwaltungsgerichtsbarkeit;	Art. 10 Abs. 1 Z 6
	Angelegenheiten der Bundestheater mit Ausnahme der Bauangelegenheiten;	Art. 10 Abs. 1 Z 13
	Organisation und Führung der Bundespolizei und der Bundesgendarmerie;	Art. 10 Abs. 1 Z 14
	Regelung der Errichtung und der Organisierung sonstiger Wachkörper mit Ausnahme der Gemeindewachkörper;	Art. 10 Abs. 1 Z 14
	Einrichtung der Bundesbehörden und sonstigen Bundesämter;	Art. 10 Abs. 1 Z 16
	Die Einrichtung, die Aufgaben und das Verfahren des unabhängigen Umweltsenates;	Art. 11 Abs. 7
	Die Einrichtung, die Aufgaben und das Verfahren der Senate in Angelegenheiten der Bodenreform sowie die Grundsätze für die Einrichtung der mit den Angelegenheiten der Bodenreform sonst noch befaßten Behörden;	Art. 12 Abs. 2
	Auskunftspflicht für Organe des Bundes sowie der durch die Bundesgesetzgebung zu regelnden Selbstverwaltung;	Art. 20 Abs. 4
	Aufsichtsrecht über Gemeinden für Bundesvollziehung;	Art. 119a Abs. 3

	Bestimmungen über den VwGH;	Art. 136
	Einrichtung und Regelung des UBAS	Art. 129c

Artikel k2: Ausschließliche Länderkompetenzen

Kompetenz neu	Tatbestand B-VG	Fundstelle
1. Landesverfassung	Landesverfassung; Wahlen von Organen der Länder und Gemeinden; Landes- und Gemeindesymbole;	Art. 99, 15
	Kompetenz des VfGH zur Entscheidung von Meinungsverschiedenheiten mit LRH (Verfassungsgesetzgeber);	Art. 127c
	Zuständigkeit der Volksanwaltschaft für die Landesverwaltung (Verfassungsgesetzgeber);	Art. 148i
2. Gemeinden	Gemeinderecht und Gemeindeaufsicht;	
	Zusammensetzung von Wiener Kollegialbehörden;	Art. 111
	Gemeindeorganisationsrecht;	Art. 115 Abs. 2
	Verleihung des Stadtrechts;	Art. 116 Abs. 3
	Organisation der Gemeindeverbände;	Art. 116a Abs. 4 und 5
	Aufsichtsrecht über Gemeinden	Art. 119a

	außer Bundesvollziehung;	Abs. 3
3. Natur-, Boden- und Landschaftsschutz	Natur- und Landschaftsschutz	Art. 15
	Bodenschutz	
4. Jagd und Fischerei	Jagd und Fischereirecht;	Art. 15
5. Raumordnung, Straßen und bauliche Gestaltung	Raumordnung;	Art. 15 Abs. 1
	Straßen, ausgenommen Bundesstraßen;	
	Baurecht mit Ausnahme des technischen Baurechts;	
	Ortsbildschutz;	
6. Feuerschutz und Katastrophenhilfe	Feuerpolizei; Feuerwehrwesen;	
	Katastrophenhilfe;	
7. Örtliche Sicherheit	Angelegenheiten der örtlichen Sicherheitspolizei (das ist des Teiles der Sicherheitspolizei, der im ausschließlichen oder überwiegenden Interesse der in der Gemeinde verkörperten örtlichen Gemeinschaft gelegen und geeignet ist, durch die Gemeinschaft innerhalb ihrer örtlichen Grenzen besorgt zu werden, wie die Wahrung des öffentlichen Anstandes und die Abwehr ungebührlicherweise hervorgerufenen störenden Lärmes);	Art. 15 Abs. 2
	Veranstaltungswesen; öffentlichen Schaustellungen, Darbie-	Art. 15 Abs. 3

	tungen und Belustigungen	
	öffentliche Einrichtungen zur außergerichtlichen Vermittlung von Streitigkeiten;	Art. 12 Abs. 1 Z 2
8. Landesfinanzen	Landesfinanzen	F-VG
9. Organisation der Vollziehung des Landes	Organisation der Vollziehung in den Ländern; Landesverwaltungsgerichte	
	Organisation und Dienstrecht der UVS;	Art. 129b Abs. 6
	Stiftungen und Fonds, die nach ihren Zwecken nicht über den Interessenbereich eines Landes hinausgehen oder schon bisher von den Ländern autonom verwaltet wurden;	Art. 10 Abs. 1 Z 13
	Regelungen über die Auskunftspflicht der Organe der Länder und Gemeinden sowie der durch die Landesgesetzgebung zu regelnden Organe der Selbstverwaltung;	Art. 20 Abs. 4

Artikel k 3: Zuständigkeit von Bund und Ländern

Kompetenz neu	Tatbestand B-VG	Fundstelle
Öffentliche Aufträge	Vergaberecht	Art. 14b
Dienstrecht	Dienstrecht und Personalvertretungsrecht der Bundesbediensteten;	Art. 10 Abs. 1 Z 16

	Angelegenheiten des Dienstrechtes einschließlich des Dienstvertragsrechtes und des Personalvertretungsrechtes der Bediensteten der Länder, der Gemeinden und der Gemeindeverbände, soweit für alle diese Angelegenheiten in Abs. 2, in Art. 14 Abs. 2, Abs. 3 lit. d und Abs. 5 lit. c und in Art. 14a Abs. 2 lit. e und Abs. 3 lit. b nicht anders bestimmt ist;	Art. 21 Abs. 1
Elektronischer Rechtsverkehr	Teilweise Verwaltungsverfahren	Art. 11 Abs. 2
Statistik	Volkszählungswesen sowie - unter Wahrung des Rechtes der Länder, im eigenen Land jegliche Statistik zu betreiben - sonstige Statistik, soweit sie nicht nur den Interessen eines einzelnen Landes dient;	Art. 10 Abs. 1 Z 13

Artikel k4: Gemeinschaftliche Zuständigkeiten von Bund und Ländern

Kursiv: ohne Beschluß des Bundesrates vom Bund regelbar, weil ursprünglich Bundeskompetenz (Artikel k4 Abs. 2)

Kompetenz neu	Tatbestand B-VG	Fundstelle
1. Gesundheit	*Gesundheitswesen mit Ausnahme des Leichen- und Bestattungswesens sowie des Gemeindesanitätsdienstes und Rettungswesens, hinsichtlich der*	Art. 10 Abs. 1 Z 12

	Heil- und Pflegeanstalten, des Kurortewesens und der natürlichen Heilvorkommen jedoch nur die sanitäre Aufsicht;	
	Veterinärwesen;	Art. 10 Abs. 1 Z 12
	Ernährungswesen einschließlich der Nahrungsmittelkontrolle;	Art. 10 Abs. 1 Z 12
	Leichen- und Bestattungswesen;	Art. 10 Abs. 1 Z. 12
	Gemeindesanitätsdienst;	Art. 10 Abs. 1 Z 12
	Rettungswesen,	Art. 10 Abs. 1 Z 12
	Heil- und Pflegeanstalten;	Art. 12 Abs. 1 Z 1
	vom gesundheitlichen Standpunkt aus an Kurorte sowie Kuranstalten und Kureinrichtungen zu stellende Anforderungen;	Art. 12 Abs. 1 Z 1
	Natürliche Heilvorkommen;	Art. 12 Abs. 1 Z 1
2. Kinder und Jugend	Mutterschafts-, Säuglings- und Jugendfürsorge;	Art. 12 Abs. 1 Z 1
	Kindergartenwesen und Hortwesen;	Art. 14 Abs. 4
	Jugendschutz;	Art. 15
3. Fürsorge und Pflege	Volkspflegestätten;	Art. 12 Abs. 1 Z 1
	Sozial- und Behindertenhilfe	

	einschließlich Pflegewesen soweit es nicht unter Art. 12 Abs. 1 Z 1 fällt;	
4. Wohnungen	Wohnbauförderung	
	Volkswohnungswesen mit Ausnahme der Förderung des Wohnbaus und der Wohnhaussanierung;	Art. 11 Abs. 1 Z 3
	Assanierung;	Art. 11 Abs. 1 Z 5
5. Landwirtschaft	*Umsetzung der Gemeinsamen Agrarpolitik*	MOG
	Bodenreform, insbesondere agrarische Operationen und Wiederbesiedelung;	Art. 12 Abs. 1 Z 3
	Landwirtschaftliches Grundverkehrsrecht;	
	Tierzucht	
	Schutz der Pflanzen gegen Krankheiten und Schädlinge;	Art. 12 Abs. 1 Z 4
6. Tourismus	Fremdenverkehr, einschließlich Privatzimmervermietung und Campingwesen;	Art. 15
7. Sport	Sportangelegenheiten	
8. Kultur	Denkmalschutz	Art. 10 Abs. Z 13
	Volkstumspflege;	Art. 15

65

Baustelle 2:
Finanzausgleich

Eine unendliche Geschichte

Die österreichischen Gemeinden im Regelwerk des Finanzausgleiches oder: Eine unendliche Geschichte

Dietmar Pilz, Wien und Graz

1. Einleitung

Ein föderal gegliedertes Staatsgebilde erfordert für die finanzielle Bedeckung der den jeweiligen Gebietskörperschaften übertragenen Aufgaben eine verfassungsrechtliche Absicherung der Grundregeln für die Verteilung der Besteuerungsrechte und Abgabenerträge. Die entsprechenden Normen in Österreich finden sich im Finanz-Verfassungsgesetz 1948 (F-VG 1948).

Das F-VG 1948 regelt die finanziellen Beziehungen zwischen dem Bund und den übrigen Gebietskörperschaften. Dabei liegt der Schwerpunkt einerseits auf der Kostentragung, andererseits auf der Verteilung der Besteuerungsrechte und Abgabenerträge zwischen Bund und Ländern (Gemeinden). Das F-VG 1948 hat eine äußerst hohe Bestandswirkung. Es ist nämlich seit seinem Inkrafttreten formal lediglich zwei Mal novelliert worden.

Die Teilung der Finanzhoheit bzw. die Verteilung von Abgabenerträgen selbst wird als „Finanzausgleich" bezeichnet. Als „Finanzausgleichsgesetze" bezeichnet man die entsprechenden Ausführungsbestimmungen.

2. Grundzüge des Finanzausgleiches

2.1. Allgemeines

Unter Finanzausgleich im weiteren Sinn versteht man die Verteilung von Mitteln an die und unter den einzelnen Gebietskörperschaften, und zwar unter Berücksichtigung ihrer Aufgaben und in Relation zu Abgabenrechten, Abgabenerträgen und Zuweisungen. Dabei muss der Gleichheitsgrundsatz gewahrt sein.

Der Finanzausgleich im engeren Sinn regelt die Zuordnung der Besteuerungsrechte der Gebietskörperschaften und die Verteilung der Steuern auf diese, wobei verschiedene Ausgleichsmechanismen zur Anwendung kommen.

Beim Finanzausgleich im engeren Sinn spricht man einerseits von einer „verbundenen Steuerwirtschaft" (dem sogenannten **Verbundsystem**) und andererseits von einem „System der Abgabenteilung" (dem sogenannten **Trennsystem**).
Die Gemeinden schöpfen ihre Einnahmen zu mehr als der Hälfte aus diesem Steuerverbund, dessen Verteilungsmodus auf einem vertikalen und einem horizontalen Finanzausgleich beruht.

Das Finanzausgleichsgesetz selbst ist ein einfaches Bundesgesetz mit jeweils unterschiedlicher Geltungsdauer. Die neue Finanzausgleichsperiode wurde für einen Zeitraum von 6 Jahren, und zwar für den Zeitraum von 2008 bis 2013, festgeschrieben und unterdessen bis Ende 2016 verlängert.

2.2. Die Verteilungssysteme des Finanzausgleiches

Das FAG 2008 regelt im Wesentlichen sowohl die Besteuerungsrechte der Gebietskörperschaften als auch die Verteilung der Steuern auf diese. Zur Anwendung gelangen dabei zwei Verteilungssysteme: das Trenn- und das Verbundsystem.

2.3. Trennsystem

Im Trennsystem verbleiben sowohl die Besteuerung als auch die Zuteilung der entsprechenden Finanzmittel bei einer Gebietskörperschaft. Dabei beschaffen sich die einzelnen Gebietskörperschaften die für die Erfüllung ihrer Aufgaben erforderlichen Mittel selbst. (Beispiele: Kommunalsteuer, Grundsteuer, Lustbarkeitsabgabe etc.) Diese Abgaben spiegeln das örtliche Aufkommen exakt wider, da die eingehobenen Abgaben zur Gänze im Haushalt der Gemeinden verbleiben.

Der Ertrag der aufkommenstärksten Gemeindeabgaben ist der folgenden Zeitreihe zu entnehmen:

Ausschließliche Gemeindeabgaben	in Mio €			
	2008	2009	2010	2011
• Kommunalsteuer	2.357	2.340	2.399	2.524
• Grundsteuer A	27	27	26	26
• Grundsteuer B	552	568	583	595

2.4. Verbundsystem

Die gemeinschaftlichen Bundesabgaben (Umsatzsteuer, Lohnsteuer, Grunderwerbsteuer etc.) bilden vom Aufkommen her den größten Teil der öffentlichen Abgaben, die den Gebietskörperschaften zugutekommen. Unter öffentlichen Abgaben i.S. der Finanzverfassung sind nur Geldleistungen zu verstehen, die der Bund, die Länder oder die Gemeinden kraft öffentlichen Rechts zur Deckung ihres Finanzbedarfs erheben. Im Unterschied zum Trennsystem (örtliche Aufkommen) beinhaltet das Verbundsystem im Finanzausgleich Verteilungselemente, die der Deckung des Finanzbedarfs der Gebietskörperschaften dienen.

Den zentralen kommunalen Verteilungsparameter bilden dabei die Einwohnerzahl und die daraus abgeleitete abgestufte Bevölkerungszahl.

Daneben wird ein Anteil von rd. 25 % der Finanzmittel (Ertragsanteile) nach fixen Schlüsseln verteilt, die typischerweise auf historischen örtlichen Abgabenerträgen aufbauen.

Die Verteilung der gemeinschaftlichen Bundesabgaben auf die Gemeinden selbst erfolgt dreistufig.

Überblicksartig wird der Ertrag ausgewählter gemeinschaftlicher Bundesabgaben in den Jahren der Finanz- und Wirtschaftskrise, also 2008 und 2009, sowie das Aufkommen 2012 gegenüber gestellt. Trotz der Steuerreform Ende 2008 (insbesondere der Tarifreform –

Lohnsteuerminderaufkommen jährlich rund € 2,0 Mrd) ist eine positive Entwicklung bei den Abgaben zu beobachten.

Gemeinschaftliche Bundesabgaben Aufkommen in Mio €

	2008	**2009**	**2012**
• Umsatzsteuer	21.853	21.628	24.602
• Lohnsteuer	21.308	19.897	23.392
• Körperschaftsteuer	5.934	3.834	5.327
• veranl. Einkommensteuer	2.742	2.605	2.601
• Mineralölsteuer	3.894	3.800	4.181
• Kapitalertragsteuer I	1.573	1.144	1.179
• Kapitalertragsteuer II	2.177	1.871	1.332
• Grunderwerbsteuer	652	623	936
• Werbeabgabe	114	105	110

Die Verteilung dieser verbundenen Abgaben auf die Gemeinden erfolgt dreistufig.

2.5. Der vertikale Finanzausgleich (Stufe 1)

Vor Verteilung auf Ebene der Stufe 1 werden von bestimmten Abgaben für verschiedene Zwecke Vorweganteile in Abzug gebracht. Die gekürzten Erträge der gemeinschaftlichen Bundesabgaben werden dann nach folgenden Fixschlüsseln auf

Bund	Anteil: 67,417 %
Länder	Anteil: 20,700 %
Gemeinden	Anteil: 11,883 %

vertikal verteilt. Davon ausgenommen sind die Erträge aus der Werbeabgabe, der Grunderwerbsteuer sowie der Bodenwertabgabe. Die Grunderwerbsteuer wird gem. § 9 Abs. 1 FAG zu 4 % auf den Bund und zu 96 % auf die Gemeinden verteilt, und zwar nach dem örtlichen Aufkommen (§ 9 Abs. 7 Z 1 FAG).

Bei Anwendung dieser Schlüsselanteile ergeben sich aus nachstehender Aufstellung die Ergebnisse der vertikalen Verteilung auf Bund, Länder und Gemeinden wie folgt:

Ergebnis Stufe 1

Aufkommen 2012 – nach Vorwegabzügen [1]

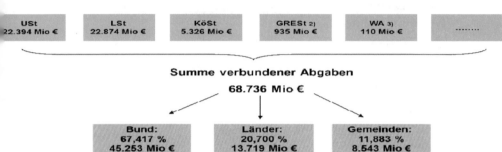

1) Vorwegabzüge für: Familienbeihilfe, GSBG
2) GRESt: Anteil Bund 4 % - Gemeinden 96 %
3) Werbeabgabe: Anteil Bund 4 % - Anteil Länder 9,083 % - Anteil Gemeinden 86,917 %

2.6. Horizontale länderweise Verteilung (Stufe 2)

Der horizontale Finanzausgleich betrifft die finanziellen Beziehungen zwischen Gebietskörperschaften derselben Ebene („länderweise Unterverteilung").
Mittels der den österreichischen Gemeinden aus der vertikalen Verteilung insgesamt zustehenden Finanzmittel (2012: € 8.543 Mio) werden sogenannte „Ländertöpfe" gebildet. Das sind jene länderspezifischen Zuwendungen, auf welche die Gemeinden eines Landes Anspruch haben. Als Gemeindeertragsanteile werden sie nach folgenden Schlüsseln verteilt:

Volkszahl	16,013 %
abgestufte Bevölkerungszahl	59,379 %

73

| Fixschlüssel | 24,608 % |

Der Fixschlüssel von 24.608 % bzw. dessen Evaluierung werden in Punkt 4.1. behandelt. Die abgestufte Bevölkerungszahl als zentraler Verteilungsparameter wird für eine Gemeinde durch folgende Vervielfältiger bestimmt:

Gemeindegrößenklasse EW = Einwohner	Vervielfältiger	
bis 10.000 EW	$1\frac{41}{67}$	= 1,612
10.001 EW bis 20.000 EW	$1\frac{2}{3}$	= 1,666
20.001 EW bis 50.000 EW	2	= 2,000
über 50.000 EW	$2\frac{1}{3}$	= 2,333

Beispiel: Bei einer Gemeinde mit 2.000 EW ergibt sich durch Anwendung des Vervielfältigers eine abgestufte Bevölkerungszahl von 3.223,88. Zudem sieht das FAG eine Einschleifregelung für Gemeinden vor, deren Einwohnerzahl bis zu 10% unterhalb einer Stufengrenze liegt. Diese Regelung bewirkt einen stufenlosen Übergang von einer Größenklasse zur nächsten.

Bei Anwendung der oa. Schlüsselelemente ergeben sich bei Verteilung von € 8.543 Mio für die Gemeinden der Länder folgende Ländertöpfe als Ergebnis der Stufe 2.

Ergebnis Stufe 2: Ländertöpfe – Gemeinden 2012: € 8.543 Mio.

Einheitliche Verteilungsschlüssel: Ländertöpfe (in Mio Euro)
Bgld: 220   OÖ: 1.345   T: 742
Ktn: 539   Sbg: 593   Vbg: 396
NÖ: 1.388   Stmk: 1.086   W: 2.234

2.7. Horizontale gemeindeweise Unterverteilung (Stufe 3)

Vor Verteilung der Mittel der Ländertöpfe auf die Gemeinden werden diese Ländertöpfe um folgende Vorweganteile gekürzt:

- Bedarfszuweisungen,

- Vorausanteile (wie den Getränke- und den Werbesteuerausgleich),

- die Mittel für den Mehraufwand aus der Abschaffung der Selbstträgerschaft,

- spezifische Vorausanteile (§ 11 Abs. 5 und 6 FAG 2008) sowie den

- Finanzkraft- bzw. Finanzbedarfsausgleich.

- Die nach Abzug der angeführten Vorausanteile verbleibenden Finanzmittel werden zur Gänze nach dem abgestuften Bevölkerungsschlüssel auf die einzelnen Gemeinden verteilt (**Stufe 3**).

Am Beispiel des Bundeslandes Steiermark stellt sich für das Jahr 2012 die Herleitung der abgestuften Ertragsanteile je Einwohner – also die gemeindeweise Unterverteilung – wie folgt dar:

Bundesland Steiermark	**in 1.000 €**
Kassenmäßige Ertragsanteile 2012 (Ländertopf)	1.086.299
abzüglich Bedarfszuweisungen	-139.900
Zwischensumme 1	**946.399**
davon Vorausanteile Getränkesteuerausgleich	-55.680
davon Vorausanteile Werbesteuerausgleich	-6.933
davon Vorausanteile Selbstträgerschaft	-5.338
davon Vorausanteile BZ Haushaltsausgleich	-36.699
Zwischensumme 2	**841.749**
abzüglich Finanzkraft-Finanzbedarfsausgleich	-47.633
Ertragsanteile abgestuft	**794.116**

geteilt durch abgestufte Bevölkerungszahl	2.156.831
Ergibt Basisbetrag in Euro	**368,2**
Basisbetrag lt. Prognose BVA 2012	**370,0**

Dieser Basisbetrag vervielfältigt mit dem jeweiligen Größenklassenfaktor ergibt die abgestuften Ertragsanteile je Einwohner.

Abgestufte Ertragsanteile je Größenklasse und je Einwohner 2012

Größenklassen	Basisbetrag	Faktor	Euro je EW gerundet
bis 10.000 EW	370,0	$1\,{}^{41}/_{67}$	597
10.001 bis 20.000 EW	370,0	$1\,{}^{2}/_{3}$	617
20.001 bis 50.000 EW	370,0	2	741
Über 50.000 EW	370,0	$2\,{}^{1}/_{3}$	864

Nach demselben Berechnungsschema wie für die steirischen Gemeinden auf Basis der Daten des Jahres 2012, zeigt das länderweise Ergebnis je Größenklasse unterschiedliche Ertragsanteile je Einwohner. Auffallend dabei ist, dass sogenannte „Ost-West-Gefälle" auf das noch näher eingegangen werden wird.

Ergebnis gemeindeweise Unterverteilung
Abgestufte Ertragsanteile je EW für 2012 in Euro

	Bgld	Ktn	NÖ	OÖ	Sbg	Stmk	Tirol	Vbg
Bis 10.000 EW	590	601	620	639	696	597	687	722

10.001 – 20.000 EW	-	622	641	661	720	617	711	747
20.001 – 50.000 EW	733	746	769	793	-	741	-	896
Über 50.001 EW	-	871	897	925	1.008	864	995	-

3. Erreichte Meilensteine in den Finanzausgleichsverhandlungen

3.1. Die Gemeinden als gleichberechtigter Partner

Bei dem in Österreich praktizierten Finanzausgleich sind die Gemeinden neben den Ländern seit Inkrafttreten des F-VG 1948 gleichberechtigte Partner des Bundes. Diese Dreigliedrigkeit – Bund, Länder, Gemeinden – wird auch als „dreistufiger Finanzausgleich" bezeichnet. Dass die Gemeinden bereits seit 1948 als gleichberechtigte Partner nach der Finanzverfassung festgeschrieben wurden, war nur durch die Einbeziehung der Gemeindeinteressenvertretungen möglich geworden. So wurde in die Finanzverfassung 1948 der Katalog der „Beschlussrechtsabgaben" aufgenommen, der den Gemeinden eine gewisse Steuerautonomie – und damit Unabhängigkeit vom Wohlwollen der Länder – einräumte; dadurch wurden die Gemeindefinanzen nachhaltig gestärkt.

Im Zuge der Verhandlungen zum Finanzausgleich ab 1973 machten die Bundesländer das alleinige Vertretungsrecht auch für die Gemeinden geltend. Der damalige Finanzminister Hannes Androsch bezog damals eine klare Position und stellte fest, dass Österreichischer Gemeindebund und Österreichischer Städtebund in den Finanzausgleichsverhandlungen die Interessen der Gemeinden wahrnehmen. Der dreistufige Finanzausgleich bildet bis heute die Grundlage für die Mitsprache der Gemeindeinteressenvertretungen bei den Finanzausgleichsverhandlungen.

Gestärkt wurde dieses System mit der Verabschiedung des FAG 1989, in dem das Mitspracherecht von Österreichischem Gemeindebund und Österreichischem Städtebund in der Schutzklausel des Finanzausgleichsgesetzes verankert wurde.

3.2. Die gemeinschaftlichen Bundesabgaben

Die Finanzverfassung gliedert die Abgaben nach der Ertragshoheit. Zu den zwischen dem Bund, den Ländern und den Gemeinden geteilten Abgaben zählen auch die gemeinschaftlichen Bundesabgaben, aus denen den Gebietskörperschaften Ertragsanteile zufließen. Die Höhe dieser Mittel hängt von der Beteiligung der Gebietskörperschaften an den gemeinschaftlichen Bundesabgaben ab. Dementsprechend war der Österreichische Gemeindebund immer darauf bedacht, die Steueranteile der Gemeinden gegenüber den anderen Gebietskörperschaften zumindest gleichbleibend zu halten. Auf diese Weise kam es insgesamt zu keiner finanziellen Schwächung bzw. Benachteiligung.

Beispielsweise wurde mit dem FAG 1959 der Steuerverbund für die Gemeinden durch höhere Anteile an verschiedenen gemeinschaftlichen Bundesabgaben (Einkommensteuer, Umsatzsteuer, Biersteuer etc.) gestärkt. Dies war übrigens der erste Finanzausgleich, der nachhaltige Änderungen im Hinblick auf die Verbesserung der finanziellen Lage insbesondere kleiner und ländlicher Gemeinden mit sich brachte.

Ein bedeutender Verhandlungserfolg ist mit dem FAG 1985 gelungen, und zwar mit der Beteiligung der Gemeinden an der neu eingeführten KESt II (Besteuerung von Zinsen aus Spareinlagen und Wertpapieren). Ihr Anteil betrug 23 %. Dieser Erfolg ist umso bemerkenswerter, als die Länder den Gemeinden ursprünglich keinerlei Beteiligung an dieser Abgabe zugestehen wollten.

In die Finanzausgleichsperiode ab 1997 fällt der erstmals im FAG-System eingeführte einheitliche Verteilungsschlüssel, und zwar für die Einkommensteuer, die Lohnsteuer, die Körperschaftsteuer und die Kapitalertragsteuer I. Dieser Schlüssel geht auf eine gutachtlich untermauerte Forderung des Österreichischen Gemeindebundes zu-

rück. Bis dahin waren die Gemeinden an der Körperschaftsteuer überhaupt nicht beteiligt.

Im Jahr 2000 wurde die Werbeabgabe als neue gemeinschaftliche Bundesabgabe geschaffen. Der Anteil der Gemeinden von rund 86,9 % entspricht dem Aufkommen der Gemeinden aus der zeitgleich abgeschafften Ankündigungsabgabe (freie Beschlussrechtsabgabe) und der Anzeigenabgabe [Landes(Gemeinde-) abgabe]. Mit dieser Maßnahme konnte ein Einkommensausfall vermieden werden.

Seit dem FAG 2005 wurde mit dem paktierten einheitlichen Verteilungsschlüssel für fast alle Bundesabgaben (ausgenommen ist z.B. der Dienstgeberbeitrag) eine weitere langjährige Forderung des Österreichischen Gemeindebundes umgesetzt, womit dem „grauen Finanzausgleich" Grenzen gesetzt wurden. Unverändert blieben die Gemeindeanteile an der Grunderwerbsteuer (96 %) und an der Werbeabgabe (86,9 %).

3.3. Von der Gewerbesteuer (Lohnsummensteuer) zur Kommunalsteuer

Österreichischer Gemeindebund und Österreichischer Städtebund konnten bereits beim ersten Finanzausgleich in der zweiten Republik (1948) erreichen, dass die aufkommensstarken Abgaben – wie Gewerbesteuer (Lohnsummensteuer) und Grundsteuer – in den Katalog der ausschließlichen Gemeindeabgaben aufgenommen wurden. In der ersten Republik stand das Aufkommen aus diesen Abgaben ausschließlich den Ländern zu.

In den 1950er Jahren hatten vor allem die einwohnermäßig kleineren, ländlichen Gemeinden mit erheblichen finanziellen Problemen zu kämpfen. Der Österreichische Gemeindebund wies auf diese Situation mit großem Nachdruck hin. Seine Abänderungsvorschläge fanden im FAG 1959 Berücksichtigung: Die Gewerbesteuer (nach dem Ertrag und nach dem Kapital) wurde zwischen Bund und Gemeinden im Verhältnis 40 : 60 aufgeteilt.

Im FAG 1967 wurde die Teilung der Gewerbesteuer auf 50 : 50 abgeändert. Als Ausgleich für ihre Verluste wurde den Gemeinden ein höherer Anteil an der Umsatzsteuer zugesprochen.

79

Mit der Abschaffung der Gewerbesteuer nach dem Kapital wurde der Hebesatz für die Gewerbesteuer nach dem Ertrag von 300 % von 150 % : 150 % ab 1986 mit 128 % für den Bund und 172 % für die Gemeinden festgelegt. Diese Änderung zugunsten der Gemeinden verhinderte einen Verlust von rund ATS 450 Mio. (€ 32,70 Mio.). Im Zuge der Steuerreform 1993 wurden die Gewerbesteuer nach dem Ertrag sowie die Lohnsummensteuer abgeschafft. Als Ersatz wurde ab 1.1.1994 die Kommunalsteuer als gemeindeeigene Einnahme eingeführt, auf Basis einer bundesgesetzlichen Regelung. Der Steuersatz von 2 % (Lohnsummensteuer) wurde auf 3 % angehoben und der Kreis der Abgabepflichtigen auf alle Unternehmer im Sinne des Umsatzsteuergesetzes erweitert. Dies hatte zur Folge, dass unter anderem ab 1.1.1994 die freien Berufe und die Land- und Forstwirtschaft (diese Unternehmen waren von der Lohnsummensteuer befreit) kommunalsteuerpflichtig wurden.

Die Kommunalsteuer ist die aufkommensstärkste gemeindeeigene Einnahme mit einem derzeitigen jährlichen Ertrag von etwas über € 2 Mrd. Seit 2003 wird sie im Rahmen der gemeinsamen Prüfung lohnabhängiger Abgaben (GPLA) von der Finanzverwaltung oder von der Gebietskrankenkasse geprüft, was zu einer Verwaltungsentlastung der Gemeinden führte.

3.4. Die Entwicklung des abgestuften Bevölkerungsschlüssels

Bei der Verteilung der Gemeindeertragsanteile ist der abgestufte Bevölkerungsschlüssel (auch „veredelte Volkszahl" genannt) das vorherrschende Kriterium. Er wurde mit dem Finanzausgleich 1948 eingeführt, trotz der Bedenken vor allem der einwohnermäßig kleinen Gemeinden.

Mit dem Finanzausgleich 1985 wurde der abgestufte Bevölkerungsschlüssel auf Drängen des Österreichischen Gemeindebundes erstmals novelliert, wobei die unterste Stufe (bis 1.000 Einwohner) beseitigt wurde. In der Folge erhöhten sich die Ertragsanteile für die Gemeinden bis 1.000 Einwohner um rund 14 %.

Mit dem Finanzausgleich 1993 erfolgte eine weitere Abflachung des aBS durch die Einführung eines Sockelbetrages von ATS 102,30 (€

7,43) Die entsprechenden Mittel wurden nach der Volkszahl verteilt. Daraus ergab sich eine Umverteilung von rund ATS 80 Mio (€ 5,81 Mio) zugunsten der Gemeinden bis 10.000 Einwohner.

Mit dem Finanzausgleich 2001 wurde der Sockelbetrag stufenweise auf ATS 1.000,00 (rd. € 72,66) pro Einwohner im Jahr 2004 erhöht. Dies wiederum bewirkte eine Verschiebung der Finanzmasse von rund ATS 800 Mio. (€ 58 Mio.) zugunsten der Gemeinden bis 10.000 Einwohner.

Im Finanzausgleich 2005 wurde die Sockelbetragsbestimmung aufgehoben und im Gegenzug der abgestufte Bevölkerungsschlüssel für Gemeinden bis 10.000 Einwohner von 1 ⅓ auf 1 ½ angehoben. Insgesamt erhielten die Gemeinden bis 10.000 Einwohner rund € 61 Mio. mehr an Ertragsanteilen. Die Verluste für die Gemeinden über 10.000 Einwohner wurden vom Bund in Form von Finanzzuweisungen abgegolten.

Der Finanzausgleich 2008 verringerte das Spannungsverhältnis des abgestuften Bevölkerungsschlüssels neuerlich. Ab 2011 wurde der Schlüssel für die unterste Größenklasse von 1 ½ auf 1 $^{41}/_{67}$ angehoben. Die daraus resultierenden Mehreinnahmen für die Gemeinden bis 10.000 Einwohner belaufen sich auf rund € 100 Mio., die den Gemeinden über 10.000 Einwohner zum Teil aus Bundes- und Landesmitteln abgegolten werden.

Mit diesem Finanzausgleich erfährt auch der wesentlichste Verteilungsparameter für die Ertragsanteile, nämlich die Verteilung nach der Volkszahl (bzw. der abgestuften Bevölkerungszahl) eine grundlegende Änderung: Ab 2009 bildet nämlich die Bevölkerungsstatistik der Statistik Austria die Verteilungsbasis für die Ertragsanteile, die ab dem Jahr 2011 in jährlichen Intervallen festgestellt werden. Das 10-Jahresintervall für die Feststellung der Volkszahl gehört seither der Vergangenheit an.

3.5. Der Gemeindekopfquotenausgleich zur Stärkung finanzschwacher Gemeinden

Finanzzuweisungen dienen im finanzverfassungsrechtlichen Sinn der Finanzierung des allgemeinen Verwaltungsaufwandes der empfan-

genden Gebietskörperschaft. Eine solche Finanzzuweisung des Bundes stellt der Gemeindekopfquotenausgleich dar, der derzeit im § 21 FAG 2008 geregelt ist.

Seine Einführung geht auf eine langjährige Forderung des Österreichischen Gemeindebundes zurück.

Im FAG 1985 wurde diese – auf einem Modell des Österreichischen Gemeindebundes basierende – Finanzzuweisung verankert: Aus Bundesmitteln erhalten finanziell schwächere Gemeinden einen Gemeindekopfquotenausgleich in Form einer Finanzzuweisung. Die Höhe des Gemeindekopfquotenausgleiches bemisst sich mit insgesamt 1,26 % der Gemeindeertragsanteile.

3.6. Die Getränkebesteuerung im Wandel der Zeit

Die entgeltliche Abgabe von Getränken wurde mit mehreren Abgaben besteuert. Neben den Bundesabgaben wie der Umsatzsteuer und der Alkoholabgabe war auch eine Getränkesteuer an die Gemeinden abzuführen.

Die Finanzausgleichsperiode zum FAG 1989 brachte ein sogenanntes „Getränkepaket". Dabei wurde die Getränkeabgabe von einer Verbrauchsabgabe in eine verkehrssteuerähnliche Abgabe umgewandelt, um die sogenannten „Auswärtsverkäufe von Getränken" besteuern zu können. Die Alkoholabgabe (gemeinschaftliche Bundesabgabe) wurde abgeschafft, die Mengensteuern auf Bier, Schaumwein und Brandwein erhöht. Der Getränkesteuersatz für alkoholische Getränke wurde von 10 % auf 5 % gesenkt.

Als Ausgleich für den Einnahmenentfall wurde der Hebesatz bei der Grundsteuer von 420 % auf 500 % angehoben.

Der Europäische Gerichtshof hat im Jahr 2000 die Getränkesteuer auf alkoholische Getränke als EU-widrig erkannt. Konsequenterweise wurde die Getränkeabgabe 2001 zur Gänze abgeschafft. Die Gemeinden erhalten seither aus Bundesmitteln einen Getränkesteuerersatz, der sich am Durchschnittsaufkommen der Gemeinden der Jahre 1993 bis 1997 bemisst. Als Ersatzleistung stellte der Bund im Jahr 2001 ATS 4.500 Mio. (€ 327,03) bereit. Diese Ersatzleistung ist durch die Koppelung an das Umsatzsteueraufkommen dynamisiert.

Diese Getränkesteuerersatzregelung hat der Verfassungsgerichtshof mit seinem Erkenntnis aus dem Jahr 2009 als verfassungswidrig aufgehoben. Eine modifizierte befristete Norm garantiert derzeit den anspruchsberechtigten Gemeinden mit einer jährlichen Verlustdeckung von 2 % kalkulierbare Getränkeabgabe-Ersatzeinnahmen.

4. Disparitäten im Finanzausgleich

Bei einem derart komplexen Verteilungssystem, wie jenes des Finanzausgleiches, kommt es unvermeidbar zu Disparitäten, die an drei Beispielen exemplarisch erläutert werden.

4.1. Der Fixschlüssel gem. § 9 Abs 7 Z 5 lit. b FAG 2008

Von den Gemeindeertragsanteilen werden 24,608 % nach einem Fixschlüssel für die Dotierung der Ländertöpfe ermittelt.
Die Verteilung der Gemeindeertragsanteile nach diesem Fixschlüssel auf die einzelnen Ländertöpfe regelt das Finanzausgleichsgesetz anhand von folgenden Fixanteilen:

	Fixanteil in %	Volkszahl in %
Niederösterreich	13,549	19,207
Burgenland	1,260	3,395
Oberösterreich	16,499	16,834
Salzburg	8,251	6,328
Steiermark	9,338	14,419
Kärnten	5,291	6,656
Tirol	8,939	8,438
Vorarlberg	5,981	4,405
Wien	30,892	20,312

Wenn man die Fixanteile den Volkszahlen der Länder gegenüberstellt, fallen sofort Diskrepanzen ins Auge, die die Ursache für die unterschiedlich hohen länderweisen Ertragsanteile je Einwohner (EW) sind (siehe Pkt. 2.7.).

Diese Diskrepanzen sind – soweit es die Gemeinden betrifft – mit historischen Abgabenaufkommen zu begründen, die im Zuge der Schaffung der einheitlichen Verteilungsschlüssel für die gemeinschaftlichen Bundesabgaben Eingang ins Finanzausgleichssystem gefunden haben. Es sind im Wesentlichen zwei Abgaben, die zu dieser Bandbreite bei den Ertragsanteilen (Ost-West-Gefälle) führen:

4.1.1. Gewerbesteuer

Bei der Verteilung der gemeinschaftlichen Bundesabgaben auf die Gebietskörperschaften war das örtliche Aufkommen an Gewerbesteuer (Gewerbesteuer nach dem Ertrag und dem Kapital) ein Verteilungsparameter bei der Einkommensteuer und Umsatzsteuer. Mit der Abschaffung der Gewerbesteuer im Jahr 1993 wurde mit der Novelle zum FAG 1993 (BGBL 959/1993) der Wortlaut *„nach dem länderweisen Aufkommen an Gewerbesteuer (nach dem Gewerbeertrag und Gewerbekapital")* durch *„nach dem länderweisen Aufkommen an Gewerbesteuer (nach Gewerbeertrag und dem Gewerbekapital) der Jahre 1989 bis 1993"* ersetzt.

Das Gewerbesteueraufkommen wurde bis 1993 in der Stufe 2 bei der Einkommen- und der Umsatzsteuer nach festgelegten Anteilen verteilt. Nach dem Wegfall dieser Abgabe wurden die Durchschnittserträge aus der Gewerbesteuer von 1989 bis 1993 in die Verteilung bei der Einkommensteuer und Umsatzsteuer aufgenommen.

Exkurs: Getränkeabgabeersatz
Der Verfassungsgerichtshof hat mit seinem Erkenntnis zum Getränkesteuerausgleich (G 276/09-14) festgestellt, dass dieser nicht als Dauerlösung zu rechtfertigen sei, da als Bemessungsgrundlage das durchschnittliche Getränkesteueraufkommen der Jahre 1993 bis 1997 herangezogen wurde. Eine solche Regelung führe notwendigerweise zu einer gezielten Begünstigung jener Gemeinden, die in einer bestimmten historischen Zeitspanne mehr Erträge aus der Getränkesteuer erzielten, ohne Rücksicht darauf, ob diese Erträge auch in der Folge erzielt worden wären. Der Getränkesteuerausgleich in seiner konkreten Form bedeute andererseits eine Diskriminierung jener Gemeinden, die in den Jahren nach 1999 ihrerseits Getränkesteuereinnahmen hätten erzielen können.

Die Sichtweise des Verfassungsgerichtshofes trifft im Kern auch auf das im o.a. Fixschlüssel enthaltene Gewerbesteueraufkommen von 1989 bis 1993 zu. So wurden in vielen Gemeinden in diesem Zeitraum Firmen gegründet (Beispiele: Betriebe in den Thermenregionen, etwa im Burgenland, oder der sogenannte „Autocluster" in der Steiermark), wo bei Beibehaltung der Gewerbesteuer (nach dem Ertrag) den Standortgemeinden höhere Einnahmen zugeflossen wären.

Mangels Gewerbesteuerdaten bestünde ein Lösungsansatz darin, die Entwicklung der regionalen Wirtschaftsleistungen einer bestimmten Periode auf Basis aktueller Daten (Statistik Austria) zu evaluieren, um Vergleiche anstellen zu können.

4.1.2. Die Kapitalertragsteuer I (Kest I)

Der Kest I unterliegen die Ausschüttungen (Dividenden) von Kapitalgesellschaften an Gesellschafter oder Aktionäre. Abzugsverpflichteter ist der Schuldner der Kapitalerträge (also die Kapitalgesellschaft). Abzuführen ist die Kest I an das Sitzfinanzamt der Kapitalgesellschaft. Der Steuersatz beträgt 25 % vom Ausschüttungsbetrag, wobei die Kapitalerträge mit der Kest I-Abfuhr für den Begünstigten endbesteuert sind.

Mit der Novelle zum FAG 1997 (BGBL 32/1999) wurde für die Gebietskörperschaften ein einheitlicher Schlüssel in Bezug auf die veranlagte Einkommensteuer, die Lohnsteuer, die Körperschaftsteuer und die Kest I beschlossen. (Gemeindeanteil Stufe 1: 14,514 %) Neben dem positiven Effekt der erstmaligen Mitbeteiligung der Gemeinden an der Körperschaftsteuer (diese war zuvor dem Katalog der ausschließlichen Bundesabgaben zugeordnet) wäre der Verteilungsschlüssel der Kest I, der ihre Verteilung auf die Ländertöpfe regelt, zu analysieren. Nach der Novelle zum FAG 1997 wird die Kest I auf die Gemeinden nämlich nach dem örtlichen Aufkommen verteilt. Bei den im Fixschlüssel enthaltenen anderen Ertragsteuern, wie der Einkommensteuer, der Lohnsteuer, der Körperschaftsteuer und der Kapitalertragsteuer II (Kest II) findet das örtliche Aufkommen aus diesen Abgaben keine Berücksichtigung.

Warum gerade die Kest I von dieser Regelung ausgenommen wurde, ist nicht nachvollziehbar, zumal bei keiner der Ertragsteuern – auch nicht bei der Kest I – eine spezifische Deckung des Finanzbedarfs der Gemeinden zu erkennen ist.

Die gesetzliche Grundlage für die Kest I (wie auch für die Kest II und die Einkommensteuer) ist im Einkommensteuergesetz verankert. Die Kest I hat demzufolge den Charakter einer endbesteuerten Einkommensteuer (§ 93 Einkommensteuergesetz).

Wie erwähnt, werden die gemeinschaftlichen Bundesabgaben – soweit es die Gemeindeanteile betrifft - in der Regel nach der Volkszahl und im Wesentlichen nach der abgestuften Bevölkerungszahl verteilt. (Stufe 2 und Stufe 3)

Da die Kest I an das Sitzfinanzamt zu entrichten ist, konzentriert sich dieses Aufkommen daher überall dort, wo die großen Kapitalgesellschaften ihren Geschäftssitz haben. Betrachtet man nun das länderweise Aufkommen an Kest I, etwa im Jahr 2012, ist es – ist wie nachstehend ersichtlich –mit dem Prinzip des „örtlichen Aufkommens" als Verteilungsparameter nicht in Einklang zu bringen.

Kest I: Länderweises Aufkommen 2012 in Mio €

Bgld.	Ktn.	Nö.	OÖ.	Sbg.	Stmk.	Tirol	Vbg.	W
4	59	144	236	138	105	90	77	631

Kest I: Länderweises Aufkommen 2012 in %

Bgld.	Ktn.	Nö.	OÖ.	Sbg.	Stmk.	Tirol	Vbg.	W
0,3	4,0	9,7	15,9	9,3	7,1	6,0	5,2	42,5

Daraus lässt sich auch die anteilsmäßige länderweise Verteilung der Ertragssteuern ableiten. Mit der FAG-Novelle 1997 wurden in der Stufe 2 27,247 % (die restliche Aufkommensverteilung an den Ertragssteuern erfolgt zu 72,753 % nach dem abgestuften Bevölkerungsschlüssel) des Ertragssteueraufkommens auf Basis folgender Anteilsverhältnisse verteilt:

in %

Bgld.	Ktn.	Nö.	OÖ	Sbg.	Stmk.	Tirol	Vbg.	W
1,407	4,709	12,941	16,271	7,647	8,869	8,788	5,652	33,716

In diesen Anteilsverhältnissen steckt auch das damalige örtliche Aufkommen an Kest I. Der Vergleich dieser Prozentanteile aus dem Jahr 1997 mit den Fixschlüsselanteilen nach derzeitiger Regelung (siehe Pkt. 4.1.) zeigt ähnliche Anteilsstrukturen bzw. leicht schwankende EA/EW, die jährlich nur durch die Verteilung der Grunderwerbsteuer (Grest) nach dem örtlichen Aufkommen variieren.

4.1.3. Berechnungsvariante: Verteilung nach der Volkszahl und der abgestuften Bevölkerungszahl

Würde man bei der Dotierung der Ländertöpfe (Stufe 2) den Fixschlüssel ausklammern und an seiner Stelle die Volkszahl und die abgestufte Bevölkerungszahl in der Gewichtung 16,013% Volkszahl und 59,379% abgestufte Bevölkerungszahl (Stufe 2) als Verteilungsparameter einbeziehen, ergeben sich bei den Ländertöpfen folgenden Mehr- oder Mindererträge.

Mehr- oder Mindererträge an abgestuften Ertragsanteilen in € 1000,00

Bgld.	Ktn.	Nö.	OÖ.	Sbg.	Stmk.	Tirol	Vbg.	W
+25.723	+18.079	+59.644	-5.346	-28.851	+65.216	-13.571	-25.380	-95.514

Die Auswirkungen auf die Ertragsanteile je EW für die Größenklassen bis 10.000 EW sind der folgenden Tabelle zu entnehmen.

Mehr- oder Mindererträge je EW in der Größenklasse bis 10.000 EW in Euro

Bgld.	Ktn.	Nö.	OÖ.	Sbg.	Stmk.	Tirol	Vbg.	W
+77	+25	+31	-3	-42	+43	-15	-55	--
--	+36	+45	-4	-61	+62	-22	--	--

87

Die stärksten negativen Auswirkungen sind bei den Gemeinden im Burgenland festzustellen, was vor allem eine Folge der Verteilung der Kest I nach dem örtlichen Aufkommen ist.

4.1.4. Zusammenfassung

Die rechnerischen Auswirkungen bei dieser (extremen) Variante zeigen die Bandbreite der Mehr- oder Mindererträge auf. Die Ursache dafür liegt – wie bereits ausgeführt – im Fixschlüssel bzw. in der Verteilung der Kest I (integriert im Fixschlüssel) und des Grunderwerbsteuerertrages nach dem örtlichen Aufkommen. Bedarfsmaßstäbe für die Zuteilung der gemeinschaftlichen Bundesabgaben auf die Gemeinden sollten aber die Volkszahl und die abgestufte Bevölkerungszahl sein; eine Begründung für die Einbindung des örtlichen Aufkommens von gemeinschaftlichen Bundesabgaben als Verteilungselement auf dieser Ebene (Stufe 2) ist nicht erkennbar. Schwerpunkt für künftige Finanzausgleiche wird aber m.E. die Bevölkerungsentwicklung bis zum Jahr 2050 sein.

Ein positiver Effekt ist im Fixschlüssel als konstante Größe dennoch zu erkennen, als Bevölkerungsentwicklungen (Zu bzw. Abwanderungen) keine Auswirkungen auf die Ertragsanteile haben, die mittels des Fixschlüssels – also zu rund 25% - verteilt werden.

4.2. Das Verteilungssystem der Grunderwerbsteuer im FAG

Die Grunderwerbsteuer ist dem Katalog der gemeinschaftlichen Bundesabgaben gem. § 8 Abs. 1 FAG 2008 zugeordnet. Die entsprechenden Erträge unterliegen nicht dem Verteilungssystem der Stufe 1 und Stufe 2, sondern werden gem. § 9 Abs. 1 FAG 2008 zu 4 % auf den Bund und zu 96 % auf die Gemeinden verteilt, und zwar nach dem örtlichen Aufkommen (§ 9 Abs. 7 Z 1 FAG 2008). Darunter ist nicht eine gemeindeweise Zuteilung zu verstehen, vielmehr das länderweise (örtliche) Aufkommen (Summe der Aufkommen an Grunderwerbsteuer aller Gemeinden eines Bundeslandes), das den Ländertopf (Stufe 2) für die gemeindeweise horizontale Unterverteilung stärkt.

Der Ländertopf (alle Anteile aus den gemeinschaftlichen Bundesabgaben einschließlich der Anteile an Grunderwerbsteuer) wird in jedem Bundesland noch um die Landesumlage und um die Bedarfszuweisungen bzw. die verschiedene Vorausanteile gekürzt. Die verbleibenden Ertragsanteile werden danach im Rahmen der gemeindeweisen Unterverteilung auf die Einzelgemeinden ausschließlich nach dem abgestuften Bevölkerungsschlüssel verteilt. (siehe Pkt. 2.7. – horizontale gemeindeweise Unterverteilung)

Wie bei der Kapitalertragsteuer I, findet auch die Verteilung des Grunderwerbsteueraufkommens nach dem örtlichen Aufkommen in den Kommentaren zum Finanzausgleich keine plausible Erklärung. Denn die Grunderwerbsteuer zählt zwar nicht zu den Ertragsteuern (wie etwa die Kest I), dennoch stellt sich die Frage, warum die mit dem 1. Stabilitätsgesetz 2012 ab 1. April 2013 neu eingeführte Immobilienertragsteuer dem allgemeinen Verteilungssystem unterliegt und die Grunderwerbsteuer jenem des örtlichen Aufkommens.

4.2.1. Berechnungsvariante: Die Verteilung der Grunderwerbsteuer nach der Volkszahl und abgestuften Bevölkerungszahl

Bei Verteilung der Grunderwerbsteuer nach der Volkszahl und nach der abgestuften Bevölkerungzahl im Verhältnis der in der Stufe 2 enthaltenen Schlüssel würden sich folgende Mehr- oder Mindererträge zeigen.

**Mehr- oder Mindererträge an abgestuften Ertragsanteilen in €
1.000,00**

Bgld.	Ktn.	Nö.	OÖ.	Sbg.	Stmk.	Tirol	Vbg.	W
+5.378	+2.759	+32.608	+29.356	-	+7.787	-	-	-
				14.138		19.566	5.894	38.290

**Mehr- oder Mindererträge je EW in der Größenklasse bis 10.000
EW in Euro**

Bgld.	Ktn.	Nö.	OÖ.	Sbg.	Stmk.	Tirol	Vbg.	W
+16	+4	+17	+17	-20	+5	-22	-13	--

4.2.2. Zusammenfassung

Die Ausführungen zu 4.1.4. treffen im Wesentlichen auch auf das Verteilungssystem bei der Grunderwerbsteuer zu.

4.3. Die Bevölkerungsentwicklung bis zum Jahr 2050

Das Hauptgewicht bei der Verteilung der gemeinschaftlichen Bundesabgaben auf die Gemeinden liegt auf deren Einwohnerzahl und, davon abgeleitet, auf der abgestuften Bevölkerungszahl. Auf Basis der anzuwendenden Bevölkerungsstatistik der Statistik Austria für die Berechnung der Ertragsanteile werden alle jene Gemeinden, die unter dem Durchschnitt des Bevölkerungszuwachses liegen, Ertragsanteilseinbußen hinnehmen. Besonders wird das die sogenannten „Abwanderungsgemeinden" treffen. Die Bevölkerungsrückgänge und -zuwächse orientieren sich bei der Berechnung der Ertragsanteile in der Stufe 3 unverändert am abgestuften Bevölkerungsschlüssel der entsprechenden Gemeindegrößenklasse.

Nach einer von der Statistik Austria erstellten Prognose (Dezember 2012) wird sich die Bevölkerung länderweise bis zum Jahr 2050 (mittlere Fertilität: Lebenserwartung, Zuwanderungen) wie folgt entwickeln:

	2010	2050	+/- %
Burgenland	284.363	316.983	+11,4
Kärnten	558.955	525.558	-6,0
Niederösterreich	1.609.772	1.852.194	+15,1
Oberösterreich	1.412.252	1.519.036	+7,6
Salzburg	530.610	559.710	+5,5
Steiermark	1.209.229	1.242.359	+2,7
Tirol	707.485	766.015	+8,3
Vorarlberg	369.453	412.015	+11,5
Wien	1.705.623	2.137.034	+25,3
Summe	**8.387.742**	**9.330.904**	**+11,2**

4.3.1. Auswirkungen auf die Ländertöpfe

Da das zu verteilende Finanzvolumen (Stufe 1) trotz unterschiedlicher Einwohnerdynamiken unverändert bleibt, müssen – rein mathematisch betrachtet – alle jene Gemeinden der Bundesländer in der horizontalen Unterverteilung (Ländertöpfe) an Ertragsanteilen verlieren, deren Einwohnerzuwachs sich unter jenem des Durchschnittszuwachses von 11,2% bewegt. Ohne legistische Eingriffe in das Finanzausgleichssystem werden daher einige Bundesländer (vor allem Kärnten mit einem Einwohnerrückgang von 6 %) ihre kompetenzmäßig zugewiesenen Aufgaben kaum mehr erfüllen können. Wien mit der absolut höchsten Bevölkerungsdynamik (+25,3%) hätte im Zeitraum bis 2050 jährlich durchschnittlich mit zusätzliche 60 Mio. EURO zu rechnen (in Summe bis 2050 rund 2,4 Mrd. EURO), dies zu Lasten der Länder mit unterdurchschnittlichen Zuwächsen bzw. Bevölkerungsrückgängen.

4.3.2. Horizontale gemeindeweise Unterverteilung

Ob im Fall von Einwohnerzugängen in einer Gemeinde die Anwendung des abgestuften Bevölkerungsschlüssels in seiner derzeitigen Form für die „neuen Einwohner" noch seine Richtigkeit hat, kann durchaus kritisch hinterfragt werden. Kaum mehr begründbar ist die Anwendung des aBS aber dann, wenn sich eine Gemeinde einem Einwohnerrückgang gegenübersieht. Für sogenannte „Abwanderungsgemeinden" werden sich nämlich in diesem Fall Ertragsanteilskürzungen ergeben, die sich negativ „abgestuft", je nach den Vervielfältigern der einzelnen Größenklassen, auswirken. Eine Begründung für diesen doch etwas paradoxen Verteilungsvorgang konnte bislang weder in der Literatur noch in der Rechtsprechung gefunden werden.
Eine weitere Verschärfung ergab sich z.B. 2011, und zwar durch die Änderung des Vervielfältigers beim aBS in der untersten Größenklasse vom Faktor 1,5 auf den Faktor 1,612 Mit dieser weiteren Abflachung des aBS wird die Schere zwischen „Gewinnergemeinden" und „Verlierergemeinden" noch mehr auseinanderklaffen. Darüber hinaus ist es erfahrungsgemäß strittig, ob mit der Abnahme der Ein-

wohnerzahl einer Gemeinde überhaupt Ausgabenminderungen (und zwar abgestuft) einhergehen („Kostenremanenz").

4.4. Grundlegende Reform der gemeindeeigenen Grundsteuer

Die Grundsteuer gehört zu den ältesten Formen der direkten Besteuerung und ist im Katalog der ausschließlichen Gemeindeabgaben des Finanzausgleiches enthalten. Das örtliche Finanzamt stellt die Einheitswerte und die Grundsteuermessbeträge fest, die Gemeinde schreibt die Grundsteuer (Hebesatz 500 %) bescheidmäßig vor. Die letzte Hauptfeststellung der Einheitswerte des Grundvermögens hat zum Stichtag 1.1.1972 mit Wirksamkeit 1.1.1973 stattgefunden. In Etappen wurden diese Werte um insgesamt 35 % linear im Zeitraum 1977 bis 1983 angehoben. Seit dieser Zeit hat es der Bundesgesetzgeber verabsäumt, die gesetzlich vorgesehene Hauptfeststellung der Einheitswerte durchzuführen.

Durch das jahrzehntelange Unterbleiben der Hauptfeststellung spiegeln die Einheitswerte längst nicht mehr die jeweilige Wertentwicklung von Grund und Boden und Gebäuden wieder. Der Verfassungsgerichtshof zieht die sachliche Rechtfertigung dieser Einheitswerte als Besteuerungsgrundlage mehr und mehr in Zweifel, im Falle der Erbschafts- und Schenkungssteuer sowie Teilen der Grunderwerbsteuer führten diese Bedenken bereits zur Gesetzesaufhebung.

Experten des Österreichischen Gemeindebundes und des Österreichischen Städtebundes sowie des Bundesministeriums für Finanzen haben im Hinblick auf die kaum mehr tragbare Situation folgendes Reformkonzept in Grundzügen erarbeitet:
Die zentralen Zielsetzungen dieses Reformkonzepts sind die verfassungsrechtliche Absicherung der Grundsteuer, die Neufestsetzung der veralteten Einheitswerte mittels einer letztmaligen, deutlich vereinfachten Hauptfeststellung von Nutzfläche, Ausführung und Erhaltungszustand (da sich die weiteren Daten aus den vorhandenen Registern ergeben, kann die Erhebung bei den Bürgerinnen und Bürgern knapp ausfallen) und die laufende Valorisierung über einen aus Daten der vorhandenen Kaufpreissammlungen und des Baukostenindex gebildeten Regionalindex.

Da die Bewertung künftig weniger kasuistisch erfolgen soll, wird dem Steuerpflichtigen die Möglichkeit eingeräumt, per Individualantrag einen niedrigeren Liegenschaftswert glaubhaft zu machen. Durch die starke Vereinfachung des Bewertungssystems und die Nutzung vorhandener Daten kommt es zu einer nachhaltigen Reduktion des Verwaltungsaufwands für Bund und Gemeinden:

Es soll lediglich die Bodenkategorien „Bauland" und „Sonstige Widmungen" (diesen wird ein ortsüblicher Preis aus den vorliegenden Kaufpreissammlungen der Finanzämter zugeordnet) sowie drei Gebäudekategorien (Wohnzwecke, geförderter Wohnbau und Sonstige) geben.

Die Bewertung soll mit den durchschnittlichen Baukosten (die der Statistik Austria vorliegen) je m2 Nutzfläche bei Wohnbauten bzw. m3 bei Nicht-Wohnbauten erfolgen.

Die im Bewertungsgesetz enthaltenen relativ hohen Abschläge sowie die im Grundsteuergesetz verankerten Befreiungen sollen weitgehendst entfallen.

Die in ihrem Lenkungsziel sinnvolle, jedoch zurzeit ineffizient gehandhabte Bodenwertabgabe könnte in das neue System integriert werden.

Durch die laufende Valorisierung wird die Aufkommensentwicklung künftig der Wertentwicklung entsprechen. Durch eine vom Bundesgesetzgeber festgelegte Bandbreite beim Steuersatz, allenfalls auch je Gebäude-/Bodenkategorie, soll den Gemeinden mehr Steuerautonomie eingeräumt werden. Eine Erhöhung des Aufkommens dieser gemeindeeigenen Abgabe muss in sozial verträglichem Ausmaß erfolgen.

Eine baldige Befassung dieses Reformkonzeptes auf politischer Ebene sollte der nächste Schritt sein, um dem zeitlichen Druck für eine Neuregelung im Falle einer Verfassungswidrigkeit der Einheitswerte zu entgehen.

5. Ausblick

Eine Fortschreibung der Verteilungssysteme des geltenden Finanzausgleiches würde Gemeinden – vor allem in ländlichen Regionen
gelegene – mittel- bis langfristig finanziell „aushungern". Ziel des
Finanzausgleiches sollten jedoch stabile Gemeindefinanzen sein.

Einige Lösungsvarianten – wie beispielshaft aufgezählt – bieten sich
dazu an:

- **Strukturfonds:**
  Gebiete (Regionen) mit Strukturproblemen (z.b. bezirksweise)
  sollten zusätzliche Mittel (Bundesmittel und Gemeindemittel) je
  nach Finanzstärke der dort gelegenen Gemeinden erhalten. Diese
  Regionen sollten im jeweiligen Finanzausgleichsgesetz nament-
  lich festgelegt werden. Diese Variante entspräche etwa dem in
  Schweizer Finanzausgleich geregelten Lastenausgleich.

- **Abflachung des abgestuften Bevölkerungsschlüssels (aBS)**
  Das Hauptgewicht bei der Verteilung der gemeinschaftlichen
  Bundeabgaben an die Gemeinden liegt auf der Einwohnerzahl
  bzw. der abgestuften Bevölkerungszahl, die Einwohner größerer
  Städte gegenüber Einwohnern kleinerer Städte und Gemeinden
  kaum begründbar besser stellt. Im Sinne einer faireren Verteilung der Gemeindeertragsanteile sollte die Anhebung des sogenannten aBS-Vervielfachers der Größenklasse bis 10.000 Einwohner auf jene von 10.001 bis 20.000 Einwohner gefordert
  werden.

- **Stärkung von Abwanderungsgemeinden**
  Die Statistik Austria prognostiziert bis 2050 einen bundesweiten
  Einwohnerzuwachs von rund 11,2%. Über diesem Durchschnitt
  wachsen Wien (+25,3%), NÖ (+15,1%), Vbg. (+11,5%) und
  Bgld. (+11,4%). Die verbleibenden Bundesländer verzeichnen
  Zuwächse zwischen 3 und 8 Prozent. Als einziges Bundesland
  wird Kärnten im Jahr 2050 gegenüber 2012 um rund 6%
  schrumpfen. Sollte die aktuell überaus dominante Rolle des aBS
  unverändert beibehalten werden, wird – betrachtet man die Lan-

desebene - Kärnten massive und die stark unterdurchschnittlich wachsenden Länder spürbare Verluste überwiegend zugunsten der Bundeshauptstadt erleiden. Betrachtet man die prognostizierte Bevölkerungsentwicklung auf Ebene der Gemeinden, wird der Befund noch dramatischer. Die Bevölkerungsdynamik findet nämlich fast ausschließlich in Ballungszentren statt und würde bei unverändertem Einwohnerschlüssel im FAG zu massiven Finanzierungsproblemen in einwohnermäßig unterdurchschnittlich wachsenden oder gar schrumpfenden Gemeinden führen, denn die Kosten (insbesondere die Fixkosten) nehmen nicht automatisch ab (Kostenremanenz), nur weil die Einwohnerzahl und somit die Gemeinde-Ertragsanteile sinken.

Wenn einige sich im Laufe der Jahrzehnte eingeschlichene Disparitäten zumindest etappenweise einer Lösung zugeführt werden könnten, um insgesamt einen Ausgleich, einerseits im Ost-West-Gefälle, andererseits im Spannungsverhältnis Städte versus ländliche Gemeinden herbeizuführen, dann wird die geforderte Stabilität im Rahmen des österreichischen Stabilitätspaktes für die kommunalen Haushalte gewährleistet werden können.

Der Gesetzgeber hat dazu durch die Verlängerung der Periode des Finanzausgleiches 2008 bis zum Ende des Jahres 2016 den Finanzausgleichspartnern, also dem Bund, den Ländern und den Gemeinden, letztere vertreten durch den Österreichischen Gemeindebund und Österreichischen Städtebund, genug zeitlichen Spielraum eingeräumt, um Reformen zu paktieren.

6. To Do Liste: Stärken und Schwächen des Finanzausgleichs

1. Die Finanzverfassung regelt die Grundsätze für die finanzielle Bedeckung der den Gebietskörperschaften übertragenen Aufgaben. Das Finanzverfassungsgesetz selbst stammt aus dem Jahre 1948 und gilt bis auf einige wenige Novellen bis heute unverändert, was grundsätzlich für die Qualität dieser Rechtsmaterie spricht.

2. Das Finanzausgleichsgesetz (FAG) als Ausführungsgesetz zum Finanzverfassungsgesetz wird vom Nationalrat mit relativer Mehrheit beschlossen, und zwar mit jeweils unterschiedlicher Geltungsdauer. Grundlage für diesen Beschluss bildet ein von allen Finanzausgleichspartnern unterfertigtes Paktum, in dem die einvernehmlich erzielten Ergebnisse der Finanzausgleichsverhandlungen niedergeschrieben werden. Dieses Paktum ist für den Gesetzgeber im Rahmen der parlamentarischen Umsetzung bindend.

3. Die kommunalen Spitzenverbände, das sind der Österreichische Gemeindebund und der Österreichische Städtebund, sind durch das jeweilige Finanzausgleichsgesetz legitimiert und vertreten bei den Finanzausgleichsverhandlungen die Interessen der österreichischen Gemeinden, indem sie ihre jeweiligen Forderungen an den Finanzausgleichsgesetzgeber einbringen.

4. In den vergangenen Jahrzehnten konnten im Besonderen für die finanz- und einwohnerschwachen ländlichen Gemeinden wesentliche Verbesserungen erzielt werden, wie etwa die mehrmalige Anhebung des Multiplikators in der untersten Größenklasse (Gemeinden bis 10.000 Einwohner).

5. Nicht unerwähnt soll auch die Steuerreform 1993 bleiben, mit der die Gewerbesteuer abgeschafft und als Ersatz anstelle der Lohnsummensteuer (2% von der Bruttolohnsumme) die Kommunalsteuer (3% von der Bruttolohnsumme) eingeführt wurde. Gleichzeitig wurde auch der Kreis der Abgabenpflichtigen auf alle umsatzsteuerpflichtigen Unternehmen erweitert. Damit konnte das Aufkommen dieser ausschließlichen Gemeindeabgabe stark verbessert werden.

6. In den Finanzausgleichen der letzten Jahrzehnte bestehen aber auch Disparitäten, beispielsweise durch den Fixschlüssel lt. §9 FAG 2008, der in der horizontalen länderweisen

Verteilung der gemeinschaftlichen Bundesabgaben zu starken Schwankungen führt. So erhielten die Gemeinden des Bundeslandes Vorarlberg 2012 in der Größenklasse bis 10.000 Einwohner € 722,00/EW, die Gemeinden des Bundeslandes Burgenland im gleichen Zeitraum nur € 590,00/EW. Ob damit dem Bedarfsprinzip Genüge getan wird, sei dahingestellt.

7. Die Grunderwerbsteuer als gemeinschaftliche Bundesabgabe wird nicht nach dem Verteilungssystem der Stufe 1 (vertikale Verteilung), sondern nach dem örtlichen länderweisen Aufkommen verteilt. Dies bedingt – wie beim Fixschlüssel – auch unterschiedliche länderweise Gemeindeertragsanteile. Dieses Verteilungssystem ist nicht nachvollziehbar, zumal etwa die Immobilienertragssteuer – eingeführt im Jahr 2012 – zwar dem Katalog der gemeinschaftlichen Bundesabgaben zugeordnet wurde, aber dennoch dem allgemeinen Verteilungssystem unterliegt.

8. Nach einer von der Statistik Austria erstellten Prognose wird die österreichische Bevölkerung bis zum Jahr 2050 um durchschnittlich 11,2 % wachsen. Die Bundesländer (und deren Gemeinden), für die ein unterdurchschnittliches Wachstum zu erwarten ist, werden zwangsläufig Einnahmenminderungen erfahren. (Anmerkung: Besonders stark betroffen wird das Bundesland Kärnten sein, das mit einem Bevölkerungsrückgang von -6% zu rechnen hat.) Daher erscheint die Schaffung neuer Verteilungssysteme, etwa durch einen bedarfsorientierten Finanzausgleich, zwingend notwendig.

9. Die Verteilungsregeln sind auch dann nicht nachvollziehbar, wenn Einwohnerrückgänge bei Gemeinden zu Ertragsanteilsminderungen (negativ abgestuft) führen – dies vor dem Hintergrund der damit verbundenen Kostenremanenz.

Die Höhe der Grundsteuer (als ausschließliche Gemeindeabgabe) bemisst sich am Einheitswert des Grundvermögens, der von den örtlichen Finanzämtern festgestellt wird. Durch das jahrzehntelange

Unterbleiben der Hauptfeststellung (zuletzt 1973) spiegeln die Einheitswerte längst nicht mehr den realen Wert bzw. die reale Wertsteigerung von Grund und Boden sowie Gebäuden wider. Die Verhandlungen hinsichtlich des vom Österreichischen Gemeindebund und Österreichischen Städtebund gemeinsam mit Experten des Bundesministeriums für Finanzen erarbeiteten Modells (des sogenannten „Altlängbacher Modells") über eine grundlegende Reform der Einheitswerte bzw. der Grundsteuer sollten also möglichst rasch in Angriff genommen werden.

Literatur

Ruppe, Hans Georg, Finanzverfassung und Rechtsstaat, Facultas Verlags- und Buchhandels AG, Wien 2007

Hüttner Bertram, Griebler Dietmar, das Finanzausgleichsgesetz 2008 – ein Handbuch, NWV Neuer Wissenschaftlicher Verlag, Wien.Graz 2008

Matzinger, Anton, der optimal Finanzausgleich, Finanzausgleich 2008 – ein Handbuch, NWV Neuer Wissenschaftlicher Verlag, Wien.Graz 2008

Matzinger, Anton, Finanzschwache Gemeinden im Finanzausgleich, RFG, 01/März 2014

Hüttner Bertram, Pilz Dietmar, Finanzierungssituation der österreichischen Städte und Gemeinden, Handbuch der kommunalen Finanzwirtschaft, Manz, 1996

Meister Wolfgang, Pilz Dietmar, Grundzüge der Finanzierung öffentlicher Aufgaben, So managen wir Österreich, Manz 2008

Martin Huber, Daniel Kosak, Helmut Mödlhammer, Mein Lebensweg für die Gemeinden. Wien – Graz - Klagenfurt 2013

Sturmlechner Christian, Überlegungen für Vereinfachungen im Finanzausgleich, RFG 01/März 2014

Baustelle 3:
Public Governance

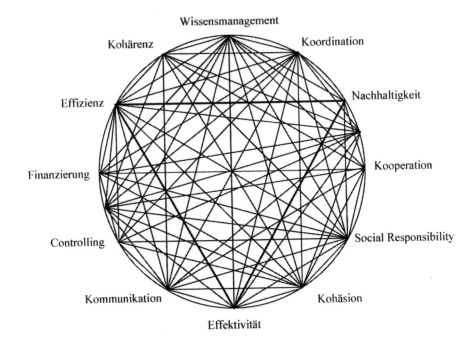

Das Governancerad

Public Governance oder: Bausteine für eine ausgabenseitige Budgetsanierung

0. Vorbemerkung

Möchte man öffentliche Budgets ausgabenseitig *erfolgreich* sanieren, so ist es am besten, sich nicht auf bestimmte *inhaltliche Themen* zu beziehen, sondern die *Prozesse* der bestmöglichen und realistischen Umsetzung von Reformprojekten zu fokussieren.

Kernfrage ist dabei: Wie kann das Erfahrungswissen von Interessengruppen, Betroffenen, Parteien, der Ministerialbürokratie, von Experten und NGOs am besten in einen Prozess eingespeist werden, an dessen Ende fundierte, sachlich gut gelungene Einsparprogramme / Maßnahmen stehen. Ausgabenreformen scheitern nämich häufig nicht an den *Ideen*, sondern an den *Widerständen* von Interessengruppen in der Wirtschaft, den Ländern, Parteien etc. Da alle interessengruppen bestrebt sind, auf ihre Klientel Rücksicht zu nehmen, entstehen permanente Blockaden.

Aus dieser *Blockadelogik* gilt es Auswege zu finden. Die inhaltlichen Bereiche von Kürzungen sind dann schnell gefunden: Seit Jahrzehnten wird die Öffentlichkeit mit Ankündigungen zu nötigen Reformen und Konzepten gequält (Föderalismusreform, Verwaltungsreform, Bildungsreform, etc.).Nun ist in Österreich mit dem neuen Finanzminister und dem neuen Vizekanzler wieder einmal Hoffnung aufgekommen – doch besteht wieder die Gefahr, dass sich beide an den alten bekannten Widerständen abarbeiten und erschöpfen...

Daher sollte der Fokus nicht bei den *Konzepten* sondern bei den *Realisierungs-Chancen* liegen. Diese Realisierungschancen hängen eng mit den Widerständen zusammen: Jede Ausgabenkürzung bedeutet einen Einkommens- und/oder Machtverlust an irgendeiner Stelle, d.h. es

müssen zunächst Grundsätze formuliert werden, die im Zuge der Umsetzung zu befolgen sind.

1. Grundsätze für eine ausgabenseitige Butgetsanierung[13]

1. Es muss differenziert werden zwischen sofort möglichen Maßnahmen der Verwaltung / Ministerien und solchen, die Gesetzesänderungen brauchen.

2. Ferner: Differenzierung zwischen sofort ausgabenwirksamen und erst später wirksamen Maßnahmen.

3. Aus 1) und 2) ergeben sich schon eine Reihe von sofort umsetzbaren und budgetwirksamen Maßnahmen. Sie sollten so abgestimmt sein, dass mit den betroffenen Bereichen ein Dialog geführt und ihre Mitwirkung / Mitgestaltung erreicht wird. Zu denken ist an die vielen detaillierten Kritikpunkte des Rechnungshofs und auch die Kritikpunkte aus den Ministerien selbst Dabei sind auch die Ideen der Opposition bereits zu berücksichtigen.

4. Weiterer Grundsatz: **Spar- und Reformprogramme sind als sozial „ausgewogene" Projekte** zu verstehen: Hier darf es keine Gewinner- und Verlierer-Positionen geben, sondern es ist sozial ausgewogen vorzugehen – soweit dies möglich ist. Eine gute Reform ist u.a. daran zu erkennen, dass niemand *ganz* zufrieden ist (außer den Steuerzahlern).

5. Politische Unterstützung erhält der Prozess durch

---

[13] Diese Grundsätze wurden gemeinsam mit Wolfgang Pichler formuliert, der dabei seine finanzwissenschaftliche und psychoanalytische Problemsicht, aber auch seine langjährige Erfahrung als Leiter des Universitätslehrganges für Trainer, Berater und Führungskräfte eingebracht hat. Die 2. Fassung dieses Beitrags wurde von Gustav Schweiger lektoriert, wofür ich ihm an dieser Stelle danken möchte

- **größtmögliche Inklusion aller Betroffenen und Beteiligten** (öffentliche Träger, Gebietskörperschaften, Parteien, Interessengruppen, Experten, NGOs ...) in den „nationalen Dialog" und

- **größtmögliche Transparenz**: Medien wie öffentlich-rechtliches (!) Fernsehen und Rundfunk sind einzubeziehen: In gut geplanten und strukturierten **Hearings** sollten Themen vorbereitet und dann in Parlamenthearings diskutiert werden – mit Übertragungen in Rundfunk / Fernsehen. Am Ende stehen aber nicht neue Kommissionen, sondern Entscheidungen (Verordnungen oder Gesetzesinitiativen!). Über diesen starken Einbezug der interessierten (und immer stärker interessierten) Öffentlichkeit entsteht nebenbei eine Verbesserung der demokratischen Kultur.. Keine Gesellschaft kann sich auf Dauer leisten, dass die Bürger (wieder) in den Interesse – Status von Untertanen zurückfallen. Damit wären neofeudalen Tendenzen mit Intransparenz, Korruption, Rückzug ins Private etc. Tür und Tor geöffnet. Auswirkungen treffen auch die Bildungsqualität des Landes – mit entsprechenden Auswirkungen auf die materielle Wohlfahrt etc. Auch die **neuen Medien (Twitter** etc) sollten in den Kommunikationsprozess einbezogen und genutzt werden: Auch über diesen Weg können wichtige Perspektiven transportiert werden und es kann ein neues politisches Interesse allmählich entstehen.

6. Die derzeitige politische Klasse in Österreich hat die Aufgabe, die Bürger wieder für ihre Angelegenheiten zu interessieren. Die Nagelprobe für diesen Prozess der Rückgewinnung von Vertrauen und Interesse an der Politik ist die **Umsetzungseffektivität von Reformideen**: Hier wird es sich entscheiden, ob eine ausreichende Handlungs- und Entscheidungskompetenz vorhanden ist und damit Vertrauensbildung betrieben werden kann.

7. Die Staatsreform an Haupt und Gliedern sollte zu einem Projekt gemacht werden, im Sinne einer „nationalen Anstrengung" alle Teile der Bevölkerung mitwirken. Dafür braucht es Politiker, die bei sich selbst anfangen – und auch als ersten Schritt Reformbereitschaft von ihrer eigenen Klientel einfordern: Reformen zunächst bei sich selbst, beim eigenen Ministerium, bei der eigenen politischen Klientel – DAS wäre mal was Neues – und könnte auch allen anderen Gruppen, Par-

teien etc. gegenüber ins Treffen geführt werden. Die Primitivlogik der Macht und des Rechthabens würde ad absurdum geführt.

8. Sammlung aller Reformideen für Ausgabenkürzungen in allen Ministerien, auf Landes-, Bezirks- uns Gemeindeebene: Diese Auflistung muss alle in der Öffentlichkeit in den letzten Jahren / Jahrzehnten diskutierten Kürzungs- und Reformideen enthalten, unabhängig von den Absendern (können sein: Die betroffenen Träger selbst / Institutionen wie z.b. Rechnungshof / Internationale Institutionen wie zB Währungsfonds, OECD, Weltbank etc., alle Parteien / alle Interessengruppen / NGOs / Medien etc.). Öffentliche Hearings im Parlament / Landesparlamenten: Parlamentarier, Parteien, Interessenverbände, NGOs, Experten, etc. diskutieren die wichtigsten / budgetwirksamsten Reformideen der einzelnen Bereiche. Diese Hearings sollten live im ORF übertragen werden.

9. Umgang mit Komplexität: Die Komplexität und Vielfalt aller Themen kann nur bewältigt werden, wenn an die Stelle der Machtorientierung die Sachorientierung tritt: Dies setzt kommunikative und dialogische Kompetenzen bei allen Beteiligten und Betroffenen voraus, um über Prozesse der Inklusion und Partizipation möglichst alle vielfältigen Perspektiven im Reformprozess behandeln zu können. So könnte eine neue Aufbruchstimmung erzeugt werden!

10. Immer noch entscheiden am Ende die demokratisch legitimierten Institutionen und Personen, nun aber bei notwendiger Einsicht in Komplexität und unter dem Druck einer interessierten und informierten Öffentlichkeit. Reformideen können nun gut begründet und bei hohem Informationsstand - und entsprechend der großen Komplexität der Themen - umgesetzt werden. Folgenloses „Debattieren" und Selbstmarketing der Politiker zu Lasten von Lösungen finden ein Ende (Paradebeispiel: Die sog. „Bildungsdebatte" der letzten Jahre – ein Inbegriff von Selbstdarstellung, Unfähigkeit und Rhetorik!

11. Machtinteressen, ökonomische Interessen, Länderinteressen sind damit nicht eliminiert (weder möglich noch wünschenswert), aber der Druck in Richtung nachhaltig wirksame Lin diesem Landes entscheidend erhöht (was dringend notwendig erscheint!).

12. Statt der veralteten Kameralistik sollte endlich das System der doppelten Buchhaltung bei **allen** Gebietskörperschaften eingeführt werden.

2. Eine allgemeine Handlungstheorie für den staatlichen Sektor

Für viele private und staatliche Organisationen und Non-Profit-Organisationen haben sich die Rahmenbedingungen in den letzten Jahrzehnten grundlegend geändert.

Immer häufiger werden Entscheidungen nicht mehr von Einzelpersonen getroffen, sondern von einem Team. Vielfach laufen bestimmte *Prozesse* nicht mehr *linear* nach dem Muster „Strategie - Planung - Umsetzung", sondern *lateral* in einem intensiven *kommunikativen Austausch* zwischen strategischer Planung und operativer Umsetzung. Der Wissens- und Informationsaustausch erfolgt nicht mehr über das Informationsmonopol *Hierarchie*, sondern läuft sehr oft quer durch die ganze Organisation.

In diesem Zusammenhang zwei Zitate von *Fredmund Malik*.[14] „Das wahre Problem jeder Organisation sind nicht neue Technologien, Globalisierung, New Economy, Soft Human factors usw. - es ist *Komplexität*." Und weiter unten schreibt er. „Die *Syntegrations-Methode* gibt Führungskräften ein gänzlich *neues* Instrument in die Hand, ihr *größtes* Problem zu lösen: die Beherrschung von Komplexität."

Aufbauend auf diesen Überlegungen versucht Pfiffner *Komplexität* durch *Kommunikation* zu reduzieren. „Problemstellung und Herausforderungen sind häufig zu komplex, als das ein Einzelner genügend Information und Erfahrung hätte, um die Lage richtig beurteilen zu können. Dies trifft gerade auf Entscheidungen zu, welche die Zukunft der Organisation beeinflussen. Es genügt deshalb oft

---

[14] Vorwort zu M.o.M. Malik on Management ® letter Nr. 5/01, Mai 2001, S. 73

nicht, nur eine zweite oder dritte Meinung zu hören. Um statt Symptomen Ursachen zu erkennen, muss das Problem von mehr Personen mit unterschiedlichsten Sichtweisen beleuchtet werden."[15]

Die damit verbundenen Probleme sind vielfältigster Art. Zunächst verschieben sich einmal die *Kompetenzen* innerhalb des sozialen Gefüges infolge des neuen Führungsverständnisses, durch die neue Art der Zusammenarbeit und wie Entscheidungen getroffen werden. Und in der Folge verändert sich die *Kommunikation, wer, mit wem, wann und worüber kommuniziert.*

Schon jetzt zeigt sich, dass *die Kommunikation & die Gestaltung der Kommunikationsprozesse* eine der *Schlüsselkompetenzen* in der Organisation der Zukunft sein wird. Der wesentliche Punkt in diesem Zusammenhang ist die Kompetenz, die verschiedenen Arten der Kommunikation innerhalb einer Organisation situationsadäquat einzusetzen und zu kombinieren.

3. Die Dimensionen einer allgemeinen staatlichen Handlungstheorie

Den harten Kern einer *Allgemeinen Handlungstheorie* bilden drei Dimensionen:

- **Dimension 1: Performance**

*Werttreibe*r: Effektivität, Effizienz, Nachhaltigkeit, Finanzierung, Social Responsibility, Koordination, Kohärenz, Kooperation, Kontrolle Kommunikation, Wissensanagement, Kohäsion, Projektumfang (Grösse), Risiko.

---

[15] Martin Pfiffner, Team Syntegrity ® - Der kybernetische Weg zur Willensbildung in Organisationen, in: M.o.M.® letter Nr. 5/01, Mai 2001, S. 75ff.

Governance und Masterpläne sind in diesem Kontext wichtige Werkzeuge für Reformen im Staat und von staatlichen Einrichtungen, hängen jedoch ohne ihre Verknüpfung mit den Dimensionen *Raum und Zeit*, welche lange Zeit vernachlässigt wurden, im luftleeren Raum. *Johannes Steiner* hat treffend bemerkt, dass in den Sozialwissenschaften Schwierigkeiten mit Raum und Zeit aufträten und diese auf sozialwissenschaftliche Theorieapparate (z.B. Dominanz des „Gleichgewichts"-Paradigmas) zurückzuführen seien. „Erst die Berücksichtigung der Dimensionen Raum und Zeit macht fachliche Expertise so konkret, dass sie wirklich brauchbare Grundlagen für verantwortliches Handeln in einem jeweils historisch und geografisch konkreten gesellschaftlichen Kontext zu liefern vermag."[16]

- **Dimension 2: Zeit**

Die Dimension Zeit ist in zwei Ausprägungen zu berücksichtigen: Forecasting und Backcasting, wobei letzteres allmählich an Bedeutung gewinnt und erstmals im Zuge der Reform des österreichischen Gesundheitswesen 2011 erfolgreich angewandt wurde.

- **Dimension 3: Raum**

„Space matters" lautet der Schlachtruf der Raumwissenschaften gegenüber den Sozialwissenschaften. Dass diese Dimension so lange außer Acht gelassen wurde, ist auf die zu starke Fixierung auf das statische Medium „Plan" zurückzuführen. Durch die stärkere Fokussierung der Regionen seitens der EU erfolgte hier ein Umdenken. Zahlreiche Publikationen mit dem Schwerpunkt „Regional Governance" belegen dies deutlich.

Die *vierte Dimension* einer allgemeinen Handlungstheorie für den Staat ist dabei – bisher unausgesprochen – die *Handlungsqualität*, die in den anderen drei Dimensionen handlungsleitenden Charakter hat.

---

[16] Johannes Steiner, Reflexionen über Raum und Zeit, in: Seidl/Rossbacher 2011, S. 153 f.

Je besser es gelingt, diese Dimensionen *simultan* bei Reformen und Transformationen zu berücksichtigen, umso größer ist in der Folge die politische *Handlungsqualität*, weil die Werttreiber – durch die Vernetzung – in vielen Fällen *additiv* wirken.

Je mehr komplexe Hindernisse im Zuge der Analyse mit einbezogen werden können, desto größer werden die Handlungsqualität insgesamt und damit auch die Performance der Politik im Besonderen.

Je mehr politische Handlungsfelder in die *Governance-Analyse* einbezogen werden – also Entscheidungen nach dem gleichen Analysenschema getroffen werden – desto eher ist es möglich,

- bei neuen anstehenden politischen Projekten Prioritäten zu setzen (und damit Ressourcen zu sparen!),

- mit Cockpit-Systemen zu arbeiten, um Fehlentwicklungen frühzeitig zu erkennen und gegenzusteuern (auch hier wird die Verschwendung von Ressourcen verhindert!),

- von linearen Sparpaketen, die nach dem „Rasenmäher-Prinzip" arbeiten, abzugehen und für die einzelnen politischen Handlungsfelder Strukturpakete – anhand von Masterplänen – zu entwickeln.

4. Staatliche Rahmenbedingungen und staatliches Prozessmanagement

Die *staatliche Wirtschaftspolitik* scheitert in vielen Staaten an der gleichzeitigen Wahrnehmung von zwei Aufgaben:

- Erstens dem *privaten Sektor* (Haushalte, Unternehmen, ...) die jeweils notwendigen Rahmenbedingungen zu verpassen. Diese Rahmenbedingungen sind alle Regeln und Verfahren, die menschliches Handeln innerhalb von *Organisationen* beeinflussen. Es sind Gesetze, Verordnungen, Rechtsprechung, soziale Normen, Traditionen, Mentalitäten aber auch *alle Anreize*, die eine Befolgung dieser Gesetze und Verord-

nungen begünstigen, die z.B. Korruption und Schwarzarbeit eindämmen sollen. Es geht im Kern also um die Frage, wie diese *institutionellen Regeln*, Anreize und dgl. beschaffen sein müssen, damit *Organisationen* Erfolg haben, also eine gute *Performance* aufweisen.

- Zweitens im *öffentlichen Sektor* – also in der eigenen staatlichen Verwaltung - für zeitgemässe effektive, effiziente und nachhaltige Strukturen zu sorgen.

Die Sorge um eine *leistungsfähige Verwaltung* ist ein permanentes politisches und gesellschaftliches Anliegen. Die immer enger werdenden finanziellen Spielräume zwingen nach neuen Formen der Aufgabenerfüllung Ausschau zu halten, um das vorhandene Rationalisierungspotenziale zu erschließen. Die Auslagerung von Tätigkeiten an private Dienstleister stellt eine echte Alternative zur Personal und Kapital bindenden Eigenerstellung dieser Leistungen dar.

Gegenwärtig herrscht in diesem Handlungsfeld eine gewisse Aufbruchsstimmung und es macht sich ein gewisses Umdenken bemerkbar. *E-Government* ist derzeit das viel zitierte österreichische Vorzeigeprojekt, doch sind die Voraussetzungen für die flächendeckende Einführung auf allen Ebenen noch *nicht* gegeben. Vieles ist im öffentlichen Sektor überliefert („weil es immer schon so gemacht wurde"), wird kaum wirklich hinterfragt, ist *vermeintlicher* Besitzstand!

5. Sparpakete versus Strukturpakete

Leider ist es in der österreichischen Politik zur bittere Realität geworden: wenn einem Politiker in seinem Ressort nichts mehr einfällt, schnürt er einfach *Sparpakete*.

Nur der Haken an diesen *Sparpaketen* ist, erstens, dass die Ausgaben, die sie streichen oder kürzen, zugleich bei Personen und/oder Unternehmen/Haushalten Einkommen darstellen und dadurch die Binnennachfrage sinkt und zweitens, dass die Politiker auf Bundesebene weit weg von der Basis sind und oft gar nicht wissen, *wann*,

wo und in welchem Umfang gespart werden kann. Und so verordnen sie einfach „von oben" lineare Kürzungen. Historisches Beispiel: Systemerhalter beim ÖBH sollten um 80 % gekürzt werden. Eine hüftschussartige Bauchentscheidung basierend auf Einflüsterern, die sich mit der Materie wohl kaum ausreichend beschäftigt hatten.

Sparpakete werden in beiden politischen Lagern geschnürt. Bei den „Schwarzen" war es *Maria Fekter*, die sich damit profilieren wollte, bei den „Roten" war *Norbert Darabos* der oberste politische „Sparefroh"! Und beinahe wäre – bei einem etwas anderen Ausgang der Volksbefragung - das ÖBH einem riesigen Sparpaket zum Opfer gefallen...

Sparpakete werden von oben nach unten („top down") geschnürt, indem man einen fixen Betrag vorgibt und nun versucht, diese Summen bei bestimmten Personengruppen (vornehmlich bei solchen, die keine lautstarke Lobby hinter sich haben) einzusparen. Sie wirken nur sehr kurzfristig.

Strukturpakete werden demgegenüber von unten nach oben („bottom up") geschnürt, man setzt bei der Infrastruktur und ihren Teilbereichen an und erreicht damit *grössere* und *nachhaltige* Einsparungen. Die bottom-up-Strategie ist in vielen Bereichen von Haus aus die *erfolgreichere* Strategie, weil eben an der Basis bessere Informationen über mögliche Einsparungen verfügbar sind als an der Spitze. Strukturpakete wirken nachhaltiger.

Je *später* strukturpolitische Reformen in Angriff genommen werden, umso *schmerzvoller, konfliktträchtiger* und *teurer* werden sie. Ein grundlegendes sozial-psychologisches Problem ist dabei, dass das Anspruchsniveau nur *Schritt für Schritt* auf das notwendige Ausmaß zurückgeführt werden kann. Es müssen neue „Spielregeln" definiert und Wege gesucht werden, wie man durch kooperatives Verhalten bestimmte Gruppen zum „Aufgeben" von Vorteilen bewegen kann, die sie eigentlich gar nicht mehr brauchen.

110

6. Reformen versus Transformationen

Politik ist über weite Strecken eine schwierige *Koordinationsaufgabe*, da viele *Interessen* berücksichtigt werden müssen und die politischen *Handlungsfelder stark vernetzt* sind. Dazu kommt noch ein weiteres: Politiker tun sich bekanntlich leichter im *Erfinden neuer Regelungen* als *bestehende, überholte alte Regelungen* abzuschaffen oder zu modifizieren.

Unter *Reform* versteht man eine gezielte Veränderung in den Rahmenbedingungen von oben nach unten („top down").

Transformation bedeutet demgegenüber eine Veränderung, die von unten nach oben („bottom up") läuft, ausgelöst durch *„kompetente Rebellen"*, durch *Ambassadoren* oder *Intrapreneure,* die versuchen, eine Organisation *von innen her* zu verändern bzw. zu erneuern.

Wir leiden in Österreich derzeit an einem riesigen *Reformstau*: Reformen werden angekündigt, aber nicht umgesetzt! Und da darüber hinaus jede kleine Einsparung in der Öffentlichkeit gleich als Reform verkauft wird. Dadurch gerät der Begriff „Reform" zusätzlich in Verruf.

1. In der Öffentlichkeit sollte man die *eigentlichen Ziele der beabsichtigten Reformen* besser *kommunizieren*, weil dadurch mehr Akzeptanz für bestimmte politische Maßnahmen geschaffen wird.

2. Eine oftmalige *Änderung der Marschrichtung* bei Reformen verunsichert sowohl die Bevölkerung als auch die Wirtschaft.

3. Dazu kommt noch, dass *Lobbies, Bremser und Bedenkenträger* immer häufiger Reformen blockieren. Und dadurch landen viele Reformen auf der *„lange Bank"*, auf der schon einiges liegt: Bundesstaatsreform, Finanzausgleich, eine echte Steuerreform etc.

4. Immer mehr zeichnet sich ab, dass eine verstärkte Kooperation zwischen drei Gruppen notwendig ist,

111

- den *Politikern*, die für die Festlegung mittel- bis langfristige Ziele zuständig sind
- den *Thinktanks*, die die strategische Planung und deren Evaluierung vorantreiben sowie
- *einer leistungsfähigen Verwaltung, welche* die Umsetzung der Reformen besorgt.

In diesem Zusammenhang kommt – wie noch zu zeigen sein wird - der *Governance* die *Aufgabe* zu, die Ziele in den einzelnen Handlungsfeldern über Schnittstellen effektiv zu koordinieren und es taucht in diesem Zusammenhang die Frage auf, wie diese Veränderungen, *von oben und von unten,* einer breiteren nationalen und internationalen Öffentlichkeit vermittelt werden können.

7. Bundling, Unbundling und Rebundling von staatlichen Aufgaben

Die Aufgaben staatlicher Organisationen werden zunächst überschneidungsfrei gebündelt („Bundling") und in einem Portfolio angeordnet. In gewissen Zeitabständen werden diese Aufgaben dann daraufhin überprüft, ob sie in Zukunft noch verfolgt werden sollen. Dieser Prozess der Zerlegung von unübersichtlich gewordenen Aufgabenfeldern bezeichnet man als „Unbundling". Der anschließende Prozess des wieder Bündelns der Aufgaben, die weiterhin wahrgenommen werden sollen, bezeichnet man als „Rebundling".

Einer der Gründe, weshalb der Staat sich so schwer tut, überholte Aufgaben über Bord zu werfen, ist darin zu suchen, dass fest verschnürte „Aufgaben-Pakete" „herumliegen", in dem wichtige, zukunftsträchtige Aufgaben neben überflüssigen, überholten Aufgaben liegen.

Das hier angewandte Verfahren stammt aus den USA der 30er Jahre, als Banken und Versicherungen dazu übergingen, ihre Dienstleistungspalette unter Kosten-Nutzen-Kriterien kritisch zu durchleuchten.

8. Portfolios als Planungswerkzeuge

Portfolio ist ein Bestand an Produkten, Dienstleistungen, etc, deren Vorteilhaftigkeit im Zeitablauf gewissen Veränderungen unterliegt. Es ergibt sich daher häufig die Notwendigkeit, aufgaben-Portfolios zu überprüfen und – wenn nötig – umzuschichten.

Organisationen, die mit der *Portfoliotechnik* arbeiten, werden indirekt gezwungen, sich auf jene Tätigkeiten zu konzentrieren, in denen sie wettbewerblich *Stärken* besitzen und in denen auch die größten Chancen für die zukünftige Entwicklung liegen, in denen ihre *Zukunftsfähigkeit* liegt.

9. Interdisziplinarität, Transdisziplinarität und Governance

Interdisziplinarität war lange Zeit die *dominierende* Organisationsform des Forschens, von der man glaubte, dass sie für die Entwicklung der Sozialwissenschaften wichtig sind, vor allem für den Dialog und das gegenseitiges Lernen. Man hat leider übersehen, dass es durch die sich vertiefende Arbeitsteilung und Spezialisierung zu einer Entkoppelung von gesellschaftlichen und politischen Bereichen gekommen ist. Viele Wissenschaften haben sich immer mehr zu eigenständigen Disziplinen entwickelt, die miteinander nicht mehr kommunizieren konnten bzw. wollten.

Der Erfolg der Naturwissenschaften ist auf *differenzierende*, spezialisierende Verfahren zurückzuführen. Jetzt erst kristallisiert sich immer deutlicher heraus, dass es ein Fehler war, den Naturwissenschaften nachzueifern. Vielmehr können in Zukunft die Sozialwissenschaften nur dann erfolgreich sein, wenn sie *integrative Pfade* beschreiten.

Integration entwickelt sich immer zu *dem Leitmotiv* der neueren sozialwissenschaftlichen Forschung. *Fokussierung* ist nur eine Zwischenstufe auf dem Weg zu *integrierten* Systemen. In der Sprache der Systemtheorie formuliert: nicht integrierte, *emergente Systeme*,

113

quasi „notleidende" Systeme[17] werden durch eine Zusammenführung („Integration") wesentlicher Elemente wieder „saniert". Dies ist auf vielen Gebieten ein schwieriger und teilweise schmerzhafter Prozess, weil man sich von liebgewordenen *Paradigmen* wird verabschieden müssen.

Transdisziplinarität ist eine neue Organisationsform des Forschens, für die Dialog und gegenseitiges Lernen wichtig ist. Durch die sich vertiefende Arbeitsteilung und Spezialisierung ist es zu einer Entkoppelung von gesellschaftlichen und politischen Bereichen gekommen, Viele Wissenschaften haben sich immer mehr in eigenständige Disziplinen ausdifferenziert, die untereinander nicht mehr kommunizieren.

Transdisziplinäre Forschung versucht nun, diese Entwicklung umzukehren. Immer häufiger stoßen wir auf Probleme, die äußerst komplex sind und im Rahmen *einer* Disziplin nicht gelöst werden können. Um z. B. Reformen im Bereich des ÖBH effektiv, effizient und nachhaltig zu gestalten, braucht man eine *Task force*, das ist eine Arbeitsgruppe, die aus Vertretern verschiedener Disziplinen besteht und in der Politiker, Militärs, Ökonomen, Soziologen, Psychologen, Medizinern etc. zusammen arbeiten. Die Arbeit einer solchen Arbeitsgruppe wird dabei oft dadurch erschwert, dass in den einzelnen Disziplinen unterschiedliche Begriffe, Methoden und Denkansätze bestehen, die nicht zusammenpassen.

Bei *transdisziplinären Projekten* kooperieren die Vertreter unterschiedlicher wissenschaftlicher Disziplinen auf einer neuen Basis. Sie „beforschen" ein komplexes Problem, indem sie ein gemeinsames Methoden- und Theorienpaket entwickeln, eine „Methodenkreuzung" (Kurt Luger), wenn man so will. Damit dies möglich wird, muss man erst gemeinsame Sichtweisen erarbeiten, um Brücken

---

[17] In der Sprache der Medienwelt formuliert: das betreffende System befindet sich im „Emergency Room", ist ein „Notfall" in der Klinik! Es gehört zu den *Paradoxien* dieser Welt, dass man gerade aus solchen „emergenten" Situationen eine ganze Menge lernen kann - sofern man sich nicht der „gefährlichen Drohung" lebenslangen Lernens erfolgreich widersetzt!

zwischen den Disziplinen zu bauen und gemeinsame Projekte verwirklichen zu können.

Governance ist ein solcher *„Brückenbegriff"*, der dazu dient, mehrere Disziplinen oder politische Handlungsfelder zusammen zu führen. Dies ist vor allem deshalb notwendig, da häufig im Zuge der Projektentwicklung, Projektbewertung und Budgeterstellung unterschiedliche Konzepte verwendet werden, die einzelnen Projekte nicht vergleichbar sind und dadurch *keine Prioritäten* im Hinblick auf die Umsetzung gebildet werden können.

Dass transdisziplinäre Forschung[18] noch nicht sehr verbreitet ist, hängt vor allem damit zusammen, dass es in der scientific community noch immer an der Bereitschaft zur Kooperation fehlt.

Transdisziplinäre Governance und systemische Transformation anhand von Masterplänen statt hastig durchgezogener Einzelmaßnahmen sollten in Zukunft Reformen prägen. Die Qualität von Governance-Arrangements resultiert dabei aus ihrer Gegenstandsangemessenheit, der genauen Definition der Schnittstellen, die bearbeitet werden sollen, aber auch daraus, ob es gelingt, Systeme zur Anpassung bzw. Selbständerung zu veranlassen bzw. anzuregen.

10. Backcasting und Presencing

Politik und Wirtschaft werden in steigendem Masse damit konfrontiert, dass die Systeme, die gesteuert werden sollen, im Zeitablauf an Dynamik und Komplexität zunehmen. Dies erfordert neue Werkzeuge für Analyse, Monitoring und systemische Intervention. Dringend gebraucht werden neue Steuerungs- und Governancemodelle. Sie sollen dazu beitragen, die Effektivität, die Effizienz und die Nachhaltigkeit der operativen Maßnahmen der politischen Akteure zu verbessern.

---

[18] Institutionen, die transdiszplinärer Forschung betreiben: Paulo Freire Zentrum für transdisziplinäre Entwicklungsforschung in Wien, Center for Transdisciplinary Governance in St. Gallen. AIT Austrian Institute of Technology in Wien.

In diesem Zusammenhang spielt auch der Zeitpunkt, zu dem mit der Umsetzung eines Reformprojektes begonnen werden muss, eine wichtige Rolle. Während beim *Forecasting* in der Zukunft liegende mögliche Szenarien beschrieben werden, geht *Backcasting* von definierten zukünftigen Szenarios aus, die man erreichen möchte und versucht, *entgegen der Zeitachse* Entwicklungspfade zu konstruieren und Zeitpunkte festzulegen, zu denen in einem bestimmten Reformprojekt mit konkreten Maßnahmen begonnen werden muss, um die Zielerreichung sicherzustellen.

Wir leben in einer Zeit aufeinander prallender nationaler und internationaler Konflikte und müssen immer wieder beobachten, wie historisch gewachsene Institutionen versagen. Die Situationen, in denen – unter großem politischen und medialen Zeitdruck – Entscheidungen getroffen werden müssen, werden immer komplexer. Die Gefahr von politischen Fehlentscheiden wächst rasant[19].

---

[19] Michael Fischer, Vernunft als Norm. Gesellschaftskonstruktion und Lebenshorizont. Frankfurt/Main 2005

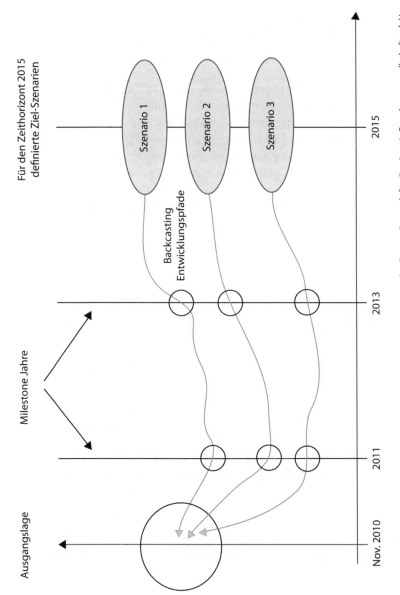

Für den Zeithorizont 2015
definierte Ziel-Szenarien

Szenario 1

Szenario 2

Szenario 3

Backcasting
Entwicklungspfade

Milestone Jahre

Ausgangslage

2015

2013

2011

Nov. 2010

Quelle: rsa - Research Studios Austria Forschungsgesellschaft m.b.H.

117

Claus Otto Scharmer hat eine neue Forschungsmethode entwickelt, die er *Presencing* nennt und die es ermöglicht alte ausgetretene Pfade der Politik zu verlassen und neue Strukturen aufzubauen.

Presencing ist eine Wortschöpfung aus den englischen Wörtern „*presence*", also Gegenwart bzw. Anwesenheit und „*sensing*", fühlen, erspüren. Scharmer geht davon aus, dass es ein Irrweg ist nur auf der Basis *vergangener Erfahrungen* zu lernen. Der neue Ansatz, den er gemeinsam mit Peter Senge, Joseph Jaworski und Betty Sue Flowers[20] entwickelt hat, geht davon aus, dass *Lernen aus der im Entstehen begriffenen Zukunft* her möglich und sinnvoll ist. Die Suche nach einem neuen Lernzyklus, seine Entdeckung und Beschreibung, ist hier der besonderer Fokus.

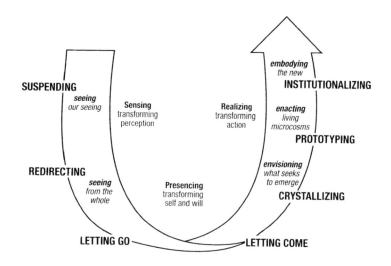

Die empirische Basis des *Presencing* beruht auf 150 Interviews mit weltweit führenden Denkern und Praktikern, mit Kollegen und Akti-

---

[20] Senge, Peter, Scharmer C. Otto, Jaworski Joseph, Flowers Betty Sue, Presence – Exploring profound Change in People, Organizations und Society, London 2005

onsforschern von Fujitsu, Daimler-Chrylser, GlaxoSmithKline, Hew-lett-Packard, Federal Express, McKinsey & Company, Nissan, PricewaterhouseCoopers, Shell Oil, Bürgerbewegungen in den USA, Europa und Asien. Die Interviews wurden im Zeitraum 1995 – 2005 gemacht und sollten den „Blind Spot of Leadership" (so lautete der Arbeitstitel der empirischen Feldforschung) besser ausleuchten.

In dem Buch „*Theorie U: Von der Zukunft her führen*" hat Scharmer die Idee des *Presencing* weiter ausgebaut. Während der ursprüngliche Ansatz nur für Individuen und Unternehmen konzipiert war, eignet sich der weiterentwickelte neue Presencing-Ansatz für jede Form von Organisation, kann also auch auf öffentliche, *staatliche Institutionen* übertragen werden.

Mit der Theorie U möchte Scharmer zwei Dinge erreichen: Einerseits eine *soziale Grammatik der Emergenz* entwerfen und andererseits eine *neue Handlungstheorie* entwickeln, die sich in konkreten Entscheidungssituationen bewährt.

Die globalen Herausforderungen unserer Zeit zwingen die meisten Institutionen dazu, sich von Grund auf neu zu erfinden und zu definieren: wer sind wir, wofür stehen wir, wie wollen wir die Welt verändern, wie gehen wir vor? In Organisationen und Institutionen ist - mehr denn je – *Leadership* gefragt, um sich auf allen Ebenen des Lernens und der Veränderung entsprechend bewegen zu können.

11. Governance – ein smartes Werkzeug[21]

Mit dem Begriff der *Governance* bewegen wir uns in methodischem Neuland, in dem noch keine große „semantische Hygiene" besteht. So wie die Begriffe *Effizienz* und *Effektivität* von Politikern und Journalisten inhaltlich nicht auseinander gehalten werden und auch

---

[21] Als smart bezeichnen wir hier unser Werkzeug deshalb, weil es alle Anforderungen erfüllt, die an „smarte" Werkzeuge gestellt werden. Governance ist S...specific M..measurable A attainable R Resource related T time & space related.

Nachhaltigkeit[22] immer mehr zum Modewort verkommt, so werden auch die Begriffe *Government und Governance* laufend verwechselt bzw. falsch übersetzt.

Im Gegensatz zu *Government*, dem in Normensetzung und Normenimplementierung vertikal verlaufenden Regieren mit klarer Trennung von Staatswirtschaft und Privatwirtschaft, geht es bei der *Governance* um die partnerschaftliche Zusammenarbeit zur gemeinsamen Lösung von politischen Problemen. Meist sind es horizontal ausgelegte Handlungen von Staat, Unternehmen und Non-Profit-Organisationen.

Governance ist eine Antwort auf das offenkundigen Scheitern naiver Steuerungs- und Managementphilosophien, die von der unproblematischen Machbarkeit und Gestaltbarkeit sozialer Wirklichkeiten durch Führung, Anweisung und zentraler Entscheidung („top-down") bestimmt sind.

Auf den Punkt gebracht: *Governance* beschäftigt sich mit der Steuerung komplexer Systeme, stützt sich auf systemisches Denken und ist zugleich strukturierend und handlungsorientiert. Das Zusammenspiel von struktureller und praktischer Governance ergibt eine bessere *Performance* der jeweiligen Systeme. *Enabler und Leader* handeln auf der strategischen Governance-Ebene, *Umsetzer und Manager* agieren auf der operativen Ebene.

Zu berücksichtigen ist auch, dass die politischen Entscheidungsprozesse laufend komplexer werden. Allmählich setzt sich jedoch die Erkenntnis durch, dass Fortschritte nicht durch *Reduktion* von Komplexität, sondern nur durch die Entwicklung solcher Werkzeuge möglich sind, die ein Mehr an Komplexität verarbeiten können. Und Governance ist ein derartiges Werkzeug.

---

[22] Es gibt zahlreiche Unternehmen, vor allem Konzerne (Volkswagen, Siemens, Deutsche Bahn etc.), die einen periodisch erscheinenden „Nachhaltigkeitsbericht" vorlegen.

Komplexität bzw. Varietät (in diesem Zusammenhang als Maßzahl aller möglichen Zustände eines Gesamtsystems) kann nur durch den gezielten *Aufbau von Komplexität* absorbiert werden.

Ein Bespiel aus dem Bildungsbereich soll dies untermauern. In den letzten Jahren machte man die Erfahrung, dass höhere (Handlungs-)Fähigkeit nur aus größerem *Komplexitätsvermögen* erwächst. Zwar wird das Wissen in einem bestimmten Themenfeld größer, am jeweiligen System ändert sich allerdings nichts, solange dieses Wissen nicht angewandt bzw. „gesteuert" werden kann. Nur handlungsorientierte Governance kann *nachhaltige* Lösungen bringen.

12. Von der „Corporate Governance" zur „European Governance"

Corporate Governance wird meist wie folgt definiert: Einhaltung und Umsetzung von Grundsätzen und Regeln, welche die Unternehmensführung, die Organisation, das unternehmerisches Verhalten und die Transparenz betreffen.

Der Begriff *Governance* - ohne den Zusatz „Corporate" – wurde in einer Studie der Weltbank aus dem Jahre 1989 verwendet. Governance wird dabei umschrieben als „the exercise of political power to manage a nation´s affairs".

Die Europäische Kommission hat 2001 ein Weißbuch unter dem Titel „European Governance" herausgebracht. Es sollte die Grundlage bilden für die Weiterentwicklung und bessere Steuerung der Europäischen Gemeinschaft.

Romano Prodi, Kommissionspräsident von 1999 bis 2004, war es, der Anfang 2000 in einer viel beachteten Rede vor dem Europäischen Parlament auf die Bedeutung neuer europäischer Entscheidungsstrukturen hinwies.

Im Kern ging es Romano Prodi damals darum

- die Komplexität politischer Entscheidungen zu verdeutlichen und jene Werttreiber zu fokussieren, welche die Performance der Politik in den Mitgliedstaaten beeinflussen,

- die Qualität der Entscheidungsfindung und Umsetzung durch Transparenz, Inklusion und Partizipation zu erhöhen und

- die Kommunikation der Mitgliedsstaaten untereinander auf eine gemeinsame Plattform zu stellen.

Im Weißbuch wurde vorgeschlagen, mehr Menschen und Organisationen in die Gestaltung und Durchführung der EU-Politik einzubinden. Der Begriff *Good Governance* wurde kreiert und auf fünf Grundsätzen aufgebaut: Offenheit, Partizipation, Verantwortlichkeit, Effektivität und Kohärenz.

Angesichts der wachsenden Akzeptanz des Governance-Paradigmas in vielen Bereichen (Public Governance, Regional Governance, Cultural Governance, Data Governance, Educational Governance etc.) ist es umso überraschender, dass das Projekt „European Governance" aus dem Jahr 2001 so gut wie in Vergessenheit geraten ist.

Valentin Wedl[23] hat in einem Aufsatz darauf hingewiesen, dass die ehemalige Governance-Website der EU mittlerweile den *Archivstempel* trägt. Dies bedeutet nun keineswegs, dass das Governance-Konzept im Zuge der Anwendung gescheitert wäre. Die Mitgliedsstaaten haben einfach seine Bedeutung für die Koordinierung der europäischen Politik nicht erkannt. Auch in Österreich wich die ursprüngliche Euphorie („Österreich neu regieren"[24]) im Laufe der Jahre einer Lethargie.

Dies ist geradezu grotesk, wenn man bedenkt, dass etwa zum selben Zeitpunkt, zu dem man in Europa das *European Governance-Konzept* einmottete, in *Afrika* ein Preis für *Good Governance in Afri-*

---

[23] In: Dimmel/Pichler 2009, S. 87 ff.
[24] Österreich neu regieren. Regierungserklärung von Bundeskanzler Dr. Wolfgang Schüssel vom 9. Februar 2000.

can Leadership von einem sudanesischen Geschäftsmann gestiftet wurde. Er wird mittlerweile jährlich an Staatsoberhäupter vergeben. Der *Ibrahim Prize for Achievement in African Leadership* beträgt 5 Mill. Dollar (einmalig) und weitere 200.000 Dollar (jährlich) auf Lebenszeit, um Nachhaltigkeit zu erreichen.

13. „Good Governance" und Masterpläne

Für jeden Bereich menschlichen Zusammenlebens, der von der Politik gestaltet werden soll, braucht man ein *Grundkonzept*, eine generelle Vorstellung dessen, was man in dem betreffenden Politikfeld überhaupt erreichen will. Mit anderen Worten: man benötigt strategische Oberziele, die die Grundlage für alles bilden, was in diesem Bereich geschieht. Ohne diese strategischen Oberziele verkümmert Politik zu einer Ansammlung isolierter Einzelmaßnahmen. Mögen die eingesetzten Werkzeuge noch so gut konzipiert sein, als isolierte Maßnahmen bringen sie keinen echten Erfolg.

Immer häufiger geht man daher in anderen OECD-Ländern dazu über, politische Entscheidungen im Hinblick auf kommunale, regionale oder gesamtwirtschaftliche Kompatibilität zu durchleuchten.

Masterpläne sind *Werkzeuge der vierten Planungsgeneration.* Sie sind das Ergebnis „guter Governance". Sie unterscheiden sich von der bisherigen Planungskultur durch folgende Merkmale:

- Abrücken von der *Leerformel „rationale" Planung* und Erkennen der Komplexität der Planungsaufgaben. Früher lautete das Motto: There are no problems, only solutions! Heute hingegen weiss man: Behind every solution is a problem!

- *Mehr Transparenz und bessere Kommunikation* zwischen Beteiligten und Betroffenen.

- Arbeiten mit dem *Modulprinzip*: Erarbeitung überschneidungsfreier Bereiche, Beachtung der Schnittstellen zwischen den einzelnen Modulen

- *Vernetzung aller Planungsbereiche* und Arbeiten mit systemischen Verfahren, um Widersprüche und Beschränkungen

("constraints") bereits in einem frühen Planungsstadium zu erkennen.

Masterpläne gibt es

- auf Unternehmensebene: z.b. Masterplan für den Salzburg Airport.
- für einzelne Infrastrukturbereiche: z.b. Masterplan für den Verkehr in einer Region
- für eine Region: z.b. wenn Bereichspläne auf einer höheren Stufe nochmals überprüft und koordiniert und zu einem regionalen Masterplan verschmolzen werden. Ein regionaler Masterplan ist quasi die akkordierte Willenserklärung einer Stadt bzw. Region.
- auf nationaler Ebene: z.b. Generalverkehrsplan.

(siehe Graphik am Ende dieses Beitags)

Anhand von Masterplänen erfolgt eine *Optimierung der wirtschaftlichen Ressourcen*. Die Knappheit der Ressourcen zwingt die öffentlichen Haushalte zu einer Bedarfsprüfung und einer sorgfältigen Projektauswahl.

Ein Masterplan vernetzt zunächst Projekte eines Politikfeldes; in der Folge geht es um die Überprüfung der Schnittstellen zu anderen Politikfeldern, um gegenseitige Beeinträchtigungen und unerwünschte Verstärkereffekte zu erkennen. Der Fokus liegt auf der Fragestellung, ob und wie die einzelnen Projekte untereinander zusammenhängen bzw. ob Ziel- und/oder Mittelkonflikte bestehen.

Masterpläne sind das (vorläufige) Ergebnis umfassender Planung und Koordination in den einzelnen Teilorganisationen und enthalten alle auf Machbarkeit überprüften Projekte. Sie sind die Basis für eine nachhaltige Politik, da Projekte, die einmal in den Masterplan aufgenommen wurden, auch innerhalb einer bestimmten Zeit umgesetzt werden müssen.

Nur Masterpläne liefern der Wirtschaft eines Landes, einer Region jene eindeutigen Planungsgrundlagen, auf die sie ihre Sachinvestitionen und die Beschäftigung von Arbeitskräften ausrichten kann. Gerade aber diese Bindungswirkung ist es, auf welche die Wirtschaft wartet. Durch Masterpläne kann eine neue Vertrauenskultur zwischen Wirtschaft und Staat aufgebaut werden. Masterpläne sind eine längst fällige Bringschuld gegenüber den privaten Unternehmen, um Fehlinvestitionen zu vermeiden.

Mit akkordierten Masterplänen steht der Regierung, der Opposition und der Öffentlichkeit ein festes, aber nicht starres Koordinatensystem zur Verfügung, in das alte und neue Ideen und Fakten eingebracht werden und an dem neue Planungen und Projekte gemessen werden können.

Allerdings müssen Masterpläne laufend fortgeschrieben werden. Grundlegende Änderungen in den nationalen und internationalen Rahmenbedingungen sind dabei zu berücksichtigen. Darüber hinaus sind Masterpläne rechtlich so abzusichern, dass sie über die Grenzen einer Legislaturperiode hinausreichen. Motto: *Politiker gehen, Masterpläne bleiben!*

Solange alle Einzelprojekte der Ressorts nicht in einem akkordierten Masterplan festgeschrieben werden, wird es immer wieder vorkommen, dass vor Jahren festgelegte alte Projekte plötzlich in Frage gestellt werden oder völlig neue Projekte auftauchen und verwirklicht werden, deren Sinnhaftigkeit eher anzuzweifeln ist.

Die Aufnahme eines neuen Projektes in einen Masterplan erfolgt erst nach eingehender Überprüfung mit Hilfe eines speziell entwickelten Projektfilters („Machbarkeitsstudie"). Dabei werden nicht nur die Finanzierbarkeit des betreffenden Projektes kritisch geprüft und die Folgekosten und Folgelasten des Projektes berechnet, sondern auch untersucht, wie sich das neue Projekt zu den bereits laufenden alten Projekten verhält, ob Ziel und/oder Mittelkonflikte auftreten könnten, ob man die festgelegte Prioritätenliste sachlich, zeitlich und finanziell ändern muss etc.

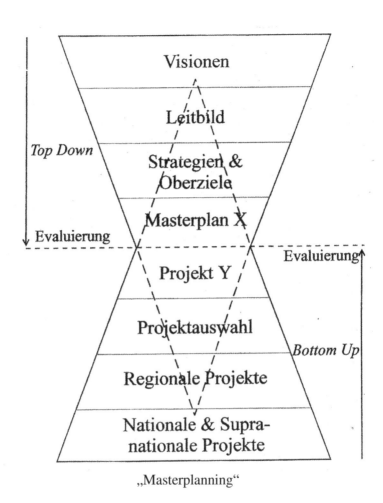

Visionen

Leitbild

Strategien &
Oberziele

Masterplan X

Top Down

↓ Evaluierung

Projekt Y

Evaluierung ↑

Projektauswahl

Bottom Up

Regionale Projekte

Nationale & Supra-
nationale Projekte

„Masterplanning"

**14. Strategische Neuausrichtung der Wirtschaftspolitik in Öster-
reich und Entwicklung neuer Werkzeuge zur Steuerung derselben**

Was immer mehr gefragt ist, sind *integrierte Problemlösungen.* Eine
Veränderung ist nur möglich, wenn alle wesentlichen Parameter
nicht nacheinander, sondern wie bei einem guten Projektmanagement
simultan berücksichtigt werden.

126

Vorranges Ziele sollte es sein, bei Grossprojekten (z.B. Tunnelbauten) die Projektfilter dazwischen zu schalten, um die Fehlleitung von Ressourcen zu vermeiden.

In diesem Zusammenhang brauchen wir dringend Personen, die in der Lage sind, bei Grossprojekten im Bereich der Schnittstellen unterschiedlicher Disziplinen zu arbeiten:

Klare Zielvereinbarungen („Mission")

- Strategieentwicklung („strategy").

- Schaffung neuer bzw. Umbau der bestehenden Strukturen („structure").

- operative Maßnahmen, die innerhalb der neuen Strukturen umgesetzt werden.

Governance als konsensualer Prozess setzt ein *umfassendes Problembewusstsein* voraus. Sie ist erst dann möglich, wenn der eigene Tätigkeitsbereich als Teil eines gesamten Systems begriffen wird.

15. Die Werttreiber der Governance

Ältere Governance-Konzepte kannten nur *drei Werttreiber: Effektivität, Effizienz und Nachhaltigkeit. Sie bildeten* lange Zeit die Basis für die Steuerung von Projekten und Organisationen[25] und man sprach gelegentlich in diesem Zusammenhang vom *Strategiedreieck.*

Sie sind für die Performance eines Systems wichtig, aber allein nicht ausreichend und müssen – angesichts zunehmender Komplexität der Entscheidungen - um weitere Werttreiber ergänzt werden. Dabei ist es gleichgültig, ob es sich bei der betreffenden Organisation um eine Universität, um ein Krankenhaus, Musikfestspiele oder eben das ÖBH handelt.

---

[25] Die Boston Consulting Group hat 30 Jahre lang, von 1965 – 1995, ihre Consulting-Aktivitäten auf diese drei Kriterien ausgerichtet. Siehe Bolko v. Oetinger (Hrsg.) Das Boston Consulting Group Strategie-Buch, Düsseldorf und Wien 1993

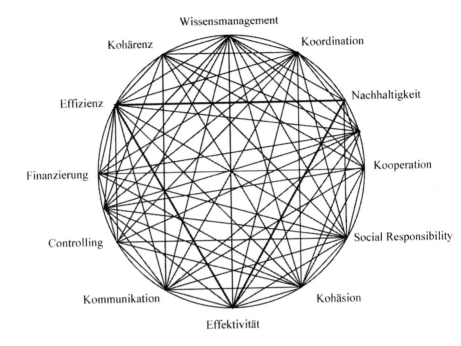

Wissensmanagement

Kohärenz

Koordination

Effizienz

Nachhaltigkeit

Finanzierung

Kooperation

Controlling

Social Responsibility

Kommunikation

Kohäsion

Effektivität

Das Governancerad

Werttreiber 1: Effektivität

„To do the right things". Festlegung und Formulierung der richtigen Ziele einer Organisation, eines Projektes. Bei diesem Werttreiber geht es um die Wirksamkeit, den Grad der Zielerreichung in einem bestimmten Zeitpunkt bzw. Zeitraum. Bei staatlichen Einrichtungen fehlen häufig klare Zielvereinbarungen oder es werden Ziele ad hoc festgelegt; es gilt das *„Travnicek"-Prinzip*. Ich weiss zwar nicht wo ich hin will, dafür bin ich aber schneller dort!

Wer für die Zukunft planen will, muss die Stärken und Schwächen der eigenen Organisation genau kennen. Freilich sind Flächen deckende *Evaluierungsverfahren* nur dann sinnvoll durchführbar, wenn

die Projekte so formuliert werden, dass deren Umsetzung („Implementierung") möglich wird. Neben den „harten" statistischen Fakten sind auch fallweise „weiche", qualitativ orientierte Faktoren zu berücksichtigen.

Werttreiber 2: Effizienz

„To do the things right". Hier geht es darum zu untersuchen, *wie wirtschaftlich* bestimmte Projekte abgewickelt werden, welche Ziele zu welchen Kosten erreicht werden können. Hierher gehören u.a. Fragen der Finanzierung, da die Art der Finanzierung (z.B. Steuerfinanzierung oder Kreditfinanzierung) voll auf die Effizienz durchschlägt.

Viele Experten, die sich der Reform der öffentlichen Verwaltung verschrieben haben, agieren nach dem Motto: „To travel hopefully is better than to arrive". Die Effizienz im staatlichen Bereich voranzutreiben, ist ein äußerst schwieriges Unterfangen. Meist bleibt es hier bei bloßen Absichtserklärungen und schönen Floskeln, die aus älteren Lehrbüchern der Betriebswirtschaftslehre stammen.

„Verwaltungsreformen" in Österreich sind eine „never ending story" und bleiben meist deshalb auf halbem Weg stecken, weil man die Komplexität des Problems unterschätzt und auch dabei niemand seinen Freunderln weh tun möchte. Wie sagte doch kürzlich ein Verwaltungsreform- Experte – der nicht genannt werden möchte: „Wenn man einen Sumpf trocken legen will darf man nicht die Frösche fragen". Man übersieht vielfach, *erstens,* dass man ein betriebswirtschaftliches Steuerungssystem, das für private Unternehmen entwickelt wurde, nicht 1:1 auf staatliche Organisationen übertragen kann und dass *zweitens* auch hier *Ashby's law* gilt: Reorganisationsmaßnahmen , die eine Entbürokratisierung bringen sollen, müssen mindestens so komplex sein, wie das zugrunde liegende komplexe staatliche System, das man ändern will..

Werttreiber 3: Nachhaltigkeit

Der Begriff Nachhaltigkeit stammt aus der Forstwirtschaft. In den 80er und 90er Jahren des vergangenen Jahrhunderts wurde der Begriff fast ausschließlich im ökologischen Kontext verwendet, nun wird der Begriff immer häufiger in der Bedeutung von „dauerhafte Lösung" verwendet. Werttreiber der Nachhaltigkeit sind:

1. Wenn eine bestimmte Ressource nicht mehr verfügbar ist, muss ein Unternehmen in der Lage sein, auf eine andere Ressource umzustellen. Dasselbe gilt für den Umstieg von einer nicht mehr erlaubten Technologie.

2. Ressourcenschonende ökologische Produktion.

3. Fähigkeit einer Organisation, mit offenen Zeithorizonten seine Funktionsfähigkeit zeitlich unbegrenzt aufrecht zu erhalten.

4. Fähigkeit von politischen Organisationen (Parteien, Regierung etc.), notwendige Reformen so zu gestalten, dass die politische Lösung eines Problems (z.B. Rentenreform) zeitlich nachhaltig (also dauerhaft) ist und nicht in zwei Jahren eine „Reform der Reform" folgen muss.

Andere Bezeichnungen für Nachhaltigkeit: Zukunftsfähigkeit, Viability, Sustainability.

Viele Organisationen des öffentlichen Sektors üben allein schon aufgrund ihrer hoheitlichen Aufgaben oder ihres gesetzlichen Auftrags Einfluss auf Wirtschaft und Gesellschaft aus.

Hier geht es um Fragen, inwieweit eine Organisation die Bedürfnisse und Erwartungen der lokalen, einzelstaatlichen und internationaler Gemeinschaft erfüllen kann? Dieser Aspekt beinhaltet die Frage, welche Einstellung die Organisation zu Lebensqualität, *Umwelt und Erhaltung der globalen Ressourcen* hat, sowie interne Maßstäbe zur Beurteilung der eigenen Effektivität.

Ökologische Nachhaltigkeit zielt auf eine Vermeidung von Schäden, Umsetzung von Programmen zur Verhütung von gesundheitlichen

Risken und Unfällen; Durchführung von Programmen zur Bekämpfung von Lärm, Geruchsbelästigung und anderen Umweltgefahren; Einführung von Regelungen zum Schutz der Sicherheit der Bevölkerung sowie alle Tätigkeiten, die zur Schonung und Nachhaltigkeit der Ressourcen beitragen, z.b. verantwortungsbewusste Wahl der Transportmittel und Entscheidung für Umwelt schonende Energiearten. Dazu gehört auch Bedachtnahme auf Abfallreduzierung und - vermeidung; Verwendung von wieder verwertbaren Materialien.

Die *Zukunftsfähigkeit* einer Organisation geht über die *Nachhaltigkeit* („Sustainability") hinaus. Es ist - auf den kürzesten Nenner gebracht - die *Fähigkeit zur Evolution, zur Transformation.* Zukunftsfähigkeit besteht darin, mit offenen Zeithorizonten seine *Funktionsfähigkeit zeitlich unbegrenzt* aufrecht zu erhalten. Wenn die traditionellen Aufgaben einer Organisation den Herausforderungen unserer Zeit nicht mehr gerecht werden, müssen sie durch Aufgaben in neuen Handlungsfeldern ergänzt werden.

Werttreiber 4: Finanzierung & Ressourcen

Der grundlegende Sachverhalt, von dem eigentlich alles ökonomische Denken seinen Ausgang nimmt, ist der Umstand, dass die zur Verfügung stehenden *Ressourcen knapp* sind und wir gezwungen sind, laufend über *neue Alternativen der Verwendung* der Ressourcen nachzudenken.

Hierher gehören u.a. Fragen der Finanzierbarkeit und die Art der Finanzierung (z.B. Kredit und/oder Steuerfinanzierung, Private-Public- Partnership, Finanzierungskonditionen, Risikoabschätzung etc.

Da die Zeiten, wo im staatlichen Sektor Ressourcen wie die „Manna" vom Himmel fielen, wohl endgültig vorbei sind, wird jede Reform und Transformationen auf Finanzierbarkeit (unter Berücksichtigung von Folgekosten und Folgelasten) überprüft werden müssen.

Staatliche Gebietskörperschaften können nur dann *ihren budgetären Handlungsspielraum wieder* zurückgewinnen, wenn

- festgelegt wird, welche Aufgaben Vorrang haben („Prioritäten") und man auch offen sagt, welche Aufgaben man dafür aufgibt („Posterioritäten")

- eine Überprüfung der *Finanzierbarkeit der Einzelprojekte* in Form von Machbarkeitsstudien („feasibility"-Studien) erfolgt. Ziel muss es sein, wenigstens näherungsweise die Folgekosten und Folgelasten der Projekte im Zeitpunkt der politischen Beschlussfassung zu schätzen. Dies bedeutet im Klartext: Großprojekte sind besonders gründlich durch *professionelles Projektmanagement* zu überprüfen.

- Doppelgeleisigkeiten

Werttreiber 5: Social responsibility

Fähigkeit eines Unternehmens bzw. einer Organisation, soziale und/oder finanzielle Verantwortung für bestimmte Produkte, Projekte und Programme zu übernehmen. Ferner im Fokus: Intensivierung der Beziehungen zu den Stakeholdern.

Werttreiber 6: Koordination

Hier geht es um die Koordination der Ziele, der Instrumente, der Schnittstellen, der Berücksichtigung von erwünschten und unerwünschten Nebenwirkungen etc.

Aufgabe der Politik ist es, die dafür nötigen Koordinationsmechanismen zu schaffen und Verantwortlichkeiten zu definieren.

Werttreiber 7: Kohärenz

Hier geht es um die Aufdeckung von Widersprüchen, um den inhaltlichen Zusammenhang von Zielen, Verfahren und Verhaltensweisen in einer Organisation – in konkreto: In den Teilorganisationen des ÖBH. Man unterscheidet zwischen interner und externer Kohärenz. Unter *Interne Kohärenz* versteht man die gemeinsame Vision, Wis-

sensmanagement und Umsetzung von Projekten und/oder Strategien. Diese interne Kohärenz ist die Grundlage für externe Kohärenz, führt aber nicht zwangsläufig zu einer solchen. *Externe Kohärenz* besteht in der verstärkten Berücksichtigung der Stakeholder, also der Interessen und Ziele der Gesellschaft, der Umwelt, Kunden, Lieferanten, Mitarbeiter.

Werttreiber 8: Kooperation

Sucht man in volkswirtschaftlichen Lehrbüchern nach dem Begriff *Kooperation*, so wird man in den meisten Fällen enttäuscht. Dabei ist das, was wir unter Kooperation verstehen, nämlich gemeinsam etwas zu unternehmen und sich gegenseitig zu unterstützen, relativ häufig anzutreffen.

Sobald Menschen und/oder Organisationen um eines gemeinsamen Zieles willen zusammenarbeiten, ihre Kräfte und Ressourcen bündeln, um dadurch das gemeinsame Ziel besser zu erreichen, spricht man von *Kooperation, strategischen Allianzen oder Partnerschaften.*

Eine nachhaltige Kooperation zwischen verschiedenen Partnern ist erst dann möglich, sobald diese bereit sind, ihre *wirklichen Interessen und Präferenzen* auf den Tisch zu legen. Normalerweise wartet jeder der Partner mit der Deklarierung seiner wirklichen Absichten, weil er hofft, dass der andere dies vorher tut und ihm aus dem Abwarten ein Vorteil erwächst.

Immer mehr Personen sind heute auf *Kooperation* mit anderen Partnern angewiesen als je zuvor. Es entstehen immer mehr Abhängigkeiten, nicht nur *innerhalb* von Organisationen, sondern zunehmend auch *zwischen* Organisationen. Auch die Notwendigkeit der Kooperation über juristische Unternehmensgrenzen hinweg, wie beispielsweise beim Aufbau einer *Wertschöpfungskette,* gewinnt zunehmend an Bedeutung.

Koordination passiert nicht von selbst. Vielfach muss eine Stabstelle geschaffen werden, die sich um die Koordination der Teileinrichtun-

gen kümmert. Um die Qualität der zukünftigen Steuerung zu verbessern, muss vor allem eine strategische Fokussierung in Richtung Folgekosten, Folgelasten sowie gegenseitige Beeinträchtigungen und Finanzierbarkeit erfolgen.

Um Aufgaben effektiv, effizient und nachhaltig abwickeln zu können, sollten die bestehenden *strategische Allianzen und Partnerschaften* ausgebaut werden. Nur so kann die für viele Projekte unabdingbare *„kritische Masse"* erreicht werden.

Werttreiber 9: Kontrolle

Darunter versteht man die Evaluierung von Projekten und Programmen. Hier ist zu überprüfen, ob und in welchem Maße die für ein bestimmtes Handlungsfeld vereinbarten Ziele (z.B. Zeit, Kosten, Budget, Qualität etc.) auch wirklich erreicht wurden.

Wenn man die Idee der Kontrolle konsequent weiter denkt, dann landet man bei einem *„Cockpit-System"*. Solche Systeme, die erst in jüngerer Zeit zum Einsatz gelangen, beobachten die ablaufenden Prozesse zeitnah – bisweilen sogar in Echtzeit – und ermöglichen dadurch ein rasches Eingreifen bei Fehlentwicklungen.

Werttreiber 10: Kommunikation[26]

Die Aufgabe der *strategischen* Kommunikation besteht darin, alle Stakeholder über den Stand eines Projektes und die Probleme der Abwicklung zu informieren. Auch hier ist zum unterscheiden zwischen einer internen und einer externen strategischen Kommunikation, *intern* für die Mitarbeiter und Führungsetage und *extern* für Medien, Politik und Gesellschaft.

---

[26] Peter A. Bruck, Global Mobile: Application and Innovation for the Worldwide Mobile Ecosystems. New Jersey and New York 2013

Werttreiber 11: Wissensmanagement[27]

Ungeachtet seiner enormen Wichtigkeit, gehört die Ressource Wissen[28] zu den am schlechtesten gemanagten Ressourcen sowohl in privaten als auch in staatlichen Organisationen.

Werttreiber 12: Kohäsion

Kohäsion ist ein Schlüsselbegriff der EU-Regionalpolitik, mit dem der Zusammenhalt von Regionen beschrieben werden soll. Man unterscheidet *wirtschaftliche, soziale und räumliche Kohäsion.*

Die 12 Werttreiber, die untereinander vernetzt sind, bilden das Grundgerüst der Governance. *Governance ist* im Kern ein *kybernetisches Steuerungstool*, welches die iterative Verarbeitung von Komplexität ermöglicht. Es ist ein offenes System, das – wenn sich neue Perspektiven ergeben – um weitere Werttreiber ergänzt werden kann, wobei allerdings zu berücksichtigen ist, dass mit jedem weiteren Werttreiber natürlich die Komplexität der Analyse zunimmt.

Zwei Werttreiber, die in den nächsten Jahren in die Analyse einbezogen werden müssen, sind einerseis der *Projektumfang* und das *Projektrisiko, wobei das Projektrisiko* mit zunehmendem *Projektumfang* wächst.

---

[27] Herbert K. Kraus, Wissensmanagement – Vom Schlagwort zur umfassenden Aufgabenstellung im Kontext des Governancekonzeptes, In: Alfred Kyrer/Bernhard F. Seyr a.a.O...., Frankfurt/Main 2007

[28] Wissen im Sinne des Wissensmanagements ist nicht nur das theoretische Wissen, der „state of the art", sondern die Gesamtheit der Kenntnisse und Fähigkeiten, die Individuen zur Lösung von Problemen einsetzen. Inkludiert sind also auch praktische Alltagsregeln, Handlungsanweisungen, persönliche Erfahrungen und Einstellungen, „hidden knowledge", u.ä..

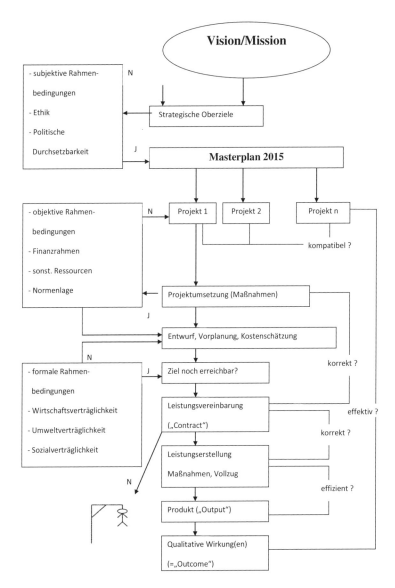

Masterplan und Projekt-Evaluierung („Filtering"), Skizze nach Otto Greiner

Literaturhinweise

Festschrift für Eric Frey, The Art of Governance. Boston 1987

Alfred Kyrer, Das Titanic-Syndrom. Über das Schnüren von Sparpaketen in Österreich, in Deutschland und in der Schweiz oder : Wasch mir den Pelz, aber mach mich nicht naß! Wien 1995

Alfred Kyrer, Reinhold Mitterlehner, New Public Management – Effizientes Verwaltungsmanagement zur Sicherungdes Wirtschaftsstandortes Österreich, 2. Auflage Wien 1997

Volker Rothschädl, Braucht Salzburg einen Masterplan für den Verkehr? Paper zum Vortrag im Rahmen des 4. Forum Voltaire „Masterpläne als Werkzeuge des Regionalmanagements am Beispiel Gesundheitswesens, Universitäten und Verkehr. 1999

Karl Trucker, Internet Governance, in: Alfred Kyrer, Bernhard F. Seyr, Governance und Wissensmanagement als wirtschaftliche Produktivitäsreserven, Frankfurt a.M. 2007

Clemens Grießenberger, Governance aus systemischer Perspektive, In: Alfred Kyrer/Bernhard F. Seyr, Governance und Wissensmanagement, a.a.o….Frankfurt/Main 2007

Gerhard Steger, Die Haushaltsrechsreform des Bundes, in: IV (Hg), Herausforderung Verwaltungsreform, Wien 2008

Nikolaus Dimmel, Wolfgang Pichler, Governance –Bewältigung von Komplexität in Wirtschaft, Gesellschaft und Politik, Frankfurt am Main 2009

Alfred Kyrer, Bernhard F. Seyr, Systemische Gesundheitspolitik – Zeithorizont 2015. Frankfurt am Main 2011

Alfred Kyrer, Michael Alexander Populorum, Weißbuch zur strategischen Neuausrichtung des Österreichischen Bundesheeres oder: New Military Governance 2015. Peter Lang Verlag, Academic Research, Frankfurt am Main 2013

Bernhard F. Seyr, Governance von A-Z. Frankfurt/Main 2013

To do Liste

1. Eine effektive Budgetsanierung ist *nur ausgabenseitig* möglich. Zu diesem Zweck müssen eine Reihe von neuen Tools entwickelt *und* eingesetzt werden. Demonstrativ seien hier nur angeführt: Backcasting, Presencing, Cockpitsteuerung, Masterplanning, Projektfiltering.

2. Governance als neues integratives Werkzeug sollte verstärkt zum Einsatz gelangen, um eine bessere Performance der Wirtschaftspolitik zu erreichen.

3. Einführung eines einheitlichen Rechnungswesen für alle Gebietskörperschaften. Nur so können Mehrgeleisigkeiten und finanzielle Fehlentwicklungen (Folgekosten, Folgelasten) rechtzeitig erkannt werden.

4. Einheitliche Grundsätze sollten nach und nach für eine ausgabenseitige Butgetsanierung - nach und nach -flächendeckend (bei allen Gebietskörperschaften) zur Anwendung bringen.

5. Durch regionales und internationales Benchmarking sollte die Effektivität und Effizienz der getroffenen wirtschaftspolitischen Massnahmen in gewissen zeitlichen Abständen überprüft werden. (Wirtschaftspolitik as „lernendes System").

6. Erstellung einer „Buchhaltung der offenen (noch nicht abgeschlossenen) Projekte" (Projektmonitoring).

7. Die Gebietskörperschaften sollten den Rechnungshof nicht länger als „lästige" Einrichtung empfinden und „schlecht reden", sondern als Partner im Kampf gegen Ineffizienz, Ineffektivität und fehlende Nachhaltigkeit betrachten! Kooperation ist nach Richard Sennett *die* Strategie der Zukunft. Nicht *gegeneinander* sondern *miteinander* sollte die Parole im staatlichen Sektor lauten.

8. Die Komplexität und Vielfalt der politischen Aufgaben kann nur bewältigt werden, wenn an die Stelle der *Machtorientierung die Sachorientierung* tritt. Dies setzt hohe kommunikative und dialogische Kompetenz bei allen Beteiligten und Betroffenen voraus, um über Prozesse der Inklusion und Partizipation mitreden und mitentscheiden zu können.

9. Spar- und Reformprogramme sind als sozial „ausgewogene" Projekte zu verstehen: Hier darf es keine Gewinner- und Verlierer-Positionen geben, sondern es ist sozial ausgewogen vorzugehen – soweit dies möglich ist. Eine gute Reform ist u.a. daran zu erkennen, dass niemand *ganz* zufrieden ist (außer den Steuerzahlern).

10. Politische Unterstützung erhält der Prozess durch größtmögliche Inklusion aller Betroffenen und Beteiligten (öffentliche Träger, Gebietskörperschaften, Parteien, Interessengruppen, Experten, NGOs …) in den „nationalen Dialog" und größtmögliche Transparenz: Medien wie öffentlich-rechtliches (!) Fernsehen und Rundfunk sind einzubeziehen: In gut geplanten und strukturierten Hearings sollten Themen vorbereitet und dann in Parlamenthearings diskutiert werden – mit Übertragungen in Rundfunk / Fernsehen. Am Ende stehen aber nicht neue Kommissionen, sondern Entscheidungen (Verordnungen oder Gesetzesinitiativen!). Über diesen starken Einbezug der interessierten (und immer stärker interessierten) Öffentlichkeit entsteht eine Verbesserung der politischen Kultur.. Keine Gesellschaft kann sich auf Dauer leisten, dass die Bürger (wieder) in den Interesse – Status von Untertanen zurückfallen. Damit wären neofeudalen Tendenzen mit Intransparenz, Korruption, Rückzug ins Private etc. Tür und Tor geöffnet. Auswirkungen treffen auch die Bildungsqualität des Landes – mit entsprechenden Auswirkungen auf die materielle Wohlfahrt etc. Auch die neuen Medien (Twitter etc) sollten in den Kommunikationsprozess einbezogen und genutzt werden: Auch über diesen Weg können wichtige Perspektiven transportiert werden und es kann ein neues politisches Interesse entstehen.

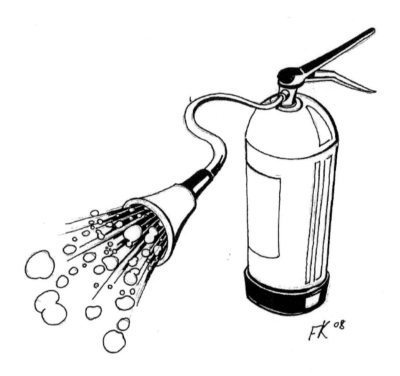

Der Feuerlöscher

Bildungspolitik in Österreich oder: Mythen und aktuelle Fehlsteuerungen

Bernhard F. Seyr, Salzburg

A. Vorbemerkungen

Die Reformen bzw. Reformpläne im österreichischen Bildungswesen sind derzeit vor allem durch gesamteuropäische Trends, die Forderung nach mehr Effizienz und Effektivität sowie durch Parteipolitik geprägt.

Kursorisch und anhand ausgewählter Schlagworte erörtere ich pointiert in einer Art *Feuilleton* die Politikfelder Schulpolitik und Hochschulpolitik als Teilbereiche der Bildungspolitik. In beiden Politikfeldern gehen viele Forderungen auf internationale und gesamteuropäische Vergleiche sowie Entwicklungen zurück.

Die Gefahren der blinden Orientierung an anderen Staaten und Bildungssystemen werden jedoch von den politischen Akteuren derzeit noch unterschätzt, wenn nicht sogar negiert. Nur weil in anderen Staaten gewisse (Bildungs-)Systeme oder Rahmenbedingungen herrschen, müssen diese noch lange nicht automatisch für Österreich erstrebenswert sein. Dies trifft z. B. auf die häufig diskutierte Frage der im internationalen Vergleich niedrigen Akademikerquote Österreichs zu: Die Akteure, die dies immer wieder stur und ignorant behaupten, übersehen die Systemunterschiede zwischen den einzelnen Staaten völlig. Denn es ist kein Wunder, dass in anderen Staaten die Akademikerquote deutlich höher ist, in denen beispielsweise Krankenschwestern, Bibliothekare usw. an einer Hochschule ausgebildet werden oder in denen die berufsbildenden höheren Schulen (BHS) fehlen. In solchen Staaten ist jeder Schulabgänger mit Hochschulreife genötigt, auf Bachelor-Niveau eine Berufsausbildung zu beginnen, die die BHS wie HAK und HTL dem *Großteil* der österreichischen Maturanten bereits vermittelt haben.

B. Bisherige Entwicklungen

1. Schulpolitik

Betrachtet man die Pressemeldungen zur Schulpolitik, geht es darin häufig um folgende Problemkreise: a) mehr Output – weniger Drop-out, b) Qualität und Auswahl des Lehrpersonals, c) Lehrinhalte, d) Gesamtschule, e) Ganztagsschule. Ich greife bewusst nur diese Problemkreise heraus, um sie im Anschluss zu kommentieren.

a) Mehr Output – weniger Drop-out in der Sekundarstufe II („Oberstufe")?

Ausgehend von den Bestrebungen des New Public Management (NPM) möchte die Bildungspolitik die Effizienz und Effektivität im Bildungswesen steigern. Man versucht hier das betriebswirtschaftliche Denken der Privatwirtschaft auf den öffentlichen Sektor zu übertragen. Allerdings ist die Übertragung von Ansätzen aus dem NPM auf das Bildungswesen gefährlich. Eine Schule ist keine Fabrik, in der Waren erzeugt werden. Es geht also nicht darum, die Quote der Ausschussproduktion zu verringern, denn Menschen sind kein Ausschuss. Schüler sind Menschen mit unterschiedlichen Fähigkeiten und Eigenschaften.

Unterrichtsministerin Claudia Schmied[29] meint, der Drop-out (das „Aussieben") in den ersten Klassen der berufsbildenden höheren Schulen (BHS) müsse vermieden werden. Die Forderung nach der Senkung des Drop-outs passt natürlich sehr gut zu einem Gedankengut, das davon ausgeht, alle Menschen seien gleich – und wenn sie nicht gleich sind, dann liege das am „bösen" System, das die Menschen am „Gleichsein" hindere.

---

[29] Ich finde es nebenbei hochinteressant, dass in letzter Zeit immer mehr Minister ernannt werden, die nicht vom Fach sind, sondern bloß politische Funktionäre. Solche Regierungsmitglieder sind naturgemäß sehr anfällig für den Einfluss der Parteizentralen und der Ministerialbeamten.

Man übersieht jedoch dabei, dass Menschen zwar vor dem Gesetz die gleichen Rechte haben sollen, aber in ihren Begabungen und (Erb-)Anlagen eben nicht gleich sind. Auch wenn es gewisse Kreise nicht gern hören, sind nicht alle Schüler für den Besuch einer höheren Schule geeignet. Trotzdem drängen immer mehr Eltern ihre Kinder zum Besuch einer höheren Lehranstalt – gerade deswegen, weil immer mehr Kinder höhere Schulen besuchen und andere Bildungswege vor allem im städtischen Bereich damit entwertet werden. Hier entsteht eine Spirale, deren Effekte sich selbst verstärken. Ein Nebeneffekt dieser verfehlten Bildungssteuerung ist die große Bedeutung der Nachhilfe-Branche. Wenn immer mehr junge Menschen eine (auf dem Papier) höhere Bildung aufweisen, wird die praktische Berufsausbildung (Lehre) immer mehr zurückgedrängt, obwohl wir gut ausgebildete Facharbeiter dringend bräuchten.

Das System kann nicht funktionieren, wenn die berufsbildenden höheren Schulen (HAK, HTL, HBLA) sich ihre Schüler nicht aussuchen dürfen, aber dann genötigt werden, möglichst alle Schüler zur Matura zu führen. Die Wirtschaft stellt hohe Ansprüche an die Absolventen, die jedoch so nicht einlösbar sind. Ein frühzeitiger Dropout und die Wiedereinführung der allgemeinen Pflicht zur Aufnahmsprüfung an diesen Schulen sind sinnvoll, da man den Schülern und Eltern einen vermeidbaren Leidensweg durch eine ungeliebte bzw. nicht passende Ausbildung erspart. Eine Lösung besteht natürlich darin, das Niveau so weit abzusenken, dass alle vorgeblich den Anforderungen genügen. Aber was erreicht man damit? Man erreicht nur eine *Bildungsinflation*, die die Zeugnisse öffentlicher Schulen wertlos macht. Auch auf dem Arbeitsmarkt gilt: Was jeder hat, ist auch nichts wert. Man betrügt die guten Schüler um ihren Erfolg, indem man einer Masse von Ungeeigneten die Noten schenkt. Die Effekte einer solchen verfehlten Bildungspolitik kann man sehr gut in Ländern wie z. B. Spanien sowie auch im hochgelobten Finnland beobachten: Dort gibt es zwar hohe „Maturantenquoten", aber gleichzeitig eine gigantische Jugendarbeitslosigkeit. In Spanien sind 48 %, in Finnland 20 % und im Vergleich dazu in Österreich nur 7 %

145

der jungen Menschen ohne Beschäftigung.[30] Ein Reifeprüfungszeugnis alleine kann den Jugendlichen auch keinen Arbeitsplatz herbeizaubern und ist in manchen Staaten nur mehr bedrucktes Papier ohne Wert auf dem Arbeitsmarkt. Warum werden also Österreichs Bildungs- und Beschäftigungssystem stets schlechtgemacht, wenn wir die niedrigste Jugendarbeitslosenrate der EU aufweisen? Ich vermute dahinter teilweise politische Gründe, um durch Fehlinformation der Öffentlichkeit ideologische Ziele zu verfolgen.

Worin besteht ein weiterer Effekt der Bildungsinflation, durch die Abschlüsse öffentlicher Schulen wertlos gemacht werden? Betuchtere Eltern können ihren Sprösslingen Privatschulen, verschiedene Zertifikate oder Zusatzausbildungen finanzieren. Eltern aus sozial schwächeren Schichten können das nicht, obwohl ihre Kinder vielleicht auch dafür geeignet wären. Ist das Chancengleichheit? Ich meine nein.

An dieser Stelle hakt oft die Argumentation ein, das Bildungswesen müsse die Schüler nur besser fördern, um den Drop-out zu senken. Das ist sicher teilweise richtig, aber die zusätzlichen Ressourcen z. B. für kleinere Klassen und zusätzliche Förderangebote verschlingen wiederum Ressourcen – und das steht im Widerspruch zur Forderung nach mehr Effizienz. Ein Staat hat eben nur ein begrenztes Budget zur Verfügung.

b) Qualität und Auswahl des Lehrpersonals

Ein großes Thema ist die Forderung der Politik nach der Auswahl des Lehrpersonals durch die Schuldirektoren und nicht – wie gehabt – durch die Landesschulräte. Es ist interessant, dass die Schulen sich die Lehrkräfte aussuchen sollen, aber sich die Schüler nicht aussuchen dürfen. Im Extremfall heißt das, wenn sich der Schüler für die betreffende Schule anmeldet, ist er – überspitzt ausgedrückt – quasi „pragmatisiert". Die Lehrkraft soll jedoch von der Bewertung durch

---

[30] Quelle: Bundesministerium für Arbeit, Soziales und Konsumentenschutz. Datenstand vom September 2011 bezogen auf die 19 bis 25-Jährigen, basierend auf einer Abfrage bei EUROSTAT vom 11.11.11.

Schüler, Eltern und Direktoren abhängig sein. Nach wie vor ist es die Regel, dass Direktoren unter politischem Einfluss bestellt werden. Kann der Lehrer in einem solchen Umfeld noch objektiv beurteilen? Vielleicht möchte die Politik das ja gar nicht...

Fort- und Weiterbildungsmaßnahmen als Allheilmittel zur Qualitätssicherung werden ebenfalls immer wieder propagiert. Dazu muss aber angemerkt werden, dass eine Verpflichtung der Lehrkräfte zu solchen Fortbildungsveranstaltungen nicht viel bringen dürfte. Der Effekt wäre bloß das Absitzen der Seminare, um wieder einmal die Pflicht erfüllt zu haben. Abgesehen davon sind auch nicht alle Fortbildungs-Seminare qualitativ hochwertig und für den Unterricht praktisch umsetzbar, wie ich aus eigener Erfahrung als Teilnehmer weiß. Ich plädiere für die Beibehaltung der freiwilligen Teilnahme an solchen Lehrveranstaltungen, auch um die Eigenverantwortung der Lehrkräfte – und damit ihre Motivation – zu stärken.

Die derzeitigen Bemühungen um Qualitätssicherung im Schulbereich (ein Modetrend?) scheinen sich derzeit zu weiten Teilen auf das Ausfüllen von Formularen und Evaluationsbögen zu erstrecken. Ich führe dies auf das meines Erachtens oberflächliche Qualitätsverständnis aus der ISO-Tradition zurück, wonach nicht die Qualität der Produkte selbst überprüft wird, sondern Handbücher bzw. Dokumentationen über die betrieblichen Prozesse. Ich bin nicht der Auffassung, dass pädagogische Qualität sich auf diese Weise messen lässt.

c) Lehrinhalte

Die Diskussion um die Auswahl der Lehrinhalte und deren Qualität ist keineswegs neu. Immer wieder ist seit Jahrzehnten, wenn nicht Jahrhunderten, vom so genannten Entrümpeln der Lehrpläne die Rede. Ich möchte die Bemühungen um die Anpassung der Lehrinhalte an die aktuellen Anforderungen nicht per se in ein schlechtes Licht rücken. Allerdings weise ich darauf hin, dass in den öffentlichen Schulen Rahmenlehrpläne gelten, innerhalb derer die Lehrkraft ohnehin die konkreten Inhalte selbst auswählen und gewichten kann. Ich sehe also die Lehrpläne als solche nicht als das größte Problem,

denn sie geben ohnehin nur die groben „Überschriften" der Themen vor.

Ein Problem sehe ich eher darin, dass schleichend das Niveau verfällt und seitens mancher Führungskräfte im Bildungswesen Druck ausgeübt wird, damit möglichst viele Schüler bestehen (siehe oben). Unterrichtsfächer mit hochtrabenden Bezeichnungen und hehren, höchst schwammigen Lehrzielen werden eingeführt – andererseits kürzt das Ministerium Kernfächer auf ein Minimum oder streicht sie überhaupt.

Als sehr bedauerlich empfinde ich daher die Abschaffung des Gegenstandes Wirtschaftliches Rechnen in der HAS und HAK. Die Lehrinhalte wurden zwar in den Gegenstand Rechnungswesen integriert, wo sie allerdings aufgrund der geringen Wochenstundenzahl kaum vermittelt werden können. Gerade an der Rechenkompetenz, am Zahlengefühl, am Schätzen von plausiblen Ergebnissen mangelt es den meisten Schülern. In der HAS beherrscht nach meiner eigenen Erfahrung die Mehrheit der Schüler nicht einmal mehr die Maßeinheiten (z. B. g in dag oder t in kg umwandeln), vom Prozentrechnen ganz schweigen.

  d) Gesamtschule

Die Gesamtschule ist gerade durch das Bildungsvolksbegehren von 2011 in Österreich ein politisch brisantes Thema. Die Befürworter vertreten die Ansicht, im städtischen Bereich gebe es ohnehin faktisch schon die Gesamtschule, da die Gymnasien in der Unterstufe einen Großteil der Schüler unterrichten. Abgesehen davon sei die Bildungsentscheidung mit zehn Jahren noch zu früh und die Trennung zwischen Hauptschule und Gymnasium führe zu einer ungerechten Selektion. Geheim gehalten wird aber das Faktum, dass mehr als die Hälfte der österreichischen Maturanten eine *Hauptschule* absolviert haben. Die medial kommunizierte Behauptung, dass das derzeitige differenzierte Schulsystem in der Sekundarstufe I jungen Menschen die Chancen versperre, ist also nichts anderes als ein politisch motivierter Mythos.

Die Gegner der Gesamtschule wenden sehr berechtigt ein, dass die Vielfalt des Bildungssystems zerstört wird und das Niveau weiter sinkt. Für umfangreiche pädagogische Fördermaßnahmen, wie sie bei den Schulversuchen der Neuen Mittelschule etabliert wurden, um die Evaluationen gut aussehen zu lassen, fehlt langfristig schlicht und einfach das Budget.

Das Argument, dass in den Ballungsräumen ohnehin der Großteil die AHS-Unterstufe (Sekundarstufe I) besucht, ist nur vordergründig schlüssig. Denn warum ist dies so? Der Grund ist eine verfehlte Steuerung der Bildungsströme. Volksschulzeugnisse sind offenbar nicht mehr aussagekräftig genug, um eine Zuordnung der Schüler in die einzelnen Schultypen zu ermöglichen. Volksschul-Lehrkräfte werden von den Eltern unter Druck gesetzt, die Schüler möglichst gut zu beurteilen, damit diese in der AHS aufgenommen werden. Das Ergebnis liegt auf der Hand: Die Hauptschulen verkommen in den Städten zu Restschulen, in die gebildete Bürger ihre Kinder nicht mehr schicken wollen – aufgrund des hohen Migrantenanteils (der übrigens in der PISA-Diskussion geflissentlich *totgeschwiegen* wird), des niedrigen Niveaus, der Gewalt durch Mitschüler aus bildungsfernen Schichten etc. In den meisten Landgemeinden liegt der Fall anders: Hier besucht der Großteil der Kinder die Hauptschule. Befürworter der Gesamtschule verdrehen auch diesen Umstand zum Beweis für das Funktionieren und die Notwendigkeit der Gesamtschule.

Es mag stimmen, dass die Bildungsentscheidung mit zehn Lebensjahren noch zu früh ist. Allerdings ist das österreichische Schulwesen so durchlässig, dass den Absolventen der Hauptschulen alle Wege offen stehen: HAK, HTL, HBLA, BORG, Poly. Der Besuch der Hauptschule ist also keine Sackgasse, sondern ein gutes Fundament. Gerade auf dem Land kommt z. B. der Großteil der Schüler an der HAK aus Hauptschulen. (Wie weiter oben bereits erwähnt wurde, hat der Großteil der österreichischen Maturanten die Hauptschule besucht.)

Ich schließe mich den Argumenten an, wonach die Gesamtschule in Österreich nicht nötig ist und die Vielfalt eines organisch gewachse-

nen Schulsystems zerstört. Die Gefahr der Nivellierung nach unten sehe ich bei Gesamtschulen sehr wohl.

e) Ganztagsschule

Gewisse Kreise der Politik fordern vehement die obligatorische Ganztagsschule, da diese in der heutigen Gesellschaft nötig sei. Dies wird mit der Berufstätigkeit beider Elternteile begründet, die sich nicht den ganzen Tag ihren Kindern widmen könnten.

Mit dem Thema Ganztagsschule lasse ich mich sehr stark auf ein ideologisches Thema ein. Die Ganztagsschule darf auf keinen Fall zu einer „Zwangstagsschule" werden, die auch für Kinder mit familiärer Nachmittagsbetreuung verpflichtend ist. Für viel besser halte ich freiwillige Betreuungsangebote am Nachmittag durch Freizeitpädagogen. Ich erachte den Freiraum, den Kinder am Nachmittag und in den Ferien haben, als besonders wichtig für deren Entwicklung. Nur so ist es den Kindern möglich, sich einen selbst ausgewählten Freundeskreis aufzubauen, eigenen Interessen nach Gutdünken nachzugehen, Selbstorganisation und Selbstbestimmung zu erfahren oder sich schlicht und einfach einmal zurückzuziehen und ein Nickerchen zu halten.

Außerdem sind die politischen Forderungen nach der Ganztagsschule praktisch etwas unausgegoren, da die derzeitigen räumlichen und personellen Ressourcen der Schulen nicht ausreichen, um darin Schüler den ganzen Tag sinnvoll zu betreuen.

2. Hochschulpolitik

1. Sorbonne und Bologna

Auch die Hochschulpolitik ist gekennzeichnet durch Strömungen des NPM (New Public Management) sowie durch Trends auf europäischer Ebene. Diese Trends gehen vor allem von der Sorbonne- und Bologna-Erklärung und ihren Weiterentwicklungen aus und nahmen in den späten 90er Jahren ihren Anfang. Die beiden genannten Erklärungen sind freiwillige Selbstverpflichtungserklärungen der Signa-

tarstaaten (wozu auch Österreich gehört). Die EU als solche darf in die Bildungssysteme ihrer Mitgliedstaaten nicht eingreifen, obwohl natürlich derartige Bestrebungen solcher „freiwilligen Selbstverpflichtungen" von der EU sehr erwünscht sind.

Sicherlich hat die Schaffung eines konvergenten, europäischen Bildungsraumes positive Effekte im Sinne der Mobilität und der internationalen Anerkennung von Diplomen. Die Frage ist nur, wie weit die nationale Politik mit ihren Bemühungen um eine europäische Konvergenz gehen soll, um nicht jegliche Eigenständigkeit aufzugeben. Formell ist Konvergenz (die Übereinstimmung bestimmter Merkmale) relativ leicht herzustellen. Materiell ist es schwieriger, da die tatsächliche Umsetzung auf den untersten Ebenen praktisch kaum – mit vertretbarem Aufwand – kontrollierbar ist. Letztendlich liegt es wieder an der einzelnen Institution, was sie wie konkret in Lehre und Forschung umsetzt.

2. Autonomie und Finanzierung

Die österreichischen Universitäten sind nun vollrechtsfähig und autonom, werden aber vom Bund finanziert. Mit der Autonomie ist die Gefahr verbunden, dass sich der Staat aus der Finanzierung der Hochschulen immer mehr zurückzieht und die Universitäten zur Einwerbung von Drittmitteln gezwungen sind. Dadurch wird die Konkurrenz um Geldmittel aus Fonds zur Forschungsförderung immer härter. Die Folge davon ist eine sinkende Erfolgsquote bei eingereichten Förderanträgen. Teilweise muss man als Wissenschafter schon mehr Zeit und Energien für die Beantragung von Forschungsmitteln und für die Erstellung von Projekt-Proposals aufwenden als für die eigentliche Durchführung des Forschungsvorhabens selbst. Das kann ich aus eigener Erfahrung bestätigen.

Natürlich sind institutionelle Antragsteller bei Förderungsfonds im Vorteil, da die institutionellen Forschungseinrichtungen auf einen Stab fest angestellter und bezahlter Wissenschafter zurückgreifen können, die sich den Projektanträgen widmen. Freiberufliche Forscher und kleinere Institute werden so abgedrängt, weil sie es sich schlicht und einfach nicht leisten können, mehrere Monate für die

Antragstellung aufzuwenden, wenn noch dazu die statistische Erfolgswahrscheinlichkeit wesentlich niedriger ist als die Wahrscheinlichkeit des Misserfolgs. Das gilt vor allem für die meisten EU-Projekte.

Die Autonomie bringt außerdem Leistungsvereinbarungen mit dem Wissenschaftsministerium mit sich, nach denen die Budgetzumessung entsprechend den festgelegten Indikatoren erfolgt. Gerade in diesen Indikatoren besteht die Gefahr der Fehlsteuerungen: Aufgrund der einfacheren Handhabbarkeit geben die Entscheidungsträger quantitativen Indikatoren (Kennzahlen) den Vorzug. Daran, dass Zahlen alleine eine geringe Aussagekraft besitzen, denkt die Politik zu wenig. Sofern die Budgetzumessung nach Studenten- und Absolventenzahlen erfolgt, besteht – wie im Schulwesen – die Gefahr eines massiven Qualitätsverlustes, da die jeweilige Hochschule eine starke Motivation hat, ungeeignete Studenten dem Budget zuliebe durchzuschleusen.

Eine andere Blüte quantitativer Indikatoren zeigt sich in der Evaluation der Forschungs- und Publikationstätigkeit. Die Leistung der Wissenschafter wird unter anderem nach Zahl und Umfang der Publikationen bemessen – und nicht nach der Qualität. Demnach brächte es für einen Forscher mehr Punkte, wenn er ein 500seitiges Telefonbuch herausgäbe und nicht wissenschaftliche Werke von großer Bedeutung.

Die Politik bezieht qualitative Daten als Ergänzung zu Kennzahlen derzeit noch viel zu wenig in ihre Entscheidungen ein.

3. Dienstrecht und Karrieremodelle

Das österreichische Dienstrecht für Wissenschafter an Hochschulen entwickelte sich durch die jüngsten Universitätsreformen weg vom Status des öffentlichen Dienstes hin zu befristeten Dienstverträgen nach dem Angestelltengesetz. Die Politik versprach sich davon mehr Flexibilität und Leistungsorientierung. Der Nachteil besteht für die Betroffenen allerdings in einer nicht abschätzbaren beruflichen Zukunft, die die Forschung für junge Akademiker als Berufsfeld unatt-

raktiv macht. Kurze Befristungen von Dienstverträgen führen meines Erachtens nicht zu mehr Qualität in der Forschung, sondern zu mehr Abhängigkeit derselben von der Obrigkeit. Ignoriert wird außerdem, dass Wissenschafter aus vielen Disziplinen (vor allem aus den Kultur- und Geisteswissenschaften) in der Privatwirtschaft keinen adäquaten Arbeitsplatz finden können und daher auf die Universität als Arbeitgeber angewiesen sind. Auch deshalb ist ein derartiges Dienstrecht nicht dazu geeignet, fähige wissenschaftliche Kräfte anzuziehen und an die Universität zu binden. Dazu kommt eine permanente Budgetknappheit, die weniger Personal zulässt als für die in den letzten Jahrzehnten stark angewachsenen Studentenzahlen nötig wäre.

Ein Wunsch der Wissenschaft an die Politik wäre also die Wiedereinführung einer stärkeren dienstvertraglichen Absicherung in Verbindung mit durchgängigen Karriere-Modellen (so genannte Tenuretrack-Modelle). Sicherlich wird eine Reform der Reform keine Rückkehr zur Pragmatisierung bedeuten, jedoch ist eine Verbesserung der unattraktiven Vertragsbedingungen im Interesse des Forschungsstandorts Österreich geboten.

Zur akademischen Karriere gehört nach wie vor die Habilitation, die die formelle Verleihung der Lehrbefugnis für ein bestimmtes wissenschaftliches Fach bedeutet. Der Antrag auf Habilitation des Bewerbers wird von einer Habilitationskommission an der jeweiligen Universität geprüft. Tatsache ist, dass die Verleihung der Habilitation häufig keine Frage der Qualifikation darstellt, sondern als Machtinstrument von den Universitäten missbraucht wird. Ist ein Kandidat „genehm", weil er von einem mächtigen Fürsprecher gefördert wird, ist die Habilitation so gut wie verliehen. Schwieriger wird es, wenn das Institut oder der Fachbereich in dem Habilitanden einen potenziellen Konkurrenten (um Lehraufträge, Ressourcen) sieht und/oder wenn der Bewerber ein Externer ist, der nicht jahrelang einem Professor „die Stiefel geleckt" hat. Solche Bewerber haben praktisch kaum eine Chance, die Lehrbefugnis zu erhalten und werden mit juristischen Tricks bzw. Spitzfindigkeiten sowie unsachlichen Untergriffen abgewehrt. Ganz anders sieht die Situation z. B. in England oder auch in Ungarn aus, wo die Universitäten jedem Bewerber im

akademischen Bereich grundsätzlich offen und fair entgegentreten. Ich meine, dass Österreich nicht nur durch das finanzielle Aushungern, sondern auch durch falsches Konkurrenzdenken und Brotneid an Universitäten zu viele geistige Ressourcen verschwendet und an das Ausland verliert.

Aus den obigen Ausführungen geht hervor, dass das Politikfeld Bildung ein äußerst vielschichtiges und vielfältiges ist. Gerade die Bildungspolitik ist besonders anfällig für ideologische Entscheidungen, je nach politischer Färbung des jeweiligen Ministers. Da die Gestaltung des Bildungswesens langfristige und schwer messbare Effekte zeigt, treten Fehlsteuerungen erst sehr spät, wenn nicht zu spät zutage. Die Politik handelt aber im Gegensatz dazu im Rahmen relativ kurzer Legislaturperioden und hat ihrer Klientel ihre „Erfolge" plakativ zu demonstrieren. Dieser Widerspruch führt, neben anderen Faktoren, zu Brüchen in der Kontinuität, zur Ressourcenvergeudung und zu Fehlsteuerungen.

C. Was zu tun wäre

1. Keine kritiklose und unreflektierte Orientierung an internationalen Vergleichen und Systemen anderer Staaten.
2. Leistung soll wieder mehr in den Vordergrund gerückt werden – im Sinne der Beschäftigungschancen der Absolventen.
3. Kleinere Klassen steigern die Qualität des Unterrichts.
4. Wiedereinführung der Aufnahmsprüfungen für alle Neueintretenden in BHS.
5. Die Bestellung von Schulleitern sollte nur mehr auf Zeit erfolgen, um die Flexibilität und Qualität der Führung besser als bisher zu sichern. Die Wiederwahl sollte jedoch möglich sein.
6. Die Qualitätssicherung im Bildungswesen sollte nicht im Ausfüllen von Formularen und Fragebögen bestehen, sondern wieder in aussagekräftigen Zeugnissen und Beurteilungen.
7. Wiedereinführung des Gegenstandes Wirtschaftliches Rechnen an HAK/HAS.
8. Rückbesinnung auf solide Basiskenntnisse statt hochtrabender „Schaumschlägereien" in den pausenlos geänderten Lehrplänen.
9. Keine Gesamtschule, da diese zu einer Entwertung des öffentlichen Schulwesens führt.
10. Keine „Zwangstagsschule", wobei ich mich aber für freiwillige Betreuungsangebote am Nachmittag ausspreche.

D. Literatur

Bundesministerium für Arbeit, Soziales und Konsumentenschutz: Jugendarbeitslosenquote im internationalen Vergleich, Datenstand September 2011. Wien, am 11.11.2011, basierend auf einer EUROSTAT-Abfrage.

Gütl, B./Orthey, F. M./Laske, S. (Hrsg.): Bildungsmanagement. Differenzen bilden zwischen System und Umwelt. München und Mering: Rainer Hampp Verlag, 2006.

Heinrich, M.: Governance in der Schulentwicklung. Von der Autonomie zur evaluationsbasierten Steuerung. Wiesbaden: VS Verlag für Sozialwissenschaften, 2007.

Kyrer, A. (Hrsg.): Integratives Management für Universitäten und Fachhochschulen. Oder: Governance und Synergie im Bildungsbereich in Österreich, Deutschland und der Schweiz. Wien, Graz: Neuer Wissenschaftlicher Verlag, 2002.

Kyrer, A./ Seyr, B. F. (Hrsg.): Governance und Wissensmangement als wirtschaftliche Produktivitätsreserven. Frankfurt/M. u. a.: Peter Lang, 2007.

Pellert, A. (Hrsg.): Einführung in das Hochschul- und Wissenschaftsmanagement. Ein Leitfaden für Theorie und Praxis. Bonn: Lemmens, 2006.

Seyr, B. F.: Governance im Hochschulwesen. Bildungspolitik des postsekundären Sektors in Europa – Prüfungsanerkennung an österreichischen Universitäten. Wien, Graz: Neuer Wissenschaftlicher Verlag, 2002.

Seyr, B. F.: Handbuch der europäischen Berufsbildungspolitik. Einschließlich Evaluationsstudie über europäische Bildungsprogramme in Österreich. Frankfurt/M. u. a.: Peter Lang, 2005.

Seyr, B. F.: Integratives Management und Wissensbilanzierung in der Hochschulforschung. Einführung und Umsetzung von Universitätsreformen im deutschsprachigen Raum. Frankfurt/M. u. a.: Peter Lang, 2006.

Baustelle 5:
Sozialpolitik

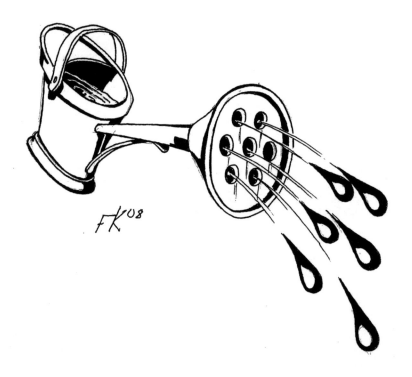

Die Gießkanne

Sozialpolitik in Österreich oder: Verdrängen ist leichter als bewältigen[31]

Alfred Kyrer, Salzburg

1.Ausgangslage

Ich bin mit der gegenwärtig in unserem Land praktizierten sogenannten "Sozialpolitik" nicht zufrieden. Sie ist weder „Politik" im Sinne einer planvollen Gestaltung von Wirtschaft und Gesellschaft. noch ist sie „sozial" in dem Sinne, dass sie eine Verbesserung der Lebensqualität der **wirklich sozial bedürftigen** Gruppen der Bevölkerung anstrebt.

Konkret weist die Sozialpolitik drei Schwächen auf[32] :
1.Nicht Berücksichtigung des Bedürftigkeitsprinzips,
2.Trennung von Wirtschaft und Sozialem,
3.Fehlende Kostenwahrheit

1.1.Kritik an der Qualität der Wirtschafts- und Sozialpolitik.

Die schlechte Politikqualität, die Art und Weise wie hierzulande „Sparpakete" geschnürt werden, hängt damit zusammen

• dass die Massnahmen völlig unzureichend vorbereitet werden
• dass diese Massnahmen unter grossem Zeitdruck einfach durchgezogen werden
• dass viele Massnahmen unkoordiniert und nicht abgestimmt wurden
• dass sie an den wirtschaftspolitischen „Beratungsstäben" vorbeilaufen und

---

[31] Bei diesem Beitrag handelt es sich um eine geringfügig erweiterte Fassung von Sozialpolitik in Österreich, die in den Wirtschaftspolitischen Blättern, 42. Jg., Heft 2, Wien 1995 erschienen ist.
[32] . Neue Geleise für die Sozialpolitik, NZZ vom 18./19.3.1995, S. 9.

• dass der „State of the Art" der Theorie der Wirtschaftspolitik überhaupt nicht zum Tragen kommt.

Dazu kommt noch, dass auch Österreich ressourcenmässig unter
Druck gerät und nun - so wie die Schweiz - „Sparpakete" beschliessen muss.

Die österreichische, wirtschaftspolitische Szene ist gegenwärtig stark
geprägt von „Feuerwehraktionen", d.h. es wird nicht **agiert**, sondern
nur mehr **reagiert**, wenn sich konkrete Probleme auftun.

Betrachtet man unter diesem Blickwinkel die österreichische „Soziallandschaft", so wird man dabei unschwer feststellen, dass es sich
um keine von Architekten bewusst gestaltete französische „Parkland-
schaft" handelt, sondern eher um einen typisch österreichischen
„Schrebergarten", in dem viele Hobbygärtner mit verschiedensten
Ideen und Werkzeugen unterwegs waren, und dementsprechend sieht
er auch aus. In der Politikwissenschaft nennt man das - mit vorneh-
mer Zurückhaltung - „historisch gewachsenes System"!

Lange Zeit waren der wirtschaftspolitischen Phantasie keine Grenzen
gesetzt. Beide Grossparteien zogen drei Jahrzehnte mit der Giess-
kanne durch die Lande und verteilten Sozialleistungen an das Volk,
leider auch an Gruppen, die dieser Segnungen eigentlich gar nicht
bedurften. Die finanziellen Konsequenzen dieser „Giesskannenpoli-
tik" wurden unterschätzt und alle Warnrufe[33] überhört.

2. Bausteine für eine Neue Integrative Wirtschaftspolitik

Die österreichische Wirtschafts- und Sozialpolitik sollte sowohl
einer inhaltlichen als auch einer formalen Überprüfung unterzogen
werden. Neue Perspektiven könnten insbesondere durch einen *inte-
grativen* Denkansatz erschlossen werden. Bestimmende Merkmale
einer solchen Politik wären:
- Neudefinition der Ziele und Mittel

---

[33] Die Grenzen des Wohlfahrtsstaates, Wirtschaftspolitische Blätter, Heft 5,
1981

- politische Konvergenz von Zielen und Mitteln
- ganzheitlich-vernetzte Planung zur Erreichung der Ziele
- Überprüfung der Effektivität und der Effizienz
- Sicherstellung der Finanzierbarkeit
- Berücksichtigung des Zeitfaktors (zeitgerechte Planung und Durch-
führung, zeitliche Befristung bestimmter Massnahmen)
- Zugrundelegung eines neuen Menschenbildes

Baustein 1: Der Zielkatalog

Hier ist festzulegen, welche wirtschaftspolitischen Ziele der Staat
überhaupt anstreben soll! Wie lassen sich diese Ziele begründen?
Wie „dicht" soll das soziale Netz sein?
Genaue Definition der Zielgruppen. Je konkreter („operationaler")
die Ziele definiert werden, desto leichter ist eine spätere Überprüfung
der Zielerreichung möglich.
Schwierigkeiten bei der Zielformulierung und Überprüfung d sozialer Netze ergeben sich vor allem dadurch, dass wir
die genaue Verteilung der Belastungen und Begünstigungen auf
Personen, Gruppen und Regionen, die sogenannte „Inzidenz"[34] nur
unzureichend kennen. Dies ist u.a. auch darauf zurückzuführen, dass
auf allen drei staatlichen Ebenen (Bund, Länder, Gemeinden) wirtschaftspolitische Massnahmen für bestimmte Zielgruppen getroffen
werden, die sich teilweise gegenseitig beeinträchtigen, teilweise aber
auch verstärken. Überlappungen, aber auch „Löcher" und „weisse
Flecken", wo soziale Hilfe dringend geboten wäre, sind an der Ta-
gesordnung. Eine breitere statistische Basis wäre erforderlich, um
feststellen zu können, wo tatsächlich eine wirtschaftspolitische
„Überversorgung" bzw. „Unterversorgung" vorliegt.

Dazu kommt, dass **Einsparungsmöglichkeiten** und Zielsysteme
vielfach nicht von oben nach unten („top down") sondern nur von
der Basis nach oben („bottom up") überprüft werden können. Dies
scheitert jedoch oft daran, dass die Interessengruppen die Vorteile

---

[34] Die exakte Ermittlung der Inzidenz von wirtschaftspolitischen Massnahmen ist eines der schwierigsten Probleme, mit denen der Volkswirt konfrontiert wird.

ihrer Gruppen verbergen und dies gilt gleichermassen für Arbeit-
nehmer- wie für Arbeitgebervertreter. Hier bilden die Sozialpartner
also zunächst eine „asoziale" Partnerschaft, die erst durch Kooperation zu einer „sozialen" Partnerschaft wird, wie Aiginger[35] mit dem
Denkmuster der Spieltheorie gezeigt hat. Vielfach sind Interessengruppen nur unter dem Druck der Öffentlichkeit (und nicht der Parteien!) bereit, Konzessionen zu machen.

Da die Beamten auf der obersten bürokratischen Ebene nur „strate-
gisch" denken und die „operativen" Einsparungsmöglichkeiten im
Bereich der Basis nur schwer abschätzen können, bleibt vielfach nur
die Möglichkeit einer *linearen* „top-down"-Kürzung um einen Pro-
zentsatz(z.B.10 %). Die Art und Weise wie und mit welchen Argumenten die Gekürzten auf die Kürzung reagieren, vermittelt den kürzenden, hierarchisch vorgelagerten Stellen erste Signale über die
Angemessenheit der Kürzung bzw. das Ausmass der möglichen Einsparung[36]. Diese Kürzung der Ressourcen bringt also erst den Dialog
zwischen Kürzenden und Gekürzten in Gang.

Baustein 2: Der Mittelkatalog

Die wichtigsten Interventionsbereiche der Sozialpolitik, die derzeit
in Österreich im Zentrum der Erörterung steht, sind:
•Staatseinnahmenpolitik •Staatsausgabenpolitik
•Pensionsversicherung •Krankenversicherung
•Arbeitslosenversicherung •Unfallversicherung
•Familienlastenausgleichsfonds •Arbeitsmarktpolitik
•Arbeitsrecht

Baustein 3: Politische Konvergenz von Zielen und Mitteln

Mit zunehmendem wirtschaftspolitischen Reifegrad sinkt das Kon-
sensniveau. Wo politischer *Konsens* nicht möglich ist, könnte der
Weg der politischen *Konvergenz* beschritten werden. Es geht hier

---

[35] Siehe Karl Aiginger,.Sozialpartnerschaft in Österreich,
in:Wirtschaftspolitische Blätter, Nr.5/6 1994.
[36] Unterbleibt eine Reaktion, so ist dies ein deutlicher Hinweis darauf, dass
das Ausmass der Kürzung gerechtfertigt war.

darum, die richtigen Ziele zu verfolgen und Massnahmen zu ergreifen, unabhängig davon, von welcher Person, Gruppe oder Partei diese formuliert wurden.

Damit könnten drei Effekte erreicht werden:
- Ausschöpfung des politischen Ideenpotentials einer Volkswirtschaft
- politische Innovationen sowie
- Verminderung des politischen Konfliktpotentials.

Diese politische Konfliktreduzierung wäre wichtig, weil sich Wirtschaftspolitik im Kern als eine **Technik der Konfliktregelung** auffassen lässt, die immer stärker vom sozialpolitisch motivierten Spannungsfeld überlagert wird. Dadurch könnte auch ein politisches Klima geschaffen werden, in dem eine Neue Integrative Wirtschaftspolitik eine grösstmögliche Chance auf Verwirklichung hätte.

Auch die Maastricht -„Konvergenzkriterien" könnten einen indirekten Beitrag zur nachhaltigen Annäherung an bestimmte wirtschaftspolitische Eckwerte leisten. Sie sind darüber hinaus dazu angetan, nationalen Machtspielen den Boden zu entziehen und der ökonomischen Vernunft allmählich wieder zu ihrem Recht zu verhelfen.

Baustein 4: Ganzheitlich-vernetzte Planung

Die einzelnen Politikfelder sind in ein „Netz" von Zusammenhängen eingebettet, die berücksichtigt werden müssen. So ist etwa zu überprüfen, welche gegenseitigen Beeinträchtigungen und Verstärkereffekte zwischen den einzelnen Politiksegmenten bestehen, d.h. ob Zielkonflikte und/oder Massnahmenkonflikte bestehen. Sind die Ziele untereinander vernetzt? Bestehen Zielkonflikte und/oder Mittelkonflikte? Die einzelnen Ressorts „fuhrwerken" vielfach ohne laterale Perspektive und wollen eigentlich nur Massnahmenpakete „exekutieren".

Durch eine ganzheitliche Vernetzung aller wirtschaftspolitischen Interventionsbereiche können Überlappungen und Doppelgleisigkeiten aufgedeckt werden. Und in der Folge ist es auch möglich, einen

Sozialstatus der wirklich hilfsbedürftigen Zielgruppen anhand von *Sozialmatrizen* zu erarbeiten.

Vielfach unterbleibt eine ganzheitliche Politiksteuerung deshalb, weil zwischen den Gebietskörperschaften nicht ausreichend koordiniert wird und auch nicht festgelegt ist, wer sich um das *Allgemeine* kümmern soll, wer der „*Anwalt der Komplexität*" ist bzw. wie man wirtschaftspolitisch mit dieser Komplexität[37] fertig wird.

Baustein 5: Effektivität

Unter Effektivität versteht man die Zweckmässigkeit und Wirksamkeit einer Organisation bzw. ihrer Leistungen. Sie gibt Auskunft darüber, inwieweit es der staatlichen Verwaltung gelungen ist, bestimmte Ziele der Wirtschaftspolitik auch tatsächlich zu erreichen. Effektivität bedeutet also auch „die richtigen Dinge tun"! Fragen, die sich in diesem Zusammenhang stellen:

• Erreicht man die eigentlichen Zielgruppen der Wirtschaftspolitik?
• Werden die Ziele in der richtigen Intensität und im richtigen Zeitpunkt erreicht?
• Kommen diejenigen Zielgruppen in den Genuss von Sozialleistungen, die echter Hilfe bedürfen (wie z.B. kinderreiche Familien, Alleinerziehende, etc.) oder kommen auch Zielgruppen, die keiner sozialen Hilfe bedürfen - in den Genuss von Vorteilen. Kommt es zu unerwünschten Mitnahmeeffekten?
• Wie kann man mehr „Qualität" in der Wirtschaftspolitik erreichen?

Etwas mehr „Kundennähe"(sprich: Einfühlungsvermögen in der Situation der Betroffenen) wäre manchmal bei der Umsetzung sozialpolitischer Programme wünschenswert.

---

[37] Auf diese Problematik hat sehr früh Niklas Luhmann hingewiesen. Siehe insbesondere die Beiträge: Zweckbegriff und Systemrationalität, Tübingen 1968, S.83 und ders. Politische Planung,in: Jahrbuch für sozialwissenschaft, B d.17,1966, S. 283.

Welche Startchancen bekommen etwa Haftentlassene in Form der Bewährungshilfe? Können sie den circulus vitiosus (kein Geld, keine Arbeit, keine Wohnung) durchbrechen?

Das sind alles Fragen nach dem qualitativen „outcome", quasi „qualitative Erfolgskontrolle" im ökonomischen Sinn. Ein Werkzeug zur Erreichung des gewünschten „Outcome" wäre Controlling[38]. Dies setzt allerdings einen operational definierten Zielkatalog voraus. Auch taucht die Frage auf, wer dieses Controlling übernehmen soll? Ein „thinktank"? Und wenn ja, welcher? Mit oder ohne Sanktionsmassnahmen?

Wie kann man sozialpolitische Massnahmen qualitativ verbessern („upgrading")? Welche Berufe sollten im Zuge der Umsetzung vermehrt zum Einsatz gelangen, etwa mehr Psychologen und Therapeuten? Wo soll die Hilfe ansetzen? Wie soll sie organisiert sein? Fragen über Fragen, die in den letzten Jahren selten gestellt wurden!

Baustein 6: Effizienz

Unter Effizienz versteht man die Wirtschaftlichkeit einer Organisation bzw. ihrer Leistungen. Es ist das in Geld ausgedrückte Verhältnis von Output (Leistung) und bewertetem Ressourceneinsatz (Input).In diesem Zusammenhang interessiert vor allem die Kostenwirtschaftlichkeit (Kosten je Leistungseinheit bzw. effektive Kosten/minimale Standardkosten). Im öffentlichen Sektor muss auf Kostenwahrheit besonders Wert gelegt werden.

Effizienz bedeutet - auf den kürzesten Nenner gebracht - die „Dinge richtig tun!". Leitmotiv ist dabei, so wenig wie möglich Ressourcen in Anspruch zu nehmen.

---

[38] Karl Wollrab (u.a.),Controlling Handbuch, Arbeitsbehelf für die Anwendung von Controlling in der öffentlichen Verwaltung, Wien 1994 (mit Praxisbeispielen).Ein ausgezeichnetes Manual, dem man nur eine weite Verbreitung und Anwendung wünschen kann.

Bedauerlicherweise beeinträchtigt das vorherrschende trägerspezifische Denken und Handeln der einzelnen Organe häufig die Wirtschaftlichkeit der sozialen Sicherheit.

Darüber hinaus wäre auch zu überprüfen, ob die jeweiligen Leistungen in der richtigen Grössenordnung erstellt werden, um Ressourceneinsparungen („economies of scale") zu ermöglichen. Weiters sollte in regelmässigen Abständen eine ökonomische Kosten-Nutzen-Analyse rechtlicher Bestimmungen [39] erfolgen.

Baustein 7: Der Zeitfaktor

Der Zeitfaktor ist in mehrfacher Hinsicht zu berücksichtigen.
-Wirkungsverzögerungen
-Handlungsverzögerungen
-Zielgenauigkeit (Übereinstimmung von geplanten und eingetretenen Wirkungen)
-zeitliche Befristung[40] von wirtschaftspolitischen Massnahmen

Baustein 8: Die Finanzierbarkeit

Welche finanziellen Auswirkungen sind mit einer bestimmten Rechtsvorschrift verbunden[41]? Ziel: Näherungsweise Abschätzung der sog. **Vorbelastungen** (Folgekosten und Folgelasten) sozialgesetzlicher Bestimmungen im Zeitpunkt der politischen Entscheidung zur Vermeidung von „Eisbergeffekten" [42]. Sind bestimmte Sozial-

---

[39] siehe in diesem Zusammenhang B.C.Funk(Hsg.),Deregulierung und Entbürokratisierung am Beispiel von Niederösterreich,Wien 1988,S. 43 ff.sowie R.Posner, Economic Analysis of law, Boston 1986

[40] Eine Gesetzgebung, die dieses Ziel verfolgt, bezeichnet man als „sunset legislation".

[41] Jürgen Weiss (Hsg.), Was kostet ein Gesetz? Ein Arbeitsbehelf zur Berechnung der finanziellen Auswirkungen von Rechtsvorschriften, Wien 1992

[42] Unter „Eisbergeffekten" versteht man das Ergebnis der Nichtberücksichtigung bzw. nur teilweisen Berücksichtigung der Folgekosten und Folgelasten von wirtschaftspolitischen Projekten. Die Nichtberücksichtigung dieser Kosten kann in Extremfällen die Form der „Verschleierung" annehmen, wenn man ein bestimmtes Projekt unbedingt durchsetzen möchte. Beiden

leistungen auch in Zukunft finanzierbar? Ist die budgetmässige Bedeckung im Rahmen einer mittelfristigen Finanzplanung(„Mifrifi") sichergestellt? Daneben sollten auch die Umverteilungswirkungen neuer steuerlicher Massnahmen im Zeitpunkt der parlamentarischen Beschlussfassung *näherungsweise* bekannt sein! Zu einem *„Finanzierungsdilemma"* kommt es immer dann, wenn neue Aufgaben finanziert werden sollen, das bestehende Umschichtungspotential[43] jedoch unangetastet bleibt und man es vorzieht, lieber neue Steuern einzuführen.

Vielleicht sollten wir im Bereich der Finanzierung endlich zur **Aufhebung kollektiver Denkverbote** schreiten und „heilige Kühe" schlachten! Warum darf man z.B. das in Österreich existierende Steuerrecht, das weit davon entfernt ist, ein Steuer*system* zu sein, eigentlich nicht grundsätzlich in Frage stellen? Kleinere, überhastete Steueränderungen, die die Bezeichnung *Reform* nicht verdienen, sind zu wenig. Die meisten eingehobenen Abgaben eignen sich in der gegenwärtigen Form nicht als wirtschaftspolitisches Steuerungsinstrument. Das österreichische Steuerrecht ist ein einziger „Fleckerlteppich": bunt, unübersichtlich, voller Widersprüche. Dies erklärt sich u.a. daraus, dass es politisch und legistisch leichter ist, *neue* Steuergesetze zu beschliessen, als *alte* bestehende Bestimmungen zu verbessern bzw. aufzuheben. Der bürokratische Wildwuchs im Steuerrecht [44] ist in der Tat gigantisch: zersplitterte („fugitive") Regelungen, die man eigentlich in *einer* Rechtsquelle konzentrieren könnte, sind die Folge.

Weitere Fragen im Bereich Finanzierung:

Möglichkeiten ist gemeinsam,dass zum Zeitpunkt der politischen Beschlussfassung nur ein Teil der Gesamtkosten - meist der kleinere -wirklich bekannt sind.

[43] Man schätzt dieses in Österreich auf ca. 145 Mrd. Schilling.

[44] siehe in diesem Zusammenhang Bernd-Christian Funk, Deregulierung und Entbürokratisierung am Beispiel von Niederösterreich ,Wien 1988.- Diese Unübersichtlichkeit des österreichischen Steuerrechts würde gelegentliche Wiederverlautbarungen rechtfertigen!

- Sollten wir nicht endlich nachdenken über neue „intelligentere" Abgaben? [45]
- Sollten wir nicht einzelne Steuern verstärkt auf Steuerschlupflöcher[46] hin überprüfen?
- Sollten wir nicht eine gerechtere Verteilung der Steuerlasten zwischen den Generationen anpeilen?
- Sollten wir nicht Begünstigungen aufheben, die pressure groups oder power groups [47] einmal „unter Druck" gewährt wurden und die gegen den Gleichheitsgrundsatz verstossen?

Baustein 9: Das Menschenbild

Das gegenwärtige Menschenbild der Wirtschaftspolitik ist zu einem „Wählerbild" degeneriert, das fast ausschliesslich vom prognostizierten Einfluss von Massnahmen auf Wahlergebnisse („Stimmenmaximierung"!) geprägt ist. Wir brauchen aber - und dies nicht nur in der Sozialpolitik - ein neues Menschenbild.

Hier sind einige grundlegende Fragen zu stellen: was brauchen hilfsbedürftige Menschen in welchen Situationen an Hilfestellungen durch die Gesellschaft? Im Rahmen einer Neuorientierung der Politik sollte auch eine Honorierung von gesellschaftlich relevanten, aber vom Markt nicht honorierten Leistungen erfolgen: also z.B. die sozialrechtliche Absicherung von Hausfrauen, Pflegemüttern, etc. Dies

---

[45] Dies wären etwa solche Steuern, Gebühren und Beiträge, mit denen man bestimmte gesamtwirtschaftliche Notwendigkeiten besser „steuern" könnte. Auch sollte man endlich Finanzierungsformen in Erwägung ziehen, durch die Umverteilungseffekte zwischen den Generationen besser berücksichtigt werden könen. - Jedenfalls war es zu populistisch gedacht, vor den Nationalratswahlen im Jahr 1994 Steuererhöhungen oder neue Steuern auszuschliessen.- Mit dem permanenten Erfinden neuer Glücksspiele kann man den Staatshaushalt einnahmenseitig sicher nicht sanieren!

[46] siehe in diesem Zusammenhang Friedrich Schneider, Determinanten der Steuerhinterziehung und der Schattenwirtschaft im internationalen Vergleich, Baden-Baden 1994.-Ferner; Kurt Kratena, Umfang und ökonomische Auswirkungen der Abgabenhinterziehung in Österreich, Wien 1994.

[47] Power groups sind solche Interessengruppen, die vehement sektorale Interessen (z.B. einer volkswirtschaftlich wichtigen Branche vertreten.

würde auch zu einer Reduzierung von Sozialfällen (Kinderverwahr-losung, etc.) führen.

Unbestritten ist auch: je grösser das Verteilungsvolumen in der Summe, desto grösser ist der Bedarf an Supervision, an angeleiteter Reflexion über die eigentlichen Wirkungen von Massnahmen im Zuge der Umsetzung von Zielen.

Wer ständig mit Hilfe beglückt wird, muss sich zunehmend als Hilfsbedürftiger fühlen. Er gerät in Abhängigkeit, weil er an Selbst-bewusstsein und Selbstachtung verliert. Dies ist das *„Samariterdi-lemma"*[48]. Deshalb kann Hilfe *auf Dauer* nur Hilfe zur Selbsthilfe sein.

Reine Anstaltslösungen sind grundsätzlich schlechter als andere Lö-sungen. Polizeistaatliche Lösungen, die auf das Verwahren, Verwal-ten, in Schach halten und Kontrollieren nach Foucault hinauslaufen, sind abzulehnen. In der Altenbetreuung beispielsweise geht es am Menschenbild vorbei, wenn eine Kasernierung in Altersheimen er-folgt, dort wo auch andere Formen der Hilfe möglich wären. Alles andere ist zu teuer und nicht menschengerecht.[49]

Baustein 10: Reduzierung der politischen Machtspiele

Eine Frage, die hier anzusprechen ist: geht es der Bürokratie, die ein wirtschaftspolitisches Massnahmenpaket umsetzt, wirklich um die Besserstellung und Emanzipation der Betroffenen oder geht es doch eher um die blosse Machtausübung? Die derzeitige in Österreich praktizierte Wirtschaftspolitik dient oft weniger der echten Besser-stellung der Bedürftigen als vielmehr dem „Image" der Helfenden.

Im Laufe der Jahre hat sich eine abgehobene wohlfahrtsstaatliche **„Nomenklatura"** von Sozialbürokraten herausgebildet, die ihre

---

[48] Herbert Giersch, Zur Ethik der Wirtschaftsfreiheit, Zürich und München 1986,S.17

[49] Positiv formuliert: je menschengerechter Wirtschaftspolitik konzipiert ist, desto effektiver (wirksamer) und effizienter (billiger) ist sie in der Regel auch.

Legitimation einerseits von der Grösse der „clientel" und andererseits von der Möglichkeit des Umverteilens ableitet. Auch gibt es
Gruppen, die es sich „gerichtet" haben und an einer wirklichen Änderung des Sozialsystems gar nicht mehr interessiert sind.

3. To do Liste

(1) Mit diesem Beitrag wird die **„öffentliche Unzufriedenheit"** mit
der derzeit in Österreich praktizierten Wirtschaftspolitik artikuliert.
Es sollte der **„State of the Art"** im Bereich der Ökonomischen Theorie der Wirtschaftspolitik umrissen und das umfassende intellektuelle strategische Instrumentarium aufgezeigt werden, mit dessen Hilfe
die gegenwärtigen wirtschafts- und gesellschafts-politischen Probleme wirksamer und professioneller gelöst werden könnten. Ziel der
Untersuchung war es jedoch *nicht*, konkrete operative wirtschaftspolitische Massnahmen zu erörtern, da ja der erforderliche gesellschaftliche Konsens nicht vorweg-genommen werden kann. Indirekt werden aber Denkanstösse für die Bildung des erforderlichen gesellschaftlichen Konsenses bzw. einer Konvergenz geliefert.

(2) Vielleicht sollte zunächst einmal das Grundproblem „sozialer
Politik" definiert werden. Der Sachverhalt ist klar, politisch kon-
sensfähig und rasch definiert. Soziale Sicherung verfolgt das Ziel,
„den Menschen vor Bedürftigkeit zu schützen, wenn bestimmte Le-
bensrisiken eintreten."[50] Und **Sozialpolitik** ist demnach die Summe
aller Massnahmen, durch die gewährleistet erscheint, dass dieses Ziel
auch erreicht wird. Getragen wird dieser Riskenausgleich zwischen
einzelnen Mitgliedern unserer Gesellschaft und dem Kollektiv vom
Grundsatz der **Solidarität** zwischen Helfern und Hilfsbedürftigen,
teils im Ausgleich zwischen den Generationen („Generationenver-
trag"), teils innerhalb der gleichen Generation. Sozialleistungen, die
auf diesem Grundsatz der Solidarität aufbauen, unterliegen aber dem

---

[50] W. Beveridge, Sozialleistungen erfolgen in Form von Bar-, Sach- und
Dienstleistungen.

allgemeinen ökonomischen Prinzip [51]: Möglichst „optimale" Befriedigung von „unbegrenzten" sozialen Bedürfnissen durch den Einsatz von nur knapp verfügbaren, also begrenzten Mitteln. Auch die Wirtschaftspolitik steht also unter dem Druck der klassischen, von der Knappheit der verfügbaren Ressourcen geprägten Situation. Diese mündet dann letztlich in dem Selektionsproblem: welche sozialen Bedürfnisse soll der Staat befriedigen bzw. welches „soziale Netz" kann sich eine Volkswirtschaft überhaupt noch leisten?

Im Zuge des notwendigen Umbaus der Wirtschaftspolitik müssen die Be- und Entlastungswirkungen der Einkommmsumverteilung ermittelt und die Kosten- und Leistungsstruktur wirtschaftspolitischer Massnahmen im Bewusstsein der Öffentlichkeit so verankert werden, dass man die Grenzen der Wirtschaftspolitik klarer erkennen kann.

(3) *Dass* die österreichische Soziallandschaft einer gründlichen Reform unterzogen werden muss, ist also unbestritten. Welcher *Weg* dabei beschritten werden soll, darüber herrscht allerdings keine Einigkeit. **Zwei Wege** sind denkbar:

•Politik der kleinen Schritte:
für diese spricht, dass grundlegende Reformen und Systemumstellungen längere Zeit in Anspruch nehmen und man politische Konflikte durch einen allmählichen Umbau vermeiden kann.

•Grundlegende Neukonzeption der Wirtschaftspolitik:
Wirtschaftspolitische Systeme haben, da es sich um historisch gewachsene Systeme handelt, ein ausserordentliches Beharrungsvermögen. Noch dazu sind sie voller Widersprüche und eine „Generalüberholung" hat daher kaum eine Chance auf Erfolg.

(4) Je später wirtschaftspolitische Reformen in Angriff genommen werden, umso schmerzvoller, konfliktträchtiger und teurer sind sie meist. Ein grundlegendes Problem ist dabei vor allem, wie man das

---

.[51] Willy Linder, Das Ende der Finanzierbarkeit des Sozialstaates? Wien 1982, S. 13

Anspruchsniveau allmählich auf das notwendige Ausmass zurück-führen kann. Es müssen neue "Spielregeln" definiert und ein Weg gesucht werden, wie man durch kooperatives Verhalten bestimmte Gruppen zum „Hergeben" von Vorteilen bewegen kann.

(5) Sozialpolitik muss einerseits horizontal kohärent sein, darf also keine Widersprüche zwischen einzelnen Sozialpolitikfeldern (Arbeitsmarktpolitik – Armutspolitik) und Politikzielen (Kosteneinsparung – Nachhaltigkeit) generieren. Sie muss Akteure und Institutionen vernetzen, ihr Zusammenspiel ermöglichen. Sie muss zugleich vertikal kohärent sein, also eine funktionale bzw. rationale Entsprechung zwischen jeweils formulierten Politikzielen (etwa: Senkung der „Working Poor") sowie den hierzu eingesetzten Instrumenten zur Erzielung dieser angestrebten Resultate (etwa: Mindestlohnregulative) aufweisen. Sie muss zum dritten auch zeitlich kohärent sein), muss folglich Prozesse sozialer Integration und Inklusion planhaft kontinuierlich planen, gestalten und sicherstellen. Dies kann durch Managementzyklen (Planen, Entscheidungen, Führen/Leiten/Steuern und Evaluieren), Maßnahmen zur Erhaltung/Steigerung der Transparenz von Entscheidungen sowie durch die Repräsentanz der Interaktionen zwischen den beteiligten Systemen sichergestellt sein. Es liegt auf der Hand, dass diskontinuierliche sozialpolitische Gestaltungszyklen sich selbst in ihren Zielsetzungen (Einsparungen, effizientere Zielerreichung) paradoxieren. Ebenso evident ist, dass der Governanceprozess sozialpolitischer Systeme abhängig ist von der institutionellen und diskursiven Stärke einzelner Akteure („system driver") sowie dem Vorhandensein von „change agents", welche das Handeln anderer Akteure prägen.

(6) Die Governance-Kapazität eines sozialpolitischen Systems lässt sich in diesem Blickwinkel anhand folgender Aspekte beurteilen, nämlich anhand der Fähigkeit:
• die Ausgangs-und Reproduktionsbedingungen sozialer Sicherungsaufgaben (etwa: Armut, Krankheit, Arbeitslosigkeit, Alter, Bildungs- und Sozialisationsdefizite etc.) zu erkennen, zu analysieren und zu bewerten,
• Stärken und Schwächen der beteiligten Systeme (Sozialversicherung, Fürsorge) zu erkennen,

• Ziele, Schwerpunkte und Themen sozial- und wohlfahrtspolitischen Handelns als Prozess und/oder Projekt zu definieren und zu kommunizieren

• sämtliche für das sozialpolitische Handlungsfeld relevanten Akteure mit ihren unterschiedlichen Interessen zu koordinieren sowie in abgestimmte Handlungsmuster einzubinden,

• Politiken umzusetzen bzw. Programme als „piecemeal engineering" zu implementieren sowie im Rahmen eines Controllings und Monitorings zu steuern,

• Sozialpolitik-Programme im Sinne des „policy learning" zu evaluieren und in den „policy-cycle" wieder einzuspeisen.

Literaturhinweise

Aiginger, K. Sozialpartnerschaft in Österreich, in: Wirtschaftspolitische Blätter, Nr.5/6 1994,

Barazon, R. Wenig Lärm um sehr, sehr viele Probleme, in: Der österreichische Volkswirt, 80. Jg. Jänner 1995

Beirat für Wirtschafts- und Sozialfragen,

Band 64: Soziale Sicherung im Alter, Wien 1991

Band 68: 30 Jahre Beirat für Wirtschafts- und Sozialfragen, Wien 1993

Band 71: Europäische Wirtschafts- und Währungsunion - Neue Rahmenbedingungen für die österreichische Wirtschaftspolitik, Wien 1994

Blank, R. M., Policy Watch -Proposals for Time-Limited Welfare, in: Journal of Economic Perspectives - Vol.8.1994

Buschor, E., Organisationsmodelle für ein wirksameres öffentliches Gesundheitswesen, 4.erg.Auflage, Zürich 1994

Flexner, K.F., The Enlightened Society - The Economy with a Human Face, Massachusetts/Toronto 1989.

Frey, Bruno S, **Eichenberger**, R. American and European Economics, in: Journal of Economic Perspectives - Vol.7.1993, S. 185 ff

Funk, B.C. (Hrsg.), Deregulierung und Entbürokratisierung am Beispiel von Niederösterreich, Wien 1988

Gesellschaft für Versicherungswissenschaft und -gestaltung e.V. Soziale Sicherung in West-,Mittel und Osteuropa, Baden-Baden 1994

Kratena, K, Umfang und ökonomische Auswirkungen der Abgabenhinterziehung in Österreich, Wien 1994

Kyrer,A. Über den Beitrag der Ökonomie zur Lösung menschlicher Probleme, Salzburg 1991

Penker, W. / Proske, **D**., Notenbankforschung als Wettbewerbsfaktor in einer Wirtschafts- und Währungsunion, in: Wirtschaftspolitische Blätter, Heft 6/1993.

Posner, R., Economic Analysis of law, Boston 1986

Schneider, F. Determinanten der Steuerhinterziehung und der Schattenwirtschaft im internationalen. Vergleich, Baden-Baden 1994.

Wirtschaftspolitischer Arbeitskreis Salzburg, Soziale Sicherheit 2000, Salzburg 1991

Tálos, E./**Wörister** K., Soziale Sicherung im Sozialstaat Österreich, Baden-Baden 1994

Weiss, J. Was kostet ein Gesetz? Ein Arbeitsbehelf zur Berechnung der finanziellen Auswirkungen von Rechtsvorschriften, Wien 1992

Wollrab, K. (u.a.), Controlling Handbuch, Arbeitsbehelf für die Anwendung von Controlling in der öffentlichen Verwaltung, Wien 1994

Baustelle 6:
Sicherheitspolitik

Der Thinktank

Sicherheitspolitik am Beispiel Österreichisches Bundesheer oder: Vom Thinktank zum Sinktank?

Re-Print aus dem Jahr 2008, erschienen im Mercurius Eigenverlag (Grödig) unter dem Titel „Think Tank Österreichisches Bundesheer – Dauerreformitis vs. Chancenpotential durch neue Handlungs- und Berufsfelder" nebst Nachwort 2013 und 2014.

1. Vorwort

In dieses Projekt ist meinerseits viel „Herzblut" geflossen. Als überzeugter Österreicher, der im Österreichischen Bundesheer (ÖBH) die „Reserve-Offizierslaufbahn" eingeschlagen hatte und dort noch in Zeiten des „Kalten Krieges" gelernt hat, im Fall der Fälle seine Heimat mit der Waffe zu verteidigen, überkommt mich heute der Schauder, wenn ich den Zustand unseres ÖBH sehe.

Es ist eine Schande, wie abgewirtschaftet das ÖBH wurde – nicht von den Angehörigen des ÖBH, den Offizieren, den Unteroffizieren, Chargen und Mannschaften des Aktiv- wie Miliz- und Reservestandes, nein diese Männer hatten sich immer für unser Bundesheer engagiert und tun es auch heute noch, wenngleich mit immer grösserem Frust. Es ist die Politik, die den Zustand des Bundesheeres zu verantworten hat. Eine Politik, die zwar immer ein Heer haben wollte (ausser den grünen Multi-Kulti-Träumern und den Kommunisten), aber zahlen wollte man dafür nichts.

So zog eine Reform nach der anderen ins Land und noch ehe die eine Reform umgesetzt werden konnte folgte schon die nächste – es wurde geredet aber selten wirklich gehandelt. Es ist erschütternd, wie wenig unsere Politiker für die Sicherheit unseres Landes und seiner Bewohner bereit waren zu tun, wie leichtfertig sie mit der Sicherheit umgehen. „Zum Leben zu wenig und zum Sterben zu viel", so könnte man die finanzielle Lage des ÖBH seit 1955 umschreiben.

Zum Glück passierte nicht wirklich Ernsthaftes – die Ungarnkrise 1956, die Tschechenkrise 1968, den kalten Krieg bis 1990 und die Jugoslawienkrise 1991 überstand unser Heer ohne Verluste, war es doch immer nur „Zaungast" und wurde nie in wirkliche Gefechte verwickelt. Aber was wäre passiert wenn etwas passiert wäre? Auch wenn heute von ehemaligen „Gegnern" dem Raumverteidigungskonzept des ÖBH, entwickelt von der schillerndsten Persönlichkeit des ÖBH in der 2. Republik, General Emil Spannocchi, durchaus Respekt und Abhaltewirkung damals bescheinigt wird, so wage ich mir nicht auszumalen, was mit den diversen „Potemkinschen Dörfern" des ÖBH passiert wäre.

Spät aber doch machte man sich auch in Österreich nach dem Fall des „Eisernen Vorhangs" Gedanken, wie es denn mit dem ÖBH weitergehen sollte. Ausgehend von einer umfassenden „Lagebeurteilung" und Formulierung einer neuen Sicherheits- und Verteidigungsdoktrin (2001) wurde eine Experten-Kommission unter der Leitung des Alt-Bürgermeisters von Wien, Helmut Zilk, beauftragt, Grundlagen für eine umfassende, langfristige und nachhaltige Reform des Österreichischen Bundesheeres im Sinne eines Zukunftsprojektes „Österreichisches Bundesheer 2010" zu erstellen. Der umfassende Bericht, präsentiert 2004, wurde von allen Seiten goutiert. Ab 2005 machte man sich an die Umsetzung.

Doch bald merkte man, daß es den Politikern nicht wirklich ernst war, die Reformen umzusetzen, denn natürlich kostet sowas Geld. Und im heurigen Jahr 2008 ist immer deutlicher zu sehen, dass auch diese 8. Reform des ÖBH seit 1955 im Sand verlaufen wird, weil die Politik nach wie vor grob fahrlässig mit der Sicherheit unseres Landes verfährt. Und zu allem Unglück gibt es nun eine völlige Fehlbesetzung als Minister im Verteidigungsressort, man spricht landauf und landab von einem „Verweigerungsminister" statt einem Verteidigungsminister. Man hat im wahrsten Sinne des Wortes „den Bock zum Gärtner" gemacht. Innert kürzester Zeit hat dieser Minister bereits grossen Schaden angerichtet, viel Porzellan wurde zerschlagen und es ist zu befürchten, daß es noch weit schlimmer kommen wird.

Seit einigen Jahren wurde Einheit um Einheit aufgelöst, gewachsene Verbände wurden zerschlagen, die Milizionäre in alle Winde zerstreut, eine Unmenge an Know how ging verloren. Auch wenn es momentan recht friedlich aussieht rund um uns herum, wer garantiert, dass das auch in 10 Jahren noch so sein wird? Und: Wer sichert die sensiblen und lebensnotwendigen Infrastruktureinrichtungen unseres Landes? Das taten früher die sogenannten Wachkompanien, die wurden aber aufgelöst und somit ist unsere Infrastruktur großteils schutzlos potentiellen Aggressoren (Terroristen) ausgeliefert. In Summe kann in diesem Kontext ein totales Polit-Versagen konstatiert werden.

Aber es gibt auch Chancen für das ÖBH und seine Experten im Gefolge einer professionell durchgeführten und nachhaltigen Reform. Neue Aufgabenbereiche, neue Handlungs- und Berufsfelder können das ÖBH zu einem wichtigen Player national wie international machen zum Wohle unseres Staates Österreich. Für den diesbezüglichen Input bin ich sehr verbunden meinem Lehrmeister für Volkswirtschaftslehre, dem Volkswirt und ehem. Rektor der Universität Salzburg, Univ. Prof. Dkfm. Dr. Alfred Wilhem Kyrer. Ihm möchte ich auch diese kleine Schrift widmen.

Das Manuskript dieser Schrift entstand im August 2008 im Rahmen einer selbstgewählten Klausur an den Gestaden des Millstättersees, genauer gesagt im Hotel Liafels in Dellach am Millstättersee.

Mit der Sicherheit unseres Landes und seiner Bewohner spaßt man nicht – mögen das unsere Politvertreter endlich kapieren und die notwendigen Schritte für ein starkes, professionelles und für die Zukunft gewappnetes Österreichisches Bundesheer, basierend auf dem Milizsystem, umgehend umsetzen.

2. Einleitung, Ausgangslage

„Alligator 50 von Alligator 51, kommen!" - „Hier Alligator 50, kommen!" - „Hier Alligator 51, habe soeben dringenden Spruch von Wiesel 51 bekommen! Neue Reform im Anmarsch!" – „Hier Alligator 50. Was heisst hier neue Reform? Die läuft doch eh schon seit Neunzehnfünfunfuffzig".

Dass eine Reform des ÖBH in der 2. Republik die andere jagt ist an sich nichts Neues – allerdings die Zielsetzung ist bei der nun in der ersten Dekade des 21. Jahrhunderts angesagten Reform „Bundesheer 2010" (Militärisch gesprochen: „Zwanzig Zehn") eine zu den Vorhergehenden völlig konträre – wurde in der Vergangenheit krampfhaft versucht, Einheiten aufzustellen und mit Mann und Material zu füllen so lautet die Devise bei der bis 2010 umzusetzenden Reform nun: „Darfs a bisserl weniger sein?". Denn aufgrund der geänderten geopolitischen Rahmenbedingungen seit 1990 (Fall des „Eisernen Vorhangs") hat das bis dato immer dem Soll nachlaufende ÖBH nun plötzlich ein Zuviel. Zumindest in Teilbereichen und am Papier was die Quantität anbelangt – Qualität kann eigentlich nie genug vorhanden sein.

Schlagartig hatten wir in Österreich also ein Zuviel an Soldaten, an Kasernen, Truppenübungsplätzen oder auch partiell an Waffen – hier sei an die nahezu unverkäuflich auf Halde ruhenden Panzer erinnert, die Österreich im Rahmen des sogenannten „Mech-Paketes" ankaufte als eigentlich schon klar war, dass die Zeit des Kalten Krieges vorbei war. Abspecken ist also angesagt, schlanker werden – vertraute Worte für viele Manager in der Privatwirtschaft und dem öffentlichen Sektor – nun hört man das also auch beim Heer.

Im Gegenzug soll alles professioneller werden und auch Europäischer wenn nicht gar Internationaler. Natürlich soll das Ganze nichts oder fast nichts kosten dürfen – 50.000 bis an die Zähne bewaffnete „Bundesheer-Igel", quasi ein Cuvee aus 50.000 x Rambo+Terminator+James Bond+Superman zum Abverkaufspreis. Das Bundesheer als Wunderwutzi der Nation.

Begleitet ist diese Reform von medialen Ergüssen diverser Politiker sowie selbsternannter privater Militärexperten mit den Schlagworten: „Bundesheer Light" vs. „Berufsheer" vs. „Miliz for ever" vs. "Freiwillige vor" vs. „gleich abschaffen" – „Auch 18 Eurofighter reichen" vs. „Auch 15 tuns noch" vs. „sowas brauchen wir doch gar nicht, wir sind doch eh neutral", vs. „sowas brauchen wir doch gar nicht weil wir sind doch eh in der EU / oder NATO" – „Neutralität" vs. „Solidarität" vs. „Internationalität".

Besonders die Causa „Eurofighter Typhoon" entwickelte sich zu einem Polit-Kasperltheater allerersten Ranges (Anzahl der Akte bis dato nicht ersichtlich da die Posse immer noch gespielt wird). Die Nachbeschaffungs-Posse (oder sollte ich sagen Tragikomödie) der Übergangslösung „Saab J-35D Draken" (dieser war wiederum eine Übergangslösung der Saab 105, diese wiederum eine Übergangslösung der Saab J-29F "Fliegende Tonne") würde jeder Bananenrepublik zur Ehre gereichen. Nach einem aufwendigen Auswahlverfahren wurden aus operativ-taktischen Überlegungen 24 Stück geordert, Kompensationsgeschäfte mit der Wirtschaft wurden in angeblich doppeltem Gegenwert vereinbart.

Nach dem Hochwasser in Teilen Österreichs im Jahre 2002 wurden durch die schwarzblaue Regierung als Repräsentant eines der reichsten Länder der Erde 6 Stück der geordeten 24 Maschinen abbestellt. Wird schon auch mit 18 gehen und man folgte damit auch brav dem Aufruf eines österreichischen Massenblattes[52], das auf seiner Titelseite „Hochwasserhilfe statt Abfangjäger" propagierte.

Im Wahlkampf Ende 2002 wurde der Eurofighter einer der Hauptdarsteller: „Entweder 1 Abfangjäger oder: 2000 neue Arbeitsplätze oder 20.000 neue Kindergartenplätze oder 10.000 neue Lehrstellen oder Unis ohne Studiengebühren oder faire Pensionserhöhung" wurde von der linken Reichshälfte plakatiert. Auch aus Kärnten wurden Töne gegen Abfangjäger souffliert, der grüne Parlamentschor sang ja

---

[52] Meine Oma Auguste Populorum pflegte diese kleinformatige Zeitung immer als „Revolverblattl" zu bezeichnen

schon seit langem das Anti-Abfangjägerlied. Auch während der Regierung Schüssel 2 verstummten die Stimmen gegen den Eurofighter nicht, mal wird die Flugtauglichkeit bezweifelt, ein andermal wird von Manipulationen beim Auswahlverfahren gesprochen, dann werden wiederholt die Gegengeschäfte angezweifelt. Trotz des offiziellen Beschaffungs-Beschlusses vom August 2003 ("Bundesgesetz über den Nachkauf von Luftraumüberwachungsflugzeugen") steht der Eurofighter (polit-populistisch auch „Teurofighter" genannt) auch weiter im Mittelpunkt innenpolitischer Streitereien, ein Geplänkel jagt das andere.

Nach der NR-Wahl 2006 wird vom Nationalrat ein Eurofighter-Untersuchungsausschuss eingesetzt, der neue (rote) Bundesminister für Landesverteidigung Norbert Darabos[53] bestellte sogleich nach Amtsantritt in einem hüftschussartigen und weder militärisch noch wirtschaftlich nachvollziehbaren Alleingang[54] nochmals 3 Stück ab – dann waren es nur mehr 15.

Nach einer weiteren Übergangslösung durch Anmietung von F-5E "Tiger II" der Schweizer Luftwaffe sind ab 12. Juli 2007 die ersten Eurofighter in Österreich gelandet – wieviele es wirklich werden, das steht in den Sternen, denn „nach der Wahl ist vor der Wahl" oder „das nächste Hochwasser kommt bestimmt".

Nur selten ist in der Öffentlichkeit von den eigentlichen Akteuren, den Experten – also den Soldaten – etwas zu hören. Mag sein dass die nach wie vor existierenden Hierarchien dies verhindern, Mann ist

---

[53] Mit der Bestellung dieser Person zum Verteidigungsminister hat man wahrlich den „Bock zum Gärtner" gemacht – ein Affront nicht nur dem Militär gegenüber sondern auch gegenüber allen aufrechten Staatsbürgern, denen die Sicherheit und Souveränität unseres Staates Österreich wie in der Verfassung festgeschrieben ein Anliegen ist. Man kann gespannt sein, welchen Schaden diese Person unserem Lande Kraft seines Amtes noch zufügen wird können. Bereits jetzt ist der durch ihn angerichtete Schaden enorm

[54] wie der Rechnungshof auch im jüngsten Bericht vom August 2008 bestätigt – die Vorgehensweise und die Angaben des BM sind für den Rechnungshof in vielen Bereichen „nicht nachvollziehbar".

vorwiegend dem Dienstweg verpflichtet und an der Spitze der militärischen Hierarchie wird nur selten gewagt dem Herrn Minister zu widersprechen und damit herrscht Funkstille. Oder ob der vielen Reformen und dem Mangel an Perspektiven und der Sicherheiten die persönliche Lebensplanung betreffend sind die Experten so gefrustet dass sie (schon/noch) schweigen[55].

Nach dieser doch etwas humorvollen – von manchen vielleicht sogar als sarkastisch empfundenen Einleitung – möchte der Beitrag in den weiteren Kapiteln kurz über die aktuelle Reform „ÖBH 2010" und dabei diagnostizierte Problemfelder berichten sowie die zukünftigen Chancen des ÖBH – Stichwort „Das Österreichische Bundesheer als Think Tank und zukunftsträchtiges Beschäftigungsfeld" – aufzeigen.

3. Nach der Reform ist vor der Reform – „Dauerreformitis" des ÖBH

3.1. Der „abwechslungsreiche" Weg des ÖBH von 1955 bis zur Reform „ÖBH 2010"

Die Geburtsstunde des Österreichischen Bundesheeres liegt nun 53 Jahre zurück. Rückblickend betrachtet kann für das Österreichische Bundesheer seit 1955 eine Art Dauerreform konstatiert werden. Selten war es den Vertretern des ÖBH vergönnt die Sektkorken knallen zu lassen, um das vollständige Erreichen der vorgegebenen Ziele zu feiern. Denn oftmals hieß es schon vorher „Kehrt Euch!" und eine neue Reform folgte.

Insgesamt 7 grössere und kleinere Reformen listet Manfred Rauchensteiner in seiner Abhandlung über die Heeresreformen in Öster-

---

[55] Wie schrieb doch Albert Camus in seinem Sisyphos: „Der Kampf gegen Gipfel vermag ein Menschenherz auszufüllen. Wir müssen uns Sisyphos als einen glücklichen Menschen vorstellen" - Ob wir uns in Analogie dazu einen langgedienten Berufssoldaten als einen glücklichen Menschen vorstellen können wage ich zu bezweifeln

reich auf[56]. Reformen (Umstrukturierungen, Umgliederungen) sind ja an sich ja nichts Schlechtes, ja sogar notwendig, um auf geänderte Rahmenbedingungen (bspw. verändertes Bedrohungsbild aufgrund geopolitischer Veränderungen) zu reagieren. Allerdings ist bei einer Analyse der Reformen des ÖBH festzustellen, dass es nicht nur primär geopolitische Lageänderungen waren, die die zahlreichen Reformen auslösten, sondern eher Anpassungen an die permanent triste Finanzlage des Heeres sowie parteipolitische Ursachen.

Auf den Punkt gebracht: Das Heer dürfe einfach nichts kosten! Ein eklatantes Auseinanderklaffen von Reden und Handeln war und ist zu beobachten. Einerseits betonten alle Regierungen (bis dato) in ihren Regierungsprogrammen[57] die Notwendigkeit des Österreichischen Bundesheeres, streichen die sicherheitspolitische Bedeutung des ÖBH hervor, wurde und wird in Sonntagsreden von „unserem Heer" gesprochen und wird in Zeiten von Krisen[58] oder auch Katastrophen[59] professionellste Hilfe vom ÖHB verlangt. Andererseits zählt(e) Österreich als eines der reichsten Länder der Welt immer zu den Schlusslichtern was den Budgetansatz für die Landesverteidigung und auch die Ausbildungszeit anbetrifft.

Ein schwieriges Unterfangen also für die Akteure des ÖBH mit einem Minimum an Mitteln ein Maximum an Leistung bieten zu müssen. Dass das Unternehmen Österreichisches Bundesheer bisher nicht komplett Schiffbruch erlitten hat liegt meiner Einschätzung nach zum einen am engagierten Arbeiten der Akteure, sowohl was die

---

[56] Rauchensteiner, Manfred: Eine Frage der Zeit – 40 Jahre Heeresreform in Österreich. o.J.

[57] so auch im aktuellen Regierungsprogramm für die XXIII. Gesetzgebungsperiode aus dem Jahr 2007

[58] Ungarnaufstand 1956; Tschechoslowakei („Prager Frühling") 1968; Balkankrieg (Jugoslawienkrise) 1991: Der steirische Landeshauptmann Krainer, überzeugter Draken-Gegner, war plötzlich mit ausgebreiteten Armen im Fernsehen zu sehen und fragte: "Wo bleiben denn die Draken?" (Theuretsbacher, W., 2005)

[59] bspw. Lawinenunglück in Galtür 1999 – im Angesicht der Katastrophe wurde von der Öffentlichkeit und den Medien kritisiert, dass die Hubschrauber des ÖBH nicht nachtflugtauglich waren

Berufssoldaten (Kader) als auch die Miliz betrifft, hier spürte und spürt man noch immer das „Herzblut" – im Gegensatz zu vielen politischen Mandataren – und dieses Herzblut hielt den Apparat ÖBH am Leben. Und eine weitere Tatsache verhinderte Schlimmeres: Zum Glück waren es nur „Sandkastenspiele", die die österreichischen Militärstrategen in der 2. Republik zu spielen hatten, waren es nur mehr oder weniger spannende Übungen für die Truppe, wo es beispielsweise galt, mit Platzpatronen „ein Vordringen der Orange-Kräfte in den Raum Ententeich" zu verhindern.

Seit Anfang der 1990er Jahre hat sich nun die geopolitische Lage in Europa grundlegend geändert. Strategien wie die Raumverteidigung[60] waren auf einen Schlag obsolet und somit auch die materielle und personelle Struktur nicht mehr adäquat. In diesem Fall also mehr als notwendig und berechtigt eine umfassende Reform des ÖBH. Doch eine richtig umfassende Reform ließ anfangs auf sich warten, die Reform 1992 mit Rückkehr zu Kommandostrukturen und Mobilmachungsstärke der 60er Jahre (110.000 Mann statt 300.000) kann nur als ein „Reformerl" gesehen werden.

Der alte Landesverteidigungsplan und die alte Sicherheits- und Verteidigungsdoktrin blieben bis auf weiteres aufrecht. Ähnlich wie in manchen anderen europäischen Ländern – auch der Schweiz – verursachte eine politisch-gesellschaftliche Orientierungskrise eine Verzögerung des Transformationsprozess bei den Streitkräften, was teilweise bei den Angehörigen des ÖBH zu Verunsicherung bzw. Demotivierung führte.

Anfang des neuen Jahrtausends kam endlich Bewegung in die Szene – eine neue Sicherheits- und Verteidigungsdoktrin wurde 2001 vom Parlament verabschiedet und 2003 entschloss sich die damalige schwarzblaue Regierung, eine Kommission unter dem Vorsitz von Helmut Zilk einzusetzen mit der Zielsetzung, Grundlagen für eine umfassende, langfristige und nachhaltige Reform des Österreichi-

---

[60] Auch „Spannocchi-Doktrin" genannt nach dem Erfinder dieser Taktik General Emil Spannocchi

schen Bundesheeres im Sinne eines Zukunftsprojektes „Österreichisches Bundesheer 2010" zu erstellen.

Vor allem die neuen Verpflichtungen, die Österreich mit seinem Beitritt zur EU aufgebürdet bekam[61] bedurften professioneller Mittel – denn Friedensdurchsetzung notfalls auch mit militärischen Mitteln sind alles andere als ein Sandkastenspiel oder eine gemütliche Truppenübung.

Im Juni 2004 wurde der umfassende Bericht mit Positionspapieren und Empfehlungen für 5 Sachgebiete abgeliefert. Nach der Goutierung im Parlament machte man sich ab 2005 an die Umsetzung („Projekt ÖBH 2010 – Die Realsierung") und der Empfehlung der Kommission folgend wurde versucht, diese Umsetzung sowohl vom theoretischen Methodenansatz als auch von der praktischen Umsetzung her nach den wissenschaftlichen Grundsätzen des modernen Projektmanagements durchzuführen.

De facto kann hier zumindest in Ansätzen – wenn auch nicht im Bericht so genannt – von einem „Masterplan für das ÖBH" die Rede sein. Echte Masterpläne stellen Kontinuität und Sicherheit im Planungs- und Umsetzungsprozess dar, sie sorgen dafür, dass die festgelegten Ziele mit definierten Mitteln auf definierten Wegen erreicht werden. Zusätzlich kann bei Lageänderungen flexibel reagiert werden, sprich, der Masterplan kann und sollte regelmässig nachjustiert werden, um den geänderten Rahmenbedingungen zu entsprechen. Es ist zu hoffen, dass ein echter Masterplan ÖBH hinkünftig sachlich nicht begründete Hüftschüsse seitens der Politik abwehren kann[62].

---

[61] Diese sind: Mitwirkung an der gemeinsamen Aussen- und Sicherheitspolitik GASP im gesamten Spektrum der „Petersberg-Aufgaben" unter Berücksichtigung der Europäischen Sicherheits- und Verteidigungspolitik (ESVP), Teilnahme an internationalen Konfliktverhütung, Krisenbewältigung und Friedenssicherung im Rahmen der Vereinten Nationen und der Organisation für Sicherheit und Zusammenarbeit in Europa (OSZE) – auch in Kooperation mit der NATO.
[62] auf die Polit-Posse rund um die Beschaffung des Eurofighters Typhoon wurde bereits in der Einleitung hingewiesen. Weiters gab es bei der

Aber auch der beste Masterplan ist zum Scheitern verurteilt wenn erstens die zur Umsetzung benötigten und beschlossenen Mittel nicht zur Verfügung gestellt werden und wenn zweitens der politische und/oder gesellschaftliche Wille fehlt und nur in Zeiten der Krise nach dem Heer oder den Eurofightern gerufen wird. Auf den Punkt gebracht: „Säet in der Zeit so habt ihr in der Not!"

Rückblickend kommt hinsichtlich des methodischen Ansatzes das „Management Bundesheer 2010" zu folgender Beurteilung:

„Die Reformen des Österreichischen Bundesheeres erfolgten in der Vergangenheit in unregelmäßigen Abständen. Diese Reformprozesse gaben einen Endzustand vor, welcher jeweils zu einem festgelegten Zeitpunkt einzunehmen war. Dabei ging es den Verantwortlichen immer um die Weiterentwicklung und Verbesserung von Bestehendem. Politische, gesellschaftliche, wirtschaftliche und nicht zuletzt auch technologische Umwälzungen laufen jedoch immer schneller ab und so überholten die Ereignisse manchen Reformprozess. Mit der endgültigen Einnahme der festgelegten Struktur war dann auch oftmals bereits jener Zeitpunkt erreicht, der eine neuerliche Reform erforderte"[63].

Und folgert daher für die Reform ÖBH 2010:
„Daher wurde festgestellt, dass man mit Verfahren der Vergangenheit den neuen Herausforderungen und den sich permanent ändernden sicherheitspolitischen Rahmenbedingungen nicht mehr angemessen begegnen kann. Der nun laufende Reformprozess ist im Wesentlichen durch einen Paradigmenwechsel in der Ausrichtung der österreichischen Streitkräfte – die Auftragserfüllung im internationalen Kontext wird künftig gleichwertig neben den Aufgaben im Inland stehen – gekennzeichnet. Gleichzeitig soll die Implementierung des

---

Steiermarkwahl 2005 ein „Wahlkampfzuckerl" als „Unterstützungselement" zur Wiederwahl von LH Klasnic in Form einer militärisch-logistisch nicht nachvollziehbaren Verlegung des eben erst Salzburg zugesprochenen Standortes „Kommando Landstreitkräfte" nach Graz
[63] ÖBH 2010-Die Realisierung, S. 10f

Transformationsgedankens dem Bundesheer ermöglichen, sich in Zukunft rascher und einfacher sich ändernden Rahmenbedingungen anpassen zu können".

3.2. Einige Fakten zum Zukunftsprojekt „Bundesheer 2010" (Bericht der Reformkommission sowie Umsetzungsplanung „Die Realisierung")

Zur Zeit (im Jahr 2008) befindet sich die Reform „Bundesheer 2010" in der Umsetzungsphase. Basis dieser Reform ist der Bericht der BHRK, den der ehemalige Wiener Bürgermeister Dr. Helmut Zilk als Vorsitzender dieser Kommission im Juni 2004 an die Bundesregierung übergab. Die Kommission, in die neben militärischen Experten relevante Vertreter, Exponenten und Meinungsbildner des politischen und gesellschaftlichen Systems eingebunden waren, hatte den konkreten Auftrag, auf möglichst breiter Basis Grundlagen und Rahmenbedingungen für eine umfassende, langfristige und nachhaltige Reform des Österreichischen Bundesheeres im Sinne eines Zukunftsprojektes „Österreichisches Bundesheer 2010" zu erarbeiten[64].

Neben den definierten Aufgaben des ÖBH im Inland hat das Österreichische Bundesheer vermehrt Aufgaben im europäischen bzw. internationalen Kontext zu bewältigen, wobei sich bei diesen Auslandseinsätzen nicht nur die Quantität sondern auch die Qualität der Einsätze geändert hat[65].

Als Aufgaben des ÖBH im Inland sind definiert[66]:

---

[64] Wesentliche Grundlagen für die Tätigkeit der Kommission stellen der Entwurf der ausgearbeiteten Teilstrategie Verteidigungspolitik im Rahmen der neuen Sicherheits- und Verteidigungsdoktrin sowie das Bekenntnis im Regierungsprogramm hinsichtlich der Notwendigkeit der militärischen Landesverteidigung dar

[65] Wandel von Einsätzen des traditionellen Peacekeeping (bspw. Zypern, Naher Osten) hin zu schwerer bewaffneten und umfassender mandatierten friedensunterstützenden Einsätzen notfalls unter Einsatz militärischen Mittel

[66] siehe Truppendienst 1/2008

⇨ Sicherheitspolizeilicher Assistenzeinsatz zur Grenzraum-
überwachung bzw. nach „Schengenerweiterung"
⇨ Sonstige sicherheitspolizeiliche Assistenzeinsätze
⇨ Einsatzrelevante Aspekte der Luftraumüberwachung und
Luftraumsicherung
⇨ Assistenzeinsätze zur Katastrophenhilfe
⇨ Umfangreichere Unterstützungsleistungen

Die Auslandseinsätze des ÖBH betreffen folgende Bereiche:
⇨ Einsatz von Truppenkontingenten
⇨ Truppenmissionen mit österreichischem Stabspersonal
⇨ Militärbeobachtermissionen und zivile Missionen mit mili-
tär. Personal
⇨ Internationale humanitäre und Katastrophenhilfe, Such- und
Rettungseinsätze und Evakuierungsoperationen
⇨ Civil Military Co-operation
⇨ Krisen-Unterstützungsteam-Aktivitäten
⇨ Der österreichische Beitrag zu den EU Battle Groups

Speziell im Bereich der neuen Herausforderungen bei Auslandseinsätzen, bei denen rasche Verfügbarkeit, Flexibilität und Professionalität oberste Priorität haben, ist das ÖBH aktuell nach Auffassung der Bundesheerreformkommission nur eingeschränkt gerüstet und somit eine tief greifende Reform unumgänglich.

Die Kommission erarbeite für 5 Sachgebiete sogenannte Positions-
papiere, aus denen sie dann unter Einbeziehung des Berichts der
Arbeitsgruppe „Miliz 2010" die Empfehlungen ableitete.

Die Empfehlungen wurden unter folgende Punkte subsummiert:
• Die (neuen) Aufgaben des Bundesheeres einschließlich Ver-
teidigungspolitik sowie Bedrohungs- und Risikoanalyse
• Streitkräfteentwicklung
    o Streitkräftestruktur und operationelle Fähigkeiten
    o Personalstruktur
    o Miliz als integraler Bestandteil des Bundesheeres
    o Grundwehrdienst

189

- o Material- und Infrastruktur
- o Budget
- o Transformationsprozess
- Bundesheer und Gesellschaft
- Bundesheer und Wirtschaft sowie CIMIC
- Alltag im Bundesheer
  - o Dienstbetrieb
  - o Wehr- und Ausbildungsdienst
  - o Sport und Gesundheit

Nach Ablieferung des Berichtes im Juni 2004 wurde im Ministerrat vom 24.05.2005 die neue Organisationsstruktur des Bundesheeres sowie im Ministerrat vom 07.06.2005 die Garnisonierung/Dislokation des ÖBH beschlossen. Einige Details der Planung und Umsetzung diesbezüglich werden im Paper „ÖBH 2010 – Die Realisierung" dargelegt.

Die wichtigsten Eckdaten der Umsetzung ÖBH 2010:[67]

- Reduktion der Mobilmachungsstärke des ÖBH von 110.000 auf 55.000
- Verstärkter Fokus auf Auslandseinsätze
- Die Miliz bleibt weiterhin ein unverzichtbarer Bestandteil des Heeres
- Anpassung der obersten strategischen Führungsebene (Zentralstelle des Verteidigungsministeriums)
- Auf operativer Ebene gibt es nur mehr 2 Kommanden (Streitkräfteführungskommando in Graz / Salzburg und ein Einsatzunterstützungskommando in Wien)
- Anpassung der Militärkommanden unter Beibehaltung territorialer Aufgaben
- Reduktion der Brigaden von derzeit 5 auf 4
- Reduktion der kleinen Verbände (Bataillone) von derzeit 57 auf 39

---

[67] siehe auch: Website des BMVL

- Bessere Ausstattung der Brigaden im Bereich Mobilität und Schutz. Höherer Verfügbarkeitsgrad einiger Einheiten
- Neuorganisation der Spezialeinsatzkräfte
- Verkürzung der Grundwehrdienstzeit auf 6 Monate (bereits umgesetzt ab dem Einrückungstermin Jänner 2006)
- Verringerung der Liegenschaften um bis zu 40%
- Beibehaltung der Neutralität Österreichs

Die Bundesheerreformkommission (BHRK) brachte unmissverständlich zum Ausdruck, dass das Gelingen der Reform nur mit ausreichender Budgetierung sichergestellt werden kann.[68]

3.3. Potentielle „Knackpunkte" der Reform – wo es beim Transformationsprozess schief laufen könnte oder schon läuft

Der bei der Reform ÖBH 2010 im Unterschied zu früheren Reformen gewählte methodische Ansatz einer sogenannten „Anstossreform" und das nach wissenschaftlichen Gesichtspunkten gewählte Procedere der Umsetzung[69] sind prinzipiell zu goutieren. Allerdings: Papier ist geduldig oder anders formuliert: „Nach den Taten soll man bewerten und nicht nach den Worten".

Nachfolgend möchte ich für 2 ausgewählte Bereiche, nämlich Budget und Mitarbeiter, einige Punkte stichwortartig auflisten, die aus aktueller Sicht das Projekt ÖBH 2010 zeitlich verzögern oder schlimmstenfalls gänzlich zum Scheitern verurteilen könnten und somit eine Rückkehr zum altbekannten „Nach der Reform ist vor der Reform" bewirken würden[70].

---

[68] BHRK S. 95
[69] siehe ÖBH 2010 „Die Realisierung"
[70] Weitere Problemfelder sind: 1. Beschaffung von Gerät (Fahrzeuge, Kommunikationsmittel, Mannesausrüstung), das aber primär in Abhängigkeit mit dem suboptimal dimensionierten Budget zu sehen ist. 2. Heisses Eisen Neutralität: Führt der Weg über die ESVP in die NATO? Von der „immerwährenden" zur „Restneutralität" im Zusammenhang mit den neuen europäischen / internationalen Aufgaben (siehe Berthold Meyer, 2005). 3.

3.3.1. Problemfeld Budget: „Ohne Geld ka Musi" - Historischer Tiefstand des Verteidigungsbudgets

„Die operationellen Fähigkeiten des Bundesheeres 2010 würden in den idealtypisch dargestellten Modellen einen laufenden Verteidigungsetat zwischen 1,11% und 1,18% des Bruttoinlandsproduktes (BIP) erfordern. Darüber hinaus wird die Anstoßreform nur auf Basis einer entsprechenden Finanzierung zu bewältigen sein."[71] Weiters wird im Bericht der BHRK darauf hingewiesen, dass bereits ab dem Budgetjahr 2005 die entsprechenden Finanzmittel bereitgestellt werden müssen, um die Finalisierung 2010 sicherstellen zu können.

Im Jahr 2008 zeigt sich folgende Situation:

Den Erkenntnissen der BHRK nach Erhöhung des Kapitel 40 (Militärische Landesverteidigung) am BIP wurde bis dato nicht entsprochen, im Gegenteil: War Österreich im europäischen Vergleich in den letzten Jahren schon mit das Schlusslicht was das Verteidigungsbudet betrifft so verheissen die aktuellen Zahlen von 2008 nichts Gutes hinsichtlich der rechtzeitigen Umsetzung der Reform: Mit nur mehr 0,63% am BIP erreicht das Budget für Landesverteidigung seinen historischen Tiefpunkt[72]. Angesichts des weiter schleppend vor sich gehenden Verkaufs von Liegenschaften[73] bei gleichzeitigem Investitions- (nachhol-) Bedarf sowie „ausserplanmässigen" Ausgaben wie bspw. für den auf unbestimmte Zeit verlängerten Assistenzeinsatz in Ostösterreich oder die Auslandsmission im Tschad[74]

Der mangelnde politische Wille, sprich Worte auch zu Taten werden zu lassen

[71] BHRK 2004, Seite 95

[72] EU-Durchschnitt ca. 1,5% des BIP

[73] hier wäre auch zu überlegen ob nicht je nach Fall eine Verpachtung der Liegenschaften höhere Renditen als ein eventuell überhasteter Verkauf bringen würde

[74] Hinsichtlich der Kosten des Tschadeinsatzes, der entgegen ursprünglichen Intentionen aus dem normalen Budget bestritten werden muss, werden Summen von ca. 46 Mio Euro kolportiert (bis Ende 2008, über eine Verlängerung des Einsatzes wird bereits diskutiert)

sprich der neue Generalstabschef des ÖBH, General Edmund Entacher, bereits von einer drohenden Zahlungsunfähigkeit des ÖBH. Jedenfalls scheinen die in Ministerratsbeschlüssen und im Regierungsprogramm definierten Ziele zur Zeit akut in ihrer Realisierung bedroht[75]. Vor allem bleibt kaum ein finanzieller Spielraum für die notwendigen Investitionen, da der Grossteil des Budgets gebunden ist für Personalausgaben sowie den laufenden Betrieb. Wichtige Vorhaben wie bspw. Neubeschaffungen bei Fahrzeugen scheinen dadurch gefährdet.

Betriebswirtschaftlich gesehen legt dies für das Unternehmen Bundesheer folgende Forderung nahe: Werden „ausserplanmässige Dienstleistungen" (von der Politik) bestellt[76] so müssen diese Dienstleistungen auch vom Unternehmen Bundesheer extra fakturiert werden können[77].

3.3.2.   Problemfeld Mitarbeiter

In jedem erfolgreichen Unternehmen sollte den Mitarbeitern als wesentlicher Produktionsfaktor besondere Wertschätzung zuteil werden – und zwar nicht nur am Papier, im sogenannten Leitbild[78], sondern auch im täglichen Berufsalltag. Mitarbeiter brauchen Perspektiven, ein geordnetes und planbares Berufsumfeld, Möglichkeiten der Aus-

---

[75] Auch das International Institute for Strategic Studies (IISS) hegt in einer aktuellen Studie Zweifel daran, dass die Reform des ÖBH zur Zeit „im Plan" liegt

[76] Bspw. psychologisch/regionalpolitisch motivierte Verlängerung des Assistenzeinsatzes, längerfristige Auslandsmissionen wie aktuell die Mission im Tschad. Aber auch die Anschaffung von besonders kostenintensivem Material, das im Rahmen der Professionalisierung und Europäisierung des ÖBH zur Erfüllung der von der Politik geforderten Ziele notwendig ist (bspw. Beschaffung von modernen teilgepanzerten Fahrzeugen, Modernisierung der Luftfahrzeuge etc.) bedarf einer zusätzlichen budgetären Bedeckung

[77] Beispielsweise nimmt das Unternehmen Österreichische Bundesbahnen seit geraumer Zeit Bund und Länder verstärkt in die Plicht hinsichtlich der Finanzierung von (zusätzlich) gewünschten Beförderungsdienstleistungen

[78] Leider auch als „Leidbild" in manchen Betrieben gelebt

und Weiterbildung und selbstverständlich auch Ressourcen state of the art, um für das Unternehmen grösstmöglich erfolgreich sein zu können. Dass das Human-Kapital auch im Unternehmen Österreichisches Bundesheer einen wichtigen Faktor darstellt hat auch die BHRK in ihrem Bericht zum Ausdruck gebracht und dem Bereich der Mitarbeiter (Soldaten, Soldatinnen) breites Augenmerk geschenkt sowie Empfehlungen in einem breiten Spektrum vorgeschlagen.

Es zeigte sich damals folgende Situation:

Durch die Verkürzung des Wehrdienstes auf generell 6 Monate (ohne Verpflichtung zu weiteren Übungen) wird teilweise von Experten bezweifelt, ob die Soldaten und Soldatinnen nach der Ausbildung überhaupt feldverwendungsfähig sind. Soll heissen, ob diese Mitarbeiter für den Fall der Fälle so ausreichend ausgebildet sind, dass die geforderten Aufgaben zu einem hohen Wahrscheinlichkeitsgrad erfolgreich erledigt werden können. Und da der „Job" eines Soldaten oftmals nicht gerade ungefährlich ist, ja lebensgefährlich sein kann, können aus diesen Fakten heraus ethisch-moralische Fragestellungen abgeleitet werden.

Die Qualität der Ausbildung der Rekruten leidet zusätzlich noch durch den Assistenzeinsatz an der Grenze[79]. Oftmals kann die Ausbildung eines Rekruten als „Schnelleinweisung in den Wachdienst" bezeichnet werden, wenn die Einheit bspw. 2x für mehrere Wochen in das Burgenland zum Grenzsicherungseinsatz verlegt wird. Für eine fundierte Grundausbildung sowie eine professionelle waffeneigene Ausbildung bleibt dann fast keine Zeit mehr übrig. Neben der Minderung der breit gefächerten Ausbildungsqualität bei den Auszubildenden werden dadurch auch das Know How und die Praxis des Kaderpersonals geschmälert. Weiters muss der Assistenzeinsatz – entgegen ursprünglichen Intentionen und Aussagen der Politik – vom ohnehin schmalen ordentlichen Budget abgezweigt werden, Mittel,

---

[79] Der mit Ende 2008 auslaufende Assistenzeinsatz läuft „bis auf Weiteres" (BM für Landesverteidigung) weiter aber mit deutlich eingeschränkten Befugnissen (Soldaten nur mehr als „Beobachter und Melder" im Einsatz).

die bei der Professionalisierung des Arbeitsbereiches und des Arbeitsumfeldes (von modernster, oft lebenswichtigen Mannesausrüstung bis hin zu zeitgemässen, menschenwürdigen Unterkünften) dann fehlen.

Ja sogar quantitativ betrachtet könnte es beim Personal zu Engpässen kommen, dann nämlich, wenn in einigen Jahren die Milizsoldaten ihre Tage abgeleistet haben[80] und kein Weg gefunden wird, diese Posten nachzubesetzen und auch im Rahmen von ausreichenden Übungen zu schulen[81]. Apropos Miliz – die Miliz als fixer Bestandteil des Systems ÖBH wird zwar von der BHRK weiter empfohlen und ist auch bis dato in sämtlichen Regierungsprogrammen so festgeschrieben, allerdings scheint man hier noch kein Patentrezept gefunden zu haben – so man bis dato überhaupt ernsthaft danach gesucht hat – wie hier die Rekrutierung und die Aus- und Weiterbildung aussehen sollte. Der Aufwuchs der Miliz ist derzeit nicht absehbar. Wesentliche Voraussetzung für die Sicherstellung einer soliden Milizbasis ist aus meiner Sicht die Gewährleistung von selbständigen Strukturen und eine ausreichende Betreuung durch Profis. Hier darf nicht gespart werden, ein späterer Wiederaufbau einer „Reserve" ist sehr mühsam, wie Beispiele in Spanien, Frankreich und Italien zeigen.

Auch erscheint ein Personaldefizit bei Auslandseinsätzen möglich, da diese bis dato von einem hohen Milizanteil geprägt waren. In diesem Zusammenhang zeichnet sich auch eine Diskussion hinsichtlich der Freiwilligkeit von Auslandseinsätzen ab[82].

---

[80] Verpflichtende Kaderübungen bzw. Truppenübungen
[81] Die Durchführung von Übungen diesbezüglich wurden schon vor einigen Jahren wegen Geldmangels ausgesetzt
[82] Zukünftige Auslandsmissionen bergen ein höherers Gefährdungspotential in sich als traditionelle „Peacekeepingaufgaben" der letzten Jahre, bspw. auf dem Golan oder auf Zypern

In diesem Kontext erscheint es auch nicht unwahrscheinlich, dass früher oder später wieder das Thema Abschaffung der Allgemeinen Wehrplicht und hin zu einer Berufsarmee aufs Tapet kommen wird[83].

Die BHRK beschreibt in ihrem Bericht diesbezüglich 3 mögliche Streitkräftemodelle ÖBH 2010:

Modell 1: „Freiwilligensystem"
Modell 2: „Wehrpflicht mit nachhaltiger Auslandsorientierung"
Modell 3: „Wehrpflicht mit ausgewogener In- u. Auslandsorientierung"[84].

Auch im Bereich der Personalstruktur könnten sich die Probleme verstärken, dann nämlich, wenn sich der Trend zu immer mehr „Häuptlingen" und immer weniger Truppe fortsetzt.

Last not least ist davon auszugehen, dass unter den Unsicherheiten die Reformen betreffend die Motivation des Kaders leidet. Auch wenn man noch so positiv denkt und Veränderungen als Chance begreift, so bedarf es doch eines Mindestmasses an Perspektiven hinsichtlich seines zukünftigen Aufgabenfeldes und bezüglich der eigenen Lebensplanung. Derzeit sitzen viele Kadersoldaten auf einem sogenannten „900er Posten", haben also keine fixe Orgplanstelle, sind quasi „über dem Soll" und machen oft als „Beiwagerl" oder „Springer" ihren Dienst.

Verbesserungswürdig erscheint in diesem Zusammenhang auch die interne Kommunikation über Absicht und Hintergründe der Reform. Dass damit von den Planern eine mögliche „Sabotage" von strittigen Vorhaben durch parteipolitische „Manöver" verhindert werden soll,

---

[83] Gründe die u.a. gegen eine rasche Einführung einer reinen Berufsarmee sprechen sind: 1. Prognostizierte höhere Kosten; 2. Negative „Erinnerungen" der „linken Reichshälfte" an eine Berufsarmee (Stichwort Regierung Dollfuss 1934); 3. Ohne allgemeine Wehrpflicht gäbe es keinen Zivildienst (zumindest in der jetzigen Form) und damit keine billigen (willigen) Arbeitskräfte – ein Horrorszenario für so manch´ eine Organisation
[84] BHRK 2004, Seite 89ff

ist angesichts vergangener Reformen nachvollziehbar. Oftmals ist der Schaden bei den Betroffenen aber größer als der (planerische) Nutzen. Hier ist Überzeugungsarbeit beim eigenen Personal in Form interner Kommunikation statt Befehlen und Durchhalteparolen gefragt.

4. Think Tank („Denkfabrik") Österreichisches Bundesheer - Neue Handlungs- und Berufsfelder für das ÖBH unter besonderer Berücksichtigung der Auslandseinsätze

Bei allen Widrigkeiten der Vergangenheit und den aktuellen Problemfeldern, die sich im aktuellen Transformationsprozess zeigen, kann ein grosses Chancen-Potential beim ÖBH geortet werden. In vielen Bereichen dieser Organisation schlummern Kompetenzen, allerdings für viele im Verborgenen. Diese Kompetenzen gilt es „auszugraben", zu wecken, dann zu „katalogisieren" und schlussendlich nutzbar zu machen für die Prosperität unseres Landes Österreich.

197

Neue Berufsfelder tun sich dabei auf, speziell was die Missionen bei Auslandseinsätzen anbelangt. Hier sei schon vorab besonders auf das „Scouting" hingewiesen, also der Einsatz von Offizieren / Unteroffizieren des ÖBH als „Wirtschafts-Späher" – eine Tätigkeit, die beispielsweise von den USA seit Jahrzehnten mit Erfolg angewandt wird. Allerdings gilt es bei der Nutzbarmachung dieses Chancen-Potentials gewisse Spielregeln zu beachten.

Transformation und Evolution statt hastig durchgezogenen Reformen sollten in Zukunft das ÖBH prägen. Entschleunigung ist eine vielfach vernachlässigte Qualität organisatorischer Entwicklungsprozesse. Der Ansatz, der beim Transformationsprozess „Bundesheer 2010" gewählt wurde, scheint diesbezüglich in die richtige Richtung zu gehen.

Allerdings: Befehlsstrukturen des 19. Jahrhunderts haben in diesem Szenario ausgedient: So sehr es unseren Narzissmus auch kränken mag - innovatives Denken, Kreativität, Engagement sind nicht zu verordnen, sondern nur – durch geeignete Strukturen und kompetente Führung – zu ermöglichen, das ÖBH also in der Rolle eines Enablers. Und damit könnte das ÖBH zu einer Vorzeige-Organisation, zu einem Vorreiter und Pionier für andere Teile der staatlichen österreichischen Verwaltung werden.

Die volkswirtschaftlichen Produktivitätsreserven, die im Bereich des ÖBH „schlummern", lassen sich nur erahnen und nicht exakt quantifizieren. Es entspricht einem üblichen Missverständnis technokratisch orientierter Führungsphilosophie, soziale Intelligenz und Kennzahlenorientierung als ein Gegensatzpaar zu begreifen. Richtig verstandene Aufgaben sind auf die optimale Nutzung der Wissensbestände und der Humanressourcen angewiesen.

In nicht allzu ferner Zukunft werden auch beim ÖBH zunehmend starre vertikale Hierarchien durch horizontale Vernetzungen ersetzt werden, Wissen wird dezentral produziert und verwaltet werden und die interne Kommunikation wird u.a. durch den verstärkten Einsatz von Informations- und Kommunikations-Technologien noch leis-

tungsfähiger werden. Komplexität wird dann nicht mehr durch Hierarchie sondern durch Kommunikation reduziert werden.

Die Bremser, Blockierer und Bedenkenträger innerhalb des ÖBH, die sich weiterhin auf „Bewahrung" konzentrieren, müssen in einem mühsamen und langwierigen Dialog erst überzeugt werden, dass das ÖBH weiterentwickelt, „von innen heraus" transformiert werden muss.

Wir brauchen mehr denn je im ÖBH Ambassadoren, Erneuerer, die von begeisterungsfähigen Mitspielern unterstützt werden, um den Prozess einer zukunftsfähigen Erneuerung des ÖBH in Gang zu bringen.

Das ÖBH könnte sich vom Nischenplayer zum Global Player entwickeln, wenn es innovative Dienstleistungen anbietet, die in der internationalen Staatengemeinschaft gebraucht werden. Dazu ist ein an materiellen Ressourcen armes Land wie Österreich geradezu prädestiniert.

Bei der Entwicklung des folgenden Aufgabenportfolios mit seinen 9 Handlungsfeldern standen zunächst zwei Überlegungen im Vordergrund:

Erstens: Der Mangel an materiellen Ressourcen zwingt Österreich in Richtung immaterielle Ressourcen auszuweichen. Es sind dies u.a.: Wissenschaft, Forschung, Medizin, Technik, soziale und humanitäre Dienstleistungen etc.
Zweitens: Business as Usual beim ÖBH ist endgültig out. Das ÖBH muss sich bewegen und neue Aufgabenfelder anpeilen.

Darüber hinaus muss sich Österreich und sein Heer für Probleme wappnen, die sich im Zuge der Neuorientierung der Europäischen Sicherheitspolitik ergeben werden. Es könnte sich u.a. auf Problemlösungen („Solutions") vorbereiten, die in Zukunft in der internationalen Staatengemeinschaft gebraucht werden. Die Idee, die dahinter steckt: Österreich als leistungsfähiger Nischenplayer mit einem deutlich wahrnehmbaren Leistungsprofil.

Darüberhinaus könnte sich das BMfLV mit Pilotprojekten als Vorreiter für Reformen im Bereich der New Public Management profilieren, indem im eigenen Bereich Reformen erprobt werden, die dann - nach und nach - auch von anderen Ministerien übernommen werden. Denn der Reformstau in Österreich ist in vielen Politfeldern mehr als deutlich wahrnehmbar.

Es zeigt sich nämlich immer deutlicher, dass Österreich unfähig ist, flächendeckende Reformen im Bereich der öffentlichen Verwaltung durchzuziehen. Es sind einfach zu viele Bremser, Blockierer und Bedenkenträger unterwegs. Dazu kommt noch, dass immer wieder neue Probleme auf Österreich von außen (z.b. EU-Verfassung) zukommen, die viel Energie binden und umfassende interne Reformen (z.b. beim ÖBH, im Gesundheitswesen, Finanz, Verwaltung, etc.) um Jahre verzögern.

Was kann das ÖBH tun, um trotz extremer Mittelknappheit, bei seinen Auslandseinsätzen - über Menge und/oder Qualität - doch wahrnehmbar zu werden? Wie kann man die Produktivität steigern und wie finanziert man neue Aktivitäten? Wie kann sich ein ÖBH neu aus der gegenwärtigen politischen Umklammerung befreien und eigenständige transformationale Wege gehen? Was kann getan werden, um die Ideen eines New Public Management endlich flächendeckend umzusetzen?

Was den Reformdruck anbelangt so ist die Situation beim ÖBH mit dem in anderen staatlichen Organisationen vergleichbar. Es gibt jedoch einen grossen Unterschied. Während in anderen Ministerien eher grosse Know-how-Defizite feststellen sind und auch die Bereitschaft an Reformen mitzuwirken eher als gering einzustufen sind, sind im BMLV jede Menge Ambassadoren und Intrapreneure unterwegs, also Personen, die ein grosses Engagement an den Tag legen, und an einer raschen Änderung des Status quo interessiert sind. Und es zeigt sich, dass im BMLV in der Vergangenheit ungemein viel Wissen akkumuliert wurde, dass das BMLV eigentlich ein Wissenskoloss ist, der über riesige Bestände an Wissen verfügt. Allerdings sind viele Bestände nicht koordiniert, viel „tacid Knowledge". Es dominieren „Insellösungen".

Die Frage die sich nun stellte: Wie kann man das „auf Inseln" verteilte Wissen in der riesigen Organisation BMLV erfassen, um nicht zu sagen „bergen". Es muss also zunächst gesichtet und entflochten werden („Unbundling"), man muss den Wildwuchs entfernen, quasi die Spreu vom Weizen trennen. Danach kann man die verbliebenen Bestände neu bündeln („Rebundling") und auf entsprechende Handlungsfelder wieder verteilen.

Das Festschreiben der Unternehmensziele des ÖBH sowie der Umsetzung und Kontrolle inklusive zeitlicher und finanzieller Rahmenbedingungen in einem „Masterplan" sind unabdingbar. Als methodisches Instrument der Steuerung empfiehlt sich die „Governance"[85]

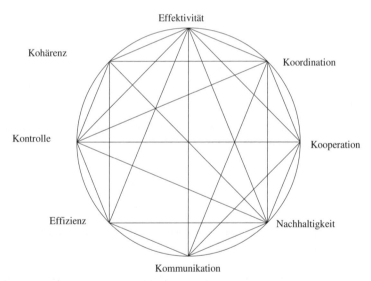

Military Governance: Relevante Vernetzungen innerhalb der einzelnen Kriterien der Governance (nach Kyrer/Populorum 2007)

„New Military Governance" - Das „Governance-Rad" als Erfolgspfad für das Österreichische Bundesheer.

---

[85] Bezüglich Masterpläne und Governance siehe: Alfred Kyrer & Michael Populorum, 2007/2008

3.4. Neue Handlungsfelder für das ÖBH

Nach dem Prozess Unbundling – Rebundling zeigt sich für das ÖBH ein mögliches Leistungsportfolio in Form von 9 Handlungsfeldern:

Feld 1: Militärische Aufgaben im engeren Sinn - Das ÖBH als Sicherheitsgarant

Feld 2: Arbeitsmarktaufgaben - Das ÖBH als Partner der Arbeitsmarktverwaltung

Feld 3: Regionale Aufgaben - Das ÖBH als wichtiger regionaler Player (z.B. als Partner im Katastrophenfall)

Feld 4: Beratungsaufgaben, Forschung und Entwicklung - Das ÖBH als Wissenskonzern und nationale Denkfabrik

Feld 5: Medizinische Aufgaben - Das ÖBH als medizinischer Enabler

Feld 6: Informationsaufgaben - Das ÖBH als Informationsmakler

Feld 7: Ausbildungsaufgaben - Das ÖBH als Ausbildungsspezialist

Feld 8: Humanitäre und soziale Aufgaben - Das ÖBH als Helfer in der Not

Feld 9: Wirtschaftliche Aufgaben - Das ÖBH als Partner der Wirtschaft in schwierigen Märkten

Die 9 möglichen Handlungsfelder sind „Optionen" für künftige Tätigkeiten, gleichermassen „Gateways", d.h. Zugänge und Öffnungen zur Zukunft und damit zur Viabilität (Gangbarkeit). Das Gelände muss freilich - in der Sprache der Militärs - gesichert und gegenüber Angriffen verteidigt werden.

Das ÖBH braucht auch einen New Spirit, ein neues „Wir"-Gefühl. Das ÖBH als Organisation ist nur dann zukunftsfähig, wenn es mit seinen Aufgaben in die bestehenden wirtschaftlichen, technischen und gesellschaftlichen Welten integriert wird.

Das ÖBH muss in Zukunft auch verstärkt Aufgaben übernehmen, die sowohl der Wirtschaft als auch der Bevölkerung einen spürbaren

Nutzen bringen. Vor allem der spin-off für zivile Probleme wurde in der Vergangenheit stark vernachlässigt. Darüber hinaus könnte sich das ÖBH als Vorreiter im Bereich der öffentlichen Verwaltung sowie durch neue Dienstleistungen im Bereich der Informationstechnologie profilieren.

Auf der Suche nach einem USP bietet sich auch ein „Crossover" zwischen ÖBH und Wirtschaft an. Die Wirtschaft braucht das ÖBH. Eine eindimensionale, nur auf kurzfristige militärische Aktivitäten i.e.S. ausgerichtete Denkweise hat sich überlebt. Von den „armed forces" zu den „task forces"!

Wichtig ist eine Ausschöpfung möglicher Handlungsfelder und Nutzbarmachung des verfügbaren Wissens insbesondere des Wirtschaftswissens. Es hat eine Herausarbeitung neuer Kernaufgaben des ÖBH zu erfolgen, die in einen bestimmten Kontext gestellt werden müssen. Weiters eine konsequente Umsetzung strategischer Aufgaben („Vom Wissen zum Handeln").

Hier gilt es, strategische Allianzen mit starken Partnern aufzubauen. Wenn durch das ÖBH bei wirtschaftlichen Unternehmen ein Nutzen entsteht, dann müssen sich die am Nutzen teilhabenden Unternehmen auch an den entstandenen Kosten beteiligen. Dies nennt man in der Sprache der Spieltheorie eine „win-win-Situation" – ein wirtschaftlicher Nutzen für private wirtschaftliche Unternehmen und das ÖBH.

3.4.1. Militärische Aufgaben i.e.S.

Die Aufgaben des Österreichischen Bundesheeres sind gemäß Art. 79 der Bundesverfassung (B-VG) und § 2 Abs. 1 Wehrgesetz festgelegt.

Aufgaben des ÖBH als der „bewaffneten Macht der Republik Österreich" (WG § 1) gemäss WG § 2 Absatz 1:

a) Die militärische Landesverteidigung

b) Auch über den Bereich der militärischen Landesverteidigung hinaus der Schutz der verfassungsmäßigen Einrichtungen und ihrer Handlungsfähigkeit und der demokratischen Freiheiten der Einwohner sowie die Aufrechterhaltung der Ordnung und Sicherheit im Inneren überhaupt

c) Die Hilfeleistung bei Elementarereignissen und Unglücksfällen außergewöhnlichen Umfanges

d) Die Hilfeleistung im Ausland bei Maßnahmen der Friedenssicherung, der humanitären Hilfe und der Katastrophenhilfe sowie der Such- und Rettungsdienste (Auslandseinsatz)

Auch wenn sich die geopolitischen Rahmenbedingungen und die damit verbundenen Bedrohungsszenarien geändert haben, so ist die militärische Landesverteidigung nach wie vor die Kernkompetenz des ÖBH mit seinen Land- und Luftstreitkräften sowie von Spezialeinsatzkräften.

In diesem Kontext ist auch auf den § 9a der Österreichischen Bundesverfassung (Bundes-Verfassungsgesetz / B-VG) hinzuweisen, der trotz Fall des Eisernen Vorhangs und EU-Beitritt Österreichs nach wie vor Gültigkeit hat. Dort ist zu lesen:

Artikel 9a. (1) Österreich bekennt sich zur umfassenden Landesverteidigung. Ihre Aufgabe ist es, die Unabhängigkeit nach außen sowie die Unverletzlichkeit und Einheit des Bundesgebietes zu bewahren, insbesondere zur Aufrechterhaltung und Verteidigung der immerwährenden Neutralität. Hierbei sind auch die verfassungsmäßigen Einrichtungen und ihre Handlungsfähigkeit sowie die demokratischen Freiheiten der Einwohner vor gewaltsamen Angriffen von außen zu schützen und zu verteidigen.

(2) Zur umfassenden Landesverteidigung gehören die militärische, die geistige, die zivile und die wirtschaftliche Landesverteidigung.

Die Umfassende Landesverteidigung (ULV) wurde 1975 als Verteidigungsgrundlage der „Immerwährenden Neutralität" Österreichs beschlossen.

Militärische Landesverteidigung (MLV): Erfolgt durch das Österreichische Bundesheer, dessen Aufgaben wie erwähnt im Wehrgesetz geregelt sind

Geistige Landesverteidigung (GLV): Im Zuge der geistigen Landesverteidigung ist das Bewusstsein in der Bevölkerung für die Notwendigkeit verschiedener Verteidigungsmaßnahmen zu bilden. Weiters die Vorsorge, dass die Bevölkerung den psychischen Belastungen in Krisen und Konfliktfällen standhält. Die Erziehung zu bewussten Staatsbürgern und Staatsbürgerinnen dient dabei als Basis.

Zivile Landesverteidigung (ZLV): Darunter fällt der gesamte Zivilschutz, dh. der Schutz der Zivilbevölkerung, die Aufrechterhaltung der inneren Sicherheit und auch das Funktionieren der zivilen Behörden im Verteidigungsfall.

Wirtschaftliche Landesverteidigung (WLV): Maßnahmen gegen kriegsbedingte Störungen der Wirtschaft (Wirtschaft muß in Krisen- bzw. Kriegszeiten weiterarbeiten können), Bevorratung von Lebensmitteln, Anlage von Energievorräten etc.

Strunz/Dorsch[86] definieren das Heer – aus wirtschaftlicher Sicht – als personal- und kapitalintensive Einzelwirtschaft mit gemeinnützigen Zwecken und bedarfswirtschaftlichen Zielen, geführt als Gewährleistungsbetrieb in öffentlichem Eigentum.

Einzelwirtschaftlich besonders relevant ist die Rolle des Militärs als Nachfrager, wobei sich diese – je nach wirtschaftlicher Situation – in mehreren Facetten darstellt. Die Nachfrage bestimmt schließlich die Entwicklung der Rüstungsindustrie im weitesten Sinne (vgl. Zulieferketten, dual use). Verschiedene Aspekte militärischer Aktivitäten wirken sich ebenfalls auf die Wirtschaft aus bzw. kommen dieser zugute: militärische Erfordernisse in Hinblick auf die Infrastruktur,

---

[86] Strunz, H./Dorsch,M., Sicherheitspolitik und Wirtschaft, Frankfurt/M. 2003, S.29.

beispielsweise militärische Standorte und auch das Verkehrswesen bzw. logistische Fragen betreffend, können von der Wirtschaft genauso genützt werden wie etwa militärische Aus- und Weiterbildungsleistungen.

3.4.2. Arbeitsmarktaufgaben

In der Vergangenheit wurde immer wieder kritisiert, dass einerseits während der Verpflichtung beim ÖBH keinerlei Aus- und Weiterbildungsleistungen in Anspruch genommen werden könnten und andererseits die berufliche Karriere durch das ÖBH abrupt unterbrochen würde und ein Wiedereinstieg nachher nur sehr schwer möglich sei.

Es liegt daher nahe, über einen aktiven Beitrag zur Arbeitsmarktentwicklung nachzudenken. Dieser könnte etwa darin bestehen, dass seitens des ÖBH neue Berufsbilder entwickelt werden, die - nach Beendigung der Verpflichtung beim ÖBH - zu größeren Arbeitsmarktchancen führt.

3.4.3. Regionale Aufgaben

Ein wichtiger Aspekt bei der Betrachtung der Zusammenhänge von Sicherheitspolitik und Wirtschaft ist die regionalwirtschaftliche Bedeutung von militärischen Einrichtungen, wie sie etwa von Kasernenstandorten repräsentiert werden[87]. Ihre positive Wirkung, beispielsweise auf die Beschaffung von Arbeitsplätzen vor Ort und die Stimulierung der Nachfrage, ist unbestritten. Daher kommt es auch laufend bei drohenden Kasernenschliessungen zu Protesten aus der lokalen Wirtschaft (u.a. Bäcker, Fleischer etc.).

---

[87] vgl. Hamm, Bernd (Hrsg.): Die regionalwirtschaftliche Bedeutung militärischer Einrichtungen, Trier 1988

3.4.4. Beratungsaufgaben, Forschung & Entwicklung

Die Beratung durch „Think Tanks" („Denkfabriken") ist ein zukunftsträchtiges Handlungsfeld. Hier könnten sich in Zukunft auch für das ÖBH interessante Aufgaben auftun. Schon immer hat das ÖBH die Entwicklung der betriebswirtschaftlichen Managementdisziplin durch neue strategische Konzepte beeinflusst und bereichert.

Der Begriff Think Tank kommt ebenfalls aus dem militärischen Bereich. Er entstand im Zweiten Weltkrieg. Zur Lagebeurteilung während eines Gefechts pflegten sich amerikanische Offiziere jeweils in einem Panzer („tank") zurückzuziehen, um dort militärstrategisch zu „denken". Der Begriff wurde dann sehr bald auf andere Bereiche übertragen. Heute sind Think Tanks eine institutionalisierte Form der wirtschaftspolitischen Beratung. Seit dem Zweiten Weltkrieg sind die meisten neuen Ideen und Visionen, welche die USA geprägt haben, nicht mehr von den traditionellen Universitäten ausgegangen sondern in Think Tanks entstanden.

Berater geben Antworten, Wissenschafter stellen Fragen. Nicht selten geben Berater aber Antworten auf Fragen, die eigentlich nie gestellt wurden. Das ÖBH könnte hier zu einem Vorreiter in Richtung Neue Beratungskultur werden.

Auch auf dem Gebiet des Wissensmanagements könnte das ÖBH in Zukunft eine bedeutende Rolle spielen. Hier könnten Verfahren entwickelt werden, bei dem bereits verfügbares Wissen, das zur Lösung eines Problems benötigt wird, so aufbereitet wird, dass ein praktischer Zugriff in konkreten Entscheidungssituationen möglich wird.

Ausgehend von der Vorgabe der neuen Sicherheits- und Verteidigungsdoktrin liegt es für das ÖBH nahe, künftig eine systematische Tätigkeit in den Bereichen Forschung, Information und Beratung sowie Training auf allen Ebenen der Gesellschaft in intensiver Form zu entfalten. Nicht zuletzt aufgrund der jüngsten Entwicklungen bzw. Bedrohungen lässt sich in der Bevölkerung wie auch in der Wirtschaft ein beträchtliches sicherheitspolitisches Informations- bzw.

Know-how-Defizit wahrnehmen. Gerade dieses Know-how und entsprechende Erfahrungen sind im ÖBH vorhanden.

Betrachtet man die bisherigen Forschungsaktivitäten im Rahmen des österreichischen Bundesheeres, lässt sich nach Strunz/Dorsch eine Gliederung der wehrwissenschaftlichen Forschung[88] in folgende Bereiche feststellen[89]:

- Strategie- und politikwissenschaftliche Forschung,
- Geistes- und sozialwissenschaftliche Forschung,
- Wehrmedizinische Forschung,
- Naturwissenschaftliche und wehrtechnische Forschung,
- Militärhistorische Forschung,
- Militärökonomisch-wirtschaftswissenschaftliche Forschung sowie
- Militärische Führungsforschung

3.4.5. Medizinische Aufgaben

Dieses Aufgabenfeld bietet sich für ein Engagement des ÖBH infolge des großen verfügbaren Know-how geradezu an. Die bisherigen Auslandseinsätze haben gezeigt, dass Österreich hier eine wichtige Nische effektiv besetzen kann.

In Kooperation mit österreichischen Unternehmen könnte hier ein Medizin-Cluster aufgebaut werden, der vor allem österreichischen Klein- und Mittelbetrieben beim Aufbau von Märkten ein neues Standbein verschaffen könnte. Dabei gilt es auch eine Neuorientierung bei den gering ausgelasteten Heeres-Spitälern anzudenken.

---

[88] Systematische, wissenschaftliche Tätigkeit, welche auf die Gewinnung neuer Erkenntnisse für die militärische Landesverteidigung fokussiert ist
[89] Strunz, H./Dorsch,M., Sicherheitspolitik und Wirtschaft, Frankfurt/M. 2003, S.93ff.

3.4.6. Informationsaufgaben

Wir reden zwar permanent in allen Organisationen von der Informationsgesellschaft, jedoch zur Lösung der Probleme, die sich auf diesem Feld für Wirtschaft, Gesellschaft und Politik auftun, wird bis dato herzlich wenig getan. Zwar gibt es exzellente „Insellösungen" auf einzelnen Gebieten, systematisch werden die Probleme aber nicht angegangen.

Auch hier böte sich für das ÖBH ein weites, auch finanziell interessantes Feld. Das ÖBH könnte an dem „Informationskuchen" kräftig mitnaschen, zumal die Nachfrage nach einem guten und schnellen Information-Retrieval laufend wächst.

Ob es sich nun um Data-Mining, um Fragen der Kryptologie, Literaturdokumentationen, semantische Netze oder brauchbare Lösungen auf dem Gebiet des E-Procurement handelt, viele Abteilungen im BMLV verfügen über hochqualifizierte Mitarbeiter und ungeheure Informations- und Wissensbestände, die aber leider nur Tacid Knowledge darstellen.

Die kommerzielle Verwertung dieses Know-hows steht noch aus. Um es einmal in Anlehnung an ein Buch über den Global Player Siemens auszudrücken: Wenn das ÖBH wüsste, was es alles weiß...

3.4.7. Ausbildungsaufgaben

Bildung wird immer mehr zu dem Erfolgsfaktor der Zukunft. Weit wichtiger als das physische Kapital ist das intellektuelle Kapital. Der Kern der Herausforderung besteht darin, dass das Wissen, das an den alten, klassischen Universität vermittelt wird, immer weniger relevant ist und dass das Wissen, das relevant ist, immer seltener an Universitäten direkt entsteht sondern außerhalb derselben. Im Bildungsbereich wird - so hat es im Moment den Anschein - kein Stein auf dem anderen bleiben. Und das Tempo des Entstehens neuer Strukturen wird für uns Österreicher in der Tat atemberaubend sein, wir, die wir in der Vergangenheit an ein „Management by Schne-

ckentempo" gewöhnt waren! Der Trend zu Corporate Universities hält an, dort findet sich möglicherweise auch das Modell der Zukunft.

Da das ÖBH immer schon auf diesem Gebiet hervorragende Ausbildungsleistungen sowohl im strategischen als auch im operativen Bereich erbracht hat, tut sich hier ein wirklich weites Feld für künftige Aktivitäten auf. Dabei ist zu berücksichtigen, dass die Wissensgesellschaft nach einer stärkeren Ökonomisierung der künftigen Erträge des Bildungsbereiches verlangt. Der Trend geht hier eindeutig weg von der Sozialisierung der Kosten und Privatisierung der Erträge. Das ÖBH könnte an diesem riesigen „Bildungskuchen", der sich hier auftut, vor allem aufgrund der bereits erbrachten Vorleistungen, mitnaschen, entweder alleine oder mit starken in- und ausländischen Partnern.

In Bezug auf die Wirtschaft sind künftig besonders qualifizierte Bedarfe zu erwarten. Zudem entstehen durch die Integrationsprozesse in der EU und darüber hinaus im Falle der Aufgabe der Neutralität seitens Österreichs verstärkt Möglichkeiten, an den Prozessen der internationalen Forschung bzw. der Umsetzung ihrer Ergebnisse zu partizipieren. Dies eröffnet zahlreiche Perspektiven im Sinne von künftigen Forschungs-, Beratungs- und Trainingsangeboten durch das ÖBH.

3.4.8. Humanitäre/Soziale Aufgaben

Die humanitären / sozialen Aufgaben bildeten schon in der Vergangenheit ein wichtiges Betätigungsfeld für das ÖBH. „Der Mensch steht im Mittelpunkt" ist zwar leicht gesagt, aber in vielen Organisationen schwer umzusetzen.

New Military Leadership wird der Bedeutung menschlicher Bedürfnisse als Grundbedingung für Produktivität von Gruppen und Teilorganisationen in Zukunft eine wesentlich größere Beachtung schenken müssen.

3.4.9. Wirtschaftliche Aufgaben

Strunz/Dorsch[90] definieren das Heer – aus wirtschaftlicher Sicht – als personal- und kapitalintensive Einzelwirtschaft mit gemeinnützigen Zwecken und bedarfswirtschaftlichen Zielen, geführt als Gewährleistungsbetrieb in öffentlichem Eigentum.

Einzelwirtschaftlich besonders relevant ist die Rolle des Militärs als Nachfrager, wobei sich diese – je nach wirtschaftlicher Situation – in mehreren Facetten darstellt. Die Nachfrage bestimmt schließlich die Entwicklung der Rüstungsindustrie im weitesten Sinne (vgl. Zulieferketten, dual use). Verschiedene Aspekte militärischer Aktivitäten wirken sich ebenfalls auf die Wirtschaft aus bzw. kommen dieser zugute: militärische Erfordernisse in Hinblick auf die Infrastruktur, beispielsweise militärische Standorte und auch das Verkehrswesen bzw. logistische Fragen betreffend, können von der Wirtschaft genauso genützt werden wie etwa militärische Aus- und Weiterbildungsleistungen.

Hier bietet sich die Chance einer besseren Positionierung des ÖBH in der nationalen und europäischen Staatengemeinschaft. Das zusätzliche Image für Österreich, das durch das große verfügbare Knowhow Österreichischer Truppen in Problemzonen und bei einem Krisenmanagement möglich ist, wird derzeit nur unzureichend genutzt. Hier entstanden in der Vergangenheit beträchtliche Opportunitätskosten für die österreichische Volkswirtschaft.

Es ist ein zentrales Anliegen der Wirtschaft, die Rahmenbedingungen und die Wettbewerbsfähigkeit vor allem der kleinen und mittleren Unternehmen, der sog. KMU´s, durch eine Kooperation mit dem ÖBH zu stärken.

---

[90] Strunz, H./Dorsch,M., Sicherheitspolitik und Wirtschaft, Frankfurt/M. 2003, S.29.

211

3.5.   Vorschläge für neue Berufsbilder im ÖBH

3.5.1. Ambassador

Ambassadoren sind Mitarbeiter einer Organisation, die sich als Unternehmer im Unternehmen fühlen und entsprechend handeln. Gelegentlich bezeichnet man sie daher auch als Intrapreneure. Sie werden vor allem als Akteure in Veränderungsprozessen gebraucht, es etwa darum geht, die Umsetzung von innovativen Projekten zu beschleunigen. Sie werden deshalb auch als Accelerators bezeichnet. Sie verfügen über eine Ausbildung, die sich über mehrere Disziplinen (u. a. Recht, Ökonomie, Psychologie, etc.) erstreckt, und sie in die Lage versetzt, effektiver und schneller vorzugehen.

Ambassadoren warten nicht bis sie top down durch hierarchisch ablaufende Prozesse zu einem bestimmten Verhalten innerhalb der Organisation des ÖBH gezwungen werden. Sie machen sich vielmehr aus eigenem Antrieb darüber Gedanken, wie sie „ihre" Organisation für die neuen Herausforderungen fit machen könnten. Sie versuchen von unten her, von der Basis, einen Prozess der Transformation in Gang zu bringen.

3.5.2. Masterplaner

Manche politischen Projekte haben eine solche Größenordnung erreicht, dass eine besondere Koordination der wesentlichen Einflussfaktoren durch bestimmte Personen erforderlich ist: Folgekosten, Folgelasten, Technologie, Finanzierbarkeit, Zeitpunkt der Umsetzung, Vernetzung und Synergieeffekte mit anderen Großprojekten, etc.

Überdies werden Reformprozesse innerhalb von Organisationen häufig durch Wahlen und Regierungsumbildungen unterbrochen. Masterpläne sollen dem gegensteuern, indem bestimmte Ziele und

Projekte für einen bestimmten Zeitraum einfach festgeschrieben werden. *Politiker gehen, Masterpläne bleiben.*

Masterplaner erhalten eine multidisziplinäre Ausbildung, die sie befähigt, komplexe Großprojekte in einer Region zu koordinieren und umzusetzen. Das Berufsbild des Raumplaners hat zu diesem neuen Berufsbild wesentliche Inputs und Inhalte beigesteuert.

3.5.3. Knowledge Officer

Erst durch eine Bewertung durch Experten wird die Flut von Informationen zu Wissen. Erst vernetztes Wissen, mit dessen Hilfe gemeinsam Modelle aufgebaut und Verhaltensänderungen bewirkt werden, führt zu Standortvorteilen im Wettbewerb zwischen Unternehmen, Märkten und Regionen.

Öffentliche Organisationen verfügen über große Informations- und Wissensbestände, da ihr Status sie zu möglichst vollständiger Dokumentation der Entscheidungsprozesse zwingt. Außerdem profitieren sie von sehr niedrigen Fluktuationsraten, was das Wissen bei den Mitarbeitenden verstetigt.

Mit dem Einzug neuerer dynamischerer Organisationsformen (Privatisierungen, Outsourcing, Contracting out, etc.) werden neue Schwerpunkte der Organisation des Wissens notwendig. Die Bereitstellung von Wissen an die Partner im öffentlich-privaten Netzwerk muss zu jenem Zeitpunkt erfolgen, wo es für die Erstellung bestimmter Produkte oder Dienstleistungen benötigt wird.

Dazu kommt noch ein weiterer Aspekt. Je mehr Informationen angeboten werden, desto wichtiger werden die Auswahlkriterien. Oder aus anderer Perspektive: Gute Wissensmanager wissen auch, welche Informationen irrelevant oder veraltet sind und der Suchende nicht braucht.

3.5.4. Inkubator

Personen oder Organisationen, die Unternehmensgründer wirksam finanziell und/oder mit Wissen unterstützen. Sie fungieren als „Brutkasten" bei Unternehmensgründungen.

Insgesamt lassen sich 5 Grundtypen unterscheiden:

- Der Regional-Inkubator oder das Gründerzentrum: Häufigste Form. Sie zielen überwiegend auf die Unterstützung von Kleinstunternehmern und helfen der Regionalwirtschaft und dem örtlichen Arbeitsmarkt
- Der Universitäts-Inkubator: Neutrale Plattform, auf der sich Vertreter der Industrie und des Handels treffen können, um Ideen und Konzepte auszutauschen. Beide profitieren davon: die Industrie hat einen Zugang zu zukunftsträchtigen Produkten und Technologien und Wissenschafter haben die Möglichkeit, ihrer Forschung praktische Relevanz zu verschaffen und sich einen Teil der Forschung querfinanzieren zu lassen.
- Der unternehmensinterne Inkubator, andere Bezeichnung: Intrapreneur
- Der private Inkubator: face-to-face-Coaching
- Der virtuelle Inkubator: hier wird der größte Teil des Coachings online abgewickelt

China kennt darüber hinaus zwei weitere Typen:

- Inkubatoren, die gezielt Auslandschinesen unterstützen
- Inkubatoren, die ausländische Unternehmen helfen, in China Fuss zu fassen

3.5.5. SCOUT

Scout ist eine Kooperation zwischen ÖBH und der österreichischen Wirtschaft mit dem Ziel, Wirtschaftscluster in Gebieten aufzubauen, in denen das ÖBH friedenssichernd tätig sind. Scouts sind „Wirt-

schaftsspäher", die danach Ausschau halten, ob und welche österreichischen Produkte in bestimmten Regionen abgesetzt werden können. Dabei sollen jedoch - im Gegensatz zu US-Projekten - die Bedürfnisse und Engpässe der Bevölkerung in jenen Gebieten im Vordergrund stehen. Es geht also nicht einfach um das Verkaufen von irgendwelchen Gütern, die man gerne absetzen möchte, sondern um Güter die in eine bestimmte Wertschöpfungskette passen.

Es geht darüber hinaus um Hilfe zur Selbsthilfe, etwa indem Scouts in einer Einsatzregion erkunden, ob grundsätzlich auch Unternehmensgründungen durch die Bevölkerung in Frage kommen. In diesen Fällen delegiert der Scout dann seine Aufgabe an einen Inkubator, der auf diesem Gebiet eine größere Erfahrung hat.

Die Ausbildung zum SCOUT steht im Zusammenhang mit einer breit angelegten Internationalisierungsstrategie einerseits des BMLV und andererseits der WKÖ.

SCOUTs repräsentieren eine Mischqualifikation aus Information broker, Wissenstransfermanager und Markterkunder. Sie zeigen wirtschaftliche Kompetenz in der Organisation von Wertschöpfungsketten. Sie verstehen es, Entscheider von der Qualität österreichischer Produkte zu überzeugen und Absatzmärkte für die österreichische Wirtschaft zu schaffen. Sie agieren als „Türöffner" in schwierigen Märkten. Sie erkennen rasch, welche Produkte und Dienstleistungen wo, wann und in welcher Menge gebraucht werden. Sie melden den Bedarf vom Thinktank A an der Front sogleich an den Thinktank B nach Österreich, wo jene wirtschaftlichen Unternehmen ermittelt werden, die in der Lage sind, bestimmte Produkte / Dienstleistungen zu liefern.

3.5.6. Governor

Governance beschäftigt sich mit der Steuerung komplexer Systeme, stützt sich auf systemisches Denken und ist zugleich strukturierend und handlungsorientiert. Das Zusammenspiel von struktureller und praktischer Governance ergibt eine bessere Performance der

jeweiligen Systeme. Enabler und Leader handeln auf der strategischen Governance-Ebene, Umsetzer und Manager agieren auf der operativen Management-Ebene.

Der Governer, ein neues Berufsbild, das laufend an Bedeutung gewinnt, trägt diesem Umstand Rechnung. Hier geht es darum, das Wissen, wie man komplexe Organisationen und/oder Projekte steuert, zu systematisieren und im Rahmen von Personalentwicklungsprogrammen innerhalb des ÖBH zu vermitteln.

3.6. Mission Statement: Bausteine für ein Leitbild des ÖBH[91]

⇨ Wir sind ein Dienstleistungsunternehmen, das die Herausforderungen unserer Zeit aufgegriffen hat und nach neuen Lösungen für alte Probleme sucht.

⇨ Wir arbeiten permanent an unserem unverwechselbaren Profil: New Military Governance, kreativ, innovativ und zukunftsfähig.

⇨ Wir agieren in neuen Handlungsfeldern, erproben neue Strategien und suchen nach neuen Formen der Finanzierung.

⇨ Wir stehen in Konkurrenz zu anderen staatlichen und privaten Organisationen und das ist gut so, denn die Zeit der Monopole ist vorbei. Unser Motto in diesem Kontext: We try harder!

⇨ Wir streben eine Internationalisierung unserer Tätigkeit an und gehen strategische Allianzen und Partnerschaften mit anderen Organisationen ein: Kooperation oder: Gemeinsam sind wir stärker!

⇨ Wir arbeiten in professionellen, effektiven und effizienten Teams, unterstützen Wissensmanagement und entwickeln

---

[91] nach Alfred Kyrer, 2003, bis dato unveröffentlichtes Paper

neue Formen des Wissenstransfers. Unser Motto in diesem Kontext: High Performance!

⇨ Wir verstehen wirtschaftliche Entwicklung als Chance zur Bewältigung von Widerständen, die zu neuen Sichtweisen und Handlungsalternativen führen. Unser Motto in diesem Kontext:

⇨ Wir sind eine lernende Organisation!

⇨ Unsere Haltung gegenüber anderen Menschen und Organisationen: Empathie und Sympathie!

⇨ Wir glauben daran, dass die Entwicklung und Weiterentwicklung von Organisationen und Gruppen über die Entwicklung von Menschen geschieht.

⇨ Wir investieren in Bildung und Ausbildung und sehen im menschlichen Faktor einen wesentlichen Treiber für erfolgreiche Projekte.

⇨ Wir berücksichtigen auch die Erfordernisse des österreichischen Arbeitsmarktes und arbeiten derzeit 2014 an 6 Arbeitsmarkt-Projekten: Ambassador, Masterplaner, Knowledge Officer, Inkubator, Scout und Governor

⇨ Wissenschaft, Forschung und Entwicklung werden immer mehr zu den Treibern für wirtschaftliches Wachstum und gesellschaftliche und politische Stabilität. Unser Motto in diesem Kontext: Vermeidungskosten sind immer geringer als Beseitigungskosten.

3.7. Conclusio

Am 28. September 2008 wurde vorzeitig in Österreich der Nationalrat neu gewählt. Schon im Vorfeld wird von allen wahlwerbenden Parteien das virtuelle Füllhorn giesskannenartig über die verschiedenen Wählerklientel ausgeschüttet, die Parteien überbieten sich beim Versprechen sogenannter „Wahlzuckerl". In diesem Zusammenhang ist zu befürchten, dass so manch´ ein vor der Wahl versprochenes

217

Zuckerl[92] zu Lasten des ohnehin schon mehr als angespannten Heeresbudgets gehen wird[93].

Hier gilt es die Politiker beim Wort zu nehmen, sie daran zu erinnern, was sie im Regierungsprogramm festgeschrieben haben. Es muss Schluss sein mit einer reinen Ankündigungspolitik, den Worten müssen Taten folgen. So wichtig Kindergärten, Altenbetreuung, Lehrlingsoffensiven, Soziale Absicherung, Steuerliche Entlastungen etc. auch sein mögen, ohne Absicherung der Stabilität und der gesellschaftlichen Strukturen (äussere und innere Sicherheit) sind sie wertlos. Denn die Sicherheit eines Landes ist wie das Fundament eines Hauses – wer hier zuviel spart riskiert bei jedem noch so leichten Sturm das ganze Haus zu verlieren und ohne Dach über dem Kopf dazustehen.

Die Bundesheerreformkommission hat das Thema der Anpassung des ÖBH an zukünftige Aufgaben ab 2010 insbesondere der Auslandseinsätze recht umfassend analysiert, dokumentiert und zahlreiche Empfehlungen ausgesprochen, die durchwegs schlüssig erscheinen. Hier wurde gut gearbeitet, was auch vom Österreichischen Parlament sowie Militärs durchwegs goutiert wurde.

Allerdings zeigt sich beim momentanen Umsetzungsprozess, dass ohne ausreichende laufende Budgetierung sowie einer „Anschubfinanzierung" – wie von der Reformkommission empfohlen und der Politik goutiert – die Ziele 2010 nicht erreicht werden können. Schlimmer noch, es könnte die ganze Reform scheitern bevor sie noch richtig in Gang gekommen ist und schon wieder eine Reform der Reform ins Hause stehen.

Über dem ÖBH schwebt zur Zeit der Pleitegeier, es mehren sich die Stimmen, die von einer drohenden Zahlungsunfähigkeit sprechen. In diesem Zusammenhang sind auch die „Manager" des ÖBH, die Ge-

---

[92] so es nach der Wahl überhaupt eingelöst wird, Politiker aber auch Wähler scheinen oftmals nur mit einem Kurzzeitgedächtnis ausgestattet zu sein
[93] Neben den Eurofightern wurde auch der militärische „Pleitegeier" schon gesichtet

neräle, gefordert, Courage zu zeigen und die negativen Auswirkungen auf ihr Unternehmen Bundesheer auch einer breiteren Öffentlichkeit zu berichten und die politischen Mandatare hinsichtlich ihrer offiziell getätigten Versprechen in die Pflicht zu nehmen[94].

Wie für jedes erfolgreich agierende Unternehmen wäre es auch für das Österreichische Bundesheer und seine Mitarbeiter wichtig, Planungssicherheit zu haben. Daher wird es unumgänglich sein, die Unternehmensziele sowie die zu setzenden Massnahmen inklusive gesicherter Budgetierung in einem „Echten Masterplan Österreichisches Bundesheer 2012" verbindlich festzuschreiben. Als Steuerungselement empfiehlt sich das „Governance-Rad", als Controlling-Tool die Implementierung eines „Cockpit-Systems" (Management Cockpit).

Das Österreichische Bundesheer wurde bis dato als vielfältiges Kompetenzzentrum und Think Tank in der Öffentlichkeit aber auch bei Experten unterschätzt, oftmals gar nicht wahrgenommen. Im ÖBH schlummern grosse Potentiale, die es zu wecken und nutzbar zu machen gilt. Neben den eigentlichen Kernkompetenzen zeichnen sich neue Handlungs- und Berufsfelder ab, die u.a. in Public Private Partnerships win-win-orientiert Erfolg versprechen.

Für die Zeit nach der Wahl, sprich für die 24. Gesetzgebungsperiode, ist dem ÖBH auch ein Bundesminister zu wünschen, der – wenn schon nicht Herzblut – so doch zumindest Engagement, schlimmstenfalls Gleichgültigkeit aber nicht Abneigung – für das Unternehmen Österreichisches Bundesheer und seine Aufgaben und Ziele mitbringt.

Und es ist zu hoffen, dass mit einer nachhaltigen Reform auch endlich eine „Wehrgerechtigkeit" einkehren wird, sprich daß ALLE

---

[94] besonders hinsichtlich der verstärkten Auslandsorientierung des ÖBH wäre es unverantwortlich, durch schlechte Ausrüstung, veraltete Bewaffnung, marodes Gerät und unzureichender weil zu kurzer Ausbildung das Leben unserer Soldaten leichtfertig aufs Spiel zu setzen. In diesem Zusammenhang darf nur das Beste vom Besten gut genug sein.

Österreicher und auch alle Österreicherinnen einen verpflichtenden Dienst für unser Österreich verrichten müssen. Sei es als Wehr-, Zivil- oder Sozialdienst, JEDER sollte verpflichtet werden, sich zu engagieren. Das jetzige System, wo sich jeder relativ leicht „drücken" kann, ist in höchstem Masse ungerecht und unehrenhaft. Wobei wir nochmals bei der Politik sind – man betrachte nur die hohe Anzahl an „Drückebergern" in den Reihen unserer Volksvertreter ☹

4. Nachwort 2013

Seit der Veröffentlichung voranstehender Schrift ist geraume Zeit verstrichen und die 24. Gesetzgebungsperiode, die ja ohne das Volk zu befragen einseitig von der Politik im Jahr 2007 von 4 auf 5 Jahre verlängert wurde[95], neigt sich dem Ende entgegen.

Das Österreichische Bundesheer hat auch diese Regierung überlebt, aber es war knapp, sehr sehr knapp. Denn aus niederen parteipolitisch motivierten Gründen (Stichwort Wien-Wahl 2011) sollte das ÖBH auf Zuruf des Wiener Bürgermeisters in eine „Söldnertruppe" (Berufsheer) umgewandelt und die in der Österreichischen Verfassung verankerte Wehrpflicht kurzerhand abgeschafft werden. Eine wahrlich groteske 180-Grad-Kehrtwende der Sozialisten, das Trauma von 1934 wurde kurzerhand schubladisiert.

Zum Glück für unser Land und seiner Sicherheit überlebte das ÖBH auch diesen „Torpedotreffer von Backbord". Die Volksbefragung am 10. Jänner 2013 ergab ein deutliches Votum 59,7 % für die Beibehaltung der Allgemeinen Wehrpflicht mit der Alternativmöglichkeit Zivildienst sowie 40,3% für ein Berufsheer. Wobei anzumerken ist, dass dieses Ergebnis maßgeblich auch von einer indirekten Abstimmung über den Zivildienst und damit verbunden über einen Fortbestand der davon abhängigen Organisationen resultiert.

---

[95] Begründung seitens der Politik: Man möchte mehr Kontinuität erreichen um somit größere Projekt umsetzen zu können

Positiv zu vermerken ist weiters, dass das ÖBH auch seinen „Verweigerungsminister" und Wendehals-Parteisoldat[96] Norbert D. überlebt hat, dessen desaströse Regentschaft aber dem ÖBH sicher noch länger nachhängen wird (u.a. Causa Eurofighter, unprofessionelle Kasernenverkäufe, Demotivierung und Desavouierung der Truppe etc.)[97].

Seit 11. März 2013 heißt der neue Verteidigungsminister Gerald Klug (SPÖ), der sich in seiner Rolle zumindest nicht so unwohl zu fühlen scheint als sein Vorgänger und schnelle Reformen (vor allem des Grundwehrdienstes) versprochen hat. Bis dato (Anfang September 2013) wurde jedoch seitens der neuen politischen Führung (Gerald Klug) und der neuen militärischen Führung (General Othmar Commenda in Nachfolge von General Edmund Entacher) ausser zahlreichen Willensbekundungen im Gefolge zahlreicher Gesprächsrunden in Arbeitskreisen nichts Nennenswertes umgesetzt. Vor allem wurde die gesetzwidrige Aussetzung der Kader- und Truppenübungen, welche vom damaligen Verteidigungsminister G. Platter (ÖVP) angeordnet wurde, immer noch nicht aufgehoben, die Miliz wird also weiter ausgehungert und ist teilweise nur auf dem Papier vorhanden.

Dass sich bis dato nichts geändert hat und das Votum des Volkes ignoriert wird kritisiert auch der Präsident der Bundesvereinigung

---

[96] Wendehals Norbert Darabos: „Die Wehrpflicht ist für mich in Stein gemeißelt. Mit mir als Verteidigungsminister wird es kein Ende der Wehrpflicht geben." Tiroler Tageszeitung 3. Juli 2010 vs. „Die Wehrpflicht ist mittlerweile mega-sinnlos". Darabos bei der Fraktionstagung der SPÖ in der Wiener ÖGB-Zentrale im September 2012 (zitiert am 17.9. in Salzburger Nachrichten, Kleine Zeitung)

[97] Zur Geschichte des ÖBH mit einer detaillierten Darstellung der Vorgänge rund um die Wien-Wahl sowie hinsichtlich Optionen für ein ÖBH Neu siehe: Kyrer, Alfred und Populorum, Michael Alexander, 2013: Weißbuch zur strategischen Neuausrichtung des Österreichischen Bundesheeres oder: New Military Governance 2015. Peter Lang Verlag, Academic Research, Frankfurt am Main

der Milzverbände Michael Schaffer im Rahmen einer Pressekonferenz Ende August 2013. Schaffer spricht von einem fortgesetzten Bruch der Verfassung und dass das ÖBH weiter einen Kurs Richtung Berufsheer fährt. Indizien: „Im Ministerium würden die gleichen Berufsheerkonzepte (zum Beispiel dezentrale Kasernenverkäufe[98]) fortgesetzt und deklarierte Berufsheerbefürworter seien kürzlich in wichtige Führungspositionen berufen worden. Es seien auch keine Budgetumschichtungen erfolgt, weniger als ein Prozent des Budgets werde für Milizaufgaben eingesetzt"[99].

Auch das von Experten dringend geforderte neue, für Soldaten massgeschneiderte, Dienstrecht gibt es immer noch nicht – man scheut offenbar die Auseinandersetzung mit Personalvertretung und Gewerkschaft. Also füttert die zwischenzeitlich deutlich personell und materiell abgespeckte Armee bis auf weiteres einen überdimensionierten Beamtenapparatschik durch, teilweise ohne wirkliche Aufgabe und völlig überaltert. Über 70 Prozent des Wehr-Budgets muß zwischenzeitlich für Personal aufgewendet werden, Geld das für dringend notwendige Investitionen fehlt. [100]

Am 29.9.2013 wird in Österreich wieder der Nationalrat gewählt. Es ist zu hoffen, dass das ÖBH diese neue Regierung nicht nur bloß überlebt, sondern dass die dringend notwendigen Transformationen und Reformen endlich umgesetzt werden. Dazu ist natürlich eine adäquate budgetäre Bedeckung – wie sie schon die Zilk-Kommission forderte – notwendig, also eine Anhebung des Verteidigungsetats auf mindestens 1,5 Prozent des BIP unerlässlich. Denn die Sicherheit[101]

---

[98] die Gebäude oft in bester Lage werden meist zu billig verschleudert, die Vergabe ist tw. intransparent (hinter vorgehaltener Hand wird von Freunderlwirtschaft gesprochen) und für das ÖBH sind die Verkäufe obendrein ein Verlustgeschät, bestenfalls ein Nullsummenspiel. Nachhaltiger für das ÖBH wäre eine Verpachtung der Grundstücke und kein Verkauf!

[99] siehe Die Presse vom 28.8.2013

[100] Diesebezüglich lohnt ein Blick über den nationalen Tellerrand nach Finnland

[101] Neue Bedrohungsszenarien wie bspw. terroristische Angriffe auf Infrastruktureinrichtungen bzw. die Folgen derselben wie bspw. grossflächiger

und die Souveränität[102] unseres Landes und seiner Bevölkerung muß oberste Priorität geniessen und ich kann nur davor warnen, diese in die Hände von Berufssoldaten zu legen oder gar ausser Landes bspw. nach Brüssel zu delegieren.

5. Nachwort 2014

Das Österreichische Bundesheer liegt am Boden und ist nicht mehr einsatzklar für die verfassungsmässig definierten Aufgabenfelder. Verantwortungslose Politiker der regierenden Roten und Schwarzen (SPÖ und ÖVP), federführend Bundeskanzler Faymann (SPÖ), Vizekanzler und Finanzminister Spindelegger (ÖVP) und Verteidigungsminister Klug (SPÖ)[103] haben durch laufenden Verfassungsbruch das ÖBH „kaputtgespart", anstatt echter nachhaltiger Refor-

---

und längerfristiger Black Out mit zu befürchtendem Chaos anschliessend bedingen eine entsprechende Mann-Stärke, die nur mit Milizkräften (territoriale Kräfte, Landwehr) abzudecken ist

[102] Nach dem Skandal rund um die weltweiten Bespitzelungsaktivitäten der Amerikaner durch deren NSA und die bis dato ungeklärte Involvierung der österreichischen Dienste in diesen Skandal muß man sich natürlich die Frage stellen, wie souverän Österreich denn überhaupt noch ist. Sehr bedenklich stimmt auch der Verdacht, dass die Österreichischen Eurofighter in Zeltweg nur dann starten können, wenn sie von dort stationierten Amerikanern jeweils einen Code für die Software des Flugzeuges bekommen. Im Irakkrieg konnte Österreich mit den alten aber „unabhängigen" Saab Draken die Amerikaner noch in flagranti bei einem illegalen Überflug erwischen, was mit den zwar hochmodernen aber von einem Code abhängigen Eurofightern im Fall der Fälle wohl schwierig sein dürfte. Was weiter die Frage aufwirft, warum sich Österreich nicht für den Schwedischen Grippen oder die fast geschenkten russischen MIG 29 entschieden hat

[103] willfährig unterstützt vom ranghöchsten Militär General Othmar Commenda, einem politischen „Wendehals", der in puncto Zivilcourage seinem Vorgänger General Edmund Entacher bei weitem nicht das Wasser reichen kann. Nach Klug/Commenda, zwischenzeitlich als „die Totengräber" des ÖBH bezeichnet, besteht natürlich kein Grund zur Panik, es wird alles schöngeredet und überhaupt kündigen sich Krisen 10 Jahre im Vorhinein an – eine seriöse Lagebeurteilung sieht anders aus!

men im Staat, die halt auch den eigenen Seilschaften weh tun würden, setzt man die Sicherheit unseres Landes grob fahrlässig aufs Spiel und degradiert das ÖBH zu einem besseren „Technischen Hilfswerk". Und der Oberbefehlshaber des ÖBH, Bundespräsident Fischer (SPÖ), ein Parteisoldat der alten Schule, sieht tatenlos zu.

Während man im Inland kaum mehr *fliegt* (die Luftraumüberwachung durch die Eurofighter wird nur mehr stundenweise aufrecht erhalten), kaum mehr *fährt* (Spritrationierung, keine Reparaturen an Fahrzeugen, Autoverkäufe in großer Zahl u.a. Pinzgauer[104], weitere Verzögerung der dringend notwendigen Neuanschaffungen), kaum mehr *übt* (die Miliz wird trotz des Volksentscheids pro Wehrpflicht nach wie vor ausgehungert und es gibt kaum Übungen), kaum mehr *schießt* (Rationierung der Munition), man die Garde und die Militärmusik[105] mit Autobussen zu ihren Auftritten karrt, man darüber nachdenkt die öffentlichen Angelobungen wegen Geldmangel abzusagen, man sogar darüber nachdenkt die Luftraumüberwachung an ausländische Mächte auszulagern (Neutralität!), die Soldaten teilweise in desolaten Kasernen untergebracht sind und nicht einmal genügend Hosengurte für die Mannesausrüstung vorhanden sind, während man also Land und Leute schutzlos ihrem Schicksal in den immer unsicher werdenden Zeiten überläßt (u.a. Ukrainekrise) spukt man gleichzeitig große Töne was die teuren Auslandseinsätze anbelangt.

Hier muß klar gesagt werden: Zuerst ist eine umfassende Landesverteidigung gemäss Verfassung in der Heimat sicherzustellen und wenn dann noch Mittel vorhanden sind kann man ja über Auslandseinsätze nachdenken. *Überhaupt wäre wieder mehr „Patriotismus" gefragt in unserem Lande Österreich.*

---

[104] bei dieser „Leichenfledderei" und Vernichtung von Volkseigentum gibt es natürlich auch genügend Gewinner – und da sagen manche immer noch die Mafia sei nur in Italien oder Russland zuhause
[105] Nachtrag: Im Anfang Oktober 2014 präsentierten „Reformpapier" von Klug/Commenda, welches wie zu erwarten war keine seriösen nachhaltige Reformen beinhaltet sondern weiteren Verfassungsbruch in Form von weiteren Streichungen mit dem „Rasenmäher", geht es auch der Militärmusik an den Kragen – in jedem 2. Bundesland sollen sie liquidiert werden

To Do Liste - 10 Punkte als Forderung an die Politik

A: ÖBH als Think Tank und Neue Handlungs- und Berufsfelder

1. Das Wissenspotential des ÖBH muss in Zukunft verstärkt genutzt und gefördert werden. Neue Rahmenbedingungen durch die Politik stellen sicher, dass sich das ÖBH von einem nationalen Player zu einem innovativen internationalen Player entwickelt und Dienstleistungen anbietet, die in der internationalen Staatengemeinschaft gebraucht werden

2. Darüberhinaus muss die Politik Interesse daran haben, dass das wirtschaftliche Potential, welches das ÖBH repräsentiert, besser ausgeschöpft wird. Dies kommt in neuen Modellen von Private Public Partnerschaft zum Ausdruck

3. Arbeitsmarktbedürfnisse etwa durch die Schaffung und Förderung neuer Berufsbilder sind seitens der Politik zu berücksichtigen. Rekruting und Personalentwicklung ist verstärkt voranzutreiben. Eine Reform des Dienstrechts ist längst überfällig

4. Neue von der Politik zu fördernde Formen der Personalentwicklung führen zu einem New Military Leadership, das grundlegende menschliche Bedürfnisse berücksichtigt und zu einer höheren Produktivität der Teilorganisationen des ÖBH führt

5. Das Humankapital kann sich jedoch nur dann voll entfalten, wenn die materialmässige Ausstattung des ÖBH dem state of the art entspricht

6. Statt Insellösungen im Bereich des ÖBH sollte eine systemische, strategische Ausrichtung in Form einer systemischen Governance-Steuerung platzgreifen

7. Die Politik muss weg von reiner Ankündigungspolitik hin zu einer konsequenten Umsetzungspolitik. Alle Ziele und Projekte, die im Rahmen eines bestimmten Zeithorizontes umgesetzt werden sollen, sind in einem verbindlichen echten

Masterplan fest- und fortzuschreiben – denn Politiker kommen und gehen, Masterpläne bleiben bestehen

B: Das ÖBH als Garant für die Souveränität und Sicherheit unseres Staates

8. Die Aufgaben des ÖBH sind in der Verfassung eindeutig geregelt. An diesen zu bewältigenden Aufgaben hat sich das Budget zu orientieren und nicht umgekehrt. Eine Erhöhung des Wehrbudgets auf mindestens 1,5 Prozent des BIP ist unverzüglich umzusetzen

9. Es braucht nicht laufend neue „Reformen", schon gar nicht solche, die diesen Namen nicht verdienen. Basierend auf einer aktuellen Lagebeurteilung und Manifestierung und Fortschreibung in einer Sicherheitsdoktrin ist die damit zukunftsfite „Zilk Reform" (ÖBH 2010) endlich ohne Wenn und Aber umzusetzen

10. Ohnehin in der Verfassung verankert und durch die Volksbefragung zusätzlich bestätigt sind Wehrpflicht und Miliz als die tragenden Säulen des ÖBH wieder verstärkt zu forcieren. Eine Milizarmee ist auch deutlich effektiver und effizienter als ein Berufsheer. Die wieder neu aufzustellenden territorialen Kräfte („Landwehr", Minimum 1 Landwehr-Baon pro politischem Bezirk) eignen sich als schnelle Eingreiftruppen vor Ort optimal zur Sicherung lebenswichtiger Infrastruktur (Wasser, Strom, Verkehr etc.) im Falle einer (terroristischen) Bedrohung, zur Unterstützung bei Katastrophen sowie ggf. zur Aufrechterhaltung von Recht und Ordnung bei Unruhen (Stichworte Black Out, Unkontrollierte Zuwanderung...). Politiker und auch Generäle, die weiterhin Verfassungsbruch betreiben und rechtswidrig auf ein Berufsheer samt Nato-Mitgliedschaft hinarbeiten, sind nicht länger tragbar und müssen von ihren Posten entfernt werden. Mit der Sicherheit des Landes und seiner Bürger spaßt man nicht!

Lang lebe Österreich! Lang lebe das Österreichische Bundesheer!

6. Literatur

Bach, Albert: Die Entwicklung der österreichischen Streitkräfte der 2. Republik bis zur Heeresreform der Regierung Kreisky. o.J. (1995?). Quelle: www.bmlv.gv.at

Bericht der Bundesheerreformkommission „Bundesheer 2010". Wien 2004

BMLVS (Hrsg.), 2014: Strukturpaket Maßnahmen zur Leistungsanpassung des Bundesheeres. Inkl. Interner Information „IntKomm-Info" Nr. 14/2014

BMLV (Hrsg.): Einsatzbilanz 2007. Truppendienst Spezial 1/2008 Bundesministerium für Landesverteidigung (BMLV): Diverse Webseiten auf www.bundesheer.at bzw. www.bmlv.gv.at

Bundeskanzleramt Österreich (Hg.): Regierungsprogramm 2007 – 2010. Regierungsprogramm für die XXIII. Gesetzgebungsperiode. Wien 2007.

Bundesministerium für europäische und internationale Angelegenheiten (Hg.): Die neue österreichische Sicherheits- und Verteidigungsdoktrin. Quelle: http://www.bmeia.gv.at/aussenministerium/oesterreich/staat-und-politik/sicherheitsdoktrin.html

Commenda, Othmar: ÖBH 2010 – Die Realisierung. Wien 2005

Gänsdorfer, Manfred: ...den Bach hinunter? In: Der Offizier, 2/2008, S.14f.

Hamm, Bernd (Hrsg.): Die regionalwirtschaftliche Bedeutung militärischer Einrichtungen. Trier 1988

International Institute for Strategic Studies (IISS): „European Military Capabilities: Building Armed Forces for Modern Operations". London 2008. In: Der Soldat, 15/2008.

König, Ernest: Die Reorganisationsvorhaben des österreichischen Bundesheeres und deren Rahmenbedingungen - Rückblick, Stand, Ausblick. o.J.

Kyrer, Alfred: S.C.O.U.T. oder: Bausteine für eine strategische Neuorientierung des Österreichischen Bundesheeres bei Auslandseinsätzen im internationalen Vergleich. Unveröffentlichtes Gutachten, erstellt für das BMfLV Salzburg 2003

Kyrer, Alfred und Populorum, Michael Alexander, 2013: Weißbuch zur strategischen Neuausrichtung des Österreichischen Bundesheeres oder: New Military Governance 2015. Peter Lang Verlag, Academic Research, Frankfurt am Main

Kyrer, Alfred und Populorum, Michael Alexander, 2008: Governance als Instrument der Forschung und Steuerung komplexer Systeme. In: Kyrer A., Populorum M. (Hg.), Trends und Beschäftigungsfelder im Gesundheits- und Wellness-Tourismus, S. 18-23. Wien 2008.

Kyrer, Alfred und Populorum, Michael Alexander, 2008: Masterpläne als Werkzeug der Tourismuspolitik. In: Kyrer A., Populorum M. (Hg.), Trends und Beschäftigungsfelder im Gesundheits- und Wellness-Tourismus, S. 23-27. Wien 2008

Management ÖBH 2010: In: Truppendienst, 287/5, Wien 2005.

Meyer, Berthold: Sind fünfzig Jahre eine Ewigkeit? Österreichs langsamer Abschied von der „immerwährenden Neutralität". Hessische Stiftung Friedens- und Konfliktforschung (HSFK), HSFK-Report 6/2005.

Mayer, Walter: Zur Entwicklung der Gliederung des Bundesheeres. o.J. Quelle: www.bmlv.gv.at

Österreichische Offiziersgesellschaft ÖOG (Hg.): „Zukunft Miliz". Positionspapier der ÖOG. Wien 2007

Parlamentskorrespondenz: Von der Neutralität zur Solidarität: Sicherheitsdoktrin im Wortlaut. In: Parlamentskorrespondenz /02/07.12.2001/Nr. 871.

Pleiner, Horst, 1990: Die militärstrategische Entwicklung. Auswirkungen auf das Bundesheer der 90er Jahre. Österreichische Gesell-

schaft zur Förderung der Landesverteidigung: Broschüren / Allgemeine Reihe Bd. 42

Pleiner, Horst, 2002: Das Bundesheer zu Ende des Jahres 2002. Rückblick, Stand und Ausblick. Österreichische Gesellschaft für Landesverteidigung und Sicherheitspolitik: Broschüren / Allgemeine Reihe Bd. 66

Populorum, Michael Alexander, 2008: Think Tank Österreichisches Bundesheer – Dauerreformitis vs. Chancenpotential durch neue Handlungs- und Berufsfelder. Mercurius Eigenverlag, Grödig

Rauchensteiner, Manfred: Eine Frage der Zeit – 40 Jahre Heeresreform in Österreich. o.J. Quelle: www.bmlv.gv.at

Rauchensteiner, Manfred, 1980: Das Bundesheer der Zweiten Republik. Schriften des Heeresgeschichtlichen Museums in Wien, Bd. 9. Wien

Rechnungshofbericht Wirkungsbereich BMF BMLV BMWA: Luftraumüberwachungsflugzeuge: Vergleich der Republik Österreich mit der Eurofighter Jagdflugzeug GmbH. Wien 2008

Salzburger Landwehr-Vereinigung: Unveröffentlichte Paper „Zur Zukunft raumgebundener Verbände" und „Zur Zukunft der Regionalverteidigung". Salzburg o.J.

Spannocchi, Emil, 1976: Verteidigung ohne Selbstzerstörung. Wien

Strunz, Herbert und Dorsch, Monique, 2003: Sicherheitspolitik und Wirtschaft. Frankfurt am Main

Theuretsbacher, Wilhelm, 2005: Meilensteine des Österreichischen Bundesheeres. In: Truppendienst, 283, 1, 2005.

Theuretsbacher, Wilhelm und Urrisk, Rolf M., 2005: Ich gelobe. Ein Heer zwischen politischen und militärischen Blöcken. Wien

Baustelle 7:
Bankenkrise und Reformbedarf

Das Geld

Bankenkrise und Reformbedarf oder: Geld als Maß aller Dinge?

Peter Beisteiner, Salzburg

Vorbemerkung

Jeder Diskussion über Reformen im Bankensektor muss eine Analyse der aktuellen Situation der internationalen Finanzwirtschaft nach deren Fast-Zusammenbruch 2007/2009 und deren Folgen vorangestellt werden.[106]

Die Rettung der betroffenen Banken kostete dem europäischen und somit auch dem österreichischen Steuerzahler Milliarden Euro. Die Haftung und Rekapitalisierungshilfen, die zur Aufrechterhaltung des Zahlungsverkehrs und der Stabilisierung der Finanzmärkte notwendig wurden, liegen über einer Billion Euro.[107]

In Österreich kann die Rettung bzw. Sanierung der Krisenbanken Hypo-Alpe-Adria, ÖVAG und Kommunalkredit, die Budgets 2014 und folgende, je nach Ausgang des Hypodesasters, mit bis zu 19

---

[106] Zahlreiche Publikationen liegen zu diesem Thema vor. Anstelle umfangreicher Hinweise empfehle ich die komplexe Arbeit von Anat Admati/Martin Helwig: „The Banker's ‚New Clothes'", 2013, Princeton Press. Erste deutsche Auflage: Anat Admat/Martin Helwig: Des Bankers neue Kleider, 2013, Finanzbuch Verlag – ein Imprint der Münchner Verlagsgruppe Gmbh. Siehe: den ausführlicher Anmerkungsteil S. 355 bis 514.
[107] Admati/Helwig: ebda S. 216 ff. Großbritannien leistete 550 Milliarden Pfund, Deutschland 480 Milliarden Euro, Frankreich 360 Milliarden Euro Staatshilfen. Anmerkung des Verfassers:
In Österreich wurden von folgenden Banken Staatshilfen in Anspruch genommen: 1. Hypo-Alpe-Adria, 2. Raiffeisen International, 3. Die Erste Bank, 4. Kommunalkredit, 5. ÖVAG, 6. BAWAG

Milliarden Euro belasten. Unabhängig von der aktuellen Finanzkrise hatte bereits die vorangegangene Sanierung der BAWAG um rund 1,5 Milliarden die Staatsschuld erhöht. Für die weitere Restrukturierung sind für die Legislaturperiode 2014/2015 aktuell 5,8 Milliarden vorgesehen. Die Landes- und Bundeshaftungen sowie die Garantien für den Europäischen Stabilisierungsmechanismus (ESM) betragen ein Vielfaches.[108]

Zutreffend wird die Schuldenkrise daher als Staatsschuldenkrise bewertet.[109] Diese Situation trifft zu hundert Prozent auf Griechenland zu. In Ländern wie Spanien, Irland, Großbritannien, Frankreich, Italien, Belgien und Deutschland ist die starke Schuldenzunahme auf den Privatsektor, nämlich die Bankenhilfen, zurückzuführen.

Besondere Beachtung muss in diesem Kontext die laufende Überschreitung der Maastricht-Kriterien fast aller EU-Staaten finden. Für das permanente Anwachsen der strukturellen Defizite der nationalen Budgets müssen unterlassene Strukturreformen, steigende Kosten der Arbeitslosigkeit und besonders der wachsende Bedarf an Zuschüssen der staatlichen Sozialversicherungs- und Pensionssysteme genannt werden.

Zudem haben die politisch Verantwortlichen die Einhaltung bestehender Regeln zu nachlässig kontrolliert und zugelassen, dass die Einführung zweckmäßiger Regeln durch die Bankenlobby verhindert wurde. [110]

---

[108] Die Landeshaftungen betrugen 77 Milliarden, die des Bundes 103 Milliarden. Stand 2011. Wenn die sechs Problemländer der Eurozone die Rettungsschirme EFSF und ESM zur Gänze abrufen, haftet Österreich laut if-Institut mit rund 80 Mrd. Euro. Wirtschaftsblatt vom 27. 8. 2012.

[109] Ihren Ausgangspunkt findet die Europäische Finanzkrise im Kollaps von Lehman- Brothers und der Bankrottgefahr amerikanischer Großbanken und des US-Kredit- Rückversicherers AIG.

[110] Die Wurzeln dieser Entwicklung liegen in der sukzessiven Liberalisierung der seit der Weltwirtschaftskrise 1929/30 in der USA geltenden Regeln für den US.-Kapitalmarkt. Das 1933 eingeführte sogenannte Glass-Steagal-Gesetz sorgte für die Trennung von Einlagengeschäft und Investmentgeschäft bzw. Wertpapiergeschäft. Die Auflösung dieses Gesetzes 1999 be-

So konnten sich die von den US-Banken entwickelten Subprime-Wertpapiere, Finanzderivate, einschließlich der Verwendung von Kreditausfallsversicherungen (Credit Default Swaps, CDS) unkontrolliert in Europa ausbreiten. Das führte zu einer Ausweitung des Volumens dieser Finanzprodukte, die ein Vielfaches die Wertschöpfung der Realwirtschaft übertraf. [111]

Ergebnisse dieser Entwicklung - Banken- und Schuldenkrise seit 2007 und deren Folgen

1. Rückläufiges oder stagnierendes Wirtschaftswachstum

2. Gestiegene Arbeitslosigkeit, besonders junger Arbeitssuchender in den Hauptkrisenländern Spanien, Griechenland, Irland, Portugal
3. Restriktive Kreditvergaben an kleinere und mittlere Unternehmen

4. Verunsicherung von privaten Sparern und Investoren, Hinwendung privater Investoren in Immobilien und anderen Sachwerten
5. Zunehmende Probleme der institutionellen Anleger wie Pensionskassen und Versicherungen in sichere Anlagen

6. Zunahme der Staatsschulden um 17.700 Milliarden Euro

7. Erheblicher Vertrauensverlust gegenüber der Politik, den Aufsichtsbehörden und vor allem den Banken

Die folgenden Abschnitte setzen sich mit den aktuellen gesetzlichen Rahmenbedingungen auseinander. Verbesserungsvorschläge besonders im Gesellschafts- und Steuerrecht auf nationaler und auf EU-Ebene werden diskutiert.

Banken und Steuerrecht

---

wirkte, dass sich die US-Investmentbanken wieder mit Einlagen finanzieren konnten. In Europa gibt es keine Trennung zwischen Investment- und dem klassischen Bankgeschäft.
[111] Admati/Helwig: ebda S. 120 ff:„Haben die neuen Risikomanagementtechniken das Finanzsystem sicherer gemacht?"

235

Das österreichische Steuerrecht begünstigt die Besteuerung von Kapitalerträgen massiv im Vergleich zu Einkünften aus selbständiger und nichtselbständiger Arbeit. Dies trifft auch für Unternehmensgewinne und Vermietungseinkommen zu. Die fast doppelt so hohe Besteuerung aller „realwirtschaftlich", also durch Arbeit, Unternehmerrisiko und Bewirtschaftung von Immobilienvermögen erzielten Einkommen wird wohl permanent kritisiert, eine Entlastung vor allem der Arbeitseinkünfte wird vor allem mit der Wiedereinführung der Erbschafts-, Schenkungs- und Vermögenssteuer als sogenannte Gegenfinanzierungsmaßnahme in der politischen Auseinandersetzung verknüpft.

Wie populistisch diese Forderungen sind, zeigt die Tatsache, dass der breiten Öffentlichkeit dabei verschwiegen wird, dass das verfassungsmäßig garantierte Bankgeheimnis zur Wiedereinführung der vorgenannten Steuern aufgehoben werden muss. Damit verbunden wäre auch die 25%-ige Endbesteuerung, der über Banken und Versicherungen abgewickelten Kapitaleinlagen, der verfassungsmäßige Schutz entzogen.[112]

Die privilegierte Endbesteuerung von Sparbüchern, Wertpapieren und anderen Finanzprodukten mit 25 % Kapitalertragsteuer führt dazu, dass Banken de facto ein Einlagenmonopol haben. Die kostenlose, staatlich garantierte Einlagensicherung für Guthaben bis € 100.000,-- ist als weitere Förderung des bankenbezogenen Einlagengeschäftes hervorzuheben. Im Gegensatz dazu sind Zins- und Kapitaleinkünfte, denen kein Bankgeschäft zugrunde liegt, mit bis zu 50 % Einkommensteuer belastet. Damit wird die Vergabe von Kapital gegen Zinsen außerhalb des Bankensektors für Unternehmen und Private doppelt so hoch besteuert.

Diese verfassungsrechtlich bedenkliche steuerrechtliche Ungleichbehandlung der Zinseinkünfte hat zur Folge, dass Privatkapital bei Banken in Form von Sparbüchern, Wertpapieren oder Lebensversicherungen als Besicherung für Unternehmenskredite hinterlegt werden. Andererseits bringt die steuerliche Absetzbarkeit von Zinsen für Be-

---

[112] Das aus dem Jahr 1992 datierte Endbesteuerungsgesetz sieht außerdem die Abgeltung der Erbschaftssteuer vor.

triebskredite eine Steuerersparnis bis zu 50 %. Dieses System führt dazu, dass Banken sowohl ein risikoloses Geschäft auf der Veranlagungsseite als auch bei der Kreditvergabe haben.

Die genannten Rahmenbedingungen sind ein Faktor für das ständig wachsende Geschäftsvolumen der Banken und dem damit verbunden Einfluss bei der Finanzierung der klein- und mittelständischen Unternehmen. Diese Entwicklung hat weiters dazu geführt, dass durch die Größe der Banken deren „Systemrelevanz" gestiegen ist.

Wie hat der Gesetzgeber auf die Bankenkrise bisher reagiert?

1. Bankenabgabe

2011 wurde die Bankenabgabe eingeführt, die je nach Bilanzsumme der Bank zwischen 0,1 % und 0,5 % beträgt. Die Bankenabgabe ist derzeit bis 2017 befristet. 2012 brachte die Bankenabgabe 582 Mio. Euro für den öffentlichen Haushalt. Stellt man diesem Betrag die bereits geleisteten Staatshilfen und Haftungen und die kostenlose Einlagensicherung von Sparguthaben bis Euro 100.000,- gegenüber, so kompensiert die Bankenabgabe nur einen Bruchteil der Zuschüsse und Leistungen der Steuerzahler an den Bankensektor.[113]

2. Finanztransaktionssteuer

Diese Abgabe soll die Attraktivität von Spekulationsgeschäften vor allem im sogenannten High Frequency Trade (der automatische Hochgeschwindigkeitshandel), der durch exorbitant hohe Einsätze zu Marktverzerrungen und Spekulationen führt, vermindern. In Österreich ist trotz der Budgetierung von Einnahmen aus der geplanten Transaktionssteuer, deren Einführung jedenfalls durch das Abgabenänderungsgesetz 2013 noch nicht vorgesehen.

---

[113] Kalkuliert man beispielsweise für die Einlagensicherung gleich ähnliche Kosten wie sie von Banken für ihre Kunden verrechnet werden (zwischen 0,3 und 1,5 %) so ergibt sich bei geschätztem Sparguthaben von 150 Mrd und 0,3 % ein Betrag von € 450 Mio.

3. Besteuerung von Kapitaleinkünften

Mit dem Stabilitätsgesetz 2012 wurde die Besteuerung von Kapitaleinkünften neu geregelt. Die bisherige tarifliche Besteuerung von Spekulationsgewinnen aus Finanzgeschäften bis zu 50 % innerhalb eines Jahres wurde abgeschafft. Nunmehr werden sämtliche Spekulationsgewinne mit 25 % pauschal besteuert. Explicit werden im § 27 Einkommensteuergesetz (EStG) Derivate, Optionen, Futures, Swaps und sonstige derivative Finanzinstrumente aufgelistet. Eben diese Finanzprodukte haben wenigen Spekulanten hohe Gewinne gebracht. Deren Verluste tragen über Bankenhilfen aber die Steuerzahler. Vorausschauend bezeichnete Warren Buffet solche Finanzprodukte bereits 2003 als finanzielle Massenvernichtungswaffen. [114]

Dem österreichischen Gesetzgeber scheint die Funktion und Wirkung von Derivaten noch 2012 unbekannt gewesen zu sein. Dies zeigt sich nicht nur anhand zahlreicher Finanzdebakel der öffentlichen Hand, sondern auch in der Neufassung des § 27 Abs. 2 EStG. [115] Der Einfluss der Bankenlobby auf die Politik und damit auf die Gesetzgebung lässt sich nicht deutlicher dokumentieren. Die bisherige Behandlung der Trankaktionssteuer auf EU-Ebene spiegelt diese Realität ebenfalls wider. [116]

Steuerpolitische Lösungsvorschläge

---

[114] Waren Buffett: „What Worries Me, Fortunes" 3. März 2003 unter www.tilsonfunds.com/Buffett Worries.pdf. Auch: http://www.handelsblatt.com/archiv/buffet-sieht-derivate-als-finanzielle-massenvernichtungswarren-terminboersen-wehren-sich/2233374.html abgerufen am 25.05.2014.

[115] Beispiele: Stadt Linz - Bawag; Spekulationsgeschäfte der Salzburger Landesregierung und andere mehr.

[116] Stand der aktuellen Umsetzungsplanung ist, dass 2016 nur 11 der EU-Mitgliedern die Einführung einer Finanztransaktionsteuer planen. Die zur Diskussion stehenden Steuersätze von 0,01% für derivative Finanzprodukte und 0,1% auf Aktien und Wertpapierhandel verfehlen eine regulierende Wirkung auf hochspekulative Finanzprodukte.

1. Steuerliche Gleichbehandlung von Eigen- und Fremdkapital

1.1. Ausdehnung des begünstigten Steuersatzes von 25 % auf Zinserträge von Darlehen, nicht verbrieften Forderungen und Erträgen aus stiller Gesellschaftsbeteiligung.

Auswirkungen: Durch die steuerliche Gleichbehandlung von Zinserträgen aus Privat- und Unternehmenskapital kann besonders Startups, Klein- und Mittelbetrieben Risikokapital ohne den oft schwierigen Weg über Banken zugeführt werden. Staatsgarantien für hinterlegte Sparbücher oder Wertpapiere fallen zusätzlich weg. Das Haftungsrisiko der Steuerzahler fällt weg.

Zinserträge aus Privatdarlehen im Familienbereich werden der Sparbuchveranlagung gleichgestellt. Zusätzliche Investitionen ohne Banken werden dadurch stimuliert.

1.2. Steuerliche Förderung von Eigenkapital

Ungeachtet der Rechtsform (Rechtsformneutralität) soll es Unternehmen möglich sein, eine fiktive Verzinsung des Eigenkapitals (von einem jährlich vom BMF festzusetzenden Referenzzinssatzes) als Betriebsausgabe abzusetzen. Eine Begrenzung für die Berechnung der fiktiven Eigenkapitalverzinsung ist vorzusehen. Eine Deckelung von 30 % Eigenkapital entspräche einer ausgezeichneten Bonitätsbeurteilung.

Die steuerliche Gleichbehandlung von Eigenkapital und Fremdkapital kann rasch einfachgesetzlich umgesetzt werden. Steuerliche Anreize Eigenkapital zu bilden stärken die Kapitalbasis der Wirtschaft und vermindern deren Abhängigkeit von Kreditfinanzierungen durch Banken. Für den eigenkapitalschwachen Bankensektor sind adäquate steuerliche Anreize zur Bildung von Eigenkapital besonders wichtig. Laut den geplanten Basel II-Bestimmungen müssen Banken eine

Eigenkapitalquote von 7 % bis 2019 erreichen. [117] Ein höheres Eigenkapital der Banken, stabilisiert die Finanzwirtschaft und vermindert das Risiko des Staates.

1.3. Eigenkapitalbildung

Im Einkommensteuer- und Körperschaftssteuergesetz könnte eine begünstigte Besteuerung nicht entnommener Gewinne, bis zu einer Eigenkapitalquote von 30 %, eingeführt werden. Ein Steuersatz von 15 % wäre ein konkurrenzfähiger Tarif im Vergleich zu anderen EU-Ländern. Eine Entnahme und Ausschüttungssperre als Begleitmaßnahme ist vorzusehen. (Beispielsweise für zehn Jahre, bei vorzeitiger Entnahme oder Ausschüttung erfolgt eine Nachversteuerung der thesaurierten Gewinne.)

Auswirkungen:
Die mittelfristige Eigenkapitalstärkung durch die Bindung des Kapitals an die Unternehmen führt verstärkt zu Investitionen, Entwicklung und Forschung, wirkt somit arbeitsplatzfördernd. Außerdem führt eine höhere Eigenkapitalausstattung der österreichischen Betriebe zu einer geringeren Fremdfinanzierungsquote. Eine höhere Eigenkapitalquote reduziert die Abhängigkeit von Banken und dient so auch dem Schutz von Gläubigern. Die vorgeschlagenen steuerlichen Maßnahmen erhöhen die Standortattraktivität Österreichs.

1.4. Einschränkung der Gruppenbesteuerung für Unternehmen im Handel, Gewerbe und Produktion

Der Ausschluss der Gruppenbesteuerung für Banken und Unternehmen der Finanzwirtschaft verhindert, dass deren Verluste aus riskanten Auslandinvestitionen und Spekulationen das österreichische Steueraufkommen belasten. In der Vergangenheit kostete dieser Steuervorteil den österreichischen Steuerzahlern jährlich viele Milli-

---

[117] www.bundesfinanzministerium.de/Web/DE/Themen/internationales_Fina nzmarkt/Finanzmarktpolitik/Finanzamrktregulierung/Hatung/BaselIII/basell ll.html

onen.[118] Eine differenzierte Behandlung von Unternehmen der Realwirtschaft und der Finanzwirtschaft kann mit diesen Fakten sachlich argumentiert werden.

1.5. Bankenabgabe – Einlagensicherung

Die derzeit geltende Bankenabgabe muss auf unbestimmte Zeit verlängert werden. Banken, die ihr Investment-Banking in eigene Gesellschaften auslagern oder auf dieses verzichten, soll die Bankenabgabe auf die Hälfte reduziert werden. Die Einlagensicherung darf nur mehr für Geschäftsbanken nicht mehr für Investmentbanken gelten. Ferner ist für die Einlagensicherung eine staatliche Gebühr einzuführen. Vorschlag: Spar- und sonstige Einlagen über € 10.000,-- werden mit einer Jahresgebühr von 0,3 % belastet. Dem Sparer soll ein Wahlrecht eingeräumt werden, ob er die staatliche Einlagensicherung in Anspruch nehmen möchte. [119] Es gibt keine gesellschafts- und steuerpolitische Rechtfertigung zu Lasten der Steuerzahler und damit der Allgemeinheit kostenlos solche Garantien in Zukunft bereit zu stellen. Interessant wird, wie sich der österreichi-

---

[118] Beispiel: UniCredit – 1,6 Milliarden Verluste 2013 aus dem Osteuropageschäft führen über den durch die Gruppenbesteuerung möglichen Ausgleich mit Gewinnen in Österreich zu einem Steuerausfall von ca. € 400 Millionen. Siehe Presse 12.03.2014 Economist.
Anmerkung des Verfassers: Die Möglichkeit steuerliche Verluste von Aserbaidschan bis Zypern mit in Österreich erzielten Gewinnen auszugleichen, muss als verdeckte Förderung gewertet werden. Eine Überprüfung solch verrechneter Verluste und deren Geschäftsgrundlagen entzieht sich praktisch der Kontrollmöglichkeiten der österreichischen Finanz. Die daraus resultierenden Steuerausfälle wurden bisher der Öffentlichkeit nicht kommuniziert. In der Diskussion über die Höhe der Bankenabgabe für international tätige Banken muss dieser Faktor bewertet werden.

[119] Bei eigenkapitalstarken Banken wird dies nicht notwendig sein. Damit wäre auch eine Motivation für eine hohe Eigenkapitalausstattung impliziert. Als Beispiel kann die Kärntner Landesregierung genommen werden, die bis einschließlich 2010 140 Mio. an Haftungsprovisionen verrechnet und erhalten hat.

sche Gesetzgeber zur geplanten Bankenabgabe stellt. Entscheidend wird hier die Frage: Können österreichische Banken ihre Beiträge zum EU- Bankenabwicklungsfond steuerlich absetzen? Wenn ja, käme dies einer weiteren Belastung der österreichischen Steuerzahler zur Sanierung europäischer Großbanken gleich.

Auswirkungen:
Banken, die sich ausschließlich auf das sogenannte Retailgeschäft konzentrieren, also solche, die vor allem das Einlagen- und Kreditgeschäft mit Einzelpersonen, kleinen und mittelständischen Unternehmen vor Ort betreiben, sollen ausschließlich Staatsgarantien und die hier vorgeschlagenen Steuervorteile erhalten.

Die Stabilisierung des gesellschaftlich existentiellen Zahlungs- und Finanzwesens hat Vorrang vor den Interessen internationaler Großbanken und Spekulanten. Besonders die ausgelagerten Aktivitäten – die sogenannten Schattenbanken – und alle Verbindungen zu offshore-Destinationen müssen zwingend von den für die Realwirtschaft notwendigen Banken getrennt werden.

Notwendige unternehmensrechtliche Reformen im Bankensektor

Verschiedene Analysen der Finanz- und Schuldenkrise kommen zu dem selben Ergebnis. Das auf Investmentbanking beruhende exponentielle Wachstum der Großbanken war maßgeblich für die Destabilisierung des internationalen Finanzwesens verantwortlich. Sowohl auf nationaler und EU-Ebene diskutierte Vorschläge sind:

1. Trennung von Investmentbanking und Geschäftsbanken

Die Trennung des Investmentbankings vom Einlagen- und Kreditgeschäft[120] sowie Überweisungsdienstleistungen organisiert in Mittelstandsbanken kann sowohl auf aktienrechtlichen als auch auf

---

[120] Entsprechende Vorschläge wurden sowohl in der USA als auch in GB und der Expertengruppe der Europäischen Kommission unter dem Vorsitz des finnischen Zentralbankpräsidenten Erkki Liikanne vorgelegt.

genossenschaftsrechtlichen Grundlagen geregelt werden. In Österreich bietet sich eine Gesamtüberarbeitung des Genossenschaftsrechts mit Rückbesinnung auf deren Gründer Raiffeisen und Schulze-Delitzsch an.

Auch der Sparkassensektor kann analog reformiert werden.

2. Insolvenzrecht – Bankensanierung

Trotz langjähriger Forderung nach gesetzlichen Regeln zur Abwicklung von Bankeninsolvenzen hat es der österreichische Gesetzgeber unterlassen eine solche in Österreich zu schaffen. Deutschland hat bereits vor drei Jahren entsprechende legistische Maßnahmen getroffen.

3. Verbesserte Eigenkapitalanforderungen – Erhöhung Kernkapitalquote – Leverage Ratio

Eine weitere Ursache der Krisenanfälligkeit des Bankensystems war und ist deren Eigenkapitalisierung. Nur durch budgetwirksame Staatszuschüsse konnten und können die Mindestkapitalquoten vieler Banken hergestellt werden. Das österreichische Unternehmensrecht hingegen verpflichtet alle Gesellschaften, deren Eigenkapital unter 8 % liegt, und deren Schuldentilgungsdauer 15 Jahre überschreitet, zu Reorganisationsmaßnahmen. Bei Unterlassung haften Geschäftsführer und Vorstände. Für Banken gelten sowohl was die Qualifizierung von Eigenkapital als auch was die Berechnung der eigenkapitalrelevanten Bilanzpositionen betrifft abweichend vom UGB andere Regeln. Ein Unternehmen mit einer Eigenkapitalquote von über 30 % wird nach Kriterien der Banken auf Grundlage der Regeln von Basil II als sehr gut geratet.

Nach Basel III sollen Banken bis längstens 2019 eine Kernkapitalquote von 7 % vorhalten.[121]

---

[121] Das Eigenkapital einer Bank setzt sich aus drei Bereichen, dem Kernkapital, Ergänzungskapital und den Drittrangmitteln (Haftendes Eigenkapital

Als wesentliche Neuerung gegenüber Basel II sieht Basel III zu den Eigenkapitalanforderungen auf Basis der risikogewichteten Aktiva[122] eine sogenannte Verschuldensgrenze (Laverage Ratio) vor. Diese soll nach Basel III einen Mindestwert von 3 % betragen. Als Frist ist hier 2015 vorgesehen. [123]

Die Berechnung der Eigenkapitalquote erfolgt grundsätzlich sehr einfach:

Eigenkapitalquote = Eigenkapital : Bilanzsumme

Um vergleichbare und korrekte Ergebnisse aus dieser Formel zu erhalten, sind nationale und internationale Bilanzierungsstandards exakt gesetzlich zu definieren.

Als weitere Ursachen der Finanzkrise sind zu nennen:

1. Die falschen, teilweise manipulativen Bilanzierungsmethoden vieler Banken (Creative Balancing),

2. Die mangelnden gesetzlichen Regelungen, die bisher von der Bankenlobby verhindert oder stark verwässert wurden,

3. sowie die laxe und unfähige Bankenaufsicht.[124]

Die unbedingt notwendige Eigenkapitalausstattung der Banken darf nicht durch „verwässerte" Bilanzregeln ermöglicht werden.[125]

---

zusammen) . Siehe Gesetz über das Kreditwesen (Kreditwesengesetz – KWG), insbesondere zweiter Abschnitt § 10, § 10 a, c – i.
[122] Im UGB, das für alle anderen Wirtschaftsteilnehmer verpflichtend ist, gibt es keine Definition von „risikogewichtigen Aktiva".
[123] Auf die ausführliche Besprechung mit umfangreichen Anmerkungen zur Umsetzung der Eigenkapitalregulierung siehe Admati/Helwig ebd.S. 292 bis 297 sowie Anmerkungen 1 bis 91, 444 bis 463.
[124] Weder die Bewertungen der Ratingagenturen noch die Stresstests der europäischen Zentralbank erkannten die falschen Bilanzen und deren nicht bilanzierte Haftung und Risiken kurz vor Ausbruch der Krise 2008.

Das in der Fußnote zitierte Beispiel zeigt wie sowohl auf EU- Ebene als auch auf nationaler Ebene Banken subventioniert werden und was von der Umsetzung der geplanten Eigenkapitalregeln zu halten ist.

Im Gegensatz zu Basel III werden folgende Verbesserungen der Eigenkapitalstruktur der Banken zur Diskussion gestellt:

1. Kapitalerhöhungen, finanziert über den Kapitalmarkt.

---

[125] Anhand eines aktuellen Beispiels soll gezeigt werden, wie lobbymäßig bestimmter Gestaltung von Eigenkapitalregeln Bankbilanzen geschönt werden: Unter dem Titel „Nicht stressen lassen" berichtet das „Handelsblatt am 2. Dezember 2013 über die neuen Eigenkapitalregeln italienischer und spanischer Banken. „Knapp ein Jahr vor dem Stresstest der Europäischen Zentralbank (EZB) wollen südeuropäische Regierungen auf Nummer sicher gehen, dass ihre Banken den Test auch bestehen. Die spanische Regierung hat gerade, wie zuvor schon Italien, die latenten Steueransprüche ihrer Banken kurzerhand mit milliardenschweren Garantien unterlegt." Als Instrument dient die Umwandlung der latenten Steuern in eigenkapitalrelevanten Aktiva. „Die Umwandlung der latenten Steuern zielt in erster Linie auf die neuen Basel III Vorschriften ab. In Spanien und in vielen anderen EU-Ländern durften bisher latente Steueransprüche zum Kernkapital gezählt werden. Es handelt sich dabei um künftige Steuervorteile, die etwa entstehen, wenn eine Bank Verluste macht oder Rückstellungen für faule Kredite bilden muss. Doch die fiktiven Ansprüche verwandeln sich auch dann in Steuerentlastungen, wenn die Bank wieder genug verdient, um Steuern zahlen zu müssen. Das Regelwerk von Basel III schlägt vor, dass alle latenten Steueransprüche, deren Realisierung von der künftigen Rentabilität der Bank abhängt, bis 2018 schrittweise vom harten Kernkapital abgezogen werden müssen. Spaniens Banken halten nach Angaben von Wirtschaftsminister Luis de Guindos 50 Milliarden Euro an latenten Steuern. Die Ansprüche stammen größtenteils aus dem Jahr 2012, als die Banken viele Milliarden Euro Rückstellungen für faule Immobilienkredite leisten mussten. Bei der Großbank Bankia machen die latenten Steuern fast zwei Drittel des Eigenkapitals aus. Die spanische Regierung beschloss nun 30 Milliarden dieser latenten Steuern mit staatlichen Garantien zu hinterlegen. Das heißt: Falls die Banken keine Gewinne erwirtschaften und ihre latenten Steueransprüche nicht einlösen können, springt der Staat ein. Die Maßnahme war zuvor mit der EU-Kommission abgeklärt und vom IWF empfohlen worden."

2. Steuerliche Förderungen für thesaurierte Gewinne in Verbindung mit einer zeitlich definierten Ausschüttungssperre (Siehe Punkt 1.2. Kapitel Steuerliche Förderung von Eigenkapital) Als Empfehlung für die Ausschüttungssperre wird eine Mindesteigenkapitalquote von 15 % vorgeschlagen.

3. Strengere gesetzliche Bestimmungen für die Definition von Kernkapital.

4. Wirkungsvolle Aufsichtsbehörden (außerhalb politischer Einflüsse!) und Stärkung der Rechte und Pflichten von Aufsichtsräten.

5. Für die Ausübung der Funktion eines Aufsichtsratsmandates ist eine gesetzlich zu definierende Mindestqualifikation vorzusehen.

6. Staatsgarantien und Einlagensicherungssysteme gibt es nur mehr für Banken ohne Investmentgeschäft.

Auf europäischer Ebene und in Österreich zeigt sich, dass bis heute nicht angemessen auf die Finanzkrise reagiert wurde.126 Milliarden an Staatszuschüssen und Garantien, sowie Schaffung des europäischen Stabilitätsmechanismus (ESM) haben zwar den Status quo bisher gesichert. Wirklich nachhaltige Maßnahmen wurden von der politisch bestens vernetzten Finanzlobby bisher verhindert und - wie die Basel III Diskussion zeigt - nach bewährtem Muster verwässert und verzögert.

Die Tatsache, dass Großbanken ihr Investmentgeschäft annähernd auf „Vorkrisenniveau" betreiben, zeigt, dass die Risiken aus ihrer Größe weiterhin im Krisenfalle die Weltwirtschaft gefährden. Diese Situation ist beunruhigend.

Die in diesem Beitrag vorgeschlagenen Lösungen spiegeln die Diskussion innerhalb einer breiten Fachwelt wider. Die Trennung des

---

[126] Einzige Maßnahme in Österreich war bis jetzt: Das Verbot von Leerverkäufen von Aktien, das sogar mit 1. 7. 2013 aufgehoben wurde!

Investmentgeschäftes vom wirtschaftsnotwendigen, klassisch- realwirtschaftlichen Bankengeschäft wird von der Bankenlobby äußerst effektiv torpediert. Der Status quo des Bankengeschäftes zeigt, dass das von den Großbanken präferierte Geschäftsmodell mit aus Steuergeldern finanzierten Rettungszahlungen, nationalen und europäischen Haftungsgarantien, dank der politischen Vernetzung unverändert funktioniert.

Die vorgeschlagenen Maßnahmen wie Eigenkapitalerhöhung, steuerliche Begünstigungen auf dem Weg zu krisensicheren Bankbilanzen und die Redimensionierung der Geschäftsbanken wirken aktiv auf die zukünftige Krisensicherheit der für die Gesellschaft unverzichtbaren Geschäftsbankenwelt. Österreich könnte ohne weiteres auf EU-Ebene seine Zustimmung zum Bankenrettungsmechanismus, Fiskalpakt, Finanztransaktionssteuer an die Forderung knüpfen, dass die zitierten Staatsmittel und Garantien nur Banken ohne Investmentgeschäft zukommen. In Brüssel sollten österreichische Politiker und Funktionäre Gleichgesinnte finden und aktiv für diese Position werben.

Zukünftige Steuereinnahmen aus der Bankenabgabe und der geplanten Finanztransaktionssteuer sind verbindlich für Steuersenkungen auf Arbeitseinkommen und zur Finanzierung der eigenkapitalbildenden steuerlichen Maßnahmen für Unternehmen zu verwenden. Damit wird mittelfristig ein Ausgleich der von der Allgemeinheit geleisteten Milliardenhilfe für die Sanierung und Stabilisierung des Bankensektors erreicht.

Dem massiv vertretenen Lobbyargument der Bankenwelt, dass durch solche Maßnahmen die Börsenplätze (Wien, Frankfurt, London) Arbeitsplätze und Wirtschaftswachstum gefährdet seien, muss entgegnet werden, dass die Rettung des Bankensystems zum Einen bereits hunderte Milliarden an Steuergeldern verschlungen hat. Zum Andren hat die Vertrauenskrise und insbesondre die restriktive Kreditvergabe an die Realwirtschaft die Arbeitslosigkeit in allen EU-Staaten erhöht und ein kontinuierliches Wirtschaftswachstum verhindert. Die Sanierung des Finanzsystems wird weiterhin Steuermitteln absorbieren. Die zur Überwindung der Finanzkrise verwendeten

Steuern haben die Staatsschulden stark erhöht und fehlen für arbeits- platz- und standortverbessernde Steuersenkungen. Die Öffentlichkeit und Politik sollten sich auch die Frage stellen, wohin die verlustver- ursachenden Gelder geflossen sind. Des Einen Verlust ist des Ande- ren Gewinn. Auch hier wird man die von der Bankenlobby verteidig- ten Finanzplätze mit offshore- Netzwerk nennen müssen.

Die Verantwortungsethik, um Max Weber zu seinem 150. Geburtstag zu zitieren, sollte von den politischen Entscheidungsträgern über die klientenspezifische Gesinnungsethik gestellt werden. Die Gesell- schaft muss sich aus der Geiselhalft dieses Finanzsystems befreien. "Too big to fail" darf kein schlagendes Argument sein und schon gar nicht Dauerzustand bleiben.

To do Liste

1. Steuerliche Gleichbehandlung von Eigen- und Fremdkapital durch

1.1 Ausweitung des begünstigten Steuersatzes von 25% auf Zinser- träge von Darlehen, nicht verbriefter Forderungen und Erträgen aus stillen Beteiligungen

1.2 Steuerliche Förderung von Eigenkapital. Für Eigenkapital soll ein fiktiver Zinsabzugsposten als Äquivalent zur Absetzbarkeit von Schuldzinsen geschaffen werden. Dieser kann bei einer Eigenkapi- talquote von z.B. 30% oder einem Höchstbetrag gedeckt werden.

1.3 Eigenkapitalbildung. Zur Erreichung einer steuerlichen Rechts- formneutralität sind auch nichtentnommen Gewinne von Personenge- sellschaften und Einzelunternehmen analog zu Kapitalgesellschaften mit 25% zu besteuern.

1.4 Einschränkung der Gruppenbesteuerung. Banken und Unterneh- men, die Verluste aus Finanzgeschäften erzielen, sind vom Ausgleich dieser Verluste mit positiven Inländischen Einkünften auszunehmen.

1.5 Bankenabgabe – Einlagensicherung. Die Bankenabgabe ist zur Rückführung der bisher vom Steuerzahler finanzierten Banken- Hilfen und zur Finanzierung der Steuerreform beizubehalten. Für Geschäftsbanken (ohne Investment-Banking) wäre eine Reduzierung

248

vorzusehen. Die kostenlose staatliche Einlagensicherung ist auf €
10000,-- einzuschränken. Für Guthaben zwischen 10000-- und
100000,-- € ist eine Gebühr von z.B. 0,3% p.a. einzuführen. Sparer
können optional auf die Einlagensicherung verzichten.

1.6 Finanztransaktionssteuer. Eine nach der Behaltedauer der Fi-
nanzwerte abgestufte Transaktionssteuer, die kurzfristige, Transakti-
onen und spekulative Finanzprodukte höher besteuert als langfristige
Investments, bringt Steuereinnahmen zur Finanzierung einer Steuerreform und reduziert das Risiko, dass Steuerzahler für weitere Ban-
kenverluste zur Zahlung und Haftung in Anspruch genommen werden. Die derzeit vorliegende Entwürfe der EU entsprechen nicht dieser Zielsetzung!

2. Unternehmensrechtliche Reformen im Bankensektor

2.1 Trennung des Investmentgeschäfts vom klassischen Bankgeschäft

Dieses Prinzip hat sich in den USA bis 1999 bewährt. Die Aufhebung der diesbezüglichen Vorschriften wird mit als Ursache für den
„Fastzusammenbruch des Finanzsystems" gesehen.

2.2 Insolvenzrecht –Bankensanierung. Nach wie vor ist hier der österreichische Gesetzgeber in Verzug

2.3 Verbesserte Eigenkapitalanforderungen. Die nach Basel III geplanten Kernkapitalquoten werden vielfach als nicht ausreichend
gesehen. Differenzierte Eigenkapitelregeln für ausschließlich als
Retailbanken und Universal- bzw. Investmentbanken unter Einbeziehung der sogenannten "Schattenbanken - dark Pools etc." sind für
ein stabiles internationales Finanzsystem notwendig..

Baustelle 8:

Raumplanung

Der Föderalismus

Raumplanung oder: Warum Österreich 9 verschiedene Planungssysteme und Bauordnungen „braucht"

Franz Dollinger, Salzburg

Der Verfasser legt Wert darauf, dass es sich bei diesem Beitrag um seine private Meinung handelt, die nicht unbedingt mit der Ansicht der Abteilung Raumplanung im Amt der Salzburger Landesregierung übereinstimmen muss.

1. Ausgangslage

1.1. Vorbemerkungen

Im letzten Viertel eines Berufslebens muss es erlaubt sein, zur Reflexion des bisher Erreichten in einem Gedankenexperiment einen Perspektivenwechsel zu einer fiktiven Außensicht vorzunehmen: nicht zuletzt auch, um in der verbleibenden Aktivzeit die richtigen Handlungen einleiten zu können und nicht wie viele Kolleginnen als Zyniker in den Ruhestand zu wechseln.

Bevor wir mit unserer Analyse beginnen können, müssen wir allerdings unsere Leitbegriffe definieren und eingrenzen. Nach Friedrich SCHINDEGGER (1998, S. 23) herrscht im Bereich der Raumplanung ein „ziemlich freizügiger Umgang mit Fachbegriffen (…), der immer wieder zu Verständigungsschwierigkeiten führt." Dies drückt sich u.a. im Umstand aus, dass die beiden Begriffe „Raumplanung" und „Raumordnung" synonym verwendet werden. Dies betrifft sogar die Rechtsnormen, da es in den einzelnen österreichischen Ländern ohne erkennbaren Grund sowohl Raumordnungs- als auch Raumplanungsgesetze gibt.[127] Um diesbezüglich in diesem Beitrag nun zusätzliche

---

[127] Burgenländisches Raumplanungsgesetz 1969, LGBl. Nr. 18/1969 i.d. F. LGBl. Nr. 79/2013/; Kärntner Raumordnungsgesetz 1969, LGBl. Nr.

Verwirrung zu schaffen, werden vorerst die offiziellen Definitionen aus dem Deutsch-Österreichischen Handbuch der Planungsbegriffe (ARL 2001) als Grundlage eingeführt. Dieses Handbuch definiert **Raumordnung** als „die mit Hilfe der Raumplanung erreichte räumliche Ordnung eines Gebietes" (ebd. S. 163), während als **Raumplanung** hingegen die vorbereitende, planende Tätigkeit für die Ordnung, Gestaltung und Entwicklung des Gemeindegebietes nach den Grundsätzen und Zielen der *Raumordnung* und nach den geltenden gesetzlichen Bestimmungen verstanden wird. Der aufmerksamen Leserin wird jetzt nicht entgangen sein, dass in diesen Definitionen eigentlich zwei unterschiedliche semantische Bedeutungen des Begriffs Raumordnung verwendet werden. Das nur fett gedruckte Wort „**Raumordnung**" als Ordnungszustand des Raums und das fett und kursiv gedruckte Wort „*Raumordnung*" als Staatsaufgabe des Ordnung-Schaffens werden hier mit der gleichen Buchstabenfolge ausgedrückt. Um diese Angelegenheit zu entwirren, tauschen wir den Begriff „*Raumordnung*" gegen das Wort „**Raumordnungspolitik**" aus und wir können nun von folgender eindeutiger Begriffslogik für diesen Beitrag ausgehen:

Als „**Raum**" verstehen wir nicht den dreidimensionalen Raum der Geometrie und auch nicht die Räume in einem Gebäude, sondern in Anlehnung an die handlungstheoretische Sozialgeographie (vgl. WEICHHART 2012, S. 40; WERLEN 1997) eine Projektionsfläche zur Abbildung der Räumlichkeit, „der räumlichen Verhältnisse und Be-

---

76/1969 i.d.F. LGBl. Nr. 136/2001 und Kärntner Gemeindeplanungsgesetz 1995, LGBl. Nr. 23/1995 i.d.F. LGBl. Nr. 85/2013; Niederösterreichisches Raumordnungsgesetz 1976, i.d.F. der 21. Novelle 8000-27; Oberösterreichisches Raumordnungsgesetz 1994, LGBl. Nr. 114/1993 i.d.F. LGBl. Nr. 90/2013; Salzburger Raumordnungsgesetz 2009, LGBl. Nr. 30/2009 i.d.F. LGBl. Nr. 106/2013: Steiermärkisches Raumordnungsgesetz 2010, LGBl. Nr. 49/2010 i.d.F. LGBl. Nr. 87/2013; Tiroler Raumordnungsgesetz 2011, LGBl. Nr. 56/2011 i.d.F. LGBl. Nr. 130/2013; Vorarlberger Raumplanungsgesetz 1996, LGBl. Nr. 39/1996 i.d.F. LGBl. Nr. 44/2013; Wiener Stadtentwicklungs-, Stadtplanungs- und Baugesetzbuch (Bauordnung für Wien 1930), LGBl. Nr. 11/1930 i.d.F. LGBl. Nr. 46/2013; Quelle: RIS-Abfrage, 24. Juni 2014.

dingungen, in/unter denen ökonomische, soziale, technische und ökologische Systeme funktionieren" (nach SCHINDEGGER 1998, S. 24f).

„**Raumordnung**" ist in Anlehnung an die ARL-Definition die mit Hilfe der Raumplanung erreichte räumliche Ordnung eines Gebietes, also ein Strukturabbild der Lage- und Beziehungsrelationen im Raum (z.b. ob eine Siedlungsstruktur kompakt oder zersiedelt ist).

„**Raumplanung**" ist somit die konkrete Tätigkeit zur Schaffung einer bestimmten Siedlungsstruktur nach politisch festgelegten Zielen. Diese Ziele werden durch die „**Raumordnungspolitik**" auf allen staatlichen Ebenen (EU, Bund, Länder, Regionen und Gemeinden) festgelegt.

Wir stellen daher nun fest, dass wir unter der zu behandelnden Staatsaufgabe in diesem Beitrag eigentlich die **Raumplanung** meinen. Wir sprechen daher auf den Folgeseiten immer vom **System Raumplanung**, das analysiert wird oder geändert bzw. verbessert werden sollte.

1.2. Das Bild der Baustelle Raumplanung

Wenn zur Beschreibung des Systems Raumplanung nun das **Bild einer Baustelle** gewählt werden soll, dann soll gleich eingangs darauf aufmerksam gemacht werden, dass mit diesem Bild die Gefahr verbunden ist, eines der häufigsten Missverständnisse in der Außenbeurteilung des Systems zu wiederholen: nämlich das Planungsverständnis aus dem Bauwesen auf die Raumplanung zu übertragen (vgl. SCHINDEGGER 2009, S. 161).

Raumplanung beschäftigt sich im Unterschied zur Gebäudeplanung nämlich <u>nicht</u> mit einem konkreten physischen Objekt, sondern mit den funktionellen Beziehungen zwischen verschiedenen Objekten und Subjekten im Raum. Es gibt keinen konkreten Bauplan, sondern nur untereinander abzuwägende Ziele und Grundsätze und folge dessen auch keine Kompetenz zur direkten Planungsumsetzung. Um-

setzung von Raumplänen kann nur mittels direkter und indirekter Beeinflussung der Entscheidungen Dritter erfolgen.

Diesem Missverständnis müssen nämlich fast alle Fehleinschätzungen in Bezug auf das System Raumplanung zugewiesen werden, beginnend mit dem Flächenwidmungsplan als eine verordnete Zukunftsstrategie einer Kommune bis zu der „Eierlegenden Wollmilchsau" namens Landesentwicklungsprogramm.

Peter WEICHHART (2005) hat für diesen staatlichen Aufgabenbereich mehrere Therapievorschläge unterbreitet, die er jedoch sieben Jahre später bereits als kaum mehr wirksam ansieht (WEICHHART 2012, S. 43). Auch wenn der Verfasser – berufsbedingt wie Friedrich SCHINDEGGER (2012, S. 44) – die pessimistische Schlussfolgerung von Peter WEICHHART[128] nicht ganz teilen bzw. nicht ganz akzeptieren will, sind manche Kritikpunkte WEICHHARTS nicht nur aus der Außen- sondern auch aus der Innensicht nachvollziehbar.

Wie WEICHHART sieht daher auch der Verfasser unter den gegebenen Rahmenbedingungen wenig Hoffnung auf eine wirksame Therapie, denn das Schlachten „Heiliger Kühe" (Verwaltungsreform, Kompetenzänderungen zwischen Bund und Ländern etc.) gehört im Sinne von WEICHHART zweifelslos nicht zum konkreten Arbeitsprogramm aktueller Landes- und Bundesregierungen. Das zeigt alleine schon die Diskussion über die Verlagerung der Berufungsinstanz von der Gemeindevertretung zu den neuen Landesverwaltungsgerichten bei Bauverfahren. Nach heftigen Protesten seitens des Gemeindeverbandes gibt es nur dann eine Verlagerung der Berufungsinstanz an das Landesverwaltungsgericht, wenn die Gemeinde dies auch freiwillig selbst beschließt. Der Verfasser dürfte nicht ganz daneben liegen, wenn er vermutet, dass dies überwiegend nicht erfolgen wird.[129] Das

---

[128] Peter Weichhart (2012. S. 40-43) sieht das weitgehende Versagen der Raumplanung als einen „Geburtsfehler" an, der unter den gegebenen Rahmenbedingungen von Politik, Verwaltung und Verfassungsrecht ohne radikalen Systemwechsel nicht repariert werden kann.

[129] In einem Leserbrief in der Lokalausgabe der Salzburger Nachrichten vom 24.9.2013 sieht ein Gemeindevertreter einer Flachgauer Gemeinde die Abschaffung der Gemeindevertretung als Baubehörde zweiter Instanz als

regionale Ergebnis der Nationalratswahl 2013 für das Land Steiermark zeigt überdies, dass eine allzu forsche Reformbereitschaft von den Wählerinnen auch abgestraft werden kann. Diese Erfahrung dürfte die Motivation für radikale Systemänderungen eher behindern.

Trotz der vorhin erwähnten Vorbehalte ist das Bild einer Gebäudebaustelle zur Veranschaulichung der prinzipiellen Problematik beim System Raumplanung sehr hilfreich:

Das Gebäude Raumplanung wurde vor mehr als fünfzig Jahren mit der damaligen Technologie errichtet. Da es durch neun gleichermaßen zuständige Baumeisterinnen erbaut wurde, ist es darüber hinaus völlig uneinheitlich in Struktur und Funktion. Die Salzburger Baumeisterin hat nach Bestätigung der Baugrundeignung durch den Verfassungsgerichtshof den ersten Gebäudeteil begonnen, in den Folgejahren bis zur Mitte der Siebziger Jahre folgten die Gebäudeteile der anderen österreichischen Länder[130], ausgenommen der Wiener Turm. Für letzteren wurde eine Keusche aus der Zwischenkriegszeit adaptiert und aufgestockt. Da jede Baumeisterin ihre eigenen Vorstellungen vom Bauwerk hatte, und sogar die eine oder andere gute Idee ihrer Nachbarn zu kopieren versuchte, jedoch dabei nur anlassbezogen vorging, entstand mit der Zeit ein überaus verwinkeltes und kaum Barriere gerechtes Bauwerk und darüber hinaus wurden seit-

---

Ausschaltung der Opposition. Damit würden die Bürgerinnen der Willkür einer Bürgermeisterin ausgeliefert, da die komplizierten Bauberufungsverfahren bei den Landesverwaltungsgerichten auf Grund des Personalmangels und der örtlichen Ferne dort nicht ordentlich abgearbeitet werden können. Er fordert hingegen die Verlagerung der Baubehörde 1. Instanz von der Bürgermeisterin zur Gemeindevertretung, da die Bürgermeisterinnen „bei Baubewilligungen mit einem Fuß im Häfen zu stehen." Diesem Ansinnen kann eine gewisse Berechtigung nicht abgesprochen werden.

[130] Im September 1956 erließ Salzburg als erstes österreichisches Bundesland ein Raumordnungsgesetz. Drei Jahre später, im Juli 1959, folgte Kärnten mit seinem Landesplanungsgesetz. (...). Zwischen 1964 und 1974 schufen die übrigen Bundesländer (ausgenommen Wien, das eine mehrfach novellierte Bauordnung aus 1929 für Landes- und Gemeindeplanung zugleich einsetzen konnte) die gesetzlichen Grundlagen der Raumplanung oder verbesserten schon bestehende Gesetze (ÖROK 1975, S. 140).

dem immer nur die unbedingt notwendigen Reparaturen durchgeführt. Bei einzelnen Erweiterungen wurden zwar neue technologische Lösungen versucht, aber das Fundament aus den Fünfzigern bis Sechzigern blieb unverändert. Die Fassade wird zwar laufend gepflegt, aber die Ursachen für Setzungen, Rissbildungen und Wassereinbrüche im bereits undicht gewordenen Fundament werden nicht beseitigt. Statt eine einfache Kompetenzstruktur zu entwickeln, wird eine immer kompliziertere Regelungsdichte geschaffen. Mittels teurer Insellösungen wird regional versucht, die abfließenden Kaufkraftströme zurückzuhalten und Investoren vom Gelände der Nachbarn wegzulocken.

Einen Gesamtplan des Gebäudes gibt es gar nicht. Mit einer Gebäudekonferenz auf freiwilliger Basis wurde versucht, eine Abstimmung zwischen den Baumeisterinnen herbeizuführen. Da jedoch die Verantwortung für die Erhaltung weiterhin zahlreiche gleichermaßen verantwortliche Architektinnen und Baumeisterinnen tragen, gelingt dies nur suboptimal. Im Schadensfall wird die Verantwortung auf Subauftragnehmerinnen delegiert und für alle Baumängel wird die Schuld anderen Instanzen zugewiesen.

Eine Verbesserung der Gebäudesubstanz könnte nur dann gelingen, wenn das bestehende Gebäude überhaupt abgerissen wird und durch ein neues ersetzt würde. Da dies aus verschiedensten Gründen nicht möglich ist, wird auch weiterhin an den Symptomen herumgekratzt werden.

Soviel zum anschaulichen Bild des Gebäudes Raumplanung, das uns jetzt sicherlich einmal geholfen hat, einen Ansatzpunkt zur Entflechtung des Kompetenzdschungels zu liefern: jede frau, die bei einem konkreten Bauvorhaben in eine solche Situation kommt, weiss, dass es dann einfacher und billiger ist, das gesamte Gebäude abzureißen und durch ein neues zu ersetzen. Warum also sollte das in unserem konkreten Fall nicht genauso sein? Besonders, wenn wir ahnen, dass die Gebäudegeometrie der Raumplanung noch um eine Dimension komplizierter ist als die einer herkömmlichen Gebäudearchitektur.

1.3. Von eierlegenden Wollmilchsauen und potemkinschen Dörfern

Das System Raumplanung hat als sogenannte Querschnittsmaterie viele Gemeinsamkeiten mit einer „**Eierlegenden Wollmilchsau**" auf der einen Seite, jedoch auch mit einem „**Potemkinschen Dorf**" auf der anderen Seite. Dafür sind im ersten Fall hauptsächlich überzogene Erwartungshaltungen seitens der Politik und der kritischen Öffentlichkeit und im zweiten Fall die beamteten oder angestellten Raumplanerinnen und die gewählten Ressortpolitikerinnen auf allen politischen Ebenen verantwortlich. Wenn wir uns das Ganze in der Folge etwas näher ansehen, ist es noch relativ einfach, die Gründe für überzogene Erwartungshaltungen zu analysieren. Nicht notwendig ist jedoch – aus der subjektiven Sicht des Verfassers – den oft gehörten Forderungen nach der Einführung weiterer Raumordnungsinstrumente nachzukommen. Es ist eigentlich an Instrumenten alles vorhanden was notwendig wäre, um eine effiziente Raumordnungspolitik durchzusetzen.[131] Dies wird auf den nächsten Seiten etwas näher zu erläutern sein.

1.3.1. Erwartungen an eine „Eierlegende Wollmilchsau"

a) <u>Subjektive und objektive Wahrnehmung</u>: Da die Raumplanung – wie weiter oben geschildert – weitgehend als Bauplanung gesehen wird, fühlen sich alle als Betroffene eventueller Veränderungen, gegen die bei einer Behörde eingeschritten werden kann. Dies ist meist gut zu erkennen, wenn eine Gemeinde im Rahmen der Ausarbeitung ihrer kommunalen Planungsinstru-

---

[131] Diese Aussage betrifft selbstverständlich nur die zahlreich vorhandenen Instrumente in den Ländern und nicht die für eine effektivere Raumplanung wünschenswerten Kompetenzverschiebungen zwischen Bund und Ländern sowie notwendige Änderungen in Bundesgesetzen (siehe dazu Kapitel 3), die eine Anwendung dieser Landes-Instrumente erst möglich machen würden (z.B. die Probleme im Zusammenhang mit der oft geforderten Anwendung des Bodenbeschaffungsgesetzes, BGBl. Nr. 288/1974 i.d.F. BGBl. I Nr. 112/2003).

mente zu Bürgerinnenversammlungen einlädt. Nur konkrete Planungsmaßnahmen erregen Aufmerksamkeit und oft auch erst dann, wenn die eigene Betroffenheit klar ersichtlich ist. Eine hinter einer konkreten Maßnahme stehende regionale oder gar überregionale Strategie wird – sofern eine solche überhaupt vorhanden ist – von den Betroffenen nicht gesehen, geschweige denn akzeptiert. Dafür folgendes Veranschaulichungsbeispiel: Das Salzburger Raumordnungsgesetz hat seit dem ROG 1992 den Raumordnungsgrundsatz „Orientierung der Siedlungsentwicklung am Öffentlichen Verkehr", der im Landesentwicklungsprogramm mittels eines Leitbildes und Zielen und Maßnahmen konkretisiert wurde. Zur Umsetzung dieses Grundsatzes sind die Gemeinden angehalten, brachliegendes Bauland außerhalb der ÖV-Einzugsbereiche zurückzuwidmen und neues Bauland vorwiegend im Nahbereich der ÖV-Haltestellen auszuweisen und diese Flächen mittels Vorgaben der Baubauungsplanung für verdichtete Bauformen vorzusehen. Wenn eine Gemeinde in Umsetzung dieses Auftrages entsprechende neue Siedlungsschwerpunkte setzt, hagelt es von Seiten der unmittelbar davon Betroffenen Einwände und Proteste. Niemand der Betroffenen wird der Ortsplanerin abkaufen wollen, dass sie sich hier um die Umsetzung einer überregionalen Strategie bemüht.

b) Es besteht eine deutliche <u>Diskrepanz zwischen subjektiver Wahrnehmung und konkreter Handlung</u>, da die Zusammenhänge der Raumentwicklung nicht einmal für Expertinnen klar ersichtlich sind. Diese Diskrepanz wurde erst kürzlich von Tarek LEITNER (2012) in hervorragender Weise in seiner Streitschrift „Mut zur Schönheit" analysiert. Er schildert in diesem Buch die Scheußlichkeiten des Siedlungsbreis im suburbanen Raum und macht neben der „verhaberten" Kommunalpolitik[132] und den Investorinnen und Bauträgerinnen hauptsächlich die bastelnden Häuslbauerinnen dafür verantwortlich, welche mit ihrer Heimwerkerinnenmentalität nicht nur die Gartenzwergidyllen sondern auch die peripheren und autogerechten Standorte der zahl-

---

[132] Vgl. dazu Tarek LEITNER 2012, S. 142

reichen Möbelhäuser und Baumärkte mit verursachten, da sie dort ihr Baumaterial für den Eigenbau bezögen. Dagegen wirksam wäre allenfalls eine konsequente Bekämpfung der Schwarzarbeit, da der Großteil des privaten Siedlungsbreis in der Peripherie mit Hilfe von Pfuscherinnen und hilfsbereiten sowie hilfsverpflichteten Nachbarinnen und Freundinnen entstünde. Ursache dafür ist natürlich auch das Problem der hohen Baulandpreise in den Ballungsräumen, wobei allerdings von den suburbanen Häuslbauerinnen der Aufwand und die Kosten für die tägliche Mobilität bei weitem unterschätzt werden.[133]

c) Falsche und unerfüllbare Zielvorstellungen des politischen Systems. Eines der Hauptprobleme in der politischen Umsetzung ist die Orientierung an – sich teilweise auch widersprechenden – Raumordnungszielen, die im Wesentlichen noch aus der ersten Gesetzesgeneration Mitte des 20. Jahrhunderts stammen. Diese Systematik ist u.a. in der Logik des Raumordnungsrechts als final-determiniertem Normensystem begründet. Dies ist deshalb der Fall, weil es im Raumordnungsrecht nicht möglich ist, schon auf der Gesetzesstufe die konkrete Widmung für jede einzelne Fläche im jeweiligen Bundesland festzulegen.[134] Daher müssen Ziele und Instrumente im Gesetz definiert werden, mit Hilfe derer die mit der Flächenwidmung beauftragten Organe diese Festlegung im Rahmen der Örtlichen Raumplanung durchführen müssen. Aufgrund gesellschaftlicher Änderungen ist es aber nun so, dass viele Ziele der Raumordnung aus der heutigen Sicht entweder nicht mehr aktuell oder schlichtweg einfach nicht umsetzbar sind. So würde zum Beispiel die Aussage nach der „Erhaltung und Wiederherstellung der Reinheit der Luft und der Gewässer sowie des natürlichen Klimas" im Raumordnungsziel

---

[133] Genau mit dieser Problematik befasst sich das Alpenraumprojekt MORECO (Mobility and residential costs), bei dem das Land Salzburg als Observer mitwirkt, www.moreco-project.eu

[134] Vgl. dazu das Erkenntnis des Verfassungsgerichtshofes, VfSlg 8280/1978

Nr. 2[135] bei konsequenter Umsetzung dieses Zieles die Versagung jeder einzelnen beantragten Widmung bedingen, also de facto einer flächendeckenden Widmungssperre gleichkommen. Es dürfte wohl offensichtlich sein, dass dies praktisch nicht umsetzbar ist. Damit steht dieses Ziel zum Beispiel auch in unmittelbarer Konkurrenz zum Ziel Nr. 9, nach dem „Gewerbe und Industrie in ihrer wirtschaftlichen Leistungsfähigkeit zu sichern und zu verbessern (ist)." Diese Problematik war dem Gesetzgeber Anfang der Neunziger Jahre auch bewusst und er führte aus diesem Grunde Raumordnungsgrundsätze ein, welche beschreiben sollen, wie diese Zielkonflikte aufzulösen sind. Diese Raumordnungsgrundsätze sind aus fachlicher Sicht alle richtig und auch konsequent (vgl. § 2 Abs. 2 ROG 2009), dennoch ist festzustellen, dass seit Einführung dieser Grundsätze (u.a. Orientierung der Siedlungsentwicklung am ÖV und die Vermeidung von Zersiedelung) die Zersiedelung der Landschaft hemmungslos fortgesetzt wurde.

d) <u>Wunsch und Wirklichkeit.</u> Der vierte Grund für überzogene Erwartungshaltungen ist in der Diskrepanz zwischen Idealvorstellung und realer Raumstruktur begründet. Die Folge dieser Diskrepanz ist, dass Raumplanungsexpertinnen gerne in eine Scientismus-Falle tappen: sie glauben, dass eine gerechtere Welt identisch mit einer an den Raumordnungsgrundsätzen optimal angepassten Welt ist. Dies hat ein ehemaliger Ressortverantwortlicher einmal so ausgedrückt: „Ihr Raumplaner glaubt, dass es eine Welt nach Eurer Vorstellung geben kann. Ihr irrt Euch. Die Welt ist so, wie sie ist." Auch wenn es schwerfällt, muss der Verfasser feststellen, dass dieser ehemalige Politiker in einem recht gehabt hat: es ist nämlich keinesfalls gesichert, dass eine

---

[135] § 2 Abs. 1 Z 2 Sbg ROG 2009: „Die natürlichen Lebensgrundlagen sind zu schützen und pfleglich zu nutzen, um sie für die Zukunft in ausreichender Güte und Menge zu erhalten. Insbesondere ist anzustreben: a) die Sicherung des Bodens, der Pflanzen und der Tierwelt; b) die Erhaltung und Wiederherstellung der Reinheit der Luft und der Gewässer sowie des natürlichen Klimas; der Schutz und die Pflege erhaltenswerter Naturgegebenheiten sowie des Landschaftsbildes."

Gesellschaft gerechter ist, wenn sie eine raumplanerisch ideale Welt ist. Dafür war für den Verfasser dieser Zeilen folgendes Schlüsselerlebnis markant: Im Rahmen des ÖROK-Projektes „Raumszenarien Österreichs 2030" wurden vier gleichermaßen wahrscheinliche Extremszenarien einer möglichen Entwicklung ausgearbeitet, die unter dem Titel „Alles Wachstum", „Alles Wettbewerb", „Alles Sicherheit" und „Alles Risiko" ihre jeweilige gesellschaftspolitische Ausrichtung signalisierten[136] (vgl. HIESS et al. 2009). Das ursprünglich als „Goldenes Zeitalter" bezeichnete Wachstum-Szenario zeichnet eine Zukunft, bei der trotz Wachstum von Wirtschaft, Bevölkerung, Verkehr und Vernetzung eine Bewältigung der Herausforderungen relativ gut gelingt, während das Idealbild der Raumplanerinnen – kompakte an den ÖV orientierte Städte und Dörfer – im Katastrophenszenario „Alles Risiko" (vormals „Lost Paradise") erst nach einem wirtschaftlichen Zusammenbruch zustande kommt, weil sich die breite Masse das Autofahren nicht mehr leisten kann. Nach Beendigung dieses Projektes war sich der Verfasser nicht mehr ganz sicher, ob er weiterhin die Fahne der Raumordnungsprinzipien „Dezentrale Konzentration" etc. hochhalten soll oder ob nicht zuvor nach übergeordneten ethischen Grundsätzen zur Begründung bestimmter Raumstrukturziele gesucht werden sollte. Jedenfalls ist zu vermuten, dass bei weiterer Verzögerung von Energiewende und Klimaschutz die Auswirkungen von „Peak-Oil" ohnehin zu kompakteren Siedlungen führen werden.

e) Kompetenzkonflikte zwischen Legislative und Exekutive. Ein Rechtsstaat ist bekanntlich dadurch gekennzeichnet, dass die Legislative (Parlamente) die Normen beschließt, nach denen die Exekutive ausschließlich vorzugehen hat (Gewaltentrennung). Konkret muss auf Grund des rechtsstaatlichen Prinzips jede be-

---

[136] Die vier Szenarien werden durch folgende Begriffe, Werthaltungen und Musikrichtungen beschrieben: 1. Alles Wachstum – das goldene Zeitalter – Weltmusik; 2. Alles Sicherheit – Das neue Biedermeier – Klassische Musik; Alles Wettbewerb – USA-Today – Jazz; Alles Risiko – Lost Paradise – Blues.

hördliche Handlung durch eine Gesetzesnorm gedeckt sein. Raumplanerinnen haben aber die Aufgabe, zukunftsorientierte räumliche Ziele und Maßnahmen für ihren regionalen Verantwortungsbereich aufgrund fachlicher Analysen zu erstellen und den politischen Organen zur Umsetzung vorzuschlagen. Damit kommen sie jedoch zwangsläufig mit den Parlamenten in einen Kompetenzkonflikt, da es ja deren Aufgabe ist, die Regeln für zukunftsorientierte Entscheidungen festzulegen. Hingegen wäre es Aufgabe der Raumordnungs-Exekutive, alltägliche Entscheidungen auf Grund der gesetzlichen Normen zu treffen. Das durch die Landesregierung auszuarbeitende Landesraumordnungsprogramm bzw. Landesentwicklungsprogramm hat jedoch nach den Raumordnungsgesetzen Ziele und Maßnahmen festzulegen, an denen sich die untergeordneten Behörden in den Gemeinden zu orientieren haben[137]. Damit übernimmt ein Exekutivorgan (die Landesregierung mit ihrem Hilfsapparat „Amt der Landesregierung") de facto eine normengebende Aufgabe, da die Ausformulierung der Ziele und Maßnahmen nach Ansicht des Verfassers streng genommen über eine zulässige Konkretisierungsaufgabe hinausgeht.[138] In manchen Ländern wurde dieser Kompetenzkonflikt auch dadurch gelöst, dass die politische Beschlussfassung eines Landesentwicklungsprogramms (LEP) im Rahmen eines Gesetzes erfolgte (z.B. das allerdings mittler-

---

137 z.B. § 9 Sbg ROG 2009: „Das Landesentwicklungsprogramm hat die Grundsätze und Leitlinien der Landesplanung festzulegen. Dabei sind insbesondere die zentralen Orte und die Entwicklungs- und Hauptverkehrsachsen zu bestimmen, grundlegende Aussagen über die Siedlungsstrukturen und –dichten zu treffen und das Land in Planungsregionen zu gliedern" in Verbindung mit § 12: „Raumbedeutsame Planungen und Maßnahmen des Landes (… und) der Gemeinden dürfen unbeschadet weitergehender gesetzlicher Bestimmungen nur im Einklang mit den Entwicklungsprogrammen gesetzt werden."

138 Salzburger Landesentwicklungsprogramm 2003, Maßnahmen zur Siedlungsentwicklung, zur Bebauung und zur Freiraumordnung, z.B. Maßnahme C.1.3 „In Stadt- und Umlandgebieten sollen größere Freiflächen (Landschafts- und Grüngürtel) gesichert und von Versiegelung freigehalten werden."

weile durch Fristablauf außer Kraft getretene Gesetz zur Landesentwicklung in Nordrhein-Westfalen vom 5. Oktober 1989) oder die Erlassung des LEP an die Zustimmung des Landtages gebunden ist (wie z.b. im Freistaat Bayern). Aus demokratiepolitischen Gründen wäre es daher eigentlich erforderlich, dass sich auch in Österreich die Landtage mit diesen raumordnungspolitischen Leitlinien befassen. Dass dies nicht so erfolgt, zeugt von einer offensichtlichen Bedeutungslosigkeit dieser Instrumente in der Realpolitik. An ein Landesentwicklungsprogramm werden jedoch von der Öffentlichkeit Erwartungen gesetzt, die von einem Exekutivorgan alleine nicht gelöst werden können. Ein typisches Exemplar einer „Eierlegenden Wollmilchsau" also.

1.3.2. Der potemkinsche Charakter der Raumplanungswirklichkeit

Etwas komplizierter ist es, den potemkinschen Charakter der Raumplanungswirklichkeit zu beschreiben und dessen sozialpolitische Auswirkungen abzuschätzen:

a) In der überörtlichen Raumplanung ist der Widerspruch zwischen Plan und realer Entwicklung nur abstrahiert erkennbar und daher nur für Expertinnen nachvollziehbar. Schon Friedrich SCHINDEGGER (1973) hob in seinen kritischen Anmerkungen zum Entwicklungsplan „Die Stadt Salzburg und ihr Umland" (1971) das wesentliche Dilemma hervor: er wollte nicht die sicherlich ambitionierten Ziele des Plans diskutiert wissen, sondern die Frage, „ob er sie herbeiführen kann und zwar mit den Festlegungen, die er enthält." Dies sah er als nicht gegeben an, was von den betroffenen Planerstellern als Beleidigung empfunden wurde und eine jahrelange Missstimmung zwischen den Beteiligten verursachte. Dabei hat SCHINDEGGER durchaus zu Recht die erkennbare Diskrepanz zwischen der formalen Verbindlichkeit des Entwicklungsplans und der Unverbindlichkeit der dargestellten Ziele hingewiesen. Besonders deutlich wird dies, wenn man sich den politischen Umgang mit den wenigen konkreten Festlegungen dieses Plans näher ansieht. Als eine

Gemeinde ein Gewerbegebiet nahe der Tauern-Autobahn widmen wollte, stand dem die planliche Festlegung einer „immissionsfreien Zone" nördlich der Autobahn in diesem Entwicklungsplan entgegen. Um die Umwidmung aufsichtsbehördlich möglich zu machen, wurde einfach per Verordnung der gesamte Bereich der Festlegung in dieser Gemeinde aufgehoben.[139]

b) Erkennbar ist dieser Charakter bei überörtlichen Raumordnungsplänen und -programmen auch darin, dass es die Profession der Raumplanerinnen zur wahrlichen <u>Meisterschaft im Schönreden</u> gebracht hat. Dies möchte der Verfasser durchaus auch als Selbstkritik verstanden wissen. Zum Beispiel ließ es sich der Verfasser nach der Beschlussfassung des Sachprogramms „Siedlungsentwicklung und Betriebsstandorte im Salzburger Zentralraum" im Rahmen einer ÖIR-Veranstaltung gefallen, dass dieses in einem sehr kontrovers diskutierten Planungsprozess entstandene Programm (vgl. dazu DOLLINGER & SALLETMAIER 1995) als ordnungspolitischer Erfolg gefeiert wurde. Dabei wurde mit dem Untertitel der Veranstaltung „Versucht die Salzburger Landesplanung das bisher Unmögliche" schon damals eine gewisse Skepsis seitens der Veranstalter ausgedrückt. Spätere Evaluationen der Entwicklung, aufgrund der Auswertung der auf Grund des Sachprogramms überarbeiteten Räumlichen Entwicklungskonzepte der Gemeinden, teilweise veröffentlicht im Raumordnungsbericht 1995, bestätigten noch einen erfolgreiche Planumsetzung. Jedoch zeigt die Analyse auf Grund der nun vorliegenden Ergebnisse aus der Registerzählung 2011, dass die siedlungspolitischen Ziele des Sachprogramms nicht nur nicht erreicht wurden, sondern dass sogar eine Verschärfung des damals bestehenden Trendentwicklung – die als Horrorszenario gesehen wurde – eingetreten ist (vgl. DOLLINGER 2014). Der Flachgau ist mittlerweile noch mehr zersiedelt

---

[139] Verordnung der Salzburger Landesregierung vom 23. Oktober 1995, LGBl. Nr. 125/1995: „Die im Bereich der Gemeinde Puch bei Hallein nördlich der Autobahn A10 und östlich der Salzach vorgenommene Festlegung einer immissionsfreien Zone wird aufgehoben."

worden, obwohl es eigentlich seit 20 Jahren eine scheinbar wirksame Waffe dagegen hätte geben sollen. Die Gründe dafür sind einfach erklärt: Die Grundidee einer Orientierung der zukünftigen Siedlungsentwicklung am Modell der Dezentralen Konzentration sollte mittels einer Beschränkung der Wohnungsentwicklung für kleinere Gemeinden umgesetzt werden. Hingegen sollten die an den Schienenachsen gelegenen zentraleren Gemeinden mehr Wohnungen zur Verfügung stellen. Umzusetzen war dies über die Baulandbedarfsberechnung, nach der in der Folge das Ausmaß des auszuweisenden Baulandes für den 10-Jahres-Bedarf nach § 17 Abs. 12 ROG 1992 festzulegen war. Dies geschah auf der Ebene des Räumlichen Entwicklungskonzeptes auch durchaus zielkonform. Jedoch befindet sich in der entsprechenden Maßnahme des Sachprogramms die Formulierung, dass eine Überschreitung der 15% Grenze für das zukünftige Wohnungswachstum bei den kleinen Gemeinden dann möglich ist, wenn dafür ein struktureller Bedarf nachgewiesen werden kann. Noch dazu ist nicht festgelegt, in welchem Zeitraum der errechnete Zehnjahresbedarf zu konsumieren ist und es hat sich überdies die Praxis eingeschlichen, dass viele Gemeinden das Ausmaß des unverbauten Baulandes auf der Höhe des 10-Jahres-Bedarfs aufrecht erhalten. Aus diesen Gründen war und ist es auch aufsichtsbehördliche Praxis, bei einer Teilabänderung des Flächenwidmungsplanes nur eine Überprüfung hinsichtlich der Übereinstimmung mit dem 10-Jahres-Bedarf durchzuführen und nicht das Ausmaß an Teilabänderungen zu hinterfragen, die seit der generellen Überarbeitung des Flächenwidmungsplans durchgeführt wurden.[140] Es muss daher heute festgestellt werden, dass diese „Widmungsbremse" sehr leicht zu umgehen war und durch das Vermeiden von Gesamtüberarbeitungen eines Flächenwidmungsplans auch wirkungslos

---

[140] Obwohl der Zehnjahresbedarf ausgeschöpft ist, kann somit eine neue Teilabänderung des Flächenwidmungsplans eingeleitet werden, da im bestehenden ROG 2009 keine Revisionsverpflichtung bei Überschreitung des 10-Jahres-Bedarfs festgelegt ist. Es ist allerdings geplant, diese Gesetzeslücke im Zuge der anstehenden Novellierung zu schließen.

ist. Aus diesen Gründen wird bei der anstehenden ROG-Überarbeitung nach neuen Lösungswegen gesucht.

c) Unmittelbar erkennbar wird der potemkinsche Charakter jedoch bei den Instrumenten der kommunalen Planung, insbesondere beim Flächenwidmungsplan. Hier hat sich zwar seit der ROG-Reform 1992 eine Verbesserung der Situation ergeben, da der Paradigmenwechsel zur bedarfsorientierten Raumplanung die Trugbilder unverbauter Baulandreserven beseitigte, es ist jedoch immer noch festzustellen, dass der Begriff „Flächenwidmungsplan" eigentlich falsch ist. Vor der ROG-Wende 1992 (siehe Kap. 5) bestand die Situation, dass der Flächenwidmungsplan darstellte, wie sich die Gemeinde eine kompakte Siedlungsentwicklung unter Berücksichtigung mehrhundertjähriger Entwicklungsreserven wünschte. Da sich niemand um die Verfügbarkeit der neu ausgewiesenen Flächen scherte, blieb es beim Wunsch. Da mit der Einzelbewilligung im Sinne eines Dispenses von der Wirkung des Flächenwidmungsplanes ohnehin individuell gebaut werden konnte, war das nur für die Siedlungsstruktur ein Problem und nicht für die Gemeindepolitik. Im Gegenteil: Letztere konnte mit diesem Instrument nach jeder Gemeinderatssitzung einen Teil ihrer Wählerschaft mit der Genehmigung ihrer Bauvorhaben beglücken. In der Folge wurde diese Vorgangsweise ein großes Problem für die Betreiberinnen von Leitungsinfrastrukturen bzw. die Planerinnen von Umfahrungsstraßen und Hochleistungstrassen für die Eisenbahn. Die HL-Trasse zwischen Attnang und Salzburg wurde de facto wegen einer Siedlungsentwicklung nach einer raumordnungspolitisch bedenklichen Ausnahmegenehmigung blockiert (vgl. Karte 1). Auch die aktuellen Probleme in Bezug auf eine Trasse für eine 380 KV-Leitung hängen nicht zuletzt mit der Siedlungsstruktur zusammen. Nach der ROG-Wende im Jahr 1992 wurde das Paradigma gewechselt: nicht mehr die kompakte Siedlungsstruktur stand im Fokus der Raumplanerinnen, sondern dic bedarfsorientierte Ausweisung von Baulandflächen nach Sicherung der Verfügbarkeit. Raumordnungspolitisch gesehen sicherlich der richtige Weg, allerdings verkommt damit der Flächenwidmungsplan zu einem Dokumentationsplan. So gesehen war es durchaus

konsequent, dass mit der ROG Novelle 2009 eine kräftige Teil-
entmachtung des Flächenwidmungsplans in Angriff genommen
wurde. Weitere Schritte werden folgen müssen.

**Karte 1: Baulandwidmung 1995/96, Verbauung 2002/03 und der
ursprünglich geplante HL-Korridor im Bereich von Seekirchen
am Wallersee**

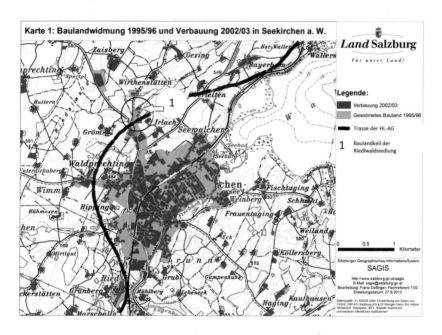

Die Karte zeigt die unverbauten Baulandreserven 1995/96 in Hell-
grau (mittlerweile durch die Überarbeitung des Flächenwidmungsplans zum Großteil zurückgewidmet) und die Verbauung im Jahr
2002/2003 in Dunkelgrau sowie den Verlauf der Ende der Neunziger
Jahre präsentierten Trasse für die Hochleistungsstrecke zwischen
Attnang-Puchheim und Salzburg. Gut erkennbar ist auch die disperse
Siedlungsstruktur, die durch die zahlreichen Einzelbewilligungen vor
1993 entstanden ist. Die Spitze des von der eingekreisten Zahl „1" zu
einer grauen Widmungszunge führenden Pfeil zeigt auf den Standort
der im Text beschriebenen Einzelbewilligung für ein Wohnhaus.
Diese Einzelbewilligung wurde trotz erheblicher fachlicher Beden-

ken Ende der Siebziger Jahre erteilt. Um dies möglich zu machen, wurde eine keilförmige Baulandfläche als Aufschließungsgebiet von der Straße bis zum Waldrand gewidmet. In einem Bauland-Aufschließungsgebiet konnte nach der damaligen Rechtslage eine Einzelbewilligung erteilt werden. Die Restfläche wurde in den Neunziger Jahren von der Land-Invest aufgekauft, die notwendige Aufschließung hergestellt und es wurde eine Reihenhaussiedlung errichtet. Die Bewohner dieser Siedlung wandten sich nachvollziehbarerweise gegen diese Trasse.

1.4. Die Beharrungskraft der Raumstruktur in Österreich. Zersiedelung und die dadurch steigenden Kosten für die Siedlungsstruktur

Die „Beharrungskraft der Raumstruktur" unterscheidet Österreich sehr wesentlich von der Siedlungsstruktur anderer Staaten in Europa (vgl. DOLLINGER 2005). Über lange Jahrzehnte blieb die großräumige Struktur in Österreich im Wesentlichen relativ konstant, während es in anderen Industriestaaten zu einer großräumigen Wanderungsbewegung der Bevölkerung in die Ballungsräume zu Lasten der ländlichen Regionen kam. Erst seit etwa zwanzig Jahren zeichnet sich auch in Österreich dieser Trend deutlicher ab und führt vermutlich nicht zuletzt auf Grund erheblicher geänderter globaler und europapolitischer Rahmenbedingungen zu einer Veränderung in der großräumigen Siedlungsstruktur in den nächsten Jahrzehnten. Wie der Verfasser vor einigen Jahren feststellte, ist die Zersiedelung eine wesentliche Ursache für diese Beharrungskraft der Raumstruktur (DOLLINGER 2006, S. 89). Dadurch werde „die vorhandene Schieneninfrastruktur quasi „einzementiert" und eine Modernisierung verhindert. Die Widerstände gegen vorgelegte Neutrassierungsvorschläge sind daher eine logische Konsequenz einer Siedlungspolitik, die Zersiedelung zulässt und damit auf indirekte Weise die Trassen des 19. Jahrhunderts im Bestand erhält" (ebd.). Die Republik Österreich steckt daher nach Reinhard SEIß (2012, S. 44) seit Jahrzehnten in einer tiefen Krise, wenn das Siedlungsbild eines Landes als Spiegel seiner Kultur und seiner Gesellschaft angesehen wird.

Sowohl in der Bevölkerung als auch unter Expertinnen gilt daher die Zersiedelung der Landschaft zu Recht als das Raumordnungsproblem Nr. 1. Während bei Ersteren – wie weiter oben beschrieben – eine gewisse Diskrepanz zwischen Problemwahrnehmung und eigener Handlung besteht, sind den Expertinnen die Folgen dieser Siedlungsstruktur bekannt: Hohe Kosten für die Erschließung, hohe volkswirtschaftliche Kosten für die Verhinderung bzw. Verzögerung wichtiger öffentlicher Projekte etc. Claudia DOUBEK (2002) stellte in einem Beitrag fest, dass sich das einstmals lineare Verhältnis zwischen Bevölkerungs- und Siedlungsentwicklung seit dem Jahr 1950 entkoppelt hat. Während sich in Österreich sowohl Bevölkerung wie Siedlungsfläche zwischen 1830 und 1950 etwa verdoppelten (1830: 3,3 Millionen Einwohner auf 700 Quadratkilometern Siedlungsfläche, 1950: 6,9 Millionen Einwohner auf 1.600 Quadratkilometern Siedlungsfläche), explodierte die Siedlungsfläche – die Bau- und Verkehrsflächen – im Zeitalter der Massenmobilität. Bis zum Jahr 1995 erhöhte sich die Bevölkerung nur geringfügig auf 7,9 Millionen Einwohnerinnen, während sich die Siedlungsfläche um 1.700 Quadratkilometer mehr als verdoppelte. Die Pro-Kopf-Quote an Siedlungsfläche erhöhte sich nach DOUBEK von etwa 200 Quadratmeter im Jahr 1950 auf zirka 400 Quadratmeter Mitte der 1990er-Jahre. Heute kommen auf jeden österreichischen Einwohner 524 Quadratmeter an Bau- und Verkehrsflächen (vgl. DOLLINGER et al. 2009, S. 105). Die vorrangigen Ursachen dafür sind die Verbreitung des frei stehenden, häufig in peripheren Siedlungen gelegenen Einfamilienhauses als beliebteste Wohnform, die Verlagerung von Dienstleistungs- und auch Produktionsbetrieben aus den Städten in das Umland sowie der steigende Flächenbedarf der Tourismuswirtschaft.

Neben dem Trend zum Einfamilienhaus ist eine weitere wesentliche Ursache für die flächenintensive Siedlungsentwicklung in den überzogenen Baulandausweisungen in den Flächenwidmungsplänen der ersten Generationen zu suchen. So forderte beispielsweise noch das Salzburger Raumordnungsgesetz von 1968, dass bei der Festlegung von Bauland darauf Bedacht zu nehmen sei, „dass genügend Raum für eine aufgelockerte Bebauung und möglichst geringe Wohndichten gesichert wird." Die Folge derartiger Planungsphilosophien in

den ersten Raumordnungsgesetzgenerationen war die Ausweisung enormer Baulandreserven, manche Gemeinden hatten dadurch Reserven für Jahrhunderte und damit jeden Handlungsspielraum für eine geordnete Siedlungsentwicklung verloren (vgl. dazu auch das Beispiel in Karte 1).

Dies kam der österreichischen Volkswirtschaft teuer zu stehen, wie das Österreichische Institut für Raumplanung in zwei überaus lesenswerten Studien im Auftrag der Österreichischen Raumordnungskonferenz feststellte (DOUBEK & ZANETTI et al. 1999, DOUBEK & HIEBL 2001). Darin wurde nachgewiesen, dass eine ungesteuerte Siedlungsentwicklung zu bedeutenden Infrastruktur-Kostenproblemen führt: Zwischen 1991 und 2010 betrugen die Folgekosten dieser Siedlungsentwicklung in Österreich allein im Straßenbau und in der Wasserver- und Abwasserentsorgung geschätzt knapp 20 Milliarden Euro. Diese Kosten werden bloß zu einem geringfügigen Teil von den Verursacherinnen getragen, also nicht von jenen, die sich im Einfamilienhaus auf ehemaligem Grünland in der Peripherie ansiedeln. Vielmehr tragen die Kosten zu mehr als 60 Prozent die öffentliche Hand (Bund, Länder und Gemeinden, wobei auf Letztere nur 16 Prozent der Gesamtkosten entfallen). Im Übrigen werden sie auf sämtliche Gebührenzahlerinnen abgewälzt, auch auf jene, die nach wie vor in dichten Strukturen leben und somit weit weniger Längenanteile am Versorgungsnetz in Anspruch nehmen. Der flächenintensive Lebensstil der suburbanen Bevölkerung wird also durch alle anderen quersubventioniert und bleibt damit erschwinglich. Noch krasser ist dies bei der sozialen Infrastruktur: Von der Gesamtsumme der Kosten für Kinderbegleitdienste und innergemeindliche Schülertransporte sowie Heimhilfebesuche tragen 82 Prozent der Kosten Bund und Länder. Auf Gemeinden und Klientinnen entfallen jeweils nur etwa 9 Prozent der Kosten (vgl. DOUBEK 2001). Der Staat könnte sich daher so manches Sparpaket ersparen, wenn er sich zu einer konsequenteren Siedlungspolitik entschließen würde, ist die Lehre aus diesen beiden Arbeiten.

Der Griff ins Grünland zur Schaffung neuer Baulandflächen ist allerdings immer noch erste Wahl in vielen Gemeinden. Insbesondere die Trends in der Freizeit- und Tourismuswirtschaft der letzten Jahre zeigen, dass das Halten der Siedlungsaußengrenzen ein immer

schwieriger werdendes Unterfangen ist. Auch die Zukunft lässt in diesem Zusammenhang nichts Gutes erwarten. Neben einschneidenden Veränderungen in der demographischen Struktur ist für die nächsten dreißig Jahre auch von maßgeblichen räumlichen Verlagerungen in Österreich auszugehen, wie die Hauptvariante der aktuellen ÖROK-Bevölkerungs- und Haushaltsprognose erwarten lässt (vgl. HANIKA et al. 2011, Kap. 1 und 3). Während die Umlandregionen der Großstädte und die Gebiete entlang der Ost-West-Hauptachse erheblich wachsen werden, müssen die innerösterreichische Peripherie und die Grenzräume im Norden und Süden mit Stagnation und Bevölkerungsverlusten rechnen. Die bisher vorliegenden Ergebnisse des ÖROK-Projekts „Raumszenarien Österreichs 2030" zeigen überdies, dass in allen vier Referenzszenarien die Knappheit des Bodens eine zentrale Fragestellung der Raumentwicklungspolitik sein wird. In den Szenarien „Alles Wachstum" und „Alles Wettbewerb" wird diese Knappheit durch die hohe Nachfrage nach geeigneten Standorten verursacht, in den Szenarien „Alles Risiko" und „Alles Sicherheit" durch Flächenkonkurrenz für Energiepflanzenanbau (vgl. HIESS et al. 2009, S. 161-164).

2. Bisherige Reformbemühungen

2.1. Entstehung und Novellierung der Raumordnungs- und Raumplanungsgesetze in den Ländern

Die Rechtslage in Bezug auf die Raumplanung ist in Österreich nicht nur aus verfassungsrechtlichen Gründen überaus kompliziert. Bund und Länder sind nun einmal gemeinsam für das Gebiet der Republik Österreich zuständig und somit gilt seit dem Erkenntnis des Verfassungsgerichtshofes aus dem Jahr 1954, dass dem Bund die Verantwortung für die funktionelle Raumplanung zukommt (die Planung von Eisenbahnen, Bundesstraßen, forstliche Raumplanung, u.a. Gefahrenzonenpläne) und den Ländern die Verantwortung für die nominelle Raumplanung (überörtliche und örtliche Raumplanung). Seit der Gemeindeverfassungsnovelle 1962[141] ist außerdem präzise fest-

---

[141] Bundesverfassungsgesetz vom 12. Juli 1962, BGBl. Nr. 205/1962.

gelegt, dass der Aufgabenbereich der Örtlichen Raumplanung im eigenen Wirkungsbereich der Gemeinde gelegen ist und dass den Ländern neben der Gesetzgebungskompetenz hierfür nur die Rolle der Aufsichtsbehörde zukommen kann.[142]

Das vom Land Salzburg angestrengte Erkenntnis aus dem Jahr 1954 gilt als Geburtsstunde der Österreichischen Raumplanung[143] als gemeinsam von Ländern und Bund getragene Querschnittsmaterie und schon bald danach wurden die Gesetzesinitiativen umgesetzt. Das Salzburger Raumordnungsgesetz 1956 als erstes ROG der Länder wurde bis Mitte der Siebziger Jahre durch ähnliche Gesetze in anderen Ländern ergänzt. Diese erste Gesetzesgeneration folgte dem Paradigma einer Nutzungsfestlegung als kartographischem Bild und baute damit die vorhin erwähnten potemkinschen Dörfer einer scheinbar heilen Raumordnungswelt in bunten Plänen auf. Entwicklungspläne und Flächenwidmungspläne folgten kartographischen, aber nicht rechtslogischen Regeln. Es wurde daher schon bald offensichtlich, dass die statische Flächennutzungsfestlegung durch eine zukunftsorientierte Entwicklungsplanung ergänzt werden müsste. Daher entstand ab etwa Mitte der Siebziger Jahre eine zweite Gesetzesgeneration, bei der die statischen Pläne (Entwicklungspläne und Flächenwidmungspläne) durch langfristige Entwicklungsvorstellungen von Land und Gemeinden ergänzt wurden: die Raumordnungs- und Entwicklungsprogramme und die Örtlichen bzw. Räumlichen Entwicklungskonzepte mit Zielen und Maßnahmen. Dies war im Prinzip durchaus ein richtiger Schritt, jedoch verabsäumte man das Wesentliche: das Problem des nicht verfügbaren Baulandes führte zu enormen Baulandüberhängen, welche die kommunalen Entwicklungsabsichten völlig konterkarierten und was in den Siebziger und

---

[142] Das bedeutet konkret, dass das Land eine ihm aus fachlichen Gründen nicht genehme Widmung nur dann versagen kann, wenn es eine klare Festlegung in einem Entwicklungsprogramm dagegen gibt.

[143] Vgl. Gerlind WEBER (2005, S. 10): „Die Stunde Null der Raumordnung in Österreich als öffentliche Aufgabe schlägt am 23. Juni 1954 mit einer Kompetenzfeststellungserkenntnis des Verfassungsgerichtshofes" (Anm.: VfSlg 26/1954).

Achtziger Jahren mit der Massenmobilisierung zur hemmungslosen Zersiedelung führte.

Eigentlich viel zu spät und nur durch explodierende Wohnungspreise getrieben, versuchten die Gesetzgeber in den Ländern, wieder beginnend mit dem Land Salzburg, eine bodenpolitische Wende herbeizuführen. Dies ist im ersten Anlauf mit dem ROG 1992 und der Einführung der bedarfsorientierten Baulandausweisung sowie der Stärkung der Überörtlichen Raumplanung mitsamt Einführung der neuen Planungsebene Regionalverband durchaus gelungen. Allerdings zeigte schon nach einigen Jahren ein Anlassfall die verfassungsrechtlichen Grenzen auf.[144] Da in Österreich – im Unterschied zu vielen anderen Staaten, u.a. auch Deutschland[145] – ein unumschränkter Schutz des Privateigentums gilt, wurde der erfolgreiche Ansatz der Baulandmobilisierung mittels obligatorischer privatrechtlicher Vereinbarungen als unzulässig aufgehoben.[146] Seitdem wird zwar in allen Ländern versucht, mit anderen Instrumenten den gleichen Effekt zu erreichen, im Großen und Ganzen wurde aber der ursprüngliche Erfolg der dritten Gesetzesgeneration wieder vernebelt.

Aktuell ist im Zusammenhang mit der Umstellung auf digitale Produkte die Entstehung einer weiteren Gesetzesgeneration auszuma-

---

[144] Erkenntnis des Verfassungsgerichtshofes vom 13. November 1999, VfSlg 15.625/1999

[145] In Deutschland gilt das Prinzip der Sozialpflichtigkeit des Eigentums als rechts- und sozialphilosophischer Grundsatz. Das heisst, dass auch bei grundsätzlicher Anerkennung des Privateigentums und der Verfügungsfreiheit der Gebrauch des Eigentums dem Gemeinwohl nicht zuwiderlaufen darf.

[146] Der verpflichtende Abschluss von privatrechtlichen Verträgen als Beilage zum Flächenwidmungsplan in Form einer zwangsweisen Verknüpfung zwischen Privatrecht und Öffentlichem Recht wurde als Verstoß gegen mehrere verfassungsrechtliche Prinzipien erkannt (Legalitätsprinzip, Rechtsstaatsprinzip und gegen den grundrechtlichen Eigentumsschutz sowie den Gleichheitsgrundsatz und gegen die Kompetenzverteilung).

chen[147], die unter Umständen im Zusammenhang mit neuen Herausforderungen durch Klimawandel und Energiewende zu einem neuen Paradigma führen könnte.

2.2. Die Gründung der Österreichischen Raumordnungskonferenz

Schon während der Gültigkeit der ersten Gesetzesgenerationen wurde offensichtlich, dass es Bedarf an einer Abstimmung zwischen Bund und Ländern in der Raumentwicklungspolitik gibt. Dazu wurde im Jahr 1971 die Österreichische Raumordnungskonferenz (ÖROK) gegründet, die ohne vorhandene rechtliche Grundlage allerdings nur eine unverbindliche Gesprächsebene ist.

Die ÖROK hat daher die Aufgabe, in der räumlichen Entwicklungspolitik zwischen Bund und Ländern, Gemeinden und Interessenvertretungen koordinierend zu vermitteln. Die fehlende rechtliche Verankerung der ÖROK im österreichischen Staatsgefüge wird allerdings in zunehmendem Maße kritisiert. So forderte beispielsweise die österreichische Industriellenvereinigung eine Stärkung der Raumordnungskonferenz, um in Fragen der Infrastrukturplanung aktiv koordinierend eingreifen zu können (vgl. AKTIONSPAPIER RAUMORDNUNG 2008).

Tatsächlich wäre eine noch stärkere Kooperation zwischen den beteiligten Akteuren und politischen Ebenen nötig und von Vorteil. Fraglich ist jedoch, ob sich eine solche mit gesetzlichem Zwang realisieren ließe.

Es ist nochmals ausdrücklich darauf hinzuweisen, dass es nicht das Hauptproblem der österreichischen Raumplanung ist, dass ihr zu wenige Akteure, Rechtsmittel und Planungsinstrumente zur Verfügung stünden. Wohl wäre die Einführung einer Rahmengesetzge-

---

[147] Diesbezüglich hat das Land Tirol in der ROG-Novelle 2011 mit der Einführung des elektronischen Flächenwidmungsplans in einem durchgängigen digitalen Workflow eine bedeutende Innovation gesetzt, vgl. dazu HOLLMANN 2013.

bungskompetenz für den Bund hilfreich, um die bestehende Begriffsverwirrung abzubauen, vergleichbare Datengrundlagen zu schaffen und auch Harmonisierungen bei den raumplanerischen Strategien der einzelnen Länder zu erreichen, eine rechtliche Verankerung der ÖROK als Aufsichtsbehörde über die Länder würde jedoch ohne Begleitmaßnahmen an der bestehenden Situation nichts verbessern – zumindest solange nicht, als es nicht gelingt, die Ziele der Raumplanung dort besser zu verankern, wo die Alltagsentscheidungen getroffen werden: in den Gemeinden, wo die Entscheidungen über Flächenwidmungen fallen, und in den Haushalten und Betrieben, die ihre Wohn- und Betriebsstandorte wählen.

2.3. Der gescheiterte Versuch zur Einführung einer Bundesraumordnung

Nicht ganz zufällig wurde von Bundesseite Anfang der Neunziger Jahre eine Initiative zur Neuordnung der kooperativen Raumordnungspolitik gesetzt. Auf Grund dieser Initiative sollte auf der einen Seite eine Rechtsgrundlage für die Österreichische Raumordnungskonferenz im Rahmen einer 15a-Vereinbarung zwischen dem Bund und den Ländern geschaffen werden und auf der anderen Seite sollte ein Bundesraumordnungsgesetz beschlossen werden. Zu diesem Zwecke wurden im Frühjahr und im Herbst 1990 vom ÖIR und vom Bundeskanzleramt drei Symposien veranstaltet, in denen die fachlichen Grundlagen der Initiative präsentiert wurden. Die Inhalte dieser Symposien sind in Band 17 und 18 der Schriften zur Regionalpolitik und Raumplanung des Bundeskanzleramts nachzulesen (BKA 1990, 1991), während in Band 19 nach einer Diskussion der österreichischen Ausgangslage und Darstellung der Situation in der Schweiz und in Deutschland ein konkreter Vorschlag zur Verbesserung der Rechtsgrundlagen der Raumplanung in Österreich vorgestellt wurde (RILL & SCHINDEGGER 1991). Dieser Vorschlag wurde allerdings in der Folge seitens der Länder, aber auch vom Finanzministerium blockiert, wobei seitens der Länder insbesondere auf die letzten geschlossenen Landeskompetenzen Raumordnung und Baurecht hin-

gewiesen wurde[148], die man nicht ohne gleichwertigen Ersatz aufgeben würde. Hier wäre aus Sicht des Verfassers daher durchaus eine Gesprächsbasis vorhanden, wenn eine partnerschaftliche Verhandlung angestrebt würde.

2.4. Die bodenpolitische Wende der Neunziger Jahre

Als in den späten 1980er- und frühen 1990er-Jahren in den westlichen, alpin und touristisch geprägten Bundesländern die Bodenpreise zu explodieren begannen und sich auch in ländlichen Gebieten viele Einheimische Grund und Boden nicht mehr leisten konnten, entstand die politische Basis für eine „bodenpolitische Wende" in der österreichischen Raumplanung. Mehrere Bundesländer erarbeiteten eine neue Generation von Raumplanungsgesetzen mit mehr oder weniger wirkungsvollen Instrumenten zur Baulandmobilisierung, bei denen nun auch der sparsame Umgang mit Baulandflächen vorrangiges Raumordnungsprinzip wurde.

Schon im Österreichischen Raumordnungskonzept 1991 wurden jene Ziele und Maßnahmen formuliert, die für eine Umsetzung einer nachhaltigen Raumentwicklungspolitik erforderlich wären (ÖROK 1992). Auch die Empfehlung Nr. 50 der Österreichischen Raumordnungskonferenz zur Siedlungsentwicklung aus dem Jahr 2001 spricht eine deutliche Sprache und kritisiert die fortgesetzte Zersiedelung und den damit bedingten hohen Flächen- und Ressourcenverbrauch. Die Empfehlung schlägt konkrete Ziele und Maßnahmen für die überörtliche wie auch für die örtliche Raumplanung vor, die weitgehend dem damaligen Stand der wissenschaftlichen Erkenntnis ent-

---

[148] Auch wenn diese neunfache Regelung sachlich eigentlich kaum begründet werden kann. Die regionalen Unterschiede sollten im kleinen Österreich dafür keine Rechtfertigung sein und haben höchstens zur Folge, dass die Architektinnen und Bauträgerinnen in den Wahnsinn getrieben werden, wie es Volker PLASS (2010) in einem Thesenpapier der Grünen Wirtschaft ausdrückt. Es darf darauf hingewiesen werden, dass selbst die Bundesrepublik Deutschland trotz erheblicher föderaler Strukturen und regionaler Unterschiede (z.B. zwischen Bayern und Schleswig-Holstein) mit einem für ganz Deutschland geltenden Baugesetzbuch das Auslangen findet.

sprechen. Das Österreichische Raumentwicklungskonzept 2001 nennt die wesentlichen Handlungsfelder: Maßnahmen zur nachhaltigen Siedlungsentwicklung, eine ressourcenschonende Baulandentwicklung und die kompakte Siedlung als Planungsziel, Flächen sparende Erschließungssysteme bei der Neuausweisung von Bauland, Bedarfsnachweis für die Ausweisung neuer Bauflächen, Sicherung von Freiräumen und viele weitere sehr konkrete Umsetzungsvorschläge (ÖROK 2002). Im Raumentwicklungskonzept 2011 wurde dies noch weiter konkretisiert und es wurden in vier relevanten Aufgabenbereichen sehr konkrete Umsetzungsmaßnahmen vorgeschlagen (Flächensparen und Flächenmanagement, Freiraumplanung, Energieraumplanung und Rohstoffsicherung, vgl. ÖROK 2012, S. 71-74). Bemerkenswert ist überdies, dass sehr wesentliche Aussagen aus dem ÖREK 2011 auch Eingang in das Arbeitsprogramm der österreichischen Bundesregierung 2013-2018 gefunden haben, z.B. zum Themenbereich "Leistbares Wohnen" wurde u.a. auch die bundesverfassungsrechtliche Absicherung zur Ermöglichung der Anwendung von baulandmobilisierenden Instrumenten als Maßnahme aufgenommen (BKA 2013, S. 60).[149]

Es ist daher zu betonen, dass es sich nicht um mangelndes Wissen über die Zusammenhänge und um fehlende staatliche Ziele handeln kann, wenn über die Wirkungslosigkeit von Raumplanungsstrategien geklagt wird.

2.5. Die verpatzte Initiative der TU-Professoren im Jahr 2001

Die aus Sicht des Verfassers bemerkenswerteste Initiative ohne erkennbaren Erfolg war die Deklaration der Professoren für Raumordnung an der Technischen Universität Wien im Jahr 2001, die anlässlich des 30-jährigen Jubiläums der Einrichtung der Studienrichtung Raumplanung kundgemacht wurde. Diese an die politisch Verantwortlichen in den Gemeinden, in den Bundesländern und in den zentralen Bundesorganen gerichtete Initiative appellierte – nach einer

---

[149] Freundliche E-Mail-Mitteilung von Univ.-Prof. Dr. Heinz Faßmann vom 6.7.2014

sachlich sicherlich richtigen Darstellung der Problemlage – an den Gesetzgeber „vor allem die rechtliche Voraussetzung für die notwendige Sanierung der österreichischen Siedlungsstruktur zu schaffen" (RAUMPLANUNG TUT NOT 2001).

Dem Verfasser ist nicht bekannt, ob diese Deklaration überhaupt bei den Adressaten angekommen ist bzw. offiziell registriert wurde. Erstaunlich ist jedenfalls, dass die bereits bestehenden verfassungsrechtlichen Instrumente zur Behandlung dieses Begehrens nicht angewendet wurden. Ein Brief an den Bundeskanzler und die Landeshauptleute wird von diesen sicherlich nicht einfach an die Legislative weitergeleitet werden. Vielmehr ist es üblich, solche Briefe den zuständigen Fachabteilungen zur Ausarbeitung eines Antwortschreibens zu übermitteln. Jedefrau kann sich leicht vorstellen, was ungefähr in einem solchen Antwortschreiben stehen wird. Eine inhaltliche Befassung wird auf diesem Wege jedoch nicht erfolgen können. Nach Ansicht des Verfassers hätte es aber durchaus auch die Möglichkeit gegeben, zumindest den Weg einer Petition an Nationalrat und Landtage zu versuchen oder überhaupt die Einleitung eines Volksbegehrens anzustreben. Letzterem würde allerdings ohne eine Lösung einer bildungspolitischen Aufgabe kaum Erfolg beschieden sein.

2.6. Erzwungene Reformen durch die EU Umweltpolitik

Die größten Reformen der letzten Zeit wurden durch Richtlinien im Rahmen der Umweltschutzkompetenzen der Europäischen Union bewirkt. Insbesondere die Seveso II – Richtlinie, die FFH- und Vogelschutzrichtlinie, die SUP-Richtlinie, die Richtlinie über die Beteiligung der Öffentlichkeit bei der Ausarbeitung bestimmter umweltbezogener Pläne und Programme und die INSPIRE-Richtlinie haben Novellierungen in der nominellen Raumplanung erzwungen (vgl. dazu § 80 Sbg ROG 2009).[150]

---

[150] Die komplizierte Rechtslage hat zur Folge, dass Anpassungen an das EU-Recht meist in der Form von 9 Landesgesetzen und einem Bundesgesetz (9+1) durchzuführen sind. Die Leserin kann sich leicht vorstellen, dass

Die einzelnen Länder in der Republik haben durchaus sehr unterschiedlich auf diese Herausforderung reagiert und damit weitere Schritte zur Verkomplizierung des Raumordnungsrechts gesetzt. Tendenziell besteht die Absicht, die Anwendbarkeit der europarechtlichen Vorgaben möglichst gering zu halten. Am deutlichsten erkennbar wurde dies bei der Umsetzung der SUP-Richtlinie (Richtlinie über die Umweltauswirkungen bestimmter Pläne und Programme vom 21. Juli 2001), bei welcher der österreichische Föderalismus seltsame Blüten hervorrief. Obwohl sich die ÖROK-Mitglieder im Rahmen einer Arbeitsgruppe auf ein Methodenpapier zur Umsetzung dieser Richtlinie einigten, sind nicht nur die materiellen Ziele der Gesetzesanpassungen widersprüchlich. Während Vorarlberg wegen seiner unbürokratischen Umsetzung mit dem Amtsmanager-Hauptpreis der Wirtschaftskammer ausgezeichnet wurde, erließ das Land Kärnten überhaupt gleich ein Umweltplanungsgesetz, [151] dessen Ziel ziemlich offensichtlich die Vermeidung seiner Anwendung ist. Im Land Salzburg musste vorerst jede einzelne Teilabänderung des Flächenwidmungsplans zumindest einer Umwelterheblichkeitsprüfung unterzogen werden, was heftige Proteste seitens der Ortsplanerinnen nach sich zog.[152] Erst mit dem ROG 2009 wurde eine Grundlage geschaffen, mit der das neue Räumliche Entwicklungskonzept einer SUP unterzogen werden kann und damit die dem Geist der SUP-Richtlinie widersprechende Prüfung anlassbezogener Teilabänderungen entfällt.

---

dies kaum mit der politischen Forderung nach Verwaltungsvereinfachungen in Einklang zu bringen ist.

[151] Kärntner Umweltplanungsgesetz, LGBl. Nr. 52/2004

[152] Damit wurde nach Ansicht des Verfassers eine Regelung gegen den Sinn einer Strategischen Umweltprüfung erlassen. Eine SUP lebt davon, dass der Vergleich von Varianten möglich ist. Wie sich die Leserin leicht vorstellen kann, ist bei einer konkreten Teilabänderung nur ein Vergleich zwischen Bauen und Nicht-Bauen möglich.

3. Empfehlungen für die Politik

Sofern es denkbar ist, den bisherigen Weg des „Weiterwurstelns" außer Betracht zu lassen, sind aus der Sicht des Verfassers folgende Lösungswegestrategien vorstellbar:

1. Errichtung eines neuen Gebäudes im Rahmen einer umfassenden Verfassungs- und Verwaltungsreform mit Kompetenzverschiebungen nach oben und unten und Einführung einer verpflichteten Umsetzungskontrolle. Dies würde die entsprechende politische Bereitschaft in Bund und Ländern für eine solche Gesamtreform voraussetzen, was in Anlehnung an die Feststellungen von Peter WEICHHART (2012) als äußerst unwahrscheinlich anzusehen ist.

2. Da die Einführung einer Positivplanung[153] aufgrund der verfassungsrechtlichen Rahmenbedingungen nicht möglich ist[154] und der Flächenwidmungsplan seine Wirkung ohnehin nur über den Weg der Negativplanung entfalten kann, könnte auch eine konsequente Reduktion des Planungsrechts auf die Darstellung der Ausschlussflächen für wichtige Schutzgüter als eine Art „Negativplan" ein Lösungsansatz sein. Dies wäre zwar keine völlige Abkehr vom bisherigen System und würde bedeuten, dass nur mehr jene Flächen plan-

---

[153] Nach HAUER & NUßBAUMER (2006) bezeichnet Positivplanung jene Planungen, die zu den vorgesehenen Nutzungen verpflichten. Dem gegenüber spricht man von Negativplanung, wenn die planunterworfenen Flächen oder Räume ungenutzt oder wie im Falle einer Baulandwidmung weiterhin landwirtschaftlich genutzt werden können. Erst im Falle einer Bebauung kommt beim FWP die vorgesehene Widmung zum Tragen: in einem reinen Wohngebiet darf nur errichtet werden, was der Gesetzgeber dafür vorgesehen hat. Daher ist auch der Flächenwidmungsplan ein Beispiel für eine Negativplanung. Wäre er ein Positivplan, dann wären die Grundstückseigentümer verpflichtet, gewidmetes Bauland innerhalb einer bestimmten Frist der vorgesehenen Widmung zuzuführen. Daher gibt es durchaus Überlegungen in diese Richtung, um eine Mobilisierung brachliegender Baulandreserven herbeizuführen. Es dürfte allerdings klar sein, dass dies nicht ganz einfach umzusetzen ist.

[154] Vor allem wegen des unumschränkten Schutzes des Privateigentums.

lich festgelegt werden, auf denen bestimmte Nutzungen nicht mehr zulässig sind. In einem solchen Planungssystem würden die Gemeinden verpflichtet sein, einen kommunalen Ausschlussplan durch Verordnung zu erlassen, in den nur mehr jene Flächen dargestellt werden, bei denen eine Verbauung nicht in Frage kommt. Für die verbleibenden bebaubaren Flächen könnten die Gemeinden allenfalls mit kommunalen Bebauungsplänen – ohne Aufsichtsbehörde – drohende bauliche Auswüchse verhindern. Damit würde eine Reduktion auf den Schutz wesentlicher Gemeinwohlinteressen erfolgen. Das freiwerdende Personal in den Gemeinden und Landesverwaltung könnte dann den personell ohnehin ausgedünnten Schutzmaterien (Umwelt-, Natur- und Gewässerschutz) zur Verfügung gestellt werden.

3. Wenn man das alles nicht will, bleibt vorerst nur der neoliberale Weg mit Abschaffung der Raumordnungsgesetze. Der würde zwar mit Sicherheit zu einer weiteren Suburbanisierung und Verschärfung der Raumstrukturprobleme führen, aber zumindest mit der Spiegelfechterei aufhören.

Den Lösungswegen Nr. 2 und vor allem Nr. 3 gehört nicht meine Sympathie. Nachdem Lösungsweg Nr. 1 kaum Umsetzungschancen eingeräumt werden, stehen wir nun vor einem großen Dilemma. Allerdings gibt es aus der Sicht des Verfassers doch noch den Weg einer evolutionären Veränderung des bestehenden Systems, wobei aber dafür zumindest Klarheit über den gewünschten Endzustand bestehen müsste und einzelne Zwischenschritte einen politisch verträglichen Weg ermöglichen müssen. Dieser Weg müsste sehr erheblich unter Einbindung breiter Bevölkerungsschichten beschritten werden. In drei Schritten ließe sich allerdings eine solche Reform im Zeitraum von drei Legislaturperioden durchführen.

4. Evolutionäre Weiterentwicklung in drei Schritten innerhalb von 15 Jahren.

Notwendige bundesrechtliche Änderungen (aktuelle Gesetzgebungsperiode 2013-2018)	1. Schritt	2014 bis 2018
1. Einführung der Sozialpflichtigkeit des Eigentums in die Bundesverfassung		
2. Schaffung eines Bundesgesetzes zur Einrichtung der Österreichischen Raumordnungskonferenz mit Festlegung der dieser zustehenden Koordinationsaufgaben und Beauftragung zur weiteren Prozessbegleitung dieser Reform.		
3. Entweder durch eine Verfassungsnovelle erste Schritte zur Zusammenführung verfassungsrechtlicher Kompetenzen für eine wirkungsvolle Raumentwicklung setzen, insbesondere in Bezug auf die Schaffung von Wohnungen, die Sicherung der Nahversorgung und die Festlegung von Trassenkorridoren. Alternativ könnte die Umsetzung der dritten Maßnahme auch durch den Bund erfolgen, der seine vorhandenen Kompetenzen in Kooperation mit den Ländern auch anwenden		

könnte.		
4. Einrichtung einer unabhängigen staatlichen Forschungseinrichtung („Think-Tank") nach dem Muster der Wirtschaftsforschungsgesell-schaften, die den Auftrag hat, ohne politische Einflüsse die Sachinfor-mation zur Raumentwicklung zu erarbeiten.		
Diese ersten vier Empfehlungen müssten bei gutem Willen auch im Rahmen der derzeitigen politischen Gegebenheiten umsetzbar sein.		
Vereinheitlichung der überörtli-chen Raumplanung in Österreich (Gesetzgebungsperiode 2018-2023)	2. Schritt	2018 bis 2023
5. Umsetzung der in der Bundesver-fassung vorhandenen Möglichkeit zur Änderung der Politischen Bezir-ke von einem Verwaltungssprengel in eine eigenständige Gebietskörper-schaft. Dabei müssten allerdings die Städte mit eigenem Statut in diese neue Gebietskörperschaft integriert werden.		
6. Einrichtung eines Bundesministe-riums für Raumentwicklung und Infrastruktur.		
7. Schaffung eines Rahmengesetzes für die überörtliche Raumordnung (nach dem Muster der früheren		

Rechtslage in Deutschland) mit einer Verpflichtung der Länder zur Anpassung ihrer Raumordnungsgesetze hinsichtlich Begriffe und Instrumente und Einführung einer flächendeckenden Regionalplanung für die neuen Gebietskörperschaften. 8. Einführung des Rechtsinstruments des Raumordnungsverfahrens (nach dem Muster in Deutschland) zur Prüfung der Raumwirksamkeit konkreter Projekte auf Bundes- und Landesebene.		
Vereinheitlichung der Örtlichen Raumplanung und des Baurechts (Gesetzgebungsperiode 2023-2028) 9. Übertragung der Gesetzgebungskompetenz für die Örtliche Raumplanung und das Baurecht an den Bund. 10. Einführung eines bundesweit geltenden Baugesetzbuches nach dem Vorbild der Bundesrepublik Deutschland.	3. Schritt	2023 bis 2028

4. Schlussbemerkungen bzw. To Do-Liste

Wie in diesem Beitrag gezeigt werden konnte, bedarf es eines politischen Kraftaktes auf allen politischen Ebenen, um eine wirkliche Reform der Raumordnungspolitik herbeizuführen. Dazu ist es aus der Sicht des Verfassers in erster Linie erforderlich, den dafür notwendigen bildungspolitischen Auftrag umzusetzen. Erst dann, wenn die Bevölkerung selbst begriffen hat, dass die in zahlreichen Leserbriefen beklagte „Verschandelung der Landschaft" nur bei einer kon-

sequenten Innenverdichtung der bestehenden Siedlungen und einer weitgehenden Rückwidmung der immer noch bestehenden Baulandausweisungen in peripherer Lage vermindert werden kann und dies auch in der Kommunalpolitik mitgetragen wird, kann eine wirkungsvolle Raumordnungspolitik auf Landes- und Bundesebene implementiert werden.

Wenn nicht, werden uns die zu erwartenden globalen Veränderungen im Zusammenhang mit dem Klimawandel und der Energiewende zu sehr einschneidenden Maßnahmen zwingen. Gesellschaftspolitisch verträglicher würde es sicher sein, den hier geschilderten Weg so rasch wie möglich in Angriff zu nehmen.

5. Literatur

AKTIONSPAPIER RAUMORDNUNG 2008 – Industriellenvereinigung (2008): Standortpolitik braucht vorausschauende Raumordnung. Aktionspapier Raumordnung. – Download: http://www.industriellenvereinigung.at/show_publications.php?grp=78&cid=468 [27.9.2013]

ARL 2001 – AKADEMIE FÜR RAUMFORSCHUNG UND LANDESPLANUNG (2001): Deutsch-Österreichisches Handbuch der Planungsbegriffe. Kaiserslautern und Wien: (= Planungsbegriffe in Europa), 238 S.

BKA 1990 – BUNDESKANZLERAMT, Hrsg. (1990): Zwischen „Altlasten" und „Neuen Ufern" – Defizite und Chancen von Raumordnungspolitik und Regionalpolitik, Teil 1. Wien: (= Schriften zur Regionalpolitik und Raumplanung, Bd. 17), 97 S.

BKA 1991 – BUNDESKANZLERAMT, Hrsg. (1991): Zwischen „Altlasten" und „Neuen Ufern" – Ansätze für eine Neuordnung der kooperativen Raumordnungspolitik, Teil 2. Wien: (= Schriften zur Regionalpolitik und Raumplanung, Bd. 18), 67 S.

BKA 2013 - BUNDESKANZLERAMT, BUNDESPRESSEDIENST, Hrsg. (2013): Arbeitsprogramm der österreichischen Bundesregierung 2013 - 2018. Erfolgreich. Österreich. Wien, 112 S. -

Download: http://www.austria.gv.at/site/3354/default.aspx
[9.7.2014]

DOLLINGER, Franz (2005): Die Beharrungskraft der Raumstruktur. –
In: RAUM. Österreichische Zeitschrift für Raumplanung und
Regionalpolitik, H. 57, S. 24-27

DOLLINGER, Franz (2006): zum 50. Geburtstag des Salzburger
Raumordnungsgesetzes. Eine Laudatio im Lichte aktueller
Probleme und Herausforderungen. – In: H. Dachs und R.
Floimair, Hrsg.: Salzburger Jahrbuch für Politik 2005. Wien,
Köln, Weimar: (= Schriftenreihe des Landespressebüro, Se-
rie „Sonderpublikationen", Nr. 180, S. 72-102

DOLLINGER, Franz (2014): Zukunftsforschung und Raumplanung.
Was lernen wir aus den Zentralraumprognosen der späten
Achtziger und frühen Neunziger Jahre des letzten Jahrhun-
derts? – In: Raumplanung aktuell. Die Zeitschrift für die
Salzburger Regionalentwicklung, H. 10 (im Druck)

DOLLINGER, Franz und Christian SALLETMAIER (1995): Landesplanung zwischen Sachaufgaben und politischen Zwängen. – In:
SIR-Mitteilungen und Berichte, H. 1-4/1995, S. 7-24

DOLLINGER, Franz, Fabian DOSCH und Barbara SCHULTZ (2009):
Fatale Ähnlichkeiten? Siedlungsflächenentwicklung und
Steuerungsinstrumente in Österreich, Deutschland und der
Schweiz. – In: Wissenschaft & Umwelt Interdisziplinär, Bd.
12, S. 104-125

DOUBEK, Claudia (2001): Die Zersiedelung und ihre direkten Folgekosten für technische und soziale Infrastruktur. – In: Versie-
gelt Österreich? Der Flächenverbrauch und seine Eignung als
Indikator für Umweltbeeinträchtigungen. Wien: (= Tagungs-
berichte des Umweltbundesamtes, Bd. 30), S. 48-52

DOUBEK, Claudia (2002): Kräfteverschiebungen am Boden. – In:
RAUM. Österreichische Zeitschrift für Raumplanung und
Regionalpolitik, H. 46, S. 20-23

DOUBEK, Claudia und Ulrike HIEBL (2001): Soziale Infrastruktur,
Aufgabenfelder der Gemeinden. Expertengutachten des Ös-

terreichischen Instituts für Raumplanung (ÖIR). Wien: (= ÖROK Schriftenreihe, Nr. 158), 86 S.

DOUBEK, Claudia und Gerhard ZANETTI unter Mitarbeit von Gerhard BAYER et al. (1999): Siedlungsstruktur und öffentliche Haushalte. Wien: (= ÖROK-Schriftenreihe, Nr. 143), 122 S.

HANIKA, Alexander, Josef KYTIR, Gudrun BIFFL und Alexander WISBAUER (2011): ÖROK-Regionalprognosen 2010-2030. Modellrechnung bis 2050. Bevölkerung, Erwerbspersonen und Haushalte in den NUTS 3-Regionen und Bezirken Österreichs. Wien: (= ÖROK-Schriftenreihe, Nr. 184), 345 S.

HAUER, Andreas und Markus L. NUßBAUMER (2006): Österreichisches Raum- und Fachplanungsrecht. Engerwitzdorf: (= Serie Umweltrecht, Bd. 2), 594 S.

HIESS, Helmut, Markus GRUBER, Harald PAYER et al. (2009): Szenarien der Raumentwicklung Österreichs 2030. Regionale Herausforderungen & Handlungsstrategien. Wien: (= ÖROK-Schrifteinreihe, Nr. 176/II), 192 S.

HOLLMANN, Peter (2013): Kurzzusammenfassung TROG-Novelle 2011. O.O., 4 S. – Download: http://www.tirol.gv.at/landesentwicklung/raumordnung/recht sgrundlagen/rechtsgrundlagen-oertliche-raumordnung/#c158900 [2.10.2013]

LEITNER, Tarek (2012): Mut zur Schönheit. Streitschrift gegen die Verschandelung Österreichs. Wien: Brandstätter, 205 S.

ÖROK 1975 - ÖSTERREICHISCHE RAUMORDNUNGSKONFERENZ (1975): Erster Raumordnungsbericht. Wien: (= ÖROK-Schriftenreihe, Nr. 8), 329 S.

ÖROK 1992 – ÖSTERREICHISCHE RAUMORDNUNGSKONFERENZ (1992): Österreichisches Raumordnungskonzept 1991. Wien: (= ÖROK-Schriftenreihe, Nr. 96), 224 S.

ÖROK 2002 – ÖSTERREICHISCHE RAUMORDNUNGSKONFERENZ (2002): Österreichisches Raumentwicklungskonzept 2001. Wien: (= ÖROK-Schriftenreihe, Nr. 163), 188 S.

ÖROK 2011 – ÖSTERREICHISCHE RAUMORDNUNGSKONFERENZ (2011): Österreichisches Raumentwicklungskonzept ÖREK 2011. Wien: (= ÖROK-Schriftenreihe, Nr. 185), 191 S.

PLASS, Volker (2010): Land der Zwerge. Ein Stimmungsbild mit zehn Anmerkungen. Waidhofen an der Ybbs, 8 S. – Download: http://www.gruenewirtschaft.at/content/site/bund/topinfoslid econtent/article/2283.html [20.9.2013]

RAUMPLANUNG TUT NOT 2001 – Deklaration der Raumplanungsprofessoren der Technischen Universität Wien aus Anlass des 30-jährigen Bestehens der Studienrichtung Raumplanung (2001). – In: Forum Raumplanung, H. 1/2002, S. 39-40

RILL, Heinz Peter und Friedrich SCHINDEGGER (1991): Zwischen „Altlasten" und „Neuen Ufern", Teil 3. Vorschlag für ein Bundesraumordnungsgesetz. Wien: (= Schriften zur Regionalpolitik und Raumplanung, Bd. 19), 110 S.

SCHINDEGGER, Friedrich (1973): Kritische Anmerkungen zu einen (sic!) „Entwicklungsplan" – In: Mitteilungen des Österr. Instituts für Raumplanung, Nr. 177/178, S. 194-197

SCHINDEGGER, Friedrich (1998): Raum. Planung. Politik. Ein Handbuch zur Raumplanung in Österreich. Wien, Köln, Weimar: Böhlau, 210 S.

SCHINDEGGER, Friedrich (2009): Krise der Raumplanung – aus der Sicht der Praxis in Österreich. – In: Mitteilungen der Österreichischen Geographischen Gesellschaft, 151. Jg., S. 159-170

SCHINDEGGER, Friedrich (2012): Zur Lage der Raumplanung. Zeit für Kostenwahrheit. – In: RAUM. Österreichische Zeitschrift für Raumplanung und Regionalpolitik, H. 87, S. 44-48

SEIß, Reinhard (2012): Aus dem Baukulturreport: Zarte Pflänzchen guter Praxis. – In: RAUM. Österreichische Zeitschrift für Raumplanung und Regionalpolitik, H. 86, S. 44-49

WEBER, Gerlind (2005): 50 Jahre Raumordnung in Österreich – der Versuch einer etwas anderen Geschichtsdeutung. – In: Raumordnung im 21. Jahrhundert - zwischen Kontinuität und Neuorientierung. 12. ÖROK-Enquete zu 50 Jahre Raumordnung in Österreich. Wien: (= ÖROK-Schriftenreihe, Sonderserie Raum & Region, H. 2), S. 10-14

WEICHHART, Peter (2005): Die „regio salisburgensis" oder: „Statt-Planung" in Salzburg. – In: A. Kyrer, Hrsg.: Politische Kultur in Salzburg oder: Der Mozartkugel fressende goldene Eier legende Woll-Milch-Stier der keinen Mist macht! Bergheim bei Salzburg: Interregio Verlag, S. 21-35

WEICHHART, Peter (2012): Das Versagen der Raumplanung. Versuch einer Diagnose aus der Außensicht. – In: RAUM. Österreichische Zeitschrift für Raumplanung und Regionalpolitik, H. 86, S. 40-43

WERLEN, Benno (1997): Sozialgeographie alltäglicher Regionalisierungen. Band 2, Globalisierung, Region und Regionalisierung. Stuttgart: (= Erdkundliches Wissen, Bd. 119), 464 S.

Die Staatsbahn

Verkehrspolitik oder: Einige Gedanken und Anregungen zum Eisenbahnverkehr in Österreich

Michael Alexander Populorum, Salzburg und Bad Goisern

1. Mobilität und Verkehr – Status quo und Trends

Mobilität, mobil zu sein, ist per se mit positiven Assoziationen wie Freiheit, Unabhängigkeit, Lebensqualität, Lifestyle aber auch Wirtschaftskraft, Standortqualität und hohem Lebensstandard besetzt. Räumliche Mobilität bezeichnet ganz allgemein die Möglichkeit, Ortsveränderungen im geographischen Sinne durchzuführen, also Distanzen zu überwinden. Ein hohes Maß an Mobilität wird in der heutigen Zeit in unserem Kulturkreis quasi als Grundbedürfnis bzw. Grundrecht des Menschen angesehen. Die Notwendigkeiten bzw. Wünsche räumliche Distanzen zu überwinden können unter folgende Aktivitätsmuster des Menschen subsummiert werden:

- Wohnen
- Arbeiten
- Aus- und Weiterbildung
- Einkaufen, Besorgungen
- Freizeit, Erholung (Fremdenverkehr, Tourismus)

Räumliche Mobilität kann potentieller Art sein, d.h. es besteht prinzipiell die Möglichkeit zur Ortsveränderung von Menschen (aber auch Gütern) und sie kann realer Art sein, d.h. die Ortsveränderung wird durchgeführt.

Realisierte Mobilität wird als Verkehr bezeichnet. Im Gegensatz zum Begriff Mobilität ist der Begriff Verkehr im zunehmenden Maß mit negativen Assoziationen wie „Stau", „Lärm", „Gestank", „Umweltverschmutzung", „sinkende Lebensqualität" etc. belegt. Der Grund dafür ist in einer verfehlten Verkehrspolitik und Verkehrsplanung der letzten Jahrzehnte zu sehen, wo der motorisierte Individualverkehr

(MIV) einseitig bevorzugt und der öffentliche Verkehr (ÖV) sträflich vernachlässigt wurde.

Die Folge war eine wahre Verkehrsexplosion im Segment MIV mit den genannten negativen Auswirkungen, der Traum von der unbegrenzten Mobilität wurde zum Albtraum, der bis heute andauert und auch noch einige Zeit anzudauern droht. Dies auch deshalb, weil es immer noch Politiker und Planer gibt, die – wohl auch auf Druck der mächtigen Auto- und Frächterlobby – nach dem Motto regieren bzw. planen: „Freie Fahrt für freie Bürger" bzw. „Komm gib Gas ich will Spaß"[155].

Was ist zu tun, wie sollten (müssen) Verkehrspolitiker und Planer reagieren? Zum Einen ist generell der Verkehr auf ein notwendiges (erwünschtes) Maß zu reduzieren[156].

Zum Anderen ist der notwendige bzw. erwünschte (geduldete) Verkehr „in die richtigen Bahnen" zu lenken, d.h. der sogenannte Modal Split[157] ist in Richtung nachhaltiger, umweltfreundlicher Verkehrsträger zu verändern. Also bspw. „Schiene statt Strasse", wobei dies sowohl für den Personenverkehr[158] wie den Güterverkehr notwendig ist.

Hinsichtlich der Verkehrsmittelwahl zeigt sich für Österreich folgendes Bild:

---

[155] im Sommer 2013 verkündete bswp. in der Stadt Salzburg die dort mitregierende ÖVP, sie wolle die Stadt „autogerechter" gestalten und bewährte Beschleunigungsmaßnahmen für den Obus (Busspuren) wieder partiell zurücknehmen. Die federführende Stadträtin sitzt zwischenzeitlich in Brüssel

[156] es mag zwar betriebswirtschaftlich sinnvoll sein, Güter aufgrund geringer Wegekosten durch halb Europa zu karren um Lagerhaltungskosten einzusparen oder bspw. Nordseekrabben im LKW nach Marokko zum „pullen" zu transportieren um Lohnkosten zu sparen, aber volkswirtschaftlich betrachtet ist dies Nonsense

[157] jeweiliger Anteil eines Verkehrsträgers am Verkehrsgeschehen in Prozent

[158] Nah- und Fernverkehr bzw. urban-/ extraurban

Modal Split Personenverkehr[159]:		Modal Split Güterverkehr[160]:	
PKW (Lenker)	48%	Strasse	64%
PKW (Mitfahrer)	10%	Schiene	32%
Öffentlicher Verkehr	18%	Schiff	4%
Fahrrad	3%		
zu Fuß	21%		

Anmerkungen Güterverkehr:
Der Anteil der Schiene ist in Österreich im Vergleich mit anderen EU-Ländern deutlich höher („Europameister")[161]. Aufgrund der geographischen Lage weist Österreich einen sehr hohen Anteil an Transit- bzw. grenzüberschreitendem Verkehr auf[162]. Auch wenn die sogenannte „Verlagerungspolitik" Österreichs auf die Schiene im Vergleich mit anderen Ländern erfolgreich scheint, so sind hier u.a. bedingt durch die Mitgliedschaft in der EU im Unterschied zur Schweiz Grenzen gesetzt[163].

So hat sich seit 1980 die Gesamtgüterverkehrsleistung um 130% erhöht, wobei der Strassengüterverkehr aber mit einem Plus von 170% deutlich stärker anstieg als der Schienengüterverkehr, der sich nur verdoppelte.

Anmerkungen Personenverkehr:
Neben sozioökonomischen und demographischen Unterschieden zeigen sich auch deutliche regionale Unterschiede bei der Verkehrsmittelwahl. Im urbanen Bereich, wo kundenorientierte Angebote im

---

[159] Quelle: Verkehrsprognose Österreich 2025+, In: BMVIT Generalverkehrsplan für Österreich, Seite 22 (Wege pro Werktag in %)
[160] Quelle: Statistik Austria/BMVIT, In: BMVIT Generalverkehrsplan für Österreich, Seite 24 (Güterverkehrsleistung in Österreich 2010 in Tonnenkilometern)
[161] bedauerlicherweise schließen aktuell die ÖBB immer mehr Ladestellen, sodaß große Gütermengen (u.a. Holztransporte) auf die Strasse zukommen werden – eindeutig ein Versagen der Politik
[162] Binnenverkehr 33%, grenzüberschreitender Quell-/Zielverkehr 35%, Transit 32%; BMVIT Generalverkehrsplan für Österreich, Seite 24
[163] Problematik Inntal/Brennertransit, Öko-Punkte Regelung

ÖV-Sektor vorhanden sind, ist die Nutzung der „Öffis" stärker aus-geprägt als im ländlichen Raum, wo das Auto immer noch mangels adäquater Alternativen klar an der Spitze liegt.

Aber auch im urbanen (städtischen) Raum gibt es signifikante Unter-schiede hinsichtlich der Nutzung der Öffentlichen Verkehrsmittel. Während Wien durch einen gezielten nachhaltigen Ausbau und Attraktivierung der Öffentlichen Verkehrsmittel bei 36% liegt und die Tendenz weiter steigend ist, beträgt bspw. in Salzburg der Anteil nur 16%[164] und ist sogar rückläufig. Dies kann als Ergebnis desaströ-ser Verkehrspolitik und Verkehrsplanung in Salzburg gewertet wer-den[165]. Europaweite Musterschüler hinsichtlich ÖV-Anteil sind bspw. Prag 43%, Madrid 43%, Brüssel 37%, wobei Prag auch einen positiven Saldo ÖV minus MIV (+10) aufweist.

Zusammenfassend lassen sich folgende Trends feststellen[166]:

- Der Pkw ist das dominierende Verkehrsmittel außerhalb der Ballungsräume.

- Innerhalb der Ballungsräume geht der motorisierte Individu-alverkehr teilweise sogar zurück und der öffentliche Verkehr verzeichnet steigenden Zuspruch.

- Der Bahnverkehr gewinnt im Bereich der Mittel- und Lang-strecke durch den Ausbau und die attraktivere Gestaltung der Hauptverkehrsachsen (siehe Westbahnstrecke).

---

[164] Quelle VCÖ Presseaussendungen , Ausgabe 2011-143 (online)
[165] Trotz des sichtbaren Erfolges der Salzburger S-Bahn wird der Bau der als dringend notwendig erachteten Salzburger Regional Stadtbahn trotz zustimmender Lippenbekenntnisse aller Parteien nach wie vor nicht ange-packt. Nicht einmal die längst beschlossene unterirdische Weiterführung der Lokalbahn in den Süden der Stadt mit einer 1. Etappe „Mirabell" (wenige hundert Meter Tunnelbau notwendig, symbolischer Spatenstich war bereits vor 2 Jahrzehnten!!) wird umgesetzt. Die Folge: Tagtäglicher Stau, Lärm und regelmässige Überschreitungen der Luftgütegrenzwerte mit entspre-chenden gesundheitsschädigenden Auswirkungen
[166] BMVIT Generalverkehrsplan für Österreich, Seite 23

- Zuwächse verzeichnet der Bahnverkehr auch in den Ballungsräumen, so zum Beispiel die S-Bahnstrecken in und rund um Graz, Innsbruck, Wien, Salzburg und im Rheintal.

Ergänzend zu den Angaben des Bundesministerium sei aber festgehalten, dass trotz Erkennbarkeit einiger Zugewinne auf der Schiene in Absolutwerten sich der Modal Split nicht wirklich verbessert hat. Und: Werden die Rahmenbedingungen und Lenkungs- sowie Attraktivierungsmaßnahmen nicht deutlich optimiert bzw. verstärkt, so wird es auch bis 2025 kaum positive Veränderungen geben[167].

Thomas Spiegel vermerkt dazu: Eine Verlagerung von der Straße auf die Schiene in einem Ausmaß, das – insbesondere unter Beachtung der zu erwartenden Zuwächse – eine spürbare Entlastung der Umwelt mit sich bringt, ist unter den derzeit (national möglichen) Rahmenbedingungen nicht zu erwarten[168].

Auch dazu sei eine Anmerkung gestattet: Sowohl bei den Rahmenbedingungen als auch bei den Optimierungsmaßnahmen für den Öffentlichen Verkehr gibt es in Österreich noch deutlich Luft nach oben. Unzählige Potentiale liegen aktuell brach.

Soweit vorab zum allgemeinen Verständnis ein äusserst knapp gehaltener Überblick zum Bereich Mobilität und Verkehrsverhalten in Österreich.

---

[167] Laut Verkehrsprognose Österreich 2025+, Endbericht Kapitel 4 Personenverkehr wird der ÖV-Anteil 2025 17-18 Prozent betragen
[168] „Das Zusammenspiel der Verkehrsträger in Österreich". Dipl.-Ing. Dr. Thomas Spiegel Bundesministerium für Verkehr, Innovation und Technologie, Abteilung Internationale Netze und Gesamtverkehrsplanung

2. Einige Gedanken zum Thema Eisenbahn in Österreich

2.1. Vorbemerkungen

Dieser Beitrag fußt auf einem Onlinebeitrag, den ich als Eisenbahnjournalist im Jahr 2011 verfaßt hatte[169]. Als Vielfahrer auf Österreichs Schienen und Freund der Eisenbahn (aber nicht eines Eisenbahnunternehmens) bin ich seit Jahren hautnah mit positiven wie negativen Erlebnissen in Zügen, mit Zugbegleitern und sonstigem Bahnpersonal, Bahnhöfen, ÖBB Club-Lounges und natürlich mit der Fahrplangestaltung und dem Angebot und Qualität allgemein konfrontiert. Daher liegen diesem Beitrag umfassende empirische Befunde zu Grunde.

Anhand des Schienen-Personenverkehrs soll exemplarisch aufgezeigt werden, wie es um Österreichs Eisenbahnen bestellt ist, welche Potentiale brachliegen und welche Optimierungsmaßnahmen durch Politik und EVU[170] notwendig erscheinen. Die angeführten Gedanken, die sich an die Politik bzw. und/oder an die ÖBB richten, erheben keinen Anspruch auf Vollständigkeit.

Grundsätzlich lassen sich die diversen Problemfelder des Schienenverkehrs unter 2 Bereiche subsummieren:

- Die (fehlenden) politischen Vorgaben und Rahmenbedingungen, die fehlende politische Kontrolle („strategische Ebene")

- Die suboptimale Umsetzung seitens der Eisenbahnverkehrsunternehmen, hier konkret des „größten Mobilitätsanbieters" der Republik, der Staatsbahn ÖBB („operative Ebene")

---

[169] „Zum Zustand der Österreichischen Eisenbahnen – Armutsbericht 2011". Dokumentationszentrum für Europäische Eisenbahnforschung
[170] Eisenbahnverkehrsunternehmen, hauptsächlich am Beispiel der ÖBB

Einige Fakten zum Österreichischen Bahnnetz[171]:
Das Bahnnetz in Österreich weist (2012) eine Länge von 5.918 km auf, wovon 4.996 km Strecken der ÖBB-Infrastruktur zuzurechnen sind und 922 km Regional- und Privatbahnen. Im Jahr 2012 wurden insgesamt 262 Millionen Fahrgäste transportiert, was einer Steigerung um 11 Prozent zwischen 2007 und 2012 entspricht.

Seit 2007 sind ca. 150 km Neubaustrecke in Betrieb gegangen, wobei es sich dabei ausschliesslich um Hochleistungsstrecken in Anlehnung an bereits bestehende Strecken handelt (Neubaustrecke Wien-St. Pölten / Wienerwaldtunnel, Unterinntalbahn). Weitere 300 km Neubaustrecken sollen bis 2026 folgen (Brennerbasistunnel, Semmeringbasistunnel, Koralmbahn). Allerdings wurden in der Fläche, vor allem in Niederösterreich, seit den 1980er Jahren 600 km! Regionalbahnstrecken eingestellt.

Im Jahr 2012 stand ein großes Jubiläum an – „175 Jahre Eisenbahn in Österreich" sollte gefeiert werden. Jubiläen dieser Art gehören natürlich gefeiert und sie gehören dem Anlaß entsprechend gebührend[172] gefeiert. Betrachtet man jedoch den Zustand, in dem sich die Eisenbahnen in Österreich und der gesamte Öffentliche Verkehr befinden, so könnte einem wahrlich die Lust aufs Feiern vergällt werden.

---

[171] BMVIT, Fakten zum Österreichischen Bahnnetz (Onlinequelle)
[172] die Qualität offizieller Feiern zu Eisenbahnjubiläen hat in den letzten Jahren auch signifikant abgenommen und beschränkt sich meist auf Hüpfburg für Kinder, Würstl/Hendl und Bier, Blasmusik und Präsentation einer Taurus oder eines Talent-Triebwagens. Auf den historischen Anlaß wird kaum bis gar nicht Bezug genommen – hier kann die Bahn von der Automobilindustrie lernen, dort präsentiert man stolz das historische Firmenerbe nach dem Motto: „Ein Unternehmen das seine Vergangenheit nicht ehrt hat keine Zukunft". Weiters wurde in den letzten Jahren das eisenbahnhistorische Erbe Österreichs in Form von Lokomotiven und Waggons großteils verscherbelt oder verschrottet – einsatzfähiges Material ist Mangelware

Rollmaterial ist Mangelware (keine Reserven[173]) und die Neuanschaffungen im Fernverkehr wie im Nahverkehr (Railjet, Talent,
Desiro) entpuppten sich im Gegensatz zu den Aussagen der Marke-
tingmaschinerie der ÖBB nach den ersten Praxistests eher als Billig-
produkte, die ihren Vorläufern (bspw. 4010, Schlierenwagen, druck-
ertüchtigte IC/EC-Wagen) nicht das Wasser reichen können.

Hatte man bis vor kurzem nur zu befürchten, daß das Angebot in der
Fläche, auf Nebenbahnen, wo schon jahrzehntelang nichts investiert
wurde, ausgedünnt bzw. die Strecken ganz stillgelegt werden[174], so
ging es auch Städteverbindungen an den Kragen.
Nachdem es schon seit 2010 keine direkten und höherwertigen Verbindungen zwischen der zweit- und drittgrößten Stadt Österreichs –
Linz und Graz via Pyhrnbahn – gibt[175], so wurde zum Fahrplanwechsel 2011/12 auch die Verbindung Graz-Salzburg von 6 täglichen Direktverbindungen auf 3 gestutzt[176]. Statt Potential aufweisen-

---

[173] es wurden sogar hochwertige IC/EC Reisezugwagen, die durch den verstärkten Railjet-Einsatz frei wurden, ins Ausland verscherbelt anstatt sie im
Inland einzusetzen
[174] besonders arg erwischte es Niederösterreich, der vom absolutistisch
herrschenden Landesfürsten geduldete (oder verordnete?) Kahlschlag war
und ist enorm. Zuletzt wurde im März 2012 auf der schmalspurigen
Ybbstalbahn ein „Pröllbock" errichtet, seit 2013 geht es der grenzüberschreitenden „Thayatalbahn" an den Kragen
[175] undenkbar in der Schweiz bspw. auf den Relationen Zürich-Bern-Genf
oder Basel-Neuenburg oder nach Luzern.. Seit 2013 fährt wieder 1 direktes
Zugpaar als „Mini-Intercity" Linz - Graz
[176] offizielle Begründung seitens ÖBB und der offensichtlich schlecht informierten Frau BM Bureš: „Es handelt sich um Geisterzüge". Genau wie
bei der Einstellung der Direktverbindung Graz-Linz wurde von nur „32
Personen" gesprochen, die diese Relation im Gesamten pro Tag benutzen.
Diese an den Haaren herbeigezogenen Zahlen konnten mehrfach widerlegt
werden. Zwischenzeitlich (2013) wurde dieser Fehlentscheid seitens der
ÖBB wieder revidiert und das ursprüngliche Angebot (nach entsprechender
Kundenvertreibung versteht sich) wieder eingeführt

de Relationen zu attraktivieren und auszubauen werden sie noch weiter unattraktiviert[177].

Neuester „Schmäh" seitens des Bundes und der Bundesbahn: Man mißbraucht den Föderalismusgedanken indem man nicht nur versucht, die Länder immer öfter beim Fernverkehr zur Kasse zu bitten sondern indem man sogar die gesamte Schieneninfrastruktur, gesamte Strecken, an die Bundesländer abzuschieben trachtet[178].

Am liebsten, so scheint es, würde man seitens den ÖBB nur mehr auf ein paar profitablen Strecken wie der West- und Südbahn, der Tauernachse oder dem Brenner fahren, der Rest soll abgegeben oder liquidiert werden[179]. Mag das aus betriebswirtschaftlicher Denkweise, zu der die ÖBB ja immer wieder fälschlicherweise angehalten wird, richtig sein, so ist es volkswirtschaftlich betrachtet und aus Sicht einer modernen und nachhaltigen Verkehrspolitik, ein steinzeitlicher Ansatz.

Spätestens hier hätte man sich einen Ordnungsruf aus dem Verkehrsministerium erwartet, doch die Frau BM Bures, eine SPÖ-Parteisoldatin, blieb stumm. In diesem Kontext macht sich wieder einmal schmerzlich das Fehlen eines verbindlichen Masterplans bemerkbar, der solches Handeln (oder Nichthandeln) unterbinden und statt dessen einen „Nationalen Schulterschluß" in der Verkehrspolitik garantieren würde.

Während für den laufenden Betrieb die Mittel und das Wagenmaterial knapp und kaum Geld für Neuanschaffungen vorhanden sind und

---

[177] auch die bestens bewährte und gut gebuchte tägliche EC-Direktverbindung mit Autoverladung von Graz nach Bregenz wurde ohne Vorwarnung und seriöse Begründung gestrichen

[178] in Niederösterreich bereits geschehen, 2013 scheint Oberösterreich an der Reihe zu sein. Da die ÖBB aber auf den meisten Nebenstrecken jahrzehntelang nichts investiert haben und sich daher eine Langsamfahrstelle an die andere reiht ziehren sich die Ländern verständlicherweise solch´ abgewirtschaftete Strecken ohne Anschubfinanzierung zu übernehmen

[179] siehe ÖBB-Infrastruktur AG „Zielnetz 2025+"

Bahnstrecken liquidiert werden, hat andererseits die „Bau- und Bankenmafia" die Eisenbahn im todbringenden Würgegriff – unter „Duldung" von Politikern und Staatsbahnmanagern werden Milliarden für fragwürdige Infrastrukturstrukturprojekte auf Pump verausgabt und so nicht nur die Eisenbahn sondern die ganze – aktuell schon nahezu bankrotte – Republik Österreich gegen die Wand gefahren. Mindestens 53 Milliarden Euro sind durch die neuen Infrastrukturprojekte bis ca. 2050 fällig – wahrlich erschreckende Dimensionen[180].

2.2. Mangelnder politischer (Umsetzungs-) Wille

In Bierzelten vor Wahlen und in Sonntagsreden betont (zumindest ein Teil der Politiker) schon seit Jahren, wie wichtig es im Sinne einer umweltfreundlichen, nachhaltigen Verkehrspolitik wäre, Personen und Güter von der Straße auf die Schiene zu verlagern. „Güter von der Straße auf die Schiene", „Bahn statt Automobil", „Klimaziele erfüllen, nachhaltige Mobilität fördern" etc. war immer wieder zu hören.

Auch im Regierungsübereinkommen finden sich u.a. folgende Willensbekundungen[181]:

Eine moderne Verkehrspolitik für Menschen muss sich sowohl am Verkehrsbedarf der Wirtschaft als auch an den sozialen Mobilitätsbedürfnissen der Menschen sowie den Zielen des Umweltschutzes und des Schutzes von Leben und Gesundheit orientieren, um so die Lebensqualität in Österreich insgesamt steigern zu können.

Ziel eines effizienten Infrastruktur- und Verkehrsmanagements ist es, die für die wirtschaftliche Entwicklung erforderliche Mobilität in nachhaltiger Weise zu gewährleisten. Vor diesem Hintergrund ist die

---

[180] Diese Ausgaben sind nach wie vor nicht im Budget abgebildet – wie lange sich die EU solche Tricksereien noch gefallen läßt ist fraglich
[181] Regierungsprogramm für die 24. Gesetzgebungsperiode 2008-2013, Seite 49ff

Attraktivierung von Schiene und Wasserstraße besonders zu forcie-ren.

Für die Ballungszentren ist hochqualitativer Öffentlicher Verkehr eine wirtschaftliche Überlebensfrage. Für ländliche Regionen ist Öffentlicher Verkehr eine wesentliche Voraussetzung für Mobilität und dient der sozialen Gerechtigkeit. Daher ist hier das Angebot zu attraktivieren.

Österreich wird im europäischen Gleichklang seine Treibhausgas-Emission sowie Feinstaub- und Stickoxidemmissionen reduzieren. Öffentlicher Verkehr ist eine wichtige Alternative, um dies ohne Re-duktion von Mobilität und damit von Wettbewerbsfähigkeit und sozi-alem Zusammenhalt zu erreichen.

Um das Nahverkehrsangebot kundengerechter zu gestalten bedarf es einer besseren Abstimmung der Nahverkehrsagenden (z.B. öster-reichweit abgestimmter Taktverkehr, wesentliche Verbesserung der Fahrgastinformationen, österreichweite Verkehrsauskunftssysteme und Vereinheitlichung der Tarife zwischen den Verkehrsverbünden, Österreich-Ticket[182])

Wäre in den letzten Jahrzehnten auch nur ein Bruchteil der Ankündi-gungen in den zahlreichen „Sonntagsreden" der Damen und Herren Politiker sowie der Willensbekundungen in den Regierungspro-grammen zum Thema Schienenverkehr in die Tat umgesetzt worden, so hätten wir heute paradiesische Zustände in Österreich, die einen Vergleich mit der Schweiz, dem Musterland der Eisenbahn, sicher nicht scheuen müßten.

Allein es blieb grossteils bei Lippenbekenntnissen, der konkrete Wil-le zur Umsetzung, zur Veränderung, ist bis dato abseits der großen Magistralen sowie kostspieliger Neubauprojekte kaum sichtbar ge-

---

[182] „Österreich-Ticket" meint eine Netzkarte für alle öffentlichen Ver-kehrsmittel des Landes nach dem Vorbild des Schweizer Generalabonne-ment. Trotz langjähriger Urgenzen seitens der Fahrgastvertretungen und Willensbekundungen der Politiker nach wie vor nicht existent

worden[183]. Dem steht wohl der Wille zur Machterhaltung mittels Bedienung der „Spezln" und „Seilschaften" im Dunstkreis der Kfz-, Nutzfahrzeug- und Baulobby sowie mangelnde Courage entgegen. Oftmals hat man sogar das Gefühl, die Politik will die Eisenbahn (und den öffentlichen Verkehr generell) vorsätzlich mit dem Vorschlaghammer vernichten[184] statt dieses umweltfreundliche Verkehrsmittel zu forcieren. Es wurde mit politischer Duldung (oder war die Politik gar der Auftraggeber?) seitens der Staatsbahn ÖBB das Angebot abseits der großen West-Ost- sowie Nord-Süd-Magistralen weiter reduziert anstatt ausgeweitet, statt einer weiteren Vernetzung mit integralem Taktverkehr erfolgt(e) die Verstümmelung zahlreicher Regionalbahnstrecken sowie weitere Unattraktivierungsmaßnahmen.

Bei der Qualität der momentan agierenden Politiker könnte es natürlich auch an mangelndem Wissen und/oder mangelnder Intelligenz liegen, für beides gibt es aber mehr oder minder sanfte Rezepte zur Genesung. Somit konnte sich – im Unterschied zur Schweiz – auch in Österreich nie wirklich eine „Eisenbahnkultur" entwickeln. Der öffentliche Verkehr in Österreich ist in vielen Regionen als desaströs zu bezeichnen, wo bspw. die Bevölkerung an Samstagen, Sonn- und Feiertagen überhaupt keinen öffentlichen Verkehr vorfindet – unwürdig für ein angeblich so reiches Land wie Österreich.

2.3. Die politische Einflußnahme

Die Politik zeigt auf der einen Seite mangelndes Engagement, wenn es um konkrete Umsetzungen und Verbesserungen geht, wenn ein nationales Bekenntnis, ein Schulterschluß, zum Ausbau der Eisenbahn gefordert wäre, auf der anderen Seite Hyperaktivität, wenn es gilt, in das (Tages-) Geschäft der Staatsbahn ÖBB hineinzuregieren.

---

[183] hier ist „Policy Watch" gefragt
[184] bspw. Kahlschlag der Nebenbahnen in Niederösterreich, Abstimmung der Fahrpläne. Im Gegenzug werden Milliarden in ein paar wenige und nicht unumstrittene Prestigeprojekte wie den Brennerbasistunnel und die Koralmbahn gebuttert.

Was im Fußball „Simmering gegen Kapfenberg - das ist Brutalität" gilt, das ist bzw. war in der Verkehrspolitik „Haberzettel gegen Kukacka". Parteipolitische und persönliche Machtspiele zum Nachteil der Eisenbahn, jahrelang ging das Match - es gab eigentlich nur Verlierer.

Einen Orden für diejenigen schwarzen Kavalleristen (Politiker), die in der Staatsbahn ÖBB nicht nur „böse Rothäute" sehen so nach dem Motto „Nur ein toter Indianer ist ein guter Indianer".

Auch als „Selbstbedienungsladen" für die Politik waren und sind die ÖBB immer wieder gefragt[185].

2.4. Fehlender echter Masterplan

Da es – wie vorhin angesprochen – am politischen Umsetzungs-Willen für eine nachhaltige Verkehrspolitik mit eindeutiger Prioritätensetzung für den öffentlichen (Schienen-) Verkehr mangelt, nimmt es auch nicht wunder, daß die konkreten politischen Vorgaben, Rahmenbedingungen sowie Umsetzungsstrategien weitgehend inexistent bzw. intrasparent/schwammig sind.

Neben den Regierungsübereinkommen, die als vage Willensbekundungen zu sehen sind, wurden in den letzten Jahren weitere Paper veröffentlicht, die sich mit der zukünftigen Gestaltung des Verkehrs in Österreich beschäftigen, u.a. der Generalverkehrsplan aus dem Jahr 2002 (blaue Verkehrsministerin Garstinger), der Generalverkehrsplan für Österreich aus dem Jahr 2012 (rote Verkehrsministerin Bures) sowie den von den ÖBB verfaßten Plan mit der Bezeichnung „Zukunft Bahn. Zielnetz 2025+".

---

[185] u.a. die niemals aufgeklärte Inseratenaffäre des damaligen Verkehrsministers und jetzigen Bundeskanzlers Werner Faymann (SPÖ)

Einen echten Masterplan stellen aber alle 3 Schriften bei näherer Betrachtung nicht dar, höchstens ein Exposé zu einem solchen. Nur durch einen echten Masterplan wird sichergestellt, daß nach Veränderungen in der politischen Landschaft und den damit meist verbundenen „Umfärbungen" sowie Wechseln in den Führungsetagen des Ministeriums sowie der Staatsbahn die definierten und anzustrebenden Ziele und die dazu als notwendig definierten Maßnahmen nicht „aus den Augen verloren" werden.

„Hüftschüsse" und permanente Prioritätenänderungen wären somit Geschichte, alle Akteure müßten sich an den im Masterplan akkordierten Willen (für eine nachhaltige Verkehrspolitik, einen prosperierenden Schienenverkehr…) halten. Auch die aktuell wieder in Mode gekommenen Sparpakete müßten auf diese Prioritätensetzung Rücksicht nehmen. Denn: Politiker kommen und gehen, Masterpläne bleiben bestehen.

2.5. Flächendeckenes Netz versus Stückwerk und Verstümmelung – das Drama um Österreichs Nebenbahnen

Eines der erfolgreichsten wenn nicht gar das erfolgreichste Produkt / Dienstleistung der letzten Jahrzehnte ist das Internet. Es ist ein weltweites Daten- und Kommunikationsnetz, welches ursprünglich zu militärischen Zwecken entwickelt wurde. Novität: Keine lineare oder hierarchische Verbindung von A nach B und von dort nach C und D, wo bspw. bei Ausfall von Knoten (Vermittlungsstelle) B keinerlei Kommunikation zu C und D mehr bestünde, sondern es erfolgt eine Vernetzung jedes Knoten mit jedem Knoten und somit einer hohen Ausfallsicherheit.

Bei den Eisenbahnnetzen in Österreich ist jedoch ein gegenteiliger Trend feststellbar. Waren unsere Vorfahren, die noch kein Internet kannten, bestrebt, ausgehend von Knotenpunkten an Hauptstrecken mit Nebenbahnen das Hinterland netzförmig zu erschließen um dann ggf. wieder an einem anderen Hauptknoten einzumünden, so werden

seit Jahrzehnten Nebenbahnstrecken und funktionierende Netze partiell vernichtet und amputiert.

Ist dieses Vorgehen in den Anfangsjahren des boomenden Individualverkehrs noch entschuldbar gewesen – man wußte es einfach damals nicht besser, das Auto galt einfach als die Zukunft der Mobilität schlechthin – so ist das Handeln heute als „vorsätzliches Handeln wider besseren Wissen" und „Vernichtung von Volksvermögen" zu diagnostizieren. Statt manches damals unvollendet gebliebene Netz (1. Weltkrieg) nun zu vollenden, wird schrittweise das Netz amputiert und man will den Verkehr auf einige wenige Strecken konzentrieren, die als lukrativ angesehen werden. Ob unter Duldung oder gar im Auftrag der Politik, das ist in diesem Geflecht der Intransparenz nicht klar erkennbar[186].

Nur von Hauptbahnen (Hauptadern[187]) ausgehende Nebenbahnen (Regionalbahnen), ergänzt dann noch weiter in der Fläche durch ein taktmäßig angeschlossenes Busnetz ermöglichen eine flächendeckene (Grund-) Versorgung der Regionen (u.a. auch der inneralpinen Regionen) mit öffentlichen Verkehrsmitteln.

2.6. Betriebswirtschaftlich vs. Volkswirtschaftlich

Ob der permanenten negativen Schlagzeilen in den Medien betreffend der „horrenden Schulden" und Zahlungen des Steuerzahlers an die ÖBB („jeder Österreicher zahlt jährlich xxx Euro an die ÖBB")

---

[186] Besonders dramatisch zeigt sich die (partielle) Vernichtung bzw. Herabwirtschaftung von Nebenbahnen und somit von Volksvermögen in Niederösterreich im Zuge der bereits so genannten „Pröllbock-Politik". Die Liste ist lang, u.a. Ybbstalbahn, Thayatalbahn, Erlauftalbahn, „Krumpe", Traisentalbahn / Leobersdorferbahn, Donauuferbahn, Pulkautalbahn, Lokalbahn Schwarzenau – Zwettl- Martinsberg, Weinviertelbahn / Zayatalbahn, Lokalbahn Gänserndorf – Mistelbach, Lokalbahn Drösing – Zistersdorf, Stammersdorfer Lokalbahn, Poysdorfer Bahn ….
[187] ebenso – um einen Vergleich aus der Botanik zu bemühen – wird ein Baum nicht gesund wachsen können (und Ertrag bringen), dem man regelmässig seine Äste und Blätter vom Stamm abhackt

wird seit einigen Jahren seitens der Politik (und von einigen Teilöffentlichkeiten) die Parole ausgegeben, die ÖBB müsse betriebswirtschaftlich agieren. Und die Manager der Staatsbahn ÖBB wiederholen diese Parole schon gebetsmühlenartig quasi als Entschuldigung, wenn wieder eine Nebenbahn gekillt oder das Angebot auch auf Hauptstrecken ausgedünnt werden soll.

Natürlich sollte, nein muß, auch die ÖBB wie jedes Unternehmen nach kaufmännischen Regeln geführt werden[188], die zur Verfügung gestellten Mittel dürfen keinesfalls leichtfertig „verjuxt" werden, nur weil die Gelder sowieso vom Steuerzahler kommen und es daher „wurscht" wäre – Stichwort „Privilegien der Eisenbahner", „Bonizahlungen für erfolglose Manager" etc. Aber: Man sollte endlich hehirnen, daß Infrastrukturinvestitionen und Betrieb einer Eisenbahn wesentliche volkswirtschaftliche Leistungen darstellen, die über Standortattraktivität und Lebensqualität einer Region bzw. eines Staates entscheiden.

Zum einen forciert man Betriebsansiedlungen in strukturschwachen Regionen, ermutigt Menschen, sich dort anzusiedeln oder zumindest nicht abzuwandern, aber zum anderen verweigert man Betrieben und Menschen abseits der Ballungsräume die Teilnahme an einem hochwertigen öffentlichen Verkehr (zu dem die Politiker oder zumindest manche davon immer in Sonntagsreden und Wahlkampfbierzelten aufrufen).

Die Frage in diesem Kontext muß also lauten: Will sich ein hochentwickeltes und reiches Land wie Österreich ein modernes und gesundes Öffentliches Verkehrsnetz nach dem Vorbild der Schweiz leisten oder nicht? Wenn Ja (was natürlich zu goutieren wäre), dann muß auch die ganze Nation dazu stehen (Nationaler Schulterschluß) und bereits sein, ohne gröberes Murren die volkswirtschaftlichen Kosten dafür zu tragen. Wenn Nein, dann sollten das die Politiker auch deutlich sagen, denn dann wäre jeder Euro für den Öffentlichen

---

[188] u.a. durch leistungsfähiges internes Controlling, im besten Fall durch „Cockpitsteuerung"

Verkehr ein Euro zu viel. Denn so wie beim ÖBH (Österreichisches Bundesheer) gilt, dass es „Sicherheit nicht zum Nulltarif" gibt, so bedarf es auch deutlich mehr finanzieller Anstrengungen, das Niveau des Öffentlichen Verkehrs in Österreich auch nur annähernd auf das des Schweizerischen zu heben[189].

2.7. Kostenwahrheit, Umweltschutz, Lebensqualität

Während bei Investitionen in die Schiene (Streckeninfrastruktur, „Bahnhofsoffensive", Tunnelbauten, laufender Betrieb) sofort in den Medien und auch von Politikerseite zu hören ist, was denn das alles koste, so hört man über den Straßenverkehr in diesem Kontext so gut wie gar nichts. Das ist schon höchst interessant, denn zu den für die Eisenbahn relevanten Kostenstellen, die in Summe beim Straßenverkehr ja ein Vielfaches vom Schienenverkehr betragen, kommen durch PKW- und LKW-Verkehr noch weitere nicht zu unterschätzende Folgekosten auf die Volkswirtschaft zu[190].

Man mindert also mit dem überbordenden Straßenverkehr (Personen und Güter) die Lebensqualität der Menschen und verursacht Kosten von einem Vielfachen des „gesunden Schienenverkehrs" aber im Regelfall wird immer noch nur über die Kosten der „gesunden Bahn" lamentiert. Hier muß Fairness in der Diskussion einkehren und die Kostenwahrheit schonungslos kommuniziert werden – auch wenn sich so manche Seilschaften der (noch) herrschenden Politikergarde wie die Auto- und Baulobby (von manchen auch als „Mafia" be-

---

[189] In der Schweiz, so der 15 Jahre als Verkehrsminister im Amt befindliche ehemalige Schweizer Bundespräsident Moritz Leuenberger beim 8. Infrastruktursymposium 2011 in Wien, da hat das Volk entschieden, daß die Eisenbahn ausgebaut wird und wir Politiker halten uns daran. Und: "Wir Schweizer lieben unsere Eisenbahn. Das ist offenbar der Unterschied zu Ihnen in Österreich".

[190] u.a. Umweltkosten („Strafzahlungen" für Nichterreichen des Kyoto-Ziels, Stichwort „CO2-Zertifikate" – immerhin bis 2014 geschätzte 1,1 Mrd. Euro), medizinische Reparaturkosten für Atemwegserkrankte und Lärmopfer und Kosten für die auf den Strassen Verunfallten und Getöteten.

zeichnet) dann vor Ärger grün und blau ärgern werden. Der Wohlstand des Staates und die Lebensqualität des einzelnen österreichischen Staatsbürgers (nicht irgendwelcher EU-Organisationen) hat als oberste Maxime für eine nachhaltige Verkehrspolitik zu gelten.

Und nebenbei bemerkt: Investitionen in die Schiene, also in eine gesunde und nachhaltige Verkehrspolitik, sind auch Investitionen für die nachfolgenden Generationen zu verstehen.

2.8. „Verländerung" – Nahverkehr vs. Fernverkehr

Die Staatsbahn (ÖBB) wird – von einer Fehlinterpretation der Forderung nach „betriebswirtschaftlichem Agieren" mißgeleitet – immer dreister, wenn der Fahrplanwechsel im Dezember naht und „Neuverhandlungen" anstehen. Wie schon unter dem Punkt „Betriebswirtschaftlich vs. Volkswirtschaftlich" ausgeführt, kann der Betrieb einer Eisenbahnstrecke so gut wie niemals kostendeckend sein, dh. die Einnahmen durch den Verkauf an Fahrkarten reichen nicht aus, Infrastruktur und laufenden Betrieb vollkommen abzudecken. Eine Ausnahme ist da höchstens die Westbahnstrecke von Wien nach Salzburg oder eine Privatbahn wie der CAT (City Airport Train) zum Flughafen Wien Schwechat. Damit der volkswirtschaftlich gewünschte und sinnvolle Betrieb einer Eisenbahn möglich ist, zahlt der „Bund" (Republik Österreich) den EVU (Eisenbahnverkehrsunternehmen) im Rahmen des sogenannten „GWL-Vertrages" (Vertrag über die Gemeinwirtschaftlichen Leistungen) jährlich eine Summe zu den nichtausreichenden Einnahmen aus den Ticketverkäufen hinzu, damit ein (möglichst befriedigender) Verkehr abgewickelt werden kann.

So bekommen aktuell die ÖBB als größter Verkehrsdiensteanbieter Österreichs jährlich mehr als 600 Millionen Euro vom Staat für den laufenden Betrieb (also ohne die Infrastrukturprojekte) zugeschossen. Dafür haben die ÖBB eine definierte Leistung zu erbringen. Allerdings ist dieser GWL-Vertrag offenkundig erstens nicht transparent, zweitens nicht stringent gefaßt (er ist „schwammig") und

wird drittens – wenn man die Causa Graz-Salzburg betrachtet – „nicht so genau genommen". Wichtig ist auch zu wissen, daß der „Fernverkehr" vom Bund bestellt (und bezahlt) wird aber seit einigen Jahren soll/muß der „Nahverkehr" großteils von den Ländern berappt werden. Wobei nicht klar definiert scheint – weil auch schwierig – was denn überhaupt unter „Fernverkehr" sowie unter „Nahverkehr" fällt.

Insbesondere diese GWL-Verträge, also die Bestellungen des Bundes bei der ÖBB (Fernverkehr) und auch Ausschreibungen für den Nahverkehr müssen transparent und dadurch kontrollierbar gemacht gestaltet werden, denn sonst steht immer öfter - wie aktuell zu beobachten - der Verdacht von Freunderlwirtschaft und Korruption im Raum. Es muß - da es sich um Steuergeld handelt - jeder Interessierte eindeutig nachvollziehen können, was für welche Leistungen konkret bezahlt wird[191]. Und die Vergabe dieser Leistungen muß öffentlich und transparent ausgeschrieben werden!

Gut erinnert sich der Verfasser dieser Zeilen noch daran, als vor einigen Jahren plötzlich ab Fahrplanwechsel auf der Salzkammergutbahn jeder 2. Zug statt nach Bad Aussee bzw. Stainach-Irdning zu fahren in Obertraun kehrtmachte und umgekehrt jeder 2. Zug von Stainach-Irdning kommend in Bad Aussee kehrtmachte. Hintergrund: Zwischen Obertraun und Bad Aussee im wildromantischen und touristisch genutzten Koppental verläuft die Landesgrenze zwischen Oberösterreich und der Steiermark. Früher kein Problem, bis die ÖBB unter Vorgaukelung eines betriebswirtschaftlichen Handelns kundtat, wenn die Länder nichts dazuzahlen dann fahren wir nicht.

Gleiches beobachtet man bspw. auf der Ennstalstrecke, wo offenbar das Land Salzburg nicht willens ist, einen Extra-Obulus zu entrichten und daher die Regionalzüge des „Steiermark-Taktes" in Schladming umkehren. Leidtragende sind die Bewohner des oberen Enns- und

---

[191] Die Vorgaben müssen konkret formuliert sein, bspw. 2 Stunden-Takt von Salzburg nach Graz von 06 Uhr morgen bis 20 Uhr abends, Züge mit 1. und 2. Wagenklasse, Restaurant oder Mobiles Service etc.)

Fritztales von Schladming, Radstadt bis Bischofshofen. Aber auch Gemeinden werden manchmal genötigt ihren Obulus zu entrichten, sonst bleiben die Züge einfach in der Station der Gemeinde nicht mehr stehen, werden deren Bürgen dann vom Verkehr ausgeschlossen.

So eine Art von „Regionalisierung" der Bahn, dh. Züge drehen an der Landesgrenze um bzw. halten in gewissen Orten nicht mehr, wenn nicht gezahlt wird, ist strikt abzulehnen. Das ist vergleichbar mit mittelalterlichem Raubrittertum.

2.9. Dienst nach Vorschrift versus Kreative Ansätze

Nur darauf zu warten, daß die Kunden (Fahrgäste, Unternehmen) kommen, wie es bei der Staatsbahn ÖBB zu beobachten ist, ist eindeutig zu wenig. Nicht ein reines Verwalten von Infrastruktur und Rollmaterial ist gefragt, es bedarf eines aktiven Zugehens auf die potentiellen Kunden, sie müssen motiviert, „gebauchpinselt" werden. Und durch attraktive, kundengerechte Angebote begeistert werden.

Es gibt mehrere Erfolgsgeschichten, wo die Staatsbahn(en) versagten, die nachfolgenden Privatbahn(en) aber mit großem Erfolg die schon abgeschriebene Strecke nicht nur wieder zum Leben erweckt sondern zu neuen Höhen geführt haben.

Bsp. Pinzgauer Lokalbahn[192]: Die ÖBB gaben die Strecke auf, wollten sie abtragen nach dem letzten großen Hochwasser 2005, denn mit jahrelangem „Dienst nach Vorschrift" und „Kundenferne" ging es mit der Lokalbahn stetig bergab. Es fehlte ein attraktives Angebot, ein aktives Zugehen auf die (potentiellen) Kunden und gleichzeitig hat man den Bahnbetrieb noch kannibalisiert, indem mit den unternehmenseigenen Bussen ein sinnloser Parallelverkehr aufgezogen wurde. Auch am Personal wurde gespart und in den schaffnerlosen Triebwägen tummelten sich die Schwarzfahrer zu Hauf.

---

[192] www.pinzgauer-lokalbahn.at/

Nach der Übernahme durch die landeseigene Salzburg AG mit einem engagierten Team an „Eisenbahnern"[193] (und nicht Managern im fernen Wien) ging es steil bergauf mit der Pinzgaubahn. Service im Zug durch Zugbegleiter, Streckenbegradigungen, neue Haltestelle für die Schifahrer, Ansprechen neuer Zielgruppen (Eisenbahnfreunde durch Nostalgiefahrten, Radfahrer mit speziellen Angeboten) sowie Abschaffung des ruinösen Parallelverkehrs durch Busse und somit Bündelung der Kräfte führten zu einem gewaltigen Anstieg der zahlenden Kundschaft. Und die dadurch initiierte Imagepolitur trägt langsam aber sicher zu einer verstärkten Identifikation der Pinzgauer Bevölkerung mit ihrer Regionalbahn bei.

Bsp. Wolfgangsee Schifffahrt: Der ehemalige Besitzer ÖBB winterte die Schiffe ein, die Salzkammergutbahn GmbH (Salzburg AG) schnürt auch im Winter Packages für Ihre Kunden (bspw. Adventfahrten, Heringsschmaus am Schiff, Firmenevents..) nach Schweizer Muster. Analysiert man die Website[194], so zeigt sich eine professionelle Vermarktung des Angebotes und somit eine Positionierung der Schifffahrt in Kombination mit der Schafbergbahn als unverzichtbares Freizeit- und Tourismusangebot in der Region.

Bsp. Vinschgaubahn, Pustertalbahn[195]: Von der italienischen Staatsbahn (FS/Trenitalia[196]) heruntergewirtschaftet und im Fall der Vinschgaubahn für 10 Jahre stillgelegt, ging es seit der Übernahme der Strecken durch das Land Südtirol (Betreiber SAD[197]) stetig bergauf. Der Ankauf neuer Fahrzeuge, lukrative Tarife und kundenfreundlicher Takt (stündlich bzw. halbstündlich) sowie eine behutsame Restaurierung bzw. Modernisierung der Bahnhöfe werden mit stetig steigenden Fahrgastzahlen honoriert. Auch für einen sanften, nachhaltigen Tourismus wird in Südtirol viel getan und die Eisen-

---

[193] allen voran Direktor Gunter Mackinger, ein Vollbluteisenbahner par exzellance
[194] www.schafbergbahn.at/
[195] www.vinschgauerbahn.it/
[196] www.trenitalia.com/
[197] www.sad.it

bahnstrecken, ergänzt durch ein engmaschiges Busnetz, sind dabei ein wichtiger Erfolgsfaktor[198], von dem man in Österreich nur träumen kann.

2.10. Fairer Wettbewerb, Transparenz

Mit der Monopolstellung eines Unternehmens ist es wie mit der Monarchie oder einer Diktatur - wäre ein Monarch oder Diktator ausschließlich um das Wohl und das Beste für seine Untertanen bemüht, so wäre das ja durchaus eine Regierungsform, die Vorzüge gegenüber einer Demokratie aufweist, wo Wadlbeisser, Querulanten und notorische Verhinderer auch die vorzüglichsten Projekte blockieren und zumindest jahrelang verzögern können. Nur meist führt Monarchie und Diktatur mit mangelnder Kontrollmöglichkeit zu Selbstherrlichkeit und Präpotenz. So wie jeder gute Sportler immer wieder beim Wettkampf gefordert werden will, so sollen auch die Märkte und die darin agierenden Unternehmungen sich messen und voneinander lernen können.

Konkurrenz bzw. Wettbewerb ist per se nichts Negatives, im Gegenteil, richtig verstanden und behirnt bietet der Wettbewerb die Chance besser zu werden und kundenorientierter zu agieren. Der Kunde soll ja schließlich im Fokus stehen, wenngleich bei zahlreichen Unternehmen nach wie vor die Kundenorientierung eher im „Leidbild" als im „Leitbild" steht.

In vielen Branchen trägt der Wettbewerb zur Verbesserung der Kundenzufriedenheit und zur Standortqualität im Staate bei. Warum soll das bei der Eisenbahn nicht möglich sein? Natürlich darf man nicht den Fehler der Engländer begehen, wo während des „Thatcherismus" überhastet und unausgegoren „privatisiert" wurde, sprich neben den

---

[198] Die „Mobilcard" ermöglicht den Gästen (aber auch Einheimischen) freie Fahrt mit allen öffentlichen Verkehrsmitteln in ganz Südtirol und tw. darüber hinaus, inkl. einiger Bergbahnen zum Sensationspreis von 15.- Euro für 1 Tag, 21.- Euro für 3 Tage und 28.- Euro für 7 Tage – siehe http://www.mobilcard.info/

Konzessionen für die Strecken auch deren Infrastruktur mit privatisiert wurden. Mit dem Effekt, daß nichts in die Infrastruktur investiert wurde und dann mehr als einmal Züge wegen maroden Oberbaus entgleisten und auch Todesopfer zu beklagen waren.

Der Staat darf sich also nicht ganz aus seiner Verantwortung seinen Bürgern gegenüber zurückziehen, er muß für die nötigen Rahmenbedingungen und für eine moderne Infrastruktur sorgen. Die vom Staat errichtete und gewartete Infrastruktur, die Trassen/Strecken also, sind dann nach klar definierten Kriterien und festgesetzten Kosten („Schienenmaut") an interessierte EVU´s vorurteilsfrei zu vergeben.

Der Personenverkehr ist grundsätzlich öffentlich auszuschreiben und nach einheitlichen Kriterien an das EVU mit dem für die Kunden besten Angebot unter größtmöglicher Transparenz zuzuschlagen. Freihandvergaben seitens des Ministeriums an die „alten Freunde von der Staatsbahn ÖBB" zu Lasten des Steuerzahlers und der Kunden – wie vor kurzem in der Causa Salzburg-Graz und anderen Relationen geschehen (Freihandvergabe ohne Ausschreibung für die nächsten 10 Jahre) – sind strikt abzulehnen. Der Beste möge gewinnen und nicht die „besten Packler"[199].

Seit Fahrplanwechsel 2011/12 ist auch im Personenfernverkehr das Bild etwas bunter geworden auf Österreichs Schienen – die blaugrünen Stadler-Triebwägen der privaten Westbahn GmbH sind nahezu im Stundentakt zwischen Wien und Salzburg auf der Westbahn unterwegs[200]. Und glaubt man den Aussagen der Betreiber, so soll die Strecke Wien-Salzburg nur der Anfang gewesen sein – vorausgesetzt, man wirft dem privaten Betreiber nicht noch mehr Prügel zwi-

---

[199] die Liberalisierung im Güterverkehr funktioniert im Ggs. zum Personenverkehr schon seit einem Jahrzehnt ohne gröbere Reibereien, man hat sich zwischenzeitlich an das bunte Bild der Lokomotiven von den diversen Anbietern gewöhnt
[200] Eindrücke von der Pressefahrt Westbahn siehe:
www.dokumentationszentrum-eisenbahnforschung.org/westbahn_start2011.htm

schen die Beine[201]. Es war ja wahrlich ein Armutszeugnis, wie unprofessionell das Verkehrsministerium und die Staatsbahn ÖBB mit dem neuen Dienstleister umgegangen sind[202].

Die Bahnkunden freuen sich jedenfalls über den zusätzlichen Anbieter und es kann positiv vermerkt werden, daß insgesamt die Fahrgastzahlen auf der Westbahnstrecke angestiegen sind und neben den Fahrgästen auch beide Unternehmen von der Wettbewerbssituation profitieren[203].

2.11. Fehlende bzw. falsche Anreize (bspw. Pendlerpauschale und steuerliche Absetzbarkeit)

Neben einer regelmässigen Kommunikation seitens des Staates und der EVU´s, wo (potentiellen) Kunden ein freiwilliger Umstieg von der Strasse auf die Schiene schmackhaft gemacht werden soll

---

[201] nach Aussagen vom GF der Westbahn GmbH, Dipl. Ing. Dr. Stefan Wehinger, mußte mehr als einmal das zustehende Recht auf dem Klagsweg gegen den „Platzhirschen" ÖBB erstritten werden

[202] u.a. die „Kursbuch-Affäre" – da man der erfolgreichen Klage der Westbahn um Aufnahme in das Kursbuch nicht stattgeben wollte wurde einfach das Kursbuch vom Verkauf zurückgezogen. Wo blieb da der „Ordnungsruf" seitens des Ministeriums und der Frau Bundesminister? In zahlreichen europäischen Ländern gibt es private Eisenbahnunternehmen, man hätte nur über den Tellerrand blicken müssen um zu sehen, wie es dort im Sinne der Fahrgäste funktioniert! Weiters wird monatelang den VIP-Kunden der ÖBB eine korrekte Fahrplanauskunft in den ÖBB-Lounges vorenthalten, nur weil man dort die Westbahn-Züge nicht anzeigen will und offenbar die hauseigene IT diese Züge nicht herausfiltern kann – Grabenkämpfe zum Schaden der Kunden und des gesamten Eisenbahnwesens

[203] Preisknüller, Einführung WLAN, mehr Kundenfreundlichkeit – das alles ist bei den ÖBB seit dem Auftritt des Mitbewerbers Westbahn zu verspüren. „Wettbewerb und Ausschreibungen lösn nicht alle Probleme im Schienenverkehr. Schon gar nicht beantworten sie die Frage, ob alle Tunnel, in die jetzt Milliarden investiert werden, wirklich notwendig sind. Eines bewirkt Wettbewerb aber sicher: bessere Qualität für das gleiche oder sogar weniger Geld. Da fährt die Eisenbahn drüber." (Bestbahn dank „Westbahn", SN, 9.12.2011, S.1)

(Transport, Personenbeförderung), bedarf es zusätzlich Motivierungs- und Lenkungsmaßnahmen in dieser Richtung, um die Nicht(frei)willigen mit mehr oder minder sanftem Druck zum gewünschten Handeln zu „motivieren". Bspw. sollen diejenigen Pendler belohnt werden, die für Ihre Fahrten öffentliche Verkehrsmittel in Anspruch nehmen.

Es macht wenig Sinn (wie in Österreich praktiziert), daß der finanziell aus dem letzten Loch pfeifende Staat die Autofahrer durch Erhöhung der Mineralölsteuer schröpft aber bei aufkeimenden Protesten über die teuren Benzinpreise die Pendlerpauschale für die Automobilisten im gleichen Umfang sofort wieder erhöht.

Wo es zumutbar ist, daß Pendler Öffis benutzen, darf eine Förderung nur durch Zubuße bzw. gänzliche Ersetzung der Kosten für eine Wochen- oder Monatskarte erfolgen. Dort wo es aktuell nicht zumutbar ist – weil die letzten Jahrzehnte der öffentliche Verkehr in der Fläche auf das Niveau eines Entwicklungslandes degeneriert wurde – dort ist der öffentliche Verkehr unverzüglich auszubauen. Neue Betriebsansiedlungen sowie größere Siedlungserweiterungen sind durch entsprechende gesetzliche Regelungen in der Raumordnung grundsätzlich nur an bestehenden oder gleichzeitig zu errichtenden Schienensträngen zu genehmigen und zu fördern.

Auch bei den Reiseabrechnungen (Reisespesen in Unternehmen) sind grundsätzlich nur mehr die entsprechenden Eisenbahn-Tarifkilometer (2. oder 1. Klasse) bzw. sonstiger Öffentlicher Verkehrsmittel als abzugsberechtigt anzuerkennen. Das „Kilometergeldschreiben" als willkommenes Zubrot und Steuertrick muß Geschichte werden.

2.12. Wann kommt endlich ein Generalabo nach Schweizer Muster?

Es steht im Regierungsabkommen[204] und die Frau Verkehrsminister Bureš heftete sich das auch bei ihrem Regierungsantritt auf ihre Fah-

---

[204] Republik Österreich- Regierungsprogramm 2008-2013 „Gemeinsam für Österreich", Seite 56

nen, endlich eine wirkliche Österreich-Card nach Schweizer Vorbild („Generalabo"[205]) einzuführen, doch wiederum scheint es sich nur um Worthülsen zu handeln.

Es ist nicht nur kein Fortschritt sichtbar, im Gegenteil, immer mehr Strecken werden stillgelegt und der Verkehr durch Busse abgewickelt. Wohlgemerkt Busse der Staatsbahn ÖBB („Postbus, ein Unternehmen der ÖBB") ersetzen als (Dauer-) SEV die Züge, aber plötzlich gilt dort die bestehende ÖBB-Netzkarte („Österreich Card") oder die Vorteilskarte nicht mehr, nicht einmal die geringste Ermässigung wird gewährt.

Experten zitieren den alten Kanzler Sinowatz, indem sie immer sagen „es ist alles sehr schwierig" und ausserdem oftmals intransparent. Und dann sind da ja noch die „Verbünde" – gemeint sind da die Verkehrsverbünde – die laut Insidern alles andere als Verbündete sind, sondern eher Blockierer und Kantönligeister, die nur das Beste für ihre Region herausholen wollen (Kirchturmdenken).

Die Einführung einer wirklichen Österreich Card (österreichisches Generalabo mit freier Fahrt auf allen öffentlichen Verkehrsmitteln des Landes[206]) muß mit allen Mitteln weiterverfolgt werden[207]. Da das Ministerium keine aktiven Signale in dieser Richtung setzt, müssen die Fahrgastvertretungen vehementer und öffentlichkeitswirksamer in dieser Sache aktiv werden. Als erster Schritt bietet sich die Gültigkeit der ÖBB Österreichcard für die ÖBB-eigenen Postbuslinien an. Der öffentliche Verkehr in Österreich – insbesondere der Schienenverkehr – muß als Ganzes betrachtet werden, dessen Forcie-

---

[205] Schweizer Generalabonnement siehe www.sbb.ch/abos-billette/abonnemente/ga.html; in Deutschland gibt es eine Netzkarte für Bahn und Nahverkehr in mehr als 100 Städten namens „Bahncard 100" www.bahn.de

[206] der Preis der jetzigen ÖBB-Österreichcard 2. Klasse beträgt pro Jahr aktuell 1.780 Euro. Eine Österreichcard NEU (Generalabo) sollte staatlich gefördert werden und preislich nicht höher als 2000 Euro pro Jahr liegen

[207] Die Einleitung eines Volksbegehrens in diesem Kontext ist anzudenken!

rung die Standortqualität und die Lebensqualität in unserem Lande verbessert und nachhaltig sichert[208].

2.13. Falsche Prioritätensetzung, „Monsterprojekte" gefährden den laufenden Betrieb – „Der Schmäh vom Baltisch-Adriatischen Korridor"

Dem mit offenen Augen durch die Lande fahrenden Eisenbahnnutzer fällt zumindest auf den Hauptstrecken auf, daß laufend immer irgendwo gebaut wird. Im Grunde ist es ja zu goutieren, wenn in die Infrastruktur investiert wird, hier tat sich ja in den letzten Jahrzehnten gerade in der Fläche viel zu wenig, Nebenbahnen wurden (vorsätzlich?) zu Tode gespart und die maroden Strecken dann nach Jahren des Siechtums stillgelegt[209].

Infrastrukturmaßnahmen gelten ja als Investitionen für die kommenden Generationen, doch müssen diese sinnvoll (nachhaltig) sein und man muß sie sich leisten können. Die Schweiz hat ja ein perfekt auch in der Fläche vertaktetes integrales öffentliches Verkehrsnetz, die Räder rollen erfolgreich im Dienste der Kunden. Da kann es sich die Schweiz getrost leisten, neue zukunftsweisende Großprojekte wie die Basistunnel von Lötschberg und Gotthard anzupacken, wohlgemerkt diese sind auch in einem Masterplan fix festgeschrieben und vom

---

[208] „Für die Ballungszentren ist hochqualitativer Öffentlicher Verkehr eine wirtschaftliche Überlebensfrage. Für ländliche Regionen ist Öffentlicher Verkehr eine wesentliche Voraussetzung für Mobilität und dient der sozialen Gerechtigkeit. Daher ist hier das Angebot zu attraktivieren." Republik Österreich- Regierungsprogramm 2008-2013 „Gemeinsam für Österreich", Seite 55f.

[209] Was würden wohl unser Vorfahren dazu sagen? Mit viel Mühe und Entbehrungen, manchmal auch mit Verletzten und Toten („Blut und Schweiß"), auf alle Fälle mit viel Kapitaleinsatz wurden die Strecken „aus dem Boden gestampft", als „Investitionen für zukünftige Generationen" (wie wir das ja auch heute bei den „Monsterprojekten" Brennerbasistunnel, Koralmbahn etc. immer zu hören bekommen). Heute läßt man dieses Volksvermögen vergammeln und wirft es dann auf den Müll

Volk per Entscheid gewünscht. Und die Schweiz kann die finanziellen Mittel quasi aus der Portokasse berappen.

In Österreich zeigt sich aktuell folgendes Bild: Die Politik und die Staatsbahn ÖBB haben ihre Hausaufgaben hinsichtlich des bestehenden Verkehrs, der Bestandsstrecken, keinesfalls gemacht, im Gegenteil, immer mehr wird der öffentliche Verkehr in der Fläche reduziert oder gar eingestellt und auch Hauptstrecken wie die Verbindungen Graz-Linz oder Graz-Salzburg stellen kein Tabu für eine Reduzierung bzw. Einstellung mehr dar. Und gleichzeitig fahren die Bagger und Tunnelbohrmaschinen auf, um mit Milliarden an Steuergeldern (das eigentlich gar nicht vorhanden ist) „Löcher in Berge zu graben" deren Nutzen für unser Land auch bei Experten höchst umstritten bis widerlegt ist[210].

So sehr Leuchtturmprojekte für die Eisenbahn (und den öffentlichen Verkehr) zu goutieren sind, aber man muß sie sich leisten können und sie müssen einen nachweislichen Nutzen für das Land bzw. die

---

[210] bezieht sich auf Brennerbasistunnel (BBT), Koralmbahn sowie den Semmeringbasistunnel. Die Investitionen von knapp 9 Milliarden Euro sollen nach einer (für den Autor nicht nachvollziehbaren Rechnung) 15.000 Dauer-Arbeitsplätze in der Region bringen und eine Wertschöpfung von fast dem doppelten der Investition, also knapp 18 Milliarden Euro. Josef Urschitz (Die Presse) meint dazu: „Voodoomathematische Gutachten über astronomische Multiplikatoreffekte". Deutsche Experten sehen die volkswirtschaftlichen Effekte des Semmeringbasistunnels ebenfalls kritisch (Vieregg-Rössler Innovative Verkehrsberatung, 2014): „Die volkswirtschaftlichen Kosten des Tunnels sind doppelt bis viereinhalb mal so hoch wie der volkswirtschaftliche Nutzen. Das Projekt wirkt somit wohlstandsmindernd für die österreichische Gesamtgesellschaft". Und weiter heißt es in dem Gutachten, dass die Österreicher von einem Kosten-Nutzen-Effekt von 5,11 ausgehen, dh. daß der volkswirtschaftliche Nutzen des Tunnels die Kosten um das 5,11-Fache übersteigt. Bei Anwendung des bewährten deutschen Bewertungsverfahrens dagegen ergeben sich nur Nutzeneffekte von 0,22 bis 0,46. Projekte, deren volkswirtschaftlicher Nutzen unter 1 liegen, sollten gemäss der Deutschen Normen nicht verwirklicht werden.

Region bringen[211]. In Zeiten begrenzter Mittel sind die Projekte nach ihrem Nutzen zu reihen (Prioritätensetzung) und dann abzuarbeiten. Großprojekte („Monsterprojekte") dürfen nur dann angepackt werden, wenn die bestehenden Hausaufgaben gemacht sind, dh. ein moderner integraler Takt flächendeckend in Österreich nach Schweizer Vorbild eingeführt und etabliert ist. Und bei Bestandsstrecken endlich durchgängig Lawinen-, Steinschlag-, Muren- und Hochwassersicherheit gegeben ist[212].

Es ist ja schon wirklich grotesk, daß einerseits die Staatsbahn ÖBB (unter Duldung oder auf Zuruf der Bundes-Politik) die Führung des IC-Verkehrs zwischen wichtigen Landeshauptstädten des Landes und durch bevölkerungsreiche Regionen wegen ein paar Millionen Euro Kosten pro Jahr einstellt, Hauptstrecken wie bspw. Arlberg- oder Mittenwaldbahn oftmals wegen ungenügendem Schutz vor Witterungseinflüssen deutlich vor den Strassenverbindungen gesperrt werden müssen, gleichzeitig aber ein Loch um mehrere Milliarden Euro durch die Koralpe gegraben wird, wo überhaupt kein nachhaltiger volkswirtschaftlicher Nutzen glaubhaft! attestiert werden kann.

Dabei wurde - um bei dem Koralpenprojekt zu bleiben - vor wenigen Jahren dieses Projekt auch von der ÖBB als „nicht sinnvoll" eingestuft aber nun wird es nach Interventionen aus der Politik und natür-

---

[211] wie der 2012 eröffnete Wienerwaldtunnel mit einer signifikanten Fahrzeitverkürzung auf der am dichtesten befahrenen Strecke in Österreich; bei der ebenso im Jahr 2012 eröffneten Unterinntalbahn, wo die meisten lauten Güterzüge nach wie vor oberirdisch auf der alten Strecke dahinrattern anstatt im neuen 2,2 Mrd. Euro teuren Tunnel, andererseits Intercity und Railjet die Reisenden wie eine Rohrpost im finsteren Tunnel durch das schöne Land Tirol schleusen, dürfte die Kosten-Nutzen Bilanz deutlich schlechter aussehen

[212] siehe dazu www.dokumentationszentrum-eisenbahnforschung.org/deef_blog.htm („Kaum schneit´s so stehen die Räder still - die ÖBB als Schönwetterbahn")

lich der Bau- und Bankenlobby offenbar wider besseres Wissens durchgedrückt[213].

Wie am Infrastruktursymposium 2011 in Wien zu erfahren war, werden ab 2018 alleine die Annuitäten für diese Aktivitäten mindestens 1,8 Milliarden Euro per anno betragen, wobei man weiß, dass dieses Geld ja gar nicht vorhanden ist. Wenn Kritik laut wird, dann wird gerne auf einen dieser nebulosen „Transeuropäischen Korridore", hier den sogenannten „Baltisch-Adriatischen Korridor[214]" verwiesen, wobei noch niemand wirklich konkret und vor allem glaubhaft den wirklichen Bedarf und den Nutzen für Österreich auflisten konnte.

In Summe soll den nachfolgenden Generationen durch die fragwürdige Tunnelbau-Orgie eine Bürde von mindestens 53 Milliarden Euro auferlegt werden. Nicht auszudenken was passiert, wenn die EU Österreichs „Budget-Tricksereien" nicht länger duldet und die Tunnel-Milliarden ins ordentliche Budget eingerechnet werden – dann drohen „griechische Verhältnisse" in Österreich.

Höchst aufschlußreich hinsichtlich des Beziehungs-Geflechts („Korruptions-Milieu") Politik – Staatsbahn ÖBB – „Bau- und Bankenlobby" im Kontext zu den diversen Tunnelprojekten ist der 2012 erschienene Bestseller von Hubertus Godeysen „Österreichs Bundes

---

[213] in diesem Zusammenhang sei erwähnt, dass in Österreich durch die ÖBB Infra bei Bahninfrastrukturprojekten (Neubau, Sanierung, Bahnhöfe) im Vgl. mit anderen Ländern viel zu teuer gebaut wird

[214] eine Erfindung einiger „bauernschlauer" Kärntner Politiker mit dem Ziel einer „Jörg Haider Gedächtnisbahn" auf einer Verkehrstagung 2004 in Villach. Empfehlenswert dazu der Beitrag von Elmar Oberegger „Abenteuer Koralmbahn" – Zitat: „Ursprünglich sollte dieser (Korridor) von Danzig ausgehen und – die Seehäfen Koper und Triest übrigens aussparend (!) - bis Bologna führen. Wohl als man bemerkte, dass „dieses Bologna" gar nicht an der Adria liegt, machte man eben in der Karte ein „Strichale" hinüber nach Ravenna. Dieses Modell präsentiert uns nun 2011 Herr LH Dörfler in seiner zuvor bereits erwähnten „Bezahlten Anzeige" in der Zeitschrift „Profil". Im Norden jedoch machte man kein einfaches, kurzes „Strichale", sondern landete gleich in Helsinki, also in Skandinavien (!).

Bahnen. Schwarze Löcher, rote Zahlen. Wie Österreichs Zukunft durchbohrt wird". Das Buch liest sich stellenweise wie ein Kriminalroman und zeigt neben den Machenschaften des genannten Beziehungsgeflechts auch die Unnotwendigkeiten der Tunnelprojekte auf.

Fazit: Weder zum Wohle der Eisenbahn noch für zukünftige Generationen fahren die Tunnelbohrmaschinen primär auf und wird der Beton angerührt sondern zum Wohle der „Bau- und Bankenmafia".

Wenn man die Vorgehensweise der Staatsbahn aktuell im Ennstal oder anderswo auf die zukünftige Koralmbahn überträgt, dann ist es gar nicht so unwahrscheinlich, dass nach Fertigstellung des „Steirisch-Kärntnerischen Lochs" die ÖBB kundtun, daß kein gewinnbringender Personenverkehr dort möglich ist und sie daher nicht fährt, außer um ein paar läppische Millionen per anno als Zuschuß von den Ländern Kärnten und Steiermark. Vielleicht wird ja dann die GKB (Graz Köflacher Bahn) mit ihren Dieseltriebwagen auf der Hochleistungsstrecke Sonntagsausflügler von Graz durch das Loch nach Klagenfurt kutschieren.

2.14. Der Erfolg der Schweiz fiel auch nicht wie die Manna vom Himmel

Die Schweiz gilt heute als Musterland des Eisenbahnverkehrs. Politik und Bevölkerung stehen hinter „ihrer Eisenbahn" und auch Großprojekte von -zig Milliarden Franken werden gemeinsam gestemmt. Doch der Erfolg fiel der Schweiz nicht in den Schoß und auch zeitlich gesehen brauchte es ein jahrelanges beharrliches Verfolgen des angestrebten Ziels um die Früchte des Erfolgs heute ernten zu können.

In Österreich startete man mit dem NAT 91 - Neuer Austrotakt 1991 - ein vielversprechendes Projekt, doch man ging das Ganze erstens zu schnell und unvorbereitet an und man hatte zweitens einen äußerst kurzen Atem. Schon kurz nach Anlaufen dieses an sich höchst löblichen Projektes mit Taktverkehr zumindest auf den Hauptrouten und

abgestimmten Anschlüssen zur Fläche wurde wieder gekürzt, die (politischen) Verhinderer gewannen Oberwasser und sukzessive wurde dieser Ansatz eines Integralen Taktverkehrs über die Jahre hin verstümmelt und zeigt sich heute nur mehr in traurigen Fragmenten.

Man hat dem „Pflänzchen NAT" keine Chance gegeben sich zu entwickeln und da das Projekt nicht akkordiert in einem Masterplan verbindlich festgeschrieben war, konnte man ihm nach Lust und Laune „das Wasser abdrehen". In Summe höchst unprofessionell, aber diese chaotischen Zickzack-Kurse und Hüftschüsse haben in Österreich ja in vielen Bereichen Tradition. Nationaler Konsens zum Wohle des Landes, ein Schulterschluß, scheint in Österreich selbst in krisenhaften Zeiten ein Fremdwort für die Wadlbeisser und Konsorten zu sein.

Vor kurzem wurde seitens der Staatsbahn ein „Strategieplan Zielnetz 2025+" veröffentlicht - im Grunde ein „Wunschkonzert", nur mehr auf profitablen Hauptstrecken fahren zu wollen. Ein meilenweiter Rückschritt zum NAT 91 oder gar zum Integralen flächenmässigen Takt á la Suisse (Stichwort „Bahn 2000"[215]). Aber die gute Nachricht: In Österreich haben langfristige Planungen meist sowieso keinen Bestand und sind das Papier nicht wert auf dem sie geschrieben oder gezeichnet sind. Die Hoffnung stirbt bekanntlich zuletzt!

2.15. Zuviele Mitarbeiter bei der Staatsbahn – aber offenbar an den falschen Stellen

Ein Dauerthema in den politischen und medialen Debatten sind die bestehenden und ehemaligen Mitarbeiter der ÖBB. An dieser Stelle sei aber weder auf die angeblichen Privilegien noch auf die Pensionsregelungen eingegangen, das wäre ein Thema für einen separaten Beitrag. Thema soll aber sein, daß schon mehrfach darüber in den Medien berichtet wurde, daß die Mitarbeiter der ÖBB im Vergleich bspw. zur Schweiz zu wenig produktiv sind, dh. die Menge an trans-

---

[215] Leitspruch: „Schneller, häufiger und bequemer"

portierten Gütern (in Tonnen) bzw. die Anzahl der beförderten Personen je Mitarbeiter deutlich geringer sind als bspw. in der Schweiz. So war vor einiger Zeit auch von einem Top-Manager der SBB in den Medien zu lesen, daß die ÖBB im Vergleich zur SBB ca. 10.000 Mitarbeiter zu viel auf der Lohnliste haben.

Umgekehrt ist aber zu beobachten, daß im Kundenkontakt immer weniger ÖBB-Mitarbeiter anzutreffen sind. Schalter an Bahnhöfen werden geschlossen, Mitarbeiter durch Automaten ersetzt, viele Bahnhöfe sind Geisterbahnhöfe, wo nicht mal mehr Fahrdienstleiter anzutreffen sind[216]. Der Kunde als unbetreuter „Beförderungsfall", die Kommunikation mit ihm ist oftmals unprofessionell.

Neuerdings werden Kunden sogar mit Strafe bedroht, wenn sie sich die Fahrkarte nicht vor der Fahrt (am Automaten) kaufen, denn immer mehr Züge im Nahverkehr sind ohne Schaffner (Zugbegleiter) unterwegs. Ja sogar im Fernverkehr wird von der ÖBB bei der Kundenorientierung gespart und Zugbegleiter eingespart. So ist im Railjet nur 1 ÖBB Zugbegleiter anzutreffen[217]. Wenn der Railjet allerdings gen Westen in die Schweiz fährt, dann kommen statt 1 ÖBB Zugbegleiter 2 SBB Zugbegleiter an Bord. In Salzburg ist zu beobachten, daß die DB sogar 3 Zugbegleiter für die Weiterfahrt nach München einsetzt. Die neue WestBahn bietet sogar pro Wagen einen Zugbegleiter / Steward auf, der sich umfassend um das Kundenwohl kümmert[218].

---

[216] Insider befürchten schon den Megakollaps, wenn mittelfristig der gesamte Bahnverkehr Österreichs von nur mehr maximal 5 Stellen aus (sogenannten BFZ-Betriebsführungszentralen) ferngesteuert werden soll
[217] ein Zugbegleiter berichtete, daß er bei vollem Railjet von Wien bis St. Pölten kaum mehr als 3 Wagen kontrollieren kann – er schätzt, daß der Anteil an Schwarz- oder Graufahrern auf alle Fälle im 2-stelligen Prozentbereich liegt
[218] die Präsenz der Zugbegleiter sowie die Möglichkeit, die Fahrkarte aufpreisfrei im Zug kaufen zu können, wird von den Fahrgästen am meisten bei der neuen Westbahn geschätzt

Offenbar läuft da innerbetrieblich (gewerkschaftlich??) einiges falsch bei der ÖBB, einerseits angeblich 10.000 Mitarbeiter zu viel und andererseits kaum mehr Mitarbeiter direkt beim Kunden[219]. Offenkundig gibt es zuviele Häuptlinge („Manager"), die in ihren teuer errichteten Tintenburgen (ÖBB-Türme) sitzen und sich nicht zum Kunden wagen. Und gestandene Eisenbahner mit eisenbahnspezifischem Fachwissen und Herzblut sind immer seltener bei den ÖBB-Managern anzutreffen, deren Handlungen zielen scheinbar eher auf Bonuszahlungen in den eigenen Geldbeutel und betriebliche Befindlichkeiten als auf einen möglichst großen Kundennutzen.

2.16. Der Umgang mit dem historischen kulturellen Erbe - VVV - Verluderung, Verschrottung und Verscherbelung

Wurden vor nicht allzu langer Zeit auch in Österreich die historischen Fahrzeuge (Lokomotiven, Triebwägen, Waggons) an zahlreichen Traktionsstandorten (Paradebeispiel Selzthal) liebevoll für die Nachwelt bewahrt und blank geputzt imagefördernd im Rahmen von regelmässigen Nostalgiefahrten eingesetzt, so erfolgte im Gefolge der Umstrukturierungsmassnahmen des Staatsbahn-Konzerns („Filetierung") ein Kahlschlag beim historischen Erbe[220].

Beispielsweise wurden die europaweit bekannten und äusserst beliebten gut gebuchten Nostalgiefahrten vom Traktionsstandort Selzthal aus („Bahnerlebnis Steiermark" mit Fahrten durchs Gesäuse, zum Erzberg, durchs Salzkammergut, nach Passau) von heute auf morgen gestrichen, die wertvollen historischen Lokomotiven aus dem denkmalgeschützten Rundlokschuppen von Selzthal abgezogen („Plünderung") und großteils nach Wien verfrachtet.

---

[219] auch die zeitliche Verfügbarkeit der telefonischen Beschwerdestelle wurde drastisch eingeschränkt – der Kunde als Störenfried und Beförderungsfall
[220] auch der Umgang mit der historischen Bausubstanz der österreichischen Bahnhöfe und sonstigen Objekten ist alles andere als mustergültig

Dort standen/stehen die wertvollen Stücke teilweise mangels Unter-
stell- und Wartungsmöglichkeit im Freien und verrosten. Teilweise
wurde historisches Material auch verschrottet oder ins In- und Ausland verscherbelt. Dabei hatten es nicht alle Oldtimer so gut wie die
E-Lok 1245.05, die nach der Abholung aus Selzthal und einem kurzen Aufenthalt in Wien nun ein gutes Platzerl bei den Kärntner Nostalgiebahnen gefunden hat und seit 2011 regelmässig für Nostalgiefahrten des privaten Vereins eingesetzt wird.

Neben den Nostalgiefahrten von Selzthal aus fielen u.a. auch die
beliebten und tourismusfördernden Nostalgiefahrten von den (ehemaligen) Traktionsstandorten Saalfelden (entlang der Giselabahn /
Brixentalbahn von Zell am See nach Wörgl) und von Innsbruck (entlang der grandiosen Mittenwaldbahn) dem Zentralismuswahn zum
Opfer. Die ÖBB Erlebnisbahn[221] organisiert zwar nach wie vor Nostalgiefahrten, doch diese sind regional überwiegend auf die Ostregi-
on konzentriert und vom Einsatz des historischen Materials her eher
monoton und schmalbrüstig[222].

Wie die Nostalgiefahrten so lebt auch der Museumsbetrieb überwiegend vom Engagement privater Vereine (bspw. ÖGEG[223] oder
NBiK[224]), der öffentlichen Hand ist offenbar das kulturelle Erbe
nichts wert.

Nach wie vor gibt es kein wirkliches Österreichisches Eisenbahnmuseum, das die gesamte Palette der österreichischen Eisenbahngeschichte abbildet. Eigentlich ist seit Jahrzehnten das Technische Museum in Wien dafür vorgesehen, aber die für den Ausbau notwendigen Gelder wurden nie in die Hand genommen. Aus Platzmangel
werden zahlreiche Exponate des Technischen Museums im Eisen-

---

[221] http://erlebnisbahn.oebb.at/
[222] man hat ja seitens der ÖBB Erlebnisbahn mehr verscherbelt und verschrottet als bewahrt. Die ÖBB Erlebnisbahn befindet sich 2014 in Liqui-
dierung seitens des Konzerns
[223] ÖGEG – Österreichische Gesellschaft für Eisenbahngeschichte, Museum
in Ampflwang (Oberösterreich), www.oegeg.at
[224] NBiK – Nostalgiebahnen in Kärnten, www.nostalgiebahn.at

bahnmuseum Straßhof[225] gelagert, das sich als Österreichisches Ersatz-Eisenbahnmuseum etabliert hat.

Für ein reiches Land wie Österreich, das nicht müde wird, bei jeder Gelegenheit zu betonen, welch´ große Kulturnation man doch ist, zeigt sich hinsichtlich der Pflege der Technikgeschichte ein jämmerliches Bild. Will Österreich als wahre Kulturnation gelten, so muß neben Mozart, den Wiener Sängerknaben und den Lipizzanern auch Platz (und Geld) für die Pflege der technischen Errungenschaften des Landes sein[226]. Auch hinsichtlich des Denkmalschutzes (Bahnhöfe, Infrastruktur[227], rollendes Material) ist man in Österreich „barbarisch".

2.17. Eisenbahn als Tourismusfaktor

Glacier Express, Bernina Express, Golden Pass, Jungfraubahn (Top of Europe), Gornergrat, Rigibahn – klingende und weltbekannte Namen und nur eine kleine Auswahl an „Schweizer Eisenbahn-Marken", die jährlich dafür sorgen, daß Millionen Schweizer Franken, Dollar oder Yen die Kassen der Touristiker klingeln lassen.

Eisenbahnstrecken in der Schweiz wurden professionell als Marken positioniert und werden aktiv von den Eisenbahnunternehmen ge-

---

[225] www.eisenbahnmuseum-heizhaus.com/

[226] Die Geringschätzung der Eisenbahngeschichte zeigt sich immer deutlicher auch bei den diversen von der Staatsbahn organisierten Eisenbahnjubiläen, die den eigentlich Anlaß des Feier so gut wie nie historisch aufbereitet dem Publikum präsentieren. Stattdessen gibt es „eisenbahnhistorische Conveniencekost" für die Besucher: Hüpfburg, Blasmusik (Live oder aus der Konserve), Würstl, Bier, Limo, Werbestand mit Kugelschreiber und Abzugbildl sowie ein Talent oder eine Taurus zum bestaunen oder fotographieren. Aber man muß ja fast schon froh sein, wenn ein Jubiläum überhaupt stattfindet und nicht „vergessen" wird wie bspw. 2011 das Jubiläum „150 Jahre Passauer Bahn".

[227] u.a. Demolierung der tw. über 100 Jahre alten Hektometersteine entlang der Strecken durch die ÖBB Infra

meinsam mit den Touristikern vermarktet[228]. Oftmals stellen Eisenbahnstrecken dabei die touristischen Leitbetriebe der Region dar. Angenommen wird dieses Angebot nicht nur von zahlreichen ausländischen Gästen, sondern es gehört zum kulturellen Selbstverständnis und zum „guten Ton"[229], als Eidgenosse Tages- oder Wochenendausflüge mit der Eisenbahn zu genießen. Angebot und Nachfrage befinden sich im Lot, denn wo kein Angebot da auch keine oder kaum Nachfrage und geringe Nachfrage generiert auf Dauer kein adäquates Angebot.

In Österreich hat man es bis dato fast vollkommen verschlafen, die durchaus vorhandenen touristischen Potentiale der Eisenbahn wahrzunehmen oder gar zu fördern. Während in der Schweiz auch auf den ersten Blick weniger interessante Strecken professionell vermarktet werden, läßt man in Österreich weit interessantere Strecken fast oder ganz „vor die Hunde" gehen.

Wenn ich da nur an die Donauuferbahn durch das Weltkulturerbe Wachau, die Erzbergbahn, die Rudolfsbahn entlang der Enns durchs „Xeus" denke, die Ybbstalbahn und Thayatalbahn in NÖ oder gar an das Wälderbähnle in Vorarlberg, das ich Dank der früheren Geburt noch miterleben durfte, da kommt schon Wut auf ob soviel Unvermögens oder gar vorsätzlichem Vernichtungswillen von unschätzbaren (Kultur-) Werten (=Volksvermögen) seitens unvermögender Politiker und Bahnmanager.

Wenn man sich bspw. vorstellt, die Bahnstrecke durch die Wachau läge in der Schweiz, da gäbe es sicher einen 2-Stundentakt mit buchbaren Zusatzprogrammen für die Touristen, Besichtigungen und

---

[228] Swiss Travel System. Die Schweiz mit Bahn, Bus und Schiff. www.swisstravelsystem.ch/
[229] in Österreich gilt die Eisenbahn in weiten Kreisen nach wie vor als Verkehrsmittel der „Hungerleider" – das soll aber nicht zum Schluß verleiten, daß die Eidgenossen keine Autos besitzen oder gar sich keine leisten können – die Pro-Kopf-Automobildichte ist in der Schweiz ähnlich derer in Österreich, allerdings ist das Denken hinsichtlich „intelligenter Verkehrsmittelwahl" in der Schweiz deutlich besser ausgeprägt als in Österreich

Mittagessen/Abendessen, Unterkunft, Weinverkostung etc. Die Fahrgäste würde entweder in authentischen Nostalgiezügen durch das Weltkulturerbe geführt und/oder in futuristisch von einem Stardesigner konzipierten Wagen mit allem erdenklichen Komfort. Passende Anschlüsse an weiterführende Linien wären natürlich selbstverständlich[230].

In Niederösterreich, einem einst mit Eisenbahnen reich gesegneten Land, welches durch eine völlig verfehlte Verkehrspolitik nun verkehrsmässig nahezu den Standard eines Entwicklungslandes erreicht hat, zeigt sich ein völlig konträres Bild.

Eisenbahnstrecken wurden kaputtgespart und durch diverse (vorsätzliche?) Maßnahmen unattraktiviert. Im Mostviertel (Niederösterreich), welches ja auf nachhaltigen, sanften Tourismus setzen will, da fährt am Samstag und am Sonntag kein einziges öffentliches Verkehrsmittel mehr. Ein ähnliches Bild zeigt sich bspw. im Weinviertel. Dabei wurde der Bevölkerung seitens der Politik versprochen, mit dem Bus (statt der Bahn) wird alles besser. Die Bahn fuhr bis zum vorsätzlich herbeigeführten Ende zumindest noch ein paar Mal am Tag, auch am Wochenende. Doch der Kahlschlag in Niederösterreich geht weiter, nun geht es den Bahnen im Ybbstal und im Thayatal an den Kragen – entgegen vorheriger Versprechen des dortigen Landesfürsten sollen die aktuell stillgelegten Bahnen vollständig abgetragen und an deren Stelle ein Radweg errichtet werden. Wobei erfolgreiche Beispiele im In- und Ausland zeigen, daß der Erfolg in einer Symbiose von Bahn und Rad liegt und nicht einer Verdrängung der Eisenbahn durch das Fahrrad[231].

---

[230] die Strecke durch die Wachau ist seit einigen Jahren unterbrochen. Hinderlich auch daß die Bundesländergrenze OÖ/NÖ durch die Strecke verläuft

[231] Prosperierender Radtourismus in Kombination mit der Eisenbahn findet sich u.a. im Oberpinzgau, Drautal, Pustertal, Vinschgau. Südtirol ist überhaupt eine Modellregion was Ansätze für nachhaltigen Tourismus betrifft. Mit der bereits erwähnten äusserst kostengünstigen „Mobilcard" (www.mobilcard.info) wird den „sanften, nachhaltigen" Touristen das gesamte Land erschlossen – ausgehend von den Nord-Süd und Ost-West gerichteten Eisenbahnlinien als „Back-Bones" erschließen Autobusse selbst

Wie gering das Verständnis für die Eisenbahn als Tourismusfaktor ausgeprägt ist belegt u.a. auch ein Beispiel aus dem Inneren Salzkammergut an der landschaftlich prächtigen Salzkammergutbahn gelegen. Seit einiger Zeit gibt es keine Aushangfahrpläne mehr für Betriebe im Fremdenverkehr – als Grund werden Einsparungsmaßnahmen genannt, das Kopieren der Pläne sei zu teuer. Dabei sind Hotels und andere Fremdenverkehrseinrichtungen wichtige Botschafter und Multiplikatoren für den umweltfreundlichen öffentlichen Verkehr und obendrein ließen sich noch zielgruppenspezifische Packages für die Touristen schnüren. Aber soweit denkt man in der im Vergleich zur Schweiz wahrlich Bananenrepublik zu nennenden Alpenrepublik Österreich nicht – Eisenbahn und Tourismus sind ja schließlich 2 Paar Schuhe was die Ressortaufteilung betrifft. „Bad Governance" läßt grüssen[232]!

Es ist in Österreich kurz vor 12 Uhr was das kulturelle Erbe unserer Eisenbahnvorväter betrifft – bleibt zu hoffen, daß es kluge (und unbeirrbare) Köpfe in Österreich gibt, die gemeinsam mit Eisenbahnern und Touristikern eisenbahnaffine Themen kreieren, ja mehr noch, Mythen um diverse Eisenbahnstrecken aufbauen und so den Weiterbestand so mancher Strecke für die Gäste aber auch für die einheimische Bevölkerung sicherstellen. In der Schweiz – so läßt sich nachprüfen – funktioniert das bestens, dort „rollt der Rubel" und durch diese Symbiose aus Tourismus und Verkehr ist auch der Bestand der

---

das kleinste Dorf und auch Bergbahnen wie die Rittnerbahn oder die Mendelbahn sind in der Netzkarte inkludiert

[232] Wenn man sich ca. 20 Jahre zurückerinnert: Die Züge hatten klingende kultur- und tourismusrelevante Namen wie „Mozart" , „Maria Theresia", „Prinz Eugen", „Paracelsus", „Transalpin", „Tirolerland", „Bodensee", „Hohensalzburg" etc. – heute dominieren 0815 Firmennamen, der IC 542, früher mit dem Namen „Skizirkus Saalbach Hinterglemm Leogang" trägt neuerdings gar den unappetitlichen Namen „pneumokokkenab50.at" – da ekelt es einem schon vor dem Einsteigen. In allen Waggons zumindest des Fernverkehrs machte eine Übersichtskarte von Österreich mit den eingezeichneten Eisenbahnstrecken Lust aufs Reisen, welche durch Fotos von Sehenswürdigkeiten des Landes in den Abteilen weiter verstärkt wurde. Beides sucht man heute vergebens.

jeweiligen Eisenbahnstrecke für die einheimische Bevölkerung si-chergestellt[233].

Im touristischen Kontext sind auch Nachtzüge und Autoreisezüge zu sehen – diesbezüglich ist man immer noch nicht im 21. Jahrhundert angekommen was Destinationen und Qualität betrifft und läßt viel Potential ungenutzt liegen.

2.18. Europa wächst zusammen – auch auf der Schiene?

Der Verfasser dieses Beitrags erinnert sich noch sehr gut und vor allem gerne an seine Bahnreisen während der Studentenzeit in den 1980er Jahren zurück, wo er von Salzburg aus vielfältige Destinationen im Ausland direkt erreichen konnte. Er erinnert sich u.a. an Reisen nach Athen, Istanbul, Paris, Amsterdam, Brüssel, Oostende, Hamburg und sogar bis Südfrankreich an die spanische Grenze (Cerbere/Port Bou). Entweder waren das direkte Züge oder sogenannte Kurswagen, die ein- oder mehrmals in andere Zugverbindungen eingereiht wurden und dadurch eine umsteigefreie Verbindung er-möglichten. So ein Kurswagen brachte Reisende auch in einer ge-mütlichen Tagesreise von der Mozartstadt an den Canale Grande in Venedig – in Villach wurden die Kurswagen aus Salzburg an den EC von Wien nach Venedig bzw. Rom angehängt. Nach Italien ging es auch recht bequem über den Brenner mit nur 1x Umsteigen in Inns-bruck und sowohl mit der Tages- wie Nachtverbindung kam man dann mit einem günstigen und nicht zugebundenen Fahrschein bis nach Rom oder direkt auch bis Neapel oder Palermo.

Das alles ist aktuell – den von der EU propagierten milliardenteuren Transeuropäischen Eisenbahnnetzen zum Hohn – Geschichte. Zwar verbinden partiell z.T. neu gebaute Hochgeschwindigkeitsnetze so manche Stadt und so manches Land, aber jahrzehntelang bewährte,

---

[233] dem qualitätsbewußten Reisen und dem Tourismus abträglich sind der immer öfter zu beobachtende exzessive Einsatz von übermannshohen, „schiarchen" Lärmschutzwänden entlang der Eisenbahnstrecken – zuträg-lich sind sie natürlich der Baulobby, Hauptsache der Steuerzahler blecht

bequeme und kostengünstige Länder- und Städteverbindungen wurden dagegen gestrichen[234].

Besonders problematisch stellt sich seit Jahren der Verkehr ins südliche Nachbarland Italien dar. Für Reisende auf der Südbahn von Wien kommend heißt es seit einiger Zeit in Villach „Bitte in den Bus umsteigen". Auf italienischer Seite wurde die Strecke durch das Kanaltal („Pontebbana") zwar modernisiert und großteils in Tunnels verlegt[235], aber die FS/Trenitalia ist offensichtlich nicht daran interessiert, Fernverkehrszüge auf Ihrer Trasse zu führen und mauert und blockiert wo es nur geht. So gibt es aktuell auf dieser modern ausgebauten Trasse keinen Fernverkehr, man verfrachtet die Fahrgäste samt Gepäck nach Udine und Venedig in Villach in Busse[236]. Die jahrzehntelang bewährte Tagesdirektverbindung Wien – Rom „Romulus" wird aktuell auch nicht angeboten. Der Inlandsverkehr auf der Pontebbana ist ebenfalls überschaubar[237]. Beliebt besonders bei Radlern ist die von der EU geförderte Verbindung „Micotra", die 2x pro Tag Villach und Udine verbindet.

Ein Durcheinander und Tarif-Wirrwarr gibt es auch im Brennerverkehr Richtung Italien. Im vereinten Europa sind die Zeiten vorbei, wo man sich an einem x-beliebigen Bahnhof in Österreich eine Fahr-

---

[234] das betrifft neben Tagesverbindungen auch bewährte Nachtverbindungen mit Schlaf- und Liegewägen. Von modernen Waggons der CNL – City Night Line – abgesehen, entpuppt sich das Wagenmaterial durchwegs als veraltet und das Service an Bord hat sich durchwegs verschlechtert
[235] dabei wurden in nicht unbeträchtlicher Höhe EU-Gelder von Italien lukriert – die Strecke ist ein Musterbeispiel für Geldverschwendung
[236] doppelstöckige Intercity-Busse der ÖBB mit 1. und 2. Klasse; seit Fahrplanwechsel 2013/14 gibt es wieder 1 Intercity Tageszug nach Venedig, allerdings ohne Speisewagen
[237] 4 Regionalzüge Tarvis Boscoverde (neuer Bahnhof mit futuristischem Design) Richtung Udine. Diese können von österreichischer Seite her allerdings nur mittels privater Autobuslinie oder gar zu Fuß von Arnoldstein aus erreicht werden, da die ÖBB Tarvis nicht mehr mit Regionalzügen anfährt – eine „Retourkutsche" der ÖBB gegenüber der Trenitalia zu Lasten der Fahrgäste? Die Ortschaften im Kanaltal sind an die neue Pontebbana schlecht oder gar nicht angebunden

karte nach Rom oder Palermo lösen konnte und damit flexibel jeden Zug nehmen konnte.

Fernverkehrsmässig wirklich zufrieden kann man in Österreich nur mit den Railjet-Verbindungen entlang der Ost-West-Magistrale Budapest – Wien – Salzburg – München bzw. Budapest – Wien – Salzburg[238] – Innsbruck – Zürich sein.

Gerade rechtzeitig zum Jahresevent „Maribor/Marburg Kulturhauptstadt 2012" haben die ÖBB es geschafft, fast alle Verbindungen auf der Südbahn von Graz nach Maribor/Marburg zu streichen – das vereinte Europa und „Esrentiertsined" lassen grüssen.

Sehr gut angenommen werden die günstigen sogenannten Euregio-Tickets, die zu einem Besuch beim (östlichen) Nachbarn motivieren. Getrübt wird diese Tatsache allerdings durch Versäumnisse im Infrastrukturbereich:

Die stark nachgefragte Verbindung Wien – Preßburg (Bratislava) über Marchegg ist nach wie vor nicht elektrifiziert – die fix geplante Elektrifizierung fiel bis auf weiteres (wegen fehlendem Masterplan) einem neuerlichen Sparpaket Anfang 2012 zum Opfer.

---

[238] allerdings hat sich mit Fahrplanwechsel im Dezember 2011 das Angebot in die Schweiz deutlich verschlechtert – die seit Jahren bewährte Frühverbindung Salzburg – Innsbruck – Zürich sowie die Abendverbindung von Zürich nach Salzburg (vor der RJ-Traktion als EC „Kaiserin Elisabeth" bekannt) wurden gestrichen, womit ein „Day Trip" von Salzburg aus nach Zürich bzw. vice versa völlig unattraktiv geworden ist. Nebenbei bemerkt wurde damit auch der Verkehr auf der Strecke Salzburg – Innsbruck dramatisch verschlechtert – einen Geschäftstermin in Innsbruck vor 9 Uhr wahrzunehmen wurde damit unmöglich gemacht und abends verkehrt nun der letzte Zug von der Landeshauptstadt Innsbruck in die Landeshauptstadt Salzburg kurz nach 20 Uhr (in der Gegenrichtung stündlich bis 22 Uhr). Somit hat man auch mit dem letzten EC aus Südtirol / Italien kommend keinen Anschluß mehr Richtung Salzburg. Hier hat offenbar die engstirnige „Esrentiertsined-Mentalität" der Staatsbahn voll zugeschlagen.

Die Verlängerung (Reaktivierung) der „Preßburger Bahn" vom heutigen Streckenende in Wolfsthal über Kittsee nach Preßburg scheitert daran, daß die ÖBB die Grundstücke entlang der Strecke verscherbelt haben und die alte Trassee nun tw. verbaut ist.

Während Tschechien der vertraglich vereinbarten Reaktivierung der Thayatalbahn längst nachgekommen ist und die Strecke bis zur Staatsgrenze (nächst Fratres) fertig ist, hat der Unterzeichner des Vertrages und ursprünglich vor der Wahl glühende Verfechter des Projektes LH Pröll eines seiner berühmt berüchtigten „180 Grad Wendehalsmanöver" durchgeführt und statt einer prosperierenden grenzüberschreitenden Nebenbahn wurde der Betrieb der Thayatalbahn auf österreichischem Gebiet 2010 gänzlich eingestellt („Pröllbock-Politik"[239]).

Auch der Grenzübertritt an der Laaer Ostbahn nach Tschechien nächst Laa an der Thaya ist immer noch nicht möglich, dort scheint der Uhrzeiger auf 1945 stehengeblieben zu sein.

Auch im „kleinen Eisenbahngrenzverkehr zu Ungarn" herrscht nach einigen Streckenliquidierungen auf burgenländischer Seite Niedergeschlagenheit statt Aufbruchsstimmung.

Umso mehr ist das südsteirische Projekt in Radkersburg zu goutieren, wo – zumindest von den örtlichen Politikern – ein Lückenschluß zwischen den beiden seit 1945 getrennten Bahnhöfen von Radkersburg und dem slowenischen Gorna Radgona gefordert wird.

---

[239] ähnlich wie bei der Ybbstalbahn soll auf dem Trassee der Thayatalbahn kein Zug mehr rollen sondern Fahrräder. Für die Errichtung dieser Radwege wird mehr Geld ausgegeben als eine Reaktivierung der Eisenbahnstrecken kosten würde. Und man hat wohl nicht über den Tellerrand dorthin geblickt, wo die jüngsten Erfolgsgeschichten im Fahrradtourismus geschrieben wurden – dann hätte man nämlich bemerkt, daß das immer in Anlehnung an eine Bahnstrecke geschah (Vinschgau , Pustertal, Drautal, Pinzgauer Salzachtal)

2.19. Die Defizite in der Qualität des Reisens

Abschließend noch ein paar stichwortartige Anmerkungen zum Reisen mit der Bahn an sich, Kriterien, die die Kundenzufriedenheit und die Weiterempfehlungsrate unmittelbar in positiver wie negativer Weise beeinflussen können. Durch empirische Forschungen weiß man, dass das Reisen mit den Öffis „Sexy und „cool" sein muß, um neue Kunden gewinnen und bestehende Kunden binden zu können. Lifestyle ist angesagt und nicht 0815-Tristesse!

2.19.1. Bahnhöfe, Stationen

Konnte man Bahnhöfe früher mit Fug und Recht als „Kathedralen der Mobilität" bezeichnen, in denen man bspw. in Bahnhofsrestaurants speiste, wo selbst das Restaurant 2. Klasse heutige Gourmettempel und Luxushotels alt aussehen lassen würde, so gibt man sich heute - von Ausnahmen abgesehen - deutlich „bescheidener".

Die im Rahmen der nicht gerade billigen „Bahnhofs-Offensive[240]" sanierten bzw. neugebauten Bahnhöfe zeigen sich oftmals „verschlimmbessert", architektonisch wertlose 0815-Bauten, in denen man sich rundum unwohl fühlt und deshalb schnellstmöglich verlassen möchte. Es zieht im gläsernen Wartekobl, der Toilettenautomat muß mit Kleingeld gefüttert werden, das Buffet oder Restaurant wurde geschlossen, zum Einkaufen gibt es auch nichts mehr etc...[241]

---

[240] Die von vielen Eisenbahnfreunden so genannte „Bahnhofsverschlimmbesserungs-Offensive" dient in nicht unerheblichem Ausmaß innerbetrieblichen Bedürfnissen – ist durch Errichtung einer Unterführung kein Überqueren der Gleise mehr notwendig, dann kann der Fahrdienstleiter abgezogen werden und das Aufnahmsgebäude wird oftmals dann auch für die Kunden versperrt, Computerschaltschränke haben Vorrang vor den zahlenden Kunden. „Lüfter am Haus treiben die Fahrdienstleiter raus"

[241] Parallel dazu werden in vielen Städten und Gemeinden Postämter geschlossen, öffentliche Toiletten sind Mangelware oder sie wurden ebenfalls geschlossen, Einkaufsmöglichkeiten am Abend oder am Wochenende existieren nicht. Was läge daher näher als die Kräfte zu bündeln und „Bahnhöfe als lokale und regionale Dienstleistungszentren" zu etablieren??!

338

Mängelliste Bahnhöfe/Haltestellen:

- Die Architektur von Neubauten ist meist beliebig, vermittelt selten „Wohnzimmeratmosphäre" und läßt oftmals auch in punkto Funktionalität zu wünschen übrig[242]

- Die ÖBB bauen viel zu teuer (u.a. Mittelbahnsteig statt Nutzung des vorhandenen „Hausbahnsteigs") und zu langsam

- Statt wärmenden und freundlichen Holzbänken kalte unpraktische Nirosta-Sessel an den Bahnsteigen

- Bahnhofsrestaurants / Buffets werden geschlossen, Mieter hinausgedrängt[243]

- Wenn Verpflegungsmöglichkeiten, dann meist irgendwelche Ketten, keine Sitzmöglichkeit mit Rückzugsbereich

- Geschäfte am Bahnhof werden geschlossen

- Kein persönlicher Fahrkartenverkauf sowie Auskunftsmöglichkeit selbst auf grösseren Bahnhöfen

- Computerschränke statt Fahrdienstleitern

- Geisterbahnhöfe locken Vandalen an, das Unsicherheitsgefühl steigt, als letzte Maßnahme werden Bahnhofsgebäude versperrt[244]

---

[242] der neue Wiener Hauptbahnhof, teileröffnet im Oktober 2014, ist architektonisch wie funktional eine einzige Enttäuschung, bestenfalls Mittelmaß und kein Vergleich bspw. zum Berliner Hbf. oder dem Lütticher Bhf. Gullimins, die Gesamtkunstwerke darstellen. Auch der Salzburger Hbf. beeindruckt architektonisch durch die gelungene Symbiose von alt und neu – allerding mit funktionalen Defiziten wie zu kurzen Bahnsteigdächern und fehlender Heizung in der Halle – im Winter zieht es wie in einem „Vogelhäusl"

[243] dafür verantwortlich die ÖBB Immobilien GmbH. Deren Agieren wird von Insidern als strategielos und unberechenbar beschrieben. Fakt ist, dass durch das Leerstehen von Objekten den ÖBB Einnahmen in nicht unbeträchtlicher Höhe verloren gehen und durch mangelhafte Gebäudepflege oder gar Abriß Volksvermögen vernichtet wird

- Blumenschmuck sucht man immer öfter vergeblich auf Österreichs Bahnhöfen, detto wird mancherorts (bspw. in Bad Goisern) Mitarbeitern und Kunden der Christbaum vorenthalten - das käme zu teuer hieß es aus der Manageretage
- Die Staatsbahn versucht immer öfter, Arbeitsleistungen im Bahnhofsbereich an die Kommunen abzuschieben (bspw. Reinigung, Schneeräumung u.ä.)
- Tw. verschlossene Warteräume und WC-Anlagen im alten Aufnahmsgebäude (verbretterte Türen und Fenster), daneben am Bahnsteig ein unbeheizter und zugiger Glaskobl als Warteraum
- Warteräume auch in großen neuen Bahnhöfe (bspw. Salzburg Hbf.) sind nüchtern und ungastlich
- Clublounges der ÖBB für die Premiumkunden sind zu wenig vorhanden (besonders fehlen welche u.a. in St. Pölten, Wr. Neustadt, Wels, Villach, Feldkirch/Bregenz) und die Öffnungszeiten wurden stetig gekürzt
- Die Möglichkeit sein Gepäck zu deponieren (Schließfächer, Gepäckaufbewahrung) ist oftmals ungenügend[245] bzw. fehlt überhaupt
- Generell kann gesagt werden, daß der Umgang mit historischer Bausubstanz (auch denkmalgeschützter) tw. als äußerst unsensibel bis brachial zu bezeichnen ist[246]

---

[244] bestes Beispiel Villach Westbahnhof, das Jugendstilgebäude wurde aufwendig restauriert, gleichzeitig das Personal abgezogen und Geschäfte geschlossen - Fazit: Vandalen verunstalteten das frisch restaurierte Gebäude, das daraufhin versperrt wurde!

[245] Vor kurzem wurde die „Bahnhofs-City" im umgebauten Wiener Westbahnhof eröffnet. Durch diesen „Immobiliendeal" lukriert die Bahn zwar vermehrt Mieteinnahmen - der Bahnhof wurde zur Shopping-Mall mit den diversen „Allerweltsläden" - allerdings gibt es zu wenig Schließfächer und die Gepäckaufbewahrung wurde ganz geschlossen

[246] eine Unterschutzstellung – Denkmalschutz, Ensembleschutz – wäre für zahlreiche Bahngebäude dringend anzuraten, bspw. für die bisher relativ

2.19.2. Wagenmaterial

Wir haben in Österreich moderne Lokomotiven im Überfluß[247] aber wir haben immer noch zu wenig einsatzfähige (moderne) Waggons. Mit der Einführung des Railjets, der sukzessive immer mehr IC/EC-Garnituren ersetzt, wurde verkündet, das dadurch frei werdende höherwertige Wagenmaterial wird dann auf anderen Strecken eingesetzt und dient zweitens als Reserve für „starke Reisetage" bzw. Defekten oder wartungsbedingtem Ausfall[248].

Auf den Verbindungen der Landeshauptstädte Linz-Graz und Salzburg-Graz wurden im Fernverkehr im Fahrplanjahr 2011/12 teilweise Nahverkehrswägen ohne Komfort, ohne 1. Klasse und ohne Möglichkeit zum arbeiten (keine Tische, keine Steckdosen) und ohne Bewirtschaftung angeboten. Welch´Niedergang, den die heutigen BahnmanagerInnen und PolitikerInnen da zu verantworten haben!

Das in den letzten Jahren beschaffte Wagenmaterial entpuppte sich generell - trotz gegenteiliger Kampagnen der Marketingabteilungen - in vieler Hinsicht als dem alten oftmals unterlegen. „Wohnzimmer-Atmosphäre"[249] sucht man im neuen Wagenmaterial – gleich ob Railjet, Talent oder Desiro – vergeblich.

---

unversehrt gebliebenen entlang der Salzkammergutbahn; auch Wärterhäuschen und Hektometersteine fallen immer öfter der Spitzhacke durch die ÖBB Infra zum Opfer und gehören dringend unter Schutz gestellt
[247] Altbauloks werden trotz Funktionsfähigkeit abgestellt bzw. verschrottet - wir können uns das offenbar leisten, in der Schweiz werden Altbauloks gepflegt und regelmässig auch im Plandienst eingesetzt
[248] Doch siehe da, man hat die Kunden und den Steuerzahler belogen: Die modernen vom österreichischen Steuerzahler finanzierten IC/EC-Waggons wurden bis dato nach Belgien, Holland und nach Tschechien verscherbelt bzw. vermietet anstatt dem österreichischen Bahnreisenden zu Gute zu kommen.
[249] Studien zufolge ist eine Wohnzimmeratmosphäre für Autofahrer sehr wichtig – mit dem tristen grauen Farbtönen und Plastik allerorts wird man diese kaum zum Umstieg auf die Bahn motivieren

Weiters wird das Wagenmaterial oftmals „artfremd" eingesetzt – S-Bahngarnituren Talent finden sich auf Laufwegen von 100 km oder mehr (bspw. Salzburg-Linz, Salzburg-Saalfelden, Linz-Stainach-Irdning, Linz-Selzthal etc.) – das ist eine Zumutung für die Reisenden.

Durch Personal- und Kosteneinsparungen nimmt man es auch mit den Wartungsintervallen und der Reinigung der Waggons und Triebwägen nicht mehr so genau, was nach Aussage von Zugbegleitern mitverantwortlich für die oftmals zu bemerkenden Ausfälle von Heizungen, Klimaanlagen und WC ist[250].

Richtige Speisewägen sind immer seltener zu finden, diese werden aber besonders von „bahnaffinen Personen" – und von diesen gibt es mehr als so mancher denken mag – sehr geschätzt. Beim Railjet[251] hat man diesbezüglich ja einen kapitalen Bock geschossen – ein paar nett gestaltete aber von Anzahl und Funktionalität nicht ausreichende Bistro-Tischchen wurden dem bis dato verwöhnt im Vollspeisewagen reisenden und gustierenden Kunden zugemutet[252]. Als der Unmut der Kunden trotz Propaganda der Marketingabteilung nicht verebben wollte wurden um teures Geld die Bistrowägen zu „Halbspei-

---

[250] da die Vorgesetzten der Zugbegleiter auf deren Mißstandsmeldungen selten reagieren werden oftmals Fahrgäste von den Zugbegleitern gebeten, sich schriftlich zu beschweren. Generell ist zu beobachten, dass zwischen Basis und oberster Konzernführung (CEO Christian Kern) durch die Managerriege eine Informationsbarriere errichtet wurde – nur angenehme und schöngeredete Meldungen werden nach oben durchgelassen. Dieser Desinformation ist durch ein Mysteryshopping-Tool zu begegnen – die Ergebnisse der externen Tests werden ungefiltert direkt an den CEO Kern berichtet. Auch ein Reporting direkt an den ressortzuständigen Minister (seit der Regierungsumbildung im September 2014 Alois Stöger) ist anzudenken
[251] Das Railjet-Konzept ist nicht schlüssig umgesetzt worden – nach den Bistro-Umbauten wurde ab April 2012 auch die meist nur heiße Luft transportierende Premiumklasse (Aufpreis 25.- Euro auf 1. Klasse-Ticket, gratis Fingerfood und „All you can drink") zur Businessklasse herabgestuft.
[252] dies führte vor allem im Verkehr mit der Schweiz zu massiven Protesten, als u.a. der Eurocity Transalpin (mit Speisewagen und Panoramawagen) durch den Railjet ersetzt wurde

sewägen" umgebaut – ein Vollspeisewagen wird daraus aber leider nicht. Neuerdings sucht man auch auf Destinationen quer durch ganz Österreich, von Bregenz bzw. Innsbruck nach Wien vergeblich einen Speisewagen. Gut 7 Stunden Fahrt und kein Speisewagen, das war vor nicht allzu langer Zeit völlig undenkbar und stellt einen weiteres Indiz für den Niedergang der Reisekultur auf Schienen dar[253]. In Deutschland und in der Schweiz hat selbstverständlich jeder Intercity einen Speise- oder Bistrowagen.

Mit Fahrplanwechsel 2013/14 wurden bei zahlreichen Intercity-Kompositionen die Waggons mit 1. Klasse-Abteilen und 1. Klasse Business ausgereiht und die hochwertigen Wagen ins Ausland verscherbelt – seither werden die Premiumkunden im verbliebenen halben Großraumwaggon neben dem Paket- und Fahrradbereich zusammengepfercht. Proteste der qualitätsbewußten zahlenden Kundschaft an die für diese Chuzpe verantwortlichen Managerinnen der ÖBB PV AG fruchteten natürlich nicht.

Wie so oft, wenn es um die Qualität des Reisens geht, ist von der (selbsternannten) Fahrgastvertretung „Pro Bahn Österreich" nichts zu hören. Hier muß die Forderung nach mehr Kompetenz, Professionalität und vor allem nach demokratischeren Strukturen erhoben werden.

Zusammenfassung Mängelliste Wagenmaterial:

* zu wenig moderne Waggons sind verfügbar

* 1. und 2. Wagenklasse in allen Zügen ist in Österreich – im Ggs. zur Schweiz oder Deutschland – nach wie vor ein Fremdwort

* Nahverkehrswagen (S-Bahn-Garnituren) werden artfremd auch auf Laufwegen über 100 km eingesetzt

---

[253] Gleichzeitig wurde „dienstlich" bekannt, daß Speisewägen, die eigentlich für eine Renovierung vorgesehen waren, seit 10 Jahren im Freien abgestellt waren und ob der Witterungseinflüsse nun offenbar nur mehr zur Verschrottung taugen. Oder sie wurden verscherbelt

- Arbeitsmöglichkeiten (Tische, Steckdosen) fehlen in Regionalzügen und REX gänzlich, tw. sind sie auch in der 2. Klasse der Fernverkehrszüge nicht vorhanden

- eine adäquate Bewirtschaftung der Züge mittels Speisewägen wird auch auf langen Laufwegen immer seltener

- keinerlei Bewirtschaftung („Snacks") im Regionalverkehr

- die modernen Waggons und Triebwägen wirken steril und haben keine „Wohnzimmeratmosphäre"

- die Beleuchtung ist zu grell weil nicht indirekt

- trotz Leselampen wurde im Railjet anfangs das Licht nicht gedimmt weil es dazu „keine Dienstanweisung" gab

- statt der bewährten Businessabteile in den IC/EC-Zügen (optimal für Geschäftsbesprechungen) ist im Railjet die Businessklasse als Großraumwagen ausgeführt

- die von vielen Fahrgästen präferierten Abteilwagen[254] fehlen gänzlich im Railjet, im IC wurden sie teilweise ausgereiht

- im Railjet gibt es keine Fahrradmitnahme – Probleme in touristischen Gegenden, weil gleichzeitig der Regionalverkehr liquidiert wurde (bspw. Arlbergstrecke)

- die Klimatisierung ist in manchen Wagentypen nach wie vor ein Problem (laut, zugig, mangelhafte Temperatursteuerung)

- die Fenster sind seit einige Jahre durchwegs mit Schlieren versehen oder schmutzig[255]

---

[254] in Fernverkehrszügen (RJ, IC/EC) sollte in jeder Klasse ein ausgewogener Mix aus Großraumwagen und Abteilwagen angeboten werden – die Realität sieht oft anders aus, wobei man den Eindruck hat, daß innerbetriebliche Bedürfnisse (einfach, wenig Aufwand) bei den ÖBB über die Kundenbedürfnisse gestellt werden

[255] das Problem mit den Schlieren (Kalkflecken) hat angeblich in den neuen Waschanlagen ihre Ursache (Kosten Waschanlage in Floridsdorf 2,9 Mio

- schon bei der Abfahrt sind WC wegen Defekt versperrt

- auch mehrere unbenutzbare Außentüren schon bei der Abfahrt des Zuges sind keine Seltenheit (Streckung Wartungsintervalle)

- der WLAN im Railjet funktioniert schlecht, in den anderen Zuggattungen der ÖBB wird er nicht mal angeboten – in der privaten Westbahn deutlich besseres Angebot

Empfehlungen für zukünftige Beschaffungen:

- Farbgestaltung: Hier sind Professionisten (Farbpsychologen) hinzuzuziehen und durch den Einsatz professioneller Marktforschung die Kundenwünsche zu berücksichtigen. Der durchschnittliche Autofahrer schätzt die „Wohnzimmeratmosphäre" in seiner Blechschüssel, da kann man mit dieser tristen grauen Wand- und Deckenfärbung im Railjet (Talent, Desiro) nicht wirklich punkten. Während das „gemeine Volk" hinsichtlich Aussendesign unter 3 Varianten abstimmen konnte, wurde die Farbgestaltung des Innenraums wohl dem Zufall oder dem Geschmack eines depressiven Managers überlassen.

- Indirekte Beleuchtung (Deckenfluter) in Kombination mit starken Leselampen sollte längst state of the art sein[256]

- Arbeitsmöglichkeit auf Tischchen und mit Steckdosen sollten in allen Klassen möglich sein

- Die Sessel in der 1. Klasse im Railjet sind soweit in Ordnung, aber zumindest eine geringfügige Verstellmöglichkeit (Zurücklehneffekt) sollte auch für die in der 2. Klasse Reisenden heute selbstverständlich sein

---

Euro) – jeder Privatanbieter wäre bei so einer Reinigungsqualität längst in Konkurs gegangen
[256] mustergültig bereits vor Jahrzehnten in den IC-Wagen der DB umgesetzt und jetzt im ICE

- Eine funktionstüchtige Klimaanlage: Es ist ja wirklich verwunderlich, daß man im 21. Jahrhundert auf Mond und Mars fliegen kann aber es offenbar nicht schafft, einen Waggon auf bspw. 22 Grad Celsius zu halten, ohne daß es zieht und einem dabei fröstelt („Wind Chill") oder die Ohren durch den Lärm des Gebläses malträtiert werden

- Laufruhe der Wagen (ohne quietschen, röcheln, knatschen etc.) sollte wohl im 21 Jahrhundert selbstverständlich sein

- Alle Zügen sollen eine 1. Klasse anbieten (wie u.a. in der Schweiz und Deutschland üblich) > Bei Bestellung Desiro ML berücksichtigen!

Bahnfahren muß Mehrwert bieten:
Generell muß (potentiellen) Bahnkunden ein Mehrwert bei einer Reise mit dem Zug anstelle des Autos in Aussicht gestellt (kommuniziert) und dann auch geboten werden.

Der Mehrwert kann sein:
Statt sich gestreßt am Volant festzuhalten, zu kuppeln, zu schalten, zu bremsen, anzugasen und sich über andere Verkehrsteilnehmer oder den Stau oder das miese Wetter zu ärgern kann man im Zug:
- arbeiten
- lesen
- mit anderen Personen kommunizieren und auch neue Leute kennenlernen
- die Landschaft vorbeifliegen lassen und sich zurückgelehnt im Sessel entspannen[257]
- essen
- trinken
- Videos ansehen
- telefonieren, surfen[258]

---

[257] Bahnaffine Personen geniessen in Zügen ein Gefühl starker und tiefgehender Kontemplation
[258] natürlich nur, wenn im Rahmen der verstärkten Untertunnelierung des Landes auch die entsprechenden Empfangsmöglichkeiten geschaffen wer-

Der „Manager" fährt nicht nur von Wien nach Salzburg - 1. Klasse in allen Zügen!

Blickt man über die Landesgrenzen nach Deutschland oder die Schweiz, so bemerkt man, daß dort auch die noch so kleinste „Bimmelbahn" zumindest ein paar Plätze mit 1. Wagenklasse anbietet. Die Waggons oder Triebwagen[259] sind u.a. mit Tischen und Steckdosen ausgestattet, dh. der „Manager" kann während der Fahrt arbeiten oder sich im abgetrennten Bereich einfach auf einen Termin vorbereiten oder sich erholen.

Auch gibt es zahlungswilliges Klientel, das gerne bereit ist, durch einen Aufpreis mehr Bequemlichkeit und Ruhe zu geniessen und die Wohnzimmeratmosphäre des Autos mit der des Zuges zu vertauschen.

In Österreich wurde der Business-Reisende vor einigen Jahren massiv seitens der Staatsbahn umworben, doch es steht keine ganzheitliches Konzept dahinter. Gemäß dem (ehem.) ÖBB-Slogan beim Gepäcktransport „Von Tür zu Tür" muß auch einem Premiumkunden die Möglichkeit eines „Ersteklasse-Service" auf der ganzen Transportkette (Wohnung, Arbeit, Urlaubsziel) geboten werden und nicht nur auf Teilstrecken und davor und danach muß er sich mit minderwertigem Wagenmaterial ohne Annehmlichkeiten und Arbeitsmöglichkeiten begnügen. Im schlimmsten Fall auch noch umgeben von randalierenden Schülern oder proletenhaften Mitreisenden.

Führungskräfte (Manager, Politiker etc.) soll und darf man nicht hinsichtlich ihrer Multiplikatorwirkung unterschätzen. Ich wage in diesem Kontext sogar die Behauptung: „1 Topmanager als bekennender Bahnkunde ist für das Marketing zur Kundenbindung / Neukundengewinnung mindestens so wichtig wie 10.000 Pendler und Schüler!"

---

den - was schändlicherweise auch bei Neubautunnels im Ggs. zur Schweiz oftmals unterblieb
[259] siehe u.a BOB Bayerische Oberlandbahn, BLB Berchtesgadener Land Bahn, DB Doppelstockwagen

3. Forderungen an die Politik bzw. die Staatsbahnmanager

- **Vorrang für die Schiene**: Dem Öffentlichen Verkehr muß oberste Priorität beim Neubau, Ausbau und laufenden Betrieb eingeräumt werden. Schiene statt Strasse (Personen- wie Güterverkehr) und öffentlicher Verkehr statt Individualverkehr muß das Credo für die Zukunft lauten. Dabei sind intelligente Lösungen in der Vernetzung der Verkehrsträger anzudenken bzw. auszubauen (Multimodalität), immer jedoch unter dem Primat des umweltfreundlichen Öffentlichen Verkehrs

- **Masterplan & Governance**: Festschreibung der Ziele, der Umsetzung, Finanzierung und der Evaluierung in einem verbindlichen echten *Masterplan Verkehr* und dazu Governance als Steuerungs-Tool. *Politiker/Manager kommen und gehen, Masterpläne bleiben bestehen!*

- **„Handeln statt Schwätzen"**: Die Politik ist letztverantwortlich für das momentane Desaster im öffentlichen Verkehr und Hauptschuldige für den Niedergang der Eisenbahn. Neben mehr Fachkompetenz ist auch mehr Herzblut für den öffentlichen Verkehr allgemein und die Eisenbahn im Besonderen von den handelnden Politikern zu fordern. Und: Weg von reinen Lippenbekenntnissen in Sonntagsreden, Handeln statt Schwätzen ist angesagt

- **Volkswirtschaftlich Denken**: Öffentlicher (Schienen-) Verkehr ist als volkswirtschaftliche Leistung zu sehen, die zur Standortsicherung und zur Lebensqualität einer Region bzw. des ganzen Staates beiträgt. Der öffentliche Verkehr kann daher nicht betriebswirtschaftlich wie bspw. ein Würstelstand gesehen werden, wobei im operativen Geschäft selbstverständlich nach kaufmännischen Regeln zu handeln ist. Eine „*Esrentiertsined-Mentalität*" beim öffentlichen Verkehr ist fehl am Platz

- **Tagesgeschäft vor Prestigedenken**: Wiewohl Leuchtturmprojekte für die Schiene zu goutieren sind, so hat der laufende Betrieb eindeutig Vorrang vor milliardenverschlingenden Monster-Prestigeprojekten á la Koralmbahn, bei denen der Nutzen bestenfalls zweifelhaft und wenn dann erst in Jahren oder Jahrzehnten gegeben sein könnte. Erst wenn wie in der Schweiz die Hausauf-

gaben gemacht sind (Integrierter flächendeckender öffentlicher Verkehr auf witterungssicheren Strecken) können wir es uns in Österreich eventuell leisten, solche Projekte anzupacken.

- **Transparente Rahmenbedingungen, Freien Wettbewerb forcieren**: Die Politik muß für die notwendigen Rahmenbedingungen zur Forcierung des öffentlichen Verkehrs sorgen und den Ausbau auch finanziell adäquat bedecken. Auf einer vom Staat errichteten und gewarteten Infrastruktur werden Lizenzen zum Betrieb des Personen- wie des Güterverkehrs vergeben. Diese Vergaben müssen stringent, transparent, neutral und im Sinne des für die Bahnkunden (Buskunden) besten Angebotes erfolgen. Nah- wie Fernverkehr müssen öffentlich ausgeschrieben werden, eine Freihandvergabe an den Platzhirschen ÖBB ist zumindest sittenwidrig. Ein Blick über den Tellerrand belegt, daß private Unternehmen in der Lage bzw. Willens sind, Strecken, die die alten Betreiber stilllegen wollten, erfolgreich zu führen. Der Staat hat einen freien aber fairen Wettbewerb zum Wohle der Kunden und des Gemeinwohls zu fördern

- **Einführung der seit Jahren versprochenen echten Österreich Card** (Austroticket) nach Schweizer Vorbild (Freie Fahrt mit allen inländischen Öffis). Förderung durch den Staat, Maximalkosten 2.000 Euro in der 2. Klasse. Als 1. Schritt wird eine Anerkennung von Vorteilscard und aktueller Österreich-Card bei den konzerneigenen Post- und Bahnbussen gefordert!

- **Integrierter Taktfahrplan**: Wie im NAT 91 begonnen und in der Schweiz umgesetzt ist in einem 1. Schritt eine Vernetzung des Schienenverkehrs auf den Hauptstrecken (analog leistungsstarker Back-Bones in der IT) mit dem der Nebenstrecken umzusetzen. Taktverkehr auch in der Fläche mit direktem Anschluß von und zur Hauptstrecke, ein verdichtendes Busnetz (auch am Wochenende und zu den Randzeiten) ist darauf abzustimmen. Stundentakt zwischen allen Landeshauptstädten und wichtigen Zentralorten, 2 Stunden Takt in der Fläche als Mindestangebot

- **Sofortiges Verbot von Streckenliquidierungen - Eine neue (Lokal-) Bahn-Offensive ist gefordert!** Statt Strecken kaputtzu-

sparen um sie dann leichter liquidieren zu können ist in die Offensive zu gehen - Erhebung des Potentials, Aus- und auch Neubau von Regionalbahnstrecken – aktuell fährt man auf Nebenstrecken mit „angezogener Handbremse" wegen ungesicherten Eisenbahnkreuzungen, altem Oberbau, historisch bedingten „Streckenmäandern" etc.

- **Staatsbahnmanager:** Kundennutzen und Kundenbedürfnisse haben im Vordergrund zu stehen und nicht betriebliche Befindlichkeiten. Regelmässige und *professionelle Marktforschung* ist unabdingbar. Die Kundenzufriedenheit hat darüber zu entscheiden, ob und in welchem Ausmaß Staatsbahnmanager Bonuszahlungen bekommen und nicht kurzfristige Einsparungsmaßnahmen zu Lasten der zahlenden Kundschaft

- **Staatsbahn Kommunikation:** Wo gehobelt wird fallen Späne. Probleme aber offen kommunizieren und nicht alles schönreden bzw. die Fahrgäste „dumm sterben lassen"

- **Staatsbahnmanager: Gestalten statt verwalten!** Beamtenmässig Schienen und Gebäude zu verwalten ist eindeutig zu wenig

- **Immobilienmanagement professionalisieren:** Die Immobilien stellen Volksvermögen dar. Leerstehende Objekte (Geisterbahnhöfe) nutzen niemanden außer Vandalen. Bahnhöfe sind als „*Lokale und regionale Dienstleistungszentren*" neu zu beleben

- **Staatsbahnmanager, Mitarbeiter:** Wünschenswert wären wieder mehr „gelernte Eisenbahner" in der Managerriege des Konzerns, die ihre Mitarbeiter an der Basis als wertvolles Kapital verstehen und diese im Sinne des „Kaizens" verstärkt an Entscheidungsprozessen teilhaben lassen

- **Qualität des Reisens:** Modernes Rollmaterial, das hinsichtlich Funktionalität (u.a. Arbeitsmöglichkeiten) und Wohlfühlfaktoren („Wohnzimmer-Atmosphäre") state of the art ist und von Experten und nicht von Schreibtischtätern in der Vorstandsetage nach transparenten Richtlinien bestellt wird. 1. Wagenklasse in allen Zügen (durchgängige hochwertige Transportkette) sowie Speise- und Bistrowagen bzw. im Nahverkehr Mobiles Service müssen

selbstverständlich sein. Der Zusatznutzen einer Fahrt mit dem Zug statt mit dem Auto muß geboten und vor allem kommuniziert werden

- **Würdevoller Umgang mit dem eisenbahnhistorisch-kulturellem Erbe.** Sammeln und Bewahren von historischem Rollmaterial, regelmässige Ausfahrten mit dem historischen Rollmaterial (Image- und Traditionspflege), Unterschutzstellung und Pflege historischer Bahn-Bauten und technischen Einrichtungen sollten für eine angebliche Kulturnation wie Österreich selbstverständlich sein

- **Touristische Potentiale,** die in der Eisenbahn stecken, müssen wiederentdeckt und dann entsprechend gefördert werden. Nachhaltiger sanfter Tourismus (Zielgruppe Einheimische wie Auswärtige) ohne regionalem Schienenverkehr verdichtet durch Busse wird nicht funktionieren. Und bekanntlich reisen Urlauber verstärkt am Wochenende, da sind die ausgedünnten Frequenzen oder gar die Einstellung des Betriebs am Wochenende (siehe u.a. Niederösterreich) kontraproduktiv

- **Bewußtseinsbildung und professionelles Lobbying** Pro Bahn muß vorangetrieben werden, dieses Feld sollte man nicht länger der Autolobby sowie den eigennützigen Profithaien von Bau- und Bankenlobby überlassen. Erfolgreich „auf Schiene" befindliche Projekte wie das Erfolgsmodell Salzburger S-Bahn sollten Ansporn für die Proponenten einer sanften und nachhaltigen Mobilität sein und gleichzeitig ein sanftes Druckmittel gegenüber allzu resistent im Autofahrerdenken verharrenden Politikern. Bezüglich Fahrgastvertretungen (bspw. Pro Bahn) muß die Forderung nach mehr Kompetenz, Professionalität und vor allem nach demokratischeren Strukturen erhoben werden

- **Rechnungshof-Kontrolle**: Sollte regelmässig und umfassend erfolgen. Die Staatsbahn sollte die Kritikpunkte ernst nehmen und den Rechnungshof nicht als Feind sondern als Partner in einem regelmässigen Optimierungsprozeß sehen

Als Freund und Förderer der Eisenbahn wünsche ich den österreichischen Eisenbahnen eine erfolgreiche Zukunft und „Allzeit freie Fahrt"!

4. Literatur und Links

Bundesministerium für Verkehr, Innovation und Technologie (BMVIT), 2002: Generalverkehrsplan Österreich 2002. Verkehrspolitische Grundsätze und Infrastrukturprogramm. Bericht Januar 2002.

BMVIT, 2011: Ausbauplan Bundesverkehrsinfrastruktur 2011-2016 „Klug investieren, verantwortungsvoll sparen".

BMVIT, 2012: Österreich. Verkehr in Zahlen. Ausgabe 2011.

BMVIT, 2012: Gesamtverkehrsplan für Österreich.

Dokumentationszentrum für Europäische Eisenbahnforschung (DEEF), 2011: Zum Niedergang der Reisekultur auf Schienen - ein Reader in mehreren fortlaufenden Teilen. http://www.dokumentationszentrum-eisenbahnforschung.org/eisenbahnreisekultur_prolog.htm

ds., 2011: Thema Neubauprojekte - Der Brennerbasistunnel (BBT): Ein Segen für die Tiroler und/oder ein "Milliardengrab" für die Republik? Gedanken zur Planung & Steuerung sowie zur Nachhaltigkeit von Infrastrukturprojekten. http://www.dokumentationszentrum-eisenbahnforschung.org/brennerbasistunnel.htm

ds., 2011: Wächst Europa zusammen? Die Transeuropäischen Netze für den Verkehr / TEN-V (Verkehr). Mit ausführlicher Linkliste zu EU-Verkehrsthemen. http://www.dokumentationszentrum-eisenbahnforschung.org/ten_transeuropaeischenetze_verkehr.htm

Europäische Kommission (Hrsg.), 2001: Weißbuch - Die europäische Verkehrspolitik bis 2010 – Weichenstellungen für die Zukunft. Luxembourg.

Europäische Kommission (Hrsg.), 2006: Für ein mobiles Europa - Nachhaltige Mobilität für unseren Kontinent. Halbzeitbilanz zum Verkehrsweißbuch der Europäischen Kommission von 2001. Luxembourg.

European Commission – Directorate General for Energy and Transport, Directorate B – Transport Logistics, TEN-T and Co-

Modality: TEN – T Trans-European Transport Network. Implementation of the Priority Projects, Progress Report. May 2008

European Commission - Directorate General for Mobility and Transport, Directorate B - Trans-European Transport Networks & Smart Transport: Mid-Term Review of the 2007-2013 TEN-T Multi-Annual Work Programme. Project Portfolio (MAP Review). October 2010

European Commission – White Paper "Roadmap to a Single European Transport Area – Towards a competitive and resource efficient transport system". / Fahrplan zu einem einheitlichen europäischen Verkehrsraum – Hin zu einem wettbewerbsorientierten und ressourcenschonenden Verkehrssystem. Brüssel 28.3.2011

Godeysen, Hubertus, 2012: Österreichs Bundes Bahnen. Schwarze Löcher, rote Zahlen. Wie Österreichs Zukunft durchbohrt wird. Eine Recherche. Wien-Klosterneuburg.

Knoflacher, Hermann, 1997: Landschaft ohne Autobahnen. Für eine zukunftsorientierte Verkehrsplanung. Wien.

Knoflacher, Hermann, 2009: Virus Auto. Die Geschichte einer Zerstörung. Wien.

Knoflacher, Hermann, 2013: Zurück zur Mobilität. Anstösse zum Umdenken. Wien.

Kommission der Europäischen Gemeinschaften, 1996: Weißbuch „Eine Strategie zur Revitalisierung der Eisenbahn in der Gemeinschaft". Brüssel

Kyrer, Alfred und Populorum, Michael Alexander, 1990: „Befragung von ÖBB-Reisenden auf der Strecke Salzburg-Bludenz-Salzburg unter besonderer Berücksichtigung des Euro-City Verkehrs Österreich-Schweiz im Jahre 1990". Studie im Auftrag der ÖBB-Generaldirektion . Durchgeführt am Institut für Wirtschaftswissenschaften der Universität Salzburg.

Oberegger, Elmar, 2011: Austrotakt 21. Memorandum zur Zukunft des österreichischen Schienenverkehrs. http://www.oberegger2.org/at21/titel.htm

ds., 2011: Abenteuer Koralmbahn. Zu bisheriger Geschichte und Strukturen eines österreichischen Eisenbahnprojektes. http://www.oberegger2.org/ada/kob.htm

ÖBB-Holding AG: Wir bewegen Österreich. Geschäftsbericht 2013.

ÖBB Infrastruktur AG, 2011: Zukunft Bahn. Zielnetz 2025+. Ergebnisbericht + Anhang.

ÖBB Infrastruktur AG, 2012: Baltisch-Adriatische-Achse. Gesamtwirtschaftliche Studie. Wien.

Populorum, Michael Alexander, 1996: „ÖBB – Gästebefragung EuroNight EN 466 „Wiener Walzer" - Studie zur Kundenzufriedenheit von Bahnreisenden mit dem Nachtzug EuroNight 466 „Wiener Walzer" auf der Strecke Wien–Zürich." Studie im Auftrag der ÖBB-Generaldirektion . Durchgeführt gemeinsam mit Studierenden des Inst. für Geographie und Angewandte Geoinformatik an der Universität Salzburg im Rahmen des Projektpraktikums „Erstellung von Masterplänen–Modul C: Strategische Verkehrsplanung Bahn 2002".

Populorum, Michael Alexander, 2010: 150 Jahre Eisenbahn in Salzburg 1860 – 2010. Ein kleiner Nachruf zum Jubiläum der „Eisenbahnwerdung" des Landes Salzburg im August 2010. Schriftenreihe des Dokumentationszentrums für Europäische Eisenbahnforschung (DEEF), Band 1. Mercurius Eigenverlag Grödig/Salzburg

Populorum, Michael Alexander, 2012: Eisenbahn-Jubiläumsjahr Österreich 2012 – Bahnhofsfeste und Co. Schriftenreihe des Dokumentationszentrums für Europäische Eisenbahnforschung (DEEF), Band 6. Mercurius Eigenverlag Grödig/Salzburg

Populorum, Michael Alexander, 2014: DEEF-Online-Blogs – Sammelbände Jahrgang 2012, Jahrgang 2013. Schriftenreihe des Dokumentationszentrums für Europäische Eisenbahnforschung (DEEF), Bände 12-14 (Jg. 2012), Bände 15-18 (Jg. 2013). Mercurius Eigenverlag Grödig/Salzburg.

Republik Österreich, 2008: Regierungsübereinkommen 2008-2013 „Gemeinsam für Österreich" für die 24. Gesetzgebungsperiode

Schienen-Control GmbH, 2013: Ihr Recht am Zug. Schienen-Control. Jahresbericht 2013.

VIEREGG – RÖSSLER Innovative Verkehrsberatung, 2014: Analyse der „Gesamtwirtschaftlichen Bewertung des Projekts Semmering-Basistunnel neu" und Erstellung einer neuen Nutzen-Kosten-Bewertung in Anlehnung an das Verfahren für den deutschen Bundesverkehrswegeplan 2015

Weiss, Hans, 2013: Schwarzbuch ÖBB. Unser Geld am Abstellgleis. Wien

Links zu ausgewählten Eisenbahnverkehrsunternehmen, eisenbahnrelevanten Organisationen (Auswahl, Schwerpunkt Österreich):

- Berchtesgadener Land Bahn www.blb.info
- Bundesministerium für Verkehr, Innovation und Technologie (BMVIT) www.bmvit.gv.at
- Deutsche Bahn AG www.bahn.de
- EU: http://presseportal.eu-kommission.de/index.php?id=106
- Graz Köflacher Eisenbahn www.gkb.at
- Italienische Staatsbahn www.trenitalia.com/
- ÖBB Österreichische Bundesbahnen www.oebb.at
- Österreichische Verkehrswissenschaftliche Gesellschaft (ÖVG) www.oevg.at
- Pinzgauer Lokalbahn www.pinzgauer-lokalbahn.at/
- Pro Bahn Österreich www.probahn.at
- Salzburger Lokalbahn www.slb.at
- Schafbergbahn und Wolfgangseeschifffahrt: www.schafbergbahn.at/
- Schienen-Control GmbH www.schienencontrol.gv.at
- Schweizerische Bundesbahnen SBB CFF FFS www.sbb.ch
- Stern & Hafferl http://www.stern-verkehr.at/sverkehr/
- Südtiroler Verkehrsverbund www.sad.it
- Vinschgaubahn Südtirol www.vinschgauerbahn.it/
- Westbahn GmbH www.westbahn.at
- Zillertalbahn www.zillertalbahn.at

Nostalgie- und Touristikbahnen, Eisenbahnmuseen (Auswahl):

Bahnerlebnis Steiermark www.bahnerlebnis.at/
Eisenbahnmuseum Schwechat www.eisenbahnmuseum.at/
Eisenbahnmuseum Sigmundsherberg www.eisenbahnmuseum-waldviertel.at/
Eisenbahnmuseum Straßhof www.eisenbahnmuseum-heizhaus.com/
Feld- und Industriebahnmuseum Freiland (NÖ) www.feldbahn.at
NBiK – Nostalgiebahnen in Kärnten www.nostalgiebahn.at
ÖBB Erlebnisbahn http://erlebnisbahn.oebb.at/
ÖGEG – Österreichische Gesellschaft für Eisenbahngeschichte, Eisenbahnmuseum Ampflwang (Oberösterreich), Museumsbahnen Timelkam – Ampflwang und Steyrtalbahn, Dampfschiff Schönbrunn www.oegeg.at
Salzburger Eisenbahnmuseum – ein virtuelles Museum errichtet anläßlich „150 Jahre Eisenbahn in Salzburg 2010"
www.oberegger2.org/salzburg/titel.htm
Südbahnmuseum Mürzzuschlag www.suedbahnmuseum.at/
Tiroler Museumsbahnen www.tmb.at/
Verband Österreichischer Museums- und Touristikbahnen www.oemt.at/

(Online-) Zeitschrift rund um das Thema Eisenbahn in Österreich:
Regionale Schienen: www.regionale-schienen.at/ (Print erscheint 4x pro Jahr)

Quellen für Beschreibungen von Eisenbahnstrecken, Eisenbahngeschichte:

Eisenbahn-Enzyklopädie von Elmar Oberegger:
www.oberegger2.org/enzyklopaedie/inhalt.htm

DEEF Dokumentationszentrum für Europäische Eisenbahnforschung / Michael Populorum: www.dokumentationszentrum-eisenbahnforschung.org/

Baustelle 10:
Verwaltungsreform

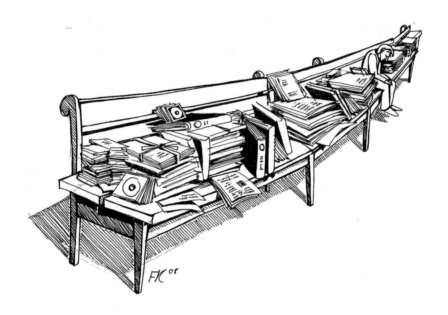

Die lange Bank

Verwaltungsreform oder: Auf der langen Bank von Kaiserin Maria Theresia[260]

Franz J. Promock, Salzburg

1. Druck im Kessel

Die Selbstreinigungskräfte des Marktes lassen Blasenbildungen korrektiv von selbst platzen[261], Katharsisversuche im Multiversum aufgeblähter Verwaltungen pendeln dabei bestenfalls (wechselseitig links- oder rechtslastig) zwischen hochdosierter Fencheleinnahme oder aggressivem Abführmittel.

In Zeiten von durch Schlagzeilenpolitik getriebenen Politikern, die, innerhalb ihrer sich selbst immunisierenden Nachfolgen, durch jahrzehntelange Misswirtschaft auf Kosten der Zukunft künftiger Generationen die Schuldentürme mittlerweile indexanalog in ungeahnte Höhen führen - zudem wie Marionetten am Gängelband der internationalen Finanzindustrie, wie auch von Ratingagenturen und Wirtschaftslobbyisten hängen – sind in deren Glaubwürdigkeit und gemessen am Sozialprestige, nebst transnationalen Managern, Börsianern, Bank(st)ern und Medienvertretern, mittlerweile am untersten Niveau des sozialen Berufsprestiges angekommen. Der individuelle Bürger als bislang unangefochtener Prinzipal und Wirtschaftssubjekt erlebt durch seine öffentlichen Agenten (Parlament, Regierung, Verwaltung) immer mehr die Umkehrung von erwünschter Steue-

---

[260] Diese Bank war eine im Arbeitszimmer der Kaiserin befindliches Möbelstück, das als „Aktenerledigungsgerät" diente. Neue Akten wurden am einen Ende (links) deponiert und die dort schon liegenden Akten, wenn kein Platz mehr war, einfach weiter geschoben, so dass am anderen Ende (rechts) ein Akt von der Bank fiel: dieser musste nun als nächster erledigt werden

[261] Allerdings mit zunehmend systemrelevanter Krisenladung, die mit immer mehr geldpolitischen Rettungsaktionen durch die letztlich zahlende Öffentlichkeit bedient werden.

rung. Public Governance[262] als folgerichtiges Korrektiv auf Markt- und Staatsversagen ist zwar die unabdingbare Antwort, aber aus heutiger Sicht auch nicht mehr die einzige Lösung, da immer mehr selbstorganisierte und –regulierende Interessengruppen in Wirtschaft und Gesellschaft im Sinne einer (Open) Public Governance, technisch wie kommunikativ hochgerüstet, Initiative ergreifen oder bereits kräftig mitmischen.

Der Veränderungsdruck durch bisherigen Reformstau und Stillstand ist inzwischen so groß geworden sein, dass man meinen möchte hohe Baustellenaktivitäten feststellen zu müssen. Dem ist leider nicht so, weshalb dieser Artikel auch einen bescheidenen Beitrag zum wohlgemeint sarkastischen Gegenentwurf dieses Buches zeitigen soll.

Von den sogenannten PIIGS-Staaten (Portugal, Italien, Irland, Griechenland und Spanien) schwanken seit der globalen Finanzkrise 2008, bis auf den Musterschüler Irland, die vier übrigen immer mehr zwischen komatösem Einfrieren und drohendem Staatsbankrott, mit steigend hohe Arbeitslosenraten, rückläufigen Wirtschaftsdaten und trotz rigider Sparpakete steigenden Außenständen. Der Einheitseuro lässt die unterschiedlichen volkswirtschaftlichen Kräfteverhältnisse zwischen Nord- und Südeuropa nur mehr über hohe Transferzahlungen (Rettungsschirme) ausgleichen, die dem Begriff Staatsbürger die völlig neue oder auch exaktere Bedeutung zuschreiben für die Schulden anderer Nationalitäten zu haften, die man als Andersstaatlicher aber selbst nicht verursacht hat. Dazu gesellen sich nunmehr weitere Wackelkandidaten mit dramatischen Haushaltslagen, steigenden Ausgabenzwängen, Steuerlasten und Rekordarbeitslosenzahlen wie bspw. Frankreich, Zypern oder Belgien.

Die Einheitsformel lautet: Mehrwertsteuer rauf, Pensionen runter, Infrastruktur verfallen lassen. Staatsschulden sind letztlich immer Bürgerschulden, die, wie die Geschichte oftmals zeigte, über Umlageverfahren mittels Zugriff auf Bürgervermögen leicht entschuldet werden können. Ein „circulus virtuosis" den sich gewählte Volksver-

---

[262] René L. Frey, in: Alfred Kyrer, Bernhard F. Seyr (Hrsg.), 2007 S.93f.

treter mit geliehenem Geld vom Volk für deren Stimmen „kaufen", welches am Ende aber dafür zur Gänze haftet oder zu zahlen hat.

2. Minizinsen vs. Maxischulden

Die Verwerfungen innerhalb der Finanzindustrie werden, wenn überhaupt, nur über halbherzige Regulierungsversuche angegangen und feiern Urstände wie vor der Krise 2008. Die immensen weltweiten Liquiditätsfluten der Zentralbanken sind in der Realwirtschaft nicht wirklich angekommen und zeitigen trotz weiterer Blasenbildungen nur zögerliche Inflation, vielmehr jedoch bedrohliche deflationäre Entwicklungen (Horrorszenario aus sinkenden Preisen und nachlassenden Investitionen), die dem globalen Wirtschaftsmotor mehr als nur chronischen Husten bescheren können.

Das nationale wie weltweite Schuldendilemma[263] ist das Ergebnis eines viel zu großen Liberalismus mit einer Mischung aus Finanzierungswut und schier skrupelloser Geldgier. Banken und Staaten mach(t)en gemeinsame Sache, da i.d.R. mehr Gewinne auch mehr Steuern bedeuten. Allein die Rechnung ging nicht auf, da mittlerweile weltweit geschätzte 25 bis 31 Bio. US-Dollar in (immer noch) rd. 70 Steueroasen[264] liegen, was nahezu der Hälfte des jährlichen BIP der gesamten Weltwirtschaft entspricht. Innerhalb der weltweiten Vermögensverteilung wird die Kluft zwischen Arm und Reich zugunsten steigender Supervermögen immer größer und führt zu gesellschaftlichen Verwerfungen, die bereits an den Grundfesten des Zusammenhaltes und der demokratischer Legitimation rütteln. Hochsteuerlasten begünstigen die Umverteilung von Fleißig nach Reich und bestrafen zusehends den Faktor Arbeit bei weitgehender Belohnung bereits bestehender Besitzstände und Vermögen. Noch nie gab es so viel nichtstaatliches Geld innerhalb von Budgetnöten gedrängten Nationalstaaten mit so wenig Spielraum für öffentliche Gestal-

---

[263] Der globale Schuldenberg ist lt. BIZ (Bank für Internationalen Zahlungsausgleich) bis Mitte 2013 seit der Lehmann-Pleite im Herbst 2008 von 70 auf 100 Bio. USD gestiegen.
[264] Tax Transparency Int. 2013.

tungs-Notwendigkeiten. Die schleichende Enteignung durch Niedrigzinspolitik unter der Inflationsrate inkl. noch fälliger Zinssteuern für Millionen von Sparern und Anlegern machen jedwede Form von sicherer Veranlagung zum Minus-Geschäft. Zudem bestraft die kalte Progression im Steuerbereich all jene die überdurchschnittlich am Leistungsprinzip festhalten. Die Weltformel lautet schlicht: Vermögen privatisieren, Verluste sozialisieren! Was die Steuerschraube nicht schafft wird durch Weitergabe von Mehraufwänden und (Spekulations-)Verlusten an die Privaten und Konsumenten ausbilanziert.

Verlierer sind die „Post-Babyboomer" die weit weniger Pension bekommen werden und vor allem die junge Generation, die, gemessen am Arbeitsleben, länger und für weniger Geld wird arbeiten müssen. Junge Menschen sind dabei mehr als früher aus handfesten wirtschaftlichen Gründen an das „Hotel Mama" gebunden und oftmals auch schon hoch verschuldet. Die Schuldenlast generiert sich darin zwar vielfach auf Pump aus echten Zukunftsinvestitionen wie Ausbildungskosten, Wohnung oder Familienaufwendungen, aber immer mehr auch schon aus der Deckung von häufig überzogenen „Basisbedürfnissen" und unerwarteten Rechnungen.[265] Rd. 20 Millionen jugendliche Arbeitslose in Europa, mit Arbeitslosenraten bis zu 60 Prozent in den südlichen Euroländern, zeitigen mittlerweile die Gefahr des Verlustes einer ganzen Generation.

So unglaublich es klingt, aber nur durchschnittlich 10% der gesamten Lebenszeit können als Arbeitszeit ausgewiesen werden.[266] Dies steht zwar im Widerspruch zur zuvor angedeuteten Enteignung - trotz oder eben einer vielleicht überzogen formulierten lebenslangen Arbeits- und Lohnsklaverei - wird aber durch immer mehr Billigjobdruck und das sich globalisierende Lohndumping erst recht genährt, Sozialpartnerschaft hin, Kollektivvertrag her.

---

[265] www.orf.at/stories/2217714/2217715/ „Teurer Abschied vom „Hotel Mama" am 13.2.2014.
[266] Reinhold Popp, Festvortrag zu 30 Jahre Lehrlingsausbildung Land Salzburg am 21. Oktober 2008.

Im Hochsteuerland Österreich ist jedenfalls bei einer geschätzten Abgabenquote von mittlerweile 60% des durchschnittlichen Einkommens (Steuern inkl. Sozialversicherung und Transferzahlungen aus Mobilität, Konsumausgaben und Investitionen) eine Belastungsgrenze erreicht, die viele Menschen bereits an den Rand der Armutsgefährdung treibt. Da der durchschnittliche österreichische Steuerzahler nach Großbritannien mit rd. 42 Wochenstunden auch noch soviel arbeitet wie in keinem der übrigen EU-Länder, verwundert nicht die immer größere Zahl an psychischen Belastungen und Burn-Out.

3. Masters of Desasters

Innovation und Investition gelten als Garantieschlüssel für Wettbewerbsfähigkeit und wirtschaftliche Prosperität. Unter dem Deckmantel der Terrorbekämpfung verkommt aber das Absaugen weltweiter Finanztransaktions-, Internet-, Mobilitäts-, Forschungs- und Firmendaten rein zur großangelegten Wirtschaftsspionage á la Big Data für die eigenen Zwecke weniger führender Hochtechnologieinhaber.

Vom Terrorkalkül sich selbst legitimierender Geheimdienste, die in ihrer paranoiden Auslebung zwischen narzisstischer Kontrolllust und grandioser Allmachtphantasie nur das eigene von technokratischer Angstabwehr zerfressene Selbstbild am Rande des Wahnsinns stehender Staaten zur Schau stellen, verfällt gleichzeitig der damit verbundene administrative Über-Apparat hpts. zum Missbrauchsinstrument moderner Macht- wie Bevölkerungskontrolle. Einerseits schneiden derlei unter Generalverdacht als Voraussetzung operierende Technologien nicht nur jedwede Form von (auch vermeintlicher) Bedrohungsinformation mit, sondern zielen letztlich auch auf die bereits wohl unvermeidliche Abschaffung des Papiergeldes ab, wie auf die sich daraus ergebende, oder von Finanz- und Staatenlenkern durchaus willkommene, totale Nachvollziehbarkeit von Vermögenswerten und Geldflüssen. Andererseits werden etablierte wie neue Macht- und Geldeliten ihre Pfründe wohl auch weiterhin durch „hidden knowledge" in Form von „hidden money sources" abzusichern wissen – Bankgeheimnis hin, totale Steuerkontrolle her.

Jedenfalls hat die europäische Politik weder der wachsenden Konzernmacht transnationaler Multis etwas entgegen zu setzen – außer den unzweifelhaft starken Binnenhandel und den Binnenkonsum weltweit ausweiten zu müssen[267] – noch kann sie sich als wesentlicher Mitspieler im globalen Wettbewerbsdruck dem Mitmacheffekt ungestraft entziehen. Die o.a. Rahmenbedingungen bestimmen wie eh und je Gesellschaft als sozialer wie psychischer Apparat, welcher nach Niklas Luhmann´scher Auslegung in der Ereigniskette sich selbst reproduzierender Operationen (Ereignisse) gegen derlei Entwicklungen klarerweise abzugrenzen und auszunehmen versucht. Die Überwachungsentwicklungen zeigen sich dabei nur scheinbar als geschlossene Systeme, da diese zwar als autopoiesische Systeme ihr eigenes Produkt untrennbar vom Erzeuger schaffen, aber aufgrund der ausgeprägten Selbstreferenz zwangsweise an sich selbst scheitern werden (müssen). Der hohe Grad an (technologischer) Selbstreferenz immunisiert zwar gegen jedweden Zugriff von außen, die größten Risiken liegen aber klassischerweise und wie immer im eigenen Bereich, wie die Affäre Snowden eindrücklich vor Augen führt. Die eingangs zitierten Selbstreinigungskräfte sind also vermutlich eher von innen heraus zu mutmaßen, als das diese Verwerfungen durch steten Rekurs von außen berichtigt werden können - ganz egal ob es um Markt-, Finanz-, Staats-, Gesellschafts- oder Schuldenthemen geht. Eigentlich eine alte Binsenweisheit von Verwaltungsentwicklung und Reformvorhaben: Verordnete Eingriffe von außerhalb ste-

---

[267] z.B. über die geheimen Verhandlungen EU-USA und EU-Kanada zum Freihandelsabkommen TTIP und CETA, allerdings mit der Gefahr, daß nicht nur intransparente Klagerechte von transnationalen Großkonzernen mittels nichtöffentlicher Schiedsgerichte zu Lasten souveräner Staaten aufgrund von Investmentschutz-Klauseln als mittlerweile knallhartes Geschäftsmodell durchgesetzt werden, bei gleichzeitiger Reduktion des Verbraucherschutzes auf ein Minimum auf beiden Seiten, sondern noch dazu, dass unter dem Deckmantel weiterer Liberalisierung damit ethische und demokratisch bedenkliche Entwicklungen kaum noch zu verhindern sind (bspw. genetisch veränderte Lebensmittel, Klonfleisch, Aushöhlung nationaler Rechtsprechungen, Demokratieverlust, amerikanische Finanzdiktatur, Menschenrechteverlust, Umweltschutzdrückung, Abnahme der Lebensmittelsicherheit, uvm.).

henden Systemelementen (von Nichtbetroffenen), noch dazu ohne strategischen Fokus, führen nur zu einer Verschlimmbesserung der Situation bzw. der Betroffenen, was letztlich das System bzw. dessen bisherige Systematik aber umso chancenreicher scheitern lässt. So gesehen besteht damit jedenfalls die (r)evolutionäre Hoffnung des Entwurfs bzw. der künftigen Realisierung einer globalen Handlungsanleitung mit verbindlicher öko-sozial-wirtschaftlicher Compliance.

Bis dahin bleibt hier nur die beispielhafte Möglichkeit wenigstens die Finger in jene Wunden zu legen bzw. auf jene Desaster zu verweisen, die das multiple Systemversagen wie nichts anderes zur Schau stellen. Gemeint sind der Salzburger Finanzskandal und das leidige Hypo-Alpe-Adria-Debakel. Beiden gleich sind die elende Misswirtschaft, die unethische, integritätslose, korrupte und informell-verfilzte Verstrickung von Politik, Verwaltung und Wirtschaft, wie auch das Ausschalten oder das Versagen jeglicher Kontrollinstanz. In der Endkonsequenz wahrlich der größte Raubzug am Steuerzahler mit öffentlichen wie auch privaten Geldern seit Bestehen der zweiten Republik. Eine traurige Bilanz zivil-demokratischer Eliten, die in ihrer egozentrierten Selbstverliebtheit wie ihrem der Wirklichkeit entrückten Allmachtglauben (Größenwahn) längst den Eigennutz über das Gemeinwohl bzw. deren Partei- und Klientelpolitik wie selbstverständlich über die Interessen des Staates stellen.

Zockten die Salzburger seit 2003 insgesamt mit rd. 10 Mrd. Euro – konkret um Zinsgewinne zur Reduktion des eigenen Schuldenmanagements aus dem weltweiten Finanzcasino hpts. mittels spekulativer Fremdwährungsgeschäfte (Zins-Swaps) zu erwirtschaften, was letztlich in einer Verfünffachung des Landesschuldenstandes endete, kostete die jahrelange Realitätsverleugnung die Hypo als „normale" Bank weiterzuführen bereits knapp 5 Mrd. Euro an Steuergeld.[268] Die sogenannte staatliche „Anstalt"-Lösung kommt zwar nicht in Frage,

---

[268] Ashwien Sankholkar / Miriam Koch: „Multipler Hypo-Kollaps", format.at vom 14.2.2014,
http://www.format.at/articles/1407/525/372715/multipler-hypo-kollaps?utm_source=Newsletter&utm_medium=E-Mail&utm_campaign=format.at-NL.

würde aber genau zum Vergleich der Pathologiezuschreibung in Form einer schweren schizoiden Persönlichkeitsstörung passen, worin sich intellektuelles Denken (Handeln) vom schuldbewussten Fühlen (Verantwortung) gänzlich abgespalten zeigt. Es war nicht nur den politischen Spitzen und bislang zuständigen Ministern bereits lange Zeit bekannt, dass sich die faulen Risiko-Nominale der HGAA durch Notverstaatlichung ohne Bad-Bank bestenfalls akkumulieren, sondern auch konzertiertes Kalkül und Taktik aller wesentlichen Key-Player jahrelang bewusst verschlimmernd zuzuwarten. Bei der heutigen Bilanzsumme von rd. 30 Mrd. Euro belaufen sich die Forderungen auf rd. 19 Mrd. Euro, wobei trotz der Abbaugesellschaft als Lösung, ob dieser Ernüchterung nicht nur die Beteiligung der damaligen Mutter Bayern-LB auf der Verhandlungsagenda steht, sondern auch die der Krisengewinner - Fehlereingeständnis hin, Schuldwegweisung her.

Diese hochneurotische Mischung aus totstellreflexhaftem Wegschauen, wählergerichtetem Schweigen, renommeetaktischer Verschleppung wie auch schuldverleugnerischer Abwehr und gezielter Nichtinformation erhöht die Staatsschuld folgenschwer um solide sechs Prozentpunkte auf nunmehr 81 Prozent des BIP. Ein gänzlicher Bankenkonkurs reißt mangels geordneter Insolvenzregelungen nur die Länderbanken mit in den Abgrund und erhöht zudem den möglichen Verlust an Bonität. Abgesehen von den nahezu in allen Ländern Österreichs im Laufe der Zeit eben aus Bonitätsgründen weit überzogen gegebenen Landesgarantien, bedarf die Abwicklungslösung zweifellos einer fairen Lastenverteilung, die als Beitrag von allen beteiligten Verursachern, Nutznießern, Gläubigern (Anleiher), Defraudanten, Vorbesitzer und Kontrollorganen[269] anzustreben ist. Die bisherige Geheimniskrämerei kann wohl erst durch lückenlose Aufklärung und jahrelange Aufarbeitung abgestellt werden, alle strafrechtlichen Verantwortungen sind bis dahin jedenfalls einzuklagen, bis zur Prüfung der politischen Organhaftung – Missmanagement hin, Untersuchungsausschuss her.

---

[269] Insbesondere Finanzmarktaufsicht, OeNB, Finanzprokuratur, Finanzministerium und Geldwäschestelle im Bundeskriminalamt.

An oberster Stelle muss wohl ein verfassungsmäßiges Spekulations-
verbot von Bund, Ländern und Gemeinden stehen sowie die längst
geforderte Föderalismusreform, die beim derzeitigen Stand sowohl
Auslöser des Hypodesasters war, wie auch Verhinderin jahrzehn-
telanger Reformbestrebungen. Angemerkt sei letztlich, dass jeder
große Korruptionsfall der letzten Jahre im Endeffekt weniger eine
Frage der Compliance als vielmehr eine erschreckende Dokumentation von zerrütteter Integrität und des persönlichen Werteverfalls
war.

4. Reformgeschichten[270]

Verwaltungsreform ist nichts Neues und hat eine lange Tradition,
kann aber nur begrenzt mit herzeigbaren Erfolgen wie dem bisherigen Ausbau der elektronischen Verwaltung aufwarten. Märchen wie
Alpträume beginnen bekanntlich mit „es war einmal", Verwaltungsreform ist darin aber eher eine unendliche Geschichte. Nüchtern gesehen wurde mit der Einführung der abendländischen Bürokratie
theresianischer Prägung immer auch schon Einsparung betrieben,
was nachfolgend auszugsweise dargestellt werden soll.

So verwundert es auch nicht, dass schon 1902 eine Einsparkommis-
sion durch den damaligen Präsidenten des Rechnungshofes bestand.
1921 gab es dann Ressortkommissionen in allen Bundesländern,
wobei 1922 bereits der Abbau von rd. 80.000 Staatsbediensteten im
Kontext der Völkerbundanleihe durch den Einsparungskommissär im
damaligen Finanzministerium zu koordinieren war. 1930 wurde
wiederum eine Kommission zur Vereinfachung und Verbilligung der
Verwaltung eingerichtet und nur ein Jahr später sogar ein General-
kommissär für Verwaltungsreform bestellt. 1949 folgten weitere
Einsparungskommissäre in den jeweiligen Ministerien, die 1952 zu
einer Arbeitsgemeinschaft für Verwaltungsreformmaßnahmen zusammengefasst wurden. Unter Bundekanzler Klaus wurde 1964 ein

---

[270] Aus: Unterlage zur internen Dienstausbildung des Landes Salzburg im
Bereich „Bürgerorientierung, Mitarbeiterorientierung und effiziente Verwaltung" (eigene Präsentationsunterlage).

Expertengremium zur Verwaltungsvereinfachung gegründet, welches 1966 durch eine Verwaltungsreformkommission ersetzt wurde.

Waren die 50-ger bis 60-ger Jahre verständlicherweise eher auf den (Neu)Aufbau und die Konsolidierung von Rechtsstaatlichkeit und von Verwaltung wie gesellschaftlichem und politischen Neubeginn als „demokratischer Rechtsstaat" ausgerichtet, erfolgten anschließend bis Mitte der 70-ger weitgehend Bestrebungen sich als „aktiver Staat" über Funktional- wie Gebietsreformen zu positionieren, wobei mit der anschließend angestrebten Entbürokratisierung, Entstaatlichung wie mehr Bürgernähe der sog. „schlanke Staat", mehr oder minder erfolgreich, durchgesetzt werden wollte. Die neoliberale Reformwelle der 80-ger, in Form des New Public Management aus den Westminsterländern wie auch aus den USA und Kanada auf das deutschsprachige Europa übergeschwappt, erreichte in den 90-gern ihren Höhepunkt, die trotz ihrer z.T. überzogenen Auslebungen bspw. in Form eines sterilen „Managerialismus" oder einer zu stark betriebswirtschaftlichen Schwerpunktsetzung, im Endergebnis, nicht nur aufgrund des Einzuges der elektronischen Möglichkeiten in die Verwaltungen, der hären Bürgergesellschaft erstmals die Türen öffnete.

Jedenfalls erfolgte auf Bundesebene indes erst von 1988 bis 1993 eine wesentliche Reformetappe durch das Projekt „Verwaltungsmanagement", mit dem Ziel der Kostensenkung, der Steigerung der Produktivität und der Straffung der Verwaltung in Richtung Bürgerorientierung. Angelehnt am Modell des angelsächsischen New Public Management (NPM) ging es weitgehend um die Einführung einer neuen Führungs- und Steuerungslogik (z.B. Ziele setzen, Ergebnisse messen, Kosten abbilden und reduzieren, Controlling einführen, gezielte Personalentwicklung, Führen auf Zeit, Einführung von Projektmanagement sowie der Automation von Verwaltungsprozessen mittels IuK-Technologien) – die im Endergebnis leider überwiegend konzeptiv und als reine Innenorientierung aufgesetzt war, ohne nachhaltigen politischen Umsetzungswillen.

Als Vorbereitung auf den EU-Beitritt wurde im Zeitraum von 1992-1994 über das sog. Perchtoldsdorfer Paktum in 3 Stoßrichtungen

versucht das damalige Kompetenzsplitting zu bereinigen, die mittelbare Bundesverwaltung abzuschaffen sowie die Zusammenarbeit von Bund, Ländern und Gemeinden in EU-Angelegenheiten zu stärken. Leider scheiterte der Entwurf am Veto der Landeshauptleute-Konferenz kurz nach der damaligen Abstimmung im Nationalrat.

Von 1997-1999 kam man dem Überschwappen der Reformwelle aus den Westminster-Ländern (weniger Staat, mehr Privat) durch das Verwaltungs-Innovations-Programm (V.I.P.) schon näher, indem neben den gängigen NPM-Zielsetzungen zusätzlich eine Aufgaben- und Prozesskritik sowie eine jährliche Produktivitätssteigerung von 2 Prozent inkl. modernem Personalmanagement beansprucht wurden. Als auffälligste Innovation von damals gilt allerdings bis heute nur die Entwicklung der Behördenwebseite help.gv.at im Themenfeld e-Government.

Die nachfolgende Aufgabenreformkommission von 09/2000 bis 03/2001 erarbeitete zwar 60 Vorschläge zu den Bereichen Deregulierung, Reorganisation, Neuregelung und Schulautonomie, deren Umsetzung erfolgte allerdings nur teilweise im Verwaltungsreformgesetz von 2002.

Der Österreich-Konvent von 2003 bis 2006 zur Staats- und Verfassungsreform legte bzgl. einer neuen Kompetenzverteilung zwischen Bund, Ländern und Städten/Gemeinden einen Abschlussbericht mit rd. 1200 Seiten vor, welcher leider auch überwiegend gestoppt wurde. Die eindrucksvollste Nebenumsetzung, wenngleich auch erst 8 Jahre später, liegt neben der Eliminierung zahlreicher unabhängiger Verwaltungssenate wie auch Sonderbehörden wohl mit 2014 in der Einführung der Landesverwaltungsgerichte und damit der Verlagerung eines gesamten Instanzenzuges für öffentlich-rechtliche Streitbarkeiten aus der nationalen Verwaltung in die Gerichtsbarkeit.

Im selben Zeitraum erfolgte mit insgesamt 166 Projekten die Neuauflage des o.a. V.I.P. in den Bereichen Restrukturierung (Finanz, Justiz, Sicherheit, Kooperation), Ausgliederungen (z.B. Bundesbeschaffungsgesellschaft) und e-Government (zentrale Registerdatenbanken, digitaler Amtsweg, elektronische Zustellung/Bezahlung).

Eine weitere Expertengruppe, zu den Schwerpunkten Verwaltungs-qualität und Staatsreform, erarbeitete innerhalb weiterer 3 Jahre (2006-2008) drei Entwürfe zu einer Verfassungsreform, mit dem wesentlichen Resultat der Errichtung des Asylgerichtshofes im Jahr 2007.

2008 wurde versucht mit der gleichnamigen Initiative „Wir stellen die Verwaltung auf den Kopf" die Verwaltung nochmals „auf den Kopf" zu stellen. e-Government erfuhr weitgehend mit der Initiative „Digitales Österreich" einen eindrucksvollen Schub. Österreich nimmt im EU-Ranking damit seit Jahren einen Spitzenplatz ein. Killerapplikationen im positiven Sinne (Akzeptanz) sind vor allem Finanz-Online, e-Recht und praktische Anwendungen (zentrale Register) sowie die Einführung des elektronischen Aktes (ELAK). Die Bestrebung auf Bundesebene war und ist nach wie vor modern, un-bürokratisch und bürgernah zu sein. Reform wird so nicht nur als schmerzvoller Einschnitt sondern durchaus als permanente Weiter-entwicklung der Verwaltung verstanden. Verwaltungsinnovation versteht sich darin aber auch als Offensive zu Standards im Bereich von Qualität und Wettbewerb (Qualitätspreise) wie auch von Leistung und Wirkung (sh. neues Haushaltsrecht 2013).

Ein neuer Anlauf zur Reform des Öffentlichen Dienstes, abseits von oft verkürzt geführter Diskussion und isolierter Fragestellung, insbesondere bzgl. des Dienst- und Besoldungsrechtes, sollte 2010 die Initiative „Reformdialog:Österreich" bedeuten, bei der ein Beirat von sechs unabhängigen Expertinnen und Experten künftige Entwicklungslinien des öffentlichen Dienstes anhand von 7 zeitnahen Thesen und 50 interessanten Empfehlungen im 2011 veröffentlichten Beiratsbericht[271] aufzeigte. Eine breit angelegte Online-Beteiligung der Bevölkerung lieferte dazu im Vorfeld vielfältige Ideen, die zusammen mit dem Beiratsbericht in drei ausgewählten Städten (Wien, Linz, Salzburg) der Länder 2012 nochmals mit wertigen Spitzenvertretern des öffentlichen Dienstes breit diskutiert wurden und seitdem

---

[271]

www.reformdialog.at/fileadmin/user_upload/downloads/Beiratsbericht_Juli 2011.pdf

als Gesamtergebnis dokumentiert vorliegen. Allerdings mit wenig Überraschendem, da es sich wie ein Pflichtkatalog für zeitgemäßes Unternehmertum liest, wie ein solches mittels „No-Na"-Maßnahmen prinzipiell aufgestellt und geführt werden müsste.

Die Ergebnisse sind insgesamt nicht überwältigend. Ein rigides Dienstrecht, altersbedingte Vorrückung (Senioritätsprinzip), die Überalterung der Belegschaften wie der massive Wissensverlust durch die demographische Ablöse prangern nur auszugsweise die nötigen Weichenstellungen an. Die im Wahlkampf predigthaft angekündigte Entfesselung der Wirtschaft steht nunmehr ernüchternd für die längst fällige Neuordnung des entfesselten Föderalismus der Länderfürsten Pate, dem es analog dem Schweizer Kantonsmodell bundesstaatlich gilt per Gesetz sämtliche Haftungen[272] und Schulden offenzulegen, wie auch ein föderales Insolvenzrecht einzuführen. Als nationaler Schulterschluss gilt es mit dem „Recht auf eine gute Verwaltung"[273] das volkswirtschaftliche Ganze in den Vordergrund zu stellen. Es entspricht einer alten Managementweisheit, dass Führungskräfte den Erfolg eines Unternehmens wesentlich bestimmen. Ein erfolgreiches Unternehmen ist jedoch der Spiegel aller Mitarbeiter (Führungskräfte wie Personal). Die Verwaltung als Geschäftsapparat der Politik kann allerdings auch besser sein wie seine Einflüsterer (Entscheider), da sich dieses Verhältnis bzw. der Einfluss der zuvor Genannten mit zunehmender Größe der Einrichtung, neuesten Erkenntnissen zufolge, erstaunlicherweise wiederum verkehrt.

5. Gute Konzepte: Schubladisieren, weiter lavieren!

Auf der langen Bank von Maria Theresia stapeln sich so neben den unnötigen Akteuren mittlerweile Hektotonnen von Konzeptpapieren, welche gut unter den Reformtisch geschreddert auf ihr Recycling zum Wiederbeschrieb warten. Eine lange Liste an längst fälliger

---

[272] Die Haftungen aller Länder und Gemeinden in Österreich betragen derzeit rd. 75 Mrd. Euro.
[273] Analog der EU-Grundrechtscharta

371

Staats-, Struktur- und Steuerungsreform ist nur der Kulminationspunkt fahrlässiger Nichtumsetzung.

Reform ist einfach dreifach: *Erstens* den Tatsachen ins Auge schauen, *zweitens* die nötigen Handlungskompetenzen aufbauen und abgrenzen, *drittens* Verbindlichkeit erzeugen! In Anlehnung an Kyrer[274] beinhaltet ersteres unter Rückschau auf die bisherigen Entwicklungen (Backcast) immer die bedingungslose Vergegenwärtigung (Prescencing) aller Problemstellungen zur sowohl unmissverständlichen Definition der Anforderungen als auch um die besten Alternativen als Abreißbirne der bisher gelebten permanenten Reformstarre wie Realitätsverleugnung kreieren zu können. Anstelle sich in Mosaikreförmchen zu verlieren muss als nächster zwingender Schritt die aus der Analyse glasklar gewonnene Faktenlage in den Kontext eines großen Bildes (Big Picture)[275] inkl. zielgerichteter Umsetzung für die Erstellung eines Masterplanes (Forecast) mit strategischem Fokus gestellt werden. Letztlich gilt es in der Abgrenzung von zu benötigenden Ressourcen (Zeitraum, Mittel, Akteure) die richtigen Kompetenzträger mit den jeweiligen Verantwortlichkeiten auszustatten. Um für die Umsetzung der definierten Leitplanken, Zielsetzungen und Arbeitspakete garantieren zu können ist sowohl eine auf die Erzeugung einer hohen Akzeptanz wie auch Einlösung aller Versprechen ausgerichtete hochprofessionelle Kommunikation inkl. Marketing von Beginn an mit zu bedenken, wiewohl eine solche auch zur steten Berichtspflicht und zur Vermittlung der Zwischenstände an alle Beteiligten, Betroffenen und der Bevölkerung konsequent und informativ auszuleben ist. Der allerwichtigste Erfolgsschlüssel ist allerdings ein gemeinsamer Dialog-Prozess, den es gilt von Beginn an aufzusetzen und konsequent auf das gewünschte Ergebnis auszurichten. Zusammengefasst und anders gesagt, mit Hirn, Herz und Hand, was einerseits heißt mit Fakten & Details zu Hintergründen über die geplanten Veränderungen zu informieren, andererseits durch Einbeziehung der Betroffenen Vertrauen zu schaffen, um Furcht vor Veränderungen zu nehmen und klare Strukturen, Rollen und Verantwortlich-

---

[274] Alfred Kyrer, Michael Populorum, 2013 S.42f.

[275] Synonym für die im Projektmanagement übliche Gesamtübersicht aller definierten Arbeitsphasen und –pakete in Form des Projektstrukturplans.

keiten zu vereinbaren, die den Veränderungsprozess kontrolliert und konsequent steuern lassen.

Der „Hättiwari"-Konjunktiv als Übersetzungsschlüssel der österreichischen Reformseele („Hätt i gwusst, was des für eine Arbeit is, warad i nie auf die Idee kommen, eine Reform zu machen")[276], offenbart nur die Vorliebe des gelernten Österreichers über Dinge zu sinnieren, „die eh nicht möglich sind, eh nicht passieren tun und eh nicht zur Debatte stehen".[277] Jedenfalls eröffnet sich damit ein träumerisches Paralleluniversum, die sämtliche Schuld und Verantwortung oder alles was nicht in den Kram passt bequem von sich auf andere oder andere Umstände schieben lässt. Eine phänomenale Fähigkeit sich für etwas entschuldigen zu können, weil bestimmte Gegebenheiten nicht vorhanden sind oder andere noch nicht in Vorleistung treten (Hättitäti), um dann freilich vor anderen auch nochmals besser dazustehen. Derlei Ablenkmanöver gelang Österreichs Politik auch zum scha(n)dhaften Verlust des Triple-A durch Standard & Poor´s Herabstufung, indem mittels Drücken der Selbstmitleidtaste im Reigen neun weiterer betroffener Länder, das Ausmaß der Entrüstung sofort relativiert werden konnte.

Nicht unerwähnt bleiben soll hier das dem Durchschnittsösterreicher (Grantscherben) oftmals zugeschriebene äußerst beliebte Raunzen und Sudern, auch auf die hier eher humoristisch[278] gemeinte österreichische Richter-Skala fürs Jammern (von 0 - 100 Punkten, gemessen in Jam-Einheiten) verwiesen werden, die den beachtlichen Wertebereich zwischen über 25 (nicht mehr selbstmordgefährdet) von 50 „no, schau ma amol" und 75 „des is jetzt oba scho sehr unongenehm" bis 100 „is jo a Wahnsinn" einnimmt. Wien ist ja bekanntlich anders und erreicht mit resultatlosen Schreihälsen, die sich vor allem im Sinne von Helmut A. Gansterer durch „extrem lautes Sprechen, extreme

---

[276] In Anlehnung an Alice Nilsson, Wien 2012.
[277] Ebenda, S.15f.
[278] Vgl. Bernhard Baumgartner (Kabarettist): „Der Jam-Faktor".

Gestik, ohne Selbstironie und totalem Negativismus auszeichnen"[279], auf Anhieb den Wert 100 - noch dazu als diese mit den Rechtspopulisten in vielen Mitgliedsländern im steten Aufwind stehen. Im 20 Jahre Jubiläum der Vertragsunterzeichnung zum EU-Beitritt seit 1994 sind die Österreicher geradezu EU-Muffel, stehen der EU weitgehend skeptisch gegenüber, weisen zudem mangelhafte Kenntnisse über die EU-Institutionen auf und haben ein nur geringes Vertrauen in die Institutionen.[280] „A blede G´schicht" salopp gesagt, deren Gründe liegen aber weitaus tiefer als man annehmen darf.

Kulturkritisch betrachtet mag Dummheit (Nichtwissen) wohl ein integraler Bestandteil jeder Gesellschaft sein, kulturpessimistisch sind es allerdings die gefährlichen kollektiven Mechanismen von deren Selbst-Verdummung. Damit sind gesellschaftliche Praktiken im Sinne von „Blöd-Maschinen" gemeint, die hpts. über den neoliberalen Umbau eine Strategie der mehr oder minder folgenschweren Erzeugung von Dummheit verfolgen. Als Verdummungsmaschinen dienen (komplexitätsreduzierende) Medien (z.B. Boulevard, Yellow Press), Konsum-Unternehmen inkl. Werbung, Unterhaltungsindustrie wie Fernsehen (z.B. Reality-TV, Soaps, Casting-Shows) u.v.m. Innerhalb einer gleichmütig hingenommenen Populärkultur bieten zudem neue (mobile) Technologien wie auch soziale Netzwerke einem überbordenden Narzissmus immer breiteren Raum. So wie der Kapitalismus mitunter Konsumtrottel braucht, produziert unser Bildungssystem hpts. jene karrierefixierten Fachidioten, die eine entfesselte Ökonomie erst ermöglichen, die folgenschwer von einer stupiden, entpolitisierten, postdemokratischen Gesellschaft dann aber weitgehend unreflektiert bleibt. Hier liegt der wahre Goldesel der Neuzeit, der es über den alchemistischen Akt der Vertrottelung - derb gesagt - schafft, Dreck in Geld zu verwandeln.[281]

---

[279] Vgl. Helmut A. Gansterer „Der Jam-Faktor", in format.at vom 19.2.2014 - http://www.format.at/articles/1408/692/372865/kolumne-helmut-a-gansterer-der-jam-faktor.
[280] Eurobarometer Nov. 2013.
[281] Vgl. Markus Metz, Georg Seeßlen, 2011.

Noch schärfer formuliert es Rietzschel (2012) welcher nicht nur die vielgepriesene Wissensgesellschaft als Spielwiese von Pfuschern beschreibt, in der es die Bildungspolitik in Europa verstanden hat den Dilettantismus nebst prominenten Funktionsträgern nunmehr auch in den Lehr- und Studienplänen zu verankern, sondern auch „Ross und Reiter" nennt.[282]

Die österreichische Politik ist in Summe eine endlose Akkumulation fauler Kompromisse, ein Fleckerlteppich an zumeist nur bruchstückhaften Verbesserungen, ohne ganzheitlichem Zusammenhang und nachhaltigem Muster. Einerseits ist es immer schon attraktiv gewesen, und in medialen Zeiten umso mehr, die Erhöhung von Effizienz und Effektivität in der Verwaltung auf Kosten der leidigen Beamtenschaft anzukündigen. Andererseits folgen dem schleichenden Personalabbau immer mehr Aufgaben und Dienstleistungen, da sich der politische Output eben stark in Form von neuen Gesetzen, Novellierungen und Verordnungsänderungen misst, noch dazu unter dem Harmonisierungsdruck der EU-Gesetzgebung. Die Beamtenschaft ist mittlerweile eine aussterbende Spezies – zumindest in Salzburg. Salzburg hat auf Gemeindeebene mit 1.1.2006, auf Landesebene mit 1.7.2011 und auf Magistratsebene per 1.1.2012 die Beamtenschaft de facto abgeschafft. Die Degressionskurve zeigt aus demographischen Gründen aber erst im Jahr 2050 die Näherung zur Nulllinie und verweist damit auf die nur langfristig zu erwartenden Einspareffekte, welche ohne gleichzeitiger Umverteilung der Lebensverdienstsummen[283] mit höheren Anfangsgehältern und später gedehnteren Vorrückungen für künftige Verwaltungsbedienstete wohl eher gering bleiben, wenn nicht gar ausbleiben.

Die Problematik liegt aber weniger in dieser Notwendigkeit, als das mit der Abschaffung des Beamtentums wohl auch etwas Wesentliches verloren geht, weswegen dieses aber auch geschaffen wurde,

---

[282] Thomas Rietzschel: „Die Stunde der Dilettanten", Paul Zsolnay Verlag, Wien 2012. Sh. auch: „Die Presse" vom 6.1.2012 (http://diepresse.com/home/spectrum/zeichenderzeit/721863/Die-Schule-der-Dilettanten).

[283] Einkalkulierte Einbußen von insgesamt 2 - 4% zumeist vorausgesetzt.

nämlich zur „Garantie von Verlässlichkeit" als eine unabdingbare Säule des demokratischen Zusammenhaltes. Wer kann sich nicht an die 1999-2000 fast auf den Tag genau ein halbes Jahr andauernden regierungsfreien Sondierungsgespräche des einstigen Schüssel-Teams erinnern, obgleich das Funktionieren der Staatsordnung dennoch und friktionsfrei durch die Beamtenschaft weitergeführt wurde. Beamte wurden nebst den bürokratischen Auflagen aber auch deswegen geschaffen, dass vor allem in Krisenzeiten die demokratischen Errungenschaften, wie bspw. ein funktionierender Staatsapparat, verlässlich – auch gegen Widerstand - hoch gehalten werden können. Hier ist weniger die dienstpflichtbezogene Complience und die Beherrschung des Rechtsvollzugs gemeint, als die für den öffentlichen Dienst nötige besondere Motivation, das sogenannte „Beamtenethos". In heutigen Zeiten von permanenten Krisen bzw. Krisen als tägliche Normalität wohl etwas, das unter der künftigen Zuschreibung von Verlässlichkeit bestenfalls nur mehr in Form von Loyalität, Arbeitsengagement und Mitarbeiterbindung abgesichert werden kann. Die jährliche Gallup-Umfrage[284] für den öffentlichen wie privaten Sektor weist innerhalb der letzten Dekade jedoch die traurige wie gegenteilige Entwicklung auf, dass außerhalb einer relativ stabilen und breiten Mitte von „Dienst nach Vorschrift", diejenigen die bereits innerlich gekündigt haben erschreckend größer werden und jene die unabhängig von den Rahmenbedingungen und Gegebenheiten immer wieder als Hochleister bzw. Hochmotivierte aufwarten, leider rapide weniger werden.

Ob sich die Politik damit einen Bärendienst erweist oder gerade eben nicht wird erst die Zukunft zeigen können. In Zeiten immer noch dichterer Instabilitäten und massiver Werteverschiebungen wohl auch eine zusätzliche Unsicherheit, die mit künftig privatwirtschaftlich bzw. unternehmerisch denkenden und handelnden Verwaltungsmitarbeitern nebst adäquaten Entlohnungssystemen und der logischen Verschiebung von Arbeitsmotivation wohl auf Kosten der bisherigen intrinsischen Antriebe (z.B. überdurchschnittlich hohes Engagement, Uneigennützigkeit und Gemeinwohlorientierung) wie auch der bislang tief liegenden Fluktuationsraten gehen wird.

---

[284] Quelle: Gallup, Stand 2012.

Im Endausbau steht damit nicht nur die Angleichung an die ASVG ins Haus, weg vom hoheitlichen Akt hin zum Arbeitsverhältnis auf Kontrakt, sondern auch die nicht beabsichtigte aber zweifellos unbedachte und fraglos folgenwirksame Einschränkung der bisherigen „Public Service Motivation"[285], welche einstellungsbezogen gerade im Hinblick auf verfassungs- und verwaltungsbezogene Grundsätze den bisher als Selbstverständlichkeit vorausgesetzten Verpflichtungswerten womöglich eine ordentliche Delle verpassen wird – Beamtenschaft hin, Verwaltungsmanager her.

Dazu passt das österreichische Amtsgeheimnis, welches wie eine Trutzburg dem vielgepriesenen Recht auf Informationsfreiheit[286] seitens der Bevölkerung diametral gegenüber steht. Im viel gerühmten Informationszeitalter einer, wenn auch nur zögerlich auf Bürgergesellschaft ausgerichteten Weiterentwicklung der Verwaltungskultur, die längst fällige Selbstverständlichkeit als Paradigmenwechsel gegen den in Österreich werkstättengeschützten Feind Korruption samt Intransparenz. Wie teuer letztere Übel kommen kann hier nicht beziffert werden, diese liegen allemal höher als die nunmehrige Durchsetzung des Plädoyers zur Abschaffung des Amtsgeheimnisses, nicht zuletzt da bis dato die Verletzung des Amtsgeheimnis stärker geahndet wurde als bspw. die pflichtwidrige Nichterteilung einer Auskunft.

Das neue Haushaltsrecht (seit 2009 auf Bundesebene) erlaubt durch Sparsamkeit bzw. weniger Ausgaben Zinslastsenkungen wie Rücklagenbildungen, welche sich mittlerweile auf 15 Milliarden Euro belaufen (rd. 20% der gesamten Bundesausgaben von 2012). Allein der Zugriff darauf muss allerdings jeweils fremdfinanziert werden, da

---

[285] In Anlehnung an Adrian Ritz, „Bürokratie und Beamtenethos – die zwei Seiten der Medaille", UniPress 143/2009, Kompetenzzentrum für Public Management, Uni Bern.
(http://www.kommunikation.unibe.ch/unibe/rektorat/kommunikation/conten t/e80/e1425/e4697/e8887/e8977/linkliste8981/up_143_s_15_ritz.pdf).
[286] Bislang Auskunftspflicht, sofern keine Verschwiegenheitspflicht aus Geheimhaltungsgründen bzw. Datenschutz dagegensteht.

diese Reserven nicht veranlagt sind, sondern im Auflösungsfall defizitwirksam mit neu geborgtem Geld finanziert werden müssen.[287] Die derzeitige Einsparungsvorgabe in den Ministerien in Höhe von 500 Mio. Euro kann also nicht einfach auf Kosten einer Guthabenabdeckung erfolgen, sondern muss als echte Substanzeinsparung bei strukturellen Ausgaben (z.b. Förderungen, Pensionen, Gesundheits- wie Bildungsleistungen) erfolgen. Da sämtliche Rücklagenentnahmen bisher nicht budgetiert wurden, erfolgten auch alle bisher genehmigten Bedarfe als Mittelüberschreitung (ungedeckter Scheck) zur Erhöhung der Staatsschuld.

6. What´s next?

Zweifelsohne kommt dem Internet ähnlich revolutionärer Charakter zu wie dem einstigen Aufkommen des Buchdruckes, dessen Impact allein schon auf Ökonomie und Gesellschaft derart radikal ist, dass die Art und Weise wie wir bisher organisieren, strukturieren, führen, verwalten nicht nur totalitär umbricht, sondern es auch die bisherigen Denk- und Handlungslogiken zwingend ändert.[288] Kommunikation wandelt sich von „Einer-zu-Viele" zu „Viele-zu-Viele" und vollzieht den Wandel weg von hierarchischen hin zu netzartig strukturierten Organisationsformen. Die vernetzte Online-Gesellschaft kommuniziert heutzutage mehrdimensional. Längst haben darin bspw. Rundfunk- wie Printmedien das Privileg der Kommunikationshoheit verloren. Blogs, Chats, Foren, Kurznachrichtendienste und Social-Web-Dienste verbreiten und kommentieren Informationen mittlerweile zum Teil schneller, massiver und durchdringender als es etablierte Medien oder Regime (zuletzt Türkei) zu verhindern versuchen. Die neuen Technologien sind in ein Management von Offenheit als die wesentliche neue Kernaufgabe zu integrieren, wiewohl Crowd- und Communitybasierte Einbezüge gegenüber Risiken- und Sicherheitsproblemen sehr wohl abgestimmt werden müssen. Open Government als offene Staatskunst und Staatlichkeit im Netz zwingt zur Integration von Offenheit wie Partizipation in die politisch-administrativen

---

[287] Ö1 Mittagsjournal vom 24.1.2014: http://oe1.orf.at/artikel/364529.
[288] Philipp Müller, 2012.

Prozesse. Das Internet offenbart darin völlig neue Formen kollektiven Handelns. Die Netzwerkgesellschaft hat die Transaktionskosten für gemeinschaftliches Handeln mittlerweile so weit reduziert, dass neue Organisationsformen in Politik und Verwaltung entstehen, die andere, vor allem offenere Wertschöpfungsketten, erst ermöglichen. Dies setzt neue Strategieanleitungen voraus, sowohl für das Führen und Steuern, als auch für das kollektive Handeln in dieser neuen offenen aber auch komplexeren Welt.

Tatsächlich fährt die digitale Revolution längst neue Wohlfahrtsgewinne ein, die es gilt genauso gerecht zu verteilen, wie eben die Ungleichgewichte aus der zügellosen Finanzwirtschaft zu beseitigen sind. Ein Großteil der Umsätze an den Börsen wird ja bereits durch den Hochfrequenzhandel erwirtschaftet. Und da die fortschreitende Automation außer in Nischenbereichen zusehends auch die Arbeit hochbezahlter Spezialisten übernimmt, stellt sich die spannende Frage ob der technologische Fortschritt nicht langfristig mehr Arbeitsplätze vernichtet als schafft. Bankomaten, Check-in-Terminals waren ja nur der Anfang. Immer bessere Algorithmen und evidenzbasierte Datenmengen beginnen bereits bislang hochspezialisierte Berufe (z.B. Juristen, Ärzte, Berater, Bewährungshelfer, Dolmetscher) zu bedrohen. Diese werden längst durch digitale Übersetzer, Netzdoktoren, Internetapotheken, etc. nicht nur ergänzt, sondern stehen mittlerweile exklusiv im Wettbewerb mit speziellem Internetwissen und mündigeren Netzanwendern. Dieser „jobless growth" der digitalen Revolution spaltet die Befürworter der ökonomischen Theorie in die, die meinen, dass daraus andere neue Jobs entstehen und jene, die zusätzliche Arbeitsplätze daraus verneinen. Obschon die Befundlage dazu eher noch thesenhaft ist, werden fortschreitende Technologien wohl weiterhin billigeren Ersatz für Massenarbeit schaffen, was angesichts der ohnedies immer höheren Unternehmensgewinne auf Kosten bereits abgebauter Arbeitsplätze das massenmarktgetriebene Kapitalismussystem letztlich zur Schlüsselfrage werden lässt.[289]

---

[289] Arndt Müller: „Arbeitswelt 2.0: Die Maschinen übernehmen die Macht", Format trend Artikel vom 4.3.2014,
http://www.format.at/articles/1410/581/373185/arbeitswelt-2-0-die-maschinen-macht.

Festzustellen ist, dass die bisherigen politisch-administrativen Systeme für die gegenwärtigen Problemstellungen noch nicht und für die künftigen Herausforderungen schon gar nicht gerüstet sind. Nach der Krise ist vor der Krise, allein durch das Ausmaß der internationalen Verschuldung und dem ohnedies exzessiven Weiterwirtschaften auf Kosten künftiger Liquiditätsmöglichkeiten. Als Folge der letzten Finanzkrise entstand indes ein Wettbewerb der Guten, die sich auf Unternehmens- wie Politikebene nunmehr verstärkt in Richtung Gemeinwohl orientieren. Der Kampf um Talente und qualifizierten Nachwuchs wird durch die vermehrte Digitalisierung wie Mobilität innerhalb der Arbeitswelten nur zum Teil wettgemacht, bedarf es doch einer auf die Gegebenheiten neu einzustellenden Familien- wie Bildungspolitik. Die Versorger(ali)mentalität des Staates wird wohl einen Umbau des Sozialsystems in Richtung Treffgenauigkeit und überwiegend nur mehr kurzfristiger Unterstützung zur größtmöglichen (Wieder)Herstellung von Eigenständigkeit und Eigenverantwortlichkeit erfordern, womit gerade im Gesundheitsbereich, nebst einer krankheitsverhindernden Präventionspolitik (sprich gesundheitsbewusste Lebensweisen belohnen) wie auch bisherige Krankenanstalten als künftige Gesundungseinrichtungen ganzheitlich aufzustellen sind (durch interdisziplinäres Zusammenspiel und fokussierter Individualtherapie), womit die bedarfsgerechte Zuteilung von kostenintensiven Akutbetten endlich realisiert wird und ein zwangsweiser Radikalabbau von Überkapazitäten automatisch erfolgt.

Die zunehmende Bedeutung der organisierten Zivilgesellschaft beeindruckt nicht erst seit dem arabischen Frühling gegen inakzeptable politische Entwicklungen, soziale Missstände oder autoritäre Regime. Neu sind allerdings der hohe Vernetzungsgrad und die außergewöhnliche Mobilität gegen Problemlagen jedweder Art wie auch deren Lösungsversuche. Das Privileg von Staatlichkeit hat längst an hoheitlicher Kontur verloren. Demokratiereformbestrebungen wie Beteiligungsmodelle hin zur Bürgergesellschaft wandeln das Kommunikationsverständnis von „hierarchisch" in Richtung „netzartig" in Form von Einbezug, Partizipation, Kollaboration und Mitentscheidung.

Dabei erzeugt der weltweite Ressourcenkampf innerhalb der sogenannten „Commons"-Diskussion u.a. auch ein neues Verständnis von Gemeingütern und definiert das Verhältnis zwischen Privateigentum und Gemeineigentum, individuellen Gewinn und Gemeinwohl wie auch zwischen Markt und Staat neu. Die Leistungsgesellschaft sieht im Leistungsprinzip zwar ein Selektionskriterium, das mit Privateigentum als Grundrecht die mögliche Ausbeutung belohnt, die der Staat dann aber auch zu schützen hat. Die Anhäufung von Eigentum in Form von Kapital führt jedoch, wie die Entwicklungen zeigen, zur totalen Ausbeutung von Natur und Mensch. Die marxistische Sozialwirtschaft hat sich so zumindest historisch nicht bewährt, weshalb der moderne Sozialstaat in seiner Vermittlerrolle zwischen staatlicher Regulierung und freiem Markt (zügelloser Ausbeutung und Konsum) nunmehr beginnt den Nutzen von Eigentum als Verpflichtung „im Interesse aller" aufzufassen. Ressourcen gleich welcher Art werden so erst allmählich in deren Bedeutung erkannt. Der Umgang mit Gemeingütern beschränkt sich darin nicht nur auf den nachhaltigen Umgang mit bspw. Luft, Wasser, Boden, Saatgut oder Energieträgern, sondern stellt den Menschen als evolutionär auf Kooperation ausgerichtetes und grundsätzlich soziales Wesen leitbildhaft voran, dem es eben gilt größtmögliche Rahmenbedingungen für Kooperation und Partizipation einzurichten[290]. Eine handlungsorientierte Governance würde dies in der Umsetzung jedenfalls bestmöglich unterstützen.

Für Salzburg soll ansatzweise der Auszug aus der Landeskorrespondenz vom 25.1.2014 gelten: "Demokratiereform und Bürgerbeteiligung werden in Zukunft eine immer stärkere Rolle in Salzburg spielen … In Schwarzach, St. Veit und St. Koloman konnten sich die neun Mitglieder aus allen Landtagsfraktionen im direkten Gespräch mit den Bürgermeistern und engagierten Gemeindebürgern über aktuelle oder kürzlich durchgeführte Bürgerbeteiligungsprojekte informieren. Schwarzach und St. Veit haben vor kurzem Prozesse zur lokalen Agenda21 abgeschlossen. Diese vom Land Salzburg

---

[290] Vgl. Gert Scobel: „Gemeingut, Gemeinwohl und Gemeinsinn – Macht gemeinsam stark?", Sendung "scobel" auf 3sat vom 20.2.2014 21Uhr (http://www.3sat.de/page/?source=/scobel/174892/index.html).

geförderten Programme gehen auf den Weltklimagipfel der Vereinten Nationen in Rio de Janeiro im Jahre 1993 auf die dort ausgerufene Devise "Global denken, lokal handeln" zurück. Damals wurden die Gemeinden auf der ganzen Welt dazu aufgerufen, innovative Projekte zu einem nachhaltigeren und zukunftsgerichteteren Lebensstil mit den Einwohnern zu entwickeln. In Salzburg haben bereits 15 Gemeinden einen derartigen Prozess durchlaufen."[291]

Dies ist hier deswegen so ausführlich erwähnt, als ja durch den schwungvollen Spekulationshandel, mit dem vierfachen Betrag des Landesbudgets neben der Verfünffachung der Schulden im selben Zeitraum, doch verlustreiche Folgewirkungen entstanden sind wie eben die auf viele Jahre beschränkten geringen Investitionsmöglichkeiten in die Infrastruktur (z.B. Straßen, Gebäude, Verkehr, Spitalbereich), in die Kinderbetreuung oder auch der gänzlichen Streichung von Landesförderungen, etc.

Der gelernte Österreicher ist ein Sicherheitsmensch und wie Seneca schon sagte, ist die größte und einzige Angst der Menschen die vor der Zukunft. Österreich leistet sich deshalb permanente Zukunft-Wahlkämpfe, worin Zukunft aber hpts. aus der Vergangenheit extrapoliert wird. Noch dazu gibt es zu allem und jeden Thema einen Arbeits- oder Expertenkreis, und wenn jemand Selbstwichtiger einmal nicht dabei sein kann, ist dieser gleich beleidigt. In Österreich weiß man wie in keinem anderen Land was man nicht kann bzw. was nicht geht und fordert so vehement wie in keinem zweiten Land, dass man gerade an dem hart arbeiten muss, wo die größten Schwächen liegen. Der größte Rohstoff, unsere Köpfe, wird zwar vielfach kostbar umhergetragen, wir leisten uns aber mit einem im OECD-Vergleich sehr teuren Bildungssystem den Luxus diese Zukunftsressource bestenfalls durchschnittlich zu veredeln. Anstatt Stärken zu stärken werden noch immer mit dem Rotstift aufwändig Schwächen und Defizite verfolgt und auszumerzen versucht. Letztlich werden so im angestrebten Gleichmachungsprozess ganze Heerscharen von

---

[291] Salzburger Landeskorrespondenz vom 25.1.2014: „Salzburger Landtag im Kontakt mit engagierten Bürgern." -
http://service.salzburg.gv.at/lkorrj/Index?cmd=detail_ind&nachrid=52249.

Talenten vernichtet. Die Kritik folgt der Praxis auf den Fuß, die Jugend beherrscht grundlegende Kulturtechniken nicht mehr (sinnverständig lesen, schreiben, rechnen), es herrscht eine zu geringe Dotierung im F&E-Bereich, im zentralen Fokus steht viel zu viel Risikovermeidung und nicht die Konzentration auf Chancenwahrnehmung. Die besten Schulen der Welt kosten aber nicht mehr als die schlechtesten, haben die besten Lehrer und setzen auf individuelle Förderung, da kein halbwegs normales Kind untalentiert zur Welt kommt. Antworten zu finden auf Fragen die erst morgen gestellt werden, setzen allerdings auf größtmögliche Vielfalt, individuelle Förderung und größtmögliche Freiheit zum Ausleben (Üben) von Kreativität (Spielwiese) und Begabung (Lösungsvermögen). Das erfolgreichste System in der Natur für Zukunftsfitness ist die Evolution selbst. Wirtschaft wie Verwaltung und Gesellschaft sind nur dann auf Zukunft gerüstet, wenn derlei evolutive Rahmenbedingungen innovativ erkannt und kombiniert werden. Zukunft ist noch nie so unvorhersehbar wie heute und solange sich Innovation in Österreich auf das Erstaunen im Sinn von „ich habe gar nicht gewusst, dass das jemand kann oder dass man das jemals braucht" beschränkt, wird Zukunft wiederum nur Vergangenheit im Morgen.[292]

7. Fazit

In Anlehnung an das berühmte Salzburger Sattler-Panorama[293] war hier der Anspruch, einmal ein breiteres Bild der Zusammenhänge für Verwaltungsreform aufzuzeigen, weniger deren Notwendigkeiten. Die Schlüsselfrage ist nicht ob weiterhin im oder am System mehr oder weniger gezielt rumgearbeitet werden soll, sondern ob nicht längst das System selbst durch den globalen Wandel seine eigene Weiterentwicklung erfährt und deshalb alle bisherigen Instrumente und Verfahren (auch die neueren) auf den Transformationsprüfstand zu stellen sind. Die alten Fabrikhallen und Backsteinbauten des Salz-

---

[292] In Anlehnung an Andreas Salcher, 2010 und Markus Hengstschläger 2012.
[293] Detailreiches Rundgemälde der Stadt Salzburg (rd. 26 x 5 Meter) von Johann Michael Sattler, österr. Porträt- und Landschaftsmaler (1786-1847).

burger Gusswerkgeländes der ehemaligen Glockengießerei im Norden der Stadt Salzburg dienen heute, aufgepeppt mit moderner Architektur, dem völlig anderen Zweck einer erfolgreichen Mode-, Kunst-, Kultur- und Eventlocation, welcher synonym steht für die Ablöse althergebrachter Wertschöpfungsketten von sich im radikalen Umbruch befindenden globalisierenden urbanen Gesellschaften. Gerade der Hungerpatient Österreichisches Bundesheer, dem jetzt noch einmal die Kost reduziert wird, ist ein Paradebeispiel fehlgeleiteter Reformpolitik. Anstelle sich auf neuzeitliche Gegebenheiten in Richtung professionelles Berufs- und Spezialistenheer auszurichten, hält man am steten Mundraub fest und zwingt durch Benzin- und Treibstoffrationen mittlerweile selbst modernstes Fluggerät am Boden zu bleiben. Die 12 Werttreiber des Governance-Rades[294], welche wie das Ziffernblatt einer Präzisionsuhr das bislang wohl umfassendste Cockpitsystem aller auf nur drei Anspruchsfaktoren (Effektivität, Effizienz und Nachhaltigkeit) reduzierten Ansätze von öffentlicher Entwicklungsvorstellung darstellen und umfassend anzeigbar machen, stehen längst Gewehr bei Fuß als ein handlungsorientiertes Rüstzeug zur Reorganisation und Steuerung komplexer Organisationen jedweder Art – Wehrpflicht hin, Berufsheer her.

Die Regierungsprogramme auf Bundes- wie Länderebene sind allesamt ambitioniert. Der Rechnungshof bietet insgesamt 599 Einsparungsvorschläge[295], wie auch bspw. die Wirtschaftsförderung und die Verwaltung der Sozialversicherungsträger wohl um 50% effizienter gestaltet werden könnte - die sofortige Pensionsaltersangleichung wie Erhöhung der Treffgenauigkeit im Sozial- und Gesundheitssystem miteingenommen. Kurz Ausgabensenkung, Steuerumverteilung zugunsten von Arbeit, Umbau des Verschwendungsföderalismus zu einem bürgerfreundlichen Wettbewerbsföderalismus, Schulen nicht mehr als halbtägig geöffnete Halbjahreseinrichtungen sondern als autonome Ganzjahreseinrichtungen bei halbem Lehrerstand wie auch die Totalreform der staatlichen Struktur durch Eliminierung von mind. einer Ebene (sowohl Gesetzgebung wie Verwaltung). Allein die handlungsorientierte Governance dies auch alles umzusetzen

---

[294] Alfred Kyrer, Michael Populorum, 2013 S.95ff.
[295] Rechnungshof, Wien 2011[3].

fehlt leider bei allen. So wie die steierische Strukturreform der Gemeindezusammenlegung abgestraft wurde, steht die Angst vor Machtverschiebung und Einflussverlust bei zu mutiger Durchsetzung längst fälliger Notwendigkeiten, wohl nun auch künftig Pate für alle Nichtumsetzungen. Der etablierte „Politik-Führerschein" wird ja nahezu ausschließlich über interne Parteikader und -akademien legitimiert, ohne echte Sanktion und Verfolgung auf Untätigkeit und unerwünschte Nebenwirkungen. Sparpakete werden wenig ausgewogen wie bescheiden intelligent mittelalterlich hpts. über lineare Kürzungen ausgelebt. Es gilt lieber den koalitionären Status Quo mit allen Mitteln zu verteidigen, ohne echte Alternativen, als den Mut Großreformen durchzusetzen.[296] Der Kaiser neue Kleider entpuppen sich darin weitgehend als laue Worthülsen, die im medialen Hetzgeplänkel stets gebetsmühlenhaft mit ritalin-geschwängerter Plattitüde beantwortet werden. Die Medien versäumen dabei wahrlich kontrollfixiert keine Kritik, außer bei ihnen selbst. Aber erst im steten Schüren wie der Kalmierung von Gesellschaftsängsten erfahren beide Teile ihre wahre neuzeitliche Legitimation. Politik als Beruf bedeutet zwar nach Max Weber[297] „ein starkes Bohren von harten Brettern mit Leidenschaft und Augenmaß zugleich". Der Leiden sind aber wahr-

---

[296] Das politische Fabelwesen der in diesem Buch skizzierten „Eier legenden Wollmilchsau" ist in einer Fabelwelt nicht ohne Anlehnung an andere Fabelwesen existent. In der Realzuordnung würde die Übersetzungsleistung für wesentliche Akteure wohl so lauten müssen: Wunderwuzzi (kolportierter fachlicher Alleskönner), Wolpertinger (österr./bayer. Amtsschimmel), Waldgeist (schlechte Führungskraft), Wicht (Nervensäge), Wilder Mann (Einzelgänger), Moosmandl (Wasserträger), Zahnfee (Finanzminister/in), Hexe (Medienvertreter/in), Zauberer (Haus-, Hof- und Kronjurist), Rübezahl (Ministerialrat mit Migrationshintergrund), Sündenbock (Mitarbeiter/in), Basilisk (Lobbyist), Erd-/Berggeister (Nationalrats-Abgeordnete/r), Troll (Sektionschef/in), Kobold (Opposition), Gnom (Beamte/r), Teufel (Bank(s)ter), Tod (nekrophiler Charakter des Bundes-Wiens), Leben (Tango korrupti), Amtsgeheimnis (Freibrief zur Absprache), Großpartei (Bildung einer an der Grenze des Legalen operierenden Vereinigung), Lakai (Parteisoldat), Funktionär (am Hauptberuf gescheitertes Fabelwesen), Untoter (Staatsschulden).
[297] Max Weber, 2002 S.82.

lich genug geschafft, eine Sichtkorrektur sei hiermit angebracht - „gemmas endlich an"!

8. To Do-Liste – Was grundsätzlich zu tun wäre im Bereich der Öffentlichen Verwaltung

1. **Erledigung der Hausaufgaben**, d.h. Aufgabenkritik inkl. Abbau aller freiwilligen Leistungen durch Rückbesinnung auf Kernleistungen mittels Regelvereinfachung, Harmonisierung, Deregulierung und Verfassungsreform (Kompetenzverteilung).
2. **Strukturbereinigung**, d.h. Abbau aller Parallelstrukturen und Doppelgleisigkeiten (Straffung, Konsolidierung, Konzentration) inkl. Zusammenlegung sachverwandter Bereiche wie auch der Zentralisierung von Dienstleistungsbereichen (Shared-Services).
3. **Prozessmanagement**, d.h. Vereinheitlichung und Dokumentation aller Prozesse (Systematisierung, Standardisierung, laufende Optimierung/Weiterentwicklung), z.B. im Rahmen der IKS-Einführung (Internes Kontroll-System).
4. **Qualitätsorientierung**, d.h. die Bindung aller Organisationseinheiten an ein anerkanntes auditierbares Qualitätsmodell (z.B. CAF, KVP, TQM, EFQM, ISO).
5. **Wirkungsorientierung (Good Governance)**, d.h. eine auf Wirkungsziele und auf das Erreichen finanzieller Vorgaben mit mehr Autonomie ausgerichtete strategische Steuerung inkl. Leistungsvereinbarung und Bilanzierung, wie auch das Management von Offenheit/Öffentlichkeit (Open Public Management).
6. **Strategisches Personalmanagement** (Entpolitisierung und beste Köpfe), d.h. sachlich ausgerichtet an den Rahmenbedingungen, den Anforderungen und Entwicklungen, der Altersstruktur und der benötigten Kompetenzen (inkl. flexiblem „Dienstrecht-Neu" und Anpassung der Arbeitszeit an die steigende Lebenserwartung).

7. **Gehaltssystem-Neu**, dh. Umverteilung der Lebensverdienst-summen durch höhere Einstiegsgehälter und später flachere Aufstiege (Leistungsorientierung mit mehr Durchlässigkeit).

8. **Ausbau e-Government**, d.h. IT-Konvergenz und Verein-heitlichung sowie vollständige Automation aller sinnvollen (nutzenstiftenden) Verfahren (Durchgängigkeit von der On-line-Antragstellung bis zur elektronischen Zustellung und Bezahlung) wie auch die Realisierung virtueller „One-Stop-Shops".

9. **Transparenz Total**, d.h. Offenlegung aller öffentlichen (wie auch politischen) Geldflüsse, laufendes Benchmark und Best Practice.

10. **New Public Leadership**, d.h. Verwaltungsmanager, die höchst effizient, effektiv und wirkungsbewusst überantwor-tete Globalbudgets gezielt umsetzen und mit allen Ressour-cen gemeinwohlorientiert und nachhaltig umgehen. Dazu gehören flache Hierarchien (Abbau mind. einer Führungs-ebene), Evaluierungs- und Bewertungsinstrumente (für Füh-rung und Leistung), Cockpit-/Informations- und Kennzah-lensysteme, Wissensmanagement (Wissensteilung), Strate-gie-/Dienst-leistungs-/Produkt-/Prozess-/Kompetenz-/Wettbewerbs- und Projektorientierung, eigenverantwortli-che Mitarbeiter, ganzheitliche Ressourcenverantwortung, lernende Verwaltung, wertebasierte Unternehmenskultur, uvm.

Denkbar wären viele weitere Punkte in diesem Baustellenkatalog wie z.B. die Bürger-Beteiligung, dh. die Mitsprache und Mitgestaltungs-möglichkeit beim Mitteleinsatz und bei der Mittelverwendung (sog. Bürger-Haushalt). Der Weg zur echten Bürgergesellschaft führt al-lerdings über die o.a. Reformforderungen, weshalb damit ein Aus-langen für dieses zusätzlich zu bewerkstelligende Baulos erreicht sein soll. Dies bleibt allerdings auch solange Makulatur bis das abge-sehen von einer notwendigen Umverteilung des Wohlstandes (Steu-erreform, Einheitswertereform Grundsteuer, Finanzausgleichsreform, ...) eine Föderalismusreform á la Suisse, eine Schulreform analog Holland, eine Pensionssicherung wie die in Schweden, eine Schul-denbremse vergleichbar mit der in Deutschland, wie auch die gänzli-

che Streichung von Subventionen ähnlich Neuseeland gleichzeitig mit umgesetzt wird.[298]

Literaturverzeichnis

René L. Frey: „Von der Corporate Governance zur Public Governance", in: Alfred Kyrer, Bernhard F. Seyr (Hrsg.): „Governance und Wissensmanagement als wirtschaftliche Produktionsreserven", Frankfurt am Main 2007.

Markus Hengstschläger: „Die Durchschnittsfalle. Gene – Talente – Chancen", Ecovin Verlag, 2012.

Karl. F. Jaros, Public Governance – Neues Denken unter alten Hüten, In: Alfred Kyrer/Bernhard F. Seyr, Governance und Wissensmanagment als Produktiviätsreserven. Franfurt/Main 2007

Alfred Kyrer, Michael Populorum: „Weißbuch zur strategischen Neuausrichtung des Österreichischen Bundesheeres oder: New Military Governance 2015", Frankfurt am Main 2013.

Alice Nilsson: „Hättiwari: Der wahre Kern von Österreich", Goldegg Verlag, Wien 2012.

Markus Metz, Georg Seeßlen: „Blödmaschinen. Die Fabrikation von Stupidität", Frankfurt a.m., Suhrkamp Verlag, 2011.

Philipp Müller: „macchiavelli.net – Strategie für unsere offene Welt", Scoventa Verlag, Bad Vilbel 2012.

Josef Moser, Rechnungshof: „Vorschläge des Rechnungshofes zur Verwaltungsreform", Reihe 2011/1 Positionen 3. Auflage, Wien 2011.

---

[298] Franz Schellhorn, Agenda Austria e.V. (unabhängiger Thinktank), Wien 2014 (http://www.agenda-austria.at).

Reinhold Popp: „Duale Berufsausbildung und Zukunft der Arbeitswelt", Zentrum für Zukunftsstudien (ZfZ) an der Fachhochschule Salzburg/Puch, Festvortrag zu 30 Jahre Lehrlingsausbildung Land Salzburg am 21. Oktober 2008.

Thomas Rietzschel: „Die Stunde der Dilettanten. Wie wir uns verschaukeln lassen", Wien, Zsolnay Verlag, 2012.

Adrian Ritz: „Bürokratie und Beamtenethos – die zwei Seiten der Medaille", UniPress 143/2009, Kompetenzzentrum für Public Management, Uni Bern 2009.

Andreas Salcher: „Der talentierte Schüler und seine Feinde", Goldmann Verlag, München 2010.

Veit Sorger, Markus Beyrer, Peter Koren, Stefan Mara (Hrsg.): „Herausforderung Verwaltungsreform – Best Practice Beispiele für eine effiziente Verwaltung", Wien 2008.

Martina Schmidt, Management im Gesundheitswesen, in: Alfred Kyrer, Bernhard F. Seyr, Systemische Gesundheitspolitik Zeithorizont 2015, Frankfurt a. Main 2015.

Baustelle 11:
Einnahmenseitige Budgetsanierung

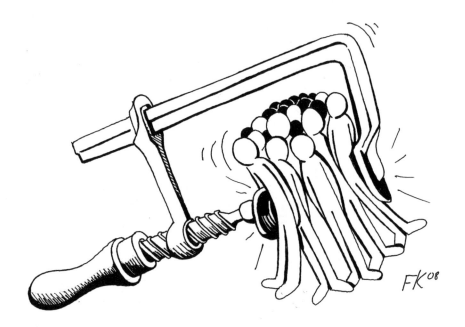

Die Schraubzwinge

Einnahmenseitige Budgetsanierung Oder: Was eine echte Steuerreform bräuchte

Heinrich Treer, Wien

Vorbemerkung

Der gelernte Österreicher muss sich auf Grund seiner Erfahrungen vor zwei politischen Ankündigungen zu Recht fürchten:

Die erste heißt „**Sparpaket**": An sich wäre es nicht so dramatisch, wenn in einem Haushalt, der zu viel Geld ausgibt oder ausgegeben hat, in Zukunft eben etwas weniger Geld verbraucht wird. Das passiert in den besten Familien und man muss dann halt eine Zeit lang etwas kleinere Semmeln backen und eben etwas sparen. Nicht so in Österreich. Sparpaket bedeutet hierzulande, Einnahmen zu erhöhen oder genauer ausgedrückt, Steuern zu erhöhen. Da das zu erreichende Sparziel öffentlicher Haushalte immer nur im Ausmaß von maximal der Hälfte dadurch erreicht wird, dass der Haushalt weniger Geld ausgibt, muss die restliche Hälfte durch die Erhöhung von Steuern finanziert werden. Es wird also nicht gespart – das wäre ja manchmal gar nicht so schlecht – nein, es werden die Steuern erhöht.

Das zweite Schlagwort geistert nunmehr seit einem Jahr durch alle Schlagzeilen und heißt „**Steuerreform**". Was so eine Steuerreform sein könnte, wissen wir ebenfalls seit mehr als 20 Jahren nicht mehr. Auf Grund der Erfahrungen in diesem Zeitraum wissen wir aber, dass Steuerreform während dieses Zeitraumes für den durchschnittlichen Staatsbürger eine kleine Tarifreform bedeutete, verbunden mit mehr oder weniger unsinnigen neuen Sonderbestimmungen und einer ständig steigenden Gesamtabgabenquote.

Nun gibt es auch Politiker, die verlangen eine „**echte**" Steuerreform (was immer sie darunter verstehen mögen), die kann man aber nur dann realisieren, wenn man vorher das Budget saniert hat, also genug gespart oder - wie wir oben erfahren haben - vorher genug Steuern erhöht hat, sodass man gnädigerweise diese vorher erhöhten Steuern wieder etwas senken kann, damit (und nun kommt ein Zusatz, der

das ganze Niveau der Diskussion immer wieder aufs Neue offenlegt) – „damit der Bürger wieder mehr im Börsel hat". Alleine dieser Ausdruck, den kein normaler Mensch heutzutage mehr verwendet, zeigt, was unsere Politiker von ihren Wählern denken, oder soll damit bereits suggeriert werden, dass es nur um ein paar Euro – also um Kleingeld – geht?

Was könnte oder müsste eine Steuerreform verändern?
Im Folgenden soll zuerst der Versuch unternommen werden, die entscheidenden Schwachstellen des gegenwärtigen Steuersystems und damit die Themen aufzuzeigen, an denen sich eine Steuerreform orientieren muss, damit man von einer Reform reden kann. Eine Feststellung vorweg: Eine geringfügige Tarifreform, - auch wenn sie sofort umgesetzt wird - bei der in Zukunft jeder Arbeitnehmer dann 30 oder 40 Euro weniger Lohnsteuer zahlt, wäre eine glatte Themenverfehlung und würde nur bewirken, dass alles beim Alten bleibt; auf die Dauer sehe ich das als staatsgefährdend an.

1. Arbeit wird zu hoch besteuert - oder will man uns im Sinne einer Lenkungsabgabe das Arbeiten abgewöhnen?

Die Lohnsteuer ist zu hoch. Wer soll dem widersprechen? Die Forderung nach einer Senkung ist nur insoweit unvollständig, als nicht nur die Lohnsteuer, sondern die gesamten Abzüge vom Bruttolohn des Arbeitnehmers sowie alle sonstigen Abgaben, die der Arbeitgeber vom Arbeitslohn abführen muss, zu hoch sind.

Dazu ein Beispiel zu den Arbeitnehmerbeiträgen:
Ein Angestellter verdient brutto 1.600 Euro pro Monat. Es bleiben ihm netto 1.201,58 Euro. An Sozialversicherung werden ihm 289,12 Euro und für Lohnsteuer 109,30 Euro einbehalten. Zusammen sind das 25 % seines Bruttolohns, die einbehalten werden. Soweit so gut oder eben nicht so gut, könnte man sagen. Dieser wirklich nicht hochdotierte Angestellte steigert seine Arbeitsleistung oder bekommt eine Lohnerhöhung und verdient 100 Euro mehr. Von diesem Mehrverdienst bleiben ihm genau 52 Euro, praktisch die Hälfte. Mit anderen Worten: Bereits ab der untersten Progressionsstufe bleibt von jeder Lohnerhöhung nur die Hälfte. Das wird nach oben hin immer

schlimmer: Bei einer Lohnsteigerung von monatlich 4.000 Euro auf 4.100 Euro bleiben einem nur mehr 46,50 Euro. Steigert man sich von 5.000 auf 5.100 Euro bleiben einem 56,79 Euro, also gut 10 Euro mehr als zwischen 4.000 und 4.100 Euro und bei einer Steigerung von 10.000 auf 10.100 Euro bleiben einem nur 50 %.

Man kann das am sogenannten Brutto-Netto-Rechner auf der homepage das Finanzministeriums selbst ausprobieren und nachvollziehen. Natürlich kann man einwenden, dass bei dieser Darstellung Lohnsteuer, Krankenversicherungs-, Pensions- und sonstige Beiträge vermengt werden; all das ändert aber nichts daran, dass Arbeit oder Arbeitslohn zu hoch besteuert werden.

Aufkommensdaten:

Werte gerundet nach ESVG 95 (Statistik Austria)	2011		2013	
	in Mio.	in %	in Mio.	in. %
lohnabhängige Abgaben (Lohnsteuer, SV)	70.000	55%	77.000	56%
Lohnsteuer	23.000	18%	26.000	19%
Einkommensteuer, Körperschaftsteuer, KESt	11.000	9%	13.000	9%
Einkommensteuer	3.000	2%	4.000	3%
Körperschaftsteuer	6.000	5%	6.000	4%
KESt	3.000	2%	3.000	2%
USt	23.000	18%	25.000	18%
Steuern auf Energie und Verkehr	7.000	6%	7.000	5%
sonstiges	15.000	12%	16.000	12%
Summe	127.000	100%	138.000	100%

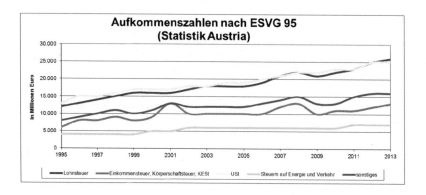

Aufkommenszahlen nach ESVG 95 (Statistik Austria)

Ebenso zu hoch sind die Abgaben und Beiträge des Arbeitgebers, die vom Arbeitslohn berechnet werden. Sie betragen bei jenen Mitarbeitern, die nicht über der Höchstbeitragsgrundlage (also bis 4.530 Euro monatlich) verdienen, rund 29 % vom Bruttolohn, bei Mitarbeitern, die über der Höchstbeitragsgrundlage verdienen, nur mehr 7,5 %. Das heißt: Teure Mitarbeiter sind billiger. Dieses Thema soll später noch eingehender behandelt werden.

Umschichtungen von der „Arbeitssteuer" auf andere Abgaben werden aus verschiedenen Gründen notwendig sein. Aber ohne eine echte Senkung der Steuern auf Arbeit – ohne jede Gegenfinanzierung durch die Erhöhung anderer Steuern - wird es nicht gehen. Unsere Abgabenquote hat mit gegenwärtig rund 44% ein Ausmaß erreicht, das Österreich zum absoluten Hochsteuerland macht; das spüren derzeit zweifelsohne die Lohnsteuerzahler im unteren und mittleren Einkommensbereich am stärksten.

Wer Arbeit zu hoch besteuert, der darf sich nicht wundern, wenn der Wirtschaftsstandort, die Beschäftigung und das Wachstum darunter leiden. Daher bedarf es einer spürbaren Entlastung der Arbeitseinkommen. Man darf sich dabei keiner Illusion hingeben. Die lohnabhängigen Abgaben betragen derzeit absolut 77 Mrd. Euro oder 56 % der gesamten Abgaben. Nur für eine Senkung auf das prozentuelle Verhältnis von 2011, das man bereits als zu hoch ansehen kann, wird man 2015 rund 2 Mrd. Euro brauchen.

2. Das gegenwärtige System ist zu kompliziert, zu aufgebläht, und daher kaum noch administrierbar. Warum kompliziert, wenn es einfach auch geht?

2.1 Vereinfachung aus Gründen der Effektivität und der Verbesserung des Wirtschaftsstandortes

Ein erster Einwand gegen die Forderung nach Vereinfachung ist die Feststellung, dass ein einfaches Steuerrecht ungerecht ist und es daher eines komplexeren Systems bedarf. Das stimmt in gewisser Hinsicht, aber das derzeitige System ist kompliziert **und** ungerecht. Eine

radikale Vereinfachung ist daher möglich, ohne dass unser Steuersystem ungerechter wird, im Gegenteil: es würde gerechter.

Price Waterhouse Coopers – eine der großen Wirtschaftsprüfungskanzleien - veröffentlicht jährlich ein Ranking der Steuersysteme. Österreich liegt da im internationalen Vergleich im letzten Drittel, während viele nordische Staaten an der Spitze liegen, obwohl sie nicht unbedingt zu den Niedrigsteuerländern zählen. Wir liegen (wie viele Entwicklungsländer) nicht nur wegen der Höhe der Steuern hinten, sondern in erster Linie wegen der Intransparenz und Komplexität unseres Steuersystems. Muss uns das kümmern? Mit Sicherheit schaden diese Umstände dem Standort Österreich; mittlerweile reagieren auch heimische Großbetriebe mit Abwanderung oder drohen zumindest damit. Eine Vereinfachung nützt daher unmittelbar dem Wirtschaftsstandort.

Der Weg der kleinen Vereinfachungsschritte ist ausgereizt. Es nützt nichts mehr, wenn man in kleinen Bereichen automatisiert, entlastet, aufklärt oder sonstige Scheinhandlungen setzt. Wir brauchen wieder mehr Effektivität in der Steuerverwaltung und damit eine radikale Überarbeitung des Systems.

Peter Drucker, dem aus Österreich in die USA emigrierten „Vater des Managements", wird der Satz zugeschrieben: **„Nichts ist so sinnlos, wie etwas effizient zu tun, was man besser gar nicht tun sollte."** Und Sinnlosigkeiten weist das gegenwärtige System zahlreiche auf. Wie und warum entstehen sie? Es gibt (auch) im Steuerrecht so etwas wie eine Dynamik zur Verkomplizierung.

Ein ganz banaler Vergleich der Seitenanzahl des sogenannten Steuerbuches, der Bürgerinformation zur Arbeitnehmerveranlagung, die in der gegenwärtigen Form seit 1993 jedes Jahr erscheint, zeigt folgendes Bild:

Steuerbuch 1993	Steuerbuch 2000	Steuerbuch 2010
45 Seiten	90 Seiten	135 Seiten

1993 enthielt die Broschüre noch eine Kurzdarstellung zur Familienbeihilfe, die später entfallen ist. Wenn sich der Umfang einer einfachen Bürgerinformation innerhalb von 17 Jahren verdreifacht, wurde
das zu Grunde liegende Rechtssystem offensichtlich nicht nur nicht
vereinfacht, sondern ist unverhältnismäßig komplizierter geworden.

Für mich hat die Verkomplizierung des Rechts eine gewisse Eigen-
dynamik. Sie vollzieht sich teilweise durch den Gesetzgeber, teilweise aber automatisch ohne jedes „absichtliche" Zutun und ist nach
meiner Erfahrung auf drei Ursachen zurückzuführen:

- Neue Gesetze oder Gesetzesänderungen,
- Änderungen oder Ergänzungen in der Rechtsprechung und
- Neue Verwaltungsregelungen (Richtlinien) zur Beurteilung
  neu hervorkommender Sachverhalte, die natürlich aus Gründen der Steuervermeidung auch konstruiert sein können.
-

Das heißt, selbst im Falle einer völlig unveränderten Gesetzeslage,
wird der Steuervollzug komplizierter, was auch darauf zurückzuführen ist, dass seitens der Steuerzahler (oder besser der dahinterstehen-
den „Beratungsindustrie") Wege zur Reduktion der Steuerbelastung
gesucht und auch gefunden werden, was wieder eine Reaktion des
Gesetzgebers bewirkt.

In den letzten Jahren war es allerdings vorrangig der Gesetzgeber
selbst, der mit einer Fülle wohl gut gemeinter aber in letzter Konsequenz unausgegorener - teilweise unnötiger oder unnötig komplizierter Gesetzesänderungen - die Verkomplizierung vorangetrieben hat.
Das alles schadet der Rechtssicherheit und in letzter Konsequenz
dem Standort.

**2.2 Die bestehenden Gesetze werden nicht mehr so vollzogen wie
es einem Rechtsstaat entspricht - wozu neue Steuern, wenn man
die bestehenden nicht zur Gänze einhebt?**

Der Verkomplizierung oder nennen wir es die Neutralität der „automatischen Rechtserweiterung" steht eine permanente Reduktion der

Anzahl der Bediensteten in der Finanzverwaltung gegenüber. Dieser Reduktion ist zwar grundsätzlich zuzustimmen, so kann es aber nicht funktionieren.

Jede neue Bestimmung bindet zusätzliche Kapazitäten. Die in den Gesetzesvorlagen dazu angegebenen zusätzlich erforderlichen Vollzeitäquivalente sind aus meiner Sicht völlig unterschätzt; dass in der Folge die angegebenen, zusätzlich erforderlichen Dienstposten aber gar nicht geschaffen werden, ist ein weiterer Skandal!

Das bedeutet naturgemäß, dass immer weniger Beamte immer mehr Bestimmungen vollziehen müssen, was automatisch dazu führt, dass viele Bereiche gar nicht mehr oder nur unvollständig betreut werden können. Das bestehende Abgabenrecht kann trotz Mehrbelastung (in vielen Fällen Überbelastung) der Beamtenschaft nur mehr schlecht vollzogen werden. Notwendiges und Sinnvolles bleibt liegen, kompliziertes Neues (verbunden mit Schulungen, Anfragen, Informationen usw.) hat den Vorrang. Das kann man an Hand von Statistiken nachverfolgen. Bei Prüfungen durch die Finanzverwaltung (Betriebsprüfungen, gemeinsamen Prüfungen von lohnabhängigen Abgaben usw.) ging die Zahl der geprüften Fälle während der letzten 20 Jahre laufend zurück, während das Mehrergebnis pro Fall steigt. Was nur aufs erste positiv erscheint, ist höchst bedenklich: Tatsächlich werden immer mehr Fälle, bei denen ein höheres Mehrergebnis zu erzielen wäre, nicht geprüft.

Nicht die Erhöhung der Anzahl der Prüfer, sondern ein effektiveres, d.h. einfacheres Steuerrecht ist als Lösung anzustreben.

Den Bediensteten der Finanzverwaltung muss ein Werkzeug in die Hand gegeben werden, mit dem sie ihre Aufgaben auch wirklich erfüllen können. Und dazu gehört nicht nur die notwendige Ausstattung mit Betriebsmitteln (völlig absurd, dass man nun beginnt, bei der EDV-Ausstattung und -entwicklung zu sparen), sondern vor allem ein einfaches, effektives Steuerrecht.

Es versteht sich von selbst, dass die Kosten für EDV-Entwicklung und Ausstattung deswegen ständig steigen, weil jede Novelle zu

Steuergesetzen zahlreiche Ergänzungen und Änderungen der EDV-Programme erfordert. Eine radikale Durchforstung der Ausnahmebestimmung ohne Tabus würde die Verfahrensabläufe wieder beschleunigen, die Formulare wieder übersichtlicher machen und die Anzahl der Prüfungen in allen Bereichen wieder steigern lassen.

Dementsprechend skeptisch bin ich gegenüber einer neuen Vermögensteuer. Eine derartige Steuer wird zwar immer wieder lautstark gefordert, ist aber bereits in ihren ersten Ansätzen völlig unausgegoren. Was kann man denn so an Vermögen besteuern: Geldvermögen (außer dem Bargeld ist das derzeit im Wesentlichen „endbesteuert"), Betriebsvermögen (Ist es klug solches zu besteuern, wenn die Betriebe ohnehin abwandern wollen?), sonstiges Vermögen (Ich weiß nicht wie viele teure Bentleys es derzeit in Österreich gibt?) und das Grundvermögen (das einzige, das nicht abfließen oder abwandern kann). Faktum ist, dass die im Jahr 1993 zuletzt erhobene Vermögensteuer rund 640 Millionen Euro gebracht hat; davon sind mehr als 80 % auf Betriebsvermögen entfallen.

Will man das Projekt Vermögensteuer halbwegs seriös umsetzen (angemerkt wird, dass für eine Vermögensteuer derzeit weder ein Organisationssystem noch ein entsprechendes EDV-System besteht), braucht man dazu mehrere hundert (höchstqualifizierte) Beamte, die natürlich beim Vollzug der anderen Abgaben fehlen, sodass aus meiner Sicht ein Mehraufkommen durch Mindererträge bei anderen Abgaben kompensiert wird.

2.3. Die Steuererhebung ist ineffektiv und teuer - oder wie wir in der öffentlichen Verwaltung und in der Wirtschaft sparen und durch ein einfacheres Steuerrecht unmittelbar die Einnahmen erhöhen können.

Das Projekt „less and better regulation", das unter Federführung des BMF gemeinsam mit der WKÖ die Verwaltungslasten der Wirtschaft im Zusammenhang mit steuerlichen Verpflichtungen quantifiziert hat, kommt zu dem Ergebnis, dass eine radikale Vereinfachung der Lohnverrechnung zur Reduktion der Verwaltungslasten der Betriebe im Ausmaß von rund 300 Mio. Euro führt.

Das Einsparungspotential bei den Behörden kann mindestens ebenso hoch angenomen werden. 600 Mio. Euro - das Aufkommen einer neu zu erfindenden Steuer – könnte daher ohne jede Belastung eingespart werden, ganz abgesehen davon, dass der einzelne Arbeitnehmer seinen Lohnzettel wieder versteht.

Zur Lohnverrechnung als Vereinfachungsbereich sei noch Folgendes angemerkt: Hier geht es nicht nur um die Lohnsteuer, sondern auch um die Berechnung der Sozialversicherungsbeiträge und die Ermittlung des richtigen Arbeitsentgelts, was bei mehr als 1.000 Kollektivverträgen an sich schon eine Wissenschaft ist. Nicht nur durch diverse Ausnahmebestimmungen (für Lehrlinge, für ältere Arbeitnehmer usw.), sondern auch durch das immer „gerechter" werdende Arbeitsrecht ist vieles komplizierter geworden. In Verbindung mit den parallel dazu anfallenden Steuern potenziert sich dieser Effekt. Mit Effizienzsteigerungen ist dem nicht mehr beizukommen, man muss ans System herangehen und die Effektivität wieder herstellen. Die von allen begrüßte und bejubelte gemeinsame Prüfung aller lohnabhängigen Abgaben (die lohnabhängigen Abgaben werden nicht mehr getrennt vom Finanzamt, der Gebietskrankenkasse oder der Gemeinde geprüft, sondern ein Prüfer des Finanzamtes oder der Krankenkasse prüft alle Abgaben in einem Vorgang) stagniert nicht nur in ihrer Weiterentwicklung, sondern läuft Gefahr an der Komplexität der Rechtsmaterie zu scheitern. Das wäre natürlich ein empfindlicher Einbruch hinsichtlich der bisher angestrebten Effizienzsteigerungen. Was eine einfachere „Lohnfindung" betrifft, sind auch die Sozialpartner gefordert. Eine kleine Anregung dazu: Warum ist es nicht möglich, dass alle 1.000 Kollektivverträge den gleichen Aufbau haben und gleiche Begriffe verwenden?

Oder wissen Sie, was eine „kollektivvertraglich geregelte Störzulage" ist? Nun, auf eine solche haben Tischler im Außendienst Anspruch, denn früher sind sie auf die „Stehr" gegangen (In Peter Roseggers Waldheimat kam im Winter immer der Schneider ins Haus – auch schon lange her.).

Die Lohnverrechnung ist aber nur ein Teil der Untersuchung von „less and better regulations" über mögliche Kosteneinsparungen. Auf

alle Steuern angewendet, lässt sich das doppelte bis dreifache Potenzial ausschöpfen. **Weniger Administration für die Wirtschaft, Verwaltungseinsparungen für den Staat – eine win-win Situation könnte realisiert werden.**

2.4. Ein kompliziertes Steuerrecht ist wachstumshemmend oder warum uns andere Länder überholen, obwohl wir die besseren Ausgangspositionen hätten.

Durch das unnötig komplizierte Steuersystem werden Arbeitsplätze gefährdet und vernichtet, weil bestimmte Tätigkeiten durch die Bürokratie gar nicht mehr wirtschaftlich sinnvoll ausgeführt werden können oder – was ebenso häufig vorkommt – dass die Abgabenpflicht völlig ignoriert wird. Während unter Alois Mock als Vizekanzler noch täglich zu hören war, dass Klein- und Mittelbetriebe gefördert werden müssen, ist davon schon lange nicht mehr die Rede. Ich glaube, man muss sie gar nicht fördern, man soll sie wenigstens durch Bürokratie nicht umbringen. Förderaktionen wie den Handwerkerbonus sehe ich infolge des Bürokratiezuwachses eher als ein Danaergeschenk.

Letztendlich betrifft das Steuerbürokratieproblem auch private Haushalte. Ein alltägliches Beispiel dazu: Eine junge Mutter sucht für ihre beiden Kinder und den Haushalt eine Hilfe, damit sie zumindest halbtags ihrem bisherigen Job, für den sie jahrelang studiert hat, nachgehen kann. Will sie alles richtig machen, braucht sie einen Steuerberater. Leider wird es so sein, dass die Haushaltshilfe „schwarz" beschäftigt wird. Berichten derartiger Mütter zufolge sind Haushaltshilfen im Übrigen an einer legalen Beschäftigung gar nicht interessiert. Was ist das für ein Rechtsstaat, in dem sich alle mit dem „Unrecht" bereits arrangiert haben: Weder die Beschäftiger, noch die Beschäftigten wollen von einer „Anmeldung" etwas wissen.
Das wäre natürlich auch bei der Pflege behinderter, kranker oder alter Personen so, hätte man da nicht mit Pragmatismus eine durchaus sinnvolle Lösung gefunden und Pflegerinnen und Pfleger unter gewissen Voraussetzungen als Selbständige anerkannt.

Die Wurzel des Übels ist aber auf Dauer nicht durch pragmatische „Auslegungen", sondern durch niedrigere Steuersätze und klare Bestimmungen zu bekämpfen.

Ich möchte in diesem Abschnitt auf ein Thema hinweisen, das in der laufenden Diskussion praktisch untergeht: die derzeit extrem hohe Arbeitslosigkeit. Bruno Kreisky waren ein paar Milliarden Schulden noch lieber als ein paar hunderttausend Arbeitslose, bei Mock war das Thema immer eines der wichtigsten, derzeit wird es im Gegensatz zu früher schöngeredet. Ist halt so, wir haben ja auch die höchste Beschäftigung, die Ausländer sind es, die Anhebung des Pensionsalters ist schuld, usw. Niemand kommt auf die Idee, alle unsere gesetzlichen Regelungen auf das Thema Arbeitslosigkeit zu untersuchen. Und im Abgabenrecht gibt es zwei, die aus meiner Sicht hervorstechen.

Die **erste** Bestimmung betrifft den Dienstgeberanteil zur Sozialversicherung. Ich betone den Dienstgeberanteil, nicht den Anteil des Dienstnehmers, der weiterhin nach dem Versicherungsprinzip zu erheben ist. Der Dienstnehmeranteil soll als Beitrag des Arbeitnehmers weiterhin der Höchstbeitragsgrundlage unterliegen und maßgeblich für die Pensionsberechnung bleiben. Beim Dienstgeberanteil ist das nicht erforderlich. Dieser Teil kann im Rahmen einer Steuer mit den anderen lohnabhängigen Abgaben erhoben werden (siehe unter Arbeitgeberabgabe bei den Lösungsansätzen).

Die **zweite** anstellungsfeindliche gesetzliche Regelung ist eine Begünstigung im Steuerrecht: Die Steuerfreiheit der Zuschläge für 10 „angeordnete Überstunden". Diese Begünstigung haben praktisch alle leitenden Angestellten, Manager oder überhaupt alle Personen mit sogenannten All-In-Bezügen. Geschätzt nehmen fast zwei Drittel aller Arbeitnehmer diese Begünstigung in Anspruch.

Beide Regelungen – Höchstbeitragsgrundlage beim Dienstgeberanteil und Steuerfreiheit der Überstundenzuschläge - bewirken, dass teure oder vielmehr gutverdienende Arbeitskräfte den Arbeitgeber billiger kommen als zusätzliche Mitarbeiter. Nun sollen die Fleißigen und Tüchtigen nicht durch diese unsinnige Ausnahmebestimmung belohnt werden, sondern durch niedrige Steuersätze. Gleichzeitig

gebe ich aber auch zu bedenken, dass jene, die ohnehin bereits ausgelastet sind, nicht durch steuerliche Anreize zu längerem Arbeiten angeregt werden sollen. Jedenfalls werden durch beide Bestimmungen etliche Arbeitssuchende aus dem Arbeitsmarkt gedrängt. Überforderte und Unterforderte sind Burnout gefährdet und Arbeitslosigkeit an sich macht krank. Populismus kann in diesen Fällen nicht geduldet werden, hier geht es auch um Solidarität und um geringere Budgetkosten. Nichts ist teurer, als (vermeidbare) Arbeitslosigkeit.

2.5 Hohe Steuersätze, komplizierte Regelungen und ein ineffektives System wirken sich negativ auf die Steuermoral aus - oder warum machen wir es dem Bürger so schwer die richtige Steuer zu zahlen?

Dieses Kapitel knüpft unmittelbar an das vorhergehende an. Damit wir nicht zu theoretisch werden zwei Beispiele, die zeigen, dass hohe Steuersätze zu Steuerhinterziehung und Steuervermeidung führen, niedrigere in der Folge zu keinen Mindereinnahmen.

Wegen der zahlreichen und unübersichtlichen Ausnahmen im Grunderwerbsteuergesetz hat der Verfassungsgerichtshof dieses im Jahr 1987 aufgehoben. Der Regelsteuersatz wurde im neuen Gesetz von 8% auf 3,5% gesenkt, die Ausnahmen wurden größtenteils gestrichen und – das Aufkommen ist gestiegen, und zwar nicht zuletzt deswegen, weil 8% mehr Anreiz zum Hinterziehen bieten als 3,5% oder positiv ausgedrückt, 3,5% leichter zu zahlen sind als 8%.

Eine ähnliche, aber etwas anders gelagerte Entwicklung ergab sich bei der Lohnsteuer durch die große Steuerreform 1988. Das Lohnsteueraufkommen wurde im ersten Jahr durch die Senkung der Steuersätze um fast 25% gesenkt. Das Aufkommen hat aber in der Folge derart an Dynamik gewonnen, dass die Senkung innerhalb von 3 Jahren wieder aufgeholt wurde.

	Grest	LST Budget
1986	200,0	7 184,9
1987	159,6	7 100,2
1988	209,5	7 561,0
1989	230,7	6 397,9
1990	251,1	7 666,3
1991	296,0	8 856,2
1992	342,1	9 757,6
1993	344,5	10 118,9

Anmerkung: Ohne Reform wäre das Lohnsteueraufkommen 1989 geschätzt bei rund 8,1 Mrd Euro gelegen.

Steuern sind – und da kann man in letzter Konsequenz nichts schönreden – Zwangsabgaben. Jeder Steuerpflichtige hat die Abgaben in der vorgesehenen Höhe zu bezahlen, ob er nun will oder nicht. Natürlich stehen der Abgabenzahlung entsprechende Leistungen gegenüber: Sicherheit, Bildung, Infrastruktur, Kranken- und Altersversorgung. Das ändert aber nichts daran, dass es einen Steuerwiderstand gibt und dass dieser mit der Höhe der Steuersätze oder einer steigenden Abgabenquote insgesamt korreliert.

Unabhängig davon ist aber der Steuergesetzgeber dazu verhalten, im Sinne der Gleichbehandlung aller Steuerpflichtigen dafür zu sorgen, dass die vorgesehenen Steuern von allen Steuerpflichtigen in der richtigen Höhe entrichtet werden. Ich muss mich als Steuerzahler darauf verlassen können, dass auch alle anderen Steuern zahlen. Dazu hat das deutsche Bundesverfassungsgericht in seinem Urteil vom 27. Juni 1991 zur Besteuerung der Zinsen ein aus meiner Sicht richtungsweisendes Urteil gefällt, aus dem ich einige Leitsätze zitieren möchte:

„1. Der Gleichheitssatz verlangt für das Steuerrecht, dass die Steuerpflichtigen durch ein Steuergesetz rechtlich und tatsächlich gleich belastet werden.... Daraus folgt, dass das materielle Steuergesetz in ein normatives Umfeld eingebettet sein muss, welches die Gleichheit

der Belastung auch hinsichtlich des tatsächlichen Erfolges prinzipiell gewährleistet.

2. Hängt die Festsetzung einer Steuer von der Erklärung des Steuerschuldners ab, werden erhöhte Anforderungen an die Steuerehrlichkeit des Steuerpflichtigen gestellt. Der Gesetzgeber muss die Steuerehrlichkeit deshalb durch hinreichende, die steuerliche Belastungsgleichheit gewährleistende Kontrollmöglichkeiten abstützen.

3. Gesamtwirtschaftliche Gründe können einen Verzicht des Gesetzgebers auf eine hinreichende Kontrolle der im Veranlagungsverfahren abgegebenen Erklärungen des Steuerpflichtigen verfassungsrechtlich nicht rechtfertigen.

4. Wirkt sich eine Erhebungsregelung gegenüber einem Besteuerungstatbestand in der Weise strukturell gegenläufig aus, dass der Besteuerungsanspruch weitgehend nicht durchgesetzt werden kann, und liegen die Voraussetzungen dafür vor, dass dieses Ergebnis dem Gesetzgeber zuzurechnen ist, so führt die dadurch bewirkte Gleichheitswidrigkeit zur Verfassungswidrigkeit auch der materiellen Steuernorm."

Zusammengefasst: Ein Steuergesetz, das nicht ordentlich vollzogen werden kann (oder nicht ordentlich vollzogen wird) ist verfassungswidrig. Klarer kann man es nicht sagen.

Die Komplexität des gegenwärtigen Steuerrechts hingegen dient potenziellen Steuerhinterziehern sogar als Argumentation oder Rechtfertigung („alles ist so kompliziert, keiner kennt sich da aus!") und behindert andererseits die Beamten bei der Prüfung und Durchsetzung des richtigen Anspruchs.

Um dieses Manko zu verdecken, werden neuerdings unverhältnismäßige Mittel im Kampf gegen potenzielle Schwarzarbeit eingesetzt, Angst und Schrecken verbreitet, aber leider nur bei jenen, bei denen nur eine minimaler Abgabenanspruch entsteht und die im Regelfall vom Steuerecht keine Ahnung haben, denn sonst würden sie sich nicht fürchten. Konkret werden derart Helfer bei der Weinlese (dar-

unter befinden sich auch Urlaubsgäste aus dem Westen Österreichs, die auch einmal bei einer Weinlese in Niederösterreich oder im Burgenland dabei sein wollten) mit dem Hubschrauber verfolgt, oder neuerdings im Rahmen einer Schwerpunktaktion die Verkaufsstände von frischen Erdbeeren oder Marillen an den Straßenrändern geprüft. Sind das die wahren Steuerbetrüger?

Die wirklichen Betrüger haben schon lange reagiert. Auf Baustellen findet man keine nichtangemeldeten Schwarzarbeiter mehr. Alle sind angemeldet. Die Betrügerfirmen zahlen aber in der Folge keine oder nur sehr verkürzte Abgaben. Qualifizierte Prüfungen dauern auf Grund der komplizierten Vorschriften zu lange und es fehlt das ausgebildete Personal. Wenn dann eine Prüfung tatsächlich stattgefunden hat und beendet wurde, dann ist leider kein Geld mehr für die Steuer- oder Sozialversicherungsnachzahlung da, die Gesellschaft ist in Konkurs und die Arbeiter sind bereits bei einer neuen Firma „angemeldet". Hier muss man mehr in „intelligente Lösungen" investieren.

Diese Aktionen der neugeschaffenen Finanzpolizei erinnern mich irgendwie an längst vergangene Zeiten, als man im Hochgebirge Schmuggler auf einsamen Pfaden verfolgte oder Schwarzbrenner, die unangemeldet im hintersten Alpental Schnaps erzeugt haben, aufgespürt hat. Früher nannte man so etwas „mit Kanonen auf Spatzen schießen", neuerdings vielleicht „mit Hubschraubern Weinlesehelfer verfolgen". Ich rede hier keinesfalls der Schwarzarbeit bei landwirtschaftlichen Saisonarbeiten das Wort. Steuerhinterziehung muss auf allen Ebenen bekämpft werden, vorrangig ist aber der Gesetzgeber für ein leicht vollziehbares System verantwortlich.

Ein schlankes, einfaches und bürgerfreundliches Steuerrecht mit geeigneten Instrumenten zur Hintanhaltung von Steuerhinterziehung im Massengeschäft bringt bei den Bürgern mehr Verständnis als die Verfolgung von Helfern bei der Weinlese mit dem Hubschrauber oder die schwerpunktmäßige Prüfung von Obstverkaufsständen durch die Finanzpolizei. Zur Herstellung eines gemeinsamen Verständnisses, dass Steuerhinterziehung kein Kavaliersdelikt oder sogar eine notwendige Gegenwehr gegen die alles erdrückende Steuerlast

ist, bedarf es intelligenter Lösungen. Ein einfaches Recht und niedrigere Steuersätze sind aber eine Voraussetzung dafür.

Beispielhaft für einen effektiven Vollzug ist für mich die derzeitige Kapitalertragsteuer (nach Drucker sicherlich die „sinnvollste" aller Steuern): wenige Steuerzahler (die Banken) bei gleichzeitiger Erfassung aller Steuerpflichtigen. Ähnlich die Situation bei der Mineralölsteuer und in etwas veränderter Form auch bei Lohnsteuer und Sozialversicherungsbeiträgen.

Dass Umsatzsteuer und Einkommensteuer wesentlich schwieriger in der „richtigen" Höhe einzubringen sind, kennt jeder, der schon einmal gefragt wurde, ob er eine Rechnung braucht und was draufstehen soll.

Ich glaube nicht, dass das Budget durch die genaue Erfassung der Melange bei Wirten saniert werden kann. Die Umsetzung einer generellen Belegerteilungspflicht wäre für mich jedenfalls wesentlich angenehmer, als das ständige Reden darüber. Warum gibt es diese in vielen EU-Staaten, nur nicht in Österreich? Und warum müssen immer die Wirte herhalten, als gäbe es Umsatzverkürzungen nicht auch in anderen Branchen. Vielleicht könnte man dann sogar die Senkung der Umsatzsteuersätze in Erwägung ziehen (siehe jene der Schweiz, die sind nicht einmal halb so hoch).

3. Ein Steuersystem reformieren, das muss man können und wollen - oder hat es das schon einmal gegeben?

Ich beginne mit dem oder – ja, das hat es schon einmal gegeben. Eine wirkliche große Reform und daran anknüpfend mehrere Reformschritte, die echte Vereinfachungen und Entlastungen gebracht haben. Beginnend mit dem Jahre 1987 hat es eine Gruppe von Politikern einer großen Koalition vorgezeigt, wie es gehen könnte. Für die SPÖ verhandelten der damalige Finanzminister Lacina, Ewald Nowotny, heute ÖNB Gouverneur Novotny, damals Vorsitzender des Finanzausschusses, und Arbeiterkammerpräsident Adolf Czettel, dem Ende 1987 Herbert Tumpel im Verhandlungsteam nachfolgte. Auf ÖVP Seite war die treibende Kraft der Reform der damalige

408

Staatssekretär im Finanzministerium, Johannes Ditz, dazu der damalige Finanzsprecher der ÖVP und jetzige Industrielle Josef Taus und Wolfgang Schüssel in seiner damaligen Funktion als Generalsekretär des Wirtschaftsbundes. Die sechs Politiker haben sich ein Jahr lang mehrmals im Monat für einen halben Tag zusammengesetzt (ich kann mich an Verhandlungsrunden an Samstagen und Sonntagnachmittagen erinnern) und selbst das Reformpaket geschnürt. Natürlich wurden Experten beigezogen, aber Minister, Staatssekretär und Abgeordnete wussten, was und wohin sie wollten. Mit jeder Sitzung gewann das Projekt an Dynamik, ab einem gewissen Punkt dachte niemand mehr an Scheitern, obwohl es hinsichtlich der Argumentation nach Außen immer schwieriger wurde. Man darf sich keinen Illusionen hingeben, es gibt genug Lobbys, die an ihren althergebrachten Kleinigkeiten festhalten wollen und seien sie noch so unsinnig. Geschaffen wurde ein völlig neues und sehr straffes Körperschaftsteuerrecht, das Ausschüttungen und „Gewinnmachen" wieder attraktiv erscheinen ließ und eine Abkehr vom ständigen Verlangen nach steuerschonendem „Verlustmachen" brachte. Das Körperschaftsteueraufkommen, das bis dahin kaum wahrnehmbar war, entwickelte nach dem neuen System eine kräftige Dynamik. Ein neues Pensionskassensystem wurde nun auch für Österreich möglich und man dachte über eine effektive Besteuerung von Zinsen nach (der Durchbruch mit der Kapitalertragsteuer ist erst später, verbunden mit einer allgemeinen Amnestie, gelungen). Revolutionär war das neue Einkommensteuergesetz 1988, bei dem die Steuersätze um bis zu 19 %-Punkte gesenkt wurden. Betrug der Steuersatz für Einkommen zwischen 250.000 Schilling und 300.000 Schilling bereits 51%, waren es nach der Reform nur mehr 32%. Der Spitzensteuersatz wurde von 62% auf 50% gesenkt. Trotz der starken Senkung der Steuersätze ist das Aufkommen in der Folge wesentlich stärker gestiegen (dies sei all jenen gesagt, die ständig jammern, wir können uns eine Steuerreform nicht leisten).

Nach diesem ersten Schritt folgten weitere, wie die Abschaffung von Gewerbe- und Vermögensteuer oder die Vereinheitlichung der Abgabenverfahren bei Lohn- und Einkommensteuer durch die Allgemeine Veranlagung und die einfache Berücksichtigung von Kindern im Steuer- und Beihilfenrecht.

In der Folge konnte die EDV-Unterstützung beim Jahresausgleich - nunmehr Arbeitnehmerveranlagung effektiv und effizient ausgebaut werden. Österreich war damals auf diesem Sektor europaweit führend, während wir heute wieder brav aber weit hinten nachhumpeln. Dass solche Höhenflüge vorkommen, bezeichneten manche als offenes Fenster, manche meinten, es hätte sogar noch mehr geschehen können, jedenfalls ist diese Phase ein Beweis dafür, dass es geht, wenn man will und wenn man kann.

Diese Voraussetzungen fehlen seit längerem. Das Wollen ist halbherzig, es steht kein wirklicher Einsatz dahinter, vor allem aber fehlt es am Können. Fachkompetenz ist nicht alles, aber ohne Kompetenz ist alles nichts. Faktum aus meiner Sicht: Die Grundzüge einer Steuerreform müssen die Politiker selbst vorlegen und vertreten, man kann sie nicht bei Beamten oder Experten, so qualifiziert diese auch sein mögen, bestellen.

Man kann dieser These entgegenhalten, Politiker müssen nicht alles selber machen, sie müssen delegieren, auch das will gelernt sein. Schauen wir uns daher einmal an, wie Gesetze in letzter Zeit zustande kommen. Man schickt ExpertInnen von Interessenvertretungen (Kammern, Parteien usw.) zusammen mit möglichst jungen und entsprechend unerfahrenen, aber umso dynamischeren KabinettsmitarbeiterInnen in eine Arbeitsgruppe. Das Ergebnis enthält sinnvolle, weniger sinnvolle und ideologisch geprägte Wunschvorstellungen oder auch nur solche aus der Praxis (zB. von der Haushaltshilfe des Herrn Ministers oder der Mama einer Kabinettsmitarbeiterin) und übersteigt natürlich die finanziellen Vorgaben bei weitem. Eine Einigung ist absolut nicht in Sicht, man agitiert, beschuldigt einander, erkennt einander den guten Willen ab. Erfahrene Interessenvertreter bewahren die Ruhe, sie kennen das Spiel. Das ganze Paket geht jetzt in „politische Runden" bis hinauf zu den „Elefanten". Jetzt wird es richtig spannend, alles ist nur mehr aufgeregt. Rund um die Uhr wird verhandelt. Ein letzter Termin wird mehrmals verschoben.

Und dann, ja dann ist es soweit. Nach einer langen Verhandlungsnacht ist sie gezeugt, die echte Eier legende Wollmilchsau. Wieder

einmal ist es gelungen. Ein wunderschönes Exemplar. Hinter den Ohren ist sie fast dunkelrot, irgendwo hat sie schwarze Flecken, gegen das Mondlicht betrachtet schimmert sie grün und blaue Augen hat sie auch. Und alle sind glücklich, alle haben sich durchgesetzt, jeder kann sich auf die Schulter klopfen und etwas davon verkaufen. Dass die einzelnen Maßnahmen teilweise keinerlei Wirkung erzielen oder sogar kontraproduktiv wirken, ist völlig egal. Im Sinne von Harmonie hat jeder Recht gehabt.

Der Wirtschaftskammerpräsident hat einen Handwerkerbonus von 10 oder 20 Millionen „zur Förderung der redlichen Wirtschaft" bekommen und deswegen soll der Wirtschaftsstandort auch weniger abgesandelt sein, der „Golden Handshake" wird nicht mehr begünstigt, was 99 % der Arbeitnehmer überhaupt nicht tangiert und die verbleibenden 1 % bereits zum Verfassungsgerichtshof getrieben hat, wo sie keine schlechten Chancen haben, Managergehälter über 500.000 Euro sind beim Arbeitgeber nicht mehr abzugsfähig usw.

Solche Gesetze – manchmal heißen sie schlicht Abgabenänderungsgesetz oder Budgetbegleitgesetz (diese enthalten meist Steuererhöhungen), manchmal ganz unverfroren Steuerreformgesetz – wie zB. 2009 - kommen mehrmals pro Jahr, werden in Rekordzeit erstellt (nur nicht zu viel darüber nachdenken – nur wer rasch handelt, ist effizient) und produzieren in der Folge eine Unmenge an Informationsaufwand. Aber so ist es halt mir der Eier legenden Wollmilchsau, man kann nicht genug Exemplare davon produzieren oder ist das alles doch nur heiße Luft?

Eine weitere These dazu: Mit einer Steuerreform, die die oben angeführten Probleme aufgreift, wird man keine Wahl gewinnen, tut man aber nichts, wird man mit Sicherheit die nächste Wahl verlieren. Politisch gesehen keine besonders guten Aussichten, außer man hat das Herz, den Mut und den Willen dazu, etwas zu verändern, etwas zu gestalten, etwas zu bewegen. Nichts für Politiker, die auch nach der Wahl auf einem sicheren Sessel weiter aussitzen wollen.

Uns bleibt nur die Hoffnung: Vielleicht gibt es wieder ein Team, das sich zusammensetzt und arbeitet, vielleicht gibt es wieder ein Reformfenster.

4. Wie könnte eine Steuerreform inhaltlich ausschauen - oder ist es wirklich so schwer etwas zu verändern?

Wir haben es ja oben bereits eingehend besprochen, wo die Druckpunkte im gegenwärtigen System liegen. Ich möchte in der Folge nicht mit einzelnen Maßnahmen beginnen, sondern vielleicht einige Grundsätze aufzählen, nach denen sich Maßnahmen zu richten hätten. Das ist wahrscheinlich seriöser, weil bei den Maßnahmen jeder auf Grund seiner persönlichen Erfahrungen andere Schwerpunkte setzen wird. Es wird daher leichter sein, die Grundsätze oder Ziele, denen die Maßnahmen entsprechen müssen, außer Streit zu stellen, außerdem sind es nicht so viele.

1. Standortsicherung
2. Wachstumsimpulse
3. Beschäftigungsimpulse
4. Umweltschutz
5. Vereinfachung für Verwaltung, Private und Wirtschaft
6. Verwaltungskosteneinsparung und Verbesserung der Durchsetzbarkeit des Abgabenanspruchs

Ganz bewusst habe ich die Standortsicherung an die erste Stelle gesetzt. Wer agiert und nicht ständig reagieren muss, wer in der Offensive überlegen ist, bei dem stellen sich in der Folge auch Wachstum und Beschäftigung ein. Für mich ist Holland so ein Land und neuerdings zeigt es uns auch Deutschland. Natürlich gibt es in dieser Aufzählung auch konkurrierende Ziele oder zumindest eine Konkurrenz in gewissen Bereichen; so schlimm ist es aber gar nicht. Selbstverständlich ist der Pfad der Budgetkonsolidierung nicht aus den Augen zu verlieren, ein bisserl Mut zum Risiko darf aber nicht fehlen. Jedenfalls sollte man alle Staatsaufgaben und –ausgaben nochmals überprüfen, ob sie wirklich und in der gegebenen Höhe notwendig sind, und zwar in einer intelligenten Weise und nicht immer mit dem

412

Rasenmäher und beim Sachaufwand, denn sonst haben wir bald nur mehr Beamte ohne Kugelschreiber und Computer.

Nun zu den einzelnen Maßnahmen:

Beginnen wir mit der Einkommensteuer oder besser dem Einkommensteuergesetz.

Ein Einstiegssteuersatz von 36,6 % bei Lohn- und Einkommensteuer ist nicht akzeptabel. Ich erinnere daran, dass der wirksame Einstiegssteuersatz im Jahr 1989 (nach der Steuerreform 88) 22% betragen hat. Insgesamt gesehen, wäre eine Rückführung auf das EStG 1988 in seiner Erstfassung in nahezu allen Belangen – natürlich mit entsprechenden Aktualisierungen - bereits eine Riesenreform („back to the roots").

Ein Einstiegssteuersatz von 20% oder 25% und ein flacherer Anstieg der Tarifkurve sind anzustreben. Das „kostet" zwar etwas, daher wird man im Gegenzug Ausnahmen streichen müssen, was natürlich der Vereinfachung dient.

Die „Topfsonderausgaben" können völlig entfallen; das hat der Rechnungshof bereits mehrfach festgestellt. Ausnahmebestimmungen, die ohnehin mehr als zwei Drittel der Steuerpflichtigen in Anspruch nehmen, können im Tarif wesentlich effektiver abgebildet werden.

Die Abzugsfähigkeit von Spenden hat bislang den Hilfsorganisationen ebenso wie der Finanzverwaltung eine Unmenge an Bürokratie gebracht, aber nicht mehr Spenden. Eine Direktförderung, abhängig vom jeweiligen Spendenaufkommen der zu fördernden Institution, wäre jedenfalls einfacher, und würde eine Wertschätzung jener bedeuten, die ihre Spenden mangels steuerpflichtigen Einkommens gar nicht abziehen können. Das ist nämlich die (arme) Mehrheit der Spender – Armut ist eben leichter zu teilen als Reichtum.

Bei Werbungskosten würde ein Selbstbehalt (ähnlich wie derzeit bei der außergewöhnlichen Belastung) oder ein entsprechend wirksames

Werbungskostenpauschale eine deutliche Vereinfachung für Verwaltung und Bürger bringen.

In Bezug auf die Lohnsteuerberechnung wäre es an der Zeit, ein transparentes neues System zu entwickeln. In Österreich gibt es eben (und ich profitiere selbst davon und möchte keineswegs darauf verzichten) 14 Monatsbezüge oder 14 Pensionsbezüge. Keiner will das ernsthaft in Frage stellen. Die darauf entfallenden Abgaben und Beiträge müssen aber nicht derart unsinnig berechnet werden, wie das derzeit geschieht. Die Umstellung der Lohnsteuerberechnung auf 14 Monatsgehälter und die generelle Durchrechnung bei der Veranlagung bringt Rechtssicherheit und vermeidet derzeit zufällig entstehende Begünstigungen oder Nachteile. Im Übrigen sollte es für eine erste Durchrechnung keines Antrages bedürfen, sondern sollte diese im Falle einer begünstigenden Wirkung automatisch (von Amts wegen) erfolgen. Dazu könnten auch diverse steuermindernde Umstände, sofern sie der Behörde bekannt sind, wie zB. bestimmte außergewöhnliche Belastungen, automatisch berücksichtigt werden.

Die Begünstigung für Überstundenzuschläge, die ohnehin von zwei Drittel der Arbeitnehmer in Anspruch genommen werden (wie bereits oben besprochen bei gleichzeitig steigenden Arbeitslosenzahlen) lassen sich alle im Tarif abbilden und bedürfen keiner individuellen Berücksichtigung. Die Berücksichtigung von Kindern kann einfacher und vor allem effektiver erfolgen, als das bisher geschieht. Besser eine ordentliche Förderung, als fünf verschiedene, die allesamt nicht viel bringen (auch das hat der Rechnungshof bereits festgestellt).

Auch für den Bereich der Gewinnermittlung wäre alles zu durchforsten und im Sinne obiger Grundsätze zu prüfen. Der Gewinnfreibetrag – eine unsinnige Nachbildung der unsinnigen Berechnung der Lohnsteuer für den 13. Und 14. Bezug - kann ersatzlos gestrichen werden. Auch dafür gilt: Was alle in Anspruch nehmen, wird durch den niedrigeren Tarif berücksichtigt.

Für Pendler soll es ein einfaches Entfernungspauschale geben, egal ob jemand mit der Bahn oder (vielleicht lieber) mit dem eigenen

Auto fährt. Über Dienstreisekosten soll man hingegen nicht lange diskutieren, sondern das Bestehende etwas vereinfachen und ansonsten übernehmen, alles andere wären nach meinen Erfahrungen leere Kilometer (über die man allerdings Monate lang diskutieren kann). Arbeitslosengeld sollte normal besteuert werden. Wenn es über dem steuerpflichtigen Existenzminimum liegt (das ist regelmäßig nur bei Familienzuschlägen der Fall), dann soll es eben insoweit steuerfrei bleiben. Damit fiele keine Steuer vom Arbeitslosengeld an und die sogenannte „Hochrechnung" bei der Veranlagung würde entfallen. Die derzeitige steuerliche Berücksichtigung versteht kein Mensch, dafür ist sie umso häufiger Anlass für falsche Bescheide, natürlich zu Lasten der Arbeitslosen. Dasselbe müsste natürlich auch für die Mindestsicherung gelten. Im Gegenzug wäre das Projekt der Transparenzdatenbank zu überdenken, zu ändern oder einzustampfen, eine Alibihandlung ohne jeden Sinn, dafür umso aufwendiger, als ob die Verwaltung sonst keine Sorgen hätte.

Die Senkung der Lohnsteuer ist aber nur ein Teilaspekt einer notwendigen Veränderung der Steuerstruktur. Der Anteil der lohnabhängigen Abgaben am gesamten Abgabenvolumen ist mit einem neuen Rekordwert von 56 % zu hoch und muss in verschiedensten Bereichen gesenkt werden.

Allgemein muss gelten, dass Steuersenkung und Steuervereinfachung Hand in Hand gehen. Nicht nur die bürokratische Form der Berechnung und Erhebung der Lohnnebenkosten ist ein Thema, sondern auch deren Höhe. Zwar wird seit Jahren eine Vereinheitlichung der Bemessungsgrundlagen angekündigt, sie wird nur nie gelingen. Warum schafft man nicht anstelle dieser vielen Abgaben eine einfache Lohnsummensteuer (**Arbeitgeberabgabe**), die von den Gebietskrankenkassen eingehoben und in der Folge auf die einzelnen Institutionen verteilt wird (für einen Teil der lohnabhängigen Abgaben geschieht das ja bereits). Diese Arbeitgeberabgabe würde den Dienstgeberbeitrag zur Sozialversicherung, die Dienstgeberabgabe zum Familienlastenausgleichsfonds und die Kommunalsteuer beinhalten und wäre einfach von der Lohnsumme zu berechnen und zu prüfen. Voraussetzung wäre allerdings die Abschaffung der Höchstbeitragsgrundlage beim Dienstgeberbeitrag zur Sozialversicherung

(beim Dienstnehmeranteil müsste sie natürlich für Zwecke der Pensionsbemessung weiterhin beibehalten werden). An der Parität der Beitragsfinanzierung aus Arbeitgeberbeiträgen und Arbeitnehmerbeiträgen ändert sich dadurch nichts. Diese muss ja nicht bei jedem einzelnen Arbeitnehmer und bei jeder Lohnzahlung hergestellt werden, hier genügt doch eine globale Berücksichtigung (man denke nur an die Vielzahl der Umschichtungen und Verteilungen innerhalb der verschiedenen Töpfe der Sozialversicherung. Der bisherige Satz von rund 29,5 % könnte dann auf z.B. 24 oder 25 % gesenkt werden, allerdings müsste man rund 2 Milliarden noch bei anderen Abgaben erhöhen (sinnvollerweise bei Energie?), die man natürlich auch bei den Beiträgen zum Familienlastenausgleichsfonds gegenrechnen kann.

Ein sogenannter integrierter Tarif (in erster Linie für ASVG-Versicherte), wie ihn der Vorsitzende des Fachsenates der Kammer der Wirtschaftstreuhänder, der leider viel zu früh verstorbene Prof. Dr. Karl Bruckner immer wieder propagiert hat, würde den Lohnsteuerabzug ganz wesentlich vereinfachen. Die Aufteilung in Lohnsteueranteil und Sozialversicherungsanteil könnte durch die Finanzverwaltung erfolgen. Am Anspruchsprinzip würde diese Vereinfachung genauso wenig ändern wie am System der Beitragsbemessung. Phantasie wird allerdings in allen Bereichen notwendig sein, denn eine Vereinfachung, bei der alles so bleibt wie es ist, wird nicht zu schaffen sein.

Die derzeitige Kapitalertragsteuer hat sich, wie schon festgestellt, bewährt. Nichts spricht gegen eine Erhöhung, was bei den gegenwärtigen Renditen nicht allzuviel bringt, aber im Gegensatz zur Einführung einer Vermögensteuer auch nichts kostet. Personen mit einem niedrigen Gesamteinkommen haben ja jetzt schon die Möglichkeit der Erstattung bei der Veranlagung. Übrigens: Seit der Senkung der Körperschaftsteuer auf 25 % sind ausgeschüttete Gewinne wesentlich günstiger besteuert als der Arbeitslohn. Will man beide gleich behandeln, müsste man die Kapitalertragsteuer auf 33 % erhöhen.

Eine Erhöhung von Umwelt- und Energiesteuern bei gleichzeitiger Senkung der Abgaben auf Arbeit wird zwar derzeit kaum erwähnt, würde aber eine entsprechend stärkere Senkung der Arbeitskosten, und damit eine Verbesserung der Steuerstruktur bewirken. Für Pendlerkosten gibt es das Pendlerpauschale. Wenn die Länder ihren Pendlern etwas Gutes tun wollen, dann sollen sie den öffentlichen Verkehr investieren oder in eine bessere Infrastruktur für Betriebe vor Ort, damit Arbeitnehmer nicht hunderte Kilometer zu ihrem Arbeitsplatz fahren müssen. Billige Treibstoffpreise (dafür aber höhere Lohnsteuern) als Pendlerförderung klingt etwas banal und ist es auch.

Die Grundsteuer, eine Vermögensteuer auf Grund und Boden, soll zwar bundeseinheitlich geregelt werden, der Vollzug aber soll den Gemeinden überlassen werden. Hinsichtlich der Hebesätze soll den Gemeinden genug Spielraum gelassen werden, sie selbst sollen entscheiden, was ihren Grundeigentümern zumutbar ist. Die Einnahmenerhöhungen sind im Rahmen des Finanzausgleichs bei der Kommunalsteuer gegenzurechnen, was wiederum die lohnabhängigen Steuern senkt. Die Grundsteuer ist eine Vermögensteuer, die den Vorteil hat, dass der Steuergegenstand (Grund und Boden und Gebäude) nicht ins Ausland transferiert werden kann – auch wenn er – was insbesondere bei den wertvollen Grundstücken der Fall ist – in Stiftungen geparkt ist. Geldvermögen hingegen ist da hingegen sehr flüssig und kann sich rasch verflüchtigen. Man könnte auch über eine neue „Bundesvermögensteuer" auf Basis der Werte der einzelnen Gemeinden nachdenken, vielleicht sogar mit einem progressiven Tarif. Warum nicht neue Lösungen andenken?

Die Körperschaftsteuer ist mit 25% im europäischen Vergleich durchaus konkurrenzfähig. Natürlich kann man sie auch um 5%-Punkte erhöhen, sinnvoller erscheint mit hier aber die Erhöhung der Kapitalertragsteuer, weil sie den Gesellschafter und nicht die Gesellschaft belastet.

Insgesamt sollte eine Reform eine echte Steuerentlastung von drei bis vier Mrd. Euro bringen, also die Abgabenquote um mehr als einen Prozentpunkt senken. Durch Umschichtungen weg von der

Arbeit hin zu Energie, Kapital und Grundvermögen ist eine zusätzliche Entlastung bei der Lohnsteuer und den Lohnnebenkosten, um bis zu drei Mrd. Euro möglich. Durch eine Reduktion von Ausnahmebestimmungen könnten die Steuersätze noch einmal um bis zu zwei Mrd. gesenkt werden. Es würde also ein Volumen von acht bis neun Mrd. bewegt werden. Damit verbunden wäre eine echte Verwaltungsvereinfachung, die zwangsläufig zu Mehreinnahmen in jenen Bereichen führt, die derzeit infolge der komplizierten Gesetze nicht ausreichend bearbeitet werden können.

Die Aufzählung der einzelnen Reformmaßnahmen ist keinesfalls erschöpfend, sondern eher beispielhaft, auf einige große und wesentliche Punkte beschränkt. Jene, die eine Reform verhandeln, brauchen meines Erachtens einen großen Spielraum, schon alleine deswegen, damit sie aus den jeweiligen Pattsituationen herauskommen. Es geht bei einer großen Reform nicht um einen Kompromiss, schon gar nicht um den kleinsten gemeinsamen Nenner, sondern um einen Konsens, um neue Lösungen, und die müssen von den Kontrahenten gemeinsam erarbeitet werden. Aber dazu im nächsten Punkt.

5. Wie kommt man zu einer großen Reform - oder sollten sich nicht die handelnden Personen ihrer wirklichen Aufgaben und Verantwortung wieder bewusst werden?

Gemäß Artikel 18 Bundesverfassungsgesetz hat die gesamte Verwaltung auf Grund von Gesetzen zu erfolgen. Gemäß Artikel 19 gehören Minister zu den obersten Organen der Vollziehung. Diese grundlegenden Bestimmungen der österreichischen Verfassung dürften den letzten Finanzministern nicht mehr ganz geläufig gewesen sein. Sie sind laut Verfassung oberste Vollziehungsorgane, also jedenfalls mehr Manager als Parteipolitiker. Dieses Bekenntnis zum Vollzug und zum Management, vor allem aber zur Verantwortung für den Vollzug geht mehr und mehr verloren. Mehr und mehr wird versucht, „politisches Kleingeld" aus dem Job zu machen, Kommentieren und Taktieren wird zur Hauptsache.

Der Minister, für den der Vollzug nicht im Mittelpunkt steht, sieht die Probleme des Vollzuges nicht. Sonst würde er sich nicht vorran-

gig mit Parteisoldaten umgeben, sondern immer mit den besten Kräften, die sich finden lassen. Gerd Bacher wird der Ausspruch zugeschrieben, „erstklassige Leute holen sich erstklassige Leute, zweitklassige drittklassige". Dem ist nichts hinzuzufügen.

Die Position des Finanzministers ist eine, die eine Expertin oder einen Experten verlangt, und sie ist eine, die die ganze Kapazität dieser Person erfordert, und wahrscheinlich sogar überfordert. Wenn nun Politiker, ohne Experte zu sein, sich diesen Job zutrauen, dann ist das mutig bis übermütig, wenn Politiker, die nicht Experten sind, diesen Job zusätzlich zur Funktion eines Parteiobmannes oder des Vizekanzlers annehmen, mit dem Hintergedanken, dass sie dann öfters am Bildschirm erscheinen, was der Partei guttun könnte, dann ist das meines Erachtens nicht vertretbar – aber urteilen Sie selbst. Ich habe oben bereits erwähnt, dass der Minister selbst in den Verhandlungsring für eine Steuerreform steigen muss. Das braucht Kompetenz und vor allem auch Zeit.

Eine Steuerreform braucht Konsens und, da es ohne Verfassungsgesetze oder ohne Änderung von Verfassungsgesetzen nicht gehen wird, eine zwei Drittel Mehrheit. 1988 war die damalige große Koalition noch mit einer zwei Drittel Mehrheit ausgestattet. Die heutige nicht mehr ganz so große Koalition hat diese nicht und wird sich daher von vorneherein um Partner kümmern müssen. Ich halte das gar nicht für ungünstig. Es geht bei einer solchen Reform um die Zukunft aller Österreicher und daher sind alle Parteien gefordert. Nichts leichter, als eine große Reform scheitern zu lassen. Das ganze Projekt ist wie der Bau eines Schornsteins oder eines Turms mit Bausteinen. Wenn man zuletzt auch nur einen Stein herauszieht, weil irgendetwas nicht geht, weil eine bestimmte Lobby da nicht mit kann, dann fällt alles in sich zusammen. Selbst wenn man in Etappen vorgeht, lässt sich diese Gefahr des Scheiterns nicht ausschließen. Daher sind die handelnden Politiker grundsätzlich nicht dazu da, ständig und gebetsmühlenartig ihre parteipolitisch hausgemachten Grundsätze zu vertreten, sondern sie sind dazu da, den Konsens zu erarbeiten und dann auch durchzutragen. Das kann und wird dazu führen, dass sie vielleicht sogar das Gegenteil ihrer Hausparolen in ihren Parteien „drüberbringen" müssen. Was tun, wenn man ständig

eine Vermögensteuer predigt und dann draufkommt, dass sie technisch gar nicht möglich ist, oder umgekehrt das Sakrileg der Höchstbeitragsgrundlage sinnvollerweise aufgegeben werden soll. Wenn aber ein „Gescheiterwerden" nicht möglich ist, dann sind wir eben nicht bei der großen Reform, sondern wieder bei der Eier legenden Wollmilchsau.

Dennoch, das Ende des Reformstaus, und diesen können alle Bürger wahrnehmen, muss einmal kommen. Und es liegt an den Politikern aller Parteien hier mit gutem Willen an die Arbeit zu gehen. Absolut sinnlos ist das Ausarbeiten von Reformvorschlägen in Parteigremien oder innerparteilichen Arbeitskreisen. Das gilt auch für Arbeitskreise mit Beamten und Experten ohne die maßgeblichen Politiker. Das sind völlig leere Kilometer!

Aus meiner Sicht bedarf es, damit es in dieser Legislaturperiode (2013 -2018) noch etwas wird, ab sofort eines hochrangig besetzten Gremiums (wie 1988) der Regierungsparteien unter Beziehung der Opposition, das intensiv an einem großen Wurf arbeitet. Die Vergangenheit hat auch gelehrt, je größer der Wurf, desto eher ist ein Konsens erreichbar, je kleiner, desto mehr „Wollmilchsau" kommt heraus.

Vielleicht öffnet sich wieder ein Reformfenster, vielleicht gelingt wieder eine Politik, die über den Tellerrand der eigenen Parteislogans hinausgeht. **Die Österreicher hätten sich das verdient!**

To-do-List

1. Bildung einer politischen Reformkommission, unter Beziehung des Finanzministers, des Sozialministers und der Finanzsprecher der Parteien.

2. Herstellung eines strukturierten (gezielten) Informationsprozesses zu Kanzler und Vizekanzler einerseits und zum Parlament (auch zu Oppositionsparteien) andererseits.

3. Gezielte Beauftragung von Expertengruppen, ohne diesen einen politischen Spielraum zu überlassen (Politik ist Sache der Politiker, nicht der Experten).

4. Hereinnahme des Projektes „less and better regulation" und Beziehung des Rechnungshofes (man muss nicht immer wieder alles neu erfinden).

5. Gezielte Überprüfung der bestehenden Steuern und Abgaben auf deren Effektivität. Streichung aller nicht „sinnvollen" Ausnahmebestimmungen bei gleichzeitiger Senkung der entsprechenden Steuersätze.

6. Gezielte Überprüfung aller Abgabengesetze im Hinblick auf einen effektiveren Vollzug zur Erreichung einer höheren Steuergerechtigkeit.

7. Vollzug der Abgabenerhebung immer nur durch eine Gebietskörperschaft – Vermeidung jeglicher Mehrgleisigkeiten.

8. Ständige Evaluierung aller Maßnahmen hinsichtlich der Vereinbarkeit mit den Grundsätzen Standortsicherung, Wachstumsimpulse, Beschäftigungsimpulse, Umweltschutz, Vereinfachung und Verwaltungskosteneinsparung.

9. Umsetzung des Reformprogrammes in abgeschlossenen Teilprojekten, mit ausreichender Begutachtungsfrist und einer langen Vorlaufzeit für die Umsetzung (mindestens sechs Monate). „Angenehme" und damit verbundene „unangenehme" müssen immer im selben Teilschritt enthalten sein.

10. Umfangreiche Information und Kommunikation mit den betroffenen Steuerzahlern zur Schaffung eines stabilen Reformklimas. Keine Überrumpelungstaktik, die Bürger halten die Wahrheit aus, wenn man sie offen vor ihnen ausbreitet.

Literaturhinweise

Rechnungshofbericht Reihe Bund 2007/6

Vorlage vom 10. Mai 2007, Arbeitnehmerveranlagung;

Rechnungshofbericht Reihe Bund 2010/2

Vorlage vom 10. Februar 2010, Arbeitnehmerveranlagung; Follow-up-Überprüfung

Rechnungshofbericht Reihe Bund 2013/3

Vorlage vom 28.März 2013, Transparenz von Begünstigungen im Einkommensteuerrecht

Rechnungshofbericht Reihe Bund 2012/6

Vorlage vom 28. Juni 2012, Gemeinsame Prüfung aller lohnabhängiger Abgaben (GPLA);

Better regulation; Beilage zum Budget 2014/2015 Übersicht gemäß § 42 BHG 2013, Mai 2014

Bundesgesetz über die Förderung von Handwerksleistungen beschlossen wird; Bericht des Budgetausschusses über die Regierungsvorlage (44 der Beilagen) vom 12. März 2014

Baustelle 12:
Gesundheitspolitik in Österreich

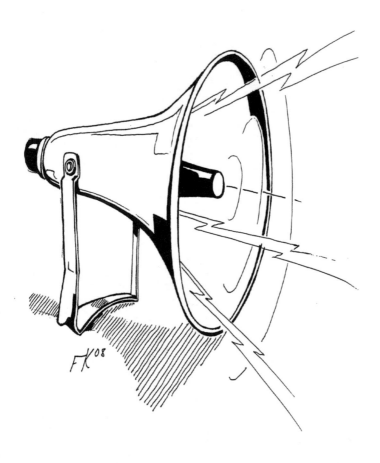

Der Lautsprecher

Gesundheitspolitik in Österreich oder: Wie unwichtig ist der Patient wirklich?

Ernest G. Pichlbauer, Wien

In einem idealen Umfeld, beschäftigt sich die Gesundheitspolitik ausschließlich mit dem Gesundheitssystem, nicht jedoch mit der Organisation der Versorgung und schon gar nicht mischt sie sich in die Behandlung ein – was heißt das

1. Die Ebene der Behandlung

Die Behandlungsebene wird am verständlichsten so zusammengefasst: Gut behandeln heißt, <u>richtige Leistung</u> (Diagnose, Intervention, …) vorzunehmen

Die Ebene der Behandlung ist die kleinstgliedrige und die quantitativ bedeutendste. Alleine bei den Kassenärzten kommt es zu über 100 Millionen e-Card-Kontakten. Dazu kommen noch die vielen Millionen Kontakte in Spitälern, Pflegeheimen, Apotheken und natürlich den eigenen vier Wänden der Patienten. Also immer dort, wo eine Beziehung zwischen einem Patienten (der manchmal auch Klient heißt) und seinem Helfer, der aus jedem patientennahen Gesundheitsberuf stammen kann, entsteht, findet Behandlung statt. Auf dieser Ebene, wenn diese Beziehung einmal eingetreten ist, gibt es keine Fragen, woher der Patient kommt, oder wie er gekommen ist. Auch Arzt, Therapeut, Pflegekraft etc. (der Einfachheit halber nennen wir sie jetzt Gesundheitsdiensteanbieter - GDA) sind, einmal in der Beziehung eingetreten, quasi voraussetzungslos vorhanden.

Beforscht wird diese Beziehung durch die medizinischen Wissenschaften, wobei hier Diagnose und Therapie im Vordergrund stehen. Allerdings sind diese Begriffe durchaus weiter zu sehen, da hier Maßnahmen der Prävention oder Gesundheitsförderung genau so untersucht werden, wie auch Themen aus der Kommunikationswis-

senschaft, die für die Medizin relevant scheinen. Typische und für ein Gesundheitssystem wichtige Ergebnisse dieser Forschung sind die Behandlungsleitlinien, bzw. die Praxis der evidenz-basierten Medizin (EbM).

Politik sollte auf der Behandlungsebene gar nichts zu suchen haben. Allerdings wird diese Ebene sehr gerne auch politisch „infiltriert" oder instrumentalisiert. Das soll aber hier nicht das Thema sein.

Wenn ein Patient nicht das richtige erhält, dann ist das üblicherweise ein Behandlungsfehler – der kann auf menschliches Versagen, kriminelle Energie oder aber auf Fehler in der Versorgungsebene zurückzuführen sein – also könnte hinter dem Behandlungsfehler oder der Fehlbehandlung falsch Anreize oder aber fehlende, bzw. falsch eingesetzte Ressourcen sein.

2. Die Ebene der Versorgung

Um richtig behandelt zu werden, ist es nötig, dass der richtige Patient zur richtigen Zeit beim richtigen Arzt ist. Wenn das so ist, dann ist der Patient gut versorgt (Versorgung ermöglicht die Behandlung)

Die beiden Beziehungspartner, treffen sich nicht zufällig und auch nicht grundlos. Praktisch betrachtet, steht hinter beiden Partnern ein komplexes Konstrukt aus Motivation, Ressourcen und Logistik, das ein Zusammentreffen erst ermöglicht. Sei es, dass so triviale Dinge wie ein Treffpunkt (Ordination, Spital etc.) vorhanden, oder, im Falle eines solidarischen Systems, worunter im Grunde auch Privatversicherungssysteme fallen, die Finanzierungswege geklärt sein müssen. Daneben sind aber auch so komplexe Umstände, wie die Motivation der beiden, sich in dieser Beziehung treffen zu wollen, zu klären.

Beim Patienten ist diese Motivation scheinbar noch einfach zu erkennen, schließlich ist er ein leidender Hilfesuchender. Aber auch hier sind Fragen vorhanden, die nicht trivial zu beantworten sind. Welche Mühe (Schmerzen, Wege, Wartezeiten etc.) ist der Patienten bereit auf sich zu nehmen, um zum Treffpunkt zu gelangen und welchem „Krankheits- oder Leidensäquivalent" entspricht das? Welches Risiko (Verlust der Selbstbestimmung, finanziell, etc.) besteht für

den Patienten, wenn er sich in diese Beziehung, die ja oft von einer erheblichen Informationsasymmetrie geprägt ist, einlässt und welche Risikobereitschaft kann man voraussetzen? Gibt es Eintrittsschwellen, die einer Genesung entgegenstehen, und wenn ja wie hoch sind sie? Etc. etc.

Hier muss erwähnt werden, dass es genau jene Fragen sind, deren Antworten dazu geführt haben, dass ein Patient eben kein „Käufer" ist, und daher ein Marktversagen auslöst, es im Gesundheitswesen eben nicht oder wenigstens nicht leicht ist, auf marktwirtschaftliche Steuerungssysteme zu bauen.

Beim GDA ist es noch schwieriger, die Motivation in dieser Beziehung zu analysieren. Liegt beispielsweise das wirtschaftliche Risiko, eine Ordination zu betreiben, beim GDA, wird das die Motivation in eine Beziehung mit dem Patienten einzutreten erheblich beeinflussen. Aber auch umgekehrt. Liegt das Risiko bei der Gesellschaft, hat auch das seine Auswirkungen. Oder, wird ein Primar daran gemessen, welche Auslastung seine Station hat, hat das sein Auswirkungen; oder, wenn der Arzt einen Lebensstil (ein Einkommen) erreichen will, von dem er ausgeht, er steht ihm zu, hat das seine Auswirkungen; oder, wenn der Arzt eine Familie hat, die wegen langen Spitalsdienste „leidet", hat das seine Auswirkungen etc. etc. Betrachtet man beide Motivationslagen gemeinsam, dann treten oft chaotisch anmutende Zustände auf.

Das Zusammenspiel von Motivation, Ressourcen und Logistik, ist bereits im Vorfeld einer GDA-Patienten-Beziehung zu bedenken, die Ebene, auf der das passiert ist die Versorgungsebene. Praktisch bedeutet es, an Strukturen (wo, welche), wie Ordinationen, Spitäler, Pflegeheim etc. inklusive deren Ausstattung (personell und sachlich) und Erreichbarkeit genauso zu denken, wie an Finanzierungswege, aber vor allem muss man sich hier genaueste Gedanken über Anreizsysteme machen, um die Motivationslage der beiden in eine Richtung zu drängen, in der beide profitieren können – damit eben die richtige Leistung erbracht wird.

Die Versorgungsebene arbeitet mit Versorgungskonzepten, also mit anpassungsfähigen, und zielorientierten Maßnahmenbündel. Warum die Versorgungsebene mit Konzepten statt mit fixen Strukturen oder

Organisationsformen arbeitet – wenigstens in anderen Ländern – hängt damit zusammen, dass sich sowohl die Krankheitsbilder der zu versorgenden Bevölkerung als auch der Stand der Wissenschaft dynamisch entwickeln: Werden Unfälle weniger, brauch ich weniger Unfallversorgungsressourcen, werden Diabetiker mehr, brauch ich mehr Diabetikerversorgungsressourcen. Wenn Strukturen und Organisationsformen die Strategie vorgeben, anstatt umgekehrt, dann wird das negativ auf die Effizienz durchschlagen. Das wissend, und unter Berücksichtigung der Idee der knappen Ressourcen, wurde international daher der Einfluss der Strukturen auf die Gesundheitspolitik zurückgedrängt und der Patient mit seinem Versorgungsbedarf in den Mittelpunkt gestellt – Ähnliche Wunschvorstellungen hört man seit 2012 auch in Österreich. Das Ziel der Gesundheitsreform 2013 ist es, von einer einrichtungsorientierten Finanzierung zu einer patientenorientierten Versorgung zu kommen. Das ist allerdings leichter gesagt als getan, und die aktuelle Reform ist im Wesentlichen bereits wieder gescheitert – weil eben die Einrichtungen (z.B. Spitäler oder Kassen-Ordinationen, samt den dahinter stehenden mächtigen politischen Organisationen) wichtiger sind als das Patientenwohl.

Die Klassiker der Versorgungskonzepte, die zu Säulen der Gesundheitsversorgung wurden, sind die Konzepte Prävention, Kuration, Rehabilitation, Pflege und Palliation. Was nach Überschriften klingt, sind in Wahrheit Versorgungskonzepte, die Einteilungen im Grunde aus rein organisatorischen Notwendigkeiten geschehen – vor allem was die Ressourcenbeschaffung und -verteilung betrifft, wurde diese Einteilung nötig, da eben seit wenigstens 150 Jahren nicht jeder Arzt alles konnte und eine Spezialisierung der Professionen nach Planung verlangte.

Auch wenn es diese Einteilung weiterhin gibt, steht heute die integrierte Versorgung im Vordergrund, also der Versuch, die Maßnahmen aus Prävention, Kuration, Rehabilitation, Pflege und Palliativbehandlung so aufeinander abzustimmen, dass Patienten zum richtigen Zeitpunkt, an der richtigen Stelle die richtige Leistung erhalten

Die komplexeste Form „integrierter Versorgungskonzepte" sind die Disease Management Programme, die den Versuch unternehmen, die

Versorgung entlang einer, durch eine „Leitkrankheit" definierten Patientenkarriere zu organisieren – von der Prävention bis zur Palliativ-Versorgung. Solche Programme gibt es international für so gut wie jede chronische Krankheit und oft auch für Orphan-Diseases. In Österreich sind solche Programme praktisch nicht vorhanden. Das einzige Programm („Therapie Aktiv" für Diabetiker) erreicht gerade einmal 10% der Patienten. Bedenkt man dabei das Inverse-Care-Law, das beschreibt, dass in der Regel zuerst jene Patienten eine gute Versorgung erhalten, die aufgrund der persönlichen Motivation und des sozioökonomischen Hintergrunds, von dieser am wenigstens profitieren, während eben jene, die am meisten profitierten, erst sehr viel später erreicht werden, ist klar, dass dieses Programm nur Geld kostet, aber praktisch nichts bringt.

Weniger spezifisch, aber sehr erfolgreich, werden jene Konzepte umgesetzt, die die Versorgung in drei Ebenen aufteilen: Primär-, Sekundär- und Tertiär-Ebene; wobei gilt, je näher am Wohnort und je mehr ambulant (also in der Primärversorgung) desto besser. Man achtet daher darauf, die Kompetenz der Primärebene (Hausärzte UND Pflege UND Therapeuten!) soweit auszubauen, dass dort möglichst alles behandelt werden kann und ein weiterleiten in wohnortfernere und spezialisierte Zentren (dazu gehören auch Pflegeheime) so selten wie nötig vorkommt – und wenn nötig, die Überweisung so gut wie möglich organisiert ist. Dieses Konzept, knapp 100 Jahre alt, hat sich in den letzten etwa 50 Jahren weltweit durchgesetzt. In Österreich jedoch beginnen wir erst mit der Diskussion, wie man an den aktuell erstmals in der gesundheitspolitischen Diskussion auftretenden Termini „Best Point of Care" und „Primary Health Care" ablesen kann. Im Grunde ist es erschütternd, auf welchem Niveau wir uns bewegen.

Mit dem Gedanken der Integrierten Versorgung völlig inkompatibel und daher wenig erfolgreich, dafür sehr teuer, sind jene kaum granularen Konzepte, die nur Einrichtungsbezogen und nicht Patienten- oder Krankheitsorientiert sind: typisches Beispiel die „stationäre Akut-Versorgung" ohne Zugangsregelungen, wie sie unsere Spitäler anbieten. Solche primitiven Konzepte existieren auch fast nirgends mehr in der modernen Welt, nur in Österreich sind sie noch gang und gäbe.

Was alle vernünftigen Versorgungskonzepte gemeinsam haben ist, dass immer überlegt wird,

- sind sie Vorort nötig (also welcher Bedarf besteht),

- wenn ja, was brauche ich um sie umzusetzen (welche Strukturen, welches Personal mit welcher Kompetenz),

- wie bringe ich die Patienten zeitgerecht zu ihrem GDA (Patientenaufklärung, Awareness aber auch Transport) und

- wie bringe ich den GDA dazu, dass Richtige zu tun (Anreizsysteme, Aus- und Fortbildung).

Und um zu wissen, ob man mit dem Konzept das erreicht, was man will, muss man Daten sammeln und evaluieren. Funktioniert etwas nicht, muss man es ändern. Anders als die medizinischen Wissenschaften ist es in der Versorgung in der Regel nicht möglich, Versuche unter Laborbedingungen anzustellen – Try and Error sind der übliche Weg, und das setzt Entscheidungsfähigkeit der Entscheidungsträger voraus – und das heißt in der Regel, die Versorgungsebene muss aus dem tagespolitischen Geschäft herausgehalten werden – Politiker dürfen nämlich aus politischen Gründen nicht irren!

Wenn wir die Versorgungsebene dadurch definieren, dass ihre Entscheidungsträger (die andere sind als die auf der Behandlungsebene und andere sein sollten als auf der Systemebene) die drei wesentlichen Aufgaben (Bereitstellung von bedarfsgerechten Ressourcen, Finanzierung der Leistung und Aufbau eines Anreizsystems, dass die Motivationslage der Beziehungspartner steuern soll) wahrnehmen, dann können wir rasch feststellen, wie sehr die Versorgungsebene in Österreich politisch durchwirkt und so ihrer eigentlichen Funktion beraubt ist:

Denken wir an die Spitäler, die nicht ihrer Versorgungsnotwendigkeit (Bedarf) entsprechend existieren; etwa die vielen Chirurgien, die die Versorgungssituation nicht verbessern aber trotzdem neu gebaut werden – z.B.: Bad Aussee, mit einem Einzugsgebiet von 15.000 Einwohnern und zwei Chirurgien in max. 30 Minuten Fahrzeit (Individual- nicht Blau-Lichtverkehr!); oder der Stellenplan für Kassenärzte, der nicht dem Bedarf folgt, sondern politischen Verhandlun-

gen, mit der Folge, dass Stellen in überversorgte Regionen nicht zu Gunsten von unterversorgten abgebaut werden können, selbst wenn man um die Dummheit dieser Situation weiß.

Denken wir an die vielen unterschiedlichen Finanzierungssysteme, die aus politischen Gründen bestehen und deren Anreizwirkung aus politischen Gründen nicht untersucht werden darf. Sei es das Leistungsorientierte Krankenanstalten Finanzierungssystem (LKF), das bei weitem nicht seine selbstgesteckten Ziele erreicht, sondern, im Gegenteil, zu einer immer weiter steigenden Spitalslastigkeit geführt hat, oder die Honorarsysteme der Kassenärzte, die so dermaßen inhomogen und undurchschaubar sind, dass sie sicher nicht dazu beitragen, Patienten zur richtigen Zeit, am richtigen Ort zu behandeln, sondern viel mehr zu Weiterüberweisung gerade zu einladen (ein Umstand, den die WHO bereits 1969 kritisierte).

Denken wir an die Kompetenzprobleme bezüglich Prävention, Rehabilitation und Palliativversorgung. Wer wo wie zuständig ist, ergibt sich meist durch Zufall im Rahmen irgendwelcher Verhandlungen oder gar Gerichtsurteile. Als kleines Beispiel – Das Österreich bei den Kindertherapien weit hinter internationalen Zahlen nachhinkt ist einfach erklärt. Die Krankenkassen steigen erst ein, wenn ein Krankheitswert vorliegt (was sie selbst feststellen dürfen) und vertreten, vollkommen zu recht, die Meinung, dass alles andere eine Frage der Jungendwohlfahrt ist. Sollte diese, ebenfalls vollkommen zu recht, das jedoch nicht als ihre Aufgabe sehen, oder aber (ungestraft) nicht aktiv werden, dann bleiben die Kinder auf der Strecke. Eine stringente Zuordnung zu einem Versorgungskonzept – idealerweise eines für alle Kinder durch einen Versorger – fehlt.

Wissenschaftlich ist die Versorgungsebene Gegenstand der Versorgungsforschung. Sie ist eine multidisziplinäre Wissenschaft, deren Aufgabe es ist, soziale Faktoren, Finanzierungssysteme, Organisationsstrukturen und -prozesse, Gesundheitstechnologien und individuelle Verhaltensweisen, den Zugang zum Gesundheitssystem sowie Qualität und Kosten der Gesundheitsversorgung zu erforschen und zu beeinflussen. Versorgungsforschung untersucht auch die letzte Stufe des Innovationsprozesses, nämlich jenen in die Praxis der Patientenversorgung. Ein typisches Ergebnis solcher Forschung sind

Versorgungsleitlinien, die im Gegensatz zu den Behandlungsleitlinien, wegen der Komplexität auch nicht mehr ausschließlich Forschungsergebnisse heranziehen können, sondern auch Erfahrungswerte (Konsensbeschlüsse) berücksichtigen müssen. Versorgungsforschung, ist hierzulande kaum und schon gar nicht einflussreich vorhanden.

Wenn Patienten nicht zur richtigen Zeit am richtigen Ort behandelt werden, dann spricht man von Fehlversorgung. Sie tritt immer dann auf, wenn es Unterversorgungs– und/oder Überversorgungsphänomene gibt Gänzlich ist Fehlversorgung nie auszuschließen, es herrscht jedoch Einigkeit, dass beides enorme Effizienz-, ja sogar Effektivitätsprobleme nach sich zieht. Deswegen wird überall auf der Welt versucht, Fehlversorgung zu vermeiden.

Nehmen wir ein Beispiel: Würden wir eine Krankenhaushäufigkeit (als Spitalsaufnahmen bezogen auf Einwohner) wie im europäischen Schnitt haben, würden etwa 900.000 stationäre Spitalsaufenthalte (das sind etwa 40% aller Spitalsaufenthalte) nicht anfallen – Die Patienten würden an anderer Stelle versorgt! Das heißt nicht, dass diese Patienten schlecht behandelt wurden, nur, dass sie schlecht versorgt wurden, weil sie bei gleichbleibender Behandlungsqualität eben ambulant statt stationär oder aber in einem Pflegesetting statt einem Akutspital versorgt werden hätten können. Genaugenommen wurden wohl auch viele schlechter behandelt – vor allem dann, wenn eine persönliche Beziehung Teil der Behandlung sein müsste, die nun einmal in einem Spital NICHT möglich ist. Das gilt vor allem für geriatrische Patienten. Aber selbst wenn wir annehmen, dass diese 900,000 Patienten gut behandelt wurden, haben sich 50.000 davon im Spital eine, ansonsten vermeidbare, Infektion zugezogen, und nicht wenige sind daran gestorben.

3. Die Ebene des Gesundheitssystems

Was wollen wir womit erreichen, erreichen wir das auch, und wer ist „wir"?

Das eigentliche Feld der Gesundheitspolitik, ist die Systemebene. Diese steht mit der Behandlung eigentlich nicht mehr in Kontakt. Denn, so wie die Voraussetzung einer GDA-Patientenbeziehung die Versorgung ist (auf welchem Niveau und Organisationsgrad auch immer), ist das Gesundheitssystem die Rahmenbedingung für die Versorgung. Es gibt kein Land ohne Gesundheitssystem, weil es keine Versorgung im luftleeren Raum geben kann. Anders ausgedrückt, egal wie stark oder schwach, egal wie strukturiert oder lose, egal wie zentral oder dezentral, über der Versorgungsebene wird immer eine Systemebene stehen müssen; selbst in einem Land, das die Versorgung vollkommen liberalisiert hat! Praktisch gibt es allerdings in der entwickelten Welt keine vollkommen liberalisierte Versorgung, sodass heute eigentlich immer nur solidarische Gesundheitssysteme (in unterschiedlichster Ausprägung) vorliegen.

Die einen versuchen die Solidargemeinschaft eher privatwirtschaftlich zu organisieren, andere setzen stärker auf öffentlich rechtliche Organisation – aber praktisch nirgendwo, wo moderne Medizin angeboten wird, gibt es mehr ein rein privates Modell, wo man als Patienten zu einem Anbieter seiner Wahl hingeht und „bar" bezahlt, also selbst Systemanbieter und Versorger ist.

Auch wenn eine eindeutige Definition fehlt (das liegt in der Natur des Sache, da eben wesentlich die Politik darüber entscheidet), kann man ein Gesundheitssystem als Gesamtheit aller Organisationen, Einrichtungen und Ressourcen einer Region verstehen, deren Aufgabe, unter den gegebenen politischen und institutionellen Rahmenbedingungen, die Förderung und Erhaltung der Gesundheit sowie die Vorbeugung und Behandlung von Krankheiten und Verletzungen ist. Gesundheitssysteme umfassen sowohl die individuelle als auch die bevölkerungsbezogene Gesundheitsversorgung, aber auch Maßnahmen, mit denen andere Politikbereiche dazu veranlasst werden sol-

len, in ihrer Arbeit an den sozialen wie auch den umweltbedingten und ökonomischen Determinanten von Gesundheit anzusetzen.

Warum soll es ein System geben?

Historisch betrachtet, sind solidarische Gesundheitssysteme eine junge Entwicklung, die aus der Idee entstanden sind, dass die solidarisch (sei es privatwirtschaftlich oder öffentlich-rechtlich) organisierte Versorgung einen höheren Nutzen erzeugen kann, als die individuelle Selbstorganisation.

Sieht man von den mittelalterlichen Zunftsystemen (die sich jedoch im österr. Ständestaat wiederfinden) ab, deren Bedeutung eher im Abgrenzen zu anderen, denn in der solidarischen Versorgung lagen, dann kommt die Idee solidarischer Gesundheitssysteme erst mit der Industriellen Revolution im späten 18ten Jahrhundert auf und wird erst nach dem zweiten Weltkrieg in weiten Teilen der Welt flächendeckend umgesetzt.

Der Anspruch, dass solidarische Systeme für die Gesellschaft als auch jeden einzelnen einen höheren Nutzen erzeugen, als Selbstorganisation es könnte, gilt, unter bestimmten Voraussetzungen, als bewiesen. Dazu muss die Solidargemeinschaften allerdings möglichst groß sein, das Gesundheitswesen muss „umfassend" gedacht werden (Prävention, Kuration, Pflege, Rehabilitation und Palliativversorgung müssen also Teil eines Ganzen sein), und – besonders wichtig –alle Individuen der Solidargemeinschaft müssen gleich behandelt werden, also die gleichen Eintrittsschwellen, die gleiche Behandlung für die gleichen Krankheiten etc. Wenn ein System wirklich solidarisch funktioniert, dann wird man, egal wo man hinkommt, nie hören, dass man jemanden kennen muss, wenn man „richtig" behandelt werden will. Jeder hätte die gleiche Chance auf Gesundheitsversorgung– unabhängig von Bildung und Beziehungen.

Um diesen Mehrwert für den einzelnen als auch für die Solidargemeinschaft – eine Win-Win-Situation - zu erreichen, muss die Freiheit des Einzelnen beschnitten werden. In Gesundheitssystemen ist es daher Gang und gäbe, dass durch die Politik ordnungspolitische

Maßnahmen gesetzt werden, die den Rahmen für die Versorgung und auch für die Behandlung festlegen. Denken wir dabei an die Vorschriften bezüglich der Ausbildung zu Gesundheitsberufen oder der Ausstattungsvorschriften von Versorgungsstrukturen. Aber auch an die Pflichtbeiträge, die jeder zahlen muss.

Um jedoch diesen Mehrwert zu verwirklichen, muss das System entscheidungsfähig sein - eine etwas abstrakte Formulierung, aber wenn man nicht entscheiden kann, was man will und wer wo wie am besten versorgt ist, dann funktioniert ein System nicht. Die WHO nennt das Stewardship und fordert ihre Mitgliedstaaten seit den 1990ern auf, (politische) Strukturen zu entwickeln, die diese Führungsaufgabe übernehmen, da es nun mal evident ist, dass die „Selbstorganisation" der Versorgungsebene ineffizient und ineffektiv ist – einfach weil ohne übergeordnete Zielbildung die Anreizsysteme der Versorgungsebene rasch in Widersprüchen münden, sei es, weil es ein Marktversagen, sei es, weil es, auch und vor allem wenn die öffentliche Hand im Spiel ist, ein Managementversagen gibt. Das Gesundheitswesen zerfällt, ähnlich Profitcenter-Organisationen, sehr leicht in sich gegenseitig kanibalisierende Einheiten, und es ist dann unmöglich, eine integrierte Versorgung zu organisieren, es entstehen eher Verschiebebahnhöfe, weil man Patienten, und damit Kosten, lieber „vom anderen" versorgt sähe. Dass Österreich all die Resolutionen der WHO zu diesem Thema natürlich unterfertigte heißt lange noch nicht, dass es auch nur irgendeine der Empfehlungen der WHO berücksichtigt hätte.

Das solidarische System muss sich gegenüber jedem einzelnen Mitglied der Solidargemeinschaft stets beweisen und rechtfertigen. Die Spitzen und Vertreter der Systemebene können nicht einfach behaupten, alles gut ist. Sie können daher auch nicht einfach mehr Geld verlangen, weil sie, paternalistisch, eh am besten wissen, was gut für die Menschen ist. Das System, will es solidarisch funktionieren, muss beweisen, dass es für jeden einzelnen einen Mehrwert erzeugen kann und es daher vernünftig ist, „sein Geld" dem System anzuvertrauen. Erst wenn dieser Beweis fehlt, dann werden das System und damit seine Finanzierung in Frage gestellt. Ohne Stewardship und mit dem Zerfall des Gesundheitswesens in einzelne Bereiche, die einer integrierten Versorgung entgegenstehen, wird wegen sinkender

435

Effektivität und sinkender Effizienz immer lauter die Frage nach den „zu hohen Kosten" bzw. der „Finanzierbarkeit" gestellt! -ein Frage, die als Indikator dienen kann, dass die Solidargemeinschaft, die sich ja selbst finanziert, zerfällt, oder gar zerfallen ist.

Was sind die Kernaufgaben?

Es gibt zwei Themenbereiche, die die Kernaufgaben der Systemebene beschreiben: Zielorientierung und Breitstellung der nötigen Ressourcen.

Zielorientierung

Wobei das Ziel auf der Systemebene nicht einfach „Alle kriegen alles überall und auf allerhöchstem Niveau" sein kann. International werden Ziele wie Zugangsgerechtigkeit, Zugangssicherheit, Verteilungsgerechtigkeit, gesicherte Versorgungsqualität, Patientensicherheit, Patientenzufriedenheit und Wirtschaftlichkeit genannt. Jede dieser Ziele wird auf der Systemebene definiert und festgehalten, wie die Zielerreichung gemessen wird. Diese Ziele sind in der Praxis nie endgültig zu erreichen, weswegen eben immer eine Entwicklung nötig ist. Denken wir etwa an die Zugangsgerechtigkeit. Ein Mitglied der Solidargemeinschaft, das direkt neben einem Spital lebt, wird immer einen anderen Zugang haben als jemand der weit davon entfernt ist. Wie also werden diese beiden miteinander verglichen, wie stellt man sicher, dass beide den „gleiche leichten" Zugang haben – Ein definitiv nicht triviales Problem, dass auch nicht dadurch trivialisiert werden kann, möglichst viele Spitäler zu bauen, da damit die Qualität verloren geht. Nur weil auf einem Haus Spital steht ist es noch keines.

Im UK, in dem diese Zugangsgerechtigkeit eines der wesentlichsten Themen der Systemebene ist, wird ständig versucht, die Ungleichheit auf Grund der Geographie zu beheben. Soll beispielsweise ein neues Großgerät in einem Spital errichtet werden, um die regionale Bevölkerung besser behandeln zu können, oder sollte das Geld besser in die Modernisierung des Rettungsdienstes investiert werden, um die Zugänglichkeit zur spezialisierten Versorgung für entlegene Regio-

nen zu verbessern? In UK ist hier ein klare Antwort: zuerst die Rettung, dann das Großgerät. In der Folge kommt es zu Wartezeiten, die bei uns dann gerne als Beispiel für ein schlechtes System erwähnt werden – Das Gegenteil ist jedoch der Fall. In Österreich, in dem solche Ziele auf der Systemebene fehlen, lautet die Antwort beides muss sein – eine blödsinnige Forderung, weil dieser Vergleich ja davon ausgeht, dass man sich nur eines der beiden leisten kann.

Es gäbe sehr viele solcher Beispiele – allen gemein ist, dass eben die Systemebene jene Rahmenbedingungen festlegt, die es der Versorgungsebene nicht ermöglichen, beliebig oder willkürlich vorzugehen, sondern sie „zwingt", die zur Verfügung gestellten Ressourcen zielorientiert einzusetzen.

Transparenten Entscheidungswege und klaren Zieldefinitionen, samt transparenter Evaluierung werden als Möglichkeit gesehen Vertrauen herzustellen. Das System setzt also Rahmenbedingungen fest, in der die Versorgungsebene zur Transparenz gezwungen ist und anhand von international vergleichbaren Indikatoren klar nachvollziehbar wird, wer welche Defizite in der Versorgung zu verantworten hat. Staaten, die so vorgehen, haben zwar weiterhin allesamt „Geldprobleme", aber in der Regel keine „Unfinanzierbarkeitsdiskussion". Die Vorgaben des Systems sind derart, dass die Entscheidungen der Versorgungsebene nachvollziehbar sind und breite Akzeptanz der Solidargemeinschaft erfahren. Es gibt ein schönes Beispiel aus Dänemark – dort herrscht dermaßen viel vertrauen in das System und seine Entscheidungsträger, dass die Zahl der Spitäler halbiert werden konnte, ohne dass es zu politischen Unruhen oder unversorgten Patienten kam: „die wissen was sie tun, und ich vertraue ihnen" – das prägt die Einstellung der Bevölkerung gegenüber ihren Gesundheitspolitikern.

In anderen Ländern, hier vor allem in Österreich, sind die Ziele der Systemebene eher verschwommen und daher nicht operationalisierbar. Zudem herrscht auf allen Ebenen Intransparenz. Die Folge davon ist, dass die Grenzen zwischen Versorgung und System verschwimmen. Es kommt zu einer Kompetenzvermischung zwischen System- und Versorgungsverantwortlichen. Damit ist prognostiziert, dass die Ziele nicht mehr unabhängig der Versorgungsstrukturen

erstellt werden und auch die Ergebnisse nicht objektiv sind, sondern dem entsprechen, was der Versorger erreichen kann. Ein Klassiker in Österreich dafür sind all die Jubelmeldungen über die hohe und weiter steigende Zahl an Spitalspatienten, die regelmäßig von den politischen Spitalsträgern veröffentlicht werden – gerade so, als ob es das Ziel ist, immer mehr Patienten dort zu behandeln und dementsprechend auch ein Erfolg, wenn man diese Zahl erreicht, oder sogar überschritten hat.

In weiterer Folge werden Ineffizienzen des Systems perpetuiert und immer offensichtlicher. Der Ruf nach Reformen wird laut, da aber die Kompetenzen vermischt sind, also das System nicht mehr die Rahmen festlegen kann, ohne auf die Versorgungsstrukturen Rücksicht zu nehmen (Spitäler schließen), sind Reformen nicht durchführbar. Damit wird beim echten Geldgeber (also nicht Kassen oder Länder, die sich zwar als Geldgeber auftreten, jedoch nur Verwalter sind – sie sind Scheingeldgeber!) jenes Vertrauen irritiert, dass die Voraussetzung für eine solidarische Finanzierung ist. Die Solidargemeinschaft beginnt zu zerfallen, Interessengruppen setzen sich immer mehr durch und verstärken die Ineffizienz. Um das zu verbergen, werden die Entscheidungswege noch intransparenter– die Entscheidungen fallen in kleinsten Gruppen (wie aktuell in der Gesundheitsreform und der Zielsteuerungskommissionen sichtbar) ohne öffentliche Kontrolle auf Basis von Daten, die als geheim eingestuft sind. Am Ende fühlen sich die Patienten nicht einmal mehr gut behandelt und wählen zunehmend Parallelstrukturen, um sich die Behandlung zu sichern; das geht von Zusatzversicherungen, über Privatärzte, in Österreich auch die Wahlärzte zur Kuvert-Medizin bis hin zur in Österreich extrem stark vertretenen Paramedizin, wie Homöopathie etc. Netzwerke werden gebildet, in denen sich Patienten wie GDA zusammentun und beginnen ein eigenes, im Regel marktwirtschaftlich orientiertes, aber ungeregeltes System zu errichten, das seinerseits mit dem öffentlichen System interagiert und so als Stabilisator und gegen Reformen wirkt. Das alles führt zu einer immer teurer werdenden System, dessen Effektivität schwächer wird.

Ressourcen

Damit kommen wir zum zweiten Aufgabenbereich eines Systems – die Ressourcen. Der Bereich zerfällt in die Aufgaben der Ressourcenbeschaffung und der Ressourcenverteilung.

<u>Ressourcenbeschaffung</u>

Ressourcen, die verteilt werden sollen, müssen zuvor besessen werden. Die Ressourcenaufbringung ist wesentlicher Teil der Systemaufgaben. Vielfach wird darunter nur Geld verstanden – doch das ist es bei weitem nicht.

Vor allem um Personalressourcen muss sich ein System kümmern, da in der Regel auf Systemebene die Schnittstelle zu anderen Politikbereichen, und hier eben zum Regelbildungssystem besteht. Es geht also darum, die Kapazitäten für die Ausbildung der Gesundheitsberufe bereitzustellen. Diese Aufgabe ist heikel. Zwar ist die Definition der Gesundheitsberufsbilder und die Privilegierung dieser Berufe (wer nicht Arzt ist, darf nicht ärztlich tätig werden – wird ein nicht-Arzt ärztlich tätig, ist das eine Straftat – Kurpfuscherei) jedenfalls Systemaufgabe, der Einsatz der Mitarbeiter jedoch ist klar Aufgabe der Versorgungsebene.

Und um aktuell zu sein, ist es nötig, Berufsbilder regelmäßig dem Bedarf anzupassen, also neue Berufsbilder und Ausbildungen einzuführen, veraltete Berufsbilder abzuschaffen. Wenn jedoch, und das ist besonders für Österreich gültig, eine Interaktion mit Gewerkschaften passiert, dann verschwimmen die Grenzen zwischen System- und Versorgungsebene sehr rasch. Neue bedarfsnotwendige Berufsgruppen können nicht entstehen, weil sie nicht ins Kollektivvertragssystem passen, und in alte bedarfsunnotwendige Berufsgruppen werden Ressourcen gesteckt, um Arbeitnehmer zu schützen.

Wenn wir an die Österreichische Situation der Pflege denken, wird uns das bewusst. Die Pflegeausbildung wurde bis heute nicht ins Regelbildungswesen überführt, sondern stellt einen Sonderbereich dar, der durch Spitäler organisiert wird – wie vor 100 Jahren. Pflegekräfte lernen im Spital, was im Spital nötig scheint, eine Weiterentwicklung des Berufs findet praktisch nicht statt.

Und während Weltweit die Pflege längst akademisiert wurde, weil eben die Aufgaben der Pflege komplex wurde und, wie bei fast allen Berufen (ausser den Hilfsarbeiten) in den letzten 100 Jahren, nach Spezialisierung verlangte, kennen wir keine Spezial-Pflegekräfte wie Diabetes-, CED-, Asthma- oder Wund-Pflegkräfte. Ohne diese neuen Berufsgruppen sind jedoch moderne Versorgungskonzepte nicht umsetzbar – und werden daher auch nicht Umgesetzt.

Neben dem Personal ist natürlich auch das Geld wichtig, wobei die Wichtigkeit weniger von der absoluten Menge abhängt, sondern dem Vertrauen der Geldgeber (in der Regel Steuer und Beitragszahler) in den Effektiven Einsatz des Geldes.

Gerade aktuell wird ja von der neuen Gesundheitsministerin Sabine Oberhauser wieder betont, wie wichtig die solidarische Finanzierung ist, doch ob sie das überhaupt noch ist, diese Frage wird nicht gestellt.

Gemeinhin wird gerne und falsch angenommen, dass eine solidarische Finanzierung dann vorliegt wenn auch Gesunde in die Versorgung von Kranken einzahlen. Das ist aber nicht so! Und um es sophistisch auszudrücken – wenn man bereits im Ansatz die Gesunden und die Kranken auseinanderdividiert, in dem man eine solidarische Finanzierung dadurch definiert, dass Gesunde für Kranke zahlen, dann ist man weit weg von einer solidarischen Finanzierung. Und wird per Gesetz und über Zwang diese durchgesetzt, dann ist sie bereits gänzlich verschwunden und mimt nur eine solidarische Finanzierung über Zwangsmitgliedschaften oder –abgaben.

Um eine solidarische Finanzierung zu sein, muss die Gesunden irgendetwas mit den Kranken verbinden. Die Gesunden wie die Kranken müssen sich eine Solidargemeinschaft zugehörig fühlen: man hält zusammen, in guten wie in schlechten Zeiten, in Krankheit und Gesundheit – wenn das die Motivation ist, dann ist es eine solidarische Finanzierung. Konfuzius würde vermutlich sagen, dass ein wahrhaft solidarisches Gesundheitssystem nur von freiwilligen Abgaben lebt, und keine Zwangsabgaben bräuchte.

Das Solidaritätsprinzip, dass hier von Politikern so leichtfertig für die Finanzierung herangezogen wird, ist eine ethisch sehr schwierige

Frage. Es geht hier um soziale Gerechtigkeit, die seit Jahrtausenden Thema philosophischer und gesellschaftlicher Auseinandersetzungen ist. Einfach festzuhalten, dass eine solidarische Finanzierung dann vorliegt, wenn die Pflichtversicherungsbeiträge unabhängig vom persönlichen Risiko berechnet werden, und die Defizite der Krankenanstalten durch Steuergelder gedeckt werden, ist definitiv zu wenig. Damit legt man sehr viel Sprengstoff für eine Entsolidarisierung, nur um vielleicht harten Auseinandersetzungen zu entgehen.

Denn, wenn die Entscheidungsträger der Systemebene versuchen, durch Populismus und Kompetenzzersplitterung die Aufgabe, die Geldgeber, also die Solidargemeinschaft, immer und immer wieder, davon zu überzeugen dass es gut ist, dem System zu vertrauen, vernachlässigen, sei es in dem sie Halbwahrheiten und Selbstlob über Evidenz oder/und das Floriani-Prinzip über Stewardship stellen, ist eine Entsolidarisierung unvermeidlich.

Ressourcenverteilung

Durch das Fehlen anderer Verteilungsregulative (z.B. der unsichtbaren Hand des Marktes) müssen die Verantwortlichen eines solidarisch finanzierten Gesundheitssystems die schwierige politische Aufgaben der Ressourcenallokation übernehmen.

Unter Allokation im Gesundheitssystem wird die Auf- bzw. Zuteilung von besessenen Ressourcen (im Falle eines solidarischen Systems jene, die man der Bevölkerung zu ihrem eigenen Nutzen weggenommen hat, oder deren Nutzung der Kontrolle der Solidargemeinschaft untersteht) auf vorher definierte Bereiche (z.B.: Prävention, Kuration, Rehabilitation, Pflege und Palliation oder Primär-, Sekundär-, Tertiärversorgung etc.) verstanden. Solange Ressourcen unendlich sind, ist die Frage der Allokation im Wesentlichen nur eine der Organisation. Unter der Annahme der knappen Ressourcen ist die Frage der Allokation zusätzlich von ethischen Aspekten betroffen. Insbesondere in solidarisch organisierten Systemen ist die Frage der Auf- bzw. Zuteilung von Ressourcen, die öffentlich aufgebracht werden, mit dem Thema der „gerechten" Verteilung konfrontiert. Da es sich um knappe Ressourcen handelt, wird immer jemand benachteilt oder bevorteilt werden müssen. Die Abwägung, wer oder

was „mehr" wert ist, ist ebenfalls nicht trivial zu beantworten. In Gesundheitssystemen ist diese Frage wegen der eigenen Thematik bereits hoch brisant. Welches Leben ist mehr wert? Wer ist schwerer krank? ... – und vor allem, wer darf darüber entscheiden. Diese Frage wird international als „Priorisierung" diskutiert. Hierzulande gibt es eine solche Diskussion nicht, sie wird öffentlich unter dem Titel der Rationierung sofort „abgeschossen" – der Irrglaube der unendlichen Ressourcen wird als Aberglaube tief in das Volk hineingetragen.

Die Allokation ist daher eine politische Herausforderung, Entscheidungsgrundlagen können nicht rein logisch abgeleitet werden, sondern erfordern einen möglichst breiten und öffentlich ausgetragenen Diskurs zwischen Medizin und Pflege, Ökonomie, Recht und Ethik. Die für eine Verteilung notwendige Errichtung eines Werte- und Zielgerüsts, auf dessen Basis Prioritäten festgelegt werden können, nach der dann die Allokation erfolgt, ist unabdingbar. Drückt sich die Politik, die diese Aufgabe übernehmen muss, vor Entscheidungen, wird so gehandelt, als ob es keine Ressourcenknappheit gibt (alle kriegen alles!). Gesundheit wäre damit unendlich viel Wert, was zu Folge haben muss, dass die Versorgung über kurz oder lang unendlich viel kostet. Da das aber nicht der Fall sein kann, kommt es in der Folge zu den heute leicht beobachtbaren Kämpfen um Kuchenanteile, die jedoch die Versorgungsaufgaben, und in weiterer Folge die Behandlungsaufgaben nicht günstig beeinflussen, ja sogar behindern können. Es kommt zur Rationierung ohne davor die Potentiale der Rationalisierung ausgeschöpft zu haben.

Ist das eingetreten, beschäftigt sich die Gesundheitspolitik hauptsächlich mit machtpolitischen Fragen, die Sachpolitik ist zurückgedrängt. Die Frage, wo ein Krankenhaus (als Schlüssel zu Macht und Ressourcen) stehen soll wird wichtiger, als die, ob dieses auch zur Erreichung der Ziele (so sie denn vorhanden sind) des Gesundheitssystems nötig wäre. Insbesondere jene Themen, wo es auf Grund der Komplexität der Inhalte oder geringer Verdienstmöglichkeiten kaum durchsetzungsfähige Interessensgruppen außerhalb der Politik gibt, werden damit aber zu Randthemen. Denken wir nur an die (Primär)Prävention oder die Gesundheitsförderung, also im weitesten Sinne Maßnahmen des Patienten- bzw. Bevölkerungs-

Empowerments, an dem „nichts" zu verdienen ist, aber die auch keine politische Erfolge versprechen. Auch Kinder gehören in diese zum Rand verdrängten Themen; verdienen kann man an ihnen (wenn es nicht gerade um Krebs geht) wenig und wählen dürfen sie auch nicht!

Wissenschaftlich ist die Gesundheitssystem-Ebene Gegenstand der Gesundheitssystemforschung. Sie ist im Wesentlichen eine vergleichende Wissenschaft, da es hier kaum Möglichkeiten zu Experimenten gibt. Man kann stark verkürzt behaupten, es werden die Ergebnisse mehrere Systeme anhand von Indikatoren betrachtet und versucht über Analogien herauszufinden, welche Maßnahmen auf Systemebene zu welchen Reaktionen führen könnten.

Leitlinien für Gesundheitspolitik gibt es noch nicht – aber es gibt sehr weit fortgeschrittenen Ansätze sogenannter evidence basierter Gesundheitspolitik, die erkannt hat, dass tagespolitische Interessen möglichst weit von der Versorgungs- und Behandlungsebene entfernt sein müssen. Damit verbunden ist ein Rückzug auf rein strategische Fragen, wie „was darf ein qualitätsbereinigtes, gewonnenes Lebensjahr kosten?" „woher nehme ich das Geld", „nach welchen Regeln verteile ich es", „wie entwickle ich Ziele, die auf Versorgungsebene operationalisiert werden können", „wie kontrolliere ich meine Zielerreichung" etc. Standortdiskussionen oder gar Behandlungsfragen gehören dann genau so wenig zu Systemfragen, wie auch niemand auf die Idee käme, sich in die Entwicklung von Behandlungsleitlinien oder konkreten Versorgungsleitlinien einzumischen – solange die Ergebnisse passen. Mehr noch, weil Politik an Negativmeldungen nicht interessiert ist, haben sich viele Staaten so weit zurückgezogen, dass sie sogar Zieldefinitionen und Zielerreichung an unabhängige Institute (Public-Health-Institute) ausgelagert haben; denn auch diese lassen sich wissenschaftlich erarbeiten und können, vorausgesetzt, dass System hat entsprechende Entscheidungen getroffen, an die Versorgungsebene delegiert werden.

Woran man Systemversagen feststellen kann ist nicht so einfach zu beantworten, wie Fehlbehandlung oder Fehlversorgung – am ehesten ist es wohl durch ein Indikatorenbündel aus harten und unbestreitbaren Endpunkten zu erkennen – also beispielsweise gesunde Lebens-

erwartung oder Krankheits- und Sterblichkeitsraten bei Indikatorer-
krankungen (hier werden v.a. chronische Krankheiten mit klaren
Risikomodellen herangezogen – z.b. Diabetes). immer moderner
werden jedoch auch Indikatoren die Public-Health Grundsätzen
folgen – z.b. wie hoch ist der Umsetzungsgrad von ambulant vor
stationäre Versorgung, wie wohnortnah statt wohnortfern wird versorgt.

4. Analyse der IST-Situation

Nachdem wir jetzt zwischen System-, Versorgungs- und Behandlungsebene unterscheiden können, könne wir uns auch der Österreichischen Situation nähern-

Es beginnt bereits damit, dass in der österreichischen gesundheitspolitischen Diskussion ein erhebliches Sprachgewirr besteht. So wird
beispielsweise gerne behauptet, wir hätten das beste Gesundheitssystem der Welt und argumentiert das dann mit den Erfolgen der onko-
logischen Medizin oder den angeblich geringen Wartezeiten auf einzelne Therapien etc.. Abgesehen, dass die meisten dieser Aussagen,
wegen der hinlänglich bekannten Intransparenz und dem Datenman-
gel, arbiträrer Natur, oder maximal als Einzelerfahrung zu werten
sind, werden mit solchen Aussagen Behandlung, Versorgung und
Gesundheitssystem willkürlich vermischt. Es wird so getan, als ob
das alles EINS wäre

Interessant, politisch betrachtet aber logisch, sind die Grenzen dieser
Ebenen dann klarer, wenn es um negative Nachrichten geht. Wenn
im Rahmen eine Behandlung etwas schief läuft, also ein Misserfolg
vorliegt, halten sich meist die Verantwortlichen auf der Versorgungsebene, ganz klar aber jene der Systemebene als unbeteiligte
schuldlos. Üblicherweise ist ein Spitalsarzt selbst schuld (auch wenn
es juristisch anders aussieht) und nicht das Spital und schon gar nicht
das Bundesland oder der Bund. Analog im niedergelassenen Bereich.
Dort wird es nie zur Schuldhaftigkeit der Kassen oder in weiterer
Folge des Gesundheitsministeriums als Aufsichtsbehörde kommen,
wenn eine Behandlung erfolglos blieb.

Dieses Verhalten und diese politisch willkürliche Verschiebung der Grenzen zwischen den Ebenen führt im Weiteren dazu, dass wir eigentlich gar nicht von einem „Österreichischen Gesundheitssystem" reden können. Wenn überhaupt ist es eine nebeneinander von unterschiedlichen Interessensgruppen, die Systemaufgaben wahrnehmen.

Würden die Interessengruppen Systeme anbieten, die jedes für sich eine „Vollversorgung" von der Prävention bis zur Palliativversorgung abdeckte, wäre diese Zersplitterung nicht schlimm. Zwar wären so die einzelnen Solidargemeinschaften kleiner als möglich, und die Versorgung der einzelnen Gemeinschaften würde unterschiedlich sein, die Versorgung der Bevölkerung könnte trotzdem integriert funktionieren. Jedoch ist das eben nicht der Fall. Denn die Interessensgruppen bieten jeweils nur Teilbereiche der Versorgung an. Die einen sind für die Akutversorgung die anderen für die Pflege, wieder andere für die Rehabilitation verantwortlich, so dass es sowohl horizontal, als auch vertikal zur Fragmentierung des Gesundheitswesens kommt.

Betrachten wir die finanzielle Ressourcenaufbringung, und nur für den Bereich der Akutversorgung, genaugenommen der ambulanten Akutversorgung

Wir sind das weltweit einzige Land, das parallel ein Beverdige- und ein Bismarck-System parallel eingerichtet hat, und noch dazu beide Modelle in einer sehr reinen Form, also beiden kaum Raum lassen um zu konvergieren. Das Beveridge-System sieht vor, dass die Versorgung durch Steuermittel finanziert wird. Verantwortlich ist daher die gewählte Politik – allerdings in neun Bundesländern, die sich jedoch das Geld beim Bund holen.

Anders das Bismarck-System. Das wiederum sieht innerhalb von 36 Solidargemeinschaften, in denen etwa 98% der Bevölkerung zwangsorganisiert sind, eine Selbstverwaltung und Selbstfinanzierung im Rahmen der 36 sozialen Krankenkassen vor. Da diese jedoch nicht selbst bestimmen dürfen, wie hoch ihre Einnahmen sind (die Höhe der Beiträge wird durch die Bundespolitik festgelegt), ist die Selbstfinanzierung nicht ganz rein – da sie aber seit Jahrzehnten

via direkten und indirekten Steuersubventionen stets zusätzliches „Eigenkapital" erhalten, bleibt davon mehr als nur ein Schein.

Neben dem Kassensystemen und den Spitalssystemen gibt es aber noch das Wahlarztsystem, dessen Finanzierung zu einem sehr hohen Teil aus Selbstbehalten besteht, also nicht solidarisch finanziert ist. So ein Wahlarztsystem gibt es übrigens nur in Österreich.

Hintergrund dieses Wahlarztsystems war, dass, seitens der EU festgestellt wurde, dass wir zu viele Pflicht-Krankenkassen haben, die ein Monopolrecht haben, festzulegen, was eine ausreichende medizinische Versorgung für ihre Pflicht-Versicherten ist, und zur Deckung dieses festgelegten Bedarfs exklusiv mit der Ärztekammer verhandeln, wie denn dieser zu decken sei: Anders ausgedrückt, es ist in Österreich nicht möglich, sich einfach als Kassenarzt niederzulassen und eine Nachfrage zu bedienen, sondern wer was arbeitet ist abhängig davon, dass die Kammer (Pflichtmitgliedschaft für Ärzte) mit den Kassen (Pflichtmitgliedschaft für Bürger) eine Planstelle vorsieht. In Deutschland, dass ja auch sehr viele Krankenkassen hat, und zum Zeitpunkt unseres EU-Beitritts ebenfalls noch ein Pflichtversicherungssystem hatte, war es im Gegensatz jedem Arzt möglich sich überall niederzulassen, weil die Kassen eine Kontrahierungszwang hatten, also jedem Arzt einen Kassenvertrag geben mussten.

Unser System, dass weder Patienten noch Ärzten „(Wahl-)Freiheit" gibt, passte nicht ins liberale EU Bild, daher sollten wir entweder die 21 Kassen und 15 Krankenfürsorgeanstalten zusammenlegen (max. 9, also pro Bundesland eine), oder aber die Wahlfreiheit bei den Kassen zulassen (also die Pflichtversicherung abschaffen), oder aber das Kassenplanstellenwesen liberalisieren.

Dieses Ansinnen hat Chaos ausgelöst, schließlich darf sich in dem Bereich nix ändern. Die Ärztekammer hat ohne die Planstellen-Verhandlungshoheit deutlich weniger Macht, und die Kassen würden als liebgewonnene Parteivorfeldorganisationen und Pfründe verloren gehen, und zudem würde es, wenn die Versicherungspflicht die Pflichtversicherung ablöste, zu einem Wettbewerb im „eigenen Haus" kommen – schließlich gehören die meisten Kassen ja bestimmten Teilgewerkschaften oder Gewerkschaftsteilen, die eines eint, eine FSG-Führung.

In der Folge hat man dann die EU überzeugt, dass unser System ja gar nicht sooo vermonopolisiert und verpflichtend ist, weil ja die Wahlfreiheit durch Wahlärzte garantiert ist. Dank des Wahlarztsystems können Patienten sich die Ärzte unabhängig des Stellenplans aussuchen, und Ärzte ohne Kassenvertrag überall niederlassen. Wahlärzte gab es zwar schon sehr lange, allerdings eben immer nur als Randphänomen (ihre Rolle war auf Leistungen außerhalb des öffentlichen Systems ausgelegt – z.b.: Homöopathie), auf das nun politisch zurückgegriffen wird. Damit gab sich die EU vorerst zufrieden.

Mittlerweile gibt es mehr Wahlärzte in Österreich als Kassenärzte. Und um sicherzustellen, dass die Kassen, die ja den gesetzlichen Auftrag haben Österreich flächendeckend mit Vertragsärzten zu versorgen, nicht unter Druck geraten, wird die Versorgungswirksamkeit der Wahlärzte willkürlich mit etwa 5% der Versorgungswirksamkeit angesetzt, die ein Kassenarzt für das öffentliche System erbringt. Das bedeutet, dass es 20 Wahlärzte braucht, um die Arbeit eines Kassenarztes zu erbringen – was natürlich lächerlich ist.

Diese drei Grundsysteme (Kassen-, Spital- und Wahlarztsystem), die im solidarisch finanzierten Bereich durch die Kassen und Länder in weiter duzende real existierende, nicht aufeinander abgestimmte parallele Systeme zerfallen, sind nur für die ambulante Akutversorgung zuständig.

In den anderen, solidarisch finanzierten Bereichen schaut es ähnlich aber nicht gleich aus.

In der Rehabilitation beispielsweise hängt es maßgeblich davon ab, ob man werktätig ist. In dem Fall ist die PVA zuständig, und zwar für ganz Österreich. Ausgenommen, man braucht Reha nach einem Arbeitsunfall, in dem Fall ist es die AUVA. Die PVA finanziert die Reha wesentlich durch Steuergelder, da diese Ausgaben in die Defizitdeckung durch den Bund fallen. Die AUVA wiederum finanziert sich aus Arbeitgeberabgaben. Sollten Kinder Reha erhalten müssen, wird es noch krasser. Da muss zuerst entschieden werden, ob die Reha auf Basis einer Akuterkrankung nötig ist – dann sind die Krankenkassen zuständig – oder aber ein Behinderung vorliegt – dann sind ist es die Jugendwohlfahrt. Am Ende haben wir hier also eben-

falls etwa 40 Systeme, die jedoch deswegen weniger dramatisch auffallen, weil die PVA seit langem freiwillig die Reha für Pensionisten übernimmt, wenn ein Chefarzt eine Reha genehmigt – Anspruch gibt es keinen.

Die ambulante Pflege ist praktisch gar nicht solidarisch finanziert, da wir hier auf Eigenmittel setzen. Diese werden zwar durch mehrere Duzend, meist steuerfinanzierte, Pflegegeldauszahlende Stellen teilweise kompensiert, allerdings eben nur teilweise und eher Gieskannenartig. Findet die Pflege stationär statt, dann werden dafür Bundes-, Landes- und Gemeindesteuergelder verwendet, je nachdem um welche „Pflege" es sich handelt.

Für die Palliativversorgung gibt es übrigens gar keine Mittel, und es gibt auch keinerlei Überlegungen Mittel umzuschichten – wie auch? Und trotz anders lautender Meldungen, ist die Palliativversorgung weitgehend privat, also unsolidarisch finanziert.

Bedenkt man die Abgrenzung zueinander und zu den angrenzenden Bereichen kann man eine Ahnung erhalten, wie komplex eine Integrierte Versorgung zu organisieren wäre, wie viele „Verschiebebahnhöfe" vermieden und kontrolliert werden müssten. Und da eine unglaubliche Intransparenz besteht und die nötigen Daten noch nicht einmal erhoben werden, ist es auch klar, weswegen es keine integrierte Versorgung gibt. Jeder Bürger ist, ohne es zu wissen oder Einfluss nehmen zu können in mehreren Solidargemeinschaften „verortet" – er fühlt sich diesen aber nicht zugehörig, weswegen die Idee der solidarischen Finanzierung eigentlich nicht besteht. Vielmehr denkt jeder Bürger, der Staat soll seine Versorgung bezahlen – es ist also definitiv so, dass der einzelne meint, das Solidaritätsprinzip ist eine Einbahnstrasse. Und genau dieses Denken wird auch durch die Politik und ihr Ausgabenverhalten gestützt

Womit wir zu nächsten Aufgabe kommen, der

Ressourcenallokation

Eigentlich sollte das System die Ressourcen so verteilen, dass mit den eingesetzten Ressourcen der größte Nutzen erzeugt werden kann. Mangels eines „echten" Systems gibt es jedoch keine Ziele, womit auch nicht klar ist wie denn der Nutzen aussehen oder gar gemessen

werden könnte. Und so werden die Gelder nach politischem Kalkül verteilt.

Denken wir an die Spitäler. Es ist ja mittlerweile Allgemeinwissen, das wir einen zu großen Spitalsapparat haben und gleichzeitig uns das Geld fehlt, ein modernes Primary Health Care zu errichten. Auch die Politiker sagen immer wieder, dass sie das wollen und kündigen dazu auch immer wieder Reformen an. Alleine die Geldverteilung kann so wie geplant nicht mehr gelingen. Wollte man den Kassen mehr Geld geben (beispielsweise durch Erhöhung der Beiträge, oder Verbreiterung der Beitragsgrundlagen – Höchstbemessungsrundlage aufheben), werden nach jetziger Gesetzeslage die Spitäler, dank einer Vereinbarung aus dem Jahr 1997, die auch jetzt wieder verlängert wurde. jedenfalls die Hälfte davon abkriegen. Ein bedarfsgerechter Ausbau der Kassenstellen würde uns Steuer- und Beitragszahler daher immer doppelt soviel kosten, als nötig, weil wir gleichzeitig auch Geld in die Spitäler stecken müssten, in die wir aber im internationalen Vergleich ohnehin schon viel zu viel stecken. Nun, Gesetze kann man ändern, ist die landläufige Meinung, spätestens jedoch sein 1998 nur dann, wenn alle Länder einer diesbezüglichen Änderung zustimmten, was sie aber nicht tun.

Nehmen wir ein anderes Beispiel: die Palliativversorgung, für die keine Mittel eingehoben werden, also auch nicht ausgegeben werden können, auch wenn der Bedarf da wäre. Mittel wären nur da, wenn sie aus anderen Bereichen umgeschichtet würden. Das wird zwar immer wieder angekündigt, aber es folgen mangels Kompetenz keine Taten. In der Realität hat das dann folgende Auswirkung: In Salzburg wurde 2002, als es schien, dass es nach endlosen poltischen Diskussionen endlich zu einem bedarfsgerechten Ausbau der palliativen Versorgung kommt, vom Roten Kreuz ein Hospiz errichtet. Allerdings blieb vieles politisches Lippenbekenntnis. Selbst als es 2005 zu einem Konsens und Vertrag zwischen Bund, Ländern und Kassen kam, den Ausbau entsprechend einem ÖBIG-Bericht voranzutreiben, blieben Fortschritte (bis heute) mager. Im extramuralen (Kassen) Bereich wurde bisher die Hälfte, im stationären Bereich gar

nur ein Fünftel der Kapazitäten finanziert, die bis 2012 hätten finanziert werden sollen.

Ende 2012, wurde das Hospiz in Salzburg geschlossen – einfach, weil es pleite war.

Ein Tag kostete im Hospiz etwa 430€. Die Krankenkasse übernehmen davon 51€, das Land 80€. Der Patient selbst steuerte 170€ (!) pro Tag (!) bei, den Rest von 130€ schoss das Rote Kreuz über Spenden und Überschüsse aus anderen Bereichen bei – und diesen Zuschuss stoppte das Rote Kreuz nach 10 Jahren. Damit war das Haus pleite.

Das bedeutet, die öffentliche Hand trug nicht einmal ein Drittel der Kosten, dafür gibt es einen Selbstbehalt von 40%. Und was die 51€ der Kassen betrifft, die deckten lt. Angaben des Trägers nur etwas mehr als die Hälfte der anfallenden medizinischen Kosten.

Und so werden die Patienten nach dem Schließen des Hospizes wohl wieder in ein Spital ausweichen müssen. Dort werden aktuell pro Tag auf einer Palliativ-Station etwa 400€ aus dem LKF-System rückerstattet. Ein geringer Wert, der nicht die echten Kosten deckt und so für Spitalsbetreiber unattraktiv ist. Dementsprechend gering sind die Kapazitäten ausgebaut. Es werden daher nicht alle, vielleicht sogar nur wenige der Patienten des geschlossenen Hospizes auf einer Palliativ-Station landen. Die anderen kommen auf andere, vor allem Interne Abteilungen.

Studien weisen klar aus, dass bei massiv sinkender Lebensqualität, die Versorgung sterbender Patienten auf normalen Abteilungen enorm teuer ist, etwa 800€ bis 1.000€ pro Tag. Das hängt damit zusammen, dass Akutspitäler weit weg sind von einem Bio-Psycho-Sozialen Ansatz arbeiten, das in der Palliativbehandlung jedoch nötig ist. Im Akutspital gelten biologische Krankheitsbilder mit der Absicht der Heilung –oft koste es, was es wolle. Und das ist halt ganz was anderes – und sehr viel teurer.

Nun, das wissend, muss man sich die Frage stellen, warum können Kassen und Land keinen gemeinsamen Weg finden, eine Versorgung, und zwar OHNE Selbstbehalte, zu ermöglichen, die für Patien-

ten einen enormen Zugewinn an Lebensqualität bedeuten und Steuer- und Beitragszahlern billiger kommt?

Und die Antwort ist einfach! Als das Hospiz geschlossen wurde, sparten sich die Kassen jene 180.000€ die sie zahlte, und die Länder sind nicht abgeneigt mehr Patienten in Spitälern zu versorgen, weil sie diese ja erhalten wollen. Und da politisch und finanziell eine Interne attraktiver ist, als eine „Sterbe-Abteilung" liegen sterbende Patienten halt dort - Punkt.

Ein anderes Beispiel für die fehlende Möglichkeit die Ressourcenallokation patientenorientiert zuzulassen sind die Patienten mit Herzschwäche. Es ist alles andere als neu, dass Patienten mit Herzschwäche, will man sie gut versorgt wissen, mehr brauchen als nur eine Diagnose und ein Rezept. Sie brauchen Betreuung.

Seit zwei Jahrzehnten werden daher gesundheitsökonomisch sinnvolle Programme erprobt, die mehr als nur punktuelle Arzt-Patientenkontakte vorsehen - sogenannte Disease Management Programme.

Die Wirksamkeit der Programme ist immer und immer wieder bewiesen worden. Dass sie nicht nur viel Leid und vorzeitigen Tod vom Patienten abwenden können und auch sparen helfen: Schlecht betreute Patienten erzeugen hohe Folgekosten über häufige und teure Spitalaufenthalte.

Als vor bereits dreizehn Jahren die Ergebnisse einer großen europäischen Vergleichsstudie erschienen, da war nicht nur klar, dass wir unsere Patienten schlecht betreuen, sondern auch, dass etwas getan werden muss. Und so schossen Pilotprojekte aus dem Boden und Politiker überschlugen sich in Ankündigungen.

Das "Tiroler Modell", das "Kremser Modell", das "Wiener Modell", das Flachgauer "Kardiomobil" wurden entwickelt, erprobt und evaluiert - und alle haben gezeigt, dass auch in Österreich eine intensivere Betreuung der Herz-Patienten bei geringeren Versorgungskosten zu mehr Lebensqualität und längerem Überleben führt.

Doch was ist aus diesen Programmen geworden, was aus den Ankündigungen, die 160.000 Herzschwäche-Patienten besser versorgen

zu wollen? 2012 wurde erhoben, wie denn deren Versorgung ist - und sie ist weiterhin schlecht. Nicht einmal die Hälfte der in Behandlung stehenden Patienten erhält jene Therapie, die sie braucht. In anderen Ländern, in denen Gesundheitsökonomie wichtiger ist als kleinkarierte Machtspielchen, sind es 90 Prozent.

Zwar haben auch die in Österreich erprobten Programme bewiesen, dass man pro Jahr mehrere 10.000 qualitativ wertvolle Lebensjahre gewinnen könnte - aber warum sollte das wichtiger sein, als wohlerworbene Pfründe? Denn was nie gelang ist, die Kompetenz- und Finanzierungsfragen dieser Programme zu klären. In den Spitälern sind die Länder, draußen die Kassen zuständig. Draußen kosten diese Programme, drinnen erspart man sich Kosten durch vermiedene Spitalaufnahmen - wie soll man da das Geld aufteilen? Wer soll diese Programme leiten?

Ein weiteres Beispiel sind geriatrische Patienten. Man stelle sich vor, die Hospitalisierungsrate der Bevölkerungsgruppe, die 80 Jahre und älter ist, beträgt knapp 100%. Das bedeutet, die 420.000 Österreicher, die 80 und älter sind, liegen im Schnitt ein Mal pro Jahr in einem Akut-Spital. Bei mindestens 470.000 oder 35% aller Spitalsaufnahmen von Patienten über 65, mit einer Belagsdauer von weit über 4 Millionen Spitalstagen (das sind mehr als 25% aller Spitalstage) sind die Gründe für den Aufenthalt nicht durch die akute Erkrankung zu erklären, sondern durch fehlende, bzw. falsch Pflege und ambulante, niedrigschwellige Versorgung, also schlicht durch das Fehlen einer Primärversorgung nach internationalem Standard. Ein Viertel der Spitalsbetten dient also nur dazu, Rücken- oder Gelenksschmerzen, Dehydrierung, Kreislaufschwäche, kleine Verletzungen etc. zu versorgen, obwohl diese Dinge durch (v.a aktivierender) Pflege vermieden oder durch Hausärzte wohnortnah behandelt werden könnten. Um das jedoch zu realisieren, müssten Finanzmittel statt in Spitäler, in Ärzte, Pflege und Therapeuten gesteckt werden. Auf Systemebene hieße das den Ländern Geld wegnehmen und den Kassen und vermutlich den Gemeinden (diese sind u.a. für die Pflege als solidarisch finanzierte Leistung, allerdings nur im stationären Bereich, zuständig) geben – anders allozieren! Ein Ding der Unmöglichkeit.

Beispiele gibt es auch bei der Personalallokation. Denken wir nur an den aktuell Diskutierten Ärztemangel – Unbestreitbar ist, dass wir, die meisten praktizierenden Ärzte (30% mehr als der OECD-Schnitt) haben und diese sind im Vergleich zur OECD jung (23% zu 32% der Ärzte sind älter als 55Jahre, in D sind es 40%), uns bedroht also keine Pensionierungswelle. Und auch der Nachwuchs könnte gesichert sein, weil wir umgerechnet auf die Bevölkerung jährlich die meisten Medizin-Absolventen haben (100% mehr als der OECD-Schnitt). Wie also kann bei dermaßen hohen Personalressourcen ein Mangel auftreten? Weil wir keine Chance haben sie richtig einzusetzen!

Alles zusammen bedeutet, dass mangels einer Systemebene, die Stewardship für das Gesundheitswesen übernehmen kann, eben keine moderne Versorgung möglich ist, da eben viele Subsysteme existieren, die allesamt politisch durchwirkt sind und Kompromisse zu Gunsten der Versorgung praktisch kaum zulassen – während andere Staaten über Schnittstellenprobleme zwischen Leistungsanbietern der Versorgungsebene beklagen, haben wir ein solches auf der Systemebene – diese Schnittstellen sind unüberwindlich. Und dass das alles den politisch Verantwortlichen schon länger auch aus den eigenen Reihen erzählt wird, erkennt man an der Stellungnahme der heutige Gesundheit Österreich GmbH, dem ehemaligen Österreichischen Bundesinstitut für Gesundheitswesen, aus dem Jahre 2004, dass seither regelmäßig und wortgleich in allen Reha-Plänen erscheint – folgenlos!

"Es ist für Patienten und Mediziner nahezu nicht nachvollziehbar, ob und inwieweit im Zuge eines Erkrankungs-, Genesungs- und Rehabilitationsprozesses ein und derselbe Patient zum Teil deutlich verschiedene Rahmenbedingungen gegeben sind. So sind je nach Stadium eines Prozessverlaufes unterschiedliche Kompetenzen, unterschiedliche Financiers, unterschiedliche Leistungserbringer, unterschiedliche Methoden und Ziele beobachtbar, und die Abgrenzung untereinander ist – mit zum Teil gravierenden Konsequenzen in Bezug auf Finanzierung und Eigenverantwortung – aus Sicht der Patienten bzw. der Mediziner oft unverständlich. Zugleich muss gesehen werden, dass als Folge dieser Fragmentierung und der damit verbundenen unterschiedlichen

Rahmenbedingungen und Verantwortungsszenarien diese Systeme nicht in wünschenswertem Maß miteinander vernetzt sind, weshalb insbesondere an den Nahtstellen der Versorgungssysteme Friktionen auftreten können. Diese Imponderabilien sind Ausdruck der budgetären Eigeninteressen (Gemeinden, Länder, Sozialversicherungen und Bund) ebenso wie der mangelnden und zum Teil kontraproduktiven Ausrichtung der den jeweiligen Segmenten und Aufgaben innewohnenden finanziellen Anreizsysteme. So sind die Spitalsbetreiber aufgrund des LKF-Systems derzeit dazu angehalten, möglichst rasch Patienten in den extramuralen Bereich, zumeist in den rehabilitativen Bereich, weiterzureichen. Sie verlagern damit Verantwortung und Kosten auf andere Systeme und optimieren ihre eigene Kostensituation. Damit wächst der Druck in den extramuralen Versorgungsbereichen der Vertragsärzte und in der Versorgung mit Heilbehelfen, Hilfsmitteln und Pflegebedarfsartikeln, es wächst der Druck auf Alten- und Pflegeheime und damit auf die Landes(sozial)budgets, es wächst der Druck auf die Rehabilitationseinrichtungen und damit auf ihre Financiers, und es wächst der Druck auf die sozialen Dienste. Jede Änderung der Anreizsysteme verändert das Verhalten der Akteure und impliziert neuen Bedarf."

Das Selbstverständnis derer, die das System zu verantworten hätten hat sich von der hochmoralisch motivierten Einstellung, für die Bürger das Geld zu verwalten, zum Selbstverständnis, das eigene Geld für sie auszugeben, verändert. Im Lauf der Zeit hat sich ein „Eigentumsanspruch" auf die Beiträge und Steuern entwickelt. Eine solche Entwicklung ist zwar verständlich, aber dennoch nicht zu rechtfertigen. Klar ist, dass das Prinzip „wer zahlt, schafft an" stärker ist als jede moralische Bindung, und dass mit der Wandlung vom Verwalter zum Geldgeber, die Idee, dass sich eigentlich die Bevölkerung auf Basis eines demokratisch gefundenen Konsenses solidarisch gegeneinander die Gesundheitsversorgung sicherstellt, verloren gegangen ist. Heute sind es also vor allem die Machtkomplexe, die „ihr eigenes" Geld ausgeben und nicht mehr Bürger, die ein solidarisch finan-

ziertes Gesundheitssystem wollen. Jede Änderung des Gesundheitssystems hat zur Folge, dass sich diese virtuellen „Eigentumsverhältnisse" ändern oder auch nur ändern könnten. Daher reagieren diese Machtkomplexe auch vollkommen verständlich auf jede Änderung so, als ob man sie bestehlen möchte. Dass ein solches System jedoch in allen Untersuchungen als ineffizient beschrieben wird und damit eigentlich Diebstahl am Bürger darstellt, wird entweder verdrängt oder nicht einmal überlegt.

5. Was wurde bisher gemacht

Die Zahl der Gesundheitsreformen seit den 1960ern ist Legende. Das ASVG, die Grundlage für das Gesundheitswesen ist das am häufigsten novellierte Gesetz der Republik. Gebracht hat das alle sehr wenig. Mehr noch, statt eben EIN System zu bilden, wurde die Fragmentierung des System immer weiter getrieben

Wie die Reformen versandet sind, kann man gut an den Versuchen einer Spitalsreform ablesen.

1969, also vor 44 Jahren, hat die WHO kritisiert, dass unser Gesundheitssystem zu wenig „zentralistisch" ist. Die Bundesregierung, deren Amtssitz sich in Wien befindet und daher sogar von Regierungsmitgliedern, wenn sie aus anderen Bundesländern kommen, gerne als „die Wiener" tituliert wird, hat keine Möglichkeit, in die Spitalslandschaft, einzugreifen, damit Spitäler Teil eines umfassenden Planes der Gesundheitspflege werden – mit willkürlichen und der Qualität abträglichen Folgen. Das Spitalsproblem ist also alles andere als neu oder unbekannt. Seither wurde enorm viel unternommen, um diese Willkür einzufangen.

So wurde vor zwanzig Jahren, davor kenne ich mich einfach nicht aus, der Österreichisch Krankenanstaltenplan ÖKAP als gesetzlich verpflichtendes Planungsinstrument eingeführt. Drinnen stand, welches Spital, welche Abteilung mit wie viel Betten haben darf – ursprünglich errechnet nach den Grundsätzen der Versorgungsplanung, und eben nicht mehr nach politischem „G´spür". Ziel war, die mittlerweile inhomogene Versorgungslage zu beenden.

Aber weil sich Landespolitik nicht so leicht dreinreden lassen, wurden die errechneten Zahlen einzeln nachverhandelt, also dem politischen „G´schpür" angepasst. Und so dauerte es bis 2001 bis die Länder das gemeinsam verhandelte Bundesgesetz ratifizierten. Das Ziel, die Versorgungssituation homogener (also bedarfsorientierter, patientenorientierter und vernünftiger) zu gestalten, war da schon weit weg, weil jedes Bundesland eigene politische Vorstellungen, was die Zahl der Abteilungen und Betten betrifft, reinverhandelt und auch durchgesetzt hatte.

Aber es kam noch dicker; als 2004 evaluiert wurde, in wie weit die Länder wenigsten die selbstdefinierten Ziele erreichten, ja da war nicht viel passiert. Der Umsetzungsgrad des ÖKAP war so niedrig, dass beschlossen wurde, niemandem davon zu erzählen – man machte aus dem Evaluierungsbericht, der ja eigentlich einen Gesetzesbruch nachwies, kurzerhand eine supergeheime Geheimstudie– mit allem was dazu gehört. Ein eigener Server wurde eingerichtet, jedes Bundesland erhielt einen eigenen Zugangscode, damit nicht bei anderen nachgeschaut werden kann, und jeder Zugriff wurde protokolliert – wie in einem Spionagefilm, nur dass es hier um Spitäler ging und nicht um nationale Sicherheitsfragen. Aber das Versagen der Gesundheitspolitik ist wohl ähnlich zu sehen.

2006 trat die nächste Gesundheitsreform in Kraft – der Österreichische Strukturplan Gesundheit ÖSG. Die Länder sollten, gesetzlich verpflichtet, nun nicht mehr Betten sondern Leistungen planen; also: wie viele Blinddarmentzündungen sind in einer (das war damals neu) Versorgungsregion zu erwarten, wie viele Chirurgie-Ressourcen braucht man für deren Versorgung und wo sollten diese unter den Aspekten der Qualität und Dezentralität sinnvollerweise verortet sein. Planungseinheit waren eben diese Versorgungsregionen, von denen es 32 gibt. Jede Versorgungsregion sollte so eine bedarfsorientierte Planung erhalten.

Auch diesmal war es wieder das Ziel der Reform, Über- Unter- und Fehlversorgung zu reduzieren. Doch haben sich die Länder diesmal auch nur ansatzweise daran gehalten? Nein! Es gibt, wie vor 20 Jahren, weiter Standort- und Bettenplanung, die reiner, politischer Willkür folgen. Abteilungen, ja ganze Spitäler stehen noch immer in der

Gegend herum (und wie man in Bad Aussee sieht, werden sogar neu gebaut), obwohl sie keiner braucht und die Inhomogenität der Versorgung ist größer statt kleiner geworden. Kurz gesagt, die gesetzlichen Vorgaben wurden praktisch allesamt wieder ignoriert– also Gesetze gebrochen.

2012 dann die nächste Reform. Und auch wenn es jetzt noch ein bisschen zu früh ist, endgültig den Stab zu brechen, das was bekannt ist, zeigt, dass auch diese Reform an Ländern und Sozialpartner zerschellt.

Angefangen hat alles sehr vielversprechend. Auf Papier wurden sehr viele, sehr gute Ideen zusammengetragen. Der Erstentwurf war dermaßen gut und auch praktikabel (wollte man meinen), dass er sogar als Lehrunterlage dienen hätte könne. Zwar wurde der Entwurf im Rahmen der politischen Verhandlungen deutlich geschwächt, blieb in seiner endgültigen Fassung, einem Vertrag zwischen Bund, Ländern und Sozialversicherungen, durchaus substanticll.

Wesentliche Aussage ist, dass unsere Versorgung zielorientiert gestaltet werden soll, wobei Ziele patientenorientiert aufzustellen sind und die Institutionen- Orientierung (also im Wesentlichen Spitalsstandorte und Kassenordinationen) einer integrierten Versorgung weichen soll. Patienten sollen dort behandelt werden, wo es richtig ist, und nicht dort wo gerade eine Gesundheitseinrichtung steht oder/und offen hat.

Klar festgehalten wird, dass die Leistungsangebote in allen Sektoren (also vor allem Spitäler samt Ambulanzen und Kassenordinationen, aber leider wieder OHNE Pflege) aufeinander abgestimmt werden müssen. Patienten sollen, entsprechend der Idee der integrierten Versorgung, an der richtigen Stelle behandelt werden – genannt: „Best Point of Service". Wo das ist, wird aber nicht von Wien dekretiert, sondern ist in jeder der 32 Versorgungsregionen des Österreichischen Strukturplans Gesundheit (ÖSG), festzulegen. Die Konsequenz dieses Denkens hätte sein sollen, dass hinkünftig eben nicht mehr in Kassenordinationen und Spitalsstandorten, sondern in den Kategorien „ambulante Versorgung", „stationäre Versorgung" und Patien-

tenbedarf geplant werden soll – das Stichwort hier heißt „Versorgungsauftrag".

Parallelstrukturen oder Überkapazitäten sind zu verhindern bzw. abzubauen. Ja, da steht wirklich „abbauen" drinnen! Gemeint waren natürlich die vielen, völlig bedarfsunnötigen Klein- und Kleinstspitäler Tenor jedenfalls ist, dass die ambulante Versorgung der stationären vorzuziehen ist.

Messgrößen und Zielwerte sind zu entwickeln und zu implementieren, die die Patientenorientierung sowohl in Ergebnissen, Strukturen und Prozessen messen sollen – es soll also transparent werden, ob der Patient zur richtigen Zeit an der richtigen Stelle die richtige Leistung erhält.

Rahmenziele werden zwar zentral aufgestellt, aber sie sind dezentral, in den Versorgungsregionen, unter Berücksichtigung regionaler Besonderheiten zu konkretisieren. Es sind definitiv keine „zentralistischen" Diktate.

Und zudem, das war sehr erstaunlich, wurde ein funktionierendes „Geld folgt Leistung"-System fixiert, das dafür sorgt, dass reales Geld aus der stationären in die ambulante Versorgung fließt. Auch wenn es für Außenstehende schwer vorstellbar ist, Spitalsambulanzen werden seit 1997 über die Bettenstationen quersubventioniert und noch nie hat ein Cent den Weg aus dem Spital nach „draußen" gefunden, selbst wenn durch Kassen Maßnahmen gesetzt wurden, die lächerlich hohe Zahl der Spitalsaufnahmen zu reduzieren.

Doch dann kam der erste Dämpfer. Teil des Reformprozesses war es, dass der Bund einen sogenannten Bundeszielsteuerungsvertrag (B-ZV) beschließt, der dann um konkrete und operationalisierbaren Projekte, die in Landeszielsteuerungsverträgen (L-ZV) zu vereinbaren sind und sich an den Bundeszielen zu orientieren haben, ergänzt wird. Doch davon war nichts zu finden.

Denn realiter sind stellt der B-ZV nur eine Detaillierung der Vereinbarung zwischen Bund, Ländern und Sozialversicherungen, eine echte Konkretisierung, also echte Messgrößen und messbare Zielvereinbarungen, oder versorgungswissenschaftliche Konzepte, findet man nicht. Im Gegenteil, in vielen, vor allem heiklen Themen, ist die

Vereinbarung sogar konkreter und findet im B-ZV keine Entsprechung; z.B. ist die Veröffentlichungspflicht von Monitoringberichten nicht mehr beschrieben. Man kann also wieder einmal nur hoffen, dass die Transparenz nicht wie immer auf dem Weg zur Reform verschwindet – was wie wir bereits sehen wohl der Fall ist. Und die wenigen Ansätze des B-ZV, die konkret sind, liefern alles andere als Anlass zu Hoffnung.

Ein Beispiel:

Ein strategische Ziel sieht vor, dass die Versorgungsdichte in allen Versorgungsstufen bedarfsorientiert angepasst wird, insbesondere durch die Reduktion der Krankenhaushäufigkeit sowie der Verweildauer und dem Abbau bzw. der Verhinderung von Parallelstrukturen.

Dazu wurde ein operatives Ziel: definiert:

> Unterschiedliche Versorgungs- und Leistungsdichten im akutstationären und ambulanten Bereich vor dem Hintergrund vorhandener nationaler und internationaler Indikatoren mit Bandbreiten analysieren und evidente Über-, Unter- und Fehlversorgung auf Landesebene beseitigen

Das klingt doch alles gar nicht so schlecht. Doch wenn es eben konkret werden soll, dann steht als messbarer Zielwert:

> Fortschreibung des rückläufigen Trends auf Bundesebene, das heißt in Bezug auf Krankenhaushäufigkeit je 1.000 Einwohner eine Reduktion österreichweit um mindestens 1,1%, optimal um 4% jährlich

In den begleitenden Pressekonferenzen hat man im Übrigen nur die 1,1% kommuniziert, und de 4% gleich mal unter den Tisch fallen lassen – alleine das sagt schon viel über die Ernsthaftigkeit der Reform aus. Und was bedeutet das Ziel dann?

Peinlich genug, dass Trends der Vergangenheit als Ziele der Zukunft dienen, wenn wir in der Geschwindigkeit unsere massiv überzogenen Spitalshäufigkeit reduzieren, dann werden wir 33 Jahre (!) brauchen, bis wir den OECD-Schnitt erreicht haben, der irgendwann (am Anfang der Verhandlungen vor gefühlten unendlich vielen Jahren) ja

mal als Ziel angedacht war. 1,1 Prozent! Das ist also nichts. Eine Spitalsreform ist daher auch nicht zu erwarten.

Die Reform war also schon bei der Präsentation gescheitert, den Tot haben dann die Länder besiegelt, als sie ihre L-ZV vorlegten. Dort wurde nämlich gleich noch weniger als Ziel formuliert – nämlich im Wesentlichen nur, dass man auf Bundesebene mitarbeiten will und in den nächsten Jahren diverse Konzepte entwerfen wird. Konkretes oder gar aussagekräftige oder gar versorgungswissenschaftliche Messzahlen, gibt es nicht. Womit eigentlich – und wieder einmal – Gesetze gebrochen werden.

Und? Hatte dieser konsequente Gesetzesbruch wenigstens Folgen?

Natürlich nicht, denn „die Wiener" machen längst das, was die Länder wollen. Auf die Idee, die Nicht-Einhaltung von Gesetzen und Verträgen zu sanktionieren, kommt da keiner. Oder kann sich irgendwer vorstellen, dass sich gegen den Widerstand der Länder im Parlament eine 2/3-Mehrheit findet, die die Verfassung so ändert, dass echte Sanktionen möglich würden? Wer sollte das sein?

Ich will hier keinen Spielraum für Exkulpationen lassen.

Die Krankenkassen und damit der niedergelassene Akutversorgungsbereich, stets Teil der Reformen, sind in Ihren Reformbemühungen und ihrer Gesetzestreue keinen Deut besser. Und sie müssen es ja auch nicht, weil auch hier gilt, dass im Parlament und im Ministerium immer jemand sitzen wird, der darauf achtet, dass die Kassen-Obleute, rote Gewerkschafter oder schwarze Wirtschaftskämmerer, nicht zu arg zur Verantwortung gezogen zu werden.

Mehr noch, anders als die Länder, haben die Kassen nicht einmal ein echtes Plebiszit. Sie müssen daher nicht einmal fürchten abgewählt zu werden – egal welchen Blödsinn sie machen und wie schlecht es für die Patienten, Pflichtpatienten wohlgemerkt, ist.

Wären die Kassen ernsthaft an den Patienten orientiert, wären diese besser versorgt – gerade dort, wo die Kassen echten Einfluss, und wichtiger, gesetzliche Verantwortung hätten, z.B.: bei der Versorgung von Patienten mit Herzinsuffizienz, Chronisch entzündlichen Darmerkrankungen oder COPD; oder beim Trauerspiel rund um die

Kinder-Rehabilitation. Und dank dem fehlenden Plebiszit und dem Pflichtversicherungssystem ist es sehr bequem für sie Gesetze zu brechen, selbst wenn damit Patienten schlecht versorgt werden.

Der Grund für diese fortschreitende Ignoranz der Gesetzeslage ist schlicht die fehlende Entscheidungsfähigkeit und die Verantwortungslosigkeit des Systems.

Selbst wenn man „in Wien" nach jahrelangen Verhandlungen eine Entscheidung getroffen hat, müssen, danach alle Kassen (21 Krankenkassen + 15 Krankenfürsorgeanstalten + Pensionsversicherungsanstalt + Hauptverband) und alle zehn Ärztekammern und neun Landesfürsten mitspielen wollen. Und selbst wenn dann nach vielem Mauscheln und Tauscheln alle mitspielen und sich gesetzlich binden, heißt das gar nichts – absolut gar nichts! – Denn niemand kann auf die Big-Player Druck ausüben und gegen deren Willen Gesetze durchsetzen.

Eigentlich ist die Situation mittlerweile so verfahren, dass selbst eine Verfassungsänderung, die der Bundesregierung das Durchsetzen von Gesetzen erleichterte, kein Garant dafür ist, dass das passiert – denn die Realverfassung, also die Ausübung der Macht durch die real Mächtigen (Länder und Sozialpartner), völlig unabhängig, was die geschriebene Verfassung dazu meint, ist mittlerweile unüberwindbar – und von „den Wienern" lässt sich sicher niemand was sagen.

Ein Randbemerkung: dadurch dass die Situation so verfahren ist und sich immer mehr jene Kräfte durchsetzen deren Lobby stark, groß und gesetzlich fixiert ist, hat man den Eindruck, unser Gesundheitswesen besteht nur aus der Akut-Versorgung und hier nur aus Kassenärzten und Spitälern. Die anderen Bereiche wie Prävention , Pflege oder Palliativversorgung werden nicht einmal richtig diskutiert und wahrgenommen - und genau so schauen diese Bereiche auch aus – Wer glaubt, der große Reformstau liegt nur in der Akut-Versorgung, der irrt – die anderen Bereiche sind wenigstens so marode, man spricht nur weniger über sie, weil sie keine mächtigen Für- bzw. Gegensprecher haben.

6. To do – Was getan werden müßte

Es gibt so viele Reformentwürfe, die allesamt versandet sind, dass es ernsthaft schwierig ist, einen Weg vorzuschlagen, der NICHT im Treibsand endet.

Irreal und vermutlich sogar sinnlos ist es, an eine Verfassungsänderung zu glauben, in der die Kompetenzen neu geregelt werden. Die ungeschriebene Realverfassung ist längst viel stärker als die geschriebene, auf die Politiker eigentlich vereidigt sind. Ebenso wenig ist zu erwarten, dass es zu einer Selbstreflexion der Big-Player kommt und diese freiwillig ihre Schein-Geldgeber-Rolle samt der dazugehörigen Macht abgeben. Die Hoffnung liegt ganz und gar an einem einzigen Punkt – der Transparenz

Die Intransparenz, die im österreichischen Gesundheitswesen heute existiert, ist erstaunlich. Intransparenz ist eine der besten politischen Instrumente, um die Machtpositionen von Interessensgruppen aufrecht zu erhalten. Daher besteht im heutigen österreichischen Gesundheitssystem, das geradezu geprägt ist vom direkten politischen Einfluss von Einzelpersonen und Interessensvertretungen, keine gesteigerte Freude über die Erhöhung der Transparenz.

Es werden sehr viele demographische, epidemiologische und sozioökonomische Daten gesammelt, es gibt Leistungsdaten der Kassen und der Spitäler – allesamt sind sie geheim. Mittlerweile gibt es sogar Qualitätsindikatoren der Spitalsleistungen – und natürlich sind die streng unter Verschluss – angeblich weil deren Veröffentlichung Patienten verunsichern könnte! Das ist lächerlich. International werden solche Daten publiziert, was macht die Österreicher besonders schützenswert?

Natürlich sind diese Daten aktuell allesamt von niedriger Qualität und natürlich fehlen sehr viele Daten, um wirklich Schlüsse zu ziehen, und natürlich verunsichern Fehlschlüsse unnötigerweise, aber jede Reise beginnt mit dem ersten Schritt – und nur wenn man beginnt Daten zu publizieren, besteht ein Anreiz ihre Qualität zu verbessern, um eben Fehlschlüsse und Verunsicherung zu vermeiden. Das war überall so, egal in welchem Land der Weg beschritten wurde.

Und es stimmt, die eintretende Transparenz wird mit Patientenverun-sicherung einhergehen – aber es ist besser das in Kauf zu nehmen, als dem Treiben weiter zuzusehen. Denn die aktuelle Gesundheitspo-litik nimmt in Kauf, dass jährlich tausende Menschen viele tausende Lebensjahre verlieren, die sind allemal gewichtiger als die Verunsi-cherung, die eintreten wird – das sieht man auch in allen Ländern, die diesen Prozess durchgemacht haben.

Die größte Verunsicherung wird dadurch eintreten, dass die Men-schen, v.a. die chronisch Kranken erkennen, dass sie viel schlechter versorgt werden, als ihnen aktuell erklärt wird – und dann werden sie Reformen fordern, und ein System verlangen, das belegt, dass es gut ist, nicht einfach behauptet!

Und das ist es auch, was die jetzigen System-Profiteure auf allen Ebenen, von den Profipolitikern, über die Kammer- und Gewerk-schaftspolitiker zu den aberhunderten Funktionären, Eminenzen und Nutzniessern fürchten. Das Patientenwohl ist, wie so oft, nur vorge-schoben. Es geht um Herrschaftswissen, nicht um Patienten. Das kann man schon daran erkennen, wie heute jede Seite eifersüchtig darauf achtet, dass nur ja niemand die eignen Daten einsehen, oder gar verwenden kann. Das geht so weit, dass beispielsweise das Wis-senschaftsministerium oder die MedUnis keinerlei Spitalsstatistiken erhalten. Kein Wissenschaftsminister oder Rektor weiß (offiziell) wie viele Patienten seine Uni behandelt oder wie viele Tage diese auf den Stationen lagen, oder was das alles gekostet hat – all diese Daten „gehören" dem Bundesland in dem die Uni steht, und dem Gesund-heitsministerium. „Meine Daten" ist fast so wie „mein Geld" – dass beides eigentlich der Bevölkerung gehört, dass ist vergessen worden.

Bei der Einführung der Transparenz würde es vermutlich auf Seiten der heutigen Machtkomplexe nur Verlierer geben, der sichere und klare Gewinner ist die Bevölkerung, also der Souverän, und der Pati-ent. Es ist absehbar, dass viele Inhaber solcher Machtkomplexe ihren Einfluss geltend machen wollen und darauf achten werden, dass in ihrem eigenen Bereich die Transparenz so gering wie möglich bleibt.

Es liegt in der Hand des Ministeriums, die Datenmonopole sowohl auf Seiten der Länder, als auch der Kassen zu brechen – allerdings ist es wohl sehr viel verlangt, dass es dazu kommt, dass dort jmd. sitzt,

der ernsthaft gegen die Interessen der wahren Machtkomplexe agiert, obwohl man hier die Hoffnung nicht aufgeben muss. Irgendwann wird dort wer sitzen, der sich eben traut und nach seiner Amtszeit auswandern will.

Die Hoffnung liegt jedoch im Grunde bei jedem Politiker, der Daten über das Gesundheitswesen hat, egal auf welcher Ebene. Er kann diese Veröffentlichen und so ein Stück Transparenz herstellen. Er kann Studien die er selbst beauftragt, oder die er zu lesen kriegt veröffentlichen, statt in Schubladen verschwinden zu lassen. Jeder Politiker kann an vorgesetzter Stelle nach Daten fragen, jeder Politiker kann von sich aus darauf drängen, das System transparenter zu gestalten – wenn es genug sind die das wollen, dann wird es gelingen, und wenn das gelingt, und nur dann, sehe ich eine Chance eine Reform anzustoßen – welche der vielen historischen dann umgesetzt wird, oder ob eine weitere verhandelt werden muss, das ist dann nur noch Detailfrage.

Literatur:

„Bedarfsgerechte Versorgung – Perspektiven für ländliche Regionen und ausgewählte Leistungsbereiche" Gutachten des Sachverständigenrat zur Begutachtung der Entwicklung im Gesundheitswesen; Deutschland 2014

The Tallinn Charter: Health Systems for Health and Wealth World Health Organization 2008

"Health Systems, Health and Wealth" Meeting report: Health Systems Stewardship/Governance; Third preparatory meeting for the WHO European Ministerial Conference on Health Systems: Rome, Italy 3–4 April 2008

Grundsatzpapiere und Hintergrundpapier zu „ Europäische Ministerkonferenz der WHO zum Thema Gesundheitssysteme Weltgesundheitsorganisation 2008 bzw. Weltgesundheitsorganisation im Namen des Europäischen Observatoriums für Gesundheitssysteme und Gesundheitspolitik 2008

„Kooperation und Verantwortung - Voraussetzungen einer zielorientierten Gesundheitsversorgung" Gutachten des Sachverständigenrat zur Begutachtung der Entwicklung im Gesundheitswesen 2007

„Redefining Health Care: Creating Value-Based Competition on Results"; M.E.Porter, E. Olmstead Teisberg; 2006

„Finanzierung, Nutzerorientierung und Qualität" Gutachten des Sachverständigenrat zur Begutachtung der Entwicklung im Gesundheitswesen 2003

„Bedarfsgerechtigkeit und Wirtschaftlichkeit" Gutachten des Sachverständigenrat zur Begutachtung der Entwicklung im Gesundheitswesen 2000 / 2001

„Towards better Stewardship: Concepts and Critical Issues Evidence and Information for Policy Ph. Travis et al.; World Health Organization 2002

„The World Health Report 2000": Health Systems: Improving Performance. World Health Organization 2000

„The Concept of Stewardship in Health Policy"; R.B. Saltman et al.; World Health Organization 2000

„A WHO Framework for Health System Performance Assessment Evidence and Information for Policy" Ch. Murray et.al.; World Health Organization 1999

„The Concepts and Principles of Equity and Health"; M. Whitehead et al.; Copenhagen, WHO Regional Office for Europe, 1985

Autorenverzeichnis

Peter Beisteiner

Studium der Politikwissenschaft und Publizistik an der Universität Salzburg, Doktorat zum Dr. phil. 1991. Selbstständiger Steuer- und Unternehmensberater nationaler und internationaler Unternehmen seit 1975. Vortragstätigkeit und Fachpublikationen auf dem Gebiet Steuerrecht, Schwerpunkt Steuerreform und Steuerpolitik. salzburg@dr-beisteiner.at

Franz Dollinger

Privatdozent an der Naturwissenschaftlichen Fakultät der Universität Salzburg. *1957, Geographie-Studium an der Universität Salzburg, 1984 Promotion mit einer Arbeit über eine Naturgefahrenkartierung auf geomorphologischer Grundlage am Nordrand des oberösterreichischen Höllengebirges, 1998 Habilitation für das Gesamtgebiet der Geographie mit einer Arbeit über die Naturräume des Landes Salzburg, derzeit an der Universität Salzburg dem Fachbereich Geographie und Geologie als Privatdozent zugeordnet. Hauptberuflich im Landesdienst (Fachreferent für Raumforschung und grenzüberschreitende Raumplanung), dieser Beitrag ist jedoch außerhalb dieser Aufgaben erstellt worden. franz.dollinger@hotmail.com

Alfred Kyrer

Emeritierter Professor für Sozial- und Wirtschaftswissenschaften Universität Salzburg. *1935 in Wien. Dkfm. Dr. der Handelswissenschaften der Hochschule für Welthandel (heute: Wirtschaftsuniversität Wien). 1965 Habilitation für das Gesamtgebiet der Nationalökonomie. 1970 Berufung auf den Lehrstuhl II für Politische Ökonomie der Paris Lodron Universität Salzburg. Von 1991 – 1993 Rektor. Seit 2003 Emeritus im Fachbereich für Sozial- und Wirtschaftswissenschaften. 2012 Gründung des Think Tanks RODIN. Forschungsschwerpunkt: Aktionsforschung, Governance Research, Private Public Health. alfred.kyrer@gmail.com

Ernest Pichlbauer

*1969, Dr. med., arbeitete, bevor er sich der Gesundheitsökonomie und der Gesundheitsversorgungsforschung zuwandte, als Universitätsassistent an der Pathologie des Wiener AKH. Während seiner Zeit am Österreichischen Bundesinstitut für Gesundheitswesen (ÖBIG) war er unter anderem maßgeblich an den Arbeiten zum Österreichischen Strukturplan Gesundheit (ÖSG) beteiligt und verfasste für die deutsche Bundesregierung mehrere HTA-Berichte. 2007 veröffentlichte er gemeinsam mit Ingrid Korosec die gesundheitspolitische Diskussionsgrundlage „Gesunde Zukunft – Österreichs Gesundheitsversorgung NEU". Seit 2008 ist er unabhängiger Experte, Blogger (www.rezeptblog.at) und Publizist, u.a. gesundheitspolitische Kolumnen in der Wiener Zeitung („Rezeptblock").
ernest_pichlbauer@yahoo.de

Dietmar Pilz

Fachautor, Finanzexperte des Österreichischen Gemeindebundes und von Graz. *1944; Gymnasium und Matura in Graz; anschließend Tätigkeit im Finanzamt Graz; 1974 Bestellung zum gerichtlich beeideten Finanzsachverständigen für das Buch- und Rechnungswesen; 1976 Dienstantritt als Leiter der Finanzabteilung im Steiermärkischen Gemeindebund; 2004 Verleihung des Professorentitels, 1995-2010 Landesgeschäftsführer-Stellvertreter im Steiermärkischen Gemeindebund; ständiges Mitglied des Verhandlungskommitees des Österreichischen Gemeindebundes zum Finanzausgleich.
dietmar.pilz@aon.at

Michael Alexander Populorum

Konsulent Creativ Research, Universitäts-Lektor, Leiter und Chefredakteur von DEEF (Dokumentationszentrum für Europäische Eisenbahnforschung). *1957 in Salzburg, Dr. phil. der Universität Salzburg, Bereich Wirtschaftsgeographie, VWL, Geologie, Univ. Lektor. General Managementausbildung, Alumnus Salzburg Seminar. Gründer und Vorstand des Think Tanks CREATIV RESEARCH mit Schwerpunkt Qualitätssicherung / Marktforschung. Studien für in- und ausländische Unternehmen und Organisationen. Seit 2007 Freier Journalist, seit 2009 Railway Research. Stv. Bundessektionsvorsit-

zender Mediensektion GdG-KMSfB. Vizepräsident des VÖWA (Verband Österreichischer Wirtschaftsakademiker). Milizoffizier als Hauptmann der Reserve. Präsident der Salzburger Landwehr-Vereinigung. michael.populorum@marktforschung.co.at

Franz Josef Promock
Personal- und Organisationsentwickler beim Amt der Salzburger Landesregierung. *1958 in Salzburg, Leiter-Stellvertreter in der Salzburger Verwaltungsakademie, Land Salzburg; Gymnasium und Matura in Salzburg; 1979 Eintritt in den Salzburger Landesdienst (Landesrechenzentrum); 1980–1985 Studium irregulare Psychologie, Psychiatrie und Sportwissenschaften; 1990 Promotion zum Dr. phil.; 1985–1992 freier Verlagsmitarbeiter und selbständiger Wirtschafts-trainer; 1991–1996 Psychotherapieausbildung; 1995 Ausbildung in Projektmanagement, anschließend zahlreiche Reformprojekte; 2001 Bestellung zum Fachexperten für Personalauswahl; 1994–2009 erfolgreiche Absolvierung mehrerer Hochschullehrgänge und Master-studien (MAS MTD MBA); seit 1996 Personal- und Organisations-entwickler im Salzburger Bildungsverbund. franz.promock@salzburg.gv.at

Johannes Schnizer
Richter am Verfassungsgerichtshof. *1959 in Graz, Verfassungsrich-ter am Verfassungsgerichtshof; 1981 Promotion zum Dr. jur. an der Paris Lodron Universität Salzburg; 1978 bis 1982 wissenschaftliche Hilfskraft, anschließend Vertragsassistent; 1981 bis 1983 Lektor an der Universität Padua; 1982 bis 1992 wissenschaftlicher Mitarbeiter am Verfassungsgerichtshof; 1992 bis 2006 verfassungsrechtlicher Referent der sozialdemokratischen Parlamentsfraktion; 2007 bis 2008 Kabinettschef des Bundeskanzlers; 2009 Beamter der Parla-mentsdirektion, zuständig für die Rechtsberatung des Entschädi-gungsfonds der Republik Österreich; 1994 bis 2008 Mitglied der Bundeswahlbehörde; 2003 bis 2005 Mitglied des Österreich-Konvents. j.schnizer@vfgh.gv.at

Bernhard Friedrich Seyr

Unternehmensberater, Geschäftsführer IBP, gerichtl. beeideter Sachverständiger, Professor an der HTL Oberndorf, tit.o. Hochschulprofessor an der Universität Sopron. *1976 in Linz, Prof. Mag. Mag. Dr. Dr. Dr. habil. 2002 Doktoratsstudien in Pädagogik an der Universität Salzburg sowie an der Johannes-Kepler-Universität Linz in den Sozial- und Wirtschaftswissenschaften. 2010 Lehrbefugnis (venia legendi) für Wirtschafts- und Organisationswissenschaften an der Westungarischen Universität in Ödenburg (Sopron) und „Doctor habilitatus". Lehrtätigkeit an dieser Universität im deutschsprachigen Studiengang der Wirtschaftswissenschaftlichen Fakultät. Sachverständiger für Schulen und Kurse aller Art sowie für betriebliche Aus- und Weiterbildung tätig. Selbstständiger Unternehmensberater im Bereich Personal- und Organisationsentwicklung. Derzeitiger Projektfokus: Governance und Wissensmanagement, mit Arbeitsmarktpolitik in Österreich sowie mit dem Design eines 4-Quadranten-Portfolios zur Evaluation von Personalentwicklungsmaßnahmen. seyr@seyr.at

Heinrich Treer

*18. Februar 1950, 1956 - 1960 Volksschule, 1960 – 1964 Untermittelschule Kollegium Kalksburg, 1964 – 1969 Handelsakademie Wien, 1964 – 1968 Fleischerlehre mit Gesellenprüfung, 1968 – 1977 Mitarbeit im elterlichen Fleischreibetrieb. 1970 - 1976 Studium der Betriebswirtschaftslehre an der Hochschule für Welthandel in Wien. 1974 – 1977 Assistent am Schulrechenzentrum in Wien. 1977 – 1978 zunächst Tätigkeit im Finanzamt für den 1. Bezirk, dann 1978 – 1983 bei der Großbetriebsprüfung Wien. 1984 – 2011 Bundesministerium für Finanzen (BMF), 1984 – 1986 in der Organisationsabteilung der Steuersektion, 1987 - 1988 Büroleiter bei Staatssekretär Dr. Ditz. 1988 – 1991 Stellvertretender Leiter in der steuerpolitischen Abteilung und in der Abteilung für Staatsschuldenverwaltung. 1991 – 1992 Büroleiter bei Staatssekretär Dr. Ditz. 1992 – 2009 Leiter der Lohnsteuerabteilung. 1999 – 2009 Gruppenleiter für das gesamte materielle Steuerrecht. 2009 – 2011 Leiter der Sektion Steuerrecht und Steuerpolitik. Seit Mitte 2011 in Pension. aon913235721@aon.at

Manfried Welan
Emeritierter Professor (2005) und Alt-Rektor der Universität für Bodenkultur Wien. *1937 in Wien; 1961 Promotion zum Dr. jur. an der Universität Wien; 1962-1966 Schriftführer und Sekretär am Verfassungsgerichtshof; 1967-1969 Wirtschaftskammer Österreich (Wissenschaftliche Abteilung); 1968-1969 Professor für Rechtslehre; 1973 ordentliche Professur an der Universität für Bodenkultur Wien; 1975-1984 Prorektor, Rektor und Vizerektor der Universität für Bodenkultur Wien; 1979-1981 Präsident der österreichischen Rektorenkonferenz; 1983-1991 Gemeinderat und Landtagsabgeordneter in Wien; 1988-1991 Dritter Landtagspräsident; 1991-1993 nochmaliger Rektor der Universität für Bodenkultur; 1992 Ehrendoktorat der landwirtschaftlichen Universität Westungarn; 1996-1999 Vizerektor für Information und öffentliche Beziehungen; 1991-2000 Vizepräsident der österreichischen UNESCO-Kommission; Seit 2003 Präsident der UNESCO-Gemeinschaft Wien. manfried.welan@boku.ac.at

Personenverzeichnis

Nachfolgende Sponsoren haben durch die Schaltung eines Inserates die Herausgabe dieses Manifests ermöglicht

Willkommen daheim

»Darum flieg' ich auf den W.A. MOZART«

Salzburg Airport
— W.A.MOZART —

salzburg-airport.com

Schluß mit
schüchtern kochen!

www.raps-goo.at

Gewürze für Leidenschaftliche

**Wenn's um Bildungsförderung geht,
ist nur eine Bank meine Bank.**

www.salzburg.raiffeisen.at

Verband Österreichischer Wirtschaftsakademiker

 Landesgruppe
Salzburg

DAS Unternehmer- und Führungskräfte-Netzwerk Österreichs   **Mitglied werden: www.voewa.at**

 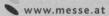